일제강점기의 부정의 법제와 식민지 조선의 사회상

저자 이 종 길

세종출판사

| 머리말 |

1. 한국사회가 과거의 불법과 부정의를 청산하면서 정의正義를 핵심으로 하는 자유민주적 법치法治사회를 실현하기 위해서는 선행하여야 하는 과제가 있다. 현재를 있게 하는 앞선 시대의 부정의不正義 법사法史를 정밀하게 연구·교학敎學하는 가운데 그에 대한 통절한 반성을 일구어가는 것이다. 보다 중요한 것은 그를 통해 정의에 대한 실천의지實踐意志를 개개인이 강고하게 인격으로 온축蘊蓄시켜가야 한다는 것이다.

2019년은 3.1운동과 상해 임시정부수립(1919.4.11.) 100년이 되는 해였다. 일본 제국주의는 강압과 부정의를 통상적 수법으로 대한제국의 국권을 탈취(1910.8.29.)하여 식민지배하에 복속시키고 인간의 기본가치를 야만적으로 유린하였다. 참혹한 무단정치의 폭압과 노예적 인권 멸실의 식민치하에서, 정의와 인도人道 생존의 발로로써 국권 회복과 소국 독립을 위한 응결된 저항이 우리민족의 3.1 운동이었다. 그 100년의 시점에 본 연구를 구상하였다. 3.1운동을 일으킨 선조들이 당하였을, 정의가 실종된 무단지배하에서 압살로 신음하던 고통과 원억을 읽고 새기면서 집중된 연찬을 위한 마음이 자리잡게 되었다.

3.1운동은 병자수호조규 이래 시시종종의 금석맹약을 지키지 않은 일본에게 신뢰 없음을 책하려는 것이 아니었다. 오직 양심과 자유와 정의를 부여잡고 결속한 조선 민중들이 세계 변화의 신사조新思潮에 맞추어 저들이 그렇게도 기만적으로 웅변하던 조선의 자주독립과 동양평화의 실현을 호소하는 것일 뿐이었다. 이에 대해 무지와 탐욕과 부정의로 무장한 일제 무리들은 무력과 악랄함으로 조선의 의로운 민중들을 베고 자격刺擊하고 태우고 속박하면서 승리를 가지는 양 기세를 더하였다. 본래의 형상으로 되돌리며 자유로운 조선인으로 정의로운 조선 사회로 되돌아갈 것을 소리 높여 외친 것이 전부였다. 참으로 추악하고 교활하고 간지奸智에 뛰어난 일본 제국주의자들이 조선인에게 자행하는 폭압적 침략행태였다. 지나간 역사에 대해 반성도 성찰도 후회도 부끄러움도 사과도, 모두가 미약한 그들을 자꾸만 되새기게 되는 것이다.

국권을 강제 탈취당한 경술국치의 치욕은 일제가 명치유신 이후 축적한 국력과 외교력을 이용하여 조선을 공략한 결과가 된다. 앞선 청일전쟁과 러일전쟁, 을사륵약과 통감부 설치, 정미칠조약과 사법권의 이전 등을 거치면서 일제 군국주의자들이 한국 침략계획을 일관되게 진행해온 결과였다. 이 과정에서 대한제국의 상당수 공직자와 대신들은 부패하고 교활하였으며 그 위중의 시기를 개인의 이익과 영달의 호기로 삼아 일제에 아첨하고 굴종하는 비겁의 존재로 살고 있었다.

그래서 황성신문皇城新聞의 장지연張志淵 주필은 1905년 11월20일 자에 논설 '시일야방성대곡是日也放聲大哭'을 게재하여 민족의 정의를 호소하면서 한국 대신들의 무능과 부패를 비분강개悲憤慷慨 울분으로 통박하였던 것이다.

["그러나 슬프도다. 저 개돼지만도 못한(돈견불약豚犬不若) 소위 우리 정부의 대신이라는 자들은 자기 일신의 영리榮利만을 생각하고 위협에 떨면서 나라를 팔아먹는 도적이 되어(매국賣國의 적賊을 감작甘作하야) 4000년 역사의 강토疆土와 500년 종사宗社를 타인에게 봉헌奉獻하고 2000만의 생령生靈을 모두 타인의 노예奴隷가 되게 하니..."]

그러나 그 후로도 부패한 대신 관료와 간신배들이 벌이는 일제와의 모리협잡謀利挾雜은 끊임이 없었고 결국은 나라를 완전하게 일제에 넘기면서 모든 것이 강점强占되는 역사를 눌러쓰게 되었다. 일제는 1910년에 대한제국의 국권을 뺏은 다음 국호 또한 조선으로 변경하면서 일제로의 완전한 복속을 선포한다.

2. 1912년, 일제는 일본의 주요 기본법인 민법과 형법을 조선에 이식시킨다. 1912년으로부터 2022년은 110년의 시간을 헤아린다. 한국을 조선으로 바꾸어 강압 통치하면서 식민지배를 공고히 해갈 중요한 조처로써 기본법제를 정비한다. 일제는 자신들의 국내법을 조선총독이 발하는 제령制令의 형식을 통해 조선에 주입한다. 제령 제7호 '조선민사령'과 제령 제11호 '조선형사령'이란 명칭으로 1912년 3월18일에 반포하여 4월1일부터 시행한다. 즉, 조선에 조선민사령과 조선형사령을 통해 일본의 민법과 형법을 강제로 이식하면서 조선사회를 법치적 근대사회로 재편하는 명목과 함께 본격적인 식민지배를 일제식으로 수행할 기초를 구축하게 된 것이다. 물론 그와 관련하여 대한제국기에 작동되던 이전 법들과의 충돌이나 조선 내지 한국사회에서 특별하게 존재하던 법령 요소들에 대해서는 뛰어난 법기술로 예외적 단서 조항들을 넣어서 효력을 배제하거나 지속하는 방법을 구사하게 된다. 일제 그들이 추구하는 부정의적 비이성적 폭압적 식민지배에 대해 저항하거나 조금이라도 방해하는 조선인에 대

해서는 반정의적反正義的 악법惡法 규정들을 특별법령으로 제정하여 언제든지 탄압하고 구속하는 불법不法의 조선 천하를 조성한다. '조선태형령'은 그 대표적 법령이 된다. 그들은 조선인에게 있어 인간의 존엄 가치는 존재하지 않으며 그에 대한 배움과 깨우침은 전혀 필요하지 않은 것으로 몰아간다. 교육도 차별이고 계약도 차등이고 인권은 멸실이고, 그래서 조선인에 대해 인간의 존엄성을 부인하고 인간으로서의 존재 가치를 외면해 가는 끝에 식민치하의 노예적 예속을 당연시해 갔던 것이다.

3.1운동의 민족적 저항과 정의를 향한 조선인의 강력한 표명은 실패로 끝났다. 그를 반영하여 1920년부터 일제는 조선통치에 문화정치文化政治를 표방한다. 신문 잡지의 발간을 허용하고 교육적 문화적으로 여지를 제공하면서 통치방책을 위선적 유화책으로 선회한다.[1)] 그러나 1930년대에 들면서 일제는 이미 대륙진출을 위한 중국과의 전쟁 준비에 돌입한다. 조선은 그들에게 있어 중요 병참기지로 설정되어있었다. 공간적으로 섬나라인 일본은 바다에 고립되어 있기에 언제 어떠한 이유로던 기회만 있으면 조선을 통해 대륙으로의 진출을 숙명적 과제로 품고 있다. 그러기에 강점된 식민지 조선은 그들 일제가 필요하다고 정책적으로 판단하는 시점에는 언제는지 인적·물적으로 수탈과 총동원을 마음대로 하는 대상처가 되어야 하는 것이었다.

3. 일제는 조선 지배의 목적을 정치적·정책적 필요시 언제라도 이용하고 동원하는 수단으로서의 조선임을 명확하게 설정하고 있었다. 그래서 조선에 시행하는 법령은 출발부터 그 내용에 있어 정의를 담아서는 아니 되는 것이었다. 조선인과 조선사회의 이익을 위한 법제의 구축은 애초부터 허용될 수 없는 것이다. 일제는 제국주의적 침략과 군국주의적 호전성에 기반하는 국가인 만큼 인접국이나 약소국을 침략하고 점령하여 수탈·유린하는 것으로써 국가의 근본 목적을 수립하고 있음을 철저히 주시하고 있어야 한다. 일제가 추구하는 조선지배의 목적을 이해할 때 일제가 제정하거나

---

1) 조선의 근대 역사에 있어 주기週期에 대한 한 견해를 제시한다. 1925년 당시 동아일보 송진우 주필은 조선의 과거를 회고하건대, 갑신의 혁신운동을 필두로 대개 10년 단위로 사회적 대변동이 일게 됨이 상례임을 지적한다. 甲申政亂에서 甲午動亂까지, 갑오동란에서 甲辰乙巳의 의거까지, 갑진을사 의거에서 庚戌合邦까지, 경술합방에서 기미 3.1운동까지 마치 예정적 행동과 같이 사회적 변동이 발생된 것으로, 구시대에서 신시대에로 변화하는 道程에서 恒見하는 역사적 사실이 발생하고 있음을 지적하면서 3.1운동 이후의 긍정적 변화를 예견해 내고 있었다.(동아일보, 世界大勢와 朝鮮의 將來(四) : '現狀은 如何', 1925. 8.31.)

개정하는 법령은 이미 침략을 위한 전쟁과 수탈을 위한 법령의 전개가 될 뿐인 것이다. 그리고 내지內地 본국을 위해 식민지 조선의 모든 자원은 이전되고 활용되어야 하는 것이었다. 그래서 조선에서는 부정의不正義하고 불합리한 법령을 법이라고 하면서, 일본 내지의 법령과는 전혀 다른 차등적 내용으로 제정하거나 변개하는 과정을 더하게 된다. 더욱이 불법인 그 법령들의 시행과정에서는 한층 더한 폭력과 위협이 원칙인 양 자행되고 있었다.

일제의 부정의한 악법에 의해 조선인은 인격이 유린되고 토지를 빼앗기고 산물을 빼앗기며 곤궁과 폭압으로 고향을 떠나는 유랑민이 되어갔다. 궁극에는 말도 빼앗기고 성도 이름도 일제식이 되면서 민족을 멸실 당한 채로 그들이 일으킨 거대한 전쟁에 목숨을 바쳐야만 하였다. 즉, 그들이 발부한 전장戰場동원 소집영장召集令狀에 황국신민皇國臣民의 허울을 쓰고 끌려가게 되는 것이었다. 창씨제도創氏制度는 그를 완전하게 하는 부정의 법제이자 야만적 법제로서, 일제가 행한 조선민족 말살의 완성작으로서의 법령이 된다.

["아가야, 나도 너도 조상 없는 자식이었지? 성도 이름도 다 갈았구나. 삼한갑족三韓甲族 이라면서도! 아가야 말까지 뺏겼구나. 둥게 둥게 두둥게. 너를 안고 얼러보지도 못했었구나. 오천년역사五千年歷史를 가진 민족이라면서도!"]라고, 해방의 시를 쓰고 있다. 조상도 말도 성도 이름도 빼앗겨버린 채 일제 치하를 살아내는 중에 기적처럼 맞게 된 조국광복의 생환生還앞에서 시인은 우선적으로 창씨개명과 민족상실의 비통을 시로 품어내었던 것이다.[2)]

이러한 일제강점기 식민지배하의 사회는 어떠하였겠는가. 정의가 소멸된 반정의의 법령을 기본으로 일제가 조선인과 조선사회에 가하는 수탈과 원억과 폭압은 형언이 불가하다. 식민지배의 엄혹한 공포 속에서도 언론지성言論知性들은 그에 대해 하나씩 비판하고 분노하며 차곡히 기록하려 노력하였다. 그를 기초로 조선인의 유린 되

2) 문학가 월탄月灘 박종화朴鍾和(1901-1981)가 쓴 '대조선大朝鮮의 봄'이란 시의 한 구절이다. 이 시는 '해방기념시집'(중앙문화협회발행, 단기 4278년(1945) 12월 발행)에 수록되어있는 작품으로, 박종화 선생이 해방을 맞은 바로 다음 날인 1945년 8월16일 날에 쓴 작품이다. 기적과 같이 찾아온 조선 민족의 해방과 광복...피탈과 압박 죽음이 엄습하던 바로 어저께까지의 식민치하를 살아난 감격과 감동이 '대조선의 봄'이라는 제명의 시로 쓰여지게 된 것이다. "벙어리 된 지 서른 여섯해, 서울 종로에 자유종이 울었다. 아가야 이 종소리를 너도 듣느냐? 깨여저라 하고 두드리는 저 종소리. 대한독립만세를 부르는 저 환호성. 인제는 조선에도 봄이 왔구나..."로 시작하고 있다.

는 인권과 상실되어가는 인간존엄과 죽을 권리만을 향유하는 듯한 인간과 사회의 실상을 고구한다. 조선사회의 변화를 통계숫자로 소개하면서 발전과 진보를 말하는 총독부 당국의 사위詐僞적 허상에 대해서도 그 실체를 아프게 알게 한다. 국가 및 사회 구성의 근간이자 운영의 핵심 기제인 법령을 기본으로 삼아 일제는 조선인과 조선사회를 피폐와 붕괴, 멸실과 질곡桎梏으로 몰아간다. 인간의 존엄과 자유와 평등을 멸실시키고 교육마저 정치화하고 토지와 농업을 일제 당국과 일인들에게 이전시키는 식민지배 책동은 조선인 존재를 아예 인간에서 배제 시키는 듯 읽혀온다. 식민지배하 조선사회 실상을 주제별로 나누어 식민지배가 엮어내는 내용상의 불합리와 정치 과정상의 왜곡 및 위압적 실행에 대해 검토하고 있다. 신음으로 죽음으로 살아가는 조선인과, 일본인의 조선으로 변해가는 조선사회에 대해 용기 있게 기록하는 당시 언론 지성들의 노고를 새기면서 식민지배의 실체적 진실을 되살려 보게 된다.

4. 본서는 전체를 3부로 구성하고 있다.

제1부에서는 부정의 법제를 통한 조선 민족 탄압과 노예적 예속을 도모하는 일제의 법령, 궁극으로는 민족말살에 이르는 법령과 법정책, 그리고 그 운영 실상에 대해 탐구한다.

제2부는 식민지배기 조선의 가족관계 및 제도의 실상과 그 변경에 대해 논의한다. 식민정책 기조와 관련 법령을 통해 일제가 점진적으로 왜곡 변경해 가는 조선사회의 가족관계 및 제도에 대해 자세하게 살펴본다. 나아가 창씨제도의 전개에 있어서는 당시 조선사회의 저항적 모습과 부계혈연적 종중 특성에 기한 대응의 내용들을 함께 고찰하게 된다.

제3부는 일제 식민지배하에서 극심하게 자행되는 부정의를 본다. 원통하고 억울하게 피탈 당하는 조선사회와 조선인의 실상, 그를 보다 구체적으로 이해하기 위해 당시의 신문자료를 분석·추적하면서 항목을 나누어 자세하게 논의한다. 1920년 이후 조선의 대표신문인 조선일보와 동아일보를 중심한 언론지성言論知性들이 총독부의 공포적 위협에 맞서면서 일제가 자행하는 부정의와 간활술책奸猾術策과 수탈 및 간교奸巧 책동에 대해, 양심적 탐구기록을 용기있게 지켜간 내용들에 기초한다. 수도 없는 압수와 정간, 그러다가 결국은 1940년 8월11일에 폐간사를 내는 것으로 두 신문은 폐간을 선언한다. 이는 창씨제도의 기본적 시행 기간인 6개월(1940.2.11.-8.10)의 종료에 시간을 맞춘 것으로, 그 기간의 종료와 함께 한국어 신문을 폐간하게 된 것이었다.

조선인 언론지성들이 논설하는 바, 정치·법률영역을 시작으로 동양척식회사와 농민들의 죽음과 농촌사회의 붕괴, 교육본질을 외면하고 교육철학의 부재를 당연시하면서 조선인을 차별적으로 대하는 식민교육에 대해 자세하게 살펴본다. 조선의 사회적 발전에 일제가 크게 기여한다는 통계숫자상의 평가에 대해 그 허구와 실체를 논의한다. 그래서 일본인의 경성이자 일제의 조선사회로 변모하고 있는 실상을 지적한다. 이렇게 수탈로 인한 신음과 고통과 박탈과 상실의 식민치하, 조선인은 전쟁으로 죽음으로 나아갈 권리밖에 남는 것이 없게 된다. 그래서 식민지배로 침략으로 나라를 잃은 국민은 모두가 노예가 되고 마는 것이었다.

나라를 일제에 빼앗기는데 특별하게 도움을 준 대표적 인물인 이완용에 대해 특별히 책의 분량을 할애하였다.[3] 매국 역적의 죽음에 대해 조선의 언론지성들이 당시에 적은 내용이 너무나 또렷하게 새겨지고 있어서다. 1926년 2월11일에 사망한 이완용(1858.7.17.~1926.2.11.)에 대해 2월13일날 신문들은 '무슨 낯으로---이 길을 떠나가나'(동아일보), '이완용李完用 병사病死'(조선일보)라는 내용의 사설을 섰다. 그러나 일제 당국에 의해 모두 압수되었던 것으로 그 내용을 다시 본다. 이완용의 무덤에서 꺼낸 관뚜껑에 대한 이야기를 여기에 적어 놓는다.

역사학자 두계斗溪 이병도李丙燾(1896-1989) 선생의 생전 증언이다.

["한번은 원광대학교 박물관에 간 일이 있는데 아, 글쎄 그곳에 이완용의 관뚜껑이 있지 않아요. 이완용이 죽자 나중에 그 후손들이 망국의 주역이라 하여 화가 나 무덤을 파헤쳐서 관을 다 불태웠다는 얘기는 들어서 알고 있었는데 그 관뚜껑이 거기에 있지 않겠어요? 그래 '아, 우리나라의 창피한 매국노賣國奴의 관뚜껑을 왜 박물관에 두냐고'하고, 문중 사람 사업가인 이 모씨와 의논하여 그 관을 10만원 주고 샀어요. 그래 서울에 가져와 불태워 버렸습니다."][4]

5. 일제는 부정의를 정상이라 억박하면서 조선민중을 멸시하며 노예로 간주했다. 조선민중 대다수는 압제치하를 울분과 죽음으로 소리없이 신음하였건만, 나쁜 인간 소수는 그 악법과 부정의 시대를 찬양하고 지지하며 화합하고 향락하였다. 역사를 가벼이 보는 식별력에 기하여 교만하고 무지하며 부정의를 행하는 인간은 용서받을 수

---

3) 제3부 제Ⅶ장 [1] '부정의의 화신 이완용의 죽음과 조선인의 대응'.

4) 震檀學會편, 歷史家의 遺香--斗溪 李丙燾先生追念文集, 일조각, 1991. 275-276.

없다. 현재는 물론이고 이후, 역사 앞에서는 더욱 용서받을 수 없음을 제시해 둔다. 현재의 부패한 자신을 숨기고자 권력으로 교활로 주변과 언론을 통제 속박하면서 권세를 탐하며 자기를 감추려 드는 자는 더 큰 수치와 몰락을 초래하게 됨을 반드시 기억해야 한다. 현재 사회에서 공직을 담임하며, 공공의 영역에 영향을 행사하며 살아가는 사람 모두는 더욱 크게 새겨두어야 한다.

일제에 대해 '강점'과 '식민지배'로 주제어를 뽑았다. 부정의와 부패와 탐욕과 수탈과 속박을 교활과 간지奸智와 간악 모리謀利 폭압 등과 혼융混融하면서, 그 일제의 부정의에 기한 잔학상殘虐相을 책으로 엮게 되었다. [법과 역사]를 인간의 존재 본질에 대한 철학적 사색으로 응축시키면서, 인간의 존엄가치와 자유와 진리와 인간애를 고구하는 것에다 무게중심을 두고서 한참을 살게 되었다.

역사속에 명멸해간 악인惡人과 선인善人의 생의 과정들을 깊게 고뇌하는 시간도 함께 하였다. 악인됨과 선인됨은 개인 자신이 결단으로 짊어지는 선택적 존재 '정체正體'이자 자신의 인생길이 되는 것이다. 어떠한 곡절에서도 바름으로 선함으로 '양법良法'을 찾는데 공헌하면서 그를 실천하는 사람이기를 간구하게 된다. 강진 유배지에서 아들 둘에게 [근勤] · [검儉]을 크게 교훈 내린 다산 정약용선생의 하피첩霞帔帖 편지글(1810년)이 마음속서 피어오른다. 부정의를 이겨내는 시단始端이 여기에 있음이다.

많은 일들이 새롭게 생겨났다. 코로나19의 팬데믹 시간 동안 생각지 못한 상처가 물집졌다. 사람을 만나고 헤어짐은 일상사이다. 그러나 좋은 소중한 사람은 쉽게 헤어지지 않아야 하는 것이다. 사람은 또한 그렇게 모두가 소중한 존재인 것이다. 나의 큰 탓임을 기도하면서, 용서하고 다짐하고 또 기운을 내면서 책을 탈고하게 되었다.

처음과 같이 언제나 변함없는 가족, 아내와 아들 내외의 성실함과 정성 다하는 일상에 감사를 드린다. 믿음에 찬 가족의 기도는 교육자이기를 소망하는 사람에게 지탱목이 되어준다.

동아대학교의 지원과 정성껏 책을 출간하여준 세종출판사에 감사를 전한다.

2022.6.10.

동아대학교 법학대학원 연구실에서 東岩 李鍾吉 씀

| 차례 |

제1부
일제강점기 부정의 법제에 기초한 한국민족말살과 일제에의 예속

제2부
일제 식민지배기 조선 가족제도의 변경침탈과 창씨제도의 전개

제3부
언론지성이 기록한 일제 식민지배하의 부정의와 원억·수탈의 조선사회 실상

제1부

일제강점기 부정의 법제에 기초한 한국민족말살과 일제에의 예속

제 I 장 서 언

1. 일본제국주의가 대한제국을 강압적으로 식민지배하에 속박시킨 지 백 년 하고도 또 십여 년을 더 붙인다. 일본 제국주의자들이 실행한 무력적이며 교활한 침략적 지배 책동은 주변의 약소국가들을 멸시하고 그들 내부의 유력세력들을 간교하게 분열시키면서 국권을 탈취하고 민권을 유린하는 것에 집약된다. 조선을 장악하려는 목표를 면밀하게 설정하고 위선적 술책으로 그를 집요하게 추진하는 과정을 통해 일본은 승리를 결과한다.[1)]

중국과의 관계를 단절하면서 이십 세기로 넘어온 우리의 역사는 일제의 간교한 침략술책을 이겨내지 못하고 점차 일제의 지배권역으로 급속히 휩쓸려 들면서 우리가 창신創新하며 자주적으로 개척해 가야 할 행보를 굴절 당하게 된다. 일제는 한국지배를 위해서 간교한 술책과 외교적 언사를 아낌없이 사용하였다. 동양평화東洋平和와 한국민의 안녕을 위해 자신들과의 결속과 조약체결은 필수적인 것이며 자신들은 어떠한 경우에도 한국의 자주독립을 지원하고 평등을 기조로 화친하는 국가관계를 유지해 갈 것임을 공언하여왔다. 그런 한편으로 일제日帝는 러시아세력의 남진을 제어하고 일제의 한국지배를 지지받는 내용으로 영국과 2차에 걸친 영일동맹英日同盟(1902년1월과 1905년8월)을 맺는다. 또한 미국과는 태프트-카스라 밀약(The Katsura-Taft Agreement, 1905년 7월)을 통해 일제의 한국지배를 인정받는 등으로 외교술을 통해 방어막을 설치한 다음 러일전쟁 승리를 통해 한국지배를 위협하는 최대 세력인

---

1) 조선에서 淸의 세력을 완전히 驅逐해내는 과정 중에 日帝가 행하는 策動을 참고한다. 일제는 1894년 7월25일 한국에서 淸日戰爭을 개전하여 전쟁을 수행하면서 그 와중에 이미 한국에 대한 利權을 확보하기 위한 계략을 수립하고 있다. 앞서 7월21일까지 淸軍이 철수할 것을 조선정부에 요청하였으나 조선정부가 이를 듣지 않자 7월23일 심야에 경복궁을 공격하여 君主를 에워싼 채 內政改革을 강요한다. 이러한 결과 일제와 조선정부는 1894년8월20일 '暫定合同條款'과 8월26일의 '大日本大朝鮮兩國盟約'이라는 두 개의 조약을 체결하게 되는 것이다. 주요내용은 일본정부가 요구하는 내정개혁을 조선정부가 수용하여 차례대로 시행할 것과 조선의 獨立自主를 공고히 하기 위한 일은 마땅히 양국정부가 위원을 뽑아 회동하여 議定할 것이며, 양국정부는 청국에 대해 이미 攻守同盟관계가 체결되었음을 闡明함으로써 조선에서 일본군의 군사행동이 이에 근거하는 것임을 대외적으로 알리고자 하는 내용으로 채우고 있다. 이렇게 일제의 행동은 이미 한국을 식민지배하기 위한 비겁한 계책으로 가득 차 있는 것으로, 국가 간의 신뢰나 진정성은 전혀 존재하지 않는 가운데 이익침탈과 국권장악을 위해 교묘한 술책을 무력을 동반하여 능숙하게 구사해가는 것이다. (柳永益, 甲午更張研究, 一潮閣, 1990. 28~29면 ;李泰鎭, 1905년 條約 强制時의 韓國駐箚軍의 성격, 한국사론 제54권, 2008.6. 참조). 위의 두 조약에 대한 자세한 내용은 뒤의 각주 10번을 참고바람.

러시아를 완전하게 배제함으로써 한국에 대해 어느 나라도 원군援軍이 될 수 없도록 차단막을 구축하는데 성공한다. 결국 러시아는 물론이고 미국 영국 등의 제국諸國으로부터 일본이 한국에서 정치적 군사적 경제적 권리를 인정받은 포츠머스조약(1905년 9월)을 체결한 이후 일제는 1905년 11월17일에 한국침략을 본격화하는 을사륵약乙巳勒約을 강제하는 성과를 만들어낸다.[2)]

일제는 자국 내의 문제를 식민지배로 해소하는 능력도 발휘한다. 일본 국내의 상황을 해결하기 위하여 조선을 식민지배하는 것과 함께 장기적으로 대륙진출을 위한 전제로 한국지배 획책은 필수적 과제가 되어왔다. 물론 명치유신明治維新을 통해 서구열강의 앞선 학문을 습득하고 식민 지배술을 배우게 됨으로써 일제는 주변 국가를 복속시키고 이권을 침탈하는 등의 침략책략을 항존恒存시키고 있었다. 20세기에 들어와서 일제는 한국병탄에 대해 결정적 시점만을 헤아리게 된다. 어느 시점 어느 상황이 자신에게 가장 유리할지에 대해 숙고할 뿐 지배대상으로 결정된 한국은 이미 주체적 지위로 고려될 수 없었다. 한국사회에 각종의 법을 이입시켜 정비하고 정치적 위상을 판단하는 등의 결정은 전적으로 한국지배를 좌우할 수 있는 일제 침략자들에게 달려있었으며 가장 적정하다고 판단한 시점에 한국은 보호국이란 명목으로 강제 복속이 실행될 뿐이었다.[3)]

한국사회의 변화를 추진하면서 생겨나는 여러 형태의 이권들에 대해서는 일제에 협조하는 부류들에게 배분하였으며, 목표로 삼는 한국병탄과 식민지배 복속을 위해서는 외교 경찰 사법 등 국권의 주요 내용을 시기를 나누어 침탈하는 교활함을 일관되게 진행한다. 국권 찬탈을 위해서는 한국인을 최선으로 활용하는 술책을 동원한다. 을사륵약을 반대하고 만국평화회의에 을사륵약의 부당성을 제기하려 한 고종황제를 강제 퇴위시키고 순종을 즉위시켜 식민지배를 향한 보폭에 탄력을 더한다. 일제가 한국병합을 목표로 접근하던 1900년대 초는 침략의 속도와 방법이 더욱 노골적으로 변

---

2) 李鍾吉, 朝鮮社會法史攷(개정증보제2판), 동아대출판부, 2020, 400~403면 ; 洪淳鎬, 韓日外交의 國際關係史的 省察, 광복50주년기념논문집 권1, 한국학술진흥재단, 1995 등 참조. 그리고 日帝强占期에 대한 시간적 한정에 대한 법적측면의 견해로는 러일전쟁 개전 시부터 1945년 8월15일까지로 하는 견해를 참고할 수 있다. 즉, '일제강점하 반민족행위 진상규명에 관한 특별법'(2005. 1.27. 법률 제7361호) 제2조에서 "이 법에서 '親日反民族行爲'라 함은 일본제국주의의 국권침탈이 시작된 러일전쟁 개전 시부터 1945년 8월15일까지 행한 다음 각 호의 어느 하나에 해당하는 행위를 말한다"라고 정의하고 있다.

3) 이종길, 전게서. 392~399면. 또한 일제의 한국강제병합에 대한 상세과정과 무력성, 그리고 不當性 및 不法性 등에 대한 연구논의는 이태진 사사가와 노리가츠(笹川紀勝) 공편, 한국병합과 현대--역사적 국제법적 재검토, 태학사, 2009 ; 이태진 외, 한국병합의 불법성연구, 서울대 출판부, 2003 등 참조요.

한다. 즉, 러일전쟁 승전 후 을사륵약乙巳勒約(1905.11.17.)으로 대한제국의 외교권을 박탈하고 정미칠조약丁未七條約(1907.7.24.)을 통해 법령제정 및 행정상의 행위 및 처분 등에 있어 통감의 사전승인과 지도를 받도록 하였으며 이어서 군대를 해산하고, 기유각서己酉覺書(1909. 7.12.)를 통해 한국의 사법권과 감옥사무를 강점하고 이듬해는 경찰권을 장악하는 등으로 한국에 대한 침략술책을 맹렬하게 진행하였으며, 이는 식민지배라는 목표 달성을 위한 계략의 실천과정이 되었던 것이다.

2. 더하여 경술년庚戌年(1910)에 한국을 강제 병탄하기에 앞서 일제는 병탄에 필요한 법제 및 사회조사를 치밀하게 수행한다. 한국에 대한 관습 및 사회조사를 통하여 유용하게 사용될 제도들을 파악하고 법령을 정비하는 것과 함께, 간악한 일제를 거부하며 대한독립을 강렬하게 요구하던 한국 민족의 선각자들을 무단으로 제압하게 된다. 결국 1910년 8월22일에 작성한 "양국 간 상호행복相互幸福을 증진하고 동양평화東洋平和를 영구히 확보할 것을 목적으로 한국을 일본에 병합하는 병합조약併合條約"을 7일 뒤인 8월29일에 순종 황제의 조칙詔勅 '합병合併에 관한 건'으로 공포하고 일본은 내각총리대신 후작 계태랑桂太郎이 이를 공포함으로써 한국병합을 공식화하게 되는 것이다.[4)]

1910년 8월22일에 이러한 협약을 체결해 놓은 양국의 정치모리배政治謀利輩들은 8월23일에 '통감부統監府 경찰부령警務部令 제3호-- 정치에 관한 옥외 다중집회를 금하는 건'을 공포 시행하게 되는 것으로 "당분간 정치에 관한 집회 또는 옥외에서 다중의 집회를 금지함. 본령을 위반하는 자는 구류拘留 또는 과료科料에 처함"이라고 하여 정치에 관한 반대 집회를 원천적으로 봉쇄하면서 한국의 국권을 상실시키는 병합을 이루어낸다.[5)] 그런 다음 양국 합병을 공식적으로 공포한 8월29일에 일제는 본격적으로 한국의 국호를 조선으로 변경하는 조처를 발령한다. 일제는 칙령勅令 제318호 '한국

4) 당시 併合에 관한 내용을 협의하고 작성한 全權委員은, 한국 측 내각총리대신 李完用과 일본 측 통감 子爵 寺內正毅이다. 아울러 통감부는 식민병합을 목표로 사회조사 및 법제의 정비를 위한 준비 작업을 충실히 행한다. 즉, '慣習調査報告書'는 統監府 法典調査局이 1908년5월부터 1910년9월까지 한국의 民事商事慣習을 조사한 것을 조선총독부에서 1910년과 1912년, 1913년에 간행하였다. 또한 '韓國水産誌'는 한국 어촌사회의 수산 현황을 조사하고 어촌사회의 주요 사항을 조사하여 1908년부터 1911년에 걸쳐 전 4책으로 편찬하였다. 이들 조사보고서는 한국사회의 실상과 민중들의 삶의 실체를 정확히 파악하려는 정책기조에 의한 것으로, 한국에 대한 식민지배를 효과적으로 수행하기 위해 편찬한 자료이다. 國譯慣習調査報告書(정긍식역), 韓國法制研究院, 1992 및 農商工部水産局 編, 韓國水産誌 등 참조요.

5) 본 통감부 警察部令은 發布日(8월23일)로 부터 시행하며 당시 통감부 警務總長은 明石元二郎이다.

韓國의 국호國號를 조선朝鮮으로 변경하는 건'을 제정하여 대한제국을 조선으로 개칭한다. 같은 날 칙령 제319호는 '조선총독부朝鮮總督府설치에 관한 건'을 제정하여 조선총독으로 하여금 일황日皇의 위탁을 받아 한국에서 일체의 정무를 통할토록 하였으며, 역시 같은 날 칙령 제324호 '조선에 시행할 법령에 관한 건'의 제정을 통해 한국에서 법률로 규정해야 할 사항에 대해 총독이 발하는 '제령制令'에 의하도록 하였다. 또한 동일자의 제령 제1호 '조선에 있어서 법령의 효력에 관한 건'은 장차 총독부를 설치할 경우 조선에 있어 그 효력을 잃게 될 일본제국법령 및 한국법령은 당분간 총독이 발하는 명령에 의해 그 효력을 갖도록 정함으로써 법률의 공백을 방지하는 장치를 마련하였다. 이어서 동년 9월에 칙령 제358호로 '통감부경찰관서관제統監府警察官署官制' 개정 등을 통해 조선 통치에 대한 구체적 정비를 해가게 된다. 즉, 당시까지 사용하던 우리의 국가 명칭을 '한국韓國'에서 '조선朝鮮'으로 변경함으로써 우리는 병탄에 이은 또 한 차례의 치욕恥辱을 당하게 된다. 이와 함께 한국지배의 책임자인 '통감統監'을 '조선총독朝鮮總督'으로 변경하였으며 그가 향후 삼십오 년 동안 조선 지배의 최고 책임자로 역할하게 된 것이다.

3. 일제는 '법에 의한 사회운영'이라는 근대사회의 특징적 요소를 식민지 한국 사회에 적용할 것을 중요하게 인식하고 있었는바, 식민통치에 필요한 법령을 한국 사회에 이입시켜 사회 저변을 면밀하게 정리하게 된다. 제국주의자인 그들은 식민지배를 위한 법을 설계하여 사회를 새롭게 편성하고 그 법을 근거로 개인의 생각과 행위에 이탈이 없을 것을 강압적으로 요구하면서 그들이 기도하는 식민사회로의 이행을 한국민에게 일방적으로 이식시켜 갔던 것이다. 법의 이해를 위한 배려와 교육의 시간도 없이 법에 의한 사회통제를 추진하는 일제의 식민지배 전략은 위하적威嚇的이고 강압적强壓的이며 일방적인 정치적 결단을 강제로 주입시키는 과정일 뿐이었다. 국가관계에서 기본적 사항인 상대에 대한 존중과 대등성 등은 전혀 배제한 채 당시로서는 약소국이자 후진국인 한국을 강압적으로 병탄하는 경로를 밟으면서 겉으로는 평화平和와 화친和親, 정의正義와 평등平等 등을 내건 교활한 책동을 지속한다. 그래서 그들의 표리부동한 행위와 침략과정은 부정의의 전형典型으로 지목되는 것이다.

이후 일제는 강제병탄強制併呑을 통해 한국식민지배를 완성한 다음부터 한국을 일본제국주의자들의 필요에 맞추어 단계적으로 유린하고, 압살적壓殺的 수탈정책收奪政策을 자의적恣意的으로 수행하는 등으로 1945년의 패전 때까지 부단하게 침탈을 실행하게 된 결과 한국사회와 한국민에게 남긴 폐해는 산정을 불가능하게 하였다.[6] 식민지배 이전부터 이루어지던 대한제국大韓帝國 백성에 대한 간교한 탄압은 강제병탄으로 이미 그 정도가 극에 이르렀지만, 병탄 이후의 탄압과 착취의 실상은 상상을 넘어 결국 대한제국과 대한국인大韓國人인 한국민족의 말살을 목표로 설정하고 있었던 것이다. 한국韓國[7] 민족民族[8] 말살책략을 통해 일제는 한국인의 민족적 주체성과 자주성에 기인한 어떠한 저항도 압살하고자 하였던 것이며, 필요에 따라서는 한국인을 동조동근同祖同根의 황국신민皇國臣民으로 기만하면서 실제로는 무비판적이며 도구적인 노예奴隸로 몰아가는 지배책략을 실행하였던 것이다.

이 글에서는 한국 식민지배 기간동안 일제가 한국 민족을 수탈하고 폭압하면서 일제 그들과 형식적 동화를 통해 한국인을 도구로 삼고 노예시할 것을 목적으로 일관해서 작동시켜간 부정의한 법제法制와 정책政策에 대해 검토한다. 따라서 강압된 식민기간을 시간을 나누어 주제별로 이를 분류하고 통합하면서 일제가 행한 부정의와 불합리한 법제의 실상들을 살펴보게 된다. 한국민족의 고유성과 독자성을 완전히 부정

6) 일제식민지배가 남긴 弊害를 법사학적 측면에서 종합적으로 고구한 성과자료로 광복50주년기념기념논문집 권1 <과거청산>, 학술진흥재단, 1995를 참고바람.

7) 이 글에서 사용하는 '韓國'이란 용어에 대해 밝혀둔다. 建陽2년(1897)8월14일, 조선개국506년 紀元節을 기하여 高宗은 年號를 光武로 고치고 同年10월12일에 國號를 '大韓'으로 정하면서 皇帝에 오른 다음 '大韓帝國'을 천하에 공포한다. 대한제국은 光武3年(1899)3월17일에 기본법인 全文9條의 '大韓國國制'를 반포한다. 따라서 이전까지의 朝鮮은 국호를 大韓帝國으로 변경하여 이후의 역사를 운영한다. 이러한 '大韓'은 일제의 집요한 국권침탈에 저항하면서 國權守護와 大韓獨立을 열망하였지만 결국 1910년 8월29일에 국권을 상실당하는 비극을 맞게 된다. [大韓國國制]의 제1조와 제2조를 참고로 적어둔다. 제1조는 "大韓國은 世界萬邦에 公認되온 바 自主獨立ᄒᆞ온 帝國이니라" 제2조는 "大韓帝國의 政治는 由前則五百年傳來ᄒᆞ시고 由後則恆萬世不變ᄒᆞ오실 專制政治이니라"라고 하여, '大韓國'은 오백년 앞선 역사를 잇고 이후로 만세불변하게 이어질 전제국가임을 명백하게 선언하고 있다. 그리고 일제에게 국권을 빼앗긴 1910년 8월29일, 일제는 칙령 제318호 '韓國의 國號를 朝鮮으로 변경하는 건'을 제정하여 대한제국을 '조선'으로 개칭하고, 같은 날 칙령 제319호는 '조선총독부설치에 관한 건'을 제정하여 조선총독으로 하여금 일왕의 위탁을 받아 한국에서 일체의 정무를 관장하도록 하였다. 따라서 이 글에서는 '朝鮮'이라는 명칭이 일제가 우리의 국권을 강제로 침탈하여 식민지배하면서 '大韓' '大韓帝國' '韓國'이라는 국가 명칭을 임의로 강등 변경하여 사용하게 된 것인 만큼 논의의 전개 및 서술에 있어 사용하는 용어는 '韓國' '韓國人'을 원칙으로 한다. 단, 당시에 제정 개정 등을 통해 고유하게 사용된 법령의 명칭이나 여타 자료를 인용하는 경우에 있어서는 부득이하게 '朝鮮'이라는 표현을 사용하게 된다.

8) '民族'에 대해서는 다음의 정의를 참고한다. "언어 지역 혈연 문화 정치 경제생활 및 역사의 공동을 객관적 요소로 하여 공공히 결합되고, 그 기초 위에서 공통된 정신 및 의식의 주관적 요소가 형성 융합되어 공고하게 결합된 역사적 범주의 인간공동체". 愼鏞廈, 한국민족의 형성과 민족사회학, 지식산업사, 2001. 315~363참조요.

하면서 성과 이름까지를 변경하도록 강제한 결과, 황국신민皇國臣民의 옷을 입혀 태평양전쟁으로 몰아가던 시기까지의 일제 식민지배 현장을 법제 및 정책적 측면에서 논구한다.

제Ⅱ장 일제의 한국 강제병탄과 초기의 법제이식 경과

[1] 1910년 이전 일제의 한국국권 점탈과 침략기조

일본제국주의는 명치유신을 통해 축적한 국가적 힘을 주변 아시아 국가를 대상으로 식민침략 전쟁을 수행함으로써 당시 일본이 국내적으로 당면하고 있던 난관을 해결하면서 식민지 획득을 통해 경제적 정치적 이익을 도모하는 기회로 삼고자 하였다. 그러나 이는 일차적 목표에 지나지 않는 것으로, 궁극에는 바다로 둘러싸인 일본이 대륙과의 연계 교두보를 확보하여야 하는 숙제를 식민지 확보를 통해 달성함으로써 이후의 국세확장에 기초를 확고히 하려는 것이었다. 일제의 한국지배는 그래서 단순히 경제적 이익침탈에 머무는 식민지배 경영에 머물 수 없는 것으로, 중국 등지의 대륙진출을 위한 전진기지이자 시점始點으로서의 의미를 갖게 된다. 결국 일제는 명치연간이래 아시아주의라는 명목으로 아시아를 지배할 구상을 설정하는 것과 함께 이를 위해 먼저 조선을 침략하여 실마리를 풀어갈 것으로 하였다. 나아가 일본을 맹주로 하는 대동아공영권大東亞共榮圈 건설을 기치로 1941년에 대동아전쟁을 도발함으로써 아시아는 물론 세계를 죽음과 폐허로 몰아가는 희대稀代의 부정의不正義를 실행하게 된 것이다.9)

따라서 일제는 한국식민지배를 위해 장기적인 정책구도에 기초하여 정치적·사회적·경제적 측면에서 철저한 침략구상을 실천으로 옮겨오는 치밀성과 과감성을 병용하고 있다. 일제는 이미 1876년의 강화도조약을 시작으로 1894년 청일전쟁淸日戰

9) 姜在彦, 朝鮮問題における內田良平の思想と行動, 歷史學硏究, 1966 및 朴慶植, 日本帝國主義의 朝鮮支配, 청아출판사, 1986. 13면 참조.

爭에서 청의 세력을 배격해 내면서 조선의 내정에 대한 간섭을 구체화 하게 된다.[10] 즉, 동양대국東洋大局의 평화平和를 유지할 방안마련이 급선무임을 전제로, 재정을 조사하며 중앙과 지방의 관리수官吏數를 줄이고, 경비병을 설치하여 국내의 안정을 유지케 한다는 등의 내정관여책內政關與策을 마련하여 영향을 미치게 된다.[11] 물론 일제는 청과 조선의 관계를 차단하기 위해 조선의 자주성自主性 독립성獨立性을 조약條約 등을 통해 지속적으로 강조하면서 독립국가 조선에 대한 일제만의 전속적專屬的 지배를 실현하고자 하였던 것이다. 청일전쟁의 승리로 청국을 조선에서 구축驅逐해낸 일제는 그 후 조선이 행하는 일제에 대한 저항에 대해 무력과 간악술책奸惡術策으로 무력화無力化를 기도한다.

그런 다음 한국을 둘러싼 러시아세력과의 대립도 영국・미국 등 제3국들과 상호이익을 묵인하는 내용의 동맹관계를 앞서 행한 다음 무력을 동반하면서 한국을 전속적으로 지배하게 된다. 러일전쟁 개전 직후인 1904년 2월 23일에는 한일간 공수동맹으로 칭해지는 한일의정서韓日議定書를 조인調印하게 됨으로써 한국은 전쟁수행에 필요한 모든 사항을 협조하는 것과 함께 시정개선施政改善에 관한 충고를 용인容認하도록 하였으며, 일본의 승인承認없이 독자적인 외교관계를 체결 할 수 없음을 약속 하게 되었다.[12] 전쟁에서 승리한 일제는 한국지배에 대한 열강의 간섭으로부터 전혀 자유롭게 되었으며, 곧 바로 한국과 을사늑약乙巳勒約(1905년 11월17일)을 강제하게 되는 것이다. 이로 인해 한국은 일제의 보호국保護國으로 전락되었으며 황제의 궐하闕下에 통감統監이 있으면서 외교를 감리監理 지휘指揮하며, 국내의 정부조직政府組織에는 통

10) 일제는 청일전쟁을 수행하는 와중에 조선정부와 1894년8월20일 '暫定合同條款'과 8월26일의 '大日本大朝鮮兩國盟約'이라는 두 개의 조약을 체결하게 된다. '暫定合同條款'의 내용은 ①일본정부가 요구하는 내정개혁을 조선정부가 수용하여 차례대로 시행할 것 ②京釜 京仁間 철도건설은 일본정부 또는 일본회사에게 권한을 부여할 것 ③일본정부가 금번에 경부 경인간에 가설한 군용전신에 대한 영구관리권 보증 ④전라도연안에 통상항 한 곳을 개항할 것 ⑤지난 7월23일 왕궁부근에서 발생한 양국병간의 우연한 충돌사건은 상호추구하지 말 것 ⑥일본정부는 조선의 獨立自主를 공고히 하기 위한 일은 마땅히 양국정부가 위원을 뽑아 회동하여 議定할 것 ⑦위의 잠정조관에 花押蓋印(서명날인)을 거친 뒤에 시일을 택하여 궁궐을 호위하고 있는 일본병력을 일률적으로 철수할 것 등이다. 그리고 '大日本大朝鮮兩國盟約'의 내용은 7월25일에 청병을 조선에서 철수토록 하는 것에 대해 조선정부가 이를 일본특명전권공사에게 위탁하면서 양국정부는 청국에 대해 이미 攻守同盟관계가 체결되었음을 闡明함으로써 조선에서 일본군의 군사행동이 이에 근거하는 것임을 대외적으로 알리고자 하는 의미를 지니고 있다. (柳永益, 甲午更張硏究, 一潮閣, 1990. 28~29면 ;李泰鎭, 1905년 條約 强制時의 韓國駐箚軍의 성격, 한국사론 제54권, 2008.6. 참조)

11) 歷史學硏究會編, 日本史史料(近代篇), 岩波書店, 1997. '朝鮮に關する日淸共同內政改革提案' 참조.

12) 歷史學硏究會編, 日本史史料(近代篇), 岩波書店, 1997. '日英同盟(1902.1.30)', '露國に對する宣戰の詔勅(1904.2.10)', '韓國保護權確立實行に關する閣議決定(1905.10.27)' 등 참조.

감의 지휘를 받는 이사관理事官이 배치됨으로써 실질적인 식민지 통치가 시작되었다. 이후의 시기는 부문마다 보다 조직적인 식민지배를 위해 필요한 법률 등의 제도를 정비하는 과정이 되는 것으로, 이를 통해 식민지배를 합법적으로 수행하는 기반을 공고히 다져가게 된다.[13] 결국 그로부터 1910년의 경술국치庚戌國恥에 이르는 시간까지 일제는 일방적으로 국권을 횡탈橫奪할 마지막과정을 주도적으로 운용한 다음 계획한 대로 식민지植民地로의 강제 병탄併呑을 자행하게 된 것이다.

일제는 조선을 식민지화 해 가는 과정 중기인 1904년의 러일전쟁 수행 중에 '대한방계對韓方計' '대한시정강령對韓施設綱領'등을 통해 이미 한국을 보호국화保護國化할 것을 확정하고, 일본에 대한 원료 공급지로써의 역할과 일본 내 과잉농업인구의 한국이주 등을 대한정책對韓政策으로 명백히 하게 된다.[14] 그에 따라 일본인의 한국이민은 급증하는 추세였으며,[15] 이러한 일본 이주민의 한국정착 보장을 위해서도 주거지역 및 경작토지耕作土地 확보는 중요한 과제가 될 수밖에 없었다.[16] 따라서 일제는 당시 일본국내에서 발생하고 있는 문제의 해결을 위해서도 한국침략을 중요하게 설정하고 있었으며, 결국 을사년인 1905년 11월17일에 강제적으로 만든 륵약勒約을 근거로 통감부統監府를 설치하여 대한제국大韓帝國을 그들의 통제하에 놓게 되는 것이다.[17]

을사륵약 체결을 위해 일제는 이등박문伊藤博文을 특파대사로 임명하여 치밀한 작전 계략으로 이를 성취하게 된다. 1905년 11월 17일 궁정에서 계속된 대신회의는 한국 주둔군 하세가와 장군의 수행을 받으며 참석하고 있는 이등박문의 서명독촉은 서명이 이루어지지 않으면 대신회의가 종료될 수 없는 상황으로 압박하고 있었다. 이처럼 군대를 동원하는 위압적 방법과 함께 매국수괴 이완용李完用[18] 등을 협조자로 만

---

13) 歷史學研究會編, 日本史史料(近代篇), 岩波書店, 1997. '第二次 日韓協約(1905.11.17)' 참조.

14) 權泰檍, 統監府時期 日帝의 對韓 農業施策, 러일전쟁전후 일제의 한국침략, 一潮閣, 182면이하 참조.

15) 한국 내 일본인은 1905년 42,460명에서 1909년에는 126,168명으로 증가하고 있다. 在日韓國人五十年史, 56면 참조.

16) 이 당시에 벌써 親日의 賣國團體인 一進會가 지방의 소유권 분쟁 등에 깊이 관여하면서 위력을 행사하기도 하며, 日人이 지방의 官屬이나 無頼輩 亂類등과 합세하여 소유관계를 농단하는 경우도 발생하고 있다(慶尙南北道各郡訴狀 第十册, 光武十年七月 慶尙南北道沿海漁民등이 올린 請願書 및 訓令照會存案 第七十二・七十八册등의 내용에 散在). 특히 一進會員들은 이미 일본에 충성을 맹세하고 러일전쟁에 참여하여 수천명이 사망하였다고 하는 사실도 일제의 한국지배와 관련하여 중요하게 보아야 할 것이다(黃玹, 梅泉野錄, 隆熙元年 八月 참조).

17) 이와 관련하여서는 전게, 日本史史料(近代篇)의 'マイエット 日本農民の疲弊及び其救治策(1891)', '松原岩五郎 最暗黑の東京(1893.11)', '治安警察法(1900.3.10)'의 자료와 李鍾吉, 日帝의 大韓帝國支配過程 小考, 법제연구 제22호, 2002.의 'Ⅲ. 日本의 國內事情과 植民地 確保政策' 부분을 참조바람.

든 다음 외교권 탈취를 주된 내용으로 하는 다섯 개 조항의 륵약을 만들어내게 된다.[19] 여기서 나타나는 체약방법의 불법성不法性과 책략의 비열성卑劣性, 내용의 부당성不當性 등은 이후 일제가 행하는 한국지배 역정에 전형典型이 됨으로써 지속된 한국병탄과정에 끊이지 않는 비참상을 남겨주게 되는 것이다.

[을사륵약乙巳勒約의 체약 현장]

다음은 1905년 11월17일 을사륵약이 강제로 조인調印되던 상황의 일부를 묘사한다. '한국통사韓國痛史'의 내용을 통해 당시를 재생하면서 변절 매국의 공직 대신들이 행하는 모습을 되새겨본다.[20] 특파대사 이등박문과 일본공사 임권조林權助가 한국황실과 소속 대신들을 무력으로 둘러싸면서 국권을 무시하는 강압적 행태가 너무나 선명하다. 참정대신參政大臣 한규설韓圭卨은 일본이 약속한 동양평화東洋平和의 보전과 한국독립韓國獨立의 확고한 실천에 착오가 없을 것을 일관되게 요구하면서 체약불가를 견지한다.[21] 그와는 반대로 이완용이 행하는 매국을 위한 비열행위는 교묘하게 이등박문을 지지하면서 을사오적乙巳五賊을 역사에 새기고 있는 것이다.

---

18) 乙巳勒約이후 李完用은 伊藤博文 아래서 學部大臣과 議政府參政大臣을 거쳐 '議政府를 內閣으로 改稱하는 件'(詔勅, 光武11년 6월14일)에 따라 勅令 第35號로'內閣官制'규정을 정비하게 되면서 1906년6월14일부로 '內閣總理大臣 勳二等 李完用'으로 직임을 수행하게 된다. 이후 勳一等을 거쳐 1907년의 정치변란을 정리한 후인 11월2일부터 內閣總理大臣 '大勳' 李完用으로 직임을 수행한다. '內閣官制'규정을 보면 內閣은 國務大臣으로 조직하고 國務大臣은 즉, 內閣總理大臣及行政各部大臣을 이르며(제1조), 國務大臣은 大皇陛下를 輔弼하야 國政을 掌理하며(제2조), 內閣總理大臣은 國務大臣의 首班이니 機務를 奏宣하야 旨를 承하고 行政各部의 統一을 保持(제3조)하는 것으로 하고 있다. 李完用은 賣國에 기여한 대가로 절대권력적 內閣總理大臣이 됨으로써 明治天皇과 그의 直隸인 伊藤博文을위해 더한 走狗로서의 삶을 살게 된다. 國會圖書館刊, 韓末近代法令資料集 참조.

19) 朴慶植, 日本帝國主義의 朝鮮支配, 청아출판사, 1986. 24~25면 ; 洪淳鎬, 韓日外交의 國際關係史的省察, 한국학술진흥재단, 1995, 275면 ; 李鍾吉, 전게서, 2020. 400-403면.

20) 朴殷植著, 李章熙譯, 韓國痛史, 博英社, 1977. 121면 이하.

21) 참정대신 韓圭卨은 말하기를 "귀 특사의 논하는 바 그렇다고 생각하오. 친서 4개조에 대해서는 御前에서 들었소. 귀국이 우리나라의 독립과 동양평화를 보전하기 위해 러시아와 전쟁시 우리는 병력을 도와주지 못한 점은 미안하게 생각되오. 그러나 우리 국민이 군수물자를 수송하고 철로를 건설하는데 참여하여 분주히 힘을 다하였소. 비록 그 도움이 적었다고 해도 그 뜻은 적지 않을 것이오. 지난번 의정서가 체결될 때 우리 측 손실은 비록 많았으나 그래도 우리의 독립을 보증하였고 귀국 황제의 선전조칙에서도 특별히 우리나라의 독립을 보전하겠다고 천하에 선포하여 우리나라 사람들은 실로 그를 믿고 있으며, 지금 대사는 元勳으로서 오래도록 품은 宿望이 있으신 분이라 반드시 우리의 독립을 위해 힘을 썼을 것이오. 그러므로 우리 국민들은 대사께서 우리의 독립을 침해하지 않을 것이라는 확신하면서 축하하는 바인데, 어찌 대사께서 이러한 계책으로 나오는 것이오. 衆望에 크게 어긋날 뿐만 아니라 단연코 행할 수 없는 바이오."(韓國痛史, 124면).

[...**참정대신參政大臣 한규설韓圭卨이 말하기를** "어제 두 곳에서 문답한 일을 외부대신을 경유하여 설명하였으니 다시 제안할 필요가 없소. 조약체결 문제에 있어서도 정부에 있는 사람으로서 결코 불가한 것이오"하고, 권중현權重顯이 말하기를 "이 안건은 정부가 독단으로 할 수 없으며 마땅히 중추원中樞院에서 토론을 나누어야하는 것이오"하였다.

이에 일본공사 임권조林權助는 화를 내며 "이것은 귀국이 스스로 책임지지 않고 남에게 미루는 추위推諉의 관습慣習에 인하는 것으로, 제공諸公이 반대한다 하더라도 이등伊藤 대사大使[22]가 일황日皇의 칙지勅旨를 가져온 대사인 만큼 단행하고 말 것이오. 제공들은 상주上奏해야 할 것이오."

이완용李完用이 말하기를 "이 일은 불가불 속히 결정해야지 어찌 미루어 천연遷延시킬 수 있겠소"하자 이에 모든 사람들이 일어나 입궐하려 하자, 임권조林權助가 말하기를 "내 이미 궁내부 대신에게 전화로 폐견陛見할 것을 청했으니 나도 또한 입궐하겠소"하였다.

참정대신이 "만약 공사가 입궐하려 한다면 우리는 들어가지 않겠소"하자 이에 임권조는 "가고 안 가고는 나의 뜻이오"하자 대신들은 계단을 내려갔다.

일본인 헌병 순사들이 옹위하고 대궐에 이르니 임권조는 이미 들어가 휴게소에서 대신들이 상주하는 모습을 기다리고 있었다. 이에 어전회의御前會議를 열고 해당 조약문의 가부를 물으니 중의衆意가 모두 반대했으며,

유독 이완용李完用이 "이같이 중요한 안건을 거부함이 다행이나 만약에 부득이 인준한다고 한다면 어구語句를 개정改訂하는 것이 좋지 않겠는가"라고 하자 서너명의 대신이 그러함이 옳겠다고 하더니 이하영李夏榮이 소매에서 약장約章을 꺼내어 개정할 것을 건의하였다.

참정대신參政大臣 한규설韓圭卨이 분연奮然히 말하되 "이러한 말이 우리 편에서 먼저 나오다니, 어찌 일본의 주장을 거절할 수 있다는 말인가"하였다. 참정대신은 이에 제 대신들의 식언食言이 두려워 다시 가부可否를 물으니 "모두 이미 부결하기로 일치를 보았는데 어찌 다른 말이 있을 수 있겠소"하였다.

…… **이등박문伊藤博文은 물러나와 의석議席에 나가 말하기를** "참정대신 한 사람은 비록 부결했다 하여도 모든 대신들이 이미 모두 개정改訂하는 것으로 가可하다 하였으니 이 안건은 결

---

22) 韓國痛史는 일본 侯爵 伊藤博文은 日皇의 특지를 받아 特派大使로 광무9년(1905) 11월2일 한국에 들어왔음을 기록하고 있는 것으로, "朕은 東洋平和를 유지하기 위해 大使를 특파하니 대사의 지휘를 따라서 국방의 방어를 조처하고 짐은 皇帝의 안녕을 공고히 하며 짐은 이를 보증한다"등의 특지를 가지고 왔음을 운운하고 있다.

정된 것이오"하고는 즉시 우리 정부의 주사主事 2인을 불러 고친 초안 한 통을 베끼게 한 뒤 일본공관 통역 전간공작前間恭作과 외부보좌원外部補佐員 소야沼野 등이 일본병 수십 명을 데리고 외부外部로 달려가서 인장印章을 탈취해 와서 당해 조약을 날인捺印하고 말하기를 "삼정대신이 날인않아도 무관하오"하였으니

이에 오개五個의 조약문條約文이 성립되게 되었다.

즉, "제오조第五條 일본국정부日本國政府 보증한국황실지안녕존엄유지保證韓國皇室之安寧尊嚴維持"라는 내용을 별도로 추가하였을 뿐이다.23)

조인을 마친 뒤 이등박문伊藤博文 장곡천長谷川 임권조林權助 등은 군대를 거두어 물러갔고 다음날 서상西廂을 지키던 대장隊長 장교 또한 물러가니 참정대신은 비로소 나갈 수 있었다.

내정부內政府에 이르러 참찬參贊 이상설李相卨과 손을 잡고 통곡痛哭하는데 다른 대신들도 도착하였다.

참정대신은 큰 소리로 외치며 말하되 "금일 공公등의 처사는 하류사회인下流社會人이라 하더라도 이같이 뒤엎어 나라를 망칠 수는 없을 것이다. 나라가 망하면 공公들은 편안할 수 있을 것인가?"하였다.

…… 조칙詔勅에서 참정대신參政大臣한규설韓圭卨은 궁궐과 지척咫尺에 있으면서 조치를 잘못하였으니 우선 본관本官을 면직免職하고 유삼년流三年에 처하도록 하였으나, 얼마 되지 않아 참정대신에 대해 조칙으로 유배형 시행을 금하고 면관免官만 있게 되었다.

이로 인하여 조약이 성립되자 외부대신 박제순朴齊純, 학부대신 이완용李完用, 내부대신 이지용李址鎔, 군부대신 이근택李根澤, 농상공부대신 권중현權重顯은 **'을사오적**乙巳五賊**'**이 되어 많은 사람들이 분노의 욕을 하며 모두가 책망을 하니 이등박문은 이에 군대를 파견하여 그들의 사제私第를 순위巡衛하고 출입을 지켜주었다.]

당시 황성신문皇城新聞의 장지연張志淵(1864~1921) 주필은 1905년 11월20일 자에 논설 '시일야방성대곡是日也放聲大哭'을 게재하여 민족의 정의를 호소하면서 이등박문을 중심으로 한 일본의 무신無信과 부정의와 한국 대신들의 무능과 부패를 비분강개悲憤慷慨 울분으로 통박하였다. "...그러나 슬프도다. 저 개돼지만도 못한(피돈견불약彼豚犬不若) 소위 우리 정부의 대신이라는 자들은 자기 일신의 영리榮利만을 생각하고 위

23) 앞서 작성한 4개조의 내용은 자구의 차이만 있을 뿐 대개가 같았으며 제5조에서 "일본국정부는 한국황실의 안녕과 존엄의 유지를 보증한다"는 내용을 추가하게 되었다. 앞선 4개조의 주요 내용은 일본정부 동경 외무성에 기한 한국의 외교권 박탈과 통감정치 시행을 핵심으로 하고 있다.

협에 떨면서 나라를 팔아먹는 도적이 되어(매국賣國의 적賊을 감작甘作하야) 4000년 역사의 강토疆土와 500년 종사宗社를 타인에게 봉헌奉獻하고 2000만의 생령生靈을 모두 타인의 노예奴隸가 되게 하니, 저 개돼지만도 못한 외무대신 박제순朴齊純과 각 대신은 족히 엄하게 문책할 가치도 없거니와, 명색이 참정대신參政大臣이라는 자는 정부의 우두머리임에도 불구하고 다만 '否'자로써 책임을 면하며 이름만 팔려고 꾀하였다...."는 내용으로 불합리와 원억을 통분스럽게 역사에 적어두게 되었던 것이다.[24)]

이등박문은 1906년 2월에 설치한 통감부統監府의 통감이 됨으로서 한국지배의 실질적 책임자가 된다.[25)] 이듬해인 1907년 8월에 정미칠조약을 맺으면서 정부 각부의 차관을 비롯하여 중요 공직에 일본인을 임용하고 군대를 해산하는 등으로 한국의 주권을 형해화形骸化하는 작업을 아무런 거리낌 없이 법을 통해 진행한다.[26)] 특히 외교권을 탈취해간 을사륵약의 부당성을 세계만방에 호소하고자 고종황제는 1907년4월 20일, 그 해 6월에 네델란드 헤이그에서 개최되는 제2차 만국평화회의에 이상설李相卨(1871~1917) 이준李儁(1859~1907) 이위종李瑋鍾(1887~?) 등 세 명의 밀사를 파견하게 된다.[27)] 이에 앞서 1906년6월에 고종황제는 9개국 수교국 원수들에게 친서를 보내어 일제가 위협하며 강요한 조약에 황제인 본인이 절대 조인을 허가하지 않았으

---

24) 황성신문,1905.11.20.원문 참조. 이 논설의 게재로 인해 황성신문은 3개월 정간 처분이 이루어졌고, 주필 장지연은 90여일 간 투옥되는 고초苦楚를 당하게 되었다.(이해창, 한국신문사연구, 성문각, 1971). 그러나 후일 식민지배하에서 총독부 어용 기관지인 每日申報의 주필(1914-1918)로 활약한 변절의 내용은 또 별도의 논의를 요한다.

25) 明治38년12월20일 勅令第267號로 統監府及理事廳官制를 다음의 내용으로 공포한다. "朕은 樞密顧問의 諮詢을 經하여 統監府及 理事廳官制를 裁可하고 玆에 此를 公布케 함. 明治38年12月20日 內閣總理大臣兼外務大臣 伯爵 桂太郎 , 陸軍大臣 寺內正毅"으로 하고, 제2조에서 "統監府에 統監을 置함. 統監은 親任으로 함. **統監은 天皇에 直隸**하고 **外交**에 관하여는 外務大臣을 由하여 內閣總理大臣을 經由, 기타의 事務에 관하여는 內閣總理大臣을 經하여 上奏를 하고 裁可를 받음"이라고 하여 천황에 直隸하는 통감의 지위를 밝히고 있다. 統監府法令資料集(上) 참조.

26) 1907년 8월의 정미칠조약을 통해 한국정부는 시정개선에 관해 統監의 지휘를 받도록 하고(제1조) 법령제정과 행정상의 주요 처분에 대해서는 미리 통감의 동의를 받도록 함(제2조)으로써 통감의 內政關與는 국가운영의 핵심부로 들어오게 된다.

27) 乙巳勒約 및 韓日合邦條約에 대한 자세한 경과와 이의 無效論에 대한 집성자료로는 이태진 사사가와 노리가츠(笹川紀勝) 공편, 한국병합과 현대--역사적 국제법적 재검토, 태학사, 2009를 참고하기 바람. 참고로 이태진 교수가 제기하는 乙巳勒約 및 韓日合邦條約 등에 대한 無效論은 條約形式과 締結節次에서 중대한 하자가 있음을 밝혀내게 된 결과 국권침탈 관련 조약의 원천적 불성립을 주장하고 있는 것이다. 이에 대해 당시의 국제법론상 전혀 문제될 바가 없음을 밝히면서 반론을 제기하는 일본의 운노 후쿠주(海野 福壽, 明治大教授)의 주장에 대한 이해를 위해서는 [2000년 한일문화심포지움--과거청산과 21세기의 한일관계]의 제1주제 '韓日合拼條約과 韓日協定에 관하여' 주제발표문과 논평문을 참고하기 바람.

며 이러한 조약체결은 마땅히 공법公法을 위반한 것으로 무효임을 밝히고 있다.[28] 그러나 일제의 책동은 이들의 회의장 출입을 봉쇄하였으며 결국 강국에 의해 자행된 부정의不正義한 국권침탈행위에 대해 이의 경과와 부당성을 밝혀내는 기회마저 박탈당하는 억울함을 겪게 된다. 정의가 멸종되고 무력과 강대국의 이익, 그리고 교활한 외교적 술수만이 평화平和를 가장하여 정의正義처럼 통용되는 당시 국제사회의 실상을 뼈저리게 알 수 있는 역사를 목도한다.[29] 그러한 일제는 보복적 차원에서 우리에게 역사상 오욕으로 기록되는 고종황제의 강제퇴위라는 만행蠻行을 자행한다.[30]

이후 국권탈취에 분노를 안게 된 한국인의 저항을 탄압하기 위해 일제는 내각총리대신內閣總理大臣 이완용李完用 명의로 법률 제1호 '신문지법新聞紙法'(1906.7.24)을 이어 '보안법保安法' '출판법出版法' '경찰범처벌령警察犯處罰令' 등의 강압법强壓法을 한국에 이식移植·제정制定하면서 한국인의 민족적 저항을 진압하고자 한다.[31] 특히 1907년 7월27일에 법률 제2호로 공포 시행된 '보안법保安法'은 고종황제의 강제퇴위

28) 고종황제는 1906년 6월22일자로 9개 수교국 원수에게 친서를 보내 1905년의 을사륵약이 일제의 만행에 의한 것이며 황제인 본인이 조인을 절대 허가하지 않았음을 명백히 밝히고 있다. 김기석, 광무제의 주권수호외교--1905~1907, 일본의 대한제국강점, 까치, 1995. 257면.

29) 1907년 6월 15일부터 네델란드 헤이그에서 열린 제2차 만국평화회의장에 참석이 거부된 가운데 이루어진 한국인 대표 이위종의 주장을 살펴본다. 이위종은 고종황제의 종손자이자 주미공사를 지낸 이범진의 아들로서 워싱턴에서 4년간을 살았다. 당시 이위종(20세)은 만국평화회의장에 들어가지 못하고 닫혀있는 문 앞에서 영국의 평화회의보(편집인은 영국기자 윌리엄 스테드)기자와 만나 대담을 하게 됨으로써 '평화회의보' 7월 5일자 기사로 그 내용을 남기게 된 것이다. 이위종이 기자와 대담형식을 통해 남긴 내용을 요약한다. "흔히 제단이 헤이그에 있다고 말하는, 법과 정의, 평화의 신을 혹시 이 곳에서 만날 수 있으리라 기대하면서 먼 나라에서 왔다"고 하면서 "이 세상에 정의란 없군요. 여기 헤이그에서 조차도 결국 가증스럽게 당한 치욕을 회복할 길이 없고, 조약이 불법적으로 위반되었다고 항의해도 무시되며, 또한 나라의 독립은 그것의 국제적인 보장여부와 관계없이 침탈당할 수 있는 것임"을 답변하고 있다. 또한 "당신들이 말하는 법의 신이란 유령일 뿐이며 정의를 존중한다는 것은 겉치레에 불과합니다. 왜 대한제국이 희생되어야 합니까. 대한제국이 약자이기 때문입니까. 도대체 무엇을 위해 정의, 권리, 그리고 법에 대해 말할 수 있겠습니까. 왜 대포가 유일한 법이며 강대국들은 어떤 이유로도 처벌되지 않는 것이라고 솔직히 시인하지 않습니까" 그리고 이어서 "칼이 아니라 법과 정의, 평화의 신을 신뢰하는 다른 나라가 겪을 운명을 보여주는 것입니다. 대한제국이 주변 강대국들에게 맞서 국토를 방어하기 어려운 나라라고 말하지 마십시오. 대한제국은 구릉 하나하나가 천연요새를 이루는 산악 국가이며, 2000만 우리민족은 극동의 스위스처럼 우리나라를 만들 수 있었습니다. 그러나 우리는 전쟁을 원하지 않았습니다. 우리는 평화를 사랑하는 국민이었습니다"라고 열열히 호소하고 있다. (대한변협신문, 법률가 이준열사와 기자, 2010.6.21(제309호) 참조).

30) 이태진, 상게서. 171~174면 참조.

31) 新聞紙法은 국권탈취에 대한 해외밀사사건 등의 저항에 당면하여 1907년 법률제1호로 공포되었다. 警察犯處罰令은 1908년 통감부령 제44호로 공포된 것으로 일본의 警察犯處罰令을 모본으로 한 것이었지만 그 이후 1912년 총독부령 제40호로 공포 시행된 '警察犯處罰規則'을 통해서 완전한 법작동이 이루어졌다. 전체87개항에 달하는 경범죄항목을 구성요건으로 정함으로써 武斷政治치하에서 조금이라도 不逞하다고 생각되는 한국인을 저인망처럼 포획하는 法網이 되었던 것이다.

와 군대해산 등의 국권침탈에 극렬하게 저항하는 한국민족을 진압할 목적으로 만든 것으로, 통감부가 일본의 치안경찰법治安警察法(명치 33년, 법률제36호)을 모방하여 만든 법이다. 부칙을 포함하여 전체 10개조로 구성되어있는 보안법保安法은 다음의 내용으로 요약 된다. 즉, ①안녕질서를 위하여 결사집회結社集會 또는 다중多衆의 운동이나 군중群衆에 대한 제한 및 금지해산禁止解散 ②안녕질서를 위해 흉기와 폭발물 기타 위험물건의 휴대금지 ③공개장소에서 안녕질서를 문란케 할 우려가 있는 언동의 금지 ④정치에 관한 불온한 동작을 할 염려 있는 자에 대해 거주 등을 제한하며 정치에 관한 불온한 언동을 하여 치안을 방해하는 자에 대한 처분을 주된 내용으로 하고 있다.[32] 따라서 일제의 한국 국권탈취에 거부하며 의병義兵으로 일제의 부정의不正義에 저항하던 민족 선열들은 이러한 법규위반이 처벌의 근거가 되어 가혹한 탄압과 압제에 희생이 되어야만 하였다.[33] 일제는 한국민에 대한 민족유린을 예견하면서 강압법을 설정하여 위반 행위를 법에 근거하여 강력하게 탄압하는 방식을 채택하였으며, 이를 통해 식민지배를 위한 강제병탄으로 이행시켜 가는 경로로 설정하고 있었던 것이다.

[2] 강제병탄을 위한 한국사회 기반정비

1. 강제병탄을 위한 사회경제적 기반정비

한국 강제병탄의 책무를 부여받은 통감부는 일제의 한국지배를 위해 일본인의 한국진출을 위한 기초를 마련하게 된다. 일본인의 한국도래는 다각도에서 이루어지게 되는 것으로, 그 중 일본 자본의 보다 자유로운 한국 유입과 생산인력의 한국 이주를 위해 제반 법규를 단계적으로 정비한다. 1906년 10월30일 칙령勅令 제65호로 '토지

---

32) 野村滿, 保安法(光武11年 法律第2號)の史的素描, 司法協會雜誌 第22卷第11號, 1943. 22면. 317~320면.

33) 鈴木敬夫, 併合以前の治安法, 韓國法史學論叢, 박영사, 1991. 刑法大全[內亂罪]の適用 및 保安法の適用 참조요. 그리고 일제가 군대를 동원하여 대한제국 義兵을 殘虐하게 탄압하였던 실상을 담고 있는 자료로써 최근에 간행된 '陣中日誌'(全三册)를 소개한다. 본 자료는 1907년 7월 대한제국 군대해산이후 일제의 국권침탈책동에 극력 저항하던 한국의병을 탄압하기 위해 일본에서 파견된 일본보병 제14연대가 탄압작전을 수행한 내용을 기록하고 있다. 일본보병 제14연대는 1907년 7월23일 부대동원으로부터 1909년 6월19일 부대복귀까지 2년여 동안 한국에 파병되어 의병탄압을 주도한다. 특히 후기의병기인 1907년 이후 주로 영남과 호남지역에서 활약하던 의병을 학살 탄압하던 내용이 日記式으로 상세하게 기록되어있다. 토지주택박물관 연구총서 제15집, 陣中日誌(全三册), 2010 참조요.

가옥증명규칙土地家屋證明規則'을 시작으로 동년 12월28일에는 칙령 제80호로'토지가옥전당집행규칙土地家屋典當執行規則'을 선포한다. 이를 통해 일본인의 토지매수土地買收가 원활하게 되며 그에 따른 소유권 보장은 물론이고 부동산을 담보로 고리高利의 일본상업자본日本商業資本이 한국사회에 자유롭게 침투할 수 있게 된다. 1907년 4월 9일에는 '토지가옥매매전당증명처리순서도식土地家屋賣買典當證明處理順序圖式'을, 1908년7월29일에는 '토지가옥소유권증명규칙土地家屋所有權證明規則'등을 선포함으로써 토지 가옥의 소유권 인정과 권리이전이 보다 용이하게 된다. 이어서 바로 '동양척식주식회사법東洋拓植株式會社法'을 제정・공포(1908. 8.26)하여 토지를 중심으로 한 소유질서의 재편을 기도하면서 취득되는 토지에 대한 관리방안을 마련하게 되는 것으로, 동년 12월에 동양척식주식회사를 설립하여 한국에 대한 식민지배를 통한 경제적 탈취의 기초를 굳건하게 한다. 결국 일본인의 한국인 소유부동산의 취득과 일제의 한국지배를 보다 효율적이며 체계적으로 수행하기 위한 제도를 점진적으로 구축한다.[34] 또한 강제병탄으로 한국의 국권이 일제로 넘어가기 직전에 통감부統監府는 '토지조사법土地調査法'을 제정하여 1910년8월25일에 통감부고시 제186호로 공포한다. 이 후 토지조사를 법에 따라 시행하게 되는 것으로, 모든 토지는 지목地目을 정하여 지반地盤을 측량測量하고 일구역마다 지번地番을 붙이게 된다(동법 제2조). 그리고 지목地目은 전답田畓・대垈・지소池沼・임야林野・잡종지雜種地 등으로 분류(동법 제3조 제1항)하게 되는 것이다.[35]

또한 어업에 대한 권리와 관련하여서는 1908년 11월에 어업법漁業法을 제정하여 원칙적으로 농상공부대신의 허가許可를 받아서 어업을 할 수 있도록 한다.[36] 전통어

---

34) 統監府時期의 法制硏究와 관련하여, 이 당시의 制定法令들은 사실상 일본이 한국을 지배하는 상황에서 한국을 植民地로 하기 위한 예비적이며 기초가 되는 법령의 정비과정이었음을 밝히고 있다. 鄭肯植, 韓國近代法史攷, 博英社, 2002. 112~147면 참조.

35) '土地調査法'은 韓國法律 제7호로 隆熙4年 8월23일에 頒布된다. 이를 받아 통감부는 "韓國政府는 隆熙四年八月2二十四日 法律第七號로 土地調査法을 勅令第 四十三號로 高等土地調査委員會規則을 ....公布하였음. 其 譯文 左와 如함. 明治四十三年 八月二十五日 <下略> 統監 子爵 寺內正毅"라는 형식으로 한국정부가 반포한 법률을 統監이 公報(明治43年 8月25日 號外)다시 公告하는 節次를 가지고 있다. 아울러 본 법 제7조는 "地主及 土地의 疆界는 地方土地調査委員會에 諮問하야 土地調査局 總裁가 此를 査定함"이라 하여 토지소유와 관련한 土地調査局 總裁의 査定을 규정하고 있다. 그리고 隆熙四年八月二十四日(官報는 隆熙4년8월29일) 土地調査局告示第2號 土地調査心得을 土地調査局 總裁 高永喜 명의로 고시하여 토지조사법에 따른 토지신고자에 대한 중요규정을 고시하고 있다. 韓末近代法令資料集 (9) 및 統監府法令資料集 (下)참조.

36) 漁業法의 주요 규정을 통해 漁業 및 漁業權에 대하여 이해한다. 제1조 "본 법에서 漁業이란 영리를 목적으로 수산 동식물을 採捕 또는 양식을 업으로하는 것을 말한다. 漁業權이란 제2조에 의해 면허받

법을 이용한 어업행위에 대해서도 농상공부대신의 허가 없이는 어업행위를 할 수 없게 함[37]으로써 어민들의 삶을 전반적으로 위축시켰으며, 일제로서는 어업에 있어 일본 어민과 어선의 진출을 용이하게 하는 것으로 제도적 기초를 착실하게 수립하는 결과에 이른다.[38]

한편 황실재산皇室財産을 국가재산으로 전환하기 위해 재정고문인 목하전目賀田를 통해 재정의 문란을 이유로 이의 정리를 단행한다. 궁내부관제개정宮內府官制改正과 제실재산정리국관제帝室財産整理局官制(1907. 11. 포달布達제162호)에 따라 제실유국유급재산조사국帝室有國有及財産調査局 및 정리국整理局을 설치하여 대한제국의 황실재산을 조사하여 이를 국가재산으로 이관함으로써 황실의 권위를 약화시키며 궁극에는 이를 해체시킬 수순을 마련한다. 이로 인해 궁장토宮庄土, 역둔토驛屯土, 어업권漁業權, 임야林野, 광산鑛山 등의 재산이 탁지부度支部 또는 농상공부農商工部로 이관됨으로써 실질적으로 일제 통감부재산으로 변경되며 이를 기초로 식민지 침략구조를 더욱 공고히 하게 된다.[39]

일제는 한국병탄을 강제하며 식민지배를 효율적으로 하기 위하여 한국사회에 대

은 어업을 할 수 있는 권리를 말한다". 그리고 제2조에서는 "다음과 같은 종류의 어업을 하려는 자는 농상공부 대신의 허가를 받아야 한다"고 하고 1. 일정한 수면에 어구를 건설 또는 부설하여 일정한 어기간에 定置하여 행하는 어업(제1종 면허어업) 등의 내용으로 4개호에 걸쳐 제5종의 면허어업까지 다섯 가지의 면허어업을 나누어 규정하고 있다. (이종길, 조선후기 어촌사회의 소유관계에 관한 연구, 서울대학교 법학박사학위논문, 1997.참조요)

37) 漁業法 제9조는 "다음 종류의 어업은 농상공부대신의 허가없이는 할 수 없다"고 하면서 1.육지 또는 암초등에서 어망을 끌어당기거나 끌어대는 어업으로서 제2조 제1항 제3호의 어업에 속하지 않는 것 2. 풍력 기력 또는 조류를 이용하여 물 속으로 囊網을 끌어 넣는 어업 3. 인력에 의존하거나 또는 기력을 응용하여 어망으로 어류를 에워싸고 어선으로 끌어 올리는 어업 4. 잠수기계를 사용하는 어업 5. 제2조 제2항의 어업으로서 면허 받지 않은 것 등으로 규정하여 한국의 전통어법에 의한 어업행위에 대해서도 허가 없이는 할 수 없게 하였다. 제12조에서는 이러한 규정을 위반한 어업행위에 대해 100원이하의 벌금형과 採捕物과 소지 漁具에 대한 몰수 등의 처벌내용을 규정하고 있다.

38) 일제는 한국을 강제병탄한 다음 해인 1911년 6월에 朝鮮漁業令(制令 제6호)을 공포하여 조선총독의 면허발급을 통해 어업권을 득하도록 하였다. 제1조는 "본 법에서 漁業이란 공공용의 수면에서 영리를 목적으로 수산 동식물을 採捕 하거나 양식을 업으로하는 것을 말한다. 漁業權이란 조선총독의 면허를 받은 어업을 할 권리를 말한다. 본 령에서 어업자란 어업을 하는 자 및 어업권을 가진 자를 말한다." 그리고 면허어업의 종류 등을 조선총독에게 위임하는 것과 함께 면허어업의 제한 정지 및 취소권을 부여하면서 위반행위에 대해 처벌을 강화하는 내용으로 변경된 조선어업령을 제정하였다. 일본인의 조선연안 어업진출 및 생산량증대에 대한 이해를 위해서는 이종길, 朝鮮社會法史攷(개정증보 제2판), 동아대출판부, 2020. 참조요.

39) 일례로 수산업에서 앞선 기술과 지식을 확보하고 있는 일제는 1908년 10월에 '韓日漁業協定'을 강제로 체결하여 한국과 일본의 어민들을 보호 단속한다는 미명하에 일본어민을 보호하면서 한국연안으로의 출어를 장려하게 한다. 그런 다음 11월에는 '漁業法'을 공포하여 어업을 면허제 또는 허가제로 하여 일본인의 합법적 어장진출을 보장하는 것으로 수산업에 대한 침탈경로를 확보하게 된다.

한 조사를 철저히 수행한다. 즉, 관습조사와 어촌사회조사를 대표로 지적할 수 있다.[40] 사회 기층에 대한 실상 이해는 식민지배 정책의 수립에 너무나 중요한 기초자료이다. 일제는 통감부를 통해 조사를 감행하는데 이에 대해 한국인들은 남의 나라를 자세하게 조사하며 위협하는 그들에 대해 직접 간접으로 저항하면서 저지하려 하였다.[41] 그러나 교활함과 위력으로 한국을 침탈해온 그들이기에 한국인의 저항을 제압하고 무마하면서 현지 조사를 수행하게 되었으며 이를 통해 한국 사정과 한국인에 대한 이해를 철저하게 도모하였다. 물론 그 과정에는 그들이 행하는 부당한 조사행위를 적극적으로 방조하면서 오히려 한국인이 행하는 저항을 저지하는 가운데 자신의 이익만을 추구하는 한국인들이 적지 않게 존재하였음을 염두에 두어야 한다. 일제의 한국지배는 매우 치밀하고도 일관되게 한국인 간에 분열과 갈등을 조장하면서 식민지로 강제병탄을 성취해내겠다는 목표를 향한 단계별 전략을 어김없이 실행하는 집요함이 존재한다.

2. 강제병탄에 임박하여 작동하는 주요 조치

결국 1909년 7월 6일에는 '한국병합韓國併合에 관한 건'을 일본 각의閣議에서 결정하여 적당한 시기에 한국병합을 단행할 것을 확정한다.[42] 일본제국의 한국에 대한 정책은 일제의 실력을 한반도에 확립하는데 있는 것으로, 러일전쟁 개전 이래 한국에 대한 일제의 권력을 점증시켜왔지만 전혀 만족스러운 실정이 아닌 것으로 일제는 이후 한국에 대한 실력을 확고히 하여 반도를 명실공히 일제의 통치하에 둘 것을 결정한 것이다.[43] 이러한 결정을 실행하기 위해 '대한시설대강對韓施設大綱'을 마련하였는바, 핵심은 한국민의 저항을 봉쇄하기 위해 군대를 증파하며 많은 수의 일본인을 한국으로 이주시켜 일본 세력의 근저를 심화하며, 한국에서 근무하는 일본인 관리의 권한을 강화하여 행정관리가 보다 효율성을 갖도록 하는 것이었다.

일제 침략자들의 간교성과 비겁성은 한국인을 이간하고 분열시키는 책동을 능란하게 실행한다. 1909년 말에는 러일전쟁 때부터 적극적으로 활용하여온 일진회一進

40) 앞의 각주 4번 참조요.

41) 조사과정에서 발생한 한국인의 저항에 대해서는 韓國水産誌 서문 등 참조요.

42) '韓國併合에 관한 件' 및 '對韓施設大綱' 참조요.

43) 일제통감부는 1909년11월에 '統監府司法聽官制'와 '統監府監獄官制'를 공포하여 통감부 司法廳과 통감부 裁判所를 설치함으로써 사법권을 박탈하는 결과를 가져온다.

會를 동원하여 회장 이용구李容九를 필두로 백만인 서명을 조작하여 합방성명서를 제출하게 하였는바, 넋을 잃은 매국노들은 일제의 기만책동에 적극 협력하면서 조국을 지키려는 애국인들을 오히려 핍박하며 궁지로 몰아갔던 것이다. 아니 이들은 오히려 앞장서서 이익과 영달을 취하면서 매국적 합방을 요청하기도 하였던 것이다.[44)]

이러한 상황을 조장하면서 식민행보를 가속화하던 일제는 1910년 6월3일 각의閣議에서 '합병 후 한국에 대한 시정방침의 건'을 결정하여 구체적으로 합병 후 한국에 대한 관리체계를 수립한다. 가장 중요한 것은 조선총독朝鮮總督의 지위를 설정하게 되는 것으로, 총독은 천황天皇에 직예直隷하고 조선에 있어 일체의 정무를 통할하게 한다. 또한 이러한 총독에게 대권大權의 위임에 의거하여 법률사항에 해당하는 명령을 발하는 권한을 부여하였다.

그런 한편 일제는 조선에 대한 무력적 힘을 통해 치안을 확보하면서 병합에 반대하거나 방해하는 자들을 효과적으로 제어하고 탄압하는 장치를 마련한다. 1910년 6월 24일 한국의 경찰사무警察事務를 일본에 위탁하는 각서覺書를 강제하여 한국경찰과 일본경찰의 양립으로 인한 업무수행의 어려움, 특히 병합업무의 수행 중 의병의 봉기에 정확하고 민첩하게 대응할 필요를 절실하게 예견하면서 경무기관의 통합을 실행한다.[45)] 한국 경찰관제를 폐지시킨 일제는 '통감부경찰관서제統監府警察官署制'와 '조선주차헌병조례朝鮮駐箚憲兵條例'를 칙령으로 제정하여 헌병과 경찰을 일원화한 헌병경찰제憲兵警察制를 실시하게 된다. 이로 인해 당시 조선주재 헌병사령관이던 명석원

---

44) '韓國痛史'에서 적고 있는 一進會에 대한 기술을 통해 일진회를 이해해둔다. "**一進會는** 東學의 일부가 변신하여 조직되어 나타난 것(化身)으로 일본인들이 도와주어 성립된 것이다. 갑오년에 동학군이 敗散하고 그 수괴 중 일부가 도주하여 일본에 망명하고 그 무리를 국내에 밀파하여 우민들을 꾀어 비밀리에 단체를 만들었다.

갑진년(1904)에 일러전쟁이 일어나자 일본인은 바라던 일이 뜻대로 되었음을 간파하고 일진회의 괴수 宋秉畯 李容九는 일본인의 힘을 빙자하여 정권을 빼앗아보려는 생각에 일본인에 충성을 도모하며 이에 그 당을 조직하고 一進會라 명칭 하니 일본인은 이를 이용하고자 비밀리에 오만원을 주었으며 일본인 內田良平을 고문으로 하였다. 또한 일본군 사령부로부터 보호를 받으며 그 세력을 길렀으니 이에 그 괴수들은 더욱 널리 무식 무뢰배들을 모집하여 말하되, "우리 일진회에 들어오는 자는 內職에서는 大臣 協辦, 外職에서는 觀察使 郡守를 모두 할 수 있으며 부자의 田產 또한 장차 우리 黨의 所有가 될 것이니 모처럼 한 번 맞은 좋은 기회를 놓치지 말라"하니 무지한 백성들은 그렇게 될 것이라 믿고 그 전토와 가옥을 다투어 팔아 바쳤다. 또한 일본인을 위하여 鐵路修築과 軍需物資를 운반하는 일을 담당하였으며, 비록 다치고 죽는다해도 회피하지 않았으니 오직 富貴하게 되기만을 바랐던 것이다. 이때 伊藤博文이 한국에 와서 保護條約을 한다는 말이 있자, 宋秉畯은 즉시 이것이 좋은 기회라 인식하고 이 거사를 찬성한다고 말하면 伊藤博文은 크게 기뻐하며 나에게 정권을 줄 것이라 생각하고 이에 일본의 한국 보호방안을 지지하는 선언서를 내게 되었다."(韓國痛史, 전게서, 123-124면); 朴慶植, 전게서, 32~33면.

45) '韓國警察事務委託ニ關スル覺書' 참조.

이랑明石元二郎을 총독에게 직속直屬하는 헌병사령관 겸 통감부경무총장統監府警務總長에 임명하여 강제병탄 절차를 수행함에 있어 발생될 위험에 대비하는 치안방어체제를 수립하게 되었던 것이다. 그리고 한국병탄 내용의 공포에 임박한 8월23일에는 통감부경무부령統監府警務部令 제3호 '정치에 관한 옥외다중집회屋外多衆集會를 금하는 건'을 통감부경무총장 명석원이랑明石元二郎 명의로 발포·시행함으로써 강제병탄에 대한 한국민의 정당한 저항을 진압하려는 계책으로 가득하였다.[46]

[3] 1910년 강제병탄과 한국식민지배를 위한 주요법제

1. 강제병탄 직후의 한국지배 상황

한국병합조약은 1910년 8월22일에 작성되고 8월29일에 공포된다. 일제는 이때에도 일본국과 한국 간에 상호 행복幸福을 증진하고 동양평화東洋平和를 영구히 확보하기 위한 최선책으로 병합을 단행하는 것임을 강조한다. 전체 8개 조항 중 제1조에서 "한국 황제폐하는 한국 전부에 관한 일체의 통치권을 완전하고도 영구하게 일본 황제폐하에게 양여讓與한다"고 하고 제2조에서 "일본국 황제는 제1조에 기재한 양여를 수락하고 한국을 완전하게 일본제국에 병합함을 인정한다"고 하여 한국이 행하는 통치권의 양여를 일본이 수락하여 병합하는 내용으로 구성하고 있다. 이를 통감統監 자작子爵 사내정의寺內正毅와 내각총리대신內閣總理大臣 이완용李完用이 일본 황제와 한국 황제를 대리한 전권위원全權委員의 자격으로 8월 22일에 서명조인하고 있다.[47] 일제는 이렇도록 치밀하게 조약이라는 형식을 통해 완벽하게 병탄을 매듭짓는 간활奸猾적 행위를 일관되게 실행한다.[48] 한국을 병탄하기 위해 얼마나 교묘한 술책으로 조

46) 統監府警務部令 第3號 '政治에 關한 屋外多衆集會를 禁하는 件'의 내용은 "當分間 政治에 關한 集會又는 屋外에서 多衆의 集會를 禁止함. 本令을 違反하는 자는 拘留 又는 科料에 處함. 本令은 發布日로부터 此를 施行함. 明治四十삼年八月二十三日 統監府警務總長 明石元二郎"으로 되어있다. 統監府法令資料集(下)참조.

47) '韓國併合에 關한 條約' 참조. 본 조약 제8조에서 "본 조약은 일본국 황제폐하 및 한국 황제폐하의 재가를 거친 것으로 공포일로부터 시행한다"고 함으로써 공포일인 8월29일부터 발효하게 된 것이다.

48) '韓國併合에 關한 條約'은 純宗皇帝가 동의하지 않은 조약이었는바, 이를 순종황제는 1926년4월26일 崩御직전에 황제의 곁을 지키던 궁내대신 趙鼎九에게 구술하여 遺詔로 남겼으며 두 달여 뒤 미국 샌프란시스코 한국교민들이 발행하는 '新韓民報' 1926년 7월8일자에 보도되었다. 순종황제는 유조를 남기는 목적을 "병합인준 사건을 파기하기 위한 것"이라고 밝히고 있다. 이와 함께 본 조약의 형

약과 법을 활용하고 강박을 동원하고 매국노賣國奴를 양산하여 선봉에 세우면서 한국민의 생명과 고혈膏血과 정신을 앗아가려 하였는가. 결국 일제는 한국의 국권과 국토와 국민 모두를 완전하게 그리고 영구히 장악하는 부정의와 파렴치破廉恥의 극한을 자행恣行한다. 얼마나 일제가 한국의 식민지배를 강하게 열망하였던지를 알게 하는 표현으로, 그 들은 한국의 통치권 일체를 '완전完全・영구永久'하게 양수하는 것으로 적고 있다. 결국 간활奸猾한 일제日帝 그들과 뜻을 같이하는 역시 교활狡猾한 한국의 관료 귀족들은 '조선귀족령朝鮮貴族令'을 통해 매국의 댓가로 작위爵位와 은사금恩賜金 등을 지급받는다. 일제의 조선지배는 침략적 제국주의자인 그들이 대륙진출을 실현하는 과정에 반드시 획득하여야 하는 출입구이자 중요 기지였기에 필연적인 병탄의 대상으로 설정되어 있었던 것이다.[49]

'조선에 시행할 법령法令에 관한 건'은 1910년8월29일 긴급칙령 제324호로 제정 시행되었다가 일본 국내의 위헌논의違憲論議에 봉착하면서 동일한 내용을 의회의 논의 및 동의를 거쳐 1911년 3월에 '법률 제30호'로 변경하여 공포・시행한다.[50] 법리法理를 조밀稠密하게 검토하고 관련 법령을 치밀緻密하게 설정하면서 법에 의한 한국병탄을 면밀綿密하게 획책하는 일제의 법 활용수법을 유념하여야 한다. 따라서 한국병탄을 위한 최적의 실행가능 시점을 살피면서 한국인의 강제 병탄에 대한 저항을 관련법을 근거로 제압하고 저항을 봉쇄하는 이간계략離間計略을 일관되게 획책하고 수행한다. 그를 통해 한국을 강제병탄한 일제는 대표자를 조선총독으로 보임하며 총독은 한국을 법률에 의하여 의법통치해갈 것으로 구성한다.[51] 즉, 강압적이며 교활로

식 및 체결절차상의 흠결에 대한 자세한 내용은 이태진 전게서, 174~180면 참조요.

49) 이를 은폐하고 기만하기위해 이때까지 갖은 美辭麗句를 사용하며 체결하고 수립해온 각종의 조약이며 법제 등은 철저히 허위의 것임을 확인할 수 있게 된다. 寺內正毅가 행한 1910년 10월3일의 訓示에서 "제국의 판도는 바다를 넘어 東西大陸에 미치게 되었고 조선의 개선은 제국 전반의 安寧과 東洋平和를 강화시키는 것인 만큼 조선시정의 성패는 國威에 미치는 영향이 대단함"을 강조하고 있다. 釋尾東邦, 朝鮮併合史, 715~717면 및 朴慶植, 전게서. 참조.

50) 이러한 변경은 앞서 칙령으로 인정한 조선총독의 입법권위임 문제가 위헌 시비에 봉착하게 되자 일본정부는 이를 의회에 법률안으로 변경 제출하여 의회를 통과하게 됨으로써 법률로서 효력을 갖게 된다. 이는 일제가 조선에 대한 식민 지배를 종료하는 때까지 총독의 입법권에 대한 기본 법률로 작용하게 된다. 당시 조선에 있어 법령으로 지목되는 내용으로는 조선에 시행할 목적으로 제정한 법률 및 칙령, 칙령에 의해 조선에 시행된 법률, 제령 및 긴급제령, 병탄이후 존속이 인정된 구한국법령, 법률 및 제령의 위임에 따른 명령 등이 된다. 松岡修太郎, 朝鮮に於ける行政權及びその立法權竝びに司法權との關係, 京城帝大法文學會 法政論纂 第4册 참조.

51) 朝鮮總督府官制 제1조는 "조선총독부에 조선총독을 둔다. 총독은 조선을 관할한다"고 하며, 강권을 통한 효과적인 조선지배를 위해 제4조에서 "총독은 그 직권 또는 위임에 의해 朝鮮總督府令을 발하며 일년 이하의 징역 또는 금고, 구류, 2백원 이하의 벌금 또는 과료의 벌칙을 과할 수 있다"고 하여

가득찬 부정의한 내용을 법으로 포장하여 이를 한국인에게 적용함으로써 한국인에 대해 법절차를 명목으로 무단통치武斷統治해 갈 것을 교묘하게 설계한다. 총독의 입법권 및 통치권의 시발이 되는 '법률 제30호' 전문 6조의 내용은 다음과 같다.

제1조 조선에서 법률을 요하는 사항은 조선총독의 명령으로 할 수 있다.

제2조 제1조의 명령은 내각총리대신을 경유하여 칙재勅裁를 청하여야 한다.

제3조 임시로 긴급을 요하는 경우에 있어서 조선총독은 바로 제1조의 명령을 발할 수 있다. 전항의 명령은 발포직후發布直後에 칙재勅裁를 청하여야 한다. 만약 칙재를 얻지 못한 때는 조선총독은 즉시 그 명령이 장래에 대하여 효력이 없음을 공포하여야 한다.

제4조 법률의 전부 또는 일부를 조선에 시행할 것을 요하는 것은 칙령勅令으로 이를 정한다.

제5조 제1조의 명령은 제4조에 의거하여 조선에 시행하는 법률 및 특히 조선에 시행할 목적으로 제정한 법률 또는 칙령에 위배되어서는 아니 된다.

제6조 제1조의 명령은 제령制令이라 칭한다.

조선총독은 제령制令을 통해 한국 지배에 필요한 각종의 법률을 제정할 수 있게 되며 천황의 칙재勅裁만 득하면 완전한 법률로서 효력을 갖게 된다. 이러한 조선총독은 천황이 친히 임명하며 법률상 천황에 직예直隸한다. 따라서 조선총독은 일본정부의 통제에서 벗어나서 오직 천황에 대해서만 책임을 지는 특별한 지위를 가지는 것으로, 입법 사법 행정에 대한 전권을 행사하는 한국통치의 최고 권력자였다. 아울러 총독은 육해군의 대장으로 이를 보함으로써 군대를 통해 한국을 관리 방비토록 하는 정책지향을 확실히 하고 있다.[52)]

일정 행위에 대해 總督府令을 통한 형벌제정을 가능하게 하였다. 朝鮮總督府官制, 朝鮮法令輯覽(上) 참조. 아울러 朝鮮總督의 지위 및 권한 등에 대하여는 김창록 정종섭, 일본제국주의의 식민지 지배구조의 성격, 광복50주년기념논문집 권1, 한국학술진흥재단, 1995 참조요.

52) '朝鮮總督府官制' 제2조 및 제3조 참조. 일제의 法令構造 등에 대한 이해를 위해서는 金昌祿, 植民地被支配期 法制의 基礎, 법제연구 제8호, 1995 참조요.

2. 강압적 식민지배 정착과정과 주요법제

한국 병탄과정에서 일제는 이미 신문지법(1907.7) 출판법(1909.2)을 공포하여 신문 및 출판물에 대한 통제를 가하였으며 강제병탄 공포직전(1910.8.28)에 '한성신문漢城新聞'과 '대한매일신보大韓每日申報' 등의 한국인 신문에 대한 발행금지 조치를 취하였다.

특히 보안법保安法(1907.7)을 공포하여 광범한 의미의 안녕질서 유지를 명목으로 정치·사회적 결사에 대한 해체를 명하고, 다중의 집회를 금지 또는 제한한다.[53] 특히 병합 직전에는 '집회취체集會取締에 관한 건'을 공포(1910.8.25)하여 당시 한국사회에서 정치적 의사를 형성하고 사회적 계몽을 선도하던 단체들에 대한 해산을 명함으로써 병합에 대한 반대 의사가 원천적으로 표명될 수 없도록 하는 계략을 치밀하게 실행한다. 아울러 이를 위해 1910년 9월에는 '조선주차헌병조례朝鮮駐箚憲兵條例'를 칙령 제343호로 공포한다.[54] 조선주차헌병朝鮮駐箚憲兵은 치안유지에 관한 경찰 및 군사경찰의 업무를 담당하며(제1조), 조선주차헌병은 또한 육군대신의 관할에 속하고 그 직무의 집행에 대해서는 조선총독의 지휘 감독을 받으며, 군사경찰에 대해서는 육군대신과 해군대신의 지휘를 받는 것(제2조)으로 하고 있다. 따라서 조선주차헌병은 총독의 지휘 감독 하에 치안유지를 전담하는 조직이 된다. 그리고 중요한 것으로 일제는 한국을 강제 병탄하면서 8월29일에 바로 한국의 국호를 조선으로 변경하는 조처를 발령한다. 일제는 칙령勅令 제318호 '한국韓國의 국호國號를 조선朝鮮으로 변경하는 건'을 제정하여 대한제국을 조선으로 개칭하며, 같은 날 칙령 제319호는 '조선총독부朝鮮總督府설치에 관한 건'을 제정하여 조선총독으로 하여금 일황日皇의 위탁을 받아 한국에서 일체의 정무를 통할토록 하였던 것이다. 따라서 한국지배의 책임자인 '통감'을 '조선총독'으로 변경하였으며 그를 향후 삼십오 년 동안 조선 지배의 최고 책임자로 군림하게 하였던 것이다.[55] 9월에는 칙령 제358호로 '통감부경찰관서

---

53) 1907년 7월에 제정된 '保安法'의 주요 규정은 다음과 같다. 제1조 안녕질서를 유지하기 위하여 필요한 경우에 결사의 해산을 명할 수 있다. 제2조 경찰관은 안녕질서를 유지하기 위하여 필요한 경우에 집회 및 다중의 운동 또는 군중을 제한 금지하거나 해산 시킬 수 있다. 그리고 제7조에서는 정치에 관하여 불온한 언론 동작을 하거나 타인을 선동 교사 사용하거나 또는 타인의 행위에 간섭함으로써 치안을 방해하는 자는 50이상의 태형, 10개월 이하의 금고 또는 2년 이하의 징역에 처한다. 이러한 법규정을 통해 일제의 침략행위에 저항하는 개인 및 단체, 그리고 의병들의 행위를 일차적으로 속박하고 탄압하는 근거로 삼게 된다.

54) 韓國駐箚軍의 한국정착과정과 국권침탈과정에서의 역할 등에 대해서는 李泰鎮, 1905년 條約 强制時의 韓國駐箚軍의 성격, 한국사론 제54권, 2008.6. 참조요.

관제統監府警察官署官制' 개정을 통해 경찰조직을 정비하면서 위압적 방법에 의한 한국지배 기초를 더하게 되었다.

일제는 이와 같이 강제병탄을 전후하여 식민침략 및 지배를 위한 제도적 정비를 주도면밀하게 추진한다. 그런 다음 법적 측면에서는 당시 일본법과 한국에서 작동하던 법에 대한 내용 및 법리검토를 거쳐 1912년을 기점으로 일본의 중요한 법제도를 조선에 이입하면서 충돌과 모순이 없도록 관련 법규를 수정 보완한다. 이를 통해 조선을 식민지배 함에있어 가장 기본이 되는 법률인 민법과 형법에 대해 제령制令을 통해 본격적인 법 이식移植을 이루어낸다. 1912년 3월에 공포하여 4월1일부터 시행이 이루어진 조선민사령朝鮮民事令(제령 제7호)과 조선형사령朝鮮刑事令(제령 제11호)은 일제 그들의 기본법을 한국사회에 전면적으로 이식시켜 들어오게 한 대표적 조치이다.[56] 이로 인해 일반 민중의 일상생활에서 민사적 형사적 관련 영역의 삶은 전반적으로 일제가 만든 일본민법과 형법을 적용받게 된다. 그러나 일제는 조선민사령 제11조를 통해 "제1조의 법률 중 능력能力 친족급상속親族及相續에 관한 규정은 조선인에게 차此를 적용치 아니함. 조선인에 관한 전항前項의 사항事項에 대하여는 관습慣習에 의함"이라고 하여 (법률)행위능력과 친족 상속 등의 가족법 관련 사항에 대해서는 일본법의 적용을 배제하는 규정을 만들어 넣고 있다.[57] 사회마다 자연스럽게 생성되고

---

55) 물론 이를 위해 일제는 1910년 7월에 마련한 '韓國併合處理方案'에서 기본계획을 수립하고 있다. 이는 한국을 강제 併呑한 이후에 발생할 수 있는 주요 문제들에 대해 기본 방안을 마련하고 있는 것으로, 가장 먼저 국가명칭에 대해서는 '韓國'을 '朝鮮'으로 하는 것으로 정하고 있다(제1). 그리고 입법사항에 관한 긴급칙령안을 통해 조선에서 법률을 요하는 사항에 대해서는 조선총독의 명령으로 규정할 수 있게 하며 이러한 조선총독의 명령을 制令이라 칭하는 것(제17)으로 하고 있다. 그리고 조선총독부 설치에 관한 칙령안에서는 조선에 조선총독을 두고 위임받은 범위 안에서 육해군을 통솔하여 일체의 정무를 통할하도록 한다(제18)는 등의 구상을 제시하고 있다. 朝鮮總督府刊, <韓國ノ保護及併合>, 1917. 및 朴慶植, 전게서, 567~569面 참조.

56) 朝鮮民事令과 朝鮮刑事令은 서문에서 공히 "朝鮮民事令(朝鮮刑事令)을 明治四十四年 法律第三十號第一條及第二條에 의하여 勅裁를 得하고 玆에 此를 公布함"이라고 하여 앞에서 말한 법률 제30호에 기초하여 법령을 공포함을 분명하게 밝히고 있다. 물론 기타 朝鮮笞刑令(明治四十五年 制令第十三號)이나 朝鮮監獄令(明治四十五年三月 制令第十四號) 등의 법령에도 서문에서 이를 명기한 다음 본문의 내용을 적고 있다.

57) 朝鮮民事令은 부칙을 포함(제77조내지 제82조)하여 전체 82개 조문으로 구성되어있다. 그런데 同朝鮮民事令 제1조에서 "民事에 關하는 사항은 本令 其他의 法令에 특별한 規定이 있는 경우를 除하는 外에 左의 법률에 의함"이라고 하여 左의 법률로 一. 民事 ....七. 民法施行法 八. 商法 十. 商法施行法 十三. 民事訴訟法....二十二. 供託法 二十三. 競賣法 까지 전체 23개의 법률을 열거하고 있다. 그러나 조선민사령 제11조는 이들 법률을 적용함에 있어 조선인에게 있어서는 能力과 親族 相續 관련 사항에 있어서는 위의 23개 법률에서 규정하고 있는 내용을 적용하지 않고 예외적으로 조선의 慣習에 의할 것을 밝히고 있는 것이다.

지속되어 온 가족과 가족 집단의 특별성으로 인하여 행위능력 및 가족 구성원 간의 권리 의무내용에 대해 일제가 자기들의 법을 강제로 이식하는 것이 너무나 합당하지 않음에 대해 일제는 충분히 인식하고 있었던 것이다. 더욱이 강제병탄을 통해 강압적 식민 지배체제를 운영하던 지배 초기의 일제는 가족관계까지 한국인의 관습을 무시하면서 일제의 법을 강제할 경우 예상되는 저항을 고려하여 대응한 결과이기도 한 것이다.[58]

3. 조선태형령과 관련 형사법제

조선형사령 부칙 제42조에서는 구한국법규舊韓國法規에서 시행하던 형을 다음의 열 가지로 정리하였다. ①사형死刑(구한국법규상舊韓國法規上의 명칭은 死刑. 이하 괄호 안은 구한국법규상의 표현임) ②무기징역無期懲役(종신역형終身役刑) ③무기금고無期禁錮(종신유형終身流刑) ④유기징역有期懲役(15년 이하의 역형役刑) ⑤유기금고有期禁錮(15년 이하의 유형流刑 또는 금옥禁獄 ⑥벌금罰金 ⑦구류拘留 ⑧과료科料 ⑨몰수沒收(몰입沒入) ⑩이십일이하二十日以下의 구류拘留 또는 과료科料(태형笞刑)로 한 것이다. 특히 조선형사령은 한국사회의 전통적 형벌인 '태형笞刑'을 없앰으로써 형벌에 있어 피의자 또는 피고인의 형벌 고통을 완화하면서 형벌체계와 내용을 전반적으로 근대형법에 합치하는 방향으로 형식적이나마 변화를 도모하였다.[59] 그러나 이러한 형사법의 개선 방향과 태형 폐지는 한국인에게는 전혀 실효성이 없는 것으로써, 한국인에게만 적용되는 법령으로 '조선태형령朝鮮笞刑令'(명치45년 3월 제령制令 제13호)을 제정하여 1912년(명치45년) 4월1일부터 시행하게 된다.[60] 특히 조선태형령은 그

58) 이에 대해서는 일제의 조선지배에 대한 시기별 단계별 이해가 요구된다. 궁극적으로는 皇民化政策 및 創氏改名 등과 궤를 같이 하여야 하는 것으로 초기와 후기의 식민지배정책 및 침략전쟁의 차이와 그 변화에 대한 이해를 요구한다. 즉, 일제는 점진적으로 가족관습 등에 대한 총독부 법정국의 회답, 조선고등법원 판결 등을 통해 관습을 창출해 내는 한편, 일본제국주의의 대륙진출과 대동아전쟁책동이라는 장기적 관점에서 필연적으로 조선민사령의 개정이 예정되어 있었던 것이다. 결국 임시적이며 가식적인 조선민사령 제11조는 식민지배의 공고화와 무력증강이 현실화되는 식민지배의 후기로 갈수록 그런 가식을 걷어내면서 본질을 法文으로 드러내게 된다. 즉, 한국인에게 皇國臣民이라는 수사를 붙이면서 비장해왔던 본질인 전쟁도구로서의 한국인과 한국지배를 韓國人 抹殺과 결합시켜 공개적으로 실행하게 되는 것이다. 자세한 논의는 제1부 제4장 創氏改名부분내용을 참조바람.

59) 따라서 조선형사령 제43조 제2항에서는 笞刑에 처해지는 자에 대해서는 笞 五를 拘留 一日로 환산하는 규정을 두고 있다.

60) 한국인에 대한 대표적 '不法的 法律'인 朝鮮笞刑令은 3.1 민족독립운동을 겪은 이후인 1920년 3월 제령 제5호로 폐지된다.

적용대상을 16세 이상 60세 이하의 '조선인남자朝鮮人男子'로 한정함으로써 법으로서 갖추어야 하는 최소한의 보편성도 무시하면서 강제병탄으로 인한 식민지배에 저항하는 한국인 청장년 남자들을 철저하게 탄압할 것을 목적하고 있는바, 포괄적이며 자의적인 내용으로 법문을 구성하고 있다. 전체 13개 조문 중 주요 내용은 다음과 같다.

제1조 삼월 이하의 징역 또는 구류에 처함이 가할 것은 그 정상情狀에 의하여 태형笞刑에 처함을 득함

제2조 백원 이하의 벌금 또는 과료에 처함이 가할 자가 좌左의 각호의 一에 해당하는 때에는 그 정상에 의하여 태형笞刑에 처함을 득함

一. 조선내朝鮮內에 일정한 주소를 유有치 아니하는 때

二. 무자산無資産으로 인정한 때

제3조 백원 이하의 벌금 또는 과료의 언도言渡를 받은 자는 그 언도확정후言渡確定後 오일 내에 차此를 완납치 아니하는 때는 검사 또는 즉결관서卽決官署의 장長은 그 정상情狀에 의하여 태형笞刑으로 환換함을 득함. 단, 태형집행중笞刑執行中 아직 집행치 아니하는 태수笞數에 상당하는 벌금罰金 또는 과료科料를 납부한 때에는 태형을 면함.

제4조 본 령에 의하여 태형에 처하거나 또는 벌금 혹은 과료를 태형으로 환換하는 경우에는 일일 또는 일원을 태笞 일一에 절산折算함

그 일원에 미만하는 것은 이를 태笞 일一에 계산함. 단 태笞는 다섯 대 이하를 불허함

제5조 태형은 16세 이상 60세 이하의 남자가 아니면 이를 과할 수 없음

제8조 태형의 언도를 수受한 피고인이 조선내에 일정한 주소를 유有치 아니하거나 또는 도주逃走의 우虞가 있는 때는 검사 또는 즉결관서의 장은 차此를 감옥監獄 또는 즉결관서에 유치留置함을 득함.

제11조 태형은 감옥監獄 또는 즉결관서에서 비밀히 차此를 집행함.

제12조 태형의 시효時效는 각 본형本刑에 대하여 정한 예例에 의함.

제13조 本 令은 조선인에게 한하여 차此를 적용함.

이와 함께 '조선감옥령朝鮮監獄令'을 같은 시기인 명치45년(1912) 3월에 제령 제14호로 제정하여 4월1일부터 시행하게 된다. 조선감옥령에 의하여 감옥사무 전반에 대

한 내용은 일제의 감옥법監獄法에 따르게 되지만 한국인에 대한 탄압책을 체계적으로 수립하는 과정에 너무나 중요한 기관이 감옥이기 때문에 이를 같은 날에 제정하여 시행하게 되는 것이다.[61] 조선감옥령은 "감옥에 관한 사항은 본령 기타의 법령에 특별한 규정이 있는 경우를 제한 외에는 감옥법監獄法에 의함"[62]이라고 하여 감옥사무에 관한 기본법으로 일제의 감옥법이 적용되는 것을 원칙으로 하면서 특별히 조선인에게 적용할 사항에 대해 구분되는 내용들을 규정하고 있다.

또한 감옥 수용자의 상황을 고려하여 가출옥假出獄을 가능하게 하되 그에 대한 통제와 감독이 철저하게 이루어 질 수 있도록 하는 내용의 '가출옥취체규칙假出獄取締規則'을 제정한다. 이 규칙은 총독부령 제33호로 발령된 것으로, 시간적으로는 앞의 제령制令들과 같은 명치45년 3월에 제정하여 동년 4월1일부로 시행된다. 전체 22개조로 구성된 '가출옥취체규칙'의 주요 내용은 경찰관서를 중심으로 가출옥자에 대한 감시監視와 감독監督, 일제가 요구하는 방향으로 생각하고 행동하게 하는 것이 목적이 되는 것으로 주요 내용을 구성하고 있다.[63]

이와 함께 경찰이 포괄적으로 한국인을 체포하고 처벌하는 규정으로는 '경찰범처벌규칙警察犯處罰規則'이 있다. '경찰범처벌규칙' 역시 명치45년 3월에 총독부령總督府令 제40호로 제정된 것으로 시행은 동년 4월1일부터이다. '경찰범처벌규칙'은 제1조에서 "좌左의 각호의 일에 해당하는 자는 구류 또는 과료에 처함"이라고 한 다음 무려 87개 항의 행위 유형을 설정하여 일상의 행동이 여기에 저촉될 수 있도록 규정하

---

61) 전체 5개조문으로 되어있는 '朝鮮監獄令' 중 제3조는 "拘置監에는 笞刑의 집행을 受함이 可할자를 留置함을 득함"이라고 하여 특별히 조선태형령에 의해 태형에 처할자를 유치할 근거를 마련하고 있다.

62) '朝鮮監獄令' 제1조. 또한 제5조에서는 "在監者에게는 糧食의 自辨을 許함을 得함"이라고 하여 수감자의 식량조달을 스스로의 능력에 의할 수 있도록 하고 있다.

63) '假出獄取締規則'의 주요 내용은 다음과 같다. 제1조 假出獄을 허가받은 자(被許)는 住居地를 管轄하는 警察署(警察分署와 警察署의 事務를 取扱하는 憲兵分隊와 憲兵分遣所를 포함함. 이하 같음)감독을 受함. 제2조 典獄이 가출옥을 허가받은 자를 釋放하는 때는 그 뜻을 가출옥을 허가받은 자의 住居地를 관할하는 地方法院의 檢事, 刑의 言渡를 한 裁判所의 檢事와 監督警察署에 通報함이 可함. 釋放을 받음이 可할 자에게 交付하는 證票에는 住居地와 監督警察에 到着할 만한 期限을 定하여 此를 記載함이 可함. 제3조 가출옥을 허가받은 자는 前條에 의하여 證票에 기재된 期限까지에 감독경찰서에 出頭하여 증표에 認印을 受함이 可함. 제4조 가출옥을 허가받은 자는 遲滯없이 감독경찰서에 職業其他生計에 관한 見込(계획)을 세워서 차를 屆出함이 可함. 가출옥을 허가받은 자의 보호를 引受한 자가 있는 때에는 前項의 屆出에는 連署를 요함. 제5조 감독경찰서는 가출옥을 허가받은 자로 하여금 正業에 就하고 善行을 保케하기 위하여 필요한 訓示를 하거나 또는 此를 위하여 필요한 행위를 명함을 得함. 前項의 명령을 發한 때에는 住居地를 管轄하는 지방법원의 검사와 석방한 監獄에 通報함이 可함.

고 있다.[64] 경찰범처벌규칙의 설정은 한국인에 대한 단속과 처벌을 가장 효과적으로 할 것에 모아지고 있다. 한국인의 생각을 위축시키고 행동을 제약하며 한국인들은 단지 일제가 요구하고 명령하는 데로 따르기만 하여야 하는 존재로서 그 이상의 어떠한 초과행위도 불허하는 내용으로 조밀하게 구성하고 있다. 이렇듯 일제 식민지배는 법을 통해 한국인에 대해 일상적 삶과 행위마저 질곡桎梏으로 억압하며 가둬두려 하였던 것이다.

같은 맥락에서 일제는 조선총독부령 제41호를 명치45년 3월에 발하는 것으로, 좌의 각 호에 해당하는 자는 3월 이하의 징역 또는 백원 이하의 벌금 또는 구류, 과료에 처한다고 하면서 다음의 네 개항을 규정하고 있다.

一. 사망의 신고를 하지 않고 매장을 한 자者 二. 개업의사나 산파産婆로서 무고無故히 병자病者, 임부姙婦 또는 산부産婦의 부름에 응하지 않는 자 三. 전염병예방傳染病豫防에 관하여 공무원의 지시나 명령에 따르지 않는 자 四. 경찰관서 또는 사무를 취급하는 관서의 허가를 득하지 아니하고 화약류火藥類 기타폭발其他爆發할 만한 물품을 수수授受, 운반運搬 또는 저장貯藏한 자.

이러한 총독부령 역시 같은 해인 1912년 4월1일에 시행하게 됨으로써 일련의 한국인 통제법제統制法制가 4월1일을 기해 연계하여 작동하게 되는 것이다. 결국 총독이 발하는 법률수준의 제령制令을 통해서는 기본 된 법제들을 구축하게 되었으며, 총독부령總督府令을 통해서는 일상생활에서 야기되는 조선인들의 행위에 대해 경찰이 언제나 통제하며 감시하고 처벌할 수 있는 법규들을 정비하는 결과를 가져왔다. 이러한 정도의 법제정비는 일제의 식민 병탄을 수행한 초기의 기초내용에 지나지 않는 것이다. 이후 일제는 단계를 더하면서 법을 더욱 교묘하게 그리고 탄압의 강도를 더하면서 식민지 수탈과 대륙진출을 향한 진전을 지속적으로 수행한다.

결국 이러한 식민 초기의 법정비法整備 과정을 거쳐 그들이 한국에서 기도한 한국 식민지배의 궁극적 모습은 한국 민족의 혼을 강압적 또는 기만적 수법을 통해 소멸시키는 것이며, 그런 다음 한국인으로 하여금 한국인은 일본인과 같은 것이라는 기만된 믿

64) '警察犯處罰規則' 제2조에서는 "本令에 규정한 위반 행위를 敎唆하거나 또는 幇助한 자는 前條에 비추어(照) 此를 罰함. 但 情狀에 의하여 그 刑을 免除함을 득함"이라고 하여 광범하게 설정한 구성요건에 대해 자세한 형벌기준과 구분이 없는 가운데 교사 및 방조행위에 대해서도 처벌을 규정하고 있다.

음을 갖게 하는 것이었다. 이러한 과정을 통해 형성된 위장된 '내선일체內鮮一體' 의식을 기초로 일제는 자신들이 필요 한데로 한국과 한국인을 자의적으로 유린하고 이용하며 취하기도 하고 버리기도 하면서 도구적 노예奴隷로 예속시키려 하였던 것이다.[65]

제Ⅲ장 1920년대까지의 한국민족 말살을 위한 주요법제와 정책

[1] 식민지배 초기의 정보봉쇄를 위한 법제

일본제국주의자들은 한국을 식민지배하면서 한국인이 가지고 있는 독자적이며 주체적인 의식을 파괴하고 한국인이 가질 수 있는 자긍의 요소들에 대한 점진적 소멸을 중요한 정책으로 삼고 있다.[66] 이는 식민지배를 통해 단순히 국권을 침탈하고 피식민국이 가지고 있는 부와 자원을 탈취하는 것에 초점을 맞추는 일반적 식민지배와는 근본적 차이가 있다. 역사적으로 일제는 이미 한국 지배를 통해 섬나라라는 한계성을 극복하고 보다 넓은 대륙과 소통하며 나아가서는 침략전략을 자유롭게 실행하려는 역사적 숙제로부터 기인한다. 그래서 일제의 한국지배는 19~20세기 초에 일어나는 열강의 식민지배 책략과는 성격을 달리하는 것으로 역사적이며 숙명적宿命的 과제의식課題意識에서 비롯한다. 단순히 원재료 및 시장확보라는 경제적 이익침탈로 정형화된 식민개척론과는 차이를 갖게 되는 것이다. 따라서 일제가 숙명처럼 생각하는 한국식민은 처음부터 지배단계와 정도를 조절하면서 한국을 완전하게 지배하는 것이었으며, 이는 결국 한국민족의 주체성 및 고유성을 말살하는 것이었다. 방법으로는 무

---

65) 朝鮮總督時代資料, 齋藤實文書2, '朝鮮總督府官制改革ニ關スル勅語'(大正八年(1919) 八月)참조.

66) 한국인의 민족성과 역사에 대한 부정적 관념, 그리고 일제의 한국식민지배의 당위성 등을 학문이란 이름을 통해 체계적으로 구축한다. 당시 일본의 유명 연구자자들이 열심히 주장하던 내용에 대해서는 李基白 책임편집, 한국사시민강좌 (창간호), 일조각, 1987.참조요. 여기서는 [植民主義史觀批判]을 대주제로 半島的性格論批判(李基白), 停滯性理論批判(姜晋哲), 黨派性論批判(李泰鎭), 그리고 일본에 있어 한국사연구의 전통(旗田魏)등의 내용을 특집으로 논의하고 있다.

단통치武斷統治에 의한 탄압책彈壓策과 교활함과 기만欺瞞을 내장한 회유책懷柔策을 통해 민족적 주체성과 독립성을 부정하게 하는 것이다. 일제는 한국민족의 독립성 내지 독자성을 절멸시킨다는 궁극의 목표를 성취하기 위해 어느 시기 어떤 술책도 소홀함이 없이 지배의 전 시기를 탄압과 회유를 병용하면서 간악奸惡으로 일관한다. 중요한 것은 학술적 연구를 동원하여 근원적으로 민족성·역사성에 대한 부정과 식민현실에 대한 긍정을 유도하며, 교육을 통해 자신과 한국민족에 대한 부정을 내면으로부터 형성하도록 하는 것이었다.

일제는 한국민족의 말살을 위하여 강제병탄 전부터 이미 일제 자신의 부당한 침략행위에 대해 정보를 게재하는 신문 및 출판물에 대한 탄압과 발행금지를 책동한다. 사회변화와 함께하는 교육기회 확대는 점차 개개인의 의식을 일깨운다. 당시 한국사회의 한국인들은 부당不當하고도 엄중嚴重하게 전개되는 사회변화를 목도하면서 그 근원과 내용을 알고자 하는 각성이 일었으며 그러한 변화에 대한 정당함과 부정당함, 그리고 그에 대한 내용을 바르게 알고 바른 판단을 하고자 하였다. 이에 대해 이해를 제공하는 한편 변화하는 정치 및 사회상황에 대해 즉시적·직접적이며 분석적으로 내용을 전해주는 매체가 바로 신문新聞이며 잡지雜誌이다. 또한 이를 해독할 수 있도록 문자를 가르치고 기본된 지식을 함양하게 하는 기관이 바로 교육기관이다. 언론言論과 교육敎育은 그래서 사회변화를 주도하는 중심축이 되는 것이다.

일제는 이에 대해 식민지배책에 기초하여 탄압을 가해오게 되었는바, 거리낌 없이 전면적으로 활용하는 사회적 기제機制가 바로 법령法令이었다. 일제는 법을 활용하여 한국사회를 부당하게 재단裁斷하고 개인의 권리를 압박하는 것으로 법실증주의法實證主義가 안고 있는 법만능法萬能이라는 부정적 기능을 최대한 활용한다. 결국 일제의 식민지배법제植民支配法制는 입법목적立法目的이 이미 부정의不正義를 위해 설계된 것이었으며, 시행에 있어서도 부정의에 적극 협력하는 일관된 집행을 이루어냄으로써 악법惡法의 전형典型으로 간주 된다.

경술년의 강제병탄强制倂呑 이전부터 일제는 언론을 압박하는 법제를 제정한다. 통감부 시기인 1907년7월에 신문지법新聞紙法을, 1908년4월에는 신문지규칙新聞紙規則을 공표하여 기밀사항機密事項에 관한 관청의 문서나 의사 내용 등은 당해 관청의 허가를 얻지 않고는 절대 게재할 수 없도록 하였다.[67] 또한 치안治安을 방해하거나 풍속

67) 신문지법 제12조. 이에 위반하는 경우 발행인 및 편집인은 10월 이하의 禁獄, 또는 50圓이상 百圓이하의 벌금형에 처하도록 함(동법 제27조)으로써 일제의 국권 침탈과정을 일반 국민이 알 수 없도록

風俗을 교란하는 사항, 공공관청의 문서 및 의사議事에 관한 사항, 공판에 회부되기 전의 중죄 및 경범죄의 예심豫審에 관한 사항과 방청을 금한 재판에 관한 사항 등에 대해서는 신문에 기재할 수 없게 하였다.68) 1909년 2월에는 출판법出版法을 제정하여 문서文書・도화圖畵 등의 출판에는 저작자(또는 그의 상속자) 및 발행인은 공동으로 원고본을 제출하여 지방장관을 경유하여 내부대신內部大臣에게 허가許可를 신청하여야 하는 절차를 마련하였다. 그러나 이를 어기고 문서 또는 도화를 출판하게 된 경우에 대한 처벌 역시 엄하게 규정하고 있다. 국교저해國交沮害 및 정체政體를 변괴變壞하거나 국헌國憲을 문란케 하는 문서 또는 도화를 출판한 경우는 3년 이하의 역형役刑을, 외교 군사기밀에 해당하는 경우는 2년 이하의 역형을, 위의 두 경우 외에 안녕질서파괴 또는 풍속괴란風俗壞亂의 경우는 16개월 이하의 금옥禁獄에 처하는 등으로 벌칙을 규정하였다.69) 이렇게 신문과 잡지의 출판을 봉쇄하면서 한국민韓國民을 얇이 없어야 하는 사람들로 몰아간 끝에 한국병탄韓國併呑을 이뤄내고자 하였는바, 일제가 장담하던 동양평화東洋平和와 한국인의 복리증진福利增進 등은 허구이며 더욱이 그를 위한 정책과 법의 설정은 원천적으로 설정될 수 없었던 것이다.70)

보안법保安法은 1907년 7월에 제정된 것으로, 내부대신은 안녕질서 유지를 위하여 필요한 경우 결사의 해산을 명하며, 경찰관은 역시 안녕질서 유지를 위해 필요한 경우 집회군중을 해산 시킬 수 있도록 하였다.71) 특히 제7조에서는 정치에 관하여 불온不穩한 언론 동작을 하거나, 타인을 선동煽動 교사敎唆 사용하거나 또는 타인 행위에 간섭하여 치안을 방해하는 자는 50이상의 태형笞刑, 10월 이하의 금고禁錮 또는 2년 이하의 징역懲役에 처한다. 결국 이등박문이 주축이 되어 이루어낸 1907년 만국평화회의장 한국대표 참석봉쇄와 고종황제 강제퇴위 등의 국권농단을 한국인들이 강력하게 저항하는 상황에서 일제의 강압이 등장하게 되는 것이다. 이러한 보안법은 1910

하는 봉쇄책을 마련하였다.

68) 新聞紙規則 제10조 참조.

69) 出版法 제2조 및 제10조 참조.

70) 이러한 법규를 근거로 1910년 당시 발매금지된 신문은 외국인이 발행하는 것을 포함하여 총255건에 이른다. 당시 발매금지된 국내 신문으로는 황성신문 국민신문 한양신문 대한매일신보 대한민보, 경향신문 제국신문 등이며, 출판법에 의하여 애국적이며 독립사상에 영향을 미칠 가능성이 있는 서적은 발행될 수 없었는바, 대표적 서적은 다음과 같다. 즉, 초등대한역사 초등본국역사 동국역사 대동역사략 민족경쟁론 국민수지 애국정신 을지문덕 이순신전 동국사략 면암문집 여자국문독본 프랑스혁명사 청년입지전 미국독립사 월남망국사 폴란드망국사 등이 있다. 小森德治, 明石元二郎(上), 臺灣日日新報社, 1928. 491면 및 朴慶植, 上揭書, 139면 참조.

71) 保安法 제1조 및 제2조 참조.

년 강제병탄 직후에 규정을 정비하여 정치적 결사를 모두 해체시킨다. 애국단체인 서북학회西北學會 대한협회大韓協會 정우회政友會 등은 물론이고 매국의 선봉단체인 일진회一進會와 평화협회平和協會 등의 친일단체도 해산한다.[72] 강력한 무단통치체제 구축을 위한 정비과정이 되는 것이다.

[2] 교육에 대한 식민지배정책 기조

교육에 대한 탄압 또한 대단히 치밀하였다. 대한제국의 개창 전후부터 1900년대 초에 걸쳐 한국은 전통방식의 서당교육書堂敎育을 지속적으로 운영하는 한편 근대적 서구교육을 열심히 수용하면서 자주독립과 문명개화를 향한 교육을 전국적으로 시행하였다.[73] 그러나 일제는 이러한 우리의 교육환경 육성에 대해, 일시적인 교육열의 발흥으로 각지에서 학교가 남설濫設되고 불량不良한 교과서를 사용하고 불온不穩한 사상을 주입하여 적개심을 고취함으로써 온건하고 실질적인 미풍美風과 근검역행勤儉力行하는 양속良俗이 중단되고 있다고 지적한다.[74] 일제는 통감부 설치이후에 문명적 교육을 내세우며 일본어와 실무교육을 중시하는 교육간섭을 시작한다. 따라서 인간존엄성人間尊嚴性 자각이나 민족성앙양民族性昻揚, 정치성을 띄는 교육을 철저히 배격하는 원칙을 가지고 한국사회의 교육을 재단하였다. 1908년 7월 칙령 제62호로 공포된 '사립학교령私立學校令'에서는 학부대신이 사립학교를 설립 또는 폐쇄할 권한을 가지며, 사립학교의 교과용 도서는 학부대신의 검정檢定 또는 인가認可를 거치도록 제도화하였다.[75] 서당에 대해서는 '서당書堂에 관한 훈령訓令'을 반포하여 재래의 서당은 한문을 가르쳤지만 일본어(국어)가 필요한 현시점에서는 일본어도 같이 가르치도록 하였으며, '학회령學會令'을 통해서는 역시 학부대신學部大臣이 이에 대한 설립허가 및 취소권을 갖는 것으로 하여 정사政事에 대한 어떠한 관여도 금지시킴으로써 일제가 추구하는 식민지배를 위한 구상을 교육의 장에서 전혀 논의 할 수 없게 하였다.[76] 특히 한국교육에 있어 첫째가는 병근病根으로서 교육의 정치문제에 대한 관여

72) 朴慶植, 전게서, 139~140면.

73) 孫仁銖, 韓國開化敎育研究, 一志社, 1985; 金俊喆, 日帝下의 韓國民族資本과 民族私學에 관한 研究, 尙潮社, 1984 등 참조요.

74) 李淑子, 日本統治下朝鮮における日本語敎育--朝鮮敎育令との關連において--, 朝鮮學報 第75輯, 1975 참조.

75) 1908년 8월에 칙령 제62호로 공포함. 동 사립학교령 제1조 내지 제5조 참조요.

를 집요하게 지적하는 한편, 한국교육이 허虛를 버리고 실實을 취함에 귀착되어야 한다면서, 일제 자신들이 은밀하고도 비겁하게 수행하는 국권침탈國權侵奪에 대한 국민의 공분公憤을 이렇게 교육의 정치문제 관여로 호도糊塗하는 간악함을 버젓하게 행한다.[77] 그러나 그들이 말하는 '허학虛學'은 한국인에 있어서는 진정 '실학實學'인 것이다. 자주自主를 상실하는 가운데 터득하는 실학實學은 단순한 근대주의에 매몰되는 도구일 뿐으로써, 일본 제국주의 침략자들을 위한 하급의 실무자양성을 목표로 하는 것이며 결국 그들 부정의不正義한 식민지배자들을 위해 충실한 도구로서의 노예교육奴隷教育이 되는 것이었다.[78]

경술년 강제병탄으로 총독이 된 사내정의寺內正毅는 교육을 통해 한국인의 제국에 대한 저항이 증폭될 것을 염려하면서 절대 조선민족의 독립사상이 고취되지 못하도록 단속을 강조한다. 그러면서 조선인의 행복이 독립을 통해 가능할 것인지를 지적하면서, 만일의 경우 조선인이 저항을 한다면 일본은 이를 실력으로 진압할 것이며 이로 인해 일본인의 고통은 전무하지만 조선인은 불이익을 크게 받게 될 것임을 밝히고 있다.[79] 이는 총독이 교육과 관련지어 시정방침施政方針을 한국인 탄압에 두고 있음을 피력하는 것이 된다. 이러한 기조는 1911년 8월에 조선에 있어 교육에 관한 기본법인 '조선교육령朝鮮教育令'으로 정비된다. 동령同令은 교육에 관한 칙어勅語의 취지에 기초한 충량忠良한 국민육성을 본의本義로 하며(제2조), 교육은 시세時勢에 따라 민도民度에 적합할 것을 기하여야 하고(제3조), 교육을 대별하건데 보통교육과 실업교육, 전문교육으로 나누고 있음(제5조)을 규정하였다.[80] 중요한 것은 이들 중 조선에서의 교육 중심은 공립보통학교公立普通學校에 있다는 것이다. 보통학교 교육을 충실히 하여 총독정치總督政治의 본지本旨를 완수함에 있음을 독려한다. 따라서 졸업하면 바로 실무實務에 종사하게 되는 만큼, 근면 성실하여서 힘든 일을 싫어하지 않으며

---

76) '學會令'은 1908년 9월에 공포되었다. 동 學會令 제1조에서는 學會를 教育 및 學藝의 보급 발달을 꾀함을 목적으로 하는 단체로 정의 하고, 제5조에서는 이러한 학회는 영리사업을 하거나 政事에 간섭할 수 없도록 하고 있다.

77) 1908년 7월28일 曾彌荒助 副統監이 官立普通學校 校監會議席上에서 이러한 내용을 강연하고 있다. 高橋兵吉, 朝鮮教育史考, 帝國地方行政學會 朝鮮本部, 1927. 140면 참조.

78) 姜在彦, 朝鮮の開化思想, 岩波書店, 1980. 352면 참조.

79) 大野謙一, 朝鮮教育問題管見, 朝鮮教育會, 1936. 31~50면.

80) 朝鮮教育令에서 대별하고 있는 보통교육과 실업교육, 전문교육에 대해 적어둔다. 보통교육은 보통의 지식기능을 전수하고 특히 국민다운성격을 함양하고 국어를 보급하는 것을 목적으로 하고(제5조), 실업교육은 농업 상업 공업에 관한 지식기능을 전수하는 것을 목적으로 하며(제6조), 전문교육은 고등의 학술 기예를 전수하는 것을 목적으로 한다(제7조)고 하여 각각의 내용을 분류하고 있다.

국어國語를 구사할 줄 알고 또 실제적 지식기능을 소유한 충량忠良한 신민臣民을 양성함이 본지임을 명백하게 하고 있다.[81] 이러한 기조는 시간을 더하면서 식민지배체제를 더욱 확고히 하는 방향으로 나아간다. 결국 이후 일제가 행하는 교육법령개정은 일제에 충성하는 신민 양성을 가속화 하는 것으로, 일본어日本語 교육을 강화하면서 애국 독립사상을 일으킬 수 있는 가능성을 봉쇄하는데 초점을 맞춘 노예화교육奴隸化教育을 실행하는 것이었다.[82]

[3] 1920년대의 식민지배를 위한 주요법제 및 정책 실상

1. 3.1 민족독립운동과 문화정치

일제는 한국을 강제병탄한 다음 명칭을 '조선朝鮮'으로 변경하고 식민지배 체제를 본격화 한다. 강압적 무단통치를 거리낌 없이 행하는 일제에 저항하여 한국민족은 1919년에 민족독립을 요구하는 3.1운동을 일으킨다. 일제는 경술병탄 후 한국 식민지배정책의 기조를 동화주의同化主義로 변경하면서 한국인을 그들의 지시와 지배에 무조건 순응하여야 하는 것으로 강박하였다. 이견異見 없고 반대 없는 노예적 순응을 동화정책으로 간주한 일제는 법 정책에 있어 일본과는 다른 법을 제정하거나 다른 내용으로 편성하여 한국에 차별 적용하는 지배 기술을 시행하였다.[83]

헌병경찰憲兵警察을 동원한 치안유지 책략은 한국인을 공포恐怖와 굴종屈從으로 무력화無力化하고자 하였으며, '조선태형령朝鮮笞刑令'과 '경찰범처벌규칙' 등을 통해 한국 민중을 억압적 노예로 몰아갔던 것이다.[84] 이에 대한 저항은 필연적일 수밖에

---

81) 당시 내무장관 宇佐美勝夫의 訓示내용중 일부이다. 그는 이어서 보통학교의 목적은 결코 졸업생이 중학 대학으로 진학하여 학문을 연구함에 있지 않음을 단정하면서, 忠良한 臣民으로서 역할 하는 조선인을 강조하고 있다. 朝鮮總督府學務局編, 朝鮮教育要覽. 26면 참조.

82) 박경식, 전게서, 154~159면.

83) 프랑스가 식민지에 시행한 '同化主義'는 식민지의 문명개화를 도모하면서 식민지에 본국에서 시행하는 법률과 같은 법 및 관료조직, 사회제도 등을 이식시켜 적용하는 통치방식으로 설명된다. 이에 대해서는 이지원, 일제하 민족문화인식의 전개와 민족문화운동--민족주의 계열을 중심으로, 서울대학교 박사학위논문, 2004. 참조요.

84) 헌병경찰의 횡포는 조선인의 기본적 인권도 유린하는 것으로 조선인은 식민지노예 그 자체였다. 한국과 같이 관료의 발호가 극심한 나라는 없다. 그들이 자의적으로 남용하는 총독부령이라는 것은 보는 이로 하여금 실소를 금치 못하게 한다. 조선 민중은 관청의 허가 없이는 아무런 일도 할 수 없을 뿐만아니라 조금이라도 이를 거절하는 경우에는 바로 법률을 위반하였다고 하여 벌금에 처한다.(<現代

없었던 것으로 그 시점이 민족적 울분이 가장 잘 표출될 수 있으며 결집의 명분 또한 가장 적절한 시점인 고종황제의 장례 인산일因山日로 선택한 것이다. 일제의 부정당한 식민지배에 대해 한국민족은 인도주의적 양심에 기초하여 비폭력적 저항으로 그의 중지를 요청하였지만 간악한 일제의 식민지배 책동은 강력한 무장력에다 실정법규實定法規를 동원하면서 합법合法을 내세운 살상과 진압을 자행恣行하였던 것이다.85) 일제가 한국과의 관계에서 끊임없이 강조해 왔던 동양평화와 한국인의 행복증진 및 한국사회의 안녕 유지는 무력과 공포통치를 통해 정리된 한국인압살韓國人壓殺의 모습을 왜곡 가공하여 표현해낸 수사에 불과한 것이었다.

3.1민족독립운동 이후 일제는 1919년 8월에 총독을 재등실齋藤實로 교체한다. 그는 부임 이후 새로운 한국 지배책을 시정방침에 대한 훈시와 일반백성에 대한 유고諭告를 통해 이른바 '문화정치文化政治'와 '일시동인一視同仁'을 기조로 설정한다. 즉, 한국인과 일본인을 병합본지併合本旨에 기초하여 일시동인一視同仁으로 그 지위를 인정하며 제도의 새로운 정비를 통해 문화적으로 한국인을 통치할 것을 선언하였다. 한국민중의 행복과 이익증진을 꾀하며 장차 문화발달과 민력民力의 충실忠實에 맞추어 정치적 사회적 대우에 있어서도 내지인인 일본인과 동일하게 취급하게 됨으로써 궁극의 목적을 달성할 것을 밝히고 있는 것이다.86) 조선인의 강녕康寧을 생각하고 민중을 애무愛撫하며 일시동인을 실현하여 복리를 증진시키며 관제를 개혁하는 등으로 덕화德化를 선포하여 훌륭한 휴명休明의 혜택을 누리도록 신정치新政治를 선포하고 있

史資料>26, 朝鮮 2, みすず書房, 1973. 660면). 그리고 헌병에 대한 내용으로, 조선의 헌병이라는 것은 행정 사법 양부에 걸쳐 그 권력을 가질 뿐 아니라, 학자의 영역에 속하는 언론에 대한 지도, 교육가의 영역인 사회풍속의 개선, 흥신소가 담당할 신용조사업무, 실업가의 영역인 경제에 관한 연구 등 모든 영역에 권한을 행사하는 것이었다.....지방에 가면 헌병에 대한 원성이 더욱 심하다. 도로를 개설하는데 헌병이 책상에서 계획해서 도로를 결정한 다음 민중의 토지를 몰수하고 노동력을 무상으로 사역시키는 등의 관헌의 행위에 대해 어떠한 이설도 제기할 수 없다. 조선인 들은 헌병의 압제를 면하기 위해 오히려 원한어린 헌병에게 頌德碑도 세워준다. '某憲兵不忘碑'는 무자비한 헌병의 몽둥이를 피하고자 아첨으로 조선민중들이 세운비석이다(中野正剛, 我か觀たる滿鮮, 政敎社, 1915. 51~55면).

85) 전 민족이 봉기하여 부당한 일제의 식민지배를 거부하며 오로지 민족의 독립을 요구한 삼일민족독립운동에 대해 일제는 保安法, 出版法, 刑法上의 騷擾罪, '政治에 關한 犯罪處罰의 件'(制令제7호)등의 위반을 이유로 제1심에서 유죄를 결정하고 있다. 특히 '政治에 關한 犯罪處罰의 件'(制令제7호)은 3.1독립운동 발발 후인 4월15일에 일제가 이를 진압하기 위해 급조해 낸 법령으로, 제1조에서 "정치의 변혁을 목적으로 多數共同하여 안녕질서를 방해하거나 방해하려 한 자는 10년 이하의 懲役 또는 禁錮에 처 한다"고 정하고 있다. 金正明編, 朝鮮獨立運動1, 原書房, 1967. 323면 이하참조.

86) 매일신보 1919. 9.4. 참조.

다.[87] 이러한 문화정치표방을 통해 한국인만을 처벌대상으로 삼아 가혹하게 처벌하던 대표 악법 '조선태형령朝鮮笞刑令'을 1920년 3월에 제령 제5호로 폐지하고 헌병경찰憲兵警察을 일반경찰로 대체한다.[88] 또한 중추원中樞院을 활성화하고 지방자치제도를 개정하여 조선인의 정치참여와 의견 청취를 제도화하는 변모를 꾀한다.[89] 언론에 있어서도 한국어 민간신문의 발행을 허용하게 됨으로써 '조선일보' '동아일보' '시사신문時事新聞' 등의 발행이 이루어지게 되며, 일제는 이들 신문발행이 바로 신시정新施政인 '문화정치'의 전형이며 민간이 그렇게 요구하던 언론자유를 통해 상하간上下間 의사소통意思疏通을 실현해 내는 것으로 자평自評하고 있다.[90] 이와 함께 일제는 동화주의同化主義 및 내지연장주의內地延長主義 등의 표현을 동원하는 동시에 한국인에 대한 이전의 강압 일변도 통치에서 동화적 회유전략으로 전환하면서 다른 측면으로의 차별적 침탈을 도모하게 된다.[91] 이렇듯 일제는 한국사회의 실상을 분석하여 지배전략을 치밀하게 수정하는 한편 정책적 구호와 명칭을 적절히 조율해 가면서 식민지배에 더욱 몰두한다.

---

87) 朝鮮總督時代資料, 齋藤實文書2, '朝鮮總督府官制改革ニ關スル勅語'(大正八年(1919) 八月)참조.

88) 이 시기 형사법운용과 그 특징에 대하여는 신동운, 일제하 형사절차에 관한 연구, 한국법사학논총, 박영사, 1991 ; 한인섭, 식민지 형사법제의 구조와 유산, 그 청산의 문제, 광복50주년기념논집1, 한국학술진흥재단, 1995 등 참조요.

89) 중추원은 자문기관으로 친일배들을 선별하여 보임하고 지방자치제도의 개정을 통해서는 일본인과 조선인을 차별하면서 소수의 조선인이 정치에 참여하는 구조를 취한다. 결국 이들 조선인들의 참여는 식민지배가 조선인의 지지와 참여를 통해 실행되는 것임을 대내외적으로 공지하는 한편 식민지배에 조선인의 협력이 공개적이며 합법적으로 이루어짐을 인식시키는 경로가 되었던 것이다. 김동명, 일본제국주의의 식민지 지배체제의 개편--3.1운동직후 조선에서의 동화주의 지배체제의 확정, 한일관계사연구, 제9집, 1998. 73~124 참조.

90) 당시까지는 총독부 기관지인 '매일신보'가 유일한 신문이었다. 한국어신문의 발행허가에 대해 '매일신보'는 "齋藤實총독부임이래 시대의 추세와 세계적 조류에 鑑하야 종래의 방침을 一改하고 文化政治를 표방하야 舊政의 短 을 捨하고 新政의 長處를 此에 보충하는 등 착착 新施政을 실행함에 당하야 民間怨聲의 焦點의 一이던 言論自由를 어느 정도까지 개방하야 朝鮮文新聞의 간행을 許하야서 施政의 方針을 민간에 徹底케하고 上下의 意思를 疏通케 하는 ...."이라는 내용으로 朝鮮文新聞의 발간허용의 의미를 밝히고 있다.(매일신보, 1921. 3.9 참조.). 이에 따라 1920년 3월에 '조선일보'를, 4월에 '동아일보'와 '시사신문'이 각각 발행된다.

91) 그러나 일제가 내 세운 文化政治는 바로 '蚊禍政治'에 다름 아닌 것이었다. "우리들 조선인에게 문화정치를 실시한다는 것은 실은 自利自益을 위한 방편구실에 지나지 않는다. 마치 '암소를 죽여 고기를 먹는 것보다도 살려두어 그 젖을 마시는 것과 같다. 언론의 자유가 없고 경찰만능이며 조선인을 민주의 황야로 내모는 문화정치, 우리에게 문화는 여름의 蚊禍이상으로 고통을 준다"(조선일보 1924.11.13. 鈴木敬夫, 전게서, 194~195면).

2. 치안유지법과 사회변화

일제는 1925년 5월에 치안유지법治安維持法을 공포 · 시행한다. 당시 일본 내에서 격화되는 사상적 분열과 국가존립을 위태롭게 하는 과격행위를 진압하기 위해 제정된 것이다.[92] 한국에서 3.1민족독립운동을 통해 한국인의 자주독립에 대한 의지를 확인한 일제는 보다 다른 방법의 식민지배 책략을 구상한다. 아울러 사회변화와 함께 사상적 동향이 매우 다양화하는 가운데 농민저항과 노동쟁의, 좌경적 사회주의 운동 등이 일제가 행하는 부정의不正義한 식민지배에 끊임없이 저항하게 된다.[93] 그러자 일제는 이들에 대한 효과적 탄압 수단으로 치안유지법을 한국에 시행하게 되는 것이다.

그러나 앞서 한국민족이 독립을 요구한 3.1운동으로 인해 일제는 이에 대응하는 특별조치를 취하게 되는 것으로, 1919년 4월15일에 '정치에 관한 범죄처벌의 건'을 제령 제7호로 공포한다. 이는 1925년에 탄생하는 치안유지법治安維持法의 선구가 되는 것으로, 정치변혁을 목적으로 다수 공동하여 안녕질서를 방해하거나 또는 방해하려는 자는 10년 이하의 징역 또는 금고에 처한다(제1조)고 하고 자수자自首者에 대해서는 감면규정(제2조)을 두었다. 중요한 내용으로 1919년 4월13일에 상해에서 대한민국 망명정부가 수립되었으며, 생존을 위해 또는 지속적 독립운동을 위한 근거지로 간도間島 등을 선택하여 떠난 한국 동포들이 많이 증가하면서 이들에 대한 탄압을 목표로 특별한 내용을 규정한다. 즉, 동령 제3조는 "본령은 제국밖에서 제1조의 죄를 범한 제국신민에게도 이를 적용 한다"라고 하여 당시 해외에서 일어나는 민족독립운동을 탄압하기 위한 근거 법령이 된다.[94]

---

92) 치안유지법은 1925년 4월12일 일본법률 제46호로 제정되고 5월12일부터 시행되었으며, 칙령 제175호에 의해 조선과 대만, 樺太(사할린)에도 적용되었다. 일제는 1차 세계대전 이후 일어나는 세계의 진운에 함께하는 본국 내의 사회주의 내지 민주주의 운동 등에 대해 대응방안의 모색이 시급하였다. 조선에서도 국내외적으로 항일운동이 더욱 조직화하는 상황이 전개된다. 일본 내의 사회주의 운동 및 그에 대한 대응과 치안유지법과의 관계 등에 대해서는 三宅正太郎, 治安維持法, 現代法學全集 第37卷, 日本評論社, 1931. 499면이하; 이 시기 한국을 중심으로 국내외에서 전개된 항일운동 등에 대한 일본 측 주요자료로는 朝鮮總督府庶務調查部, 朝鮮の獨立事想及運動, 1924 ; 三一獨立運動(全四冊), 原書房, 1983 등 참조요.

93) 일제는 3.1운동 이후 문화정치를 표방하면서 조선인에 대한 무단적 가혹행위를 바꾸어 朝鮮笞刑令과 같은 비법적인 법을 1920년 3월에 폐지하는 등으로 지배술책의 개선을 도모하는 듯하지만, 같은 해에 警察巡閱規則을 제정하고 特別要視察內規를 개정하여 조선인에 대한 尾行과 査察 不審尋問 등을 오히려 강화하는 조치를 취하였다. 崔民之 金民珠, 日帝下民族言論史論, 日月書閣, 1978. 24~25면 참조.

94) 일제가 制令 第7號 '政治에 關한 犯罪處罰의 件'을 제정하게 된 것은 3.1민족운동 등을 효과적으로 진압하기에는 당시의 保安法이 불비함이 있었으므로 이를 보완하는 측면에서 특별히 제령의 제정 필요가 컸던 것이다. 그리고 3.1운동을 전후하여 間島 滿州 지역 등을 중심으로 한 한국독립 무장봉기

아울러 일제는 한국을 장악한 채 대륙진출을 위한 기초로 '조선징발령朝鮮徵發令'을 발령하는데 이는 이미 많은 한국인이 간도지방 등으로 거처를 옮기는 상황에서 일제의 조선군 사령관이 한국 밖에서 무력을 행사하는 불령선인不逞鮮人에 대한 진압을 위한 군대 출병을 획책하면서 이루어낸 것이다.[95] 이것 역시 상해임시정부의 개설과 그를 거점으로 조국의 독립을 조직화하는 한국인을 겨냥하는 한편, 일제는 이를 형식적 이유로 그동안 준비하여왔던 대륙진출大陸進出을 본격화하는 계기로 삼는다. 그리고 일본 국내의 복잡한 내부사정을 통제하는 한편 식민지배를 공고히 할 법령으로 등장하는 것이 치안유지법이다.[96]

이러한 치안유지법은 1925년 4월 22일에 일본 국회에서 법률 제46호로 제정 공포된다. 치안유지법의 핵심은 "국체國體를 변혁하거나 사유재산제도私有財産制度를 부인하는 것을 목적으로 결사結社를 조직하거나 또는 사정을 알면서 이에 가입한자는 10년 이하의 징역 또는 금고에 처한다"(제1조)는 규정과, "제1조 제1항을 목적으로 소요騷擾 폭행暴行 및 기타 생명 신체 재산상 위해한 범죄를 선동煽動한 자는 10년 이하의 징역 또는 금고에 처한다"(제4조)는 규정을 통해 명백하게 제시된다. 또한 중요한 내용으로는 "본 법은 누구를 막론하고 본 법 시행구역 밖에서 죄를 범한 자에게도 적용된다"(제7조) 라고 하여 식민지배가 미치지 못하는 지역에서 이루어내는 행위에 대해서까지 처벌을 가능하게 하였다. 총체적으로 치안유지법은 천황제天皇制 수호 및 식민지 독립운동과 관련한 범주를 국체國體로 설정하면서 이를 변혁하려 하거나 사유재산제를 부인하는 등의 결사 조직 및 그들의 행위를 광범하게 단속하는 강력한 법이 된다. 이러한 치안유지법은 칙령에 의해 1925년 5월 12일부터 한국과 대만에서도

에 대한 진압법규로 동령 제3호를 활용하게 된다. 일제는 1919년 10월에 琿春事件捏造를 통해 居留民保護를 명목으로 不逞朝鮮人을 토벌하는 庚申大討伐을 자행하기도 하였다. 齊藤榮治, 大正8年 制令第7號む論ず, 司法協會雜誌 第2卷 第6號, 1923. 15~16면 ;鈴木敬夫, 전게서. 190~193면 참조.

95) 朝鮮徵發令은 制令 第25號로 大正9年(1920년) 12월1일부터 시행되었다.

96) 치안유지법의 제정경과에 대한 이해를 위해 당시 사회상황을 알게 하는 법안으로 1922년에 제출된 過激社會運動取締法案을 참고할 수 있다. 이 법의 입법취지를 보면 "근래 일본의 사회주의자가 러시아 공산당과 연락을 취해서 일본에 과격주의를 선전하고 직접 간접으로 러시아 勞農政府로부터 赤化運動費로서 많은 자금을 들여오는 사실이 있다. 더구나 不逞朝鮮人 등이 그사이에 끼어들어 적화운동을 이용해서 朝鮮獨立의 목적을 달성하려고 한다. 그 운동방법이 교묘해서........이들 사실로 보아 오늘날의 법규로 이것을 단속하기에는 상당히 부족함을 느낀다."는 내용이다. 奧平康弘解說, 治安維持法, みすず書房, 1973. 5~6면. 그러나 이는 입법을 위한 논의과정에서 국민대중의 비판과 자유주의 법학자들의 반대에 부딪혀 법률로 성립되지 못하였다. 이에 대한 법리분석은 鈴木敬夫, 法을 통한 朝鮮植民地支配에 관한 研究, 高麗大民族文化研究所, 1989. 199~205면 참조요.

그대로 시행된다.[97] 치안유지법은 그 후 한국인들이 행하는 사상성과 민족성이 내재된 독립운동 및 학생운동, 사회운동을 탄압하는 주요 법률로 역할을 공고히 한다.[98]

치안유지법治安維持法은 1928년에 내용을 개정하여 긴급칙령 제129호로 '치안유지법중개정긴급칙령治安維持法中改正緊急勅令'을 공포한다. 일본이 취하는 군국주의적 군사정책에 반대하면서 일본 국내에서 발생한 공산주의운동의 격화 및 노동운동 등을 강력하게 진압하고 또한 한국에서는 독립운동에 대한 탄압을 목적으로 동 개정칙령을 공포하여 즉일로 시행한다. 개정치안유지법은 개정안에 대한 의회의 심의 과정에 법리상法理上 논란이 극심하여 폐기되었던 것을 추밀원樞密院의 자문을 받아 제국의회의 승인을 받는 특별절차를 통해 긴급칙령으로 부활시키게 된 것이다.[99] 제1조에서 "국체의 변혁을 목적으로 하여 결사를 조직하는 자 또는 결사의 임원 기타 지도자적인 임무에 종사한 자는 사형 무기 또는 5년 이상의 징역이나 금고에 처하며, 사정을 알고 결사에 가입한 자 또는 결사의 목적수행을 위한 행위를 한 자는 2년 이상의 유기징역 또는 금고에 처한다. 사유재산제도의 부인을 목적으로 결사를 조직한 자, 결사에 가입한 자 또는 결사의 목적수행을 위한 행위를 한 자는 10년 이하의 징역 또는 금고에 처한다"고 하였다. 개정 전의 치안유지법에 비해 형량이 무거워 졌으며 지도적 임무 수행자에 대한 구성요건을 첨가하였다. 그리고 결사의 목적수행행위目的遂行行爲를 한 자에 대한 처벌규정이 새롭게 추가되어 결사의 목적수행에 도움이 되는 모든 행위를 이에 포함시키는 것으로 대상 범위를 확대함으로써 행위 가담자를 광범위하게 처벌할 수 있게 되었다.[100] 일제는 이러한 '치안유지법중개정긴급칙령'을 이듬해 한국에서 발발한 광주학생운동에 그대로 적용하는 것과 함께 관련 치안법률을 개별사정에 따라 적용함으로써 한국인을 위압하는 강력한 도구로서의 법제로 작동시켰다.[101]

---

97) 治安維持法은 1925년 5월8일에 勅令 제175호 '治安維持法을 朝鮮, 臺灣 및 樺太(사할린)에 施行하는 件'에 의해 조선과 대만, 사할린에서 大正14년 5월12일부터 시행되게 되었다.

98) 이에 대해서는 趙東杰, 韓國近代學生運動組織의 性格變化, 韓國近代民族主義運動史硏究, 歷史學會編, 一潮閣, 1987. 330~342면; 宋建鎬, 韓國現代史論, 韓國神學硏究所出版部, 1984. 90~92면 ; 박경식, 전게서, 218~225면 등 참조.

99) '治安維持法中改正緊急勅令'은 1928년 6월29일에 공포하여 공포일로부터 시행한다. 이에 대한 자세한 경과는 小田中聰樹, 治安政策と法の展開過程, 法律文化社, 1982. 65~68면 참조.

100) 奧平康弘, 治安維持法小史, 築摩書房, 1977.100~102면. 핵심은 위의 규정과 관련하여 행위자에게 目的意識을 필요로 하지 않는 것으로 해석하면서, 행위의 양태와 결과가 제1조가 정하고 있는 結社의 목적수행에 도움이 되었다면 치안유지법의 적용이 가능하게 되었던 것이다.

101) 광주학생운동(1929.11.3)은 민족적 존엄에 기초하여 일제가 행하는 부당한 노예적 식민지배를 반대하고 민족적 차별과 멸시를 절대 배격할 것을 요구한 학생중심의 민족독립운동이었다. 光州學生獨立運動에서 제시된 주요 요구 및 타도 대상 중 일부를 소개한다. 植民地奴隸政策과 差別的 敎育撤

또한 일제는 '사상범보호관찰법思想犯保護觀察法'을 제정하여 1936년부터 시행한다. 동법 제1조는 "치안유지법의 죄를 범한 자에 대하여 형의 집행유예의 언도言渡가 있는 경우 또는 소추訴追를 필요로 하지 않기 때문에 공소公訴를 제기하지 않는 경우에는 보호관찰심사회保護觀察審査會의 결의決議에 따라 본인을 보호관찰保護觀察할 수 있다. 본인이 형 집행을 마쳤거나 또는 가출옥假出獄을 허가받은 경우 또한 동일하다". 그리고 제2조에서는 "보호관찰保護觀察에 있어서는 본인을 보호하여 다시 죄를 범할 위험을 방지하기 위해 그 사상 및 행동을 관찰하는 것으로 한다"라고 하여 다양한 사상으로 인하여 국체변혁國體變革 등의 범죄 가능 위험을 안고 있는 자에 대해 광범위한 보호관찰을 가능하게 하고 있다.[102] 한국에 대해서는 이미 지속되어온 식민지배 및 배일사상排日思想 등에 대해 그 저항을 탄압할 수단으로 제령制令으로 '조선사상범보호관찰령朝鮮思想犯保護觀察令'(제령 제16호)을 공포 시행하게 된다.[103] 이로 인해 민족독립과 사회주의 사상에 기초하여 배일행위 등을 도모하던 한국인은 언제나 조사 관찰의 대상이 되어 경찰 및 사법당국의 미행尾行과 연행連行을 당하게 된다.[104] 한국민이 숨쉬기조차 어려워지는 상황으로 나아가게 되는 것이다. 이어서 일제는 전쟁에 승부를 걸면서 본국에서 국가총동원법國家總動員法을 1938년에 법률 제55호로 제정 공포하고 이를 칙령勅令 제316호 '국가총동원법國家總動員法을 조선朝鮮 대만臺灣 및 화태樺太에 시행하는 건'으로 공포하여 한국에도 시행한다. 사상의 탄압을 이어서 국가 전체를 전쟁의 소용돌이에 몰아넣는 것이다.

그리고 1941년 3월에는 치안유지법 중 개정법률(법률 제54호)을 공포한다. 앞서

廢, 朝鮮史와 朝鮮語教育 요구, 일본인교사에 대한 교육자적 良心을 촉구, 학생에게 自由와 校友會에 自治權을 요구, 朝鮮總督의 暴政을 반대함, 暴惡한 警察政治에 항쟁, 植民地 彈壓政治 절대반대, 土地는 農民에게 되돌리며 小作料는 3割이내로할 것, 治安維持法 즉시 撤廢, 惡法을 철폐하고 在監革命者 즉시 석방을 요구, 교내에 警察進入 결사반대, 조선인 경찰(赤帽 쓴 자)을 전부죽여라, 日本帝國主義 打倒, 無産階級革命 萬歲, 植民地主義 解放 萬歲 등을 주장하였다. 당시의 급박한 상황과 일제하의 식민상을 이해 할 수 있는 내용으로 중요의미를 담고 있다. 光州學生獨立運動同志會 編, 光州學生獨立運動史, 國際文化社, 1974 참조.

102) 保護觀察所는 保護司를 정하여 觀察結果를 보고하게 하였다. 이에 따라 '保護觀察所 保護司執務規則'(1936년 司法省訓令 제1호)이 마련되는데, 제2조에서 "國體에 관한 明徵한 觀察과 함께 항상 社會狀態의 推移, 人心의 趣向에 유의하여 이에 관한 적정한 認識을 가지도록 노력할 것"을 강조하면서, 대상자에 대한 調査 觀察활동에 대한 상세한 지침들을 규정하고 있다.

103) 일본에서는 1936년에 思想犯保護觀察法을 법률 제29호로 제정한다. 한국에 있어서는 '朝鮮思想犯保護觀察令'으로 하여 昭和 11년(1936) 12월21일부터 시행한다.

104) 鈴木敬夫, 전게서. 261~267면.

규정한 국체변혁을 목적으로 한 결사에 대해 그를 지원하는 경우(제2조), 결사의 조직을 준비하는 경우(제3조), 결사의 목적을 가지고 집단을 결성하는 자(제4조)에 대한 처벌을 새롭게 규정하였다. 이는 항일적 사상과 일제가 추진하는 전쟁에 대해 반대하는 어떠한 결사와 그에 도움을 주는 다양한 행위에 대해 무차별적으로 차단하고 처벌할 수 있도록 법망法網을 조밀하게 구성하는 것을 목적으로 한 개정이 된다. 이와 함께 형사절차를 간략하게 하고 검사에게 피의자에 대한 강제 처분권한을 부여하여 행정적 검속檢束을 가능하게 하였다. 무엇보다도 개정법률에서 가장 중요한 특징은 '예방구금제豫防拘禁制'를 제도화한 것이다. 사상적으로 위험성을 보지保持하고 있다고 판단되는 자에 대해 국가 치안에 관한 위험을 방지하기 위하여 일정 조건 하에 사회로부터 격리를 가능토록 하는 것이다. 대상자는 치안유지법 위반의 죄를 범하여 형의 집행을 종료하고 출옥하려는 자와 형의 집행종료 및 집행유예를 언도받고 '사상범보호관찰법'에 의해 보호관찰 중에 있으면서 아직 미전향未轉向한 자가 된다. 예방구금 기간은 2년으로 하되 계속 구금의 필요가 있다고 판단되는 경우는 재판소의 결정으로 계속 구금이 가능하게 하고 있다.[105] 그리고 이러한 치안유지법상의 예방구금제에 앞서 일제는 1941년 2월에 제령 제8호로 '조선사상범예방구금령朝鮮思想犯豫防拘禁令'을 공포 시행한다. 동령 제1조에서 "치안유지법의 죄를 범하여 형으로 처벌받은 자가 그 집행을 끝내고 석방될 경우, 석방 후 동 법의 죄를 범할 우려가 현저할 때 재판소는 검사의 청구에 의하여 본인에게 예방구금을 명할 수 있다"고 규정하고 있다. 일제는 이렇게 그들이 추구하는 한국 식민지배강화를 위해 한국인에 대한 사상적 통제까지를 치밀하게 실행하게 됨으로써, 법을 전단적專斷的으로 작동시켜 인간을 반이성적反理性的 예속적隸屬的 존재로 만드는 도구로 활용한다. 일제의 비이성적 식민지배 만행에 반대하고 저항하는 한국인, 그 한국인이 행하는 이성적 사고와 행위에 대해 일제는 전후를 막론하고 봉쇄하고 탄압하면서 침묵적 수용을 강요하였다. 또한 일제의 만행은 이렇게 '불법不法인 법法'활용을 '법치法治'로 간주하면서 법만능法萬能적 사고로 악행惡行을 자행恣行하였으며, 그 결과 일제는 '법法을 통한 부정의不正義'를 일상화하는 전제적專制的 식민지배국이 되었던 것이다.

---

105) 이러한 예방구금으로 인해 집행기관으로 保護矯導所가 만들어진다. 행위형벌로 출발했던 治安維持法은 심정형법으로 발전하였으며 범죄에 대한 사후적 처벌법이 행위이전과 형벌이후에도 처벌이 가능해지는 것이 됨으로써 법의 탈을 쓴 정치적 처분으로 변질된 것임을 지적하고 있다. 韓寅燮, 治安維持法과 植民地統制法令의 展開, 韓國法史學論叢, 박영사, 1991 참조.

3. 민중들의 삶을 억압하는 법과 정책

일제는 문화정치를 내세운 채 관련 법규를 더욱 교묘하게 내용 구성하면서 식민지 배체제를 강화하려 하였다. 치안유지법을 제정한 다음인 1926년 4월에는 '폭력행위暴力行爲등 처벌處罰에 관한 법률法律'을 법률 제60호로 제정하였다. 그리고 이 법은 칙령 제299호 '폭력행위등 처벌에 관한 법률을 조선 등에 시행하는 건'으로 명명하여 1926년 9월에 한국에 공포 시행된다. 동 법률 제1조는 "단체 또는 다중의 위력을 빌거나 단체 혹은 다중으로 가장하여 위력을 과시하거나 흉기를 휴대하거나 다수인이 공동하여 형법 제208조 제1항, 제222조 또는 제261조의 죄를 범한 자는 3년 이하의 징역 또는 5백만원 이하의 벌금에 처한다"[106]고 하고 상습범常習犯에 대해서도 동일하게 처벌할 것을 규정하였다. 그리고 제2조에서는 "재산상 부정不正한 이익을 얻거나 또는 얻을 목적으로 전조 제1항의 방법으로 면회面會를 강청强請하거나 협박脅迫행위를 한 자는 1년 이하의 징역 또는 백원百圓 이하의 벌금에 처한다"고 하여 1920년대에 빈발하던 소작료小作料 인하와 소작쟁의小作爭議를 둘러싼 농민치벌 및 공장 노동자들의 쟁의행위를 광범하게 진압할 근거 법규로 작용한다.[107] 일제는 토지조사사업土地調査事業을 통해 정리된 토지 소유관계를 활용하여 농민들과의 관계에서 토지 소작제도를 새롭게 구축한다.[108] 국공유지에 대한 소유관계 정리 및 사적 소유관계를 명백하게 증명하지 못하거나 소유신고 절차를 규정대로 이행하지 못한 개인의 소유지에 대해서조차 소유권을 획득하는 작업을 통해 대지주大地主로 등장한 동양척식회사東洋拓植會社는 조선에서 최대 지주가 된다. 이와 함께 일제에 편승한 매국적 앞잡이들이 획득하는 소유토지와 지방의 토호土豪들이 다양한 경로를 통해 획득하는

---

106) 여기서 적시하고 있는 형법 제208조 제1항은 폭행을 가한 자가 사람을 상해에 이르지 않게 한 경우는 2년 이하의 징역 규정을, 형법 제222조는 생명 신체 자유 명예 또는 재산에 대하여 해를 끼치려고 한 사람을 협박한 자는 2년 이하의 징역을, 형법 제261조는 前3條에 기재된 (공문서 사문서 건조물) 이외의 물건을 損壞, 상해한 자는 3년 이하의 징역에 처하는 형벌이다. 그러나 특별법인 '暴力行爲등 處罰에 關한 法律'에서는 행위 태양이 '團體 또는 多衆의 威力' '多數人이 共同'의 형태를 띠게 될 때 특별하게 가중 처벌할 것을 규정하고 있다.

107) 소작분쟁은 매우 심대한 것으로 농민들의 생존기반이 붕괴되는 상황에서 제기되는 문제이다. 이러한 소작쟁의가 1920년대에만 3800여회를, 노동쟁의는 731회가 발생하였다. 趙東杰, 日帝下韓國農民運動史, 한길사, 1978 참조.

108) 토지조사사업의 경과와 그 결과에 대한 평가 등에 대하여는 金容燮, 수탈을 위한 測量, 한국근대민족운동사, 돌베개, 1980; 愼鏞廈, 朝鮮土地調査事業研究, 지식산업사, 1981 ; 沈羲基, 韓國法制史講義, 삼영사, 1997. 294~303面 ;이종길, 朝鮮社會法史攷(개정증보 제2판), 동아대학교출판부, 2020. 362-373면 등 참조요.

광대廣大한 토지 취득은 소수의 지주와 다수의 소작농을 자연스럽게 대립시켜놓았다. 이러한 지주 대 소작농의 관계는 계약契約이라는 법률행위를 통해 우월적 지위에 있는 지주들의 의사가 일방적으로 계약서에 기재됨으로써 법의 효력으로 강제되는 문제를 가져왔다.[109] 결국 소작쟁의는 구조적으로 강자인 일제와 그 아류들이 유유히 행하는 부당한 수탈행위에 대해 절박하게 생존의 벼랑으로 몰린 피식민국 농민들이 호소하는 억울함의 또 다른 표현이 된다.[110]

그 밖에도 소작인들에 대해서는, '소작규정小作規定'에 의해 법령에 위반하거나 혹은 미풍양속美風良俗에 위반하여 공안질서를 문란紊亂케 할 소작인은 해약解約하고, 소작쟁의단小作爭議團에 가맹加盟하거나 농장에 대하여 부당한 요구나 반항적 언동을 한 경우에는 즉시 농장에서 퇴거할 것을 명 할 수 있도록 함으로써 소작규정이 위의 '폭력행위暴力行爲등 처벌處罰에 관한 법률'과 함께 치안을 담당하는 법규로 역할 하게 하였다.[111] 무엇보다도 일본인 지주地主의 증대에 더하여 일제 관리들의 교활한 책동으로 조선인 지주 및 모리배謀利輩와 소작인小作人간의 분열 대립 격화,[112] 그리고 무자비한 일제의 식민수탈정책은 조선인 농민을 반농노半農奴, 예농적隸農的 임노동자賃勞動者, 채무농민債務農民 상태로 몰락시켜 갔으며 이들은 부정의에 대한 최소한의 저항 의지도 박멸당한 채 결국 간도間島 등지로 해외 유망流亡을 떠나거나 방랑걸식放浪乞食으로 운명을 의탁하는 외에 다른 방도가 없게 되었다.[113]

피지배 식민지 민족을 말살시키는 책동은 허약한 민중들의 삶의 기반을 광범하게 붕괴시키면서 이용 가능한 일부 부류들을 지원하고 회유하는 방법으로도 작동하는

---

109) 토지소작계약에 대해서는 박경식, 전게서 591~594면 東拓의 正租小作 계약조건과 村井합명회사 진영농장의 소작규정 등 참조요.

110) 일례로 진도에서 발생한 소작쟁의와 관련하여 당시의 실상을 적고 있는 논설을 참고한다. "東拓과 그 충실한 伴侶인 興業이 相互依存하는 관계에 있는 官權과 공동으로 이 지방의 原住民을 抑壓 또는 驅逐하려 함은 그들이 주구한 취획품과 함께 그 질서를 차지하려는 예정된 계획이노라. 우리가 大聲痛哭함을 기다려서 비로소 알 정도로 世人의 신경은 愚鈍치 않노라. 日人소유토지가 4割 을 점하고 每年 8割 의 收穫을 가로채가는 실정이라....". '珍島사건에 대하여', 朝鮮日報, 1924.12. 7. 참조.

111) 金圭昇, 日本の植民地法制の研究, 社會評論社, 1987. 76~78면.

112) 조선일보는 '조선인의 정치적 분야'란 제목으로 1925년 1.21자에 다음의 글을 쓰고 있다. "조선에는 자못 전통적인 親日者流가 있다. 즉, 한국말년부터 政路當局하여 일본의 정책을 조성하는 忠實한 傀儡가 되는 소위 賣國奴輩이나 그 외 頭目인 자들이 혹은 零碎한 利權과 虛妄한 榮貴를 꿈꾸면서 즐기어 그의 走狗를 짓던 자못 可憐한 者流들이니, 一進會의 遺孽을 비롯하여 당시 각각 政黨의 명목을 하던 幾個의 特種人物들이다". 이에 앞서 동아일보는 일제 식민지 침탈자들에게 아첨하면서 官民이 野合하며 日鮮同和를 호소하는 무뢰배들에 대해 그러한 파렴치한 행위를 멈추도록 경고하는 글을 싣고 있다. ('官民野合의 漁利運動' 동아일보, 1924. 4.2 참조)

113) 朴慶植, 일본제국주의의 조선지배, 청아신서, 1986. 256~270 참조.

것이다. 그런 다음 법은 이를 상층에서 제압하고 속박하는 강압적기제强壓的機制가 됨으로써 민중들은 기력을 상실당한 가운데 어렵고 높아서 접근이 불가능한, 그리고 그를 이용할 지식과 여타의 어떠한 항변 통로도 갖지 못하는 궁박窮迫 상황에서 절망하는 존재인 노예奴隷로 몰리면서 인간으로서의 존엄성은 물론이고 존재감을 상실당하는 상황으로 추락하게 되는 것이다.

재등실齋藤實이 수행하는 조선지배 기본책략은 일제가 3.1민족독립운동을 진압하면서 구상해 낸 것으로 친일분자육성親日分子育成을 통해 조선지배를 보다 조용하면서도 효율적으로 지배하려는 계책에서 기인한다. 따라서 재등실齋藤實은 1920년에 '조선민족운동朝鮮民族運動에 대한 대책對策'을 통해 친일파親日派와 배일파排日派를 구분하여 당근과 채찍으로 한국인을 교활하게 이간시킴으로써 동포 간에 분란・반목을 조장하는 지배전략을 다음과 같이 수립하였다.[114] ①친일분자를 귀족・양반・유생・부호・실업가・교육가・종교가 등에 침투시켜 그 계급과 사정에 따라 각종 친일단체를 조직하게 할 것 ②종교적 사회운동을 이용하기 위하여 사찰령寺刹令을 개정하여 불교 각 종파의 총본산을 '경성京城'에 두고 이의 관장 및 원조기관 회장에 친일분자를 앉히는 한편 기독교에 대해서도 상당한 편의와 원조를 제공할 것 ③친일적인 민간 유지有志들에게 편의와 원조를 제공하고 수재교육의 이름 아래 조선청년을 친일분자 인재로 양성할 것 ④친일적 민간 유지 중에서 상당한 학식을 지녔지만 유식자遊食者인 자들을 구제할 것 ⑤조선인 부호 자본가에 대해 일선자본가日鮮資本家 연계를 추진할 것 ⑥민간의 유지에게 편의와 원조를 제공하여 일선융화日鮮融和의 수제회修齊會를 조직시켜 이들에게 국유림國有林의 일부를 불하拂下해 주고 입회권入會權을 주어 농촌지도에 노력하게 할 것 등의 내용이 된다. 한국인을 분열시키는 책략은 지속적이며 집요하게 편익과 고통을 어긋나게 상치相馳시키면서 이루어내게 되는 것으로 이는 결국 민족의 이간과 말살抹殺을 위한 중요한 수단으로 작용하게 되는 것이다. 친일배親日輩들의 행로는 식민지배 후기에 이를수록 일제가 주는 당근의 달콤함으로 정신을 망실亡失 당한 채 이성적 마비에 이르면서, 광란적으로 일제 천황에 충성하고 한국 식민지배를 찬양하는 주구走狗로 변성되어 갔던 것이다.[115]

---

114) 朝鮮總督時代關係資料, 齋藤實關係文書(742號) 및 朴慶植, 전게서 208~211면 참조.

115) 朝鮮總督時代關係資料, 齋藤實關係文書, 권2 257면이하. 中樞院議員ニ關スル調書(大正十三年(1924)二月一日現在, 在職年數ハ四月二十六日迄ノ計算)를 보면 李完用(官職 : 副議長親待 , 位 : 正三, 勳爵 : 一等 侯[爵], 學歷 : 文學 英語, 略歷 : 內閣總理大臣, 新舊黨派 : 老論, 資産 : 1729380円, 在職年數 :十三年七ケ月)을 필두로 朴泳孝(顧問 親待 , 從三 , 一等 侯[爵], 기록사항은 위의분류에 따

4. 교육을 통한 한국민족말살 책동

교육에 있어서는 내지內地와 한국의 구분이 없게 하는 것으로, 내지와 한국은 모두 제국의 영토로서 차이가 있어야 할 어떠한 이유도 없으므로 궁극적으로는 내지와 동일한 상태에 이르게 할 것을 목적하고 있다.[116] 따라서 내선공통內鮮共通의 정신을 기초로 내지준거주의內地準據主義를 취함으로써 내지와 동일한 제도아래서 교육이 이루어질 것을 원칙으로 하였다. 따라서 일본어교육日本語教育을 늘리고 일본역사日本歷史와 지리교육을 강조하며, 직업교육과 대학교육을 첨가하는 등으로 한국교육에 대한 신교육령인 '조선교육령朝鮮教育令'을 칙령 제19호(1922.12)로 공포한다.[117] 그러나 이는 일시동인一視同仁의 성지聖旨를 관철시킨다는 명분을 반영한 것으로, 국민으로서의 자질資質을 육성하고 일본어(국어)를 숙달시키기 위해 일본어 교육을 강화(동령 제6조와 제8조)하면서 한국어교육을 대폭 축소하게 된다.[118] 대학교육에 있어서는 동령 제12조의 "전문교육專門教育은 전문학교령에, 대학교육大學教育 및 그 예비교육豫備教育은 대학령大學令에 의한다"는 규정을 근거로 이를 정비하여 1924년에 경성제국대학관제京城帝國大學官制를 공포하여 예과豫科 과정을 개설하고, 1926년 4월에는 의학부醫學部와 법문학부法文學部를 개설함으로써 한국에서 일본 제국주의 정부에 의한 제국대학교육帝國大學教育이 한국인에게 시행된다.

이러한 경과를 거쳐 이루어낸 일제의 한국 식민지배 교육은 교육을 통해 한국인의 민족적 주체성과 독자성을 부정하게 하는 수단으로 활용된다. 일반적으로 각성覺性된 민족은 역사의 장에서 선조가 조성造成해낸 궤적을 추적하고 장단長短을 추출하면서 자기 발전의 동력이 될 요소들을 지속적으로 탐구해 낸다. 이를 통해 현재를 바로 세우며 미래를 향한 지향점指向點을 설정하게 된다. 식민지배의 치욕에는 피지배민들이 소중하게 품고 있어야 하는 자율적 역사운용 의지와 자기존재의 긍정성에 대해 배

라 모두 적고 있으나 이하 생략함, 이하 동일함), 宋秉畯(顧問 親待, 正四, 一等 伯[爵]), 李夏榮((顧問 親待, 正四, 一等 子[爵]), 趙民熙(顧問 親待, 正四, 一等 子[爵])등으로 자세히 분류 기록하면서 총 67명에 대해 男爵位까지 爵位를 부여하고 있다.

116) 大野謙一, 朝鮮教育問題管見, 94~95면.

117) 大野謙一, 朝鮮教育問題管見, 94~130면.

118) 3.1민족독립이후 또다시 교육을 통한 민족적 차별과 민족의 존엄성 훼손에 대해 학교별로 동맹휴교와 배일운동이 축적되면서 1926년 6월10일 隆熙皇帝의 國葬日을 기해 민족적 반일운동인 6·10학생만세운동이 발발하게 되었다. 宋建鎬, 韓國現代史論, 韓國神學研究所出版部, 1984. 90~92면.

척을 강요당하는 부정의不正義의 비극상悲劇相이 날을 감춘 채 작동되고 있다. 한국 식민지배에 성공한 일제는 한국민족이 발견하고 운용해온 한국의 역사문화와 민족사의 전통을 부정적으로 해석하면서, 그를 폐기하고 소멸시켜야 할 내용으로 재구성하는 간악적奸惡的 왜곡歪曲행위를 집요하게 추진하였다. 1932년에 발행된 '보통학교국사普通學校國史'의 다음 내용은 역사와 진실을 부정의不正義한 무단정치武斷政治가 관여하여 만들어내는 변괴變怪가 얼마나 공포스러운 것인지를 극명하게 보여준다.

"우리나라(일제)는 명치초기부터 오로지 조선의 행복을 도모하여 제일 먼저 수호조약을 맺고 조선을 열국사이에 진출시켰다. 그러나 한국은 독립의 실질을 갖추지 못하여 항상 타국의 압박에 움직여 동양의 평화를 깨트리는 경우가 있었기 때문에, 우리나라는 포츠머드조약(Treaty of Portsmouth, 1905.9.5.)에 따라 새로 한국과 협약을 맺고 우리의 보호국保護國으로 삼아 그 외교外交를 취하였다. 그리고 경성京城에 통감부統監府를 설치하고 이등박문伊藤博文을 통감統監에 임명하여 한국의 내정內政을 개선하는데 힘을 기울였다. 그로부터 수년數年이 지나 한국의 정치는 크게 개선되었으나 다년에 걸친 폐정弊政은 용이하게 제거되지 않아 민심은 아직 불안을 면치 못했다. 그 위에 구미제국의 세력이 활발히 동양에 들어오는 때에 직면하게 되자 함께 국리민복國利民福을 완수하기 위해서는 일한양국日韓兩國이 병합倂合하여 하나가 되는 것 이외에는 방도가 없었다.

그런데 조선인 중에서도 열렬히 병합을 희망希望하여 양국 정부에 청원請願하는 자가 점점 많아졌다. 한국 황제皇帝 역시 이를 생각하게 되면서 민의를 참작하여 명치43년(1910) 8월 통치권統治權을 천황天皇에게 이양할 것을 여쭈어 제국帝國의 신정新政에 의해 점차 인민人民의 행복幸福이 증진增進하기를 바라게 되었다. 천황 또한 병합의 필요를 인정하게 되어 한국 황제의 신청을 받아들여 영구히 한국을 병합시켰다.... 실로 명치천황明治天皇은 아버지가 자식을 생각하듯이 깊은 애정으로 조선인민朝鮮人民의 행복幸福을 생각하셨던 것이다. 이때부터 반도半島의 인민은 모두 제국帝國의 신민臣民이 되어 황실의 위덕威德을 추앙推仰하게 되었으며 동양평화東洋平和의 기초는 점점 다져졌다."[119]

119) 普通學校國史 권2, 109~113면. 박경식 전게서 216~217면에서 재인용.

이것이 일제가 조작하는 한일 간의 역사이며 교육을 통해 주입시키려 하였던 한국 지배의 정당화 논리였다. 한국 인민과 한국 황제가 간절하게 한국 인민의 행복을 증진 시켜달라고 하면서 일제에게 통치권 이양을 요청하게 되었고 이를 명치천황이 수락하여 한국을 영구히 병합하여 동양평화의 기초를 다져가게 되었다는 것이다. 식민지배의 압제와 노예화에 신음하는 한국 인민은 끊임없이 자유와 독립을 간구하면서 비겁과 간악의 전형인 일제의 치하에서 벗어나기를 생명을 걸고서 호소하였건만 일제는 이렇게 간악하고도 파렴치하며 반이성적反理性的 의식意識으로 교과서의 내용을 구성하여 국민들에게 교육하였던 것이다.

또한 일제는 '황국신민서사皇國臣民誓詞'를 제정(1937.10)하여 자신을 버리고 천황에게 수순隨順함이 유일한 삶의 도리이자 모든 힘의 원천임을 체화體化하게 하였으며, 1938년 3월에는 조선교육령朝鮮教育令을 개정(제3차)하여 충량忠良한 황국신민皇國臣民을 만들려는 기초를 더욱 단단히 하였다.[120] 조선교육령 개정을 통해 조선어 과목을 초중등학교에서 선택적 수의과목隨意科目으로 변경시킴으로써 교장이 재량으로 한국어 수업을 교수할 수 있도록 함으로써 한국어 수업은 사실상 폐지되는 상황을 맞게 된다. 여타의 교과에서도 일본의 역사와 문화 지리 등을 가르치게 함으로써 한국 역사 및 문화 등에 대한 교육은 추방당하게 되었다.[121] 일제는 한국지배를 완전하게 하면서 급박하게 전개되는 중국전쟁을 효율적으로 수행하기 위하여 1938년에 '국민정신총동원령國民精神總動員令'을 내려 친일조직인 국민총력조선연맹國民總力朝鮮聯盟을 조직하여 일본어학습日本語學習을 강화하고 전쟁에 대한 지원이 원활할 수 있게 하

---

120) 당시 총독부 학무국장 鹽原時三郎은 "皇國臣民誓詞는 天皇을 받들며 천황에 絕對隨順하는 道로써, 絕對隨順은 나를 버리고서 오직 天皇에 봉사하는 것이 된다. 이 충성의 도를 행하는 것이 우리들 국민의 유일한 삶의 도리이며 모든 힘의 원천이다...."라고 설명한다. 그리고 皇國臣民誓詞는 아동용(1)과 중학교이상의 학생 및 일반용(2)으로 구분하여 학교 조회 및 단체의 집회 시, 그리고 국가기념일이나 각종 행사 때 암송 복창하게 하였다. 皇國臣民誓詞의 내용은 다음과 같다. 皇國臣民誓詞(1) 1) 나는 대일본제국의 신민입니다. 2)나는 마음을 합해 천황폐하께 충의를 다하겠습니다. 3)나는 忍苦鍛鍊하여 훌륭하고 강한 국민이 되겠습니다. 皇國臣民誓詞(2) 1)우리는 황국신민이며 충성으로써 君國에 보답하자. 2)우리 황국신민은 서로 信愛協力하여 단결을 굳게 하자. 3)우리 황국신민은 忍苦鍛鍊의 힘을 길러서 皇道를 宣揚하자. 宮田節子, 皇民化政策の構造, 朝鮮史研究會論文集, 제29집, 1991. 43~45면 참조.

121) 김성준, 일제강점하 조선어 말살정책연구--조선교육령을 중심으로, 국사관논총, 2004(제105집) 참조. 그 후 일제는 1941년3월네 初等學校規定을 공포하여 형식상으로나마 남아있던 국민학교의 '朝鮮語' 교과명을 삭제한다. 그런 다음 1943년 3월에 단행된 제4차 '朝鮮教育令' 개정을 통해 中等學校와 師範學校에서 명맥이 잔존하던 조선어 과목도 완전히 삭제하게 된다. 결국 일제가 그렇게 일관되게 추진해오던 한국민족 말살정책은 한국민족이 暢達해온 고유언어를 교육영역에서 완전히 제거하는 목표를 성취하게 됨으로써 간악의 일제로서는 일단 한국민족의 존재실상을 제도적으로 부정할 수 있는 단계에 이르게 된 것이다.

였다.[122] 일제는 이제 중국과의 전쟁을 넘어 1941년 12월에 태평양전쟁을 도발한다. 그리고 1944년 8월부터는 일본어 상용전해운동常用全解運動을 강제하여 일본어만 사용하게 하였다. 한국의 전국민은 일본어를 사용하여야 하며 우체국 철도 교통운송 등의 관공서는 일본어 사용이 아니면 활용이 불가능하게 하였으며 공공시설 등의 이용 역시 일본어로만 이용이 가능하였다.[123] 이것이 바로 일제가 식민지배를 통해 한국에 겨냥한 교육과 언어에 대한 최종 목표점이 된다. 민족언어民族言語의 말살抹殺은 민족의식民族意識의 말살을 수반하는 것이고 당해 민족이 운용해 온 역사歷史 문화文化에 대한 부정을 동반하는 것이기에 민족말살民族抹殺의 중핵 요소가 되는 것이다.[124]

제Ⅳ장 1930년대 이후 한국민족말살정책의 가속화와 창씨개명

[1] 일제의 대륙침략과 한국식민정책 변화

일제의 동화정책同化政策은 1930년대에 들어오면서 새로운 전기를 맞는다. 일제는 1930년대에 들어 대륙침략을 단행하게 되는 것으로 만주침략(1931.9)을 시작으로 중국에 대한 본격 진공을 실행한다. 일제는 만주 진공을 성공시킨 다음 괴뢰정부傀儡政府인 만주국滿洲國을 건국하여 청나라의 마지막 황제인 부의溥儀를 만주국의 원수로 임명한다. 그리고는 관동군關東軍 사령관으로 하여금 만주를 사실상 통치함으로써 국제연맹으로부터 국제사회의 비난을 피하고자 하였다. 만주국에 대한 지배는 러시아 세력을 견제하며 중국을 장악하는 굳건한 교두보를 확보하게 되는 것이었다.[125] 이

122) 1938년에는 전국에 일본어 강습소를 설치하게 되는데 당시 小學校와 簡易學校의 부설로 설치하여 각종 단체와 공장 상점 등의 직장단위로 일본어교육이 이루어질 수 있게 하였다. 이는 한국인이 일본어를 모름으로 인해 일본의 대외 침략전쟁수행에 많은 장애가 있기에 이를 제거하기 위한 총독부의 정책결정에 의한 것이다. 李明花, 朝鮮總督府의 言語同化政策, 한국독립운동사연구, 1995 제9집. 참조

123) 明石博隆, 昭和特高彈壓史 6, 太平出版社, 1975. 248~252면.

124) 南次郎은 內鮮一體의 궁극적 모습이 한국인을 忠良한 皇國臣民으로 만들어 內鮮人 사이에 일체의 구별을 없애는 것이 근본이며 종국적 목적이라고 선전하였다. 南次郎, 道知事會議 に於ける總督指示, 1939.5.29. 朝鮮總督府官房文書課編纂, [諭告 訓示 演述總攬], 朝鮮行政學會, 1941 참조.

어서 중일전쟁中日戰爭(1937. 7)으로 중국대륙 전체를 전장으로 변화시킨 다음에는 드디어 태평양전쟁을 도발(1941.12)한다. 1900년대 초부터 진행 시켜온 일제의 한국 침략은 1910년 경술년의 국권침탈을 1차적 목표로 하였으며, 강제병탄을 통한 식민지배 이후부터는 이처럼 중국대륙과 태평양 전체를 전쟁국면으로 변환시키면서 한국을 병참기지兵站基地로 활용할 준비에 진력하였다. 결국 일제침략자들의 궁극 종점은 중국과 태평양을 전쟁으로 장악하려는 야욕이었으며, 동양평화東洋平和 등을 내세우면서 행한 20세기 초의 한국지배는 이를 실현하려는 거대 기획의 포석에 불과한 거짓이었음이 확증되는 것이다. 한국을 무단武斷으로 침략하는 행보마다 끊임없이 구호처럼 제창하던 동양평화, 한국민의 복리증진과 안녕질서유지 등은 교활하면서도 간악한 식민침략자 일본 군국주의자들의 기만용어欺瞞用語였음을 명백하게 알게 하는 시점이 바로 1930년대이다.

남차랑南次郎은 1936년 8월에 조선총독으로 부임한다.[126] 일제가 1937년에 중일전쟁을 일으키면서 조선은 전쟁의 중심으로 들게 된다. 일제는 확대될 전쟁을 효과적으로 수행하기 위해 그동안 한국의 교육 및 사회제도, 치안법제들을 한국인의 주체적 의식형성을 제압하고 압살하는 점에 초점을 맞추어 제정과 개정을 거듭하여 왔다. 그럼에도 한국민족은 비겁하게 모의謀議되고 기획된 그들의 부정의에 대해 끊임없이 저항하여왔다. 일제는 주변국에 대한 침략전쟁을 국가목표로 설정하여 끝없는 전쟁과 침략을 수행한다. 이를 위해 필요한 자원의 취득 활용 및 저항에 대한 탄압을 법의 이름으로 자행恣行한다. 법의 이름으로 이루어지는 정의유린正義蹂躪행위는 이러한 식민지 수탈자들과 호전적好戰的 군국주의자軍國主義者들에 의해 자연스럽게 비인간의 이성마비理性痲痹적 행태로 이루어진다. 법法은 힘과 권력을 가진 강자가 내리는 명령이며, 약자인 인민과 식민지 민중들은 이에 따를 의무로서의 권리 외에 다름이 없는 것이라는 행태로 식민지 국가를 강압하였다.

일제는 황국신민화정책皇國臣民化政策과 내선일체內鮮一體 등을 통해 일본 천황의

---

125) 만주국의 상황과 당시 한국인의 민족독립운동 전개에 대해서는 신주백, 만주지역 한인의 민족운동사(1925~45), 아세아문화사, 1999 참조요.

126) 南次郎은 1936년8월5일 제7대 조선총독으로 임명되어 1942년 5월까지 재직한다. 조선군사령관 일본육군대신 관동군사령관 등을 역임하였으며, 1931년9.18 만주침략을 주도하는 등으로 군사전략이 뛰어난 군인이었다. 일제가 남차랑을 총독으로 지명한 것은 조선을 대륙전쟁의 기지로 설정한 만큼 1937년의 중국침략전쟁과 그 후 이어질 대규모 대동아전쟁의 대륙쪽 책임자로서의 막중하고도 극악적인 책임수행 능력을 인정한 것으로 평가된다. 박경식, 전게서 참조.

노예적奴隷的 신민의식臣民意識을 주입注入시키면서 한국인의 민족정신과 민족의식을 철저하게 말살시키는 제도와 정책을 노골적으로 실행한다. 일본 제국주의자들은 그들이 기획한 대륙 및 태평양을 향한 대규모 전쟁에 직면하면서 그동안 부분부분 기만적 이중적으로 위장해온 한국지배에 대해 전면적全面的이며 극악적極惡的으로 임하게 되는 것이다.

[2] 한국민족정신 궤멸을 위한 제반 정책

역사왜곡은 역사가 소중하게 담고 있는 진실에 대한 파괴의 시작이 된다. 한 시기의 정치야욕으로 영원하게 지속될 인류역사의 진실을 거짓으로 조작하고 호도하는 죄악罪惡은 허용될 수 없는 것이다. 한국의 민족사에 대해 정의 내린 반도적성격론半島的性格論 · 정체성이론停滯性理論 · 당파성론黨派性論 등은 불의와 악의로 가득 찬 일제식민 통치하에서 학문이란 이름으로 교활한 인간군들이 철저하게 식민지배를 타당한 것으로 만들어내려 구성해낸 조작과 궤변의 결정들이다. 총독부는 한국민족의 독자성과 고유성을 부정하기 위해 한국민족과 역사를 왜곡하는 체계적 작업을 수행한다.[127] 총독부는 1916년에 조선반도사편찬위원회朝鮮半島史編纂委員會를 설치하고 식민주의 사관史觀에 의거한 '조선반도사朝鮮半島史' 편찬을 준비하다가 3.1민족운동으로 좌초되었고, 1922년에는 이를 이어 '조선사朝鮮史' 편찬을 준비하면서 조선사편찬위원회朝鮮史編纂委員會를 조직하고 외곽단체로 조선사학회朝鮮史學會를 발족하였다. 1925년에는 조선사편수회朝鮮史編修會로 개칭하여 편찬작업에 임하였다. 1932년부터 '조선사' 간행을 시작하여 남차랑南次郎총독시기인 1938년에 총37책을 완간하였다. 일제 총독부는 일제가 수행한 한국병탄은 한국에 대한 은혜恩惠임을 강조하는데 초점을 모으고 있다. 그러다 보니 조선시대를 정리하는 사료史料의 선택 또한 일제의 식민지정책이 합당한 결과임을 논증하는 사료들로만 사용되는 특징도 지적된다.[128] 일제 어용학자御用學者들이 강조하는 한국민족사의 내용은 한국민족이 보유하는 열악한 민족성으로 인해 사대적事大的이며 당파적黨派的 모방적模倣的일 뿐만 아

127) 朴慶植, 日本帝國主義의 朝鮮支配, 청아출판사, 1986. 402~409면 ; 愼鏞廈, 일제의 한국민족말살 '皇國臣民化' 정책, 백범과민족운동연구, 2006. 참조.

128) 金容燮, 일본 · 한국에 있어서의 韓國史敍述, 歷史學報 제31집, 1966 참조요.

니라 타율성他律性에 기한 장기간정체長期間停滯로 인하여 스스로 역사를 운용할 능력이 없음을 강조한다. 결국 한국은 문명국인 일본에 흡수동화吸收同化됨이 지극히 타당한 것임을 핵심 논지로 하고 있다.[129] 이렇게 한국민족을 집요하게 부정적으로 수식하고 교육하면서 일부의 친일배親日輩 지지자들을 확보해 가는 일제의 식민지배 책략은 궁극적으로 '한국민족말살'로 귀결歸結하는 것이다. 일제에 의해 한국민족은 이렇게 철저한 '음모陰謀적 역사탐구 및 교육'과 '법령法令'이라는 양 날개를 통하여 민족말살의 궁극을 향해가고 있었던 것이다.

이와 함께 식민지배 후기에 이르면서 한국어사용을 공식적으로 금압禁壓하고 한국어 신문을 폐간시키면서 일제가 일으킨 또 하나의 중대사건이 '조선어학회朝鮮語學會'사건이다. 이 사건은 일제가 1942년 3월에 조선어학회의 기관지인 '한글'을 폐간시킨 다음 조선어를 연구하여온 일단의 학자들을 민족주의자 집단으로 규정짓고 이들에 대한 체포 구금으로 민족의식에 기초한 어떠한 단체나 운동도 말살하고자 기획한 사건이다.[130] 일제는 1931년부터 다년간에 걸쳐 편협한 민족관념을 배양하면서 민족문화의 향상, 민족의식의 앙양 등 그 기도한 바가 조선독립을 위한 실력신장에 전력을 다 해왔다는 내용으로 한국어문韓國語文 연구단체인 조선어학회朝鮮語學會를 탄압하였다. 결국 1942년 10월1일부터 관련자들을 체포 고문하여 이극로李克魯 최현배崔鉉培 이희승李熙昇 정인승鄭寅承 정태진丁泰鎭 김양수金良洙 등을 치안유지법治安

129) 중요 요지는 다음과 같다. 한국고대사는 북방민족의 식민지에서 출발하였으며 일본과의 관계는 任那日本府說을 기초로 할 때 20세기 일제의 한국지배는 고대 한일관계의 복구가 된다. 또한 한국역사는 남북의 외세에 의해 결정된 他律性의 역사로서 지정학적으로 半島性 및 周邊性에 기인한다. 아울러 타율성으로 인해 문화적으로 독창성이 없는 모방성과 사대성이 지적되며, 한국역사의 長期間에 걸친 停滯性으로인해 민족의 자율적 원동력이 소멸된 만큼 일본의 도움을 기초로 발전할 수밖에 없다는 것이다. 사대성과 결합된 당쟁과 정쟁의 黨派性은 끊임없이 분열을 가져오게 되는 것으로 日鮮同祖論 등에 기하여 일본이 한국을 병탄하여 同化함이 합당한 논지로 요약될 수 있다. 이에 대한 상세한 검토를 위해서는 李基白 責任編輯, 韓國史市民講座 (創刊號), 一潮閣, 1987. 特輯--植民主義史觀批判의 각 논문들을 참고바람.

130) 이 사건의 전말에 대한 경과는 한글학회 편, 한글학회50년사, 1971. 12면이하 참조요. 1945년 1월16일 함흥지방법원은 관련자들에게 징역6년(李克魯)에서 징역2년에 집행유예4년(張鉉植만 무죄)에 이르는 중형을 선고하였다. 조선어학회사건에 대한 다음 판결문은 본회를 朝鮮獨立을 위한 실력단체로 규정하면서 民族文化와 民族意識의 昻揚에 목적을 둔 불온단체로 파악하고 있다. "소화6년 이래로 피고인 이극로를 중심으로 문화운동 가운데 기초적인 語文運動을 취하여 문화운동의 가면아래 조선독립을 위한 실력양성단체로서, 본 건이 검거되기까지 10여년의 장기에 걸쳐 조선민족에 대해 조선어문운동을 전개하여온 것으로...... 다년간에 걸쳐 편협한 민족관념을 배양하였으며 민족문화의 향상, 민족의식의 앙양 등 그 기도한 바 조선독립을 위한 실력신장의 수단을 다하지 않은 바가 없었다......" 朝鮮語學會判決文 참조.

維持法 위반으로 처벌하게 되는 것이다.[131)]

일제는 또한 한국민족이 갖는 종교적 영역에 대해서도 이를 천황 숭배로 대체하는 무모함을 자행한다. 한국인으로서의 민족의식을 부정하며 황국신민으로 개조를 철저하게 추진하는 과정으로 신사참배神社參拜를 강제하게 되는 것이다. 총독부는 1917년3월 '신사神社에 관한 건'을 제정 공포하여 신사神社와 신사神祠를 설치하여 재한 일본인과 한국인들의 참배를 독려하였으며, 1931년의 만주사변 이후에는 한국학생들에게 신사참배를 강요하였다. 남차랑南次郎이 총독으로 부임한 1936년8월 이후 그는 전국의 읍면단위에 1개 신사 건립을 강행하였으며, 1937년부터는 학생은 물론이고 기업 단체 등의 신사참배를 의무화한다.[132)] 이는 1938년 중일전쟁 1주년을 기하여 발령한 국민정신총동원령과 결합하게 되는 것으로, 한국인의 신사참배는 여타의 다른 신앙을 폐기하고 오로지 일제 천황의 신성에 복종하며 충량한 황국신민으로서 일제 천황을 위해 전쟁체제에 동원되어 모든 것을 온전히 헌신하는 인간으로 개조하는 과정으로 삼았던 것이다.[133)]

이러한 진행과 함께 동아일보와 조선일보 등의 한국어 신문에 대해서 일제는 내선일체內鮮一體를 방해하며 이들 신문발행으로 인해 한국인이 민족의식을 유지하며 언젠가는 한국인의 민족의식에 기한 저항이 시도될지 모른다는 위기의식을 가지고 있었다. "조선통치의 기본적 지도정신은 내선일체의 심화, 즉 조선인의 황국신민화에 있지만 그 완성은 본질적으로 지금 조선인이 지니고 있는 민족의식의 저류底流에 의해, 형식적으로는 조선일보・동아일보의 존재에 의해 저해沮害되고 있다"[134)]고 하는 표현을 통해 알 수 있듯이, 조선인의 민족의식을 붕괴 궤멸潰滅시키고 조선인을 황국신민화皇國臣民化하기 위해서는 조선일보와 동아일보 등의 제거가 중요한 과제가 되고 있었음을 알 수 있다. 결국 위의 두 신문은 1940년 8월11일에 자진 정간 형식으로

---

131) 일제의 부당한 판결에 불복하여 李克魯(징역6년) 崔鉉培(징역4년) 李熙昇(징역3년6월) 鄭寅承(징역2년) 등 4명은 항소하였으나 1945년 8월13일에 이를 기각 당하였다. 그런 이틀 후 8.15해방을 맞게 된다.

132) 神社는 일본민족종교인 神道가 숭배하는 神을 제사지내는 건축물이다. 神道는 일본민족이 天照大神의 자손이며 일본의 天皇은 그 神孫으로서, 결국 천황을 숭배하는 종교이다. 일제치하에서는 1925년에 天照大神과 明治天皇을 祭神으로하는 朝鮮神宮을 경성의 남산에 세웠다. 南次郎의 '1邑面 1神社' 건립 강행은 1945년 6월말까지 1141개의 신사를 건립하고 있다. 孫禎睦, 日帝下 夫餘神宮 運營과 소위 扶餘神都 建設, 韓國學報 제49집, 1987 참조.

133) 신용하, 일제의 한국민족말살 '皇國臣民化' 政策, 전게논문 및 박경식, 전게서, 389~390 참조.

134) 大野文書 1248, '諺文新聞統制ノ必要性' '東亞日報廢刊ニ對スル關屋氏ノ質疑要領', 1939. 崔由利, 日帝末期 植民地支配政策研究, 국학자료원, 1997. 41면 참조.

강제 폐간된다.[135)]

일제의 한국민족 말살책략은 이렇게 여러 측면에서 다면적이며 입체적으로 한국인을 기만하고 강박하는 정책을 일관해온 결과, 이 땅에서 한국인의 자주적 민족의식을 소멸시키면서 오직 일본제국주의자들과 그 굴종자들만 남게 하는 극악적 식민지배책을 전개하여 왔던 것이다.

[3] 창씨개명의 단행과 민족말살

1. 일제 가족법제의 이식과 조선민사령 개정

중일전쟁中日戰爭을 준비하고 수행단계에 접어든 일제는 한국민족과 한국인에 대해 허언虛言으로라도 민족적 주체성과 독자성을 긍정할 이유가 없게 된다. 악법惡法이지만 법 정비를 통한 침탈을 꾀하여온 그간의 모든 것이 이러한 일대 침략전쟁을 위한 위장의 과정이었음이 드러나게 되었기에 더 이상 그를 은폐할 수가 없는 궁극에 이르게 된 것이다. 일제는 식민지배 무단통치를 통해 일본국내법을 전면적으로 이식하여 법을 통한 한국 사회의 재편 및 운용을 추진하였지만, 특별하게 가족법영역과 관련하여서는 한국사회의 관습을 존중하는 태도를 취하였다. 즉, 가족영역이 갖는 특수성으로 인하여 이질적 외래법률을 강제할 수 없는 것이었기에 가족관계 및 상속관습, 혈연진실성에 기초한 성본姓本중시의 가족문화를 존중하는 법정책을 취하게 된 것이다.[136)] 하지만 식민지배정책의 연장에서 일제식 가제도의 이식은 필연적이었으

---

135) 총독부는 동아일보의 폐간을 위해 동아일보에 대해 경리부정과 과거 독립운동자금 전달 등을 문제로 지적하면서 압박하였다. 두 신문의 폐간을 이어 1941년에는 한국어 잡지인 文章, 人文評論 등 21종의 한국어사용 잡지도 폐간하게 된다. 崔由利, 日帝末期 言論政策의 性格--동아 조선일보의 폐간을 중심으로, 梨花史學研究, 1993(제20, 21합집) 참조.

136) 일제는 가족법영역에 대한 일본법의 식민지 한국으로의 이식에 대단히 신중한 태도를 취한다. 1912년 3월12일 공포한 조선민사령朝鮮民事令을 통해 민사법규 전반에 대해 일본민법이 한국에 依用하게 되지만, 동 민사령 제11조에서 "능력, 친족 및 상속에 관해서는 한국사회의 慣習을 따르게 함"으로써 가족법영역에 있어 일본법의 이식은 불가한 것임을 명백하게 인식하고 있었음을 알 수 있다. 따라서 한국의 친족 상속 등에 관하여 총독부 법무국장·중추원의장·정무총감·법원장 등이 발하는 回答· 通牒은 대단히 중요한 효력을 가지고 있었다. 그러나 이들에 대해서는 구체적 내용과 성격을 구분하여 법적 효력을 다르게 인정하여야 하는 중요성이 있다. 즉, 이들이 발하는 회답· 통첩 중 성문 법규에 관한 것은 당해 성문 법규의 누락에 대한 補充과 解釋을 목적으로 한 것으로써 有權解釋의 자료에 불과하다. 그러나 친족 상속법 중 慣習法이 支配 하는 사항에 관한 回答·通牒·決

며, 조선민사령의 개정과 조선호적령朝鮮戶籍令 등의 제정은 바로 이러한 일제식의 가家 및 가족관계 구축을 위한 계획된 경로의 실행에 불과한 것이었다.

중요한 일례로 호주제戶主制의 이식을 들 수 있다. 일제 명치민법明治民法은 가독상속家督相續을 규정하면서 중심체로 '호주戶主'를 설정하고 있다. 아울러 호주가 가족구성원에게 행사하는 호주권戶主權의 내용을 강력하게 함으로써 가家의 구성원인 가족들이 호주에게 절대 복종하는 질서체계를 구성한다.[137] 즉, 일제식의 가와 호주는 호주와 그에 소속된 가족을 하나의 단위로 묶어 '가家'로 설정하고, 그 '家'의 대표자인 호주를 정점으로 부자동씨父子同氏・부부동씨夫婦同氏의 관계를 설정한다. 그리고 천황의 조상을 그들 '家'의 조상으로 상정함으로써 결과적으로 일본국민 모두를 천황의 신민臣民으로 구성하는 가족원리家族原理를 구축하고 있다. 이러한 일제식 가원리家原理와 수반되는 법내용을 한국에 교묘하게 그리고 강제적으로 이식시키려 하였던 것이 일제의 가족법 이식정책이었다.[138]

결국 한국민족말살의 마지막 단계로써, '조선민사령' 개정을 통해 조선인의 성명제도姓名制度를 근원적으로 부정하는 가운데 일제식으로의 개편을 강요한다.[139] 혈

疑 등은 慣習法을 宣明하는 것이므로 그 내용 자체가 바로 법률(관습법)로서 효력이 인정되어야 하는 것이다. 鄭光鉉, 韓國家族法研究, 서울대출판부, 1967. 23~24면.

137) 1926년 당시 조선고등법원 판사인 野村調太郎은 조선의 가족관습에 대하여 일본식의 가제도와 호주제가 존재하지 않았음을 밝히고 있다. 즉, 조선에는 과세표준으로써 戶口관념은 존재하였으나 일본의 家관념은 없으며 호주 또는 호주권의 관념도 없었던 것 같다. 아울러 이는 조선은 일본과는 달리 家督相續의 관념이 존재하지 않음에서 기인한다. 차남이하는 통상 혼인과 함께 別居異財함이 상례이지만 獨子도 역시 이 방법을 취할 수 있었으므로 일본의 분가관념에도 해당하지 않는 것으로 보인다. 조선의 경우 一族이 一家인 형태를 취하게 되는 것이다. 그러나 근래에 와서 일본민법과 같은 家 및 戶主관념이 확립되어 호주상속을 인정하여 '本家' '分家'라는 용어까지 사용되고 있다고 설명하고 있다. 野村調太郎, 祖上の祭祀と現行の法律, 司法協會雜誌 제5권제4호, 1926.4. 4면.

138) 金容旭, 日帝에 의한 家族法制의 歪曲과 淸算, 한국학술진흥재단, 1995.155~194면 참조. 그리고 일제는 한국의 戶主權 내용을 설정하는 과정에 慣習調査(慣習調査報告書는 1913년에 간행)를 수행하면서 문항설정을 일본민법의 내용과 체제에 따라 '戶主와 家族'간의 관계로 설정하여 일제의 戶主權 관점에서 수행한 결과 '日帝式 家制度下의 韓國社會 家長權'을 조사하는 근본적 잘못을 행하고 있다. 결국 한국 관습상의 家長權을 일제식의 戶主權으로 교합시켜 관습조사를 한 다음 이를 한국사회의 戶主權으로 인정하여 중요한 法源으로 작동시키게 되었던 것이다. 이 후 法務局長回答 政務總監回答 舊慣及制度調査委員會決議, 그리고 朝鮮高等法院判例 등을 통해 한국가족사회의 실체 왜곡이 일관되게 수행된다. 朴秉濠, 日帝下의 家族政策과 慣習法形成過程, 家族法論集, 진원. 1996 ; 李相旭, 日帝下 傳統家族法의 歪曲, 韓國法史學論叢(박병호교수화갑기념논문집), 박영사, 1991 등 참조요.

139) 1939년 11월10일 制令 第19號 '朝鮮民事令중 改正의 件'을 공포하여 創氏改名을 단행(1940.2.11.시행)한다.

연진실성을 기본으로 부계혈통父系血統의 계통적 연결을 지속하는 한국인의 성姓과 본관제도本貫制度를 근본적으로 파괴하면서 일제식의 씨제도氏制度를 강제하게 됨으로써 한국민족을 말살하는 최후적 정책을 수립하게 된다. 앞서 언어言語 및 교육敎育을 통해 민족의식과 민족의 주체성 등을 부정할 수 있는 기본된 골간을 구축하여 왔는 터에, 일제는 형식적으로 일본인과 한국인을 똑같은 체계 속에 편입시키는 절차를 수립하게 된 것이다. 개인과 민족의 정체성을 상징하여 온 한국민 고유의 성본제도姓本制度 소멸과 이의 일제화는 가정영역을 포함하는 전 영역에 있어 한국민족의 독자성을 완전히 분쇄하는 결과를 초래한다. 이제 한국인은 몰락된 황국신민으로서 일제의 필요 도구 즉, 전쟁 도구로서 식민법령에 따라 전장戰場에 모든 것을 내어 맡겨야 하는 상황으로 귀결되는 것이다.

창씨개명創氏改名을 결과하는 조선민사령의 개정과 한국가족제도의 점진적 일본화에 대해 간략히 정리한다.

1912년 4월1일을 기해 조선민사령이 시행되면서 일본 민사법규의 대규모 이식이 이루어진다. 그러나 동령 제11조에서 능력 및 친족 상속에 관하여서는 일본 민사법규를 적용하지 않으며 관습에 의한다는 특칙을 둠으로써 가족법영역은 한국의 관습에 의존하게 되었다.[140] 그 후 1921년 11월14일 제령 14호로 조선민사령을 개정하게 되는 것으로, 조선민사령 제11조를 개정(제1차 개정)하여 12월1일부터 시행한다. "조선인의 친족 상속에 관하여는 제1조의 법률에 의하지 않고 관습에 의한다. 단, 친권親權(일본민법 제877조~제899조 의용) 후견後見 , 보좌保佐(일민, 제900조~제943조 의용) 및 친족회親族會중 무능력자無能力者를 위하여 설치되는 친족회(일민, 제949조 및 관련규정 의용)에 관한 규정은 일제민법규정을 의용依用한다"고 개정하였다. 그리고

---

140) 1912년4월1일부터 시행된 조선민사령 제1조는 일본 明治民法을 말하는 것으로, 제1편 總則, 제2편 物權, 제3편 債權은 1896년에, 제4편 親族, 제5편 相續은 1898년에 공포되어 공히 1898년 7월부터 시행되었다. 즉, 이러한 일제의 민법을 받아들이게 되는 근거법규가 바로 조선민사령 제1조의 중요 내용이 되는 것이며 예외적으로 동령 제11조는 "第1條의 法律중 能力, 親族及相續에 關하는 規定은 朝鮮人에게 此를 適用치 아니함. 朝鮮人에게 關하는 前項의 事項에 對하여는 慣習에 依함"으로 규정하고 있다. 따라서 일제시기를 통해 한국가족법상의 慣習은 새롭게 중요한 논의의 대상이 되어갔던 것이다. 아울러 가족관습의왜곡 및 관제관습에 대하여 ①총독부주관의 관습조사를 통한 왜곡 ②사법협회의 결의와 회답을 통한 왜곡 ③조선고등법원 판례를 통한 관습왜곡 등이 통합적으로 관습의 官製化로 수렴되는 과정에 대한 이해를 제공한다. 이에 대하여는 李相旭, 전게논문 참조요.

'능력能力'(일민, 제3조~제20조)에 관하여는 일제민법이 의용 되었으므로 성년 남성인 능력자와 미성년자 · 금치산자 · 준금치산자準禁治産者 · 처 등의 무능력자를 명백히 구별하게 되었다.

이어서 1922년 12월7일 제령 제13호로 조선민사령의 제2차 개정이 이루어져서 1923년 7월1일부터 시행된다. 즉, 일민日民 제765조 의용으로 혼인적령婚姻適齡이 남자17세 여자 15세로 규정되면서 적령適齡을 위반한 혼인의 경우 혼인취소婚姻取消사유가 되며, 재판상이혼과 인지認知, 상속의 승인과 재산분리財産分離규정이 가족법의 합리화와 상속절차의 보충 측면에서 개정 보완된다. 아울러 분가分家, 절가재흥絕家再興, 혼인婚姻, 협의이혼協議離婚, 입양入養, 협의파양協議罷養 등은 이를 부윤府尹 또는 면장面長에게 신고함으로써 효력이 발생하게 되는 것으로, 종래의 사실주의에서 신고주의申告主義로 전환되는 것과 함께 이들 내용의 호적신고는 신고로 인해 법률적 효력이 비로소 발생되는 창설적신고創設的申告로 제도화되었다.

가제도家制度와 관련한 중요사항으로는 1923년 7월1일자로 시행된 '조선호적령朝鮮戸籍令'이 있다. 조선호적령에 의한 호적제도는 1914년에 개정된 일본 호적법을 기반으로 한 것인 만큼 이의 시행으로 한국의 호적제도는 일본 호적제도와 동일한 것이 된다. 이에 따라 혼인 이혼 입양 파양, 그리고 분가 및 절가재흥 등의 내용 및 방식이 일본 내지와 같이 됨으로써 일제식 호적제도의 중심이 되는 '家'가 형식면에서 자연스럽게 일본식으로 변화하게 되었다. 또한 호적사무에 대한 관리 감독을 철저하게 하기 위해 사법기관인 법원法院(재판소裁判所)에 호적사무를 귀속시키며, 호적사무에 대한 호주의 신고의무 강화, 호적업무와 관련하여 절차적 흠결에 대한 제재를 강화하는 등으로 일제식 가제도와 호주제도를 한국에 정착시키게 된다.[141] 이러한 전 단계는 후일 창씨개명을 통한 핵심 요소의 변개를 향한 관련 영역의 정비였으며 나아가서 이를 수용할 복선을 제시하는 과정으로 보아야 하는 것이다.

아울러 일제는 조선의 가족제도에 대해 내용적 변개를 부단하게 도모하고 있었던 것으로, 가족관습에 대한 사법적 해석을 통해 관제관습官製慣習의 창출을 도모해 왔던 것이다. 즉, 일제는 한국 가족관습에 대한 관제변형을 통해 한국사회의 가족제도에 대한 역사적 실제를 왜곡하는 작업을 가속화 하였는바, 이를 통해 한국사회를 일제와 일체화一體化시키고자 하였던 것이다. 일례로 1933년 3월3일 조선고등법원판결

141) 이에 대하여는 朴秉濠, 日帝下의 家族政策과 慣習法形成過程, 家族法論集, 진원. 1996 참조.

은 "호주상속과 재산상속제도가 확립된 오늘날에 이를 배척하고 있는 제사상속의 관념은 선대봉사先代奉祀와 조상제사를 주로하는 도의상道義上의 지위에 지나지 않는 것"이라고 하여 제사상속을 법적으로 폐기하는 판례를 확립하였다. 제사상속은 조선사회 유지의 근간을 이루어 오던 것으로, 조상숭배, 동성동본금혼, 이성불양異姓不養, 성불변姓不變, 소목지서昭穆之序, 족보간행族譜刊行 등 가족제도의 원칙과 근원이 되는 것이다.[142] 그런데 선대에 봉사奉祀하는 조상제사를 단순히 도의상道義上의 지위로 확정함으로써 후손들에게 강한 책무와 함께 권리를 부여하던 조선 전래의 제사상속의 중심을 흔들게 되었고, 그로 인해 한국 가족제도를 근본으로부터 변형시킬 기초들을 마련하게 되었던 것이다.

2. 창씨개명의 단행

'창씨개명'은 창씨創氏와 개명改名을 분리해서 이해하여야 한다. 표현상으로만 본다면 단순히 당시 조선인이 사용하던 이름을 일본식으로 바꾸는 것으로써, 창씨와 개명은 그의 동어 반복적 강조의미로 보아질 수 있다. 그러나 결코 그러한 것이 아닌 것이다. 창씨는 바로 한국인이 기존에 갖는 부계혈통에 기한 성姓을 씨氏로 바꾸는 것을 결정하는 것과 함께 '가제도家制度'를 일본식으로 변경 수용하면서 일본식의 씨氏를 만드는 것으로 창씨가 된다. 그런 다음 이렇게 중층적 의미를 담는 씨氏에 맞추어 보다 적당한 일본식의 이름으로 변경하는 과정을 개명改名이라 함으로써, 전체가 합체되어 창씨개명創氏改名으로 통칭 된다.

따라서 창씨는 한국사회가 역사적으로 보유하여온 부계혈통의 일관된 계통성과 그를 기초로 확립된 성불변姓不變의 원칙 및 그에 수반하는 '가家'관념과 제도를 부정하는 결과를 가져온다. 결국 일본식의 가제도로 완전한 개편을 도모하는 것으로써, 가의 본질과 함께 결합하는 내용들을 일본식으로 완전히 새롭게 편성하는 것이 된다.

결국 이러한 창씨개명을 주도하는 법령으로는 '조선민사령 중 개정의 건'(제령制令 제19호. 1939년 11월10일 공포, 1940년 2월11일 시행), '씨선정氏選定 및 씨명변경제한氏名變更制限에 관한 건'(제령 제20호. 1939년 11월10일 공포, 1940년 2월11일 시행), '조선호적령 중 개정의 건'(부령府令 제220호. 1939년 12월26일 공포, 1940년2월

142) 朴秉濠, 상게서 및 金容旭, 日帝에 의한 家族法制의 歪曲과 淸算, 한국학술진흥재단, 1995.155~194면 참조.

11일 시행) 등을 지적할 수 있다.

일제는 1939년 11월10일 제령 제19호 '조선민사령 중 개정의 건'을 공포하여 창씨개명을 단행한다. 시행기일은 일본 황기皇紀 2600년의 기원절紀元節인 소화 15년(1940) 2월11일이다. 개정된 조선민사령 제11조는 "조선인의 친족 및 상속에 관하여는 별단의 규정이 있는 것을 제하고는 제1조의 법률에 의하지 않고 관습慣習에 의한다. 단 씨氏・혼인연령・재판상이혼・ 인지・재판상이연裁判上離緣・서양자연조婿養子緣組의 경우에 혼인 또는 연조緣組가 무효 또는 취소된 때의 연조 또는 혼인의 취소・친권・후견・보좌인・친족회・상속의 승인 및 재산분리에 관한 규정은 그러하지 아니하다.....씨氏는 호주(법정대리인이 있는 때에는 법정대리인)가 이를 정한다"라고 하여 창씨개명을 중심으로 한 가제도에 대한 정비를 규정하고 있다. 따라서 '씨氏'에 관하여 호주 및 가족은 그 가의 씨를 칭하는 규정(민법 제746조),[143] 재판상이연裁判上離緣에 관한 규정, 서양자연조壻養子緣組의 무효 내지 취소에 관한 규정을 의용하기로 하였으며, 이와 함께 조선민사령 제11조의2로 "조선인의 양자연조養子緣組에 있어서 양자는 양친養親과 동성同姓임을 요하지 않는다. 단, 사후양자死後養子인 경우에는 차한此限에 부재不在한다"는 규정을 신설하였다.

이로 인해 우리나라가 종래 지켜온 이성불양異姓不養의 원칙이 무너지고 서양자제도婿養子制度가 가능하게 되면서 서양자연조婿養子緣組의 무효 취소규정이 의용되는 법규보완이 이루어지게 된다. 일제식 씨氏제도를 도입함에 있어 가명家名으로 호칭되는 씨명氏名사용을 가제도家制度의 중심으로 위치시키게 되면서 관련되는 이성양자 서양자제도 등이 같이 한국 가족제도로 이입되게 된다. 일제의 한국 가족질서 및 가족법 파괴와 일본법제의 침투는 이렇게 시간을 가지면서 치밀하고도 철저하게 이행되어왔다.

창씨개명에서 씨에 대한 이해를 위해 정광현교수의 다음 글을 참고한다. "'성姓'은 '남계男系의 혈통血統을 표시하는 칭호稱號'를 의미하며, '씨氏'는 '가家를 표창表彰하기 위한 법률상명칭法律上名稱'을 의미한다. 그리고 일본인의 개인 칭호를 구성하고 있는 중촌中村, 이등伊藤의 한자漢字는 자기의 소속된 가적家籍을 표시하는 '씨氏'의

143) 創氏改名의 기본이 되는 당시의 일본민법 제746조는 "호주 및 가족은 그 家의 氏를 칭한다". 따라서 가족구성원 모두는 공통된 氏名을 사용하게 됨으로써 한국고유의 부계혈통적 성과 본관제도를 배격하게 되는 것이다. 부계혈통을 잇는 성불변의 원칙, 이성불양원칙, 서양자불허원칙 등이 붕괴되는 결과를 초래한다.

성질을 가진 것이다. 그러므로 동일한 가적家籍에 있는 자는 동일한 '씨氏'를 호칭하고 있다."[144] 따라서 이러한 창씨개명은 한국인의 성姓과 본관本貫이 갖는 의미를 폐기시키는 것으로써, 남차랑南次郎 총독은 내지식內地式 창씨개명에 대해 "동조동근同祖同根하는 황국신민皇國臣民으로서 국민의식國民意識을 확연히 하면서 내선일체內鮮一體를 공고히 하는 방안"임을 극력 강조하였다.[145] 조선민사령은 부칙附則에서는 "조선인 호주戶主(법정대리인이 있는 때에는 법정대리인)는 본령시행후本令施行後 6월 이내로 새로 씨氏를 정하여 이를 부윤府尹 또는 읍면장邑面長에게 제출함을 요한다. 전항에 의한 계출屆出(신고)을 하지 않을 때에는 본령 시행당시의 호주의 성을 씨氏로 정한다. 단 일가를 창립한 여호주女戶主인 경우 또는 호주상속인戶主相續人이 분명치 않은 때에는 전남호주前男戶主의 성姓을 씨氏로 한다"라고 하여 창씨개명이 완벽하게 종결될 수 있게 하였다.[146] 즉, 1940년 8월 10일까지 창씨개명을 적극적으로 수행하지 않은 경우에 있어서는 당시 호주의 성을 일본식 씨명氏名이 되는 것으로 함으로써 호주를 중심으로 한 가명家名이 통일적으로 적용되게 하였다. 결국 '법정창씨法定創氏'제도를 통해 모든 한국인들이 창씨개명을 하게 된 결과, 1940년 8월10일은 법적으로 가공할 민족말살民族抹殺의 기점基點이 되고 말았던 것이다.

그 밖에도 '씨선정氏選定 및 씨명변경제한氏名變更制限에 관한 건'(제령 제20호. 1939년 11월10일 공포, 1940년 2월11일 시행)을 통해 역대의 어휘御諱 또는 어명御名의 사용을 제한하며 자기의 성 이외의 성은 이를 씨氏로 할 수 없게 하고 있다. 즉, 역대 일본 천황의 명칭은 사용할 수 없으며 자기의 성 이외의 타인의 성을 씨로 쓸 수 없도록 하였다. 또한 씨명氏名은 변경할 수 없으되 정당한 사유가 있는 경우에는 조선총

144) 鄭光鉉, 韓國家族法研究, 서울대출판부, 1968. 26면.

145) 南總督 談話, 司法上に於ける內鮮一體の具現--內地人式氏の設定に就て 참조.

146) 창씨를 열열히 희망했던 사람 중의 일인으로 지목될 수 있는 李光洙의 창씨개명에 대한 찬양자료 내용을 소개한다. "作名의 辯---香山光郎.(가야마 미쓰로)로 고치고 2600년전 신무천황께서 즉위하신 곳이 軀原인데 이곳에 있는 산이 香久山입니다. 뜻깊은 이 산이름을 씨로 삼아 '香山'이라 한 것인데 그 밑에다 光洙 의 光 자를 붙이고 洙 자는 內地式 의 郎 으로 고쳐서 香山光郎(가야마 미쓰로)라고 한 것입니다."(選氏苦心談, 每日新報1940.1.5). "나는 깊이깊이 나의 자손과 조선민족의 장래를 생각한 끝에 이렇게 하는 것이 당연하다는 굳은 신념에 도달했기 때문이다. 나는 천황의 臣民이다. 나의 자손도 천황의 신민으로서 살 것이다. ..."(創氏와 나, 每日新報1940.2.20). 그리고 이광수는 內鮮一體에 대해서도 다음의 주장을 펴고 있다. '心的 新體制와 朝鮮文化의 進路' (每日新報, 1940.9.7)에서 그는"일반적으로 조선인이 내지인에 비해서 충성과 문화의 수준이 낮은즉 내지인의 우월감은 자연스런 일이니 이에 대하여 조선인은 항상 일보 매진하여 일단 더 敬하는 태도를 가지는 것이 옳다고 믿는다. 내지인은 그 조상적부터 많은 피를 흘려 皇運에 扶翼하여 오지 않았는가......"鄭昌石, '內鮮一體'論理의 樣相, 日本學報, 제42집,1999.6. 371-392면.

독이 정한 장소 즉, 변경하고자 하는 자의 본적지 또는 주소지를 관할하는 법원에 신청하여 허가를 받는 경우에만 가능하도록 하고 있다.[147] 또한 '조선호적령朝鮮戶籍令 중 개정의 건'(부령 제220호. 1939년 12월26일 공포, 1940년2월11일 시행)은 창씨개명으로 한국인과 일본인의 구분이 불가하며 한국인 간에도 혈족의 구분이 곤란하게 됨으로 인해 혼인을 비롯한 가족 질서상의 혼란 우려가 존재하는 점을 시정하기 위해 '조선호적령'을 개정하여 성을 본관과 함께 기록함으로써 혼란을 방지하는 기술적 보완을 하게 된다. 즉, 제1항에서 "조선호적령 중 성명을 씨명으로 고친다", 제2항은 "조선호적의 기재사항 중 본관을 성 및 본관으로 고친다"로 변경하여 조선인의 본 모습을 기록으로 남게 하는 기교를 꾀하고 있는 것이다.

이는 일본의 식민지배 책략의 중요 측면을 볼 수 있는 것으로 조선인과 일본 내지인의 구분을 명확히 하는 의도와 함께 조선인이 바라는 남계혈통에 기한 혈연중시의 주장을 반영하는 명분으로 이해될 수 있는 부분이 된다.

3. 창씨개명의 궁극목표

창씨개명은 인구 개개인의 성본姓本에 대한 변화를 직접적으로 강제하는 것이기 때문에 앞선 선조先祖를 능멸하고 자신의 역사적 존재성을 부인하는 결과를 가져오는 만큼 이에 대한 개인적 민족적 저항은 일제가 충분히 파악하고도 남음이 있었던 것이다. 그런 연유로 이를 강제할 최후 시점포착을 고심하면서 대신 우회적으로 관련하는 여타 제도를 위압과 교활을 섞은 교묘한 계책으로 선행정비해오는 과정을 밟아왔던 것이다. 남차랑南次郎은 황국신민화를 더욱 강화하기 위해 국민정신총동원國民精神總動員 조선연맹朝鮮聯盟을 조직한다. 황국신민皇國臣民으로서의 조직을 더욱 강화하면서 내선일체內鮮一體를 실천하는 일에 주력한다. 총독부 행정조직을 따라 중앙과 지방의 연맹조직을 강화하고 최하층에는 10호단위로 '애국반愛國班'을 편성하여 한국인을 완전한 동원체제로 일원화시키는 것이었다.[148] 그런 다음 창씨개명을 통해 한국민족의 근원성을 부정하고 배격하게 한 다음 형식적으로 일제와 일체가 된 것으로 기만시킨 다음, 일제에 내선일체로부터 유래하는 충성을 강요하기에 이른다.[149]

147) 제령 제20호 및 씨명의 변경절차를 규정한 총독부령 222호 참조.

148) <總動員>創刊號, 국민정신총동원조선연맹강령 실천요목 규약 조직대강, 1939.6. 38~45면 참조.

149) 국민정신총동원조선연맹은 <總動員>이라는 기관지를 발간하고 그 후에 <새벽>을 간행하여 약 50만부를 발행한다. 국민정신총동원조선연맹의 최하 조직인 애국반 조직이 당시 약 40만개 정도였으며, 이들 애국반의 반장급에게 <새벽>등의 잡지에 게재한 창씨개명과 관련한 홍보내용을 배포하여

일제와 총독부는 국가운영을 전시상황으로 몰아가면서 식민지 한국에 대해 모든 것을 신민의 자격으로 헌신할 것을 요구한다. 결국 창씨개명 이후에 조성되는 법령은 전시체제 하에서 전쟁수행을 보다 원활히 하기 위해 이루어내는 전쟁동원법령에 불과하다. 한국민족을 일본민족과 동일시한다는 거짓 선언아래 전장의 무기로 전쟁수행을 위한 후방지원인력으로 이끌어 내는 절차와 내용을 구차하게 마련하는 것에 다름 아닌 것이다. 결국 창씨개명을 하고난 다음 일제는 조선인을 전장戰場으로 이끌고 갔던 것이다.150)

결국 일본제국주의자들의 광분狂奔적 침략 질주는 확장하는 전장일선戰場一線으로 활용 가능한 한국민족을 최대한 몰아넣는 만행을 자행한다. 이러한 위급하고도 종말적 국면에서 일제는 한국민족의 독자성과 정체성을 절대 존중하지 않고자 하였던 침탈 본성을 여과 없이 실행한다. 일제는 오랫동안 한국민족말살 저의底意를 능란한 기만습벽欺瞞習癖으로 용하게 숨겨왔지만, 궁극에 이르러 극악적極惡的 자기모습을 표출할 수밖에 없는 시간적 운명에 직면하게 되었던 것이다.151)

비겁卑怯하고 교활狡猾하며 호전적好戰的이며 이간離間책동에 능한 간악姦惡한 일제의 한국식민지배는 이렇게 거악巨惡 존재로서의 일제 자신을 추악하게 자인自認하는 과정이 되고 있었다. 그들이 한국침략 초기에 강조하였던 '동양평화'는 '동양전쟁'이며 '동양능멸'이었음을 전 인류에게 폭로暴露하는 것으로, 비인간적이며 부정의한 행태의 전형典型을 여지없이 제시한 것으로 결론 된다.

이러한 창씨개명은 조국이 광복된 다음 해인 1946년 10월23일 군정법률軍政法律 제122호 '조선성명복구령朝鮮姓名復舊令'(부칙포함 전체 5개조문)에 의해 본래의 성명을 되찾게 되었다. 즉, "본령은 일본통치시대의 창씨제도創氏制度에 의해 일본식 씨명氏名으로 변경하였던 조선인의 성명姓名을 간이簡易하게 복구함을 목적으로 한다"

읽게 하였던 것이다. 정운현 편, 전게서.164~165면.

150) 창씨개명은 1942년5월 각의에서 결정된 조선징병제 시행과 관계가 있는 것으로 해석된다. 1945년 3월6일자 내무성 기밀문서의 내용 중 "......대다수는 희망대로 창씨하고 황국신민이 된 결의를 서서히 굳혀 현재에 있어서는 內鮮融合一體 위에 좋은 결과를 계속 낳고 있다고 믿음. 특히 징병제도를 실시한 오늘날 皇軍으로서 조금의 차별도 없이 혼연일체가 되어 군무에 계속 정진할 수 있고, 만일 현재 군대 안에 김모 이모 등이 섞여있다고 생각하면 그 이득과 폐단 또한 저절로 밝혀지게 되고........[(秘) 조선 및 대만 거주민 정치처우에 관한 질의응답] 내무성관리국 1945.3.6" 라고 하여 전쟁수행을 위해서도 반드시 창씨개명은 필요하였던 것임을 알 수 있게 한다. 정운현 편역, 創氏改名, 학민사, 1994. 39~40면.

151) 1940년 이후의 치안유지관련법제 및 전시형사법령의 정비, 그리고 국가총동원관련 법령에 대한 이해를 위해서는 鈴木敬夫, 전게서, 288면 이하를 참조바람.

고 하고, 일제강점기 일본식으로 고쳐서 사용하던 조선인의 일제식 씨氏와 명名을 그 창초일創初日로부터 무효로 하는 것과 함께 이를 조선인의 본래 성명姓名으로 복구하는 조처를 취하게 한 것이다. 일제가 폭압적 식민기간을 통해 자행한 한국민족말살의 궁극적 내용을 일제의 패전에 따른 조국광복으로 반전시키면서 한국민족복구의 역사를 새롭게 구축해갈 서광曙光을 맞이하게 된 것이다.

제V장 결 어

역사가 담고 있는 진실을 구명하기 위해 역사학 연구자는 순수 일념으로 올바른 관점을 설정하면서 자료를 찾고 해석하며 일관된 탐구 고민을 이어 가야 한다. 진실을 찾기 위해 제기되는 역사연구방법 중 '실증주의'와 그의 극복을 위해 제기된 역사가의 능동성을 강조하는 '현재주의'는 모두 유용성을 갖는다. 따라서 연구자 개인이 진실에 대한 집념 어린 자각自覺과 그에 대한 굳은 의지를 사료탐구史料探究를 통해 실천으로 연결해 낼 때만이 진실에의 접근이 가능하게 된다.[152] 특히 이 글은 법을 주요축으로 삼으면서 일제의 식민지배과정 전반을 검토하였다. 일제는 한국지배를 위해 어떠한 정치적 목적을 기초로 구체적 법과 정책을 전개하고 있는지를 추적하게 된 것이다. 국가가 설정하는 근본 정책 및 정치의 목표는 이후 전개하는 국가운영에 대한 방향타方向舵로서의 역할은 물론이고 역사 운행의 중심 동력으로 작용한다. 일제가 전력을 다해 추진한 한국 식민지배와 민족말살정책은 식민지배 초기행태 및 정책근본에 대한 이해로부터 접근되어져야 한다.

일본제국주의자 그들은 왜 한국을 온갖 교활 술책으로 기만하고 강압하면서 병탄을 기도하였으며 궁극에는 한국민족의 존재 근본을 부정하며 말살하는 책동을 실천하게 되었는가에 대한 근원적 이해는 대단히 중요하다. 그들은 국가가 처한 지리적

152) Adam Schaff, History and Truth, Pergamon Press, 1976(England). 金澤賢 譯, 歷史와 眞實, 靑史, 1982. 101-102면.

여건으로 인하여 힘을 축적하면 할수록 대륙과의 연계를 도모한다. 대륙과의 연계는 심리적 안정감과 함께 무한한 교류 가능성을 제공한다. 한국을 시점始點으로 삼아 행하는 대륙연결은 경제적 정치적 문화적 교류를 안정감 있게 확장할 수 있는 기초가 된다. 그래서 일제가 행하는 한국에 대한 침략과 식민지배는 어떤 미사려구美辭麗句로도 감출 수 없는 일제의 불변하는 정치과제라 할 수 있다. 특히 한국의 국가적 힘이 상대적으로 쇠약함을 보일 때 일제는 한국진공의 최적 시점으로 포착하였음을 기억하여야 한다.

일제의 법제는 한국민족을 억압하고 말살하는데 초점을 맞추고 있다. 어떠한 정책이나 법도 한국인을 존엄하게 하거나 한국 땅에 정의正義에 기초한 평화平和를 제공하려는 생각은 티끌만큼도 존재하지 않는 특징을 명백히 보여주고 있다. 폭압적 행위를 자행하면서도 법을 통하여야 한다는 생각이 가득하였으며, 이러한 법 활용이 야만을 벗어난 근대라는 시대적 조류에 합치하는 것으로 가장한다.[153] 그래서 일본 제국주의자 그들은 한국민족을 법을 받침대로 해서 위압威壓하고 인간의 존재 가치를 함부로 유린蹂躪하여야 할 대상으로 확고하게 설정하고 있었던 것이다. 법을 통한 자유 평등 진리에 대한 모색과 정의의 실현은 한국에 대해서만은 근원적으로 실종되어있었다.

19세기 말부터 시작된 일제의 한국침략 의도는 한국을 강제병탄하고 식민지배하면서 최후에는 대륙으로의 진출을 위한 교두보로 활용하는 것이었다. 그를 은폐하면서 추진하는 과정에 '불법不法인 법法'을 제정하여 활용하는 것으로, 법을 통한 국가운영이라는 근대 문명국가적 요소를 한국인에게 기만적으로 덧씌우면서 순응順應을 강요하였다. 일제는 한국에 대한 식민지배와 국권 침탈이라는 거악巨惡을 교활하게 숨기면서 부정의不正義로 가득 찬 법제를 차곡차곡 이식하면서 거짓된 법치法治를 강제하는 식민지배기조植民支配基調를 확고히 하였다. 결국 간악한 수단을 총동원하여 경술년庚戌年에 한국의 국권을 강제 침탈한다. 그런 다음 위하적威嚇的 무단정책武斷政策으로 한국민족과 한국사회를 유린한다. 한국의 민족독립운동인 3.1운동의 저항을 맞으면서 무단정책에 한계를 느낀 나머지 이를 변경하여 문화정치文化政治로 회유

153) 南興祐, 日帝의 韓國侵略에 있어서의 法規範과 그 適用에 관한 問題, 亞細亞硏究 제33호, 1969. 49~50면 참조.

하는 교활성狡猾性을 발휘한다. 그러나 교활한 일제가 내세운 문화정치는 바로 모기(문蚊:모기)떼가 인간에게 온갖 병마의 재화災禍로 고통을 입히는 '문화정치蚊禍政治'에 다름 아니었다. 우리들 한국인에게 문화정치를 실시한다는 것은 실상은 더 큰 자리자익自利自益을 위하여 우회하는 방법을 사용하는 것으로, 마치 "암소를 죽여 고기를 먹는 것보다도 살려두어 그 젖을 마시는 것과 같다. 언론의 자유가 없고 경찰 만능이며 조선인을 만주의 황야로 내모는 문화정치文化政治, 우리에게 문화文化는 여름의 '문화蚊禍'(모기떼의 재화災禍)이상으로 괴로움을 준다는 문화정치를 기억하여야 한다."[154]는 것이었다. 결국 문화정치를 표방標榜하였지만 한국지배의 근본 목적과 한국민족 멸시관념이 너무나 분명한 가운데 이를 가장하느라 오히려 교활한 책동과 기만적 미사여구로 복잡성을 더할 뿐이었다.

그러나 일제는 그것마저 얼마 지나지 않아 인내에 한계를 자인하면서 직접적 탄압책을 동원한다. 한편으로는 학문을 빌어 한국역사와 민족성에 대해 부정적 측면을 파헤치는 연구를 집중한다. 학문과 교육의 이름으로 진리와는 전혀 무관한 연구를 독려하면서 한국인이 스스로를 부정하는 의식을 갖도록 맹렬히 교육한다. 군국주의적 식민지배 정치야욕을 학문으로 수식하면서 한국민족과 한국역사를 타율성他律性에 기한 독립불능의 대상으로 몰아간다. 일제日帝, 그들은 한국정복을 통해 대륙을 진출하여야 한다는 침략적 사고를 현실화하기 위해 정책을 구상하고 교육을 기획하며 선민적의식選民的意識으로 여타국과 교류하는 역사 속 기조를 절대 방기하지 않을 것이다.

결국 1930년대 중반을 지나면서부터는 그동안 가려오던 위장막을 점차 걷어 내면서 한국민족의 존재성을 정면으로 부정하는 창씨개명創氏改名관련 법제를 발효시킨다. 한국인들이 마지막까지 지켜오던 가족제도와 성본제도姓本制度마저 일제식의 호주戶主와 결합하는 씨제도氏制度로 바꾸면서 한국민족의 존재 근본을 법제상 궤멸시켜 없앤다. 일시동인一視同仁・내선일체內鮮一體・동조동근同祖同根・황국신민皇國臣民 등의 수사修辭를 사용하면서 한국인을 일제 그들과 일체인 것처럼 강조하였지만 궁극적으로는 한국민족의 독자성과 자주성을 말살하고 노예奴隷로 변성시켜 그들의 전장戰場으로 동원하는 최후적 수단을 자행한다. 한국민족은 추호도 원치 않는 이런 구호들에서조차도 일제는 진실을 원천적으로 존재시키지 않고 있다. 일제가 말하는 '내선일체'는 방법적으로 '국체國體의 명징明徵'을 조건으로 한 황국신민화이며, 이는

154) 朝鮮日報 1924.11.13. 참조.

일제가 우월감을 기초로 한국민족에게 베풀어주는 시혜라는 본심本心(본음本音)을 비장秘藏하는 가운데 설정해 낸 구호에 지나지 않는 것이다. 그러기에 진실은 내선일체를 거부하면서 일체일 것을 기만하는 간계奸計적 본심本心 외에 어떤 다름도 없다. 즉, '국체의 명징'이라는 도덕적 난관을 설정하여 한국인에게 끝없이 '황국신민이 되기 위한 연성練成'을 강요함으로써 한국인에 대한 차별을 정당화하는 근거를 숨겨가지고 있는 것이다.[155] 이와 함께 '내선일체'는 엄밀히 보면 한국인이 완전히 일본인이 되어 한국인은 소멸하게 된다는 의미의 가공할 함정도 존재한다. 이렇듯 일제는 일관되고도 철저하게 교활하며 간악奸惡한 계책으로 한국민족을 말살抹殺하려 하였던 것이다. 법을 형식논리적으로만 인식하는 침략 제국주의자들에게 있어 약소한 존재는 언제나 침탈의 대상이요 멸시와 기만의 대상일 뿐이었다. 그러기에 그들에게는 '정의正義'는 근원적으로 법法속에 존재하여야 할 내용이자 요소가 아닌 것으로, 그래서 정의와 법은 어떠한 관계도 없는 것이 되고 있었다. 법을 약소하고도 앎이 부족한 이웃인국隣國을 침탈하는 도구로 쓰면서 그를 법에 맞는 법치法治이자 합법合法이라 강변하는 것으로, 스스로를 기만·왜곡하는 교활한 습벽習癖을 체화體化한 그들이 바로 일본제국주의자들이었다.

---

155) 皇國臣民化와 관련하여 '國體明徵'은 천황을 現人神으로하고 군신일체 충효일본의 國體, 만세일계의 皇統을 절대부동으로하는 국체관념을 전국민에게 확고부동하게 배양하여야 하는 것 등으로 국체명징을 설명하고 있다. 이에 대해서는 朴慶植, 전게서. 390~402면; 鄭昌石, '內鮮一體'論理의 樣相, 日本學報, 제42집,1999.6. 371-392면.

제2부

일제 식민지배기 조선 가족제도의 변경침탈과 창씨제도의 전개

제I장 서 론

1. 일본제국주의는 대한제국에 대한 식민지배 야욕野慾을 단계별로 치밀하게 기획하여 성취해 내었다. 결과 한국은 상상할 수 없는 상실과 탈취, 소멸의 상처를 입게 되었다. 인류사회가 만들어내는 다양한 역사는 그 원인과 내용에서 모두 독자적이며 특성적 내용을 보유한다. 상대적으로 강한 힘을 가진 나라는 침략국으로서 근원적 목표를 설정하고 시대적 상황에 따라 약소국을 침공하여 지배와 피지배, 가해와 피해 관계를 조성해 낸다. 역사의 대류는 이를 유형화하기도 하고 시대가 만든 국제관계의 변화 흐름으로 정의하기도 한다. 이어서 인류는 앞선 시대가 결단하고 만들어낸 내용들에 대해 그 실체를 조사 연구하면서 부정의한 전쟁 침략을 재현하지 않도록, 그래서 정의로운 역사지향을 찾기 위해 지혜를 결집하고자 노력을 집중한다.

여기서는 일제 식민지배기로 통칭되는 역사 과정에 있어 대한제국에서 조선으로 국가 명칭마저 빼앗긴 채 살아야 하였던 그 시대에 대해 검토한다. 일제에 의해 조선으로 바뀌어진 이 땅에서 일제가 주체가 되고 우리는 피동적으로 그들이 기획하는 정책과 필요에 따라 일방적으로 내몰리면서 주체성을 모두 박탈당한 채 살아내어야 하였던 일제 식민지배기를 탐구하게 된다.

1905년 을사륵약乙巳勒約으로 통감부가 설치되고, 정미칠조약丁未七條約으로 고종황제를 강제 퇴위시킨 다음 그들 생각대로 순종황제를 내세우고서는 국가를 형해화形骸化 하는 시기를 갖는다. 결국 경술년 1910년 8월29일을 기하여 일제는 대한제국을 완전히 그들의 지배 치하로 복속하는 강제병탄强制倂呑을 자행한다. 그리고 바로 8월29일 당일에 대한제국 국호마저 그들 천황의 칙령勅令으로 조선朝鮮으로 변경한다.[1)]

그 경과를 살펴보자. 일제는 대한제국을 강제 병탄하면서 대한제국을 조선으로 변경하는 조처를 신속하게 취한다. 건양建陽 2년(1897) 8월14일, 조선개국 506년 기원절紀元節을 기하여 고종은 연호를 광무光武로 고치고 동년 10월12일에 국호國號를 '대한大韓'으로 정하면서 황제皇帝에 오른 다음 '대한제국大韓帝國'을 천하에 공포한다.

---

1) 이와 관련하여서는 본서 제1부 제1장 '서언'부분 참조요.

대한제국은 광무3년(1899) 3월17일에 기본법인 전문全文 9조의 '대한국국제大韓國國制'를 반포한다.[2] 따라서 이전까지의 조선은 국호를 대한제국으로 변경하여 이후의 역사를 운영한다. 이러한 '대한'은 일제의 집요한 국권 침탈에 저항하면서 국권수호國權守護와 대한독립大韓獨立을 열망하였지만 결국 1910년 8월 29일에 국권을 상실당하는 비극을 맞게 된다. 일제는 대한제국을 강제 병탄하면서 바로 그날 국호를 조선朝鮮으로 변경한다. 1910년 8월 29일, 일제는 칙령 제318호 '한국韓國의 국호國號를 조선朝鮮으로 변경하는 건'을 제정하여 대한제국을 조선으로 개칭한다. 이어서 같은 날 칙령 제319호는 '조선총독부설치朝鮮總督府設置에 관한 건'을 제정하여 조선총독으로 하여금 일황日皇의 위탁을 받아 한국에서 일체의 정무政務를 통할統轄토록 하였으며, 역시 같은 날 칙령 제324호 '조선에 시행할 법령에 관한 건'의 제정을 통해 한국에서 법률로 규정해야 할 사항에 대해 총독이 발하는 제령制令에 의하도록 하였다. 또한 동일자의 제령 제1호 '조선에 있어서 법령의 효력에 관한 건'은 장차 총독부를 설치할 경우 조선에 있어 그 효력을 잃게 될 일본제국법령 및 한국법령은 당분간 총독이 발하는 명령에 의해 그 효력을 갖도록 정함으로써 법의 공백을 방지하는 장치를 마련하였다

이렇게 치밀한 제도 정비를 거치면서 대한제국 국호는 멸실되고 대한국인이었던 한국인은 조선인으로 전락하고, 조선인은 지배자인 일제의 일본인이 명령하는 바대로 그를 수행하는 식민지 예속민이 되어야 하였던 것이다.

2. 일제에 의한 강제병탄 이전단계에서 우선 대한제국은 국민들을 위해 정치와 공직을 고심으로 설계하고 관리하며 외부 세력으로부터 국민을 보호하기 위해 최선을 다하고 있었는지를 물어야 한다.[3] 국가 기강의 와해와 공직자들의 무개념적 부패상은 국민들이 오히려 그들을 배척하는 가운데 국가에 대한 불신과 분노를 가졌던 것은 아니었을지. 국가와 공직자 및 정치인은 우선하여 국민들의 인간적 존엄가치를 지켜주며 국민을 보호하고 국민들로 하여금 삶의 희망을 갖도록 정치 및 공직을 수행하여

---

2) [대한국국제大韓國國制]의 제1조와 제2조를 참고로 적시한다. 제1조는 "大韓國은 世界萬邦에 公認되온 바 自主獨立ᄒᆞ온 帝國이니라" 제2조는 "大韓帝國의 政治는 由前則五百年傳來ᄒᆞ시고 由後則恆萬世不變ᄒᆞ오실 專制政治이니라"라고 하여, '大韓國'은 오백년 앞선 역사를 잇고 이후로 만세불변하게 이어질 전제국가임을 명백하게 선언하고 있다.

3) 이에 대해서는 본서의 제3부 제Ⅱ장 '일제침략에 협조하는 대한제국 공직자의 부패와 망국조력' 부분을 참조 바람.

야 하는 것이다. 그러나 1900년대 초의 당시 대한제국은 너무나 기강이 증발해 버린 채 부패가 수습될 수 없는 상황에 이르고 있었다. 일제의 한국 강점은 이러한 부패와 혼돈의 국가 모습에서 급속히 침투해 온 과정도 엄존한다. 20세기 초 제국주의적 침탈을 염두하던 일제는 한국의 내외적 허약을 이용하여 국권 점탈을 도모해온 끝에 결국 식민지배를 완성하게 된다.

그렇다면 일제 식민치하에서 일제는 어떻게 조선을 조직적이며 완전하게 통치할 수 있었겠는가. 궁극으로는 가족제도를 일제식으로 완전하게 변개하고 교육을 통해 식민지배에 복종하는 인간형을 만들어내는 것으로 일제는 조선과 조선인을 식민지배할 수 있게 되었던 것이다. 그래서 한 세대를 넘는 가혹한 식민지배과정에서 성姓과 본관本貫에서부터 가족 및 호주관계를 일제식으로 변개變改하게 되는 '창씨제도創氏制度'는 일제 식민지배의 완전성을 증명하는 제도로 평가할 수 있게 되는 것이다. 나아가 식민지배의 효율화와 보다 확장된 침략적 전쟁야욕을 실현하기 위한 조처로서의 면밀한 정책이 되고 있었던 것이다.[4] 따라서 식민지배 전시기에 걸쳐 일제가 구상하는 조선지배를 위한 정책의 기조와 가족정책의 점진적 변개에 대해 검토한다. 학문적 논의와 함께 언론자료 등을 통해 가족의 실상을 살피면서 광범하게 이해를 도모한다.

그리고 일제의 식민지배정책과 가족법제의 변경이 식민지 조선에 어떻게 영향을 미치며 조선을 유린하는지를 이해하는 것과 함께, 조선민족을 외형적으로 법제를 통해 억압 동화同化해 가는 끝에 창씨제도創氏制度를 통해 외형과 내면까지를 일제로 합체시키는 경과를 고찰하게 된다.[5] 창씨제도는 궁극적으로 일제가 기조로 삼는 군국주의적 식민지배 야욕의 결과로 전개하는 태평양전쟁에 조선인을 무차별적으로 동

---

4) '創氏制度'라는 용어에 대한 설명이다. 일제가 식민지배하 조선인에게 행한 創氏改名에 대해 연합국의 승전(1945.8.15.) 이후 시행된 美軍政 통치기간 중인 1946년 10월23일, 공포・시행된 軍政法律 제122호 '朝鮮姓名復舊令'(부칙포함 전체 5개조문)을 참고한다. "본령은 일본통치시대의 創氏制度에 의해 일본식 氏名으로 변경하였던 조선인의 姓名을 簡易하게 복구함을 목적으로 한다"고 하고, 일제강점기 일본식으로 고쳐서 사용하던 조선인의 氏와 名을 創初日로부터 無效로 하는 것과 함께 이를 본래 조선인의 姓名으로 복구하게 하였다. 따라서 일제가 행한 '創氏制度'는 구체적으로는 創氏와 改名이 있게 되었던 것으로, '朝鮮姓名復舊令'에서 사용하는 '創氏制度'라는 용어는 양자를 모두 포괄하는 표현이 된다. 이러한 이해를 기초로 본고에서는 '創氏制度'를 기본으로 創氏改名이란 표현을 글의 내용에 따라 편의적으로 사용하게 됨을 밝혀 둔다.

5) 일제의 부정의적 법제 및 정책을 통한 한국 식민지배에 대한 총체적 이해와 일제 식민지배를 통해 한국사회에 잔존시킨 법의식의 폐해 등에 대해서는 최종고・이종길, 법의식과 법생활에 있어 일제유산의 극복, 광복50주년기념논문집 제1권, 한국학술진흥재단, 1995를 참조바람.

원하려는 목적에 철저한 법정책의 실천이 된다. 또한 일제는 자신들과 동조동근同祖同根하는 조선민족이기에 마땅히 일시동인一視同仁하고 내선일체內鮮一體한다는 논리 위에서 시혜적 황국신민화皇國臣民化를 이루어 내며 나아가 대동아건설大東亞建設을 공고히 하는데 조선인이 기여하게 한다는 설계에 기초한다.[6] 일제의 야욕은 아시아는 물론 태평양권을 묶는 제국의 건설과 아시아인에 의한 아시아 건설을 구호화 하면서 조선인에 대해서는 창씨개명을 통해 형식적으로 완전한 일본인화를 이루어 일제의 전쟁 수행에 흔쾌히 참여하게 하는 것에 목표를 두고 있다.

따라서 일제는 창씨개명創氏改名을 통해 조선민족이 보유하여온 본관本貫 및 성姓을 통한 부계혈통의 계승 및 가족법제의 고유성과 정통성에 대한 붕괴를 도모하면서 일제식의 씨氏를 기초로 호주戶主중심 가제도家制度의 이식・착근을 공고히 하고자 하였다. 즉, 일제식 씨氏는 호주를 중심으로 하는, 가家 단위를 표창하는 법률상의 호칭이 된다. 그러나 조선인의 성姓은 본관과 결합하여 남계男系의 혈통을 표시하는 칭호이며, 아울러 그 성은 가에 붙는 것이 아니고 사람 개인에 붙는 것이 된다.[7]

창씨제도는 조선 가족제도의 고유성과 역사성을 부정하면서 일본 내지식內地式의 씨를 사용하게 함으로써 그로부터 파생하는 가족제도 전반에 대해 외형상 일제와 구분 없는 혼융을 도모한다.[8] 결국 조선사회가 역사 문화적으로 축조하여온 전통의 가

---

6) 昭和15年9月25日 各地方法院長及各支廳上席又ハ一人ノ判事宛朝鮮總督府法務局長通牒 '氏名變更ニ付テノ正當ナル事由ノ標準'을 참조할 수 있다. 즉, 조선인의 姓 명칭을 內地人式 氏로 변경하는 것은 모두를 평등하게 대한다는 一視同仁의 聖旨를 받들고 內鮮一體의 統治方針에 따라 皇民化에 精進하게 하는 것으로, 이것이 조선인 氏名變更의 立法趣旨임을 밝히고 있다. 본 통첩은 창씨제도가 시행된 지 6개월(1940.2.11.~8.10.)이 경과한 다음날인 1940년 8월11일 이후에도 계속하여 조선인이 신청하는 일제식 氏와 名으로의 변경신청과 관계한다. 따라서 氏・名의 변경 신청시 관계 당국의 許可와 관련하여 '正當한 事由'를 요구하게 되는데, 이때 '정당사유'에 대해 朝鮮總督府法務局長이 各地方法院長과 各支廳上席 또는 단독 判事 앞으로 바로 위의 立法趣旨에 부합하는 내용을 許可의 正當事由가 되는 것으로 규정하여 통첩을 내리고 있는 것이다.

7) 鄭光鉉, 한국가족법연구, 서울대출판부, 1968. 26-28면; 朝鮮總督府法務局, 氏制度の解說, 1940. 11-13면.

8) 일본제국주의 식민시대에 일제가 일상으로 사용하던 '內地'에 대한 설명이다. 일본은 근대 입헌주의에 기한 大日本帝國憲法 즉, 明治憲法을 1889년 2월11일에 공포하고 제1회 일본 帝國議會가 열린 1890년 11월29일부터 그를 시행한다. 일제가 사용하는 '內地' 호칭과 관련하여, 明治憲法 시행 당시에 이미 일본영토였던 일본의 本州(혼슈)・四國(시코쿠)・九州(큐슈)・北海島(홋카이도)・琉球(오키나와)・小笠原諸島(오가사와라제도)를 '內地'로 불렀다. 그리고 明治憲法시행 후 침략으로 지배하게 된 해외 식민지 각 지역인 臺灣(타이완)・南樺太(사할린)・朝鮮・關東州・南洋群島를 '外地'라 칭하였다(宮田節子 金英達 梁泰昊, 創氏改名, 明石書店, 1992. 41-42면). 따라서 일제 식민치하의 朝鮮은 外地로서 內地인 일본 고유영토와는 다른 식민 지배지가 된다. 일본 고유영토인 內地와 外地인 朝鮮을 합하여 호칭한 것이 '內鮮'이 되며, 나아가 1940년 2월11일부터 '內鮮一體'를 온전히 만드는 과정으로 일제는 조선에 대해 創氏改名을 시행하게 되었던 것이다.

족제도를 완전히 해체하면서 조선인 개개인의 정체성까지 소멸케 함으로써 조선민족의 말살抹殺을 구축하게 되었던 것이다. 더하여 실질은 그를 통해 일제가 획책한 전쟁야욕에 조선인의 동원과 협력을 용이하게 할 것을 목표하고 있었던 것이다.

여기서는 대한제국이 일제의 식민지배 치하로 전락하는 과정에서 대한제국 공직자들이 행사하는 내재적 부패와 백성 탐학에 대한 실상도 언급한다. 그리고 일제가 감행하는 식민정책의 기조와 그의 집요한 정책실행에 대해서도 살펴낸다. 결국은 귀결되고 마는 것으로, 식민지배 치하에서 수행하는 조선 가족제도에 대한 일제식 변개에 대해 상위의 정책설정에서부터 체계적으로 이어지는 경과와 시행 실상에 대해 확장적으로 고찰한다. 나아가 일제가 목표로 설정한 궁극의 창씨제도 시행과정에서 조선인들이 보인 구체적 이행 실상에 대해서도 자세하게 검토한다.

제Ⅱ장 일제 식민지배 이전 대한제국 정부의 정략 부재와 공직부패상

[1] 서 언

일제의 조선 식민지배에 대해 당시의 언론을 통해 이해한다. 강제병탄 이전인 대한제국기의 민간신문인 황성신문皇城新聞(1898.9.5~1910.9.14. 제3470호로 폐간) 등의 글과 식민지배 이후 총독부의 어용신문으로 시정施政의 부연敷衍에 충실한 매일신보每日申報(1910.8.30. 창간, 이후 1938년 每日新報로 명칭을 바꿈) 등의 글을 통해 그 시대의 주요 시대상 및 중심 생각을 읽어본다. 언론이 보는 사회 및 시대상에 대한 증언적 논설은 실체를 이해 하는데 있어 대단히 중요하다. 이러한 자료에 대한 방증적 검토는 당시의 사회 실상을 개괄적으로 크게 알 수 있게 한다. 물론 어용신문은 성격을 달리하지만, 일반적으로 언론의 논설과 기술은 어려운 시대를 극복하려는 신념 위에서 현재를 고발하고 역사에 그를 새기려는 의지를 담고 있다.

1910년 이전 황성신문 글은 당시의 대한제국 내부의 사정을 자세히 밝히고 있다.

공직사회의 부패와 무기력과 혼동의 상황이 안타깝게 지적된다. 대한제국의 행로가 호시탐탐 식민지획득에 골몰하는 제국주의자들에게는 더없는 공략의 호재로 포착이 되기도 하였다. 국권을 강제병탄 당한 1910년대 이후 총독부의 의견과 시정施政을 대변하는 매일신보每日申報 등의 글은 일제의 식민지배 전략과 침략정책을 옹호하고 조선인을 노예시하는 정책을 위선적으로 기술해내고 있다. 1차대전의 종료 및 세계 사조思潮의 변화와 민족의 각성에 기초한 1919년 3.1운동은 실패로 종료되었지만, 그 후에 이루어지는 일제의 문화정치라는 위선 정책은 우리에게 신문발행을 허용하였으니 주요 신문이 바로 조선일보朝鮮日報(1920.3.5.창간~1940.8.10.폐간)와 동아일보東亞日報(1920.4.1.창간~1940.8.10.폐간)이다. 기사 내용에 따라 일제는 압수와 정간을 거듭 반복하였으며, 결국 광분적 침략 전쟁기인 1940년을 임하면서 이들 신문들을 모두 폐간시키는 전단적專斷的 군국주의자의 면모를 충실히 발휘한다.[9] 따라서 1920년대와 30년대를 경과하면서 이루어 내는 일제의 식민지배와 그에 따른 사회상을 신문은 제한적이나마 추적하고 탐구하면서 기록·논설하고 있다.

일제가 행하는 본격 식민지배침탈에 앞선 대한제국기, 당시의 신문들이 쓰고 있는 내용을 중심으로 일제가 간악하게 식민지배를 기도하는 술책이나 당시 대한제국 내부의 공직사회 부패 실상 등을 절통切痛한 마음으로 검토하게 된다.[10]

[2] 대한제국의 국가방략國家方略 부재와 일제의 국권점탈

대한제국이 처한 1904년 초의 상황을 본다. 황성신문은 1904년 1월달에 이미 러일전쟁을 경고하였다. 당시 전개되던 일본과 영국 간의 비밀협상과 주변국인 청국 러시아 등이 벌이는 국제관계를 보면서 러일전쟁의 발발 가능성을 예견하였다.[11]

러일전쟁(1904년 2월8일~1905년 9월5일)의 개전을 앞두고서 당시의 대한제국은 어떠하였는가. 청일전쟁(1894.7.25.~1895.4.17.)의 승리 후 일본은 한반도에서 청의

9) 동아일보는 창간 후 폐간 때까지 일제 치하에서 압수 489회, 판매금지 63회, 기사 삭제 2423회, 停刊 4회에 이른다.(동아일보사간, 동아일보사설선집, 1984. 刊行辭 참조).

10) 이하에서 신문 기사 내용과 관련하여, 당해 신문이 쓰고 있는 내용을 기초로 의미상 연결에 장애가 없는 범위에서 문투 내지 표현 방식을 변경하여 인용하거나 내용을 축약하여 기술하게 됨을 밝혀둔다.

11) 皇城新聞, 警告政府, 1904.1.21.

세력을 완전히 소거하면서 한반도를 일본에 복속服屬시키기 위해 전략을 구상한다.[12] 러시아에게 만주의 주도권을 인정하면서 한반도에서는 일본이 완전히 장악하려 하였던 것이다. 청일전쟁 후 전승국 일본은 대만을 할양받고 중국의 주요 지역으로 중경 항주 소주 등을 개항하고 일인의 거주와 무역자유를 보장하는 등과 함께 2억 냥의 배상금까지 물게 하였다. 물론 조선에 대해서는 일본과 같이 완전무결한 자주독립국임을 확약케 하면서 청이 조선과 그동안 가졌던 기존 관계 및 지배우위를 갖는 등의 내용을 주로 하는 시모노세키조약을 체결하였다.

일본은 자연스럽게 한반도를 통해 대륙을 향한 교두보를 확보하고자 한 것이었다. 더하여 여순항과 대련만이 있는 요동반도遼東半島도 장악하게 되었으나 러시아가 중심된 프랑스 독일 등의 삼국간섭三國干涉에 의해 이를 다시 청나라에 반환하게 된다. 그 후 러시아는 청과의 관계를 통해 부동항不凍港인 여순항을 군사항으로 사용하고 만주에 대한 이권을 확보하는 반면 일본은 한반도에서의 독점적 우위를 다지기 위해 진력한다. 결국 일본은 1902년(1902년 1월30일) 제1차 영일동맹英日同盟을 통해 러시아의 남하를 견제할 것을 주 내용으로, 영국은 청국에서 일본은 한국에서 각자 특별한 이익을 보장하는 가운데 제3국과 교전이 발생할 경우는 중립을 지키거나 경우에 따라서는 상호동맹국을 위한 전투 가담 등을 협정하게 된다. 일본이 한국을 복속하기 위해 펼친 구상은 한반도를 둘러싸고 전개되는 국제관계를 정확히 파악 정리하면서 대한제국을 고립시키는 것으로부터 국가적 힘을 결집하여 이루어 내는 결과가 되고 있다.[13]

---

12) 일제의 조선침탈의 본격화는 바로 러일전쟁에서 일본이 대한제국을 요새화하면서 전략적 속국으로 지배를 공고히 하는데서 연원을 삼고 있다. 따라서 러일전쟁시기를 중요기점으로 대한제국의 당시 정치 및 국가관리의 실상을 접근하게 되는 것이다. 즉, 일제는 1945년 3월 총독부 기관지인 京城日報를 통해 '全半島를 要塞化하라---우리들, 大東亞의 防波堤되리'(1945.3.10.)라는 글을 발표한다. 지난 시기 침략전쟁의 중요시점을 언급하면서 1904년 러일전쟁기 伊藤博文을 소환하고 大和魂을 부추기면서 연합군인 적을 잔인한 야수로 몰아대며 皇國의 軍官民인 조선인이 총력 저항할 것을 雄辯하고 있다. 美國英國의 연합국에 당하고 있는 일본의 敗退的 戰況을 숨기면서 2600만 조선인들을 전장으로 끌어들여 전 조선 인민이 沒我的으로 협력하여 全半島를 요새화할 것을 독려하고 있다. 그러면서 전쟁에서 위급상황을 맞게 되면 더욱더 그 底力을 발휘하는 것이 **皇國의 傳統이며**, 조선인은 바로 그를 수행하는 皇國臣民임을 추켜세우면서 조선인은 더욱 분발하여 결사 항전할 것을 독려하고 있다. 일제가 생각하는 일제의 대한제국지배 및 조선지배는 이렇게 러알전쟁기를 전후하여 확고하게 정립되는 것으로, 시간이 지난 후일 대동아전쟁의 최대위기에서 다시 그 시초 시기를 소환하고 있는 것이다.(京城日報, 全半島를 要塞化하라---우리들, 大東亞의 防波堤되리, 1945.3.10. 참조요).

13) 1905년 8월에는 제2차 英日同盟이 체결되었다. 러일전쟁이 한창이던 때에 영국과 일본은 러시아를

러일전쟁의 발발을 앞두고 당시 한반도에서 전개되던 상황과 정치인들의 의논들을 황성신문이 1904년 1월 **'경고정부警告政府'**라는 사설을 통해 실상을 밝히고 있다.[14] 중요 내용을 살펴본다.

현금現今 동양의 정세는 날로 급박하여가고 우리 한국의 시국時局은 동양중에서도 더욱 절박한 실정에 처해 있다. 여러 유언流言과 이설異說이 있는데, 혹자는 말하기를 일로개전日露開戰이 목전에 박두하여 만약 개전 시에는 우리 한국에까지 파급할 염려가 있다고 하고 전쟁이 조석지간에 발발할 것처럼 황황히 사람들에게 두려움을 주는 일도 있다. 또한 혹자는 일본과 러시아의 세력 강대는 열국列國이 꺼리는 바로써 만주滿洲에 세력부식勢力扶植이 이미 공고하고 프랑스와의 동맹이 후원하므로 일로전쟁은 단지 허장성세일 뿐으로 전쟁은 없으며, 설사 개전을 한다 해도 우리의 대한황역大韓皇城 영역에서 싸울 일은 만무하며 포환砲丸이나 식량의 수입은 시위적 행동에 지나지 않다며 태평건곤泰平乾坤하는 자도 있지만 오늘날 이러한 시국時局은 동양전국東洋全局이 변동하는 징후라 할 것이다.

지금 각국의 군대와 포환 병참兵站이 어찌하여 계속적으로 곡하轂下(천자의 수레로서, 서울 도성을 말함)에 수입되고 있다. 자고이래自古以來로 적국敵國 군병이 성하城下에 육박하여 호천濠遷(성의 해자인 호濠를 옮기는 것으로써 천도遷都를 뜻함)할 지경에 이르고서도 평안을 유지한 경우는 없었던 것이다. 그런즉 우리의 도리道理는 마땅히 조심하고 걱정하고 경계하고 수성修省하여 수기수응隨機隨應하여야 하며 무사할 것으로 기대하여 시일을 지체하고 마음을 방만 소홀하게 하며 외국인外國人들로 하여금 방약무인傍若無人하게 기만과 능욕을 일삼게 하여서는 아니 된다.

지금 각국은 각자의 군대를 불러들여 자국의 공관公館과 인민을 보호할 준비들을 하고 있는데 우리 정부는 도리어 무사하게 강토疆土와 생민生民을 보호할 준비를 하고 있는지를 듣지 못하고 있다.

공동의 적으로 설정하면서 공수동맹을 강화하였다. 특히 일본은 한국에서 정치경제 및 군사적으로 탁월한 이익을 가지므로 영국은 일본이 갖는 특별한 이익을 보호 증진하기 위해 정당하고도 필요한 지도 감독 및 보호조치를 한국에서 취할 것을 승인한다는 내용을 보충하였다. 또한 일본은 그 직전인 1905년 7월29일에 미국과 맺은 가쓰라-태프트밀약(Taft-Katsura agreement)을 통해 대한제국에 대한 일본의 지배권을 미국이 승인하는 내용의 협약을 맺었던 것이다. 일본은 이렇게 국제사회가 행할 외부적 힘의 간여를 사전에 철저히 차단하는 것으로 대한제국을 고립시키면서 식민지배로의 이행을 설계하고 진행해갔던 것이다.(김운태, 통감부설치기의 통치체제, 한국사42, 국사편찬위원회, 2003. 참조요)

14) 황성신문, 警告政府, 1904.1.21.

대한大韓의 강토와 대한大韓의 생민生民을 각국의 공관公館과 견주어 그 경중輕重을 어떻게 보고 있는지? 아직까지도 자보自保・자호自護할 계책을 생각지 않는 것이 가능한 것인지?

빨리 정신을 가다듬고 정령政令을 발하여 실행하고 수성修省하여 의뢰하는 습성을 타파하고 자강自强할 시책을 강구하여야 만이 시국이 환산渙散함에 이르지 않으며 강토疆土의 안녕을 유지할 수 있게 될 것이다. 만일 무사하리라 믿고 이전처럼 그릇된 인습因習만 좇는다면 시월지간時月之間에 아무리 후회를 하여도 아무 소용이 없을 것이라.15)

살펴본 바와 같이 1904년 1월 당시, 러일전쟁의 개전이 임박한 상황에서 국내의 정치인 및 공직자公職者들이 갖는 상황인식에 대해 자세히 밝히는 논설이 된다. 대한제국 한성에 주둔하는 외국 공관을 중심으로 자기 나라의 군대가 속속 진주하고 주권국인 대한제국 관리들은 그들을 바라만 보는 듯한 상황이 되고 있다. 전쟁 발발에 대한 공직자들의 판단이 양분되어 헤매면서 국가 안위에 대한 합당한 판단도 없고 정령政令 또한 전혀 발동되지 못하는 대한제국이 되고 있음을 목도 한다. 이처럼 러일전쟁의 개전이 여러 가지 정황으로 임박해 오는 상황에서 한국영토가 전쟁의 현장으로 변화할 가능성과 그로 인해 한국민의 생명 및 재산상의 보호가 어떻게 될 것인지에 대해 정부가 시책을 강구할 것을 촉구・경고하고 있다. 그동안 국가의 생영生榮을 다른 나라에 의존하는데 익숙한 듯한 정부의 그릇된 인순因循을 비판하면서 강토의 안녕과 자강 방책의 수립을 간절히 경고하는 내용을 통해 당시의 국가가 처한 위기 실상을 알게 된다.

---

15) 결국 1904년 2월8일에 러일전쟁은 개전이 되고 한국은 불가피하게 양국 간 틈새에서 고통에 함몰된다. **'論日俄關係之於俄韓'**(황성신문, 1904.2.12.)이라는 논설은 그 상황을 다음과 같이 적고 있다. "일본과 俄羅斯(러시아)는 다 우리의 友邦이다. 이제 두 나라가 평화로 귀결하지 못하고 끝내는 干戈로 서로 전쟁에 돌입하게 되었으니 아세아와 歐羅巴의 風雲이 크게 변동을 일으키게 될 것이다. 그러나 교전하게 된 主因을 캐보면 첫째로 우리에게 있으니 우리가 만일 일찍 발전하였던들 오늘날 일본과의 개전을 기다리기 전에 이미 우리와 싸웠을 일이거늘 우리 세력이 미약하므로 隱忍중에 지금에 이르게 된 것이다.....이제 일본과 러시아는 이미 개전하여 交戰하고 있다. 만일 우리가 일찍 趣向을 정하여 去就를 택하지 않고 因循觀望하고 이리저리 눈치만 보며 허둥댄다면 우리를 도우려 하던 측이 오히려 해악적 공격을 가해 올 수도 있게 된다. 이에 記者는 民志를 확립하여 국세를 유지케 할 것을 강조 한다"는 내용으로 어려움에 빠진 한국의 통찰력 있는 선택을 요청하고 있다.

결국 러일전쟁은 개전(1904.2.8.)되었고 대한제국은 전쟁으로 인한 손실과 고통을 온전히 떠안는 참화를 당하게 되었다. 일본군은 한성 덕수궁을 점령하고 인천과 마산 원산에 상륙하여 전쟁을 수행하게 된다. 그리고 개전 직후인 **1904년 2월 23일에는 '한일의정서韓日議定書'를 체결**하여 전쟁에서 중립을 주장하는 대한제국을 일제에 협조하도록 하는 조치를 취하였다.[16] 즉, 한일 두 나라는 항구불역恒久不易할 친교를 보지保持하고 동양평화東洋平和의 확립을 위하여 대한제국 정부는 일본 정부를 확신하고 시정개선施政改善에 관해 충고忠告를 들을 것(제1조)을 규정하였다. 또한 제3국의 침해나 내란으로 인하여 대한제국의 황실과 영토보전에 위험이 있을 경우, 일본 정부는 속히 임기응변의 필요 조치를 행하며, 한국 정부는 일본 정부의 행동이 용이하도록 충분히 편의를 제공할 것(제4조) 등을 규정하여 일본이 수행하는 러일전쟁에 한국이 협조하여야 할 것을 명백히 적고 있다.[17] 일본이 도발한 러시아와의 전쟁에 대한제국이 강제적으로 끌려들면서 부당하게 일본에게 국권을 빼앗겨가는 과정이 자세하게 읽혀 진다.[18]

16) 러일전쟁 개전 후인 1904년 2월23일 일본은 한국을 강제하여 당시 외부대신 李址鎔(1870~?)과 주한 일본공사 하야시 곤스케(林權助, 1860~1939)사이에 협상조약을 체결한다. 핵심은 한국은 일본이 행하는 시정개선의 충고를 들어야 하며 일본이 수행하는 전쟁에 한국이 협조를 제공하여야 하는 것을 주된 내용으로 적고 있다.

17) 황성신문은 이러한 韓日協商條約(제1차 한일협약)체결에 대해 그 부당함을 痛切해 하고 있다. 즉, 한국정부의 施政은 한국정부의 책임이며 타국이 간섭할 바가 아닌 것으로, 우리 한국의 일을 스스로 행하지 못하고 그를 일본의 忠告를 기다려 행하도록 조약을 체결한다는 것은 외국인에게 國權을 양여하는 것과 다름이 없는 것이라고 慨歎하고 있다.(皇城新聞, 論韓日協商條約, 1904.3.1. 본문 참조요). 결국 일본은 한국의 疆土保存과 獨立扶植의 논의를 주도하는 것으로 議定約書하였으니 겉으로 보면 의거라 할 것이나, 실질로는 한국의 生靈들을 데려다가 요동 땅 들판에 희생으로 제공하고 전국의 재력을 긁어서는 러시아사람들의 시체에 쾌감을 갖게 하니 의무의 虛榮만 약속하고 공연히 한국의 독립을 돕는다고 할 뿐인 것이 되고 있다(황성신문, 誓告同胞(二), 1904.11.25. 본문참조). 이어서 이렇게 전쟁에 동원되는 침탈적 의무 이행이 일본과 맺은 사악한 韓日議定書를 통해 이미 전개됨을 통탄해한다. 따라서 한국동포는 각자의 책무를 각성하여 반드시 타인의 奴隸됨을 면하고 대한의 國旗를 빛나게 하여야 할 것임을 호소하고 있다.

18) 이러한 전쟁의 혼란 중에 일본에서 1904년 3월17일 伊藤博文이 한국에 왔다. 이등박문을 칭찬하면서, 중요한 것은 "이등 후작이 온 이번 기회에 한국이 흥륭할 기회가 되도록 政府諸公이 十分注意하여 한일양국이 合心並力하여 '自主의 힘을 잃지 말고' 기울어지는 운명을 挽回하며 維新의 사업을 분발할 것을 當局의 諸公들이 배전의 노력을 다 해줄 것"을 간절히 소망하고 있다.(황성신문, 伊藤大使來韓關係, 1904.3.19. 본문 참조)

[3] 대한제국기 공직사회의 부패상

이러한 위기적 시국 상황에서 당시 대한제국의 공직사회 부패상은 정도를 크게 넘고 있었다. 황성신문은 1904년 1월에 **'의반성이물책인宜反省而勿責人'**[19]을 통해 공직사회의 부패를 적시하면서 공직자들의 자기반성과 자경자면自警自勉을 요구하고 있다.

342개 군郡의 수령守令을 논한다면 탐려貪慮와 불법不法의 행정을 하지 않는 자가 거의 없는 실정이다. 직지사直指使를 파견하여 자세히 조사하고 살핀다면 파출罷黜의 죄과罪科에 들지 않을 자가 거의 없을 것이다. 인민을 탐학貪虐의 정치로 몰아넣고 불법의 침탈을 통해 도탄塗炭에 빠트리게 한다면 인민들의 원망怨望과 질시嫉視가 어떠하겠는가.

관찰사에게 호소하면 그는 사실을 조사하는 사핵査覈도 하시 잃고, 고등재판소高等裁判所에 고소하면 그곳에서도 역시 심리를 하지 않는다. 각 군과 정부에 호소하는 것도 모두 무익하고 무익할 뿐만 아니라 도리어 그 해害만 입게 된다. 군수郡守에게 호소하면 군수는 오히려 고소자를 구치拘致하고서는 그 세력 정도에 따라 직접 간접의 죄안罪案을 만들어 참혹한 해독을 가하니 비록 포학한 침해를 당하고서도 호소조차 하지 못하며 원한怨恨이 하늘에 사무치더라도 어느 누구에게도 호소할 수 없는 실정이 되고 있다.[20]

오직 한 마디라도 대신 폭로해 줄 곳은 보도기관(신문)의 붓끝(필단筆端)이 있을 뿐이다. 그런데 여기 또한 바른대로 게재된다면 고소자와 마찬가지 죄과罪科로 몰려 무한한 화독禍毒을 입게 되는 고로, 자신의 이름을 바로 밝히지 못하고 혹은 가명假名으로 혹은 익명匿名으로 우편으로 보도기관(보관報館)에 보내어 사정을 폭로해줄 것을 바라는 실정이다.

---

19) '宜反省而勿責人'(1904.1.26.)은 정치인을 포함하여 공직자들이 마땅히 반성하는 가운데 타인을 책망하지 말아야 한다는 것을 주제로, 풍전등화의 국가 위기 앞에서도 국민들을 괴롭히는 공직자들의 부패와 안일한 태도에 대해 맹렬하게 비판 내용의 글을 쓰고 있다.

20) 근일에 이르러는 유력 자제들이 사치스런 복장으로 京城 紅塵間에 몰려와서는 일찍부터 벼슬자리와 승진할 길만 찾다가 왕왕 그 소망을 이룬 자들이 있기에, 지방 한촌 사람들마저도 독서는 하지 않고 벼슬길만을 찾고 있으니 교육과 배움이 없어지고 결국은 그들이 부패 관리들이 되고 국민을 노예시하며 국가는 위태롭게 몰아가게 되는 것임을 지적하고 있다.(황성신문, 勸告學校之設立(一), 1905.6.2.)

그러나 무엇보다도 그에 대해 수령된 자들은 자기의 죄책을 반성하지 않고 오히려 그 사람을 찾아서 위력威力으로써 보복을 하려하니 이는 스스로 자신의 탐오貪汚를 그대로 드러내는 것이 되고 있다.

1904년 당시 대한제국 공직자들의 부패행태가 원망과 한탄으로 읽혀진다. 일반 인민들이 공직자들로부터 부당함과 부정의 함을 온몸으로 당하면서도 어디에다 호소하여 그를 풀고 바로잡을지에 대해 아무 기대가 없는 저급한 미개사회를 살아야 하였다. 억울함을 호소하는 사안에 대해 관찰사도 배척하고 고등재판소도 심리를 하지 않고, 그래서 군수郡守에게 제기하면 이는 더욱 야비하며 가혹하게 '죄안罪案' 즉, 불량한 군민이 불만이나 토로하는 자로 지목하여 문제 많은 위험인물 명단을 작성하여 앙갚음을 하고자 획책하고 있으니...이러한 인간들을 어떻게 대한제국의 공직자로 수용할 수 있는 것인지. 그나마 신문新聞이 발간되어 그들의 억울함을 우편으로 전달받아 공개하고 폭로하며 그를 광정匡正하려 노력하지만 제보자들이 공직자들이 행하는 보복이 두려워 가명 · 익명에다 간민배奸民輩들의 거짓과 교활까지 더해지니 그를 분간하는 신문사 기자들의 능력은 한계를 넘고 있다.

러일전쟁의 개전 임박 상황에서 이렇게 활개하는 공직자들의 극한부패는 대한제국 백성들의 존재가 부정되는 듯한 시대이자 시국임을 설명하는 것으로 이해되어오는 것이다.[21)]

그리고 더하여 당시 사회에서 관직자들의 부패는 바로 백성들의 고통과 죽음을 불러옴을 적시한다. 러일전쟁의 개전 중에 함경도 서북지방 백성들이 대한제국 관직자 중 공직자로서의 각성과 사명감이 실종된 탐관오리貪官汚吏들로 인해 백성들이 억울하게 수탈당하고 죽어가야 하는 내용들이 슬프고도 통탄스럽게 기록되고 있는 것이다.[22)]

이처럼 혼탁한 대한제국의 국가부패를 보면서 황성신문은 1905년 2월에 **'음력송세陰曆送歲'**라는 제목으로, 음력으로 1904년을 보내면서 새해를 맞아 국민들의 삶에 희망의 새 기운이 풍성하게 일어나게 하자는 바램을 호소하고 있다.[23)] **"...흥융興隆하**

21) 국내의 정치 및 공직 담당자들의 부패행태와 격랑기 주변 국제정세에 대한 정확한 판단 및 대응 역량의 결여는 결국 대한제국의 역사를 부정과 비극으로 몰아가게 되었던 것이다. 이와 관련하여서는 李庭植, 한국민족주의의 정치학, 한밭출판사, 1982 ; Chong-Sik Lee, The Politics of Korean Nationalism, University of California Press, 1965 등을 참조요.

22) 황성신문, 嗚呼西北之民, 1904.3.4.

고 부강한 본원本源이 무엇인지를 생각하며.. **국가에 복지를 구하는 도리**는 다름이 아니다. 반드시 폐단이 많은 정치인의 폐정弊政을 버리는 것이다. 법은 바르고 선의善意에 찬 양법良法으로 바꾸며 간사하며 아첨을 꾸미는 간영배奸佞輩를 내몰고 어질며 뛰어난 현재賢才를 등용하고, 탐욕하며 야비한 탐비貪鄙를 내치고 검소하며 잘못함을 부끄러워하여 염치廉恥를 숭상하는 사람을 등용하여야 한다. 그리고 거짓을 꾸며대는 허위虛僞를 끊고 신의信義를 돈독하게 하며 낡고 더러운 것은 씻어내고 새롭고 개화開化된 것을 내 것으로 만든다면 흥융興隆의 기틀이 여기에 있을 것이라"고 하고 있다. 위기로 가고 있는 대한제국을 바르게 세우고 살려내기 위해 당시 국가가 당면하고 있는 정치인들의 부패 폐정과 간사배들의 횡행에 대해서 이를 척결해내며 염치廉恥를 아는 현량한 인재를 등용하여 양법良法을 정비하고 백성들로부터 신뢰받는 정치를 펼 것을 간원하고 있다. 그렇게 하지 않으면 국가는 무너지고 마는 것이다. 당시의 신각지들은 시국의 운항을 보면서 특히 일본제국주의자들에게 국권을 빼앗기고 말 것임을 이미 예견하고 있었다. 따라서 내부적으로 공식자들의 부패를 일소하고 국민을 신뢰로 결집하여 국가를 새롭게 굳건하게 구축할 것을 황성신문을 통해 호소하고 있었던 것이다.

제Ⅲ장 일제의 조선지배 기본구상과 빈곤조장 및 식민지교육론

[1] 일선동화日鮮同化와 일가론一家論

일제 그들은 한국을 식민지배하면서 언제나 그들 내지內地와 한국을 내외 구분없이 하나되는 일선동화日鮮同化와 동양평화東洋平和라는 표현을 상투어구로 사용

23) 황성신문, 陰曆送歲, 1905.2.2. 이러한 내용을 이어 글의 뒷부분에는 "記者는 우리국가를 위하여 진심으로 비는바, 舊染의 더러운 악습인 **汚習과 弊政의 惡念**일랑 일체 빙설과 함께 녹혀 없애고 신년 새날은 興隆과 부강의 첫발을 내딛어 一世의 文明日月을 이룩하며 전국을 太和春風으로 고무하여 **大韓獨立 萬萬歲의 光榮을 간절한 마음으로 기도**하는 바이니 소원이 성취되게 하소서"라고 간절하게 기도하고 있다.

하였다.

후일 기필코 결행하는 창씨제도創氏制度를 위한 일제의 계획은 이미 대한제국을 강제 합병하기 전부터 차곡히 새기며 가지고 있었던 것이다.24) 시점을 언제로 하며 무슨 사건을 빌미로 표면화하고 강력하게 하는가에 달려있을 뿐이었다. 합병 이후에 그들 총독부의 의견을 대변하는 매일신보每日申報25)의 **1912년 9월의 글, '일선日鮮의 동화同化'**를 통해 그들의 논지를 확인해 본다.26)

명치明治(1867.1.30.~1912.7.30. 재위)를 이어 1912년 7월에 대정大正(1912.7.30.~1926.12.25. 재위)이 천황으로 즉위한 다음에 바로 쓰여진 글로써 일본과 조선의 동화同化에 대한 이유와 방법, 그리고 그 의미에 대해 기술하고 있다.

일선동화日鮮同化에 대해 시대의 운세가 그렇게 변화하고 양 민족 간에 분열과 경쟁, 의구와 시기를 겸양과 너그러움으로 상대를 헤아리며 동화同化로 나아가 일가一家를 이루어 영구적으로 안녕을 누리며 살 것을 쓰고 있는 것이다. 더하여 새로운 대정천황大正天皇은 **일선인日鮮人**을 차별 없이 대한다고 하니 일제의 위선적僞善的 언어

24) 통감부 시기의 창씨논의創氏論議에 대해서는 제2부 제VII장 '1. 통감부 시기의 창씨논의와 창씨사례'를 참조 바람.

25) 총독부의 기관지 내지 어용신문인 '每日申報'와 '京城日報'에 대해 설명해 둔다. '每日申報'의 전신은 영국인 베델(Ernest Thomas Bethell, 한국명은 裵說)이 발행하던 '大韓每日申報'(1904.7.18. 창간)이다. 1904년 2월 러일전쟁 발발 후 일본의 대한제국에 대한 내정간섭은 점차 국권을 위협하는 정도로의 압박에 이르고 있었다. 이에 국내외의 급변상황을 국민에게 알려야 하는 언론을 필요로 하게 되었는바, 당시 영국이 일본과 군사적으로 상호우호적인 영일동맹을 맺고 있던 상황에서 기자로서 한국에 주재하던 영국인 베델이 梁起鐸(총무) 朴殷植(주필) 등과 함께 영문과 한글의 신문을 발간하게 된 것이다. 伊藤博文의 통감부 치하에서 대한매일신보는 많은 압박을 받게 된다. 1907년 5월23일에는 국한문을 이해하지 못하는 사람들을 위해 순한글판 '대한매일신문'을 새로 발행하여 大韓每日申報는 영문판 'The Korea Daily News'와 본래의 국한문판을 합하여 세 종류의 신문을 발행하기도 하였다. '大韓每日申報'는 일본의 부당한 국권 침식행위에 저항하는 의병에 관한 소식들을 가감없이 전하는 등으로 인해 통감 이등박문은 몇 차례나 베델을 영국 영사관 등에 추방 등의 처벌을 요구하기도 하였다. 결국 베델은 비서였던 萬咸(Marnham,A.W.)에게 신문사를 넘기게 되었고 Marnham은 1910년 6월14일 李章薰에게 다시 경영권을 매도하고 영국으로 돌아갔다. 대한제국이 일제 식민지배로 이행되는 과정은 이렇게 언론의 형해화도 함께하는 것이다. 결국 국권을 상실(1910.8.29.)당한 다음부터는 大韓이 없는 '每日申報'로 제호를 변경하여 총독부의 어용신문으로 발행되게 되었다. 즉, 1910년 한일 병탄이 체결된 직후에 총독부 매체인 **'京城日報'**가 대한매일신보를 인수하여 제호를 **'每日申報'**로 변경하여 京城日報 자매지로 발행하게 되었으며, 1937년에는 제호를 '每日新報'로 변경하게 된다. 매일신보는 1920년 조선일보와 동아일보가 창간되기 전까지는 국내 유일의 한국어 신문이었으며, 태평양전쟁으로 위의 두 신문이 강제 폐간되는 1940년부터는 다시 하나뿐인 한국어 신문이 되었다. 해방 이후 1945년 11월 10일 미군정에 의해 정간 처분이 내려졌으며 11월23일 부터는 제호를 '서울신문'으로 변경하여 계속 신문을 발행하게 되었다.(정진석, 한국언론사연구, 일조각, 1983 참조요)

26) 每日申報, 日鮮의 同化, 1912.9.12.

술언어술言語術을 이렇게 또 목도目睹할 수 있게 되는 것이다.

식민강화를 통해 이루어 내는 후일 조선의 가족관계 변형과 창씨제도의 시행은 결과적으로 한국을 완전하게 병탄하기 위한 처음부터 기도된 내용이었던 것이다. **일선日鮮이 일가一家**라는 용어를 사용하면서 실질에서는 조선인들을 폭압 및 강박과 수탈로 노예시奴隷視하는 것이 목적이었으며, 이를 감추고자 온갖 회유적 언사言辯를 사용하면서 기만적 행태를 구사하였던 것이 일제의 술책術策이었다.

더하여 매일신보每日申報의 위의 글 **'일선日鮮의 동화同化'**를 통해 일제가 조선을 동화함에 대해 가지고 있는 기본 관념의 충실한 이해를 위해 다음에서 그 내용을 조금 더 살펴본다.

수천 년의 역사가 각기 다르고 수천 년의 습속이 같지 않다가 갑자기 하나로 합치는 것은 자연히 두려워하는 의구疑懼의 정도 있을 것이고, 자연히 미워하는 시기猜忌의 마음도 있을 것이나, 의구의 정과 시기심은 양쪽 모두에 비상한 손해가 생길 것이다. 때문에 이경우에 있는 인민은 지식의 고저, 역량의 강약을 물론하고 불가불 서로 겸양하여 동화의 방향으로 나아가야 한다.27)

조선으로 말할지라도 천지만엽千枝萬葉으로 동서분열東西分裂하여 서로 침탈하다가 끝내는 한반도를 이루었고, 내지內地를 말할지라도 무수한 번주藩主가 경쟁을 그치지 않다가 끝내는 대일본군현제도大日本郡縣制度를 이루었으니 이 같은 연유로 보건대 동화로 나아가면 동화하지 않는 민족이 없다고 한다.

요즘 일본과 조선이 병합倂合함을 보건대 의복이 같지 않고 거처가 같지 않고 습관이 같지 않고 그밖에 천백사물千百事物이 하나하나 같지 않더라도 **동화同化를 마음먹는다면** 10년 20년 안에 순연한 **일가一家**로 바꾸어 놓을 수 있을 것이다. 만일 **일가**로 되고 피차에 두려워하는 **의구가 없고 미워하는 시기가 없으면** 자연히 의복도 같아질 것이고 음식도 같아질 것이고 습관도 같아질 것이고 그밖에 천백사물千百事物도 역시 같아질 것이니 반대할 이유가 없다.

그러면서 조선은 몇천 년 예의禮儀바른 민족이라 오늘에 이르러서는 문명文明이 쇠

---

27) 중국역사상의 淸國은 세세로 분열하던 나라였지만 끝내는 同化로 합체하여 한 나라를 만들어 내었음을 다음과 같이 쓰고 있다. "支那의 경우 무수한 列國이 世世分張하다가 끝내는 一大局을 이루고 風馬中에 미치지 못하던 滿蒙回藏도 역시 一家를 이루어 大淸國을 만들었으니 이 역시 同化에서 낳은 것이다."(每日申報, 日鮮의 同化, 1912.9.12. 본문참조)

퇴하였다 할지라도 일변지도一變至道함은 어려운 일이 아니므로 일반동포는 대국大局의 변천을 관찰하고 시세운時勢運의 흐름을 따라 일선日鮮의 영구안녕永久安寧을 시도함이 옳은 일이라 주장한다. 나아가 **명치 선제폐하先帝陛下**는 존비귀천의 위치가 거꾸로 되는 도현倒懸의 세勢를 헤아렸고 또한 인자仁慈하신 **대정大正** 천황폐하는 대통大統을 새로 이어 일선인日鮮人을 차별 없이 한 눈으로 보고 있으니, 일선의 동화同化는 반드시 가까운 날에 이루어질 것으로 믿는 것으로, 일본과 조선의 동화는 멀지 않아 이루어 낼 과제임을 명백히 밝히고 있다. 결국 일제 당국자들에게 있어 **일선동화日鮮同化는 조선에 대한 식민지배를 보다 공고히 하는 정책기초**임을 분명히 새겨놓고 있음을 보여주는 내용이 된다.

[2] 대동아건설론

또한 일제의 통치가 계속되는 가운데 일제는 1924년에 아세아주의亞細亞主義와 대동아건설大東亞建設을 공공연하게 논한다. **'소위所謂 대동아건설大東亞建設이란 무엇인가?'**를 통해 끊임없이 자행하는 **일제의 위약違約과 무신無信, 침략**을 통한 제국주의적 침탈과 확장 야욕에 대해 살펴본다.[28)]

일본을 보면 문명이 다소 앞서 깨친 것을 유일한 무기로 하여 먼저 지나支那에 육박肉薄하여 조선을 강압하였다. 만주 몽고에까지도 항상 야욕野慾을 품고 침략을 행하였다. 일본은 청일전쟁淸日戰爭(1894.7.25.~1895.4)을 승리로 이끌면서 1895년 4월 청국과 마관조약馬關條約을 맺고 조선에 대해 완전한 자주 독립국임을 인정하였다.[29)] 1904년 개전한 일로전쟁日露戰爭(1904.2.8.~1905.9.5.)에서 승리한 일본은 동양의 평화와 조선의 보호를 표방하였지만 일본이 가진 야심野心과 사계詐計는 결국 동양평화東洋平和와 양국의 행복을 도모한다는 미명으로 일한병합日韓合併을 결과하였다. 그

---

28) 조선일보, 所謂 大東亞建設이란 무엇인가?, 1924.7.3. (압수사설)

29) 馬關條約 또는 下關條約(시모노세키조약)으로 칭해지는 것으로, 일본이 청일전쟁을 승리하면서 1895년 4월17일 당시 일본의 내각총리대신 伊藤博文과 청나라의 전권대사 李鴻章사이에 체결한 조약이다. 즉, 淸國은 조선이 완전한 자주 독립국임을 확인하고 일본과 대등한 국가임을 인정하며(제1조), 또한 요동반도와 대만섬, 澎湖諸島 등 부속섬을 일본에 할양하며(제2조3항), 일본에 배상금 2억냥을 지불(제4조)하는 등을 주요 내용으로 하고 있다.

러함에도 아직 아세아주의亞細亞主義나 동양평화東洋平和를 논하는 것을 들을 때는 위선僞善이 심하다고 생각된다. 일본은 이렇게 아세아주의를 일컬어 왔다.30)

제국주의帝國主義를 철저하게 발휘하기 위하여, 또한 침략정책을 실제로 확장하기 위하여 모든 위세와 권력과 강력强力을 방패로 삼아 가면假面과 허식虛飾으로써 약자를 농락하려 한 것에 불과하다. 지금 일본은 오직 동양의 맹주盟主이자 강자가 자신이라고 알고 있다.

성의誠意 없는 아세아주의의 제창提唱에 아세아인으로서는 아직 어떠한 공명共鳴있는 바를 유감스럽게도 들은 적이 없다. 근일에 이르러 아세아연맹亞細亞聯盟이니 대동아건설大東亞建設이니를 말하여서 정치가나 문필가 학생까지도 모두 대분기大奮起를 일으키는 지경이 되고 있다.

이렇게 일제의 조선식민은 역사를 이어 진행되어온 것이다. 동양평화와 한일양국의 행복을 도모한다는 허위로 한일병탄을 이루어 내었고, 그를 기반으로 이후 아세아를 탐하며 대륙을 침탈하려는 일제의 야욕은 대동아건설이라는 또 하나의 목표를 제시한다. 대동아건설은 조금 앞서 서양을 학습한 섬나라 일본이 아세아의 여러 나라들을 확장적으로 침탈해가는 과정에 설정하는 제국주의적 침략과 수탈에 근사한 용어가 되는 것이다. 그러나 그런 일제가 앞서 행하여온 위선적 동양평화와 야심에 찬 사계적詐計的 경로는 뜻있는 이들에게 대분기大奮起를 조장해낼 뿐인 것으로, 일제가 수행할 야만적 침략으로 험난하게 전개될 아세아의 약탈상은 이렇게 자리를 잡아가게 되었던 것이다.

30) 이와 관련하여 일제가 아세아주의며 대동아건설 등을 주장하는 연유에 대해 기술하는 서언적 내용을 참고로 적어둔다. 사람이 궁하면 못할 것이 없노라. 자신이 처한 어려운 窮狀을 감추고자 외면을 꾸며 慈善을 하는 것으로 내보이려고 함은 저들 침탈자들의 常習이리라. 사람의 마음은 이상스럽게도 자기의 보존욕이 강대하여서 자기가 행한 잘못을 붙잡고 당장은 편하게(因循姑息)하려는 책략을 쓴다. 그런데 그것이 정말 無謀한 일임을 알지 못하는 것이다. 미국에는 먼로주의('Monroe Doctrine': 미합중국 제5대 대통령 James Monroe에 의해 1823년 12월2일에 주창된 미국의 유럽으로부터의 불간섭 및 고립을 선언한 외교정책)가 있고 일본에는 '亞細亞主義'가 있는 것이다.(조선일보, 所謂 大東亞建設이란 무엇인가?, 1924.7.3. (압수), 본문참조)

[3] 조선인에 대한 빈곤 조장과 예속화隷屬化 가속

아울러 조선은 당시 총체적으로 빈곤에 몰려있다. 식민지배를 통해 조선인과 조선사회를 빈곤하게 몰아가면서 조선인을 노예로 만들어가는 일제의 정책 기조가 점차 현실화 되어 나타나고 있는 것이다. 따라서 일제의 총독치하에 살고있는 1924년 당시 조선인에게 있어 최대고통이 바로 빈곤貧困이요 생활의 불안不安이었다. 동아일보가 1924년 11월에 쓴 압수사설 **'조선인의 빈곤문제貧困問題'**를 통해 주요 내용을 살펴본다.[31]

지금 현재 조선인의 빈곤과 피폐는 빈자貧者나 도회인에게만이 아니고, 부자에게도 지방 사람에게도 똑같이 있는 것으로 조선민족 전체가 생활의 절박함을 가련하고 위급하게 부르짖고 있는 것이다. 이는 필시 그 책임의 대부분이 일본사람에게 있으며 총독정치에 기인한다.[32]

여기에서는 현저하고도 근본적인 이유로 세 가지를 지목한다. 즉, 제1은 이민정책移民政策이다. 이것은 일본인의 조선 이민은 조선인 모두 계급에 무관하게 실업문제를 야기한다. 제2는 관세철폐關稅撤廢 정책이다. 조선사람이 아무리 식산증식殖産增殖을 해보려 하여도 일본과의 관세를 철폐하고서는 도저히 그를 당해내기는 불가능한 것이다. 제3은 이권利權의 점탈占奪이다. 교통은 물론이고 산림 광산 어업 개간 등에 이익이 있음 직한 것은 모두 일본인에게 주고 마는 편파 행정이 되고 있다.[33]

또한 당시 조선의 농민실상에 대해 1928년 4월에 작성된 **'소농小農 저자低資 융통계획融通計劃에 대해서'**라는 제명의 사설을 통해 이해를 더 해본다.[34] 당시의 전체 인구를 2,300만명으로 파악하는 가운데[35] 조선의 영세零細 궁민窮民들이 처한 실상을

---

31) 동아일보, 조선인의 貧困問題, 1924.11.11.(압수사설)

32) 당시와 같은 조선인의 빈곤과 피폐에 대해 조선인의 책임을 觀測하는 견해도 있다. 즉, 조선인의 나태 때문이라고도 하고, 조선사람 중 부자나 양반들이 착취를 심하게 해서 그렇다고도 하고, 조선사람이 현대적 산업에 관한 지식과 기술이 결핍하여서 빈곤할 수밖에 없다고도 하였다. (동아일보, 조선인의 貧困問題, 1924.11.11.(압수) 본문참조)

33) 일제의 三菱 三井 大倉組合 등이 조선인들이 수백년간 수호하고 이용해오던 山林과 漁場, 開墾地나 鑛山등의 利權을 무방비로 탈취하게 되었으니 조선인의 삶의 방도가 없게 되는 것이다.(동아일보, 조선인의 貧困問題, 1924.11.11.(압수) 본문참조)

34) 조선일보, 小農 低資 融通計劃에 對해서, 1928.1.16. (압수).

기초로 조선사회의 당시를 일부 이해한다.

최근 조사에 의하면 세민細民이 408,422호에 186만명, 궁민窮民은 73,550호에 295,620명이다.[36] **이를 전조선 인구와 비교해 보면 호수戶數로는 13/100, 인구수人口數로는 11/100을 차지한다. 그 밖에도 빌어먹고 있는 걸인乞人의 숫자는 166만명으로 파악된다.**

조선 총인구 중 농민이 약 8할이다. 따라서 조선의 인구문제는 농민문제로 연결되는 것이며, 조선 인민의 대다수가 소농인 동시에 세민細民과 궁민窮民이 이렇게 다수를 점하고 있다.

이러한 농민들의 어려움은 지배 당국에서도 문제가 될 수 있는 것으로, 몰락해가는 조선인의 생활은 조선인으로 하여금 지배 당국에 대한 대립 문제를 더욱 첨예하게 만들어낼 수 있게 된다.

따라서 생계가 궁핍하고 취업이 곤란한 자들로서는 우선의 기아를 면하기 위해 부채負債에 의존하게 될 것이다. 서민을 위한 금융기관으로 설립된 금융조합金融組合이라고 하지만 소농자小農者에게는 불편함이 많아 어쩔 수 없이 민간대금업자나 기타 기관에서 자금을 빌려 쓰게 되는바, 그 이자가 매월 5% 또는 심하면 10%의 고리를 지불하고 있는 실정이다.

농민들의 고리 부채는 생계를 더욱 빈궁하게 하고 마침내는 농업을 포기하고 가향家鄕을 떠나 먼 곳 타국이나 타지방으로 이산離散하는 경우도 적지 않은 것으로 파악된다.[37]

35) 조선일보, 救命運動, 1928.4.26. (압수)

36) 용어에 대한 설명이다. '窮民'은 목전의 궁박한 생활로 긴급히 구제해주지 않으면 기아를 면치 못하게 되는 자이고, '細民' 역시 이에 준하는 자가 된다. 그리고 '細窮民'의 수를 각도별로 보면 忠南이 수위이고, 전북과 강원이 그 다음이며, 함북이 최하위로 분류된다.(조선일보, 小農 低資 融通計劃에 對해서, 1928.1.16. 본문참조. 압수)

37) 삶을 찾아 滿洲로 떠난 동포들의 고통을 헤아려 본다. 在滿同胞가 압박을 받고 있다는 사실이 만천하에 알려지게 되었지만, 그들 재만동포들의 수난소식은 지금도 들려오고 있다. 압록강 右岸인 東邊八縣의 寬甸 通化의 각지에서 中東線의 活邊 北滿 內蒙까지 그러하다. 中東線 山市站에서 발생한 동포 韓春華의 無故銃殺事件으로 同地 이주동포는 不農同盟을 일으켰고, 학생은 盟休, 노동자는 동맹파업으로 悲壯한 同情을 표명하게 되었다.(조선일보, 救命運動, 1928.4.26. 압수)

[4] 조선인에 대한 일제의 식민지교육론

1. 총독부의 조선교육 기본방침

일제 통치자들이 식민지 조선에 대해 갖는 기본적 교육관에 대해 살펴본다. 당시 언론이 적시하는바, 조선교육에 대한 총독부의 직접 훈시訓示와 의무교육실태 등을 통해 그들의 인식 태도에 대해 이해한다. 동아일보가 1925년 5월에 논설한 **'조선총독부朝鮮總督府의 교육방침教育方針---하강총감下岡總監의 대담大膽한 고백'**을 살펴보자.[38] 당시 총독부의 하강충치下岡忠治 정무총감이 도지사회의道知事會議 석상席上에서 훈시한 내용은 다음과 같다.[39]

"**명년明年(1926년) 4월에는 경성제국대학京城帝國大學도 개교하**게 되어 조선의 문물文物은 더욱 면목面目을 바꾸게 되었다. 조선의 민도民度에 비추어 수數의 증가보다 차라리 질質의 개량에 치중하고 차제에 학교의 남설濫設을 경계하여 내용의 개선에 유의할 시기라고 믿는다. 특히 실업교육實業教育에 치중할 것이나 실업교육의 진흥에 대하여도 한갖 정도가 높은 것을 목표로 하느니보다도 차라리 도제교육徒弟教育 혹은 간이한 실업보습교육實業補習教育 등과 같은 비슷한 시설을 충실히 할 것이 최급무最急務이다"라고 하는 것으로 총독부의 조선교육에 대한 근본 생각을 여실히 보여내고 있다.

조선인도 산업군産業軍 조직에 있어 어느 정도 참여하여야 하는 고로 실업교육實業教育이라는 간판 아래 정도가 그리 높지 않은 수준에서 도제徒弟교육을 시행할 것을 원칙으로 제시한다. 그리고 1926년에 개교하는 경성제국대학은 조선인의 전문교육을 위함이 아니다. 조선에 있는 일본인과 일본에 있는 청년수재青年秀才를 모집하여 조선 사정에 정통精通한 인재를 양성할 것을 목적으로 하기에 기본 설정이 크게 다르

---

38) 동아일보, **'朝鮮總督府의 教育方針---下岡總監의 大膽한 告白'**, 1925.5.22.(압수)

39) 일제는 조선을 강제병탄한 다음 1910년 9월30일에 '조선총독부 및 소속관서 관제'를 공표 시행한다. 식민지가 된 조선을 統轄하는 최고위 朝鮮總督의 아래에 총독울 보좌하고 총독부의 각부와 국의 사무를 감독하는 임무를 수행하는 직으로 政務總監을 두게 된다. 사실상 副總督의 지위를 갖는 자로서, 매주 총독부의 주요 정책을 협의하고 결정하던 국장회의의 의장이 되며 총독부 산하 각종 위원회의 위원장 직임 수행, 그리고 총독과 함께 매년 일본 의회에 출석하여 조선의 정책을 설명하고 예산을 논의 결정하는 역할을 수행하였다. 또한 정무총감은 총독부의 정책 등과 관련하여 정무총감 명의의 通牒을 발할 수도 있었다. 여기서 논의되는 下岡忠治 總監은 1924년7월~1925년11월까지 정무총감으로 재임하였다.

게 되는 것이다. 즉, 그 일본청년들이 조선의 경성제국대학에서 공부를 한 다음 조선의 문화정신을 완전히 구축하고 그 위에 일본문화를 새롭게 수립樹立하려는 것이 건학의 이유임을 밝히고 있다.

이어서 동아일보가 같은 달 5월에 쓴 **'정복교육征服教育의 오산誤算'**은 조선교육에 대해 더욱 본질된 내용을 지적하고 있다.[40] 특히 정복자가 피정복자에 대해 순차적으로 가하는 방도가 있으니, **처음에는 무력武力으로 다음은 교육教育으로 마지막은 법률法律로 위압하고 농단 · 압제**하는 방식으로 식민통치에 임하고 있음을 적시하고 있다.

조선에 조선인의 존재가 있는가 없는가. 조선인의 생활은 인간이 아니요 노예奴隷이니 정치로나 경제로나 조선의 조선인은 오직 노예로서 존재할 뿐이니 이는 정복征服과 피정복被征服의 관계에서 유래한바 필연한 운명이다. 주인과 노예와는 의식과 감정과 생활로 보아서 전혀 다른 것이다.[41]

그런데 정복자는 우리에게 대해 **처음에는 무력武力으로 위압威壓하고 그 다음은 교육教育으로 희롱戲弄하고, 이제는 법률法律로써 고압高壓하는 바, 이는 역사상 정복자가 피정복자에 대해 행하던 공통된 순서**이다. 그래서 사내정의寺內正毅(1852.2.24.~1919.11.3.; 1910년 5월 제3대 한국통감 부임, 일제 강제병탄 후 1916년 10월까지 조선총독부 초대 총독역임)때는 **무력과 교육**이요, 재등실齋藤實(1858.12.2.~1936.2.26.; 1919.8~1927.4 제3대 총독 및 1929.8~1931.6 제5대 조선총독 역임)때는 **교육과 법률**을 강조하였다.[42]

그러나 일제는 소위 무단통치기에도 **각종의 법망法網을 넓게 펴서** 식민지배를 구축하였으며 문화정치文化政治에도 군대와 헌병이 횡행하는 가운데 교육방침은 식민

40) 동아일보, 征服教育의 誤算, 1925.5.15.(압수)

41) 정복과 피정복이 가져오는 주인과 노예관계는 절대 하나로 조화할 수 없는 근본한계를 갖게 된다고 지적한다. 즉, 형식상으로는 정복에 의하여 상이한 두 宗族間에 접촉과 관계가 밀접하게 연결되는 것처럼 보이지만 실제에는 도저히 相容할 수 없는 양극의 분열이 될 뿐이니, 이는 정복자의 권력 이외에는 그 어떤 것도 인정할 수 없는 피정복자의 利害와 名譽와 權利를 위해 피할 수 없는 理勢이다. 그리고 主人과 奴隷는 주인이 노예화하든지 노예가 주인화하든지 하지 못하면 절대로 調和의 實을 구할 수 없는 것이 된다.(동아일보, 征服教育의 誤算, 1925.5.15.(압수) 본문 참조)

42) 제2대 총독 長谷川好道(1850.10.1.~1924.1.27.)는 1906년2월부터 3월까지 한국통감을 임시 대리하고, 1916년 10월부터 1919년 8월까지 제2대 총독을 역임하였다. 초대 총독 寺內正毅의 武斷統治를 이어 1919년에 일어난 3.1운동을 강경 진압하는 주역이었다. 당시 일본에서는 조선 무단통치에 대한 우려가 일고 있었던 가운데 1919년 3.1운동이 발발하여 종료되면서 일제는 同化政策과 文化統治를 구상하게 되었다. 長谷川好道는 1919년 8월에 총독에서 물러나고 齋藤實이 제3대 총독으로 부임하여 동화정책과 문화통치를 시행하게 되었던 것이다.

지 피정복민에 대한 차별과 무력과 위압으로 일관하였다.

정복자는 피정복자에 대해 우월한 지위를 유지하기 위해 피정복자에게 모든 점에서 열등종족劣等種族이라는 관념을 심중에 뿌리박으려 열중한다. **이를 위해 노예교육제도奴隸教育制度를** 실시한다. 그 방법으로 피정복자의 언어言語와 신神을 경멸 모욕하고 의식儀式과 예배禮拜를 배척하면서 대신 정복자인 일제 그들의 언어와 신과 의식과 예배를 강제한다. 나아가 피정복자의 풍속風俗과 관습慣習과 제도制度를 완전히 유린하고 그 자리에 정복자의 풍속과 관습과 제도를 새롭게 수립한다.

이러한 과정에는 **원래 선악善惡과 가부可否의 가치판단은 없어지면서 오직 정복자의 것은 모두 선善으로, 반대로 피정복자의 것은 모두 악惡으로 위치**된다. 그러나 역사를 통해 보면 정복자의 교육정책이 성공한 사실이 극히 없는 것이기에 그들로 하여금 번민과 염려를 야기하게 된다. 교육제도와 방침이 악하면 그로 인해 우리의 능률이 희생되는 것은 사실이지만 조선인의 언어와 신앙과 풍속 등이 결코 유린되지 않아야 하는 것임을 강조하고 있다.

2. 의무교육 없는 조선의 교육실상

관련하여 국민에 대한 교육을 국가와 사회가 기본적으로 격려하며 책임지는 의무교육에 대해 검토한다. 동아일보는 1936년 8월에 **'의무교육義務教育의 통계적고찰統計的考察'**이라는 글을 사설로 발표하였는바 그를 기초로 의무교육 실상을 이해해 본다.[43)]

최근 당국이 발표한 조사통계에 의하면 조선의 보통학교 아동 총수는 640,000여인餘人에 달한다. 이는 조선인 인구 1000인에 대해 31.2인의 비율이 된다.[44)]

또한 교육은 지육방면智育方面만을 의미하는 것이 아니고 체육體育과 덕육德育까지를 포함한다. 교육의 수준이 낮다는 것은 바로 그 사회성원의 모든 것을 평가하게 되는 것이다.[45)]

---

43) 동아일보, '義務教育의 統計的 考察', 1936.8.4.

44) 호주의 178인, 미국의 168인, 일본내지 164인, 新西蘭(뉴질랜드) 157인, 和蘭 152인, 西班牙 144인, 영국과 波蘭(폴란드) 140인 등과는 하늘과 땅만큼의 차이를 갖는 것으로 조선의 현실에 실망과 울분을 느끼고 있다.(동아일보, 義務教育의 統計的 考察, 1936.8.4.)

문부성文部省에서 13세와 20세의 재학자在學者와 취업자就業者의 발육상황을 조사한 결과를 참고로 제시한다. 13세의 재학자 신장은 137.5센티미터, 동 취업자는 143센티미터, 13세 재학자의 체중은 32.2킬로그램, 취업자는 36.2킬로그램으로 취업자가 약간 높게 측정된다. 그러나 20세의 재학자 신장은 163센티미터, 동 취업자는 159.5센티미터, 20세 재학자의 체중은 55.5킬로그램, 동 취업자는 53킬로그램으로 재학자가 더 우월하게 나타난다.

심상소학교尋常小學校 졸업자와 고등소학교高等小學校 졸업자의 발육상황을 보면 고등소학교 졸업자 중에서 갑종甲種합격자가 다수를 점하는 것으로 나타난다.[46]

또한 덕성德性과 지성知性의 관계에서도 의무교육이 이수되는 시기는 매우 중요한 인격의 형성 시기가 된다. 즉, 13~4세의 소년은 자아를 각성하기 시작하여 수동적 태도에서 능동적 태도로 나아가며 막연하게나마 자기 장래에 관심을 가지게 되는 것으로 교육상 가장 중요한 시기가 된다. 또한 **사고력思考力**이 점차 진보하여 비판적으로 사물을 고찰하기 시작하며 연구심과 독서열이 왕성하게 고조되는 시기이다.

따라서 위와 같은 통계적 증거에 기하여 의무교육의 중요성이 논의되는 것이다. 그

---

45) 일제치하에서 조선인들은 교육을 통해 진정한 인재의 양성을 열망하였다. 1932년 당시 조선은 진정한 의미의 지도적 人格을 요구하는 때였다. 온몸으로 熱과 誠을 가진 지도자를 요구한다는 것이다. 困窮, 無力, 생각을 바르게 갖지 못하는 어리석은 暗昧, 그리고 조직적 힘을 갖지 못하는 無組織 등의 대난관을 돌파해야 하는 우리들의 처지에 있어 진정으로 민중으로부터 '信任'을 받는 公人이 많이 나와야 함을 역설하고 있다. **'信任'**은 오직 公生活과 私生活이 똑같이 버젓한 사람에게만 민중들이 보낼 수 있는 것이라고 정의하고 있다.(동아일보, **公生活과 私生活－指導者的 純潔性을 高潮**, 1932.5.6.). 그래서 조선인에게 있어 교육은 더더욱 갈망 되었던 것이다.

46) 동아일보, 義務敎育의 統計的 考察, 1936.8.4. 본문 참조. 참고로 소학교와 보통학교, 국민학교 명칭에 대해 간략히 이해한다. 小學校는 1895년 7월 '小學校令'에 의해 제도적 기초가 마련되었다. 그러나 小學校는 1890년을 전후하여 조선에 거류하는 일본인 대상 초등교육 기관의 명칭으로 이미 작동되고 있었던 것이다. 乙巳勒約 이후 일제 통감부는 점차 조선을 식민지화하면서 1906년 普通學校令을 반포하여 조선인을 교육하는 초등교육 기관은 보통학교로 명칭하고, 조선에 거주하는 일본인들이 교육받는 초등교육 기관은 小學校(尋常小學校를 기본으로 하되 2~3년의 교육기간을 연장하여 高等小學校로 구분 운영하였음)를 계속하여 명칭으로 사용하였다. 1911년 제1차 조선교육령과 1922년 제2차 조선교육령에서도 보통학교를 그대로 사용하다가, 1938년 제3차 조선교육령의 개정으로부터 1941년까지 일제는 '一視同仁'의 미명 하에 조선인들의 보통학교 명칭을 개정하여 일본인들이 다니는 학교와 명칭이 같은 심상소학교로 변경하였다. 그러다가 **태평양전쟁의 확전으로 1941년에 모두를 國民學校로 명칭을 개정**하면서 일제 식민지배하의 초등교육기관은 국민학교로 마감하게 되었다.(심상소학교, 부산문화대전, 한국학중앙연구원; 손인수, 한국근대교육사, 연세대출판부, 1975 등 참조요)

러므로 6년의 의무교육은 이러한 이유하에서 오히려 부족하다는 것이 과학적 논거가 된다.

그러나 조선은 어떠한가. 단 1년의 의무교육제도 가지지 못한 당사자인 우리로서는 참으로 아연啞然할 수밖에 없다.[47]

일본인 그들은 의무교육의 효과를 먼저 경험하고 그 연장의 필요를 역설하는 현실에서 우리 조선의 이러한 상황은 어떻게 보고 있는 것인지. 일본 내지의 의무교육 연장이 실시될 때에는 조선의 의무교육요구도 거부할 수 없지 않을지를 생각하게 된다.

결국 일제는 조선인에 대해 교육 시혜를 통해 자아 각성과 올바른 인간의 가치 인식 및 비판적 사고의 형성 등에 대해서는 근본적으로 배제를 원칙으로 삼고 있었던 것이다. 의무교육 등에 대해서는 아예 논의를 차단하면서 오직 조선인을 노예적 도구적 존재로서 관념하면서 기만과 교활로 이용하고 부려 먹는 대상으로 산정할 뿐이었던 것이다. 일제 식민지배의 뿌리는 이러한 철저함이 도사리고 있는 것이다.

제Ⅳ장 식민치하 조선사회 가족관계의 주요 문제 및 그 변질 실상

일제하 조선사회의 가족관계에 있어 몇 가지 주요 문제에 대해 살펴본다. 언론에서 기록하고 있는 내용을 자료형식으로 검토하면서 식민지배하에서의 변질실태는 또한 어떠한지를 이해한다. 자료적 한계에도 불구하고 신문이 적고 있는 내용을 통해 당시 조선의 가족관계에 대한 의식 및 관념에 대한 이해 요소가 존재한다. 가족제도 및 사회상과 관련하여 또 다른 이해를 제공하는 의미가 있는 것으로, 일제 치하 조선인 가

47) 이미 1920년의 지적에서도 일본내지는 의무교육에 있어 **6년의 의무교육연한을 7년~8년으로 연장을 준비 중이었다.** 그런데 조선에서는 당시에도 1.2년의 의무교육도 있지 아니하고 오직 고금을 통하여 있지 아니한 '書堂令'만 있을 뿐이니 어찌 조선인에게 배움이 있다고 할 것인가라는 문제를 제기하고 있었다.(동아일보, **朝鮮教育에 대하여, 1920.4.20.(一)** 본문 참조). 결국 1922년에는 교육의 목적에 부합하는 조선인 인재양성과 바른 교육의 실시를 위해 조선민립대학의 설치에 대해 논의가 이루어진다. 조선일보, 조선민립대학 발기에 취하여, 1922.12.1.-2일에 걸쳐 상·하로 나누어 내용을 게재하고 있다.

족 실상에 대한 다양한 이해 접근을 제시하는 측면이 있다.

[1] 대가족 실상과 족보의 간행

조선일보는 1934년 1월 사설을 통해 **'가족주의家族主義를 타파打破하라'** 라는 제명으로 조선의 가족제도에 대해 비판적 논의를 제기하고 있다.[48] 조선과 서양사회의 차이를 논하면서 조선에 있어 가족주의의 폐해를 집중한다. 서양이 문명적으로 앞섬에 대해 그 원인을 부부중심의 가족제도에서 찾고 있다. 즉, 부부중심의 서양사회는 독립적이며 책임의식이 강해지는 가운데 적극적 자주적 개인을 기초로 가족 간에 평화를 이루어간다는 것이다.

반면 조선의 일가족은 조부모 부모 자기 자신과 자녀 등으로 대개 3~4대의 가족으로 구성되고 3~4대의 가족은 그중에 1인의 최존속最尊屬에게 소속되어 경제 기타 모든 생활을 지배받게 된다. 그래서 다수의 가족은 30세를 넘어서도 독립적 자주적 생활 의식이 없이 부노父老에게 의탁하는 습성이 생기며 따라서 다수가족은 시기猜忌와 암투暗鬪 속에서 소극적 의뢰적 의식을 기초로 부정적 모습으로 살게 된다는 것이다.

물론 가족주의가 갖는 미점美點도 있어서, 상부상조相扶相助와 향당애호鄕黨愛護의 관념이 있다. 그러나 그러한 가족주의는 결국 범위가 협소하여 고루固陋하고 편벽偏僻되기 쉬우며 가족과 향당은 관념할지언정 민족이나 국가사회는 염두에 없게 된다는 것이다. 이는 또한 봉건적 잔재殘滓에 불과한 것으로 변화하는 사회에서는 소멸되어야 하는 것으로 설명한다.

조선 가족의 경우 1호당 인구는 서양 4인, 일본 5인에 비해 6인을 넘으며 일가족에는 다시 친척親戚 기타 권속眷屬이 더욱 증가하게 되는 것이다. 따라서 논자論者는 조선인이 새해를 맞아 가족주의를 타파하는 것이 바람직한 것으로 내용을 전개하고 있는 것이다.

이 사설은 서양인이나 일본에 비해 열위한 조선인에 대해 불합리한 가족주의를 해체할 것을 이해시키면서 향후 다가올 가족법 개정과 창씨개명 등을 염두하는 복선적

48) 조선일보, **家族主義를 打破하라, 1934.1.3.**

논설이 아닌가를 생각하게 한다.

또한 족보族譜와 관련하여서도 일제 치하에서 그에 대해 갖는 한 관념을 찾아봄은 의미가 있다. 즉, 조선일보는 1928년 2월 **‘족보간행族譜刊行의 여폐餘弊’**라는 논제의 사설을 게재하였다.[49)]

갑오甲午의 혁신에 있어서 조선의 쇄국적 봉건제도封建制度의 파기破棄를 창명彰明하여 온 후 오늘의 조선은 이미 근대의 문명을 이식하여 시민적市民的 정신에 침점浸漸하여 온지 오래이다. 그러므로 전일의 봉건적 사상은 많이 도태淘汰되어 있는 것도 사실이다.

그러나 장구한 세기전世紀前의 봉건적 사상의 잔재殘滓는 아직도 선진국에 비해 유치幼稚하리만치 도처到處에 산재한다. 더욱이 지배군支配群의 이에 대한 태도를 볼지라도 오늘의 사회제도가 전단계의 봉건적 사회제도를 파괴하고 나오기는 하였으나 그의 경제적 정치적 지배권을 완전히 장악掌握하고 난 후에는 도리어 전일에 파괴하고 남은 봉건적 유제遺制와 사상을 이용하여서 그 세력을 증대케 하는 경향이 있다.

그중에 특히 가족제도를 들 수 있다.[50)] 그리하여 어떠한 사람은 오대동거五代同居이니 사대동거四代同居이니 하여 큰 자랑을 삼는 이도 없지 아니하며 조선祖先 숭배崇拜는 물론이려니와 빈족貧族의 구제救濟까지도 그 당연한 의무로 알게 되는 경향이 많음을 보게 된다.

이러한 가족제도에서 일어나는 관혼상제冠婚喪祭의 번욕繁縟과 자질구레한 쇄절瑣節이 우리의 발랄潑剌한 향상向上을 저애沮碍함은 우리의 일상 경험하는 바이나, 여기

---

49) 조선일보, 族譜刊行의 餘弊, 1928.2.1.

50) ---“일본민법중 總則 物權 債權의 三篇은 그대로 朝鮮民事令으로 조선에 실시하면서, **조선인의 親族과 相續에 관해서는 婚姻年齡 相續의 承認과 재산의 分離에 관한 규정 등 소수의 예외를 除한 外에는 이를 실시하지 않는 근본 이유는 親族과 相續에 관해서는 조선 在來의 慣習을 重視 保存하려는 의미에 기인한다. 그런데 實際에 있어서는 高等法院의 判決例가 ‘慣習이라고 看做’하게 되어있는 고로 재래의 관습과는 일치하지 못하는 弊端이 많다. 여기서 이를 아주 법규로 제정할 필요가 생기게 되는** 것이다”. 이는 제2회 全朝鮮辯護士大會가 1928년 10월8일에 京城에서 개최 되는데 그에 앞서 各地로부터 주요 의안을 제출받은 결과, 京城 朝鮮人辯護士大會의 제출 議案 중에서 ‘朝鮮人의 親族 相續에 관한 법규를 제정할 것’을 제안하고 있는 바, 그 의안 제안의 사실과 이유로써 적고 있는 내용이 된다. **즉, 朝鮮高等法院 判決例가 바로 조선의 관습이라고 간주하게 됨으로써, 조선의 역사를 통해 전해오는 재래의 관습과는 일치하지 못하는 폐해가 있게 되는 것에서 문제를 제기하고 있는 것이다.**(동아일보, 辯護士會 提案, 1928.10.1. 본문참조)

서 특히 지탄指彈하려고 하는 점은 족보간행族譜刊行의 여폐餘弊에 대하여서이다. 금번 계명구락부啓明俱樂部[51]의 제의에 의한 족보간행여습族譜刊行餘習의 철폐撤廢가 사회의 여론輿論이 되어 나옴은 그 당연함을 느끼게 하는 바이다.

근년들어 계속하여 종기踵起하는 대동보소大同譜所의 설치며, 족보간행의 성행은 조선사회가 아니면 보지 못할 현상이 되고 있다. 조선 내 간행물의 종목별 통계를 살피어 보면 서적발간종목書籍發刊種目 중 족보의 발간수가 수위首位에 있다고 한다.[52]

조선의 계보존중系譜尊重의 관념은 기왕부터 전래하는 한 인습因習이겠으나, 근래에 이러한 사상이 일부에서 더욱 발흥勃興하여 나옴은 사회의 진로를 역행逆行하는 느낌이 없지 못하다.

그러한 이유는 어디에 있는가.

첫째로 활판인쇄活版印刷의 적용이 그 발간을 저렴편의低廉便宜하게 하는 점이며,

둘째는 다른 사상방면思想方面이나 자연과학 방면의 간행이 조선의 환경으로 용이하지 아니할뿐더러 일본서적의 이입移入이 그 압도적 세력을 갖게 되어 조선 내의 서적 간행에 큰 영향을 주는 점에 있다. 그리고 마지막 주의할 점은 이러한 씨족관념氏族觀念에 대하여는 정치적 사회적으로 아무 압력이 없으므로 일부에 잔존한 봉건층으로 하여금 그 사상의 유발을 용이하게 하는 것이다.[53]

우리는 이제 오늘에 일어나는 사회적 해악害惡에 대하여 그 근치根治를 도모하지 아니할 수 없는 동시에 앞 서부터 내려오는 봉건적 우폐遺弊에 대하여도 그 삼제芟除

---

51) 啓蒙俱樂部는 1918년에 서울에서 崔南善 李能和 吳世昌 文一平 朴勝彬 등 당시의 지식인 33인이 중심이 되어 민족계몽과 학술연구를 목적으로 창립하였다. 言文 禮儀 衣食住 등 일상에서의 실상을 연구 개선하고 잡지와 서적의 간행, 그리고 계몽강연회 등을 통해 조선인의 계몽을 도모하였다. 1927년에는 계명구락부의 崔南善 鄭寅普 李允宰 등은 周時經 李奎榮 등의 **'말모이' 원고**를 인수하여 조선어 사전편찬에 착수함으로써 조선어연구회의 모체가 되었다. 계몽구락부는 1921년 5월1일에 기관지 '계명'을 발간하여 1933년 1월 27일까지 통권 24호를 간행하였던 것으로, 문학 역사 사상 등의 귀중한 연구 글을 게재하였다. 이현희, 한국근대사의 모색, 이우출판사. 1979 참조.

52) 일제 식민치하에서 족보와 유고문집 등의 발간이 증가하는 것과 관련하여서는 천정환, 근대의 책읽기－독자의 탄생과 한국 근대문학, 푸른역사, 2003. 218-226면 참조요. 특히 족보출판 붐은 1900년대부터 시작되어 1920년대를 거쳐 1920년대 후반에 가장 활발하게 나타나고 있다.

53) 그리하여 족보를 간행하면서 씨족관념을 부추기고 심하면 조선祖先의 원 뼈조차 안도安堵 시키지 못하고 족보를 들추어 이리저리 전매轉賣 함에까지 이름은 더욱이 그 심사心思의 비열卑劣함을 타매唾罵하지 아니할 수 없다는 등으로 대단한 비난을 가하고 있다. 조선일보, **族譜刊行의 餘弊**, 1928.2.1. 본문참조

를 위하여 상당히 분투하지 아니하면 안 될 이중의 책임이 있음을 기억해야 한다.

저 족보간행열族譜刊行熱이 일부의 경향을 표현하는 이상, 이러한 협애狹隘한 가족주의家族主義와 혹은 비열한 공명심功名心의 발작發作에 대하여는 먼저 퇴치할 필요가 있다.

일가一家의 전통을 고빙考憑하여 그 씨족의 유래를 밝히려 함은 다만 역사적 가치가 있는 외에는 다른 아무 의미도 없음은 오늘의 사회를 이해하는 자로서 누구나 이를 부인할 수 없겠거든, 하물며 시대에 부적不適한 한사閒事로써 정력을 남비濫費함은 조선문화朝鮮文化의 향상을 위하여 더욱 가석可惜한 일이라고 생각한다.

[2] 제사에 대한 이해와 우상숭배

일제하 당시 조선인에게 있어 가문과 부계혈통에 대한 존숭 의식인 제사문제祭祀問題는 어떻게 관념되고 있었는지에 대해 살펴본다. 동아일보는 **1920년 9월24일과 25일 이틀에 걸쳐 '제사문제祭祀問題를 재론再論하노라'(一)** · **(二)** 제명의 논설을 싣고 있다.[54]

'제사문제를 재론하노라'(一)에서 설명하는 내용을 우선 살펴본다. 양심良心과 도덕道德과 예禮를 기초로 하는 인간교화에 대해 유교적 제사를 중심으로 그 주요 내용을 전개하고 있다.

경북의 한 가정에서 조상제사를 놓고 신앙하는 기독교 교리에 어긋난다는 이유로 일대 분란이 일어났다. 이에 대해 조선에는 일정한 국교國教가 있는 것도 아닌 상황이라 종교의 자유를 각인各人에게 보장하며 따라서 일정한 예식禮式을 강제할 수도 없는 것이므로 각인은 각자 소신에 따라 예禮를 행할 것이고 타를 비방하거나 혹은 논쟁을 할 필요도 없는 것이 된다.

그러나 제사문제가 조선사회에서 논쟁이 되는 소이에 대해서는 논의가 요구된다.

제사문제는 재래在來에 유교를 국교로 살아오던 조선의 일대 사회제도로서, 이에 대한 일반민중의 인습적因襲的 관념이 견고한 가운데 다른 한편으로는 개국진취開國

54) 동아일보는 **'제사문제祭祀問題를 재론再論하노라'(一)**(1920.9.24.)과 같은 제명의 논설 (二)를 9월25일 이틀에 걸쳐 게재하였다. 그러나 이 글은 당시 일제 당국에 의해 바로 압수되었다.

進取의 시기를 당하여 신사상新思想과 신풍조新風潮의 강한 유입이 그치지를 않는대서 문제가 발생하는 것이다. 이러한 신구의 충돌은 사회의 일대제도一大制度를 중심으로 일어나는 것으로써, 논쟁의 핵심은 각자가 그를 행하거나 행하지 않거나의 문제뿐만 아니고 그 사회제도의 합리성 여하를 묻는 것이 된다.

제사문제에 대해 사회제도로서 어떠한 가치를 가지며, 가치를 갖는다면 그 정신과 내용이 어떠하며 또 형식은 어떠하여야 하는지가 중요할 것이다.

본질적으로 예禮를 제정한 본의는 무엇인가. 대개 **사람을 교화敎化하는 법은 두 가지가 있어서, 하나는 법률적法律的 혹은 정치적인 것이며, 다른 하나는 도덕적道德的 혹은 사회적인 것**이 된다.

전자는 국가권력으로서 악惡을 징벌하고 선善을 장려함이 되고, 후자는 각자의 양심良心에 의하여 이를 행함이니 곧 사회적 제재를 가하는 것이 된다. 특히 후자의 사회적 제재는 그 본의가 각자의 양심에 의하여 권선징악勸善懲惡을 실현하는 것이다.[55] 양심을 기초로 덕德과 예禮가 중심이 되는 도덕적 교화를 통해 각자는 선善을 행하고 그를 어길 때 부끄러움을 알며 어느 곳에서나 자기 역할을 충실히 하는 인간으로의 변화를 이루어 내게 되는 것이다.

따라서 인간사회는 반드시 예가 존재하게 된다. 그러나 그 형식은 동일하지 않은 것이어서 **예의禮儀의 본의를 체득體得**한다면 그 형식은 당해 사회의 형편에 따라 수시응변隨時應變함이 옳다. 현재 조선의 제사문제는 위의 내용들을 함의하는 사회제도로서 이에 대한 이해를 명백히 제기하게 되는 것이다.

이와 함께 조선의 제사祭祀가 **우상숭배偶像崇拜이냐**에 대해서도 논란이 있었다. 이에 대해서는 9월25일에 게재한 두 번째 글인 **'제사祭祀문제를 재론하노라(二)---조선기념祖先紀念과 우상숭배偶像崇拜의 별別'** 제명의 논설을 통해 우상숭배가 아님을 명확히 하고 있다. **제사의 본의는 '조선祖先을 기념紀念'함에 있는 것이지 조선의 영혼靈**

55) 그러면서 孔子의 "道之以政 齊之以刑 民免而無恥, 道之以德 齊之以禮 有恥且格"(論語 爲政篇)을 인용하고 있다. 즉, 法으로 다스리고 刑罰로서 제재하면 백성들이 이를 피해 나가되 부끄러움이 없게 되며, 德으로 다스리며 禮로서 가지런히 하면 백성들이 부끄러운 廉恥를 알며 나아가 바름에 이르게 된다는 내용이 된다. 양심을 깨우치며 睿德에 기한 교화는 백성들이 잘못을 하면 자신의 행위에 대해 부끄러워하면서 나아가 사람이 행할 바를 바르게 깨우치게 됨을 가르치고 있는 것이다.(동아일보, 祭祀問題를 再論하노라(一), 1920.9.24.(押收) 본문참조)

魂이 강림하여 이를 숭배하고자 하는 것이 아님을 분명히 설명한다.

기독교와의 관계에서 보면, 요컨대 신神을 신神으로서 하지 아니하며 영靈을 영靈으로서 하지 않고 공허한 목석木石과 기타 물형物形을 대하여 숭배崇拜함은 곧 우상숭배偶像崇拜이니 이로써 보면 신神을 대함에 물질적物質的인 것을 대상으로 하고 영靈을 생각함에도 물질적인 것으로 함은 모두 역시 우상숭배가 되는 것이라. 만유萬有의 주재主宰이신 유일신唯一神이 어찌 예배당禮拜堂에 존재하리오. **신은 유일신이요 리理는 유일리唯一理이니** 이를 숭배하는 자는 마땅히 신령神靈으로써 하며 또 진리眞理로써 함이 옳은 것이 된다.

그리고 **제사祭祀의 본의本義는 무엇인가** 하면 제일祭日을 당하여 조선祖先의 영혼이 강림하여 향제享祭함이 아닌 것이다. 즉 **조선부모祖先父母를 사모思慕하는 지성至誠이 되는 것**이다. 부모님 생시에 섬기기를 그 **정성精誠**을 다하고 돌아가시어 장례를 함에는 또 그 정성을 다하고, 제사를 모심에 있어서도 그 정성을 다 하는 것이 된다. 이는 부모를 잊지 못하는 지정至情으로서 자식子息된 정성을 다하는 것이요 그 영혼의 강림으로 향제함이 아님을 분명히 한다. 제사에 임하여 돌아가신 그 부모와 조선을 친히 면대面對하는 듯이 정성精誠을 다하여 섬기는 것이 제사이니 효성孝誠과 효심孝心을 표현하는 과정이 되는 것이다. 제사의 대본大本이 인정人情의 지미至美한 점으로부터 유로流露하여 인간의 존엄 가치를 실천적으로 알게 하며 민덕民德을 귀후歸厚하는 '신종추원愼終追遠'의 사회적 교화제도敎化制度임을 힘써 강조한다.[56)]

따라서 제사를 통해 효심孝心을 기르고 예와 양심과 덕성을 기르는 인격적 사회적 교화제도를 우상숭배의 문제로 오해하여 그를 공박하는 것은 잘못된 내용임을 제사의 본질로부터 설명하고 있는 것이다. 제사는 우리 조선 민족이 지켜가야 할 중요한 사회 교육적 인격 함양적 예교禮敎를 본의로 삼는 것으로, **조선부모祖先父母를 사모思慕하며 지성至誠으로** 섬기는 본의本義에 충실한 실천을 이루어갈 것을 제시하고 있다.

---

56) "曾子曰 愼終追遠 民德 歸厚矣"(論語 學而篇). 증자가 이르기를, 父母의 喪을 당하여 진정으로 슬퍼하고 정성을 다하여 모시고(愼終), 祖先父母의 제사를 충심으로 추모하면서 지성으로 모신다면(追遠) 백성들의 덕성이 한결 두텁고 진실되게 될 것이라고 하였다. 결국 '愼終追遠'을 풀이한다면, 정중하고도 성실한 葬喪祭禮는 이성을 가진 도덕적 존재인 인간의 존엄가치 실현을 위해 절대로 중요한 것이요 또한 仁을 이루는 要諦가 되는 것이므로, 본 논설에서는 인간이 이를 깨우치고 실천하는 내용과 과정으로서의 '祭祀'가 되는 것임을 설명하고 있다.

[3] 축첩과 서자 및 사생아 문제

일제 식민치하에서도 온존하던 축첩과 서자 및 사생아 문제에 대해 검토한다. 동아일보는 1932년 10월에 사설 **'서자庶子 사생아私生兒의 비애悲哀--관습慣習과 법法을 개혁改革하라'**는 제명의 글을 통해 조선사회가 관행으로 존속하는 축첩 관행과 그에 기한 사생아 문제 등에 대해 비판하고 있다.57)

당시 평양사범학교에 한 학생이 사생자私生子로서 호적戶籍이 없어서 타인의 호적을 사칭詐稱하여 입학한 것이 발각되었다. 20세의 나이에 보통학교를 거쳐 평양사범학교에 입학하였으나 권고퇴학勸告退學을 당하였다.58)

사생아私生兒는 호주戶主의 동의만 있으면 부나 모의 호적에 들 수도 있고 그것이 불가할 때는 일가一家를 창립할 수가 있다고 민법 제735조에 규정되어 있다. 사생아는 가독상속家督相續의 순위에서 적자嫡子와 서자庶子의 다음에 가고, 재산상속財産相續에서 적출자嫡出子의 반분半分을 받는 불이익이 있을 뿐이고 기타에 있어서는 법률상으로 아무 권리의 차등이 없다.59)

여기서 논하고자 하는 것은 조선 내 수다數多한 서자庶子 사생아私生兒에 대한 가족과 사회의 심정心情, 태도와 친족법親族法이다.

조선처럼 적서嫡庶 차별이 준엄한 사회는 없다. 사생아는 물론이고 서자는 친부형

57) 동아일보, 庶子 私生兒의 悲哀--慣習과 法을 改革하라, 1932.10.19.

58) 이에 대해 본 글은 호적을 사칭한 것이 법률상 범죄가 아님은 아니지만 이렇게 할 수 밖에 없었던 해당 학생의 情狀을 參酌하여 그의 수학을 가능하게 하도록 雅量과 誠意를 가져주기를 학교당국에 바라면서 조선의 庶子와 私生子에 대한 가족관습과 악습 및 관련 법규에 대해 논설하고 있다.

59) 일본 明治民法이 채용한 家族制度인 '家制度'는 戶主를 중심으로 일정 친족관계에 있는 사람들을 一家로 묶어 戶主에게 일가의 통솔권을 부여하여 일가를 운영하던 제도로서, 家督은 一家의 戶主가 갖는 家父長的 家長權을 의미한다. 1603년 이후의 江戶時代에 발달한 武士階級의 가부장적 가족제도에서 연원한다. 一家는 호주와 가족으로 구성되는 것으로, 가족들은 호주를 중심으로 하는 당해 家의 호적에 기재된다. 또한 호주는 재산권과 함께 家督相續제도에 따라 一家의 통솔권자로서의 지위를 상속한다. 이러한 家督相續은 전호주의 사망이나 국적상실·隱居 등에 의하여 새로운 호주에게 상속이 이루어진다. 가독상속인의 상속순위는 前戶主와 같은 호적(家)에 속하는 사람 중에서 嫡出子(연장자 우선), 非嫡出子, 적출의 여성, 피상속인에 의해 지정된 자, 피상속인의 부모 및 친족회에서 지정된 자 등의 순위에 따르게 된다. 2차 대전 패전 후 일본은 1948년에 새로운 민법을 제정 시행함으로써 家制度에 기초한 호주와 가족에 대한 규정을 폐지하게 되었다. (박병호, '일제하 가족정책과 관습법 형성과정', 가족법논집, 진원, 1996. 89-114면)

親父兄에 대해 호부호형呼父呼兄을 못하고 가독상속家督相續과 봉제사奉祭祀를 못하여 마치 노예奴隷와 같았다. 이것은 천륜天倫과 인정人情을 무시한 것으로 이 악습惡習 때문에 비분悲憤이 뼈에 사무치는 일생을 보낸 이가 어찌 전설의 홍길동洪吉童뿐이랴.

그러함에도 불구하고 후에는 첩자에 대한 풍속이 점점 가혹하여 첩자에게는 가독상속을 거부하고 자기 소생의 기출첩자己出妾子가 있으면서도 동종지자同宗支子로 양자養子를 입후立後하는 악풍惡風이 생겼으니 이것은 **'본마누라의 강짜'**에서 나온 것이다.[60]

적서문제嫡庶問題를 역사적으로 살피건대 이조李朝의 법전인 경국대전經國大典에도 적장자嫡長子가 없으면 중자衆子, 중자衆子가 없으면 첩자妾子가 후사後嗣가 된다 하였고, 또 첩에 양첩良妾(양민의 처녀로서 들어온 것)과 천첩賤妾(재가나 창기로서 들어온 것)을 갈라 양첩良妾의 자子가 천첩賤妾의 자子보다 승계권承繼權이 있음을 규정하였을 뿐이요, 첩자妾子가 있으면서 양자養子를 하는 것은 금하여 '유첩자자有妾子者 불가입후不可入後'라 명언明言하였다.[61]

서자庶子나 사생아를 학대하는 것이 일부일부一夫一婦주의의 가정사상家庭思想에서 나온 것이겠지만 만일 가정정화家庭淨化가 목적이라면 축첩蓄妾하는 자, 사생아를 나은 자를 벌罰하면 몰라도, 무고無辜한 서자庶子 사생아私生兒에게 일생의 불행을 보낼 이유는 없는 것이다.

그러므로 서자 사생아를 낳은 책임자는 이를 적자嫡子로 하는 수속手續을 할 의무가 있고, 가족이나 사회도 그들을 차별하던 악습을 단연히 버려야 할 것이요, 법률상으로는 호적면戶籍面이나 가독家督과 재산상속財産相續에서 모든 차별을 철폐해야 할 것임을 강조하고 있는 것이다.

조선사회 전체가 일제가 행하는 불합리한 식민지배 정치 속에서 신음하고 있는 가운데 국민 개개인의 권익과 삶이 노예적 예속상태에 얽매어있었다. 그런 와중에 우리

---

60) 사설의 본 문에서는 이에 대해 임척林滌의 上疏에 있는 말과 같이 '爲婦言所權' 즉, 본마누라의 강짜에서 나온 것이라고 하고 있다.

61) 관련하는 경국대전의 규정은 다음과 같다. 즉, "嫡妾俱無子者 告官立同宗支子爲後: 兩家父同命立之 父歿則母告官 尊屬與兄弟及孫不相爲後"(經國大典 禮典 立後條). 즉, 적처와 첩 모두에게 아들이 없는 경우는 관에 신고하고 同宗의 맏아들이 아닌 支子를 세워 후사로 한다: 양가의 아버지가 같이 명하여 입후하되 아버지가 사망하고 없으면 어머니가 官에 신고한다. 존속과 형제 및 손자의 항열에서는 서로 입후하지 아니한다.

사회 자체가 가지고 있는 인간의 존엄가치 말살과 차별에 대해 이를 스스로 개선할 방도의 하나를 지적하고 있다. 축첩을 통해 야기되는 자녀의 권익 보호에 있어 법제도 상의 결함과 부당함에 대해 크게 광정匡正할 것을 역설하고 있는 것이다. 가족제도 및 가족관계 안에 자연스럽게 존재하여야 하는 인간의 존엄가치를 지키고 확립하기 위해 조선인 스스로가 그간 자행하여온 내부적 차별과 그에 대한 무지를 본질로부터 각성하고 교정하는 노력을 요구하고 있는 것이다.

[4] 조혼으로 인한 이혼 및 교육과 범죄 관련성

지금까지의 가족관계에 대한 검토에 더하여 일제 당시 조혼早婚으로 인한 가족관계의 변질과 문제에 대해 살펴보고자 한다. 1930년대 후반에 일제는 전쟁을 준비하면서 조선인에 대한 창씨제도創氏制度(1940.2.11.시행)를 기획한다. 형식적으로는 일제에 동화同化하는 형태로 조선인에게 내지식內地式의 씨명氏名을 강제하면서 황국신민皇國臣民으로서의 지위를 부여한다는 것이었다. 조선민족 고유의 성명姓名을 일제식 씨명氏名으로 강제 변경당하는 상황으로 몰려가는 1930년대 시점에서 조선 가정의 조혼早婚문제를 두고 그와 관련한 교육 및 이혼 문제, 그리고 범죄 등에 대한 논의를 살펴보고자 한다.

조선에 일찍이 성행하던 조혼의 폐풍弊風이 사회의 일익 개발과 지식의 점차 보급으로 점점 자취를 감추는 경향을 보이고 있다. 그러나 조혼으로 인한 여러 가지 문제는 사회 전반에 매우 큰 문제를 남기고 있다. 이에 대해 동아일보가 1938년 10월에 발표한 사설 **'조혼早婚과 부모의 의무'를 통해 내용을 살펴본다.**[62]

강원도내 작년(1937년) 결혼 수는 11,008건이며, 이 중에서 여자는 결혼연령 **15세 이상 20세 미만자**가 3,507명, 남자는 **17세 이상 20세 미만자**가 4,272명으로 각각 수위, 그 밖에 여자 15세 미만자 259명, 남자 17세 미만자 1,270명으로 나타난다.

조혼早婚에 대한 남녀의 기준에 대해 논하는 바를 보자.

---

62) 동아일보, **早婚과 부모의 의무**, 1938.10.19.

결혼 여자 중 최다수를 점하는 15세 이상 20세 미만자는 세계적 결혼연령으로 보아서 반드시 혼인 연령이라고 할 수 있을런지 모르겠으나, '조혼早婚'이라는 용어를 사용하기도 어려울 것이다.63) 그러나 **남자의 경우** 수위를 점하는 17세 이상 20세 미만자는 '조혼'이라는 의심을 가질 수 있을 것이다.

왜냐하면, 남자 17세 이상 20세 미만은 학령學齡으로 본다면 아직 중등학교에 재학 중이거나 혹은 겨우 그를 마쳤을 시기이며, 생리적生理的으로 보더라도 아직은 대개 신체가 성장하는 도중에 있는 까닭이다.64) 물론 조선에서 조혼은 항상하는 다반사茶飯事로 감행되어 왔다.

그래서 강원도에서 이루어진 1937년 한 해 동안의 혼인(11,008건) 중, 17세 미만의 남자 결혼 1,270건, 15세 미만의 여자 결혼 259건이 발생하게 된 것이다. 이는 물론 그 당사자의 의견을 들어보지 않은 강제결혼强制結婚이며 인간대사人間大事인 결혼이 당사자의 자유의사自由意思를 불문하는 강제적 결과인 것으로 후일 그들이 의사의 자유를 얻게 된다면 자연히 파탄破綻하는 불상사가 발생하기 쉬운 것으로 지적하고 있다.

결국 **당시에 이혼離婚이 빈발하는 원인을 찾으면서** 그 최대 원인이 강제 결혼인 조혼에 있다고 한다. 또 이혼이란 그 당사자에게만 불행이 될 뿐 아니라 결과에 있어서는 사회적으로 큰 불상사不祥事라고 하였다. 따라서 **부모들을 향해,** '인간의 낙樂' '인생의 재미'를 하루라도 일찍 보려고 애쓰는 부모들이 그 결과, 개인과 사회에 어떤 영향을 미치는지를 냉정하게 생각해야 하는 의무가 있음에 대해 각성할 것을 호소하고 있다.65)

---

63) 참고로 갑오개혁기인 1894년 6월29일에 '早婚을 금하는 건'이 공표 시행된다. 즉, "男女早婚 亟宜嚴禁 男子二十歲 女子十六歲以後 始許嫁娶事"라 하여 남녀의 早婚은 즉시 엄금하되 남자는 20세, 여자는 16세 이후에 비로소 嫁娶를 허가한다는 내용이 된다. (大韓民國國會圖書館, 韓末近代法令資料集 1, 1970)

64) 예를 들어 印度나 南洋 등지는 남녀가 早熟하는 熱帶地方은 별문제이나 조선 같은 溫帶地方에서는 남자는 대체로 20세 이후까지도 신체가 발육되는 것은 일상으로 目睹하는 사실임을 지적하면서, 조선에서 이루어지는 남자 17세 미만 여자 15세 미만자의 혼인에 대해 문제가 많은 것임을 설명하고 있다.(동아일보 사설, 早婚과 부모의 의무, 1938.10.19. 본문 참조)

65) 早婚의 폐풍과 관련하여 조선에서 연장된 일제 초기의 자녀매매의 실상에 대한 글을 참고한다. 1914년 총독부 기관지인 每日新報에 개제된 것으로 당시 조선사회에 대한 간접적 이해자료로서의 의미를 갖게 된다. 사람으로서 사람을 팔고 사는 것은 옳지 못함인데, 하물며 부모가 되어서 그 자녀를 賣買하는 것을 사람이라 할 수 없는 것이다. 그런데 야만 몽매하며 윤리의 소중함을 모르는 자들이 한때의 돈푼을 탐내어 천금같은 혈육을 가축처럼 팔아넘겨 그로 하여금 타인의 賤妾이 되거나 천한 머슴

확신하기를 부모 된 이가 이러한 의무만이라도 잘 이행한다면 일대 악풍惡風인 조혼은 자연히 우리 사회에서 없어지게 될 것이라고 하면서 자유의사에 기하지 않은 어린 남녀의 조혼에 대해 당시 모습과 악영향에 대해 개선을 계몽하고 있는 것이다.

이에 더하여 조선일보가 1937년 10월에 쓴 사설 **'통계상統計上으로 본 결혼結婚과 이혼離婚--사회적社會的 경제적經濟的 의의'**를 자세히 살펴본다.[66] 앞선 1920년대로부터의 시기에 비해 결혼과 이혼이 숫자상으로는 모두 감소하고 있다. 그러나 그 원인은 각각 다름이 있어서 혼인 감소는 경제적 궁핍의 심화로, 이혼 감소는 조혼早婚 및 강제 혼인의 감소에 기인起因하는 것을 중요하게 보고 있다.

작년昨年**(1936)**중 **조선의 결혼수結婚數는 12만6천여건, 인구 천인千人에 대하여 5.72**건의 비례요, **이혼수離婚數는 5천3백여건으로 인구 천인千人에 대하여 0.24**건의 비례다.

이것을 **최근 10년간의 추이**로 보면 **결혼수結婚數**는 소화昭和 원년元年(1926) 8.99건, 소화2년(1927) 9.39, 소화3년 10.28로 절정에 달했다가 소화4년 10.26, 소화5년 10.04, 소화6년 9.27, 소화7년 6.40, 소화8년 6.16, 소화9년 5.80, 소화10년 5.71로 감소된다.

이혼수離婚數는 소화원년(1926) 0.38, 소화5년 0.45, 소화6년 0.45, 소화7년 0.33, 소화8년 0.28, 소화9년 0.25, 소화10년 0.25로 년년 감소 경향을 보이고 있다.

결혼과 이혼이 모두 감소하는 경향은 동일하나 원인에 있어서는 다름이 있다. 즉, 결혼 수가 감소해 가는 것은 경제적 생활이 궁핍窮乏해 간다는 것을 의미하고, 이혼 수가 감소한다는 것은 조혼早婚과 강제결혼强制結婚이 적어지기 때문에 불합리한 결혼이 적어지는 것을 의미한다.

이 되거나 花柳界로 던져지는 일이 있게 된다. 또한 부모된 자들이 婚嫁할 때를 보면, 그 자녀의 才德이 어떠한지 보다는 富豪를 요구하고 좋은 옷가지와 폐물인 衣衾裔具의 豐薄을 논하고 심한 경우는 처녀를 몇백금을 받고 팔아서 자신의 생활을 유족하게 하여 '不重生男 重生女'로 칭하고 있다.... 결국 이 같은 악습이 계속불변하면 반드시 법률이 관여할 것이니 有志는 이 같은 惡習을 바로잡기에 노력해야 하는 것임을 지적하고 있다. (**每日申報, 子女賣買의 惡習,** 1914.1.17.)

66) 동아일보, 統計上으로 본 結婚과 離婚--社會的 經濟的 意義, 1937.10.23.

다음으로 결혼과 이혼의 연령年齡을 보면, **결혼에 있어 일본 내지인內地人은** 남자는 25세로부터 29세까지의 58.9%가 제일 많고, 여자는 20세로부터 24세까지 62.8%가 제일 많게 나타난다. **조선인朝鮮人**은 남자는 20세로부터 24세까지의 37.3%가 제1위이고, 17세로부터 19세까지의 31.4%가 제2위, 여자는 15세로부터 19세의 72.6%가 제1위로 일반적으로 조선인의 결혼연령이 대단히 낮다. **특히 조선인에는 법정연령法定年齡에 달하지 못한, 즉 남자 17세 미만, 여자 15세 미만의 결혼 수가 다수하니,** 남자 1만3천여 인, 여자 1만4백여 인 이란 수를 보면 얼마나 조혼早婚이 아직도 많이 유행하고 있음을 알 수 있다.

또한 **이혼연령을** 보면 일본 내지인은 남자가 25세로부터 29세의 35%가 제일 많고 여자도 25세로부터 29세의 45%가 제일 많다. **조선인은 남자가 20세로부터 24세에의 27.2%가 제일 많고, 여자도 20세로부터 24세의 31.3%가 제일 많아**서 이혼이 남자는 결혼기에 가장 많고 여자는 결혼한 연령보다 윗 단계의 연령에서 가장 많게 나타난다. 요컨대 일본 내지인은 남녀가 25세로부터 29세가 권태기倦怠期라 볼 수 있고, 조선인은 조혼早婚의 폐해弊害로 성적 이상을 자각할 20세로부터 24세까지에 가장 비극悲劇이 많음을 알 수 있다.[67]

그리고 조혼은 나아가 교육과의 관계에서도 문제가 되고 있었던 것으로, **1933년 8월 조선일보는 '조혼폐지早婚廢止와 교육教育'**이라는 제명의 사설을 통해 조선인사회의 문제를 제기하고 있다.[68] **평양의 교회단教會團 각 학교**에서 1934학년도부터 기혼자旣婚者 내지 약혼約婚한 자의 입학을 불허하기로 하였다. 조선사회의 진보 발전을 저해하는 요인으로 조혼을 나쁜 병폐적 관습인 '구관누습舊慣陋習'의 제1로 지목한다. 봉건유습封建遺習이 뿌리 깊은 향촌鄕村과 도회지의 미개화층未開化層에서는 조혼과 강제 결혼의 악습이 강하게 남아있어서 이를 개선하고자 하는 것이다. 직접적 이유로는 기혼자 특히 연소年少한 기혼자가 교육상으로 학습능률이 미혼자에 비해 저열하며, 품격상品格上의 훈련에 있어 청년층의 기혼자와 미혼자의 혼재는 여러 가지 곤란

---

67) 아울러 동아일보가 1938년 10월에 작성하여 게재한 사설 **'조선인朝鮮人의 생명표生命表'**는 당시 조선도시의 특성과 조선인의 평균수명 및 생사生死 실태가 어떠한지를 제시하고 있다. 출생 후 1년 이내에 1/5 내지 1/4의 유아乳兒가 사망하는 조선은 구미제국歐美諸國과 일본 내지의 사망률 1/10과 크게 대비된다. 사망률과 수명연장 등은 주거 문제와 의료 위생 상태와 관련성이 높은 것으로 가족관계 및 사회문제의 이해에 중요 내용으로 볼 수 있다.(동아일보, **朝鮮人의 生命表**, 1938.10.12. 참조)

68) 조선일보, 早婚廢止와 教育, 1933.8.6.

한 문제를 야기한다. **더욱이 여자교육女子教育에 있어서는 한층 더한 어려움**이 있음을 아울러 밝히고 있다. 즉, 연소한 기혼자라도 교육상으로 볼 때 학습능률이 미혼자에 비해 떨어지고, 연소한 자의 혼인인 조혼과 강제 혼인을 보면 봉건사회의 유습이 강한 향촌과 도회지에서는 미개화층에서 많이 이루어지고 있음을 지적하고 있다. 또한 기독교계열 학교에서는 1934년부터 기혼자 및 약혼한 자의 입학을 아예 불허하는 조처를 내리고 있으니, 혼인과 교육소외와 자살 및 타살 등의 사회문제가 식민지적 억압과 부정의와 연계하여 증폭되고 있음을 알게 하고 있다.

위의 내용에 더하여 조선 가족제도의 악폐습인 조혼과 범죄의 관계를 이해할 자료로 1938년 5월에 발표된 **'조혼早婚의 폐해弊害'**를 본다.[69)]

물질문명이 발달할수록 세태가 각박해지고 그에 따라 범죄도 증가한다. 그러나 조선에서 20세 미만의 미성년자인 소년 소녀의 범죄 상황을 통해 또 다른 의미를 알 수 있다.

조선에는 인천 개성 김천에 3개의 소년형무소少年刑務所가 있다. 1938년 3월 말 현재 수형자受刑者 수는 합계 1,637명이다. 범죄유형별로는 절도가 가장 많아서 80% 이상을 점한다. 그다음은 강도와 사기 공갈 등으로 약 50명 정도 된다고 한다. 그러나 소녀少女의 범죄 동기가 조혼早婚에 있는 것으로 나타나는 것은 조선에 특수한 사정으로 파악된다.

결혼은 완전히 독립한 남녀 양성의 자유로운 인격적 결합이어야 한다. 어느 일방의 의사나 제3자의 의사에 의해, 또는 권력이나 금력에 의해 의사능력이나 생리상 아직 미숙한 소녀를 대상으로 혼인을 강제한다면 이는 절대 불가한 일이다. 현대 사회에서 아직도 물질적 허영虛榮이 양심良心을 가려서 강제적으로 혹은 물질을 개입시켜 판단이 미숙한 소녀와 결혼을 감행하는 일이 많다. 봉건적 잔재로서의 가족제도가 완고하게 작용하는 현실에서 결혼에 대해 가장家長이 권력적 경제적 폭력적 행위를 통해 당사자의 본의와는 무관하게 강제되는 경우도 허다하다. 전문학교 등의 고등교육을 받은 남성의 경우에도 이러한 가족제도의 나쁜 누습陋習으로 불합리한 결혼을 강행하고 있다.

아직 **의사결정 능력마저 미숙한 남녀가 자유의사가 전혀 없이 결혼**하게 된 경우,

---

69) 조선일보, **早婚의 弊害**, 1938.5.13.

결혼 후 점차 인격적으로 성장해 가면서 불합리한 결혼과 가정생활상의 속박과 고통을 임하면서 남자는 방탕 소비와 음일淫佚 번뇌를 일삼고 여자는 자살하거나 출가出家하여 방랑하게 된다.

특히 20세 미만으로 조혼을 하는 여자는 더욱 수동적이어서 일단 결혼을 한 후에 출가出家나 자살自殺의 방법으로 소극적 저항을 하는 사례가 적지 않은 실정이다. 나아가 이들은 방황과 여러 방식의 저항 과정에서 죄를 범하게 되는 것으로, **당시의 통계에 의하면 소녀의 살인殺人 방화放火가 76건이나** 되며 **기타 절도죄 등은 부지기수不知其數**가 되고 있다.

따라서 당시의 사회가 봉건적 잔재인 불합리한 혼인 가족제도를 타파하여 남녀 간 자유로운 인격적 결합의 결혼을 정착하게 하는 것을 중요하게 지적한다. 동시에 종래 유린되어 오던 여성의 지위를 향상시키며 의사능력과 생리적으로 미숙한 소녀의 결혼을 강요하는 자는 사회적 도덕적으로 비난을 가하여 이러한 일이 다시 발생하지 않는 사회를 구축할 것을 강조하고 있다.[70)]

[5] 가족분규에 대한 인사조정령의 시행과 여성차별 문제

일제는 조선인과 조선사회에 대한 압박과 식민지배의 효율화를 위해 가족제도에 대해 몇 단계에 걸쳐 변개를 도모하였다. 그중 하나의 법규로 가정 내 분규에 대한 대응으로 마련된 인사조정령人事調停令을 들 수 있다. 가족법 영역에 있어 **조정제도調停制度**가 처음으로 도입되는 의미를 갖는다.

이에 대해 동아일보는 1939년 7월에 사설 **'인사조정령人事調停令의 실시'**를 통해 그 문제점과 개선사항에 대해 논설한다.[71)] 창씨개명의 시행을 반년여 앞두고 실시하는 제도를 통해 가족관계 및 혼인 이혼에 대한 당시의 의식과 실상을 검토하게 된다.

70) 당시의 시점에서도 혼인생활을 통해 남성에 대한 여성의 예속관계를 면하게 하도록 여성의 경제적 독립을 가능하게 하는 방안을 고심한다. 그래서 여성에게도 사회적 직분과 권리를 주장할 수 있는 기반을 마련할 것을 제안하고 있다.(조선일보, 早婚의 弊害, 1938.5.13. 본문 참조)

71) 동아일보, 人事調停令의 實施, 1939.7.9

조선인사조정령朝鮮人事調停令은 **1939년 7월 8일자로 공포되어 8월1일부터 시행**한다. 본령은 주요 내용이 지난 7월1일부터 시행하게 된 일본 내지의 '인사조정법人事調停法'과 유사하지만 **조선의 특수사정을 반영하여 차이**를 갖게 된다. **조선인사조정령**을 제정한 취지는 일반 가정에서 발생하는 분쟁을 동양의 미덕으로 지칭되는 인간의 불변적 도리인 윤상倫常과 겸양謙讓의 정신에 의거하여 원만히 해결하여 가정생활의 평정화락平靜和樂을 도모하게 하는 데 있다.[72] 즉, **가정에 관한 분규는 냉담한 법적 해결에 의하지 않고 그 해결의 초석을 도의道義와 윤상倫常 및 당사자의 화충호양和衷互讓의 정신 위에 두고 온정적으로 원만히 해결**하자는 것이다.

조선인사조정령은 제1조에서 친족 가족 간의 가정에 관한 분쟁, 또는 이에 준하는 자 사이에 발생하는 가정에 관한 사건으로 범위를 정하고 있는바, 결국 부부간의 불화나 부자 형제간에 발생하는 분쟁, 혼약婚約의 불이행 등의 문제를 주요 조정調停대상으로 삼게 된다.

그런데 본 인사조정령人事調停令의 특이점은 사건의 여하를 불문하고 수수료手數料 50전, 법원에 출석을 통지하는 호출비呼出費로 1원 내외를 예납豫納하는 외에 **기타 비용을 없게** 함으로써 보통 재판에 비해 매우 경제적이 되는 것이다. 그리고 본령에 의한 조정은 형식상으로는 소관재판소所管裁判所에서 하게 되지만, **조정을 담당하는 조정위원調停委員으로 판사 이외의 인물도 참가할 수 있게** 하였다. 따라서 형식적인 법률적 재판과는 그 성질이 전연 달라서 도의적道義的 온정적溫情的으로 타협 토의하여 주된 분쟁내용을 원만히 해결하게 하는 점에 특징이 있다.

근래 조선에서 법원에 많이 제기되는 사건 중에 **이혼문제離婚問題**가 있는데 이를 인사조정령의 범주에 넣어주는 것이 합당하다고 보게 된다. 이혼문제란 가정에 관한 분규紛糾 중에서는 가장 큰 문제의 하나이다. 그렇다면 조선인사조정령이 가정에 관한 분쟁을 조정하자는 것이 주요 목적인 이상 이혼문제는 당연히 그 법령의 범위에 포함되어야 하는 것이다. 물론 이렇게 하기 위해서는 친족법親族法(조선민사령)의 개정이 요구된다 할 수 있겠지만 조선의 가족관계나 가정생활상을 고려한다면 절차 문

---

72) 이러한 동양의 道義 倫常에 대응하여, 서양의 개인적 자유주의에서 유래하는 권리와 의무 관념만으로는 가정생활상 야기되는 가정분규의 和樂平靜한 복귀는 한계가 있음을 지적한다.(동아일보, 人事調停令의 實施, 1939.7.9. 본문참조)

제로서 능히 대응할 수 있는 것으로 보아 진다.

참고로 1930년대 당시 조선사회의 이해를 위해 결혼과 이혼에 대한 통계를 참고한다.[73)]

1936년도 **조선의 결혼수結婚數는 12만6천여건, 인구 1000명당 5.72건의 비례요, 이혼수離婚數는 5천3백여건으로 인구 1000명당 0.24건의 비례**로 나타난다.[74)]

이것을 **최근 10년간의 추이로 보면 결혼 수는** 소화昭和 원년(1926) 8.99, 소화 2년 9.39, 소화 3년 10.28로 절정에 달했다가 소화 4년 10.26, 소화 5년 10.04, 소화 6년 9.27, 소화 7년 6.40, 소화 8년 6.16, 소화 9년 5.80, 소화 10년 5.71로 감소되고 있다.

이에 따른 이혼 수는 소화원년(1926) 0.38, 소화5년 0.45, 소화6년 0.45, 소화7년 0.33, 소화8년 0.28, 소화9년 0.25, 소화10년 0.25로 년년 감소 경향을 보이고 있다. 따라서 이러한 수치를 기초로 일제 시기의 혼인과 이혼에 대한 일반적 이해에 접근할 수 있게 되는 것이다.

가족법상의 이혼과 관련하여 당시 여성의 지위에 대해서도 함께 언급한다. 혼인한 남녀가 이혼을 하려면 그 지위가 우선 대등하여야 하는 것이 중요 전제가 되어야 하는데 당시의 사회는 전혀 그러하지 않았던 것이다.

유교사상이 중요한 사회운영의 원리로 작동하던 그 시대에 **'남녀칠세부동석男女七歲不同席'이나 '남불언내男不言內 여불언외女不言外'**라고 하여 남자는 가정의 안 일을 관여하지 않고 여자는 바깥의 사회일 들을 말하지 않는다는 등의 구분을 두면서 법적 절차인 이혼 등을 얘기하는 것은 이혼의 실체를 반영하지 못하는 형식 또는 허구의 수치가 될 위험성도 분명히 존재한다. 그러나 그러한 시대상을 이해하면서 그 당시가 묘사하는 이혼 또는 혼인에 대한 접근은 제한적이기는 하지만 역사적 의미를 분명히 담게 된다.

---

73) 조선일보 사설, 統計上으로 본 結婚과 離婚－社會的 經濟的 意義, 1937.10.23.

74) 1936년도 당시 결혼수 대비 이혼수를 단순 대비하면 즉, 결혼 126,000건에 대한 이혼 5,400여건을 단순 대비하면 이혼은 결혼수에 비해 약 4.2%로 나타난다. 또한 인구 1000명당 혼인수 5.72건, 이혼수 0.24건을 대비하면 역시 약 4.2%로 대등하게 나타난다. 따라서 본문에서 기록된 소화원년부터의 혼인 이혼수치를 기초로 일제시기의 혼인 이혼에 대한 개략적 건수가 계산될 수 있게 된다. 보다 상세한 내용은 조선일보 사설, 統計上으로 본 結婚과 離婚－社會的 經濟的 意義, 1937.10.23. 본문내용참조요.

관련하여 일제 당시 여성의 권리를 철저하게 부정하던 주요 법규를 본다.[75]

여자의 정치결사政治結社 가입은 치안유지법治安警察法(제5조)에서 엄금한다. 또한 민법 제14조는 처가 된 여자에게 일체의 재산처분권, 소송행위, 증여, 화해 또는 중재 계약 등을 전혀 금지함으로써 행위무능력자로 규정한다. 또한 형법 제183조는 남편 있는 아내의 간통죄는 규정하되, 아내 있는 남편의 간통죄는 전혀 범죄가 되지 않게 하고 있다.

이러한 불합리한 법규정들에 대해 일제 강압치하이지만 인간존엄과 남녀가 평등한 사회로의 구축을 염원하는 의지와 노력은 끊임없이 제기되었다.[76] 따라서 일제 당시의 혼인과 이혼에 대한 실상 이해는 인간사회에 대한 이해를 근본으로부터 갖게 하는 중요의미를 담고 있다. 아울러 부분적이나마 일제 당시의 가족관계가 여성에 대한 극심한 차별에 그 원인을 두고서 사회적 관계로까지 확장되고 있음을 명확하게 제시하고 있다.

[6] 노인에 대한 경로와 일제의 정치동원

식민치하에서 조선의 노인들은 어떠한 존재로 정의되고 있는지를 살펴본다. 노인에 대한 공경을 마음속으로부터 진실로 행하는 경로敬老는 우리 조선의 미덕이었다. 그러나 1930년 말 변화된 조선의 사회 풍조는 [**주노主老 원로遠老 모로侮老**]의 용어를 사용하는 등으로 노인을 홀대하는 사회상이 노정露呈되고 있었다. 아니 정치사회의 기반이 붕괴되고 교육과 사회기강이 교란되어 바른 자리를 상실해 버린 상황에서 바른 가족관계의 설정 및 노인공경의 인륜적 존중은 유지될 수 없는 것이 오히려 통상적 모습이 될 수도 있었을 것이다.

---

75) 동아일보, 女辯護士의 認定---女權確認이 先決의 問題, 1935.11.1.

76) 인간의 기본된 권리에 대한 당시의 논술을 참고한다. 인권유린은 문명사회의 큰 치욕이 된다.... 人權蹂躪이란 사실은 국법이 許與하는 바, 人身權에 대한 국가 공권의 침해를 지적하는 것으로써 그 조화 여부에 따라 法治制度의 발달과정을 엿볼 수 있게 된다. **人身權이란 곧 人格權을 말하는 것으로,** 사람이 生活體로서 또는 사회적 활동의 단위로서 가지는 個個人의 人的 利益에 대하여 법률이 보장하는 것을 가리킨다. 즉, 生命 身體 名譽 貞操 信用 氏名 등에 대한 자유권을 말하는 것이다. 금일에 있어 이러한 인격권의 최대한도 보장은 기대할 수 없는 것이지만, 그래도 최소한도 이하로의 추락은 방지되도록 힘써야 할 것이 아니겠는가.(동아일보, 人權蹂躪에 대하여---對策을 확립하라, 1935.10.31. 참조)

이와 관련하여 **조선일보는 1939년 11월 '경로敬老의 미덕美德'이라는 사설**을 통해 경로에 대한 내용을 중요하게 환기하고 있다.[77] 그리고 일제 총독부는 1939년 11월7일부터 1주일간을 '정신작흥주간精神作興週間'으로 정하여 황국신민으로서의 국민정신을 크게 일으키는 행사를 개최하였는바, 신궁참배神宮參拜를 강제하고 경성부내 노인들을 초청하여 향연을 베푸는 등으로 강압적 유화적 내선일체를 도모하는 행사를 조성造成한다. 다음에서 주요 내용을 살펴본다.

경로敬老는 조선의 미덕美德이다. 우리는 우리들 부조父祖의 그 미덕을 잘 계승해가도록 힘써야 한다. 경로敬老를 잘 못 오해하기도 한다. 즉, 경로에 대해 이해하기를 젊은이의 발랄潑剌한 행동을 제재制裁하고 청신淸新한 생각을 말살하여서 노년자老年者의 완고頑固한 주장에 오로지 순종하는 유유굴종唯唯屈從을 생각하기도 하는데, 이는 경로가 아니고 '**주노主老**'가 되는 것이다. 주노主老로 인해 우리 사회는 지금까지 퇴영적退嬰的 보수적保守的 소극적消極的 모습으로 기울어지고 있으니 이러한 폐단은 교정矯正해야 하는 것이 된다.

또한 경로를 말하면서 부조父祖의 나이와 비교하여 존장尊丈과 할아버지 정도의 왕존장王尊丈의 지위를 따지거나, 존장과 왕존장의 앞에서는 담배를 피우지 않고 술을 마시지 않으며 또 그를 앞질러 걸어서는 안 된다는 등의 예절을 연상할 수 있겠으나 이는 경로敬老가 아니고 '**원로遠老**'가 되는 것이다. 이러한 원로遠老로 인하여 우리 사회는 재래在來로부터 노소老少의 사이를 서로 멀게 소격疏隔시키어 그들 간에 생각과 행동을 아주 어렵게 하여온 바이기에 이러한 구습舊習은 없애야 하는 것이 된다.

맹자孟子는 사회에 처하는 도덕으로 자신의 늙은이를 존장尊丈으로 대접하는데 미루어서 남의 늙은이를 늙은이로 대접하라 하였다. 또한 자기조부自己祖父가 노년에 짐을 지거나 이고서 길을 걷는다면 그 자손 된 자의 마음이 그 고통을 덜어드리고자 할 것이 아니겠는가. 자기의 부조父祖에 대한 그 마음을 미루어 일반노년자一般老年者에 미치라는 것이 '경로敬老'의 가장 중심되는 점이요 그러한 경로의 사상은 인류사회의 가장 아름다운 표현이 된다 할 것이다. 우리는 개인으로 자기의 부조父祖를 봉양奉養할 의무를 지는 것과 같이 사회적으로 모든 연로자年老者를 봉양할 의무를 지고 있음을 기억해야 한다.

77) 조선일보, 경로敬老의 미덕美德, 1939.11.8.

주노主老와 원로遠老의 반동적反動的 현상인지는 모르겠으나 근자에 이르러 일부 청소년 간에는 노인을 깔보는 **'모노侮老'**의 경향이 유행하는 것으로 의심된다. 그들은 자기의 부모를 업신여기며 능멸凌蔑하기를 쉽게 하는 것으로, 남의 부모에 대해서는 존경을 거론할 수 없는 지경이 된다. 이러한 경향이 일부나마 기탄忌憚 없이 유행하도록 용인된다면 그 사회에 미치는 정신적 악영향은 심히 염려하지 않을 수 없게 될 것이다.

경성부京城府는 금번에 가정에서부터 나라에 충성을 기하는 의미에서 만든 가정보국일家庭報國日을 기하여 경성부 내 80세 이상 고령자 1500명을 초대하여 경로회敬老會를 개최한다고 하였다.

그러나 당시 그들 일제가 개최하는 경로회는 1주일간 **'정신작흥주간精神作興週間'**(1939.11.7.~11.13.까지)으로 정하여 조선인에게 신궁참배神宮參拜 등을 강요하고 일제에 충성을 강화하는 관제官製 행사의 일환이었기에, 1500여 조선 노인들에게 향연을 베풀고 굴종屈從을 요구하는 슬픈 잔치를 행하였던 것이다. 대동아공영권을 주창하는 시기가 곧 임박한 상황에서 일본은 이미 대동아권의 단결을 정책화하면서 전쟁 준비에 임하고 있었다.[78] 즉, 고노에 후미마로(근위문마近衛文麿, 1891~1945)는 1940년에 일본과 만주국, 그리고 중국과 동남아시아의 일부국을 포괄하는 대동아공영권을 기획하여 서구제국주의에 대항하여 동남아시아의 결속과 공영을 도모하는 국제질서의 편성을 도모하는 정책을 구상하고 있었다. 이에 앞서 근위문마近衛文麿는 1938년 12월에 이미 동아 신질서론을 제창하면서 지리적으로 동북아를 결합하는 지역동맹을 제창하였던 자였다. 결국 그의 후임 총리인 도쬬 히데끼(동조영기東條英機, 1884~1948)에 의해 1941년 12월 7일 미국 하와이의 진주만 기습공격이 감행됨으로써 약 4년여에 걸친 태평양전쟁이 광대한 지역에서 대규모 살육을 당연시하면서 잔혹하게 진행되었던 것이다.

---

78) 1939년 11월 당시 내각총리는 아베 노부유키(阿部信行, 1875~1953, 총리재임1939.8.30.~1940.1.15)였으나 그를 전후하여 실권을 행사한 내각총리는 고노에 후미마로(近衛文麿, 1891~1945)였다. 近衛文麿(총리재임 1937.6.4.~1939.1.5.; 1940.7.22.~1941.10.16.)는 총리재임 동안 태평양전쟁을 준비하고 초기 전쟁을 수행하였다. 그리고 그의 후임 총리는 도쬬 히데끼(東條英機, 1884~1948)이다. 그는 1941.10.18.~1944.7.18.까지 총리를 역임하였으며 태평양전쟁을 적극적으로 수행한 전범으로 전쟁이 끝난 다음인 1948년 11.12. 극동국제군사재판에서 A급 전쟁범죄자로서 사형을 선고받고 그해 12월23일 스가모 형무소에서 교수형으로 삶을 마치게 되었다.

일제는 전쟁 준비를 이렇게 경로회敬老會 등을 빙자하면서 노인까지를 포함하는 정신작흥운동精神作興運動의 행사를 통해 **국민 전체를 동원하고 일제 천황에 충성**을 다짐하는 행사를 기획해 내고 있었던 것이다. 일제 내부에서는 조선인을 충성스런 존재로 변개變改시키면서 전장戰場으로 동원하는 책략을 치밀하고도 맹렬하게 추진해 간 시기가 되는 것이다. 즉, 도덕道德을 강조하면서 어른 공경을 논하고 그를 미루어 사회 일반의 노년자老年者를 자기의 부조父祖를 봉양하듯이 정신적 고양을 도모하는 행사를 위선적으로 꾸며내던 일제 당국자들이었다. 피식민국 조선을 농락하던 일제의 실상을 노인에 대한 경로敬老와의 관계에서 되새기게 하는 내용이 되고 있다.

제Ⅴ장 일제 식민지배하의 가족법제 침탈 개관

[1] 일제의 조선민사령

한국은 1910년 8월29일 일본제국의 식민지배 침략으로 국권을 상실당하고, 그를 기점으로 대한제국이 아닌 조선으로 국명마저 상실・변경되면서 일제하의 치욕적 식민지배 치하로 전락 된다. 1912년 3월12일에 공포된 조선민사령朝鮮民事令이 4월1일부터 시행됨으로써 민사 법률사안에 관하여 일본민법을 의용하게 된다.

특히 일제하에서 이루어지는 가족제도 및 후일 이어지는 창씨개명과 관련하여서는 조선민사령 제11조가 중심내용이 된다. 즉, 조선민사령 제11조는 "제1조의 법률 중 능력, 친족과 상속에 관한 규정은 조선인에게 이를 적용하지 않는다. 조선인에 관한 전항의 사항에 대하여는 관습에 의한다"라고 하여 능력 친족과 상속에 대해서는 조선의 관습에 의하는 것으로 규정한다.

조선민사령은 명치45년(1912) 3월12일에 제령 제7호로 공포된다. "조선민사령을 명치44년 법률 제30호 제1조와 제2조에 의하여 칙재勅裁를 득得하고 자玆에 차此를 공포함"이라 하고 전문 76개조를 포함하여 부칙까지 82개조(부칙은 제77조부터 제

82조)의 법률을 공포하고 있다.79) 이는 1910년 8월29일에 공포한 '조선에 시행해야 할 법령에 관한 건'(긴급칙령 제324호)을 1911년에 같은 명칭으로 법률 제30호로 변경, 법률사항으로 제정하여 조선총독의 명령으로 공포·시행하게 된 것이다. 결국 동 법률 제30호의 제1조는 "조선에서 법률을 요하는 사항은 조선총독부의 명령으로 정한다"고하고 이어서 제2조는 "전조의 명령命令은 내각총리대신을 거쳐 칙재勅裁를 청하여야 한다"고 규정하고 있는 것으로, 조선민사령은 이러한 법규에 따라 당시 명치천황의 칙재를 득하여 공포하게 된 것임을 밝히고 있다. 따라서 조선민사령 제1조는 "민사民事에 관하는 사항은 본령本令 기타의 법령에 특별한 규정있는 경우를 제除하는 외에 좌左의 법률에 의함"이라고 하고 "민사民事 민법시행법民法施行法 상법商法 민사소송법民事訴訟法 인사소송수속법人事訴訟手續法 공탁법供託法 경매법競賣法 등의 23개 법률"에 의할 것을 열거하고 있다.80)

[2] 조선민사령의 개정과 가족제도 변화

1) 조선민사령의 주요 개정 내용에 대해 살펴본다. 첫 번째 개정은 1921년 12월1일에 시행된 것으로,81) 능력에 관하여 내지민법內地民法을 적용하는 것으로 변경한다. 즉, 조선민사령 제11조에서 조선인의 친족 및 상속에 관하여 민법 중 친권, 후견 및 보좌保佐, 친족회 중 무능력자를 위해 설치되는 친족회에 관한 사항은 일본민법의 규정을 적용하게 하는 것으로, 법률행위를 통한 재산상의 거래행위를 원활하게 할 목적으로 일본인의 조선인 재산에 대한 거래행위를 보다 용이하게 하기 위함이 있었다.82)

2) 두 번째는 1923년 7월1일에 개정 시행한 내용이다.83) 조선민사령 제11조를 개정하여 혼인연령,84) 재판상이혼, 인지, 친족회에 관한 규정 일부, 상속의 승인, 재산

---

79) 朝鮮民事令 제77조 附則에서 "本令은 明治45年 4月1日로부터 此를 施行함"이라고 하여 시행 일자를 1912년 4월1일로 정하고 있다.

80) 또한 조선민사령 제2조는 "前條의 法律 中 勅令에 위임한 사항은 朝鮮總督府令으로써 이를 定함"이라고 하여 칙령에 위임된 법률사항은 총독부령에 의하여 시행할 수 있게 하고 있다.

81) 제령 제14호로 공포(1921.11.14.)하여 1921년 12월1일에 시행.

82) 이하 조선민사령의 개정과 관련하여서는 김용욱, 일제에 의한 가족법제의 왜곡과 청산, 한국학술진흥재단, 1995. 155-194면 참조요.

83) 제령 제19호로 공포(1922.11.10.)하여 1923년 7월1일부터 시행.

의 분리규정, 분가·절가재흥絕家再興·혼인·협의이혼·입양·협의파양 등에 대해 종래의 사실주의를 신고주의申告主義로 변경하게 되었다. 아울러 혼인과 양자결연 이혼 등의 절차를 일본 민법규정을 따르도록 하였다. 신분행위 방식에 관한 규정을 내지內地방식과 같게 함으로써 호적을 통한 신분관계 공시와 그 절차를 일제 그들과 동일하게 하는 것이 되도록 '조선호적령朝鮮戶籍令'을 시행하게 된다.[85] 즉, 일제는 일제식 가족제도의 이식을 위해 그 중심축이 되는 조선민사령의 정비 및 개정과 함께 민법에 있어 총칙 및 친족상속편의 규정을 점진적으로 결합해 왔던 것이다. 조선호적령은 이러한 조선민사령의 개정에 부합하는 가족제도 편제에 따른 호적기록의 일치를 위해 부수하는 법규가 된다. 이는 1921년 12월18일에 조선호적령을 공포하여 개정된 조선민사령과 결합하여 1923년 7월1일부터 함께 시행하게 되는 것이다.[86]

3) 세 번째로는 1940년 2월11일부터 시행하게 된 것으로,[87] '가家의 칭호인 씨氏'를 조선인에게도 강제하여 호주戶主를 중심으로 가를 편성하는 일본식 가제도家制度를 조선에 이식하게 되었다. 이와 함께 데릴사위나 이성양자異姓養子를 인정하게 하였는 것으로 조선의 이성불양異姓不養 관습을 파괴하면서 전통의 성 및 본관제도를 근본적으로 변개하는 결과를 도모하고 있다. 개정 조선민사령 제11조의 2의 제1항은 "조선인의 양자연조養子緣組에 있어 양자養子는 양친養親과 동성同姓임을 요하지 않는다. 단, 사후양자死後養子의 경우는 그렇지 않다"고 하고, 이어서 동조 제2항에서는 서양자연조壻養子緣組는 양자연조養子緣組의 신청과 동시에 혼인신고서를 제출 함으로써 그 효력이 생기도록 하고, 서양자壻養子는 처의 가에 입적하는 것으로 규정함으로써 한국전통의 가족제도를 크게 변개하게 되었다.

---

84) 민법 제765조 "남자는 만17세 여자는 만15세에 이르지 않으면 혼인함을 不得함"의 婚姻適齡을 수용하여 이를 위반한 경우는 혼인 취소사유(민법 제779조와 제780조)가 되게 하였다.

85) 朝鮮戶籍令은 일제식의 家 및 戶主制度를 본격적으로 이식하게 되는 것으로, 사법기관인 法院이 호적사무를 감독하고 호적부의 보관을 철저히 하기 위해 행정기관과 사법기관이 공동으로 보존·관리하며 戶主에게는 호적관련 신고의무를 무겁게 부과하였다.

86) 일제는 한국을 강제병탄하기 이전인 1909년 3월에 이미 民籍法과 民籍法施行尋得을 반포하여 시행한다. 이는 1896년 이래의 戶口調査規則을 폐지함으로써 대한제국기의 호적제도를 폐기하면서 일제식의 家 및 戶主制度를 도입하는 기초를 확보하게 된다. 1915년 4월부터는 민적법을 개정하여 民籍 및 거주 등에 관한 사무를 이전의 경찰관서에서 府尹 및 面長이 관장하고 道長官 및 郡守가 이를 감독하며 법원이 호적사무를 주관하는 것으로 변경 한다. 그 후 1923년의 朝鮮戶籍令은 호적사무에 대한 감독을 보다 철저하게 하기 위해 法院에 監督權을 귀속시키게 된다. 박병호, 일제 강점기의 호적제도, 고문서연구 제3집, 1992.

87) 제령 제19호로 공포(1939.12.29.)하여 1940년 2월11일부터 시행.

[3] 관습에 대한 왜곡

조선에 대한 식민통치 과정에서 일제가 특별히 새긴 것은 가족법제에 있어 조선의 관습이었다. 따라서 일제는 가족법 영역에 대한 일본법의 한국으로의 이식에 대단히 신중한 태도를 취하게 된다.[88] 당시 일본민법 제732조는 "호주의 친족[89]으로서 그 가家에 있는 자와 그 배우자는 이를 가족家族으로 함"이라 하여 호주를 중심으로 하는 가는 가족으로 구성되고, 또 제746조는 "호주와 가족은 그 가의 씨氏를 칭함"이라 하여 호주와 그 가의 가족들은 모두 동일한 '氏'를 사용할 것을 중요하게 규정한다. 일제는 호주를 중심으로 가족이 편성되고 호주의 씨를 가족이 모두 동일하게 사용하는 것과 함께 호주는 가족을 대표하며 가족에 대해 막대한 권한인 호주권을 부여받는 일본식 가제도家制度를 충실하게 구축하고자 하였다. 이는 중앙집권을 강력하게 하는 국가통제원리를 가족법 영역까지 확장해간 일제식 가족법제의 근간이 되는 것으로써 일제가 궁극으로 도모한 천황제 가족국가 체제의 확립을 위한 것이 된다.[90]

그러니 당시 일제가 주입하는 일제식 호주와 조선사회의 가장家長은 성격이 전혀 다름을 지적한다. 조선사회의 가장은 일제의 호주가 가독상속家督相續에 의해 강력한 호주권戶主權을 기초로 상속되는 것과는 전혀 다른 것으로, 가족 중의 최고 존친尊親이기 때문에 취득하게 되는 것이다. 따라서 혈연상 부친이나 부夫 또는 인척姻戚관계상 존친 등의 지위에 기하여 취득하는 것이 된다. 또한 조선인은 아직 일본 민법상의 가에 대한 관념에 익숙하지 않으며 호주권에 대해서도 아직 확신하지 못하고 있는 것으로 논하고 있다.[91] 그리고 구관급제도조사위원회舊慣及制度調査委員會가 호주권에

---

88) 정광현, 한국가족법연구, 서울대출판부, 1968. 23-24면. 일제는 조선민사령 규정을 중심으로 식민지배기간 동안 가족관습의 인정 및 결정은 慣習調査와 일정 기관의 回答・通牒・決議 및 법원의 판결 등에 의존하였다. 慣習調査報告書, 司法府長官과 調査局長官의 통첩 및 회답. 政務總監・中樞院議長・中樞院書記官가長의 통첩 및 회답, 法院長 및 判事의 통첩 및 회답, 司法協會民事審議會의 결의와 회답 및 질의회신, 判例調査會의 결의, 舊慣 및 制度調査委員會결의, 朝鮮高等法院판결 등이 주가 된다. 이러한 내용들은 일제가 간행한 자료집에 수록되어 있다. 중요한 것을 예시하면, 1913년에 간행된 慣習調査報告書, 1915년의 朝鮮民籍要覽, 1917년 民籍例規集, 1933년 民事慣習回答彙集, 1932년 司法協會決議回答輯錄, 1938년 司法協會續決議回答輯錄, 1943년 朝鮮戶籍及寄留例規, 1943년의 朝鮮高等法院判例要旨類集과 朝鮮高等法院判決錄 등의 자료집으로 내용들이 정리되어 실려있다.

89) 민법 제725조는 親族에 대해 "左에 揭한 者는 此를 親族으로 함"이라고 하고 一,六等親內의 血族 二,배우자 三,三等親內의 姻族으로 정의하고 있다.

90) 박병호, 일제하의 가족정책과 관습형성과정, 가족법논집, 진원, 1996; 이상욱, 일제하 전통가족법의 왜곡, 한국법사학논총, 박영사, 1991 등 참조요.

91) 崔丙柱, 民事令 第11條의 慣習과 宗孫權 및 遺妻의 相續權(2), 司法協會雜誌, 17卷3號, 1938.3. 35~36면.

대해 결의한 조선의 관습내용을 참고하면 다음과 같다.[92] 즉, 조선에서는 일면으로는 호주의 가족에 대한 권리를 인정하면서도 다른 일면으로는 존비의 서열을 존중하는 만큼 호주의 권리를 가족이 비속卑屬인 경우에 한해 행사하며 가족이 존속尊屬인 경우에는 행사하지 않는 것으로 하고 있다.[93] 그러나 만약 가족이 독립하여 생계를 영위하는 경우 호주는 가족의 직업지정·재산 및 수익관리·재산처분에 있어 허가 등의 권한은 행사하지 않는 것으로 하고 있다. 또한 호주가 아직 유년幼年이거나 신체정신상 이상이 있어 자신이 호주권을 행사할 수 없는 경우에는 그 가에 조모祖母가 있으면 조모가 행사하고 조모는 없이 모母가 있으면 모가 행사한다고 하였다.[94]

또 하나의 중요한 내용은 1933년 당시 조선고등법원은 조선의 제사상속祭祀相續과 관련하여 제사는 상속이 아니고 단순히 도의상道義上의 의식儀式이라고 판결하였다.[95] 즉, 호주상속과 재산상속 제도가 확립된 당시 제사상속의 관념은 선대봉사先代奉祀와 조상제사를 주로 하는 도의상의 지위에 지나지 않는 것이라고 결론 내리고 있다. 이는 결국 조선사회가 중시하여오던 적장자嫡長子 중심의 제사상속을 법률상의 지위에서 배척해 버림으로써 전통의 가족관념과 가의 승계 등에 혼란을 야기하게 하였다. 부계혈통父系血統을 중심으로 제사를 상속하고 입양入養의 경우 성 및 본관이 같은 동종同宗의 지자支子만을 양자로 들이면서 이성불양異姓不養원칙과 성불변姓不變의 원칙을 고수해오던 조선의 전통법제와 관습을 크게 왜곡하며 훼손하는 결과를 초래하게 되는 것이었다.[96] 즉, 조선의 제사상속은 가족법상 조선사회 유지의 근간을

---

92) 舊慣及制度調査委員會決議, 家에 관한 사항(1921.12.1.決議), 民事慣習回答彙集 부록 참조.

93) 이와 관련하여 慣習調査報告書는 戶主의 家族居所指定과 관련하여 다음의 내용을 적고 있다. 家族에는 戶主인 尊長이 있고 卑幼가 있다. 호주는 가족 중 卑幼에 대해서는 거소지정의 권리가 있지만 尊長인 가족에 대해서는 거소를 지정할 권리가 없다. 또한 가족이 그 지정에 복종하지 않는 경우의 제재에 대해서는 뚜렷이 정해진 내용이 없다. 다만 거소지정에 복종하지 않는 자는 사실상 호주의 부양을 받을 수 없게 된다. 정긍식 역, 國譯慣習調査報告書, 한국법제연구원, 1992 334면. 참고로 통감부 법전조사국은 1908년 5월부터 1910년 9월까지 한국의 민상사관습을 조사한 것을 조선총독부에서 1910·1912·1913년에 관습조사보고서로 간행하였다.

94) 이에 대한 慣習調査報告書의 기록을 참고한다. 호주는 가족에 대해 교육·감호·징계 등의 권리가 있다. 그러나 이 역시 尊長과 卑幼의 관계와 서로 분리될 수 없는 것이므로 만약 가족이 존장이면 호주에게 그 권리가 없게 된다. 그리고 그 가에 가족인 부·모가 있으면 부·모도 이 권리를 행사하므로 호주는 부·모에게 이를 위임하여 간섭하지 않는 것이 보통이다. 그렇지만 만약 호주가 가족의 부·모와 의견이 다른 경우에는 원래 존장인 戶主의 의견에 따라야 한다. 가족이 취업을 함에도 호주의 동의를 얻어야 한다. 물론 그 가에 가족인 부·모가 있으면 가족은 부·모의 동의를 얻어야 한다. 가족의 재산은 호주가 이를 관리하는 것이 관습이지만 실제로는 스스로 관리하는 예가 있다. 또 妻의 재산은 가족인 夫가 이를 관리한다. 특히 독립한 생계를 유지하는 가족의 특유재산은 가족이 스스로 관리하는 것이 통례이다. 위의 國譯 慣習調査報告書, 335~336면.

95) 朝鮮高等法院判決錄(1933.3.3.판결문) 참조.

이루는 것으로, 부계혈통의 후손들은 선조에 대한 봉제사奉祭祀를 도모하면서 지속적으로 가족 및 가문家門과 종중宗中관념을 이어오게 하던 상속의 핵심으로 작용해 왔던 것이다. 그러나 일제는 이 제사를 단순히 선조에 대한 도의상의 관념으로 왜곡하게 되었던 것이다.

제VI장 창씨제도의 전개와 그 진행경과

[1] 통감부 시기의 창씨논의와 창씨사례

조선인을 창씨개명하는 목적은 그동안 중국식의 성명문화에 의존히여온 깃에서 일본식으로 변경을 기하는 것이다. 한국통감부韓國統監府(1906.2 설치)의 통감 이등박문伊藤博文에 의해 한국법 정비를 위해 1908년부터 사망 시까지 통감부 법전조사국 고문을 지낸 매겸차랑梅謙次郎(1860.7.24.~1910.8.26)은 일본 명치민법明治民法의 제정과정에 씨氏의 사용을 주장하여 이를 관철시킨 당사자이기도 하다.[97] 즉, "성姓은 중국의 관습에 의한 것으로 가계의 혈통을 표시하며 일생 동안 불변하는 것이지만,

96) 이와 관련하여 經國大典 법규를 참고한다. "文武官六品以上祭三代, 七品以下祭二代, 庶人則只祭考妣. 若嫡長子無後則衆子, 衆子無後則妾子奉祀"(經國大典 禮典 奉祀條) ; "嫡妾俱無子者 告官立同宗支子爲後....尊屬與兄弟及孫 不相爲後"**(經國大典 禮典 奉祀條)**. 즉, 경국대전 '奉祀條'는 조부모 부모 등을 제사함에 있어 品階와 庶人을 구분하여 적장자를 원칙으로 제사를 받드는 것에 대해 규정한다. 그리고 '立後條'는 嫡妻와 첩이 모두 아들이 없는 경우는 官에 신고하여 성과 본이 같은 同宗의 支子를 세워 家를 이어가게 하는 원칙을 분명히 하고 있다. 더하여 존속과 형제 및 손자의 行列에서는 서로 立後(입양)하지 않음도 규정하고 있다.

97) 伊藤博文의 통감부는 한국의 보호국화를 완전히 하기 위해 법전편찬을 도모한다. 따라서 이등박문은 법전조사국 관제(1907.12)를 공포하고, 당시 프랑스 Lyon대학에서 법학박사 학위를 취득하고 東京帝國大學 법과대학 교수 및 法政大學 總長이던 梅謙次郎(1860~1910)을 조사국 고문으로 임명한다. 그는 대한제국의 관습법 및 법제실상에 대한 조사연구의 총괄과 함께 관련 법률들의 제정 및 정비에 많은 역할을 하게 되는 것으로, 한국의 민법 민사소송법 형법 형사소송법 등에 대한 조사연구를 수행한다. 또한 관습조사는 법전조사국이 중심이 되어 1908년 5월부터 전국적으로 실시하여 1910년 말까지 수행하였으며, 민사관습조사 결과는 한일 강제병탄 후 법전조사국이 폐지되고 조선총독부 取調局에 업무가 이관된 다음 '관습조사보고서'로 발간(1913)하게 되었다. 정긍식, 개역판 관습조사보고서, 한국법제연구원, 2000 및 이승일, 조선총독부법제정책－일제의 식민통치와 조선민사령, 역사비평사, 2008 참조.

씨氏는 서구열강이 사용하는 제도로서 호주戶主를 중심으로 가家의 구성원 모두가 한 가족으로서 가족공동체를 표시하는 칭호가 되는 것이며 혼인・이혼・입양 등에 의해 그 칭호인 씨氏는 변할 수 있게 된다"[98]고 하였다. 결국 일본은 역사적으로 비교적 늦게 씨성제도氏姓制度를 정착시키는 특징을 갖는 국가였다.[99] 이러한 국가적 상황에서 일본은 빠르게 서구의 근대화 요소들을 참용參用하면서 명치민법 제정시에 매겸차랑梅謙次郎의 '씨氏'제도 의견을 수용하여 이를 법규정으로 제정하여 시행하는 나라가 된다. 씨氏는 가家의 칭호가 되는 것으로, 家의 대표자이자 실질적 권한을 강하게 갖는 호주에 의해 결정되며 가족 구성원 모두는 그 호주의 氏를 사용하게 되는 것이다. 물론 가족 중 家의 소속 변경이 이루어지면 氏호칭도 새로운 家의 호주가 사용하는 氏를 사용하게 되는 것이다.[100]

이러한 매겸차랑梅謙次郎은 한국통감 이등박문伊藤博文의 요청으로 당시 한국의 가족제도와 관련한 관습조사와 함께 한국인의 성 및 본관제도에 대해 연구한다. 특히 청일전쟁 후 한국인은 청과 대등한 독립국이 되고 그래서 대한제국으로 독립된 황제국으로서 국권을 선포하였으며, 이러한 한국을 새롭게 일본의 보호국 아래로 떨어지게 만들었으니 그다음 이등박문의 행보는 한국을 일본제국주의의 완전한 식민지배하에 종속시키는 것이었다. 그 일련의 침탈과정을 면밀하게 주도하면서 법제 업무를 수행하여온 한국통감 이등박문은 한국인을 빨리 일제 치하에 복속시키는 절차만이 남아있을 뿐이었다. 결국 매겸차랑梅謙次郎에게 중국식인 한국인의 성姓제도를 일제식 씨氏제도로 전환 시킬 것을 연구하게 하였다. 그러나 사회의 기초 단위인 가족제도를 강압으로 해체 변경하고, 특히 한국인 자신의 존재 근원으로 관념하며 부계혈통父系血統을 증명하는 장치인 성과 본관제도를 변경하는 것은 절대 허용할 수 없는 사

---

98) 法務大臣官房司法法制調査部, 日本近代立法資料叢書6, 商事法務研究所, 1984. 272-274면

99) 明治維新期에 일본인들에게 씨를 갖게 하는 조치들이 강제된다. 일본은 전국민에게 氏의 취득 및 신고를 허용하는 '平民苗字許容令'(1870)을 발포하여 '氏'를 칭할 수 있게 하였다. 그러나 평민들은 氏가 납세 군역 등의 부담을 가중한다는 판단에서 '氏'를 칭함에 소극적이었다. 5년후인 1875년 2월 명치정부는 다시 '平民苗字必稱令'을 발포하여 모든 일본인의 '氏'사용을 강제한다. 이는 일본의 근대화 및 징병을 통한 군사력 강화와 관련하여 중요 조치가 되는 것이었으며 근대일본에 있어 최초의 창씨개명이 되는 것으로 해석된다. 宮田節子, 創氏改名, 明石書店, 1992. 153-155면.

100) 물론 현대의 일본사회는 당시 전통사회가 갖던 사회적 기반의 변화와 그 후 전개된 역사상의 변천을 반영하면서 選擇的夫婦別氏制 등이 대두되는 문제를 중요하게 제기하고 있다. 그러나 夫婦同氏와 婚姻制度와 戶籍制度가 분리될 수 없는 일본 가족법제의 구조적 錯綜을 특징으로 지적하면서 논의의 진전에 어려움이 있음을 밝히고 있다. 廣中俊雄 星野英一, 民法典の百年 I, 有斐閣, 1998. 672-674면.

안임을 알게 되었다.[101] 결국 한국을 조속히 일제 식민지배 치하로 복속시키려던 이등박문의 책략과 그를 철저히 협조하며 명령을 열심으로 수행하여야 했던 매겸차랑梅謙次郎의 노력은 1909년 10월26일 이등박문伊藤博文의 사망으로 일단은 경로를 달리할 수밖에 없게 되었던 것이다.[102]

이러한 동향에 연하여 한일 강제병탄을 전후하여 창씨創氏를 행하는 소수의 조선인들도 있었음을 지적한다. 일제의 한국에 대한 강제병탄이 있고 바로 몇 개월 후에 약삭빠른 일부 조선인은 자발적으로 성과 이름을 일본식으로 바꾸는 자들이 나타났다. 일제는 이들의 자발적 창씨개명을 처음에는 허용해 주었으나, 일본인들의 측면에서 이들 조선인들과의 구분이 없어지는 문제가 있음을 지적하면서 결국 취소하는 일이 생겨난다. 당시로서는 이들이 일본인과 차별 없이 기록이 되는 경우 직장이나 일터에서 월급을 동일하게 적용하는 것과 조선인에 대한 근본적 차등이 불가함에 대해 그대로 할 수 없다는 문제 인식에 기초하게 된 것이다.[103]

관련하여 주목되는 인물에 대해 언급한다. 송병준宋秉畯(1858~1925)은 대한제국기에 농상공부대신 내부대신 일진회一進會 총재를 역임하고, 1920년에는 친일배親日輩로서 행한 혁혁한 공로로 백작伯爵 작위를 수여 받고 중추원 친임관 고문으로 역할하였다. 일찍이 일제와 관계를 맺으면서 1895년에 **야전평차랑**野田平次郎(노다 헤이지로)으로 창씨개명하여 사리私利를 도모하면서 친일적 행위에 광분하던 인물로 유명하다. 그는 일제가 그렇게 암암리에 도모해오던 1940년의 창씨개명에 앞서 벌써 일

101) 司法協會, 朝鮮司法界 座談會, 司法協會雜誌 제19권, 1940. 362면.

102) 梅謙次郎은 그 후 1910년 8월26일, 50세를 일기로 서울에서 사망하였다. 통감정치기 伊藤博文에 의해 한국의 사법제도 및 법제정비를 위해 임용된 梅謙次郎은 한국사법제도 전반에 대한 개혁에 임하면서 일본과는 다른 한국의 관습 및 전통제도를 연구 반영하여 일본과는 다른 사법제도 및 법률의 정비를 고심하였던 것이다. 그러나 일본의 제국주의 정책은 미구에 실현할 한국병탄과 식민지배를 염두하였던 것으로 일본법의 한국 이식과 일제의 한국지배를 위한 법제 정비에 정책기조를 두고 있었다. 조선총독부시기에 진행되는 일본법의 依用과는 달리 통감부 통치기는 梅謙次郎이 중심이 되어 한국의 관습과 법제 요소들에 기한 법제 구축을 도모하려는 점에서 다름이 있었음을 참고할바 있다. 김효전, 근대한국의 법제와 법학, 세종출판사, 2006. 394-395면; 이영미 저, 김혜정 역, 한국사법제도와 우메겐지로, 일조각, 2011. 참조요.

103) 식민지배 초기 일제에 의해 행해진 또 다른 姓변경 양태를 참고한다. 1915년 초부터 1919년 5월까지 제주도 島司로 근무한 今村柄(이마무라 토모에)은 제주도에서 당시 주민들이 同姓同名이 많음을 나쁜 인습이라 판단하여 姓을 바꾸는 變姓을 도모한 사실이 있음을 기록하고 있다. 이것은 식민지배 초기 지역별 당국자 또는 관리에 따라 조선사회를 무단으로 유린하면서 일제식으로 창씨 내지 姓변경을 시도한 한 모습으로 볼 수 있을 것이다. 今村柄, 朝鮮の姓について, 綠旗(5-2), 1940.2.

본제국주의자들에게 대한제국의 국권 양여와 조선인의 식민지배를 통해 조선인의 고유성과 독자성을 폐기하면서 자신의 영달을 이루어 내는 대표적 존재가 되고 있었다.[104] 일제는 송병준 즉, 야전평차랑野田平次郎 같은 존재들을 보면서 통감정치와 식민야욕을 가시화하게 되고, 결국 조선인의 협력으로 국권 침탈과 식민지배를 성취하게 되는 것이었다. 또한 김해룡金海龍(1877~ ?)은 함경북도 종성군 출신으로 1906년에 일진회一進會 북간도 지부장을 역임하고 1908년에는 함경북도 관찰부 소속의 고등관高等官 경찰인 경시警視가 되었으며 한국 강제병탄 이후에는 함경북도 경무국 소속의 경시警視(총독부 치하에서 경시는 현재의 총경總警에 해당)로서 1919년까지 재직하였다. 러일전쟁에서 기여한 공로와 의병운동 탄압 공훈으로 1912년 한국병합기념장을 받으면서 친일배로서 열심이었던 그는 1911년에 **김강용웅金江龍雄**으로 창씨개명 하였다.[105]

[2] 조선총독 남차랑南次郎의 창씨정책과 그 기조

1. 조선총독의 창씨정책 배경 및 기조

일제는 조선의 가족제도를 조선민사령의 개정을 통해 시기를 나누어 변경 적용한다. 그러나 1937년 중일전쟁中日戰爭을 고비로 조선총독 남차랑南次郎(미나미지로 : 1936. 8.5. 제7대 조선총독 임명~1942.5.29.)은 이를 보다 가속화 하면서 군국주의적 침략전쟁의 최종적 준비로 조선사회 전체를 본질로부터 변개하는 구상을 하게 된다. 조선인의 정체성을 황국신민으로 묶으면서 일본과 조선이 동조동근同祖同根하는 민족으로서 내선일체로 결합하는 조치를 취하는 것이었다. 특히 일본은 1930년대 중반부터 조선인을 일본국민日本國民으로 칭하는 것으로 통합정책을 과시하면서 경제계획을 수립한다.[106] 즉, 1937년부터 1941년에 이르는 5개년 계획으로 미국과 소련에 대한 대응과 함께 중국과 동남아시아에 대한 지배권 확립을 공고히 하는 계획이 된다. 이는 결국 중일전쟁中日戰爭(1937.7.개전)과 그 후의 태평양전쟁(1941.12.7.개전)

---

104) 친일반민족행위진상규명보고서 Ⅳ-8, 친일반민족행위자 결정이유서 752-782면.
105) 친일반민족행위진상규명보고서Ⅱ(2007), 친일반민족행위자 결정이유서, 1406-1410면.
106) 小熊英二, 日本人の 境界, 新曜社, 1998. 419-420면.

까지를 예견하는 일본의 설계였던 것으로 자연히 조선에 대한 지배를 한층 공고히 하는 가운데 내선일체를 강화하면서 '일본국민'임을 겉으로 표현하는 것을 술책으로 하였다.[107]

당시의 사정을 조금 더 살펴본다. 총독 남차랑南次郎은 1936년 8월에 조선총독으로 부임하게 되는데 그의 부임과 함께 있게 된 일본의 수뇌부 5장관 회의에서 국책기준이 결정되고 있다. 그 내용은 ①동아에 있어 황도정신皇道精神의 구현 ②국방군비國防軍備의 충실 ③일만국방日滿國防을 안전 견고히 하고 소련의 위협을 제거하며 ④영국・미국에 대비하여 남방으로 민족경제를 발전시키는 등의 남북병진南北竝進정책이 확정된다.[108] 따라서 남차랑南次郎은 이러한 정책에 기초하여 1932년에 설립된 만주국滿洲國을 지원하고 조선과 만주를 선만일여鮮滿一如라는 미명하에 식민관리를 가속하게 된다. 특히 1937년 7월에 발발한 노구교사건과 중일전쟁의 수행을 위해 조선에 대해서는 병참기지로서의 근거지가 되어야 한다는 책략을 실행해간다. 조선인을 노동력과 병력자원으로 반드시 활용하여야 하는 일제의 실상은 조선에 대해 기존에 가졌던 정책보다는 더욱 일체감 있는 변환이 요구되었던 것이다. 기존의 내선융화內鮮融和에서 나아간 내선일체內鮮一體를 내세우면서 조선은 일본과 하나 되는 존재로서 교육 사상 전반에 있어 일본인식으로 조직해내는 조치들을 강구하게 되었던 것이다.

공고하게 설정된 내선일체內鮮一體에 기한 지배목표를 달성하기 위한 과정으로, 일제는 조선교육령의 개정을 통해 일본어 교육을 강화한다. 또한 천황에 대한 절대 충성에 기한 국체명징國體明徵을 위해 신사참배神社參拜 및 황국신민서사皇國臣民誓詞의 암송과 국민정신총동원國民精神總動員 체제로의 결속을 실행해가는 과정들을 연속하게 된다. 내선일체를 조선인에게 적용한 모습으로 황국신민화皇國臣民化이고 이러한 황국신민에게 있어 창씨개명創氏改名은 필연적 과정이 될 뿐인 것이다. 즉, 일본인으로 일체가 되는 데에는 그러한 장애들은 모두 제거되고 개편되고 하는 것 외에 다른 고려는 필요하지 않았다. 일본의 국민이 되려면 일제가 명령하는 일제식 호적에 따르고 창씨개명을 실행하므로써 천황에 복종하는 자가 되어야 하는 것이었다.[109] 따라서 창씨개명이 시행되는 1940년 신년사에서 남차랑南次郎은 반도동포의 심경이 황국

---

107) 內鮮一體에 대한 다양한 논리 전개에 대해서는 鄭昌石, '內鮮一體'論理의 樣相, 日本學報, 제42집,1999.6. 371-392면 참조요.

108) 정운현 편, 창씨개명, 학민사, 1994. 114면.

109) 정운현 편, 상게서 138면.

신민이라는 자각을 보다 투철하게 하는 것이 급선무라고 하면서 조선인이 창씨개명의 실천에 분발할 것을 강조하였던 것이다.[110] 더하여 창씨개명을 통한 내선일체는 역사상의 사실의 문제로써 일본과 조선이 본래 같은 조상을 가진 일선동조日鮮同祖의 본가와 분가의 관계를 회복하는 것으로 보본반시報本反始적 통합으로 되돌아가는 것으로 강변하였다.

결국 조선총독 남차랑南次郎은 조선인에 대한 창씨개명創氏改名은 바로 동조동근의 양민족이 내선일체를 구현하는 것으로 정의하였다.[111] 조선인에 대한 내지인식 씨의 설정은 바로 사법상에 있어 내선일체를 구현하는 것으로, 대화민족大和民族과 조선민족과는 동조동근하는 민족으로서 뗄 수 없는 혈연적 연계를 가지고 있으며 병합이래로 일시동인一視同仁의 인정仁政으로 인하여 내선융화內鮮融和함으로써 본래의 모습으로 환원하게 되었음을 강조한다. 특히나 1937년의 중일전쟁을 계기로 일본이 수행하는 대륙정책에 대해 조선 민중이 공동의 이상 및 사명과 공동운명을 느끼면서 황국신민으로서의 국민의식을 불태우면서 진실로 내선일체를 이루는 단계에 이르게 되었다는 것이다. 이에 법률상 내지인식 씨를 조선인이 칭하게 됨으로써 동조동근의 내선內鮮 양민족이 혼연일체하는 전기가 확고히 마련된다고 하였다.

즉, 일본과 조선은 동조동근의 민족으로서 이제 그 동근同根을 제도를 통해 일체화하는 것이라고 한다. 내선일체하며 일시동인하는 것으로 조선인이 일제식으로 씨명氏名을 개편하여 일본 내지와 조선이 하나로 통합되는 과정으로써의 창씨개명을 하게 된다는 것이다. 또 조선인을 황국신민으로 동일하게 하여 차별이 없는 동포가 되게 한다는 것이었다.

그러나 이는 일제가 겉으로 표방하는 구호에 불과하였다. 국민총동원을 통해 전쟁준비에 광분하던 그들은 현재화한 전장동원 목적을 위해 집요하게 설계된 궤도에 조선인을 끌어들이는 것이었다. 내지인과는 전혀 다르게 조선인을 차별하면서 전쟁에 이용할 책략에 몰두하는 것으로 창씨개명은 그 완결책이 되고 있었다.

---

110) 이를 위해 일선동조론 단일민족론 등을 도입하게도 되는 것이다. 정운현 상게서 139면.

111) 南總督 談, 司法上に於ける內鮮一體の具現--內地人式氏の設定に就て, <氏制度の解說--氏では何か氏は如何にして定めるか>, 朝鮮總督府法務局, 昭和十五年(1940)二月.

그러기에 창씨개명에는 두 가지 정치적 배경이 있게 된다. 조선의 가족제도를 서서히 내지화 해간다는 종적전개縱的展開와 함께 조선에서 황민화정책의 실현을 통해 대전大戰에 동원할 징병제를 반드시 이루어내어야 한다는 횡적橫的구상은 창씨개명을 늦출 수 없는 필연적 정책이 되게 하였다.[112]

또한 일제는 창씨개명과 관련하여 조선이 지속해 온 중국과의 관계를 지적하면서 중국적인 것에 대한 반성의 의미가 있다고 한다. 즉, 일본도 틀림없이 지나문화支那文化의 영향을 받았지만 일본은 자기중심을 잃지 않고 지나支那를 모방하였는 정도에 반하여, 조선은 자기를 잊어버리고 지나支那를 똑같이 흉내 내었다. 그러기에 조선인의 성명姓名은 지나인적支那人的인 것으로 금번의 창씨개명을 통해 이를 내지인식 씨명氏名으로 허락한 것은 지나인식支那人式에 대한 반성으로 조선 본래의 것으로 돌아가는 제일의 길이라고 강조하였다.[113]

총독부는 창씨개명에 대해 이렇게 역사성을 언급하면서 역사적으로 일본과 동조동근하는 조선인은 제국신민화帝國臣民化를 할 소질을 갖는다고 한다. 더하여 총독부는 창씨개명은 조선인의 치열한 요망에 응한다고 하고, 그러기에 창씨개명이야 말로 내선일체의 완성이라는 의의를 부여하기도 하였던 것이다.[114]

2. 창씨제도 시행과 신생활 독려

당시 창씨제도의 시행을 열흘여 앞두고 총독부 기관지 **경성일보京城日報**는 1940년 1월에 **'창씨創氏 · 성제姓制 곧 실시---신생활新生活의 기쁨을 전선全鮮에 골고루'**라는 제명의 글을 게재한다.[115] 조선인에게 시행하는 창씨제도에 대해 특은적特恩的 시혜

---

112) 宮田節子 · 金英達 · 梁泰昊, 創氏改名, 明石書店, 1992. 51-52면

113) 宮田節子 外, 상게서. 35면. 綠旗日本文化研究所, 氏制度の社會性とその理想精神, 1940年 3月 재인용.

114) 宮田節子 外, 상게서. 36-37면 참조. 특기할 것으로, 창씨개명에 대해 '朝鮮人의 熾烈한 要望에 應한다'는 총독부의 표현은 조선인 중에서 1년에 10통 정도 法務局에 투서를 보내어 內地人式 氏를 인정해 달라고 요구하였다는 자료(大野文書, '昭和14年制令第19號朝鮮民事令中改正ノ件及昭和14年制令第20號朝鮮人ノ氏名ニ關スル件ニ關スル第75議會擬問擬答')등을 근거로 하고 있다. 당시 2300만여 명의 조선인구를 헤아릴 때 연간 단 10여명의 투서에 대해 총독부가 갖는 태도는 조선에 대한 실상을 전혀 오해로 반영하지 술수가 된다 할 것이다. 그들이 말하는 內鮮一體와 창씨개명 정책을 실현하는데 동원하는 '조선인의 치열한 요망'은 이러한 허구적 실상과 교활한 언동에 기인하는 것임을 이해할 수 있게 한다.

115) 京城日報, **創氏 · 姓制 곧 實施---新生活의 기쁨을 全鮮에** 골고루, 1940.1.30.

와 근대인적近代人的 희망을 제공하는 것으로, 조선인이 그동안 가져오는 전통의 누습陋習과 전래 관습을 버리고 내선일체를 진실로 구현하는 제도를 통해 새 삶을 시행할 수 있게 되었음을 열열히 가르치는 글이 되고 있다.

다가오는 기원紀元의 가절佳節을 기해서 시행될 조선민사령개정朝鮮民事令改正 중 씨창성創氏創姓에 관해서는 찬동자가 속출하여 일반에서 그 실시를 절실하게 기다리고 있는 실정이다.

창씨창성제도의 실시에 즈음하여 씨氏나 성姓을 창설하는 것은 얼핏 보아 형식적인 문제에 불과한 것처럼 생각하기 쉬우나 실질적으로는 창씨창성創氏創姓 그 자체가 조선 전래의 동성불혼同姓不婚, 이성불양異姓不養 등 신비의 보자기에 덮어져서 비극과 불합리만이 가득 찬 누습陋習에 대해 단호히 결별하고 근대인적인 아니 인간적인 새 생활을 향해서 새로운 발족을 뜻하는 것이 된다.

말할 나위도 없이 옛부터 내려오는 낡은 누습이라고는 하나 조상 전래의 관습을 한꺼번에 타파한다는 것은 태연스럽게 언어나 문자로 표현할 수 있을 만큼 그렇게 쉬운 일은 아니다.

...때문에 전통적인 이 같은 관습을 타파하는 것은 그 자체 조상에 거역하는 것처럼 보이지만 실은 조상의 괴로움을 해소시켜 이것을 위로하고 자손에 대해 미전美田이상으로 거룩한 것을 물려주는 것이 되며, 창씨자創氏者 자신은 인간적으로 해방된 새 생활에 용약勇躍하는 거룩한 마음의 소유주所有主라고 말 할 수 있는 것이다.

창씨창성제도의 실시는 내지의 제도에의 동조가 되는 것이며 이것은 말할 나위도 없이 내선일체의 구현을 뜻하는 것이다. 내선內鮮의 전적일체화全的一體化를 갈망하는 반도인사半島人士가 대망의 가을이 왔다고 해서 날마다 속속드리 새이름으로 통성명通姓名하고 있는 것은 지극히 당연한 일이며 이렇게 함으로써 새 질서의 건설도 구체적으로 생각할 수 있는 것이다.

그리고 당시 창씨를 열열히 희망하며 내선일체를 전적으로 갈망했던 사람 중의 한 사람으로 지목될 수 있는 이광수李光洙의 창씨개명에 대한 찬양자료 내용을 소개한다. 그는 '향산광랑香山光郎'(가야마 미쓰로)으로 씨氏와 명名을 모두 고치고 작명作名의 변辯을 쓰고 있다. "2600년전 신무천황神武天皇께서 즉위하신 곳이 구원橿原인데 이곳에 있는 산이 향구산香久山입니다. 뜻깊은 이 산 이름을 씨로 삼아 '향산香山'이라 한 것인데 그 밑에다 광수光洙 의 광光 자를 붙이고 수洙 자는 내지식의 랑郎으로 고쳐서 '향산광랑香山光郎'이라고 한 것입니다."[116] 그리고 2개월여 후에는 "나는 깊이깊이 나의 자손과 조선 민족의 장래를 생각한 끝에 이렇게 하는 것이 당연하다는 굳은 신념에 도달했기 때문이다. 나는 천황의 신민이다. 나의 자손도 천황의 신민으로서 살 것이다"[117]고 굳게 다짐하고 있다. 그리고 이광수는 내선일체에 대해서도 다음의 주장을 펴고 있다. 그는 "일반적으로 조선인이 내지인에 비해서 충성과 문화의 수준이 낮은즉 내지인의 우월감은 자연스런 일이니 이에 대하여 조선인은 항상 일보 매진하여 일단 더 경敬하는 태도를 가지는 것이 옳다고 믿는다. 내지인은 그 조상적부터 많은 피를 흘려 황운皇運에 부익扶翼하여 오지 않았는가"[118]라고 하며 문화 우월한 내지인을 따르기 위해 그들을 더욱 공경하며 노력할 것을 주장하고 있다.

[3] 창씨개명의 전개과 제도적 특징

1939년 11월10일 제정 공포된 '조선민사령중 개정의 건'(제령 제19호)은 1940년 2월11일을 기해 시행된다.[119] 일제 그들은 스스로가 설정한 전쟁기획을 시간을 이어 수행해가면서 피식민국인 조선에 합당한 총동원을 법령을 통해 강제한다. 법의 이름으로 무엇이든지 만들고 변경하고 진실 없는 수식어를 덧붙이면서 조선을 최대한으로 압박하고 탈취하면 되는 것이었다.

조선민사령 제11조의 개정내용은 "조선인의 친족 및 상속에 관해서는 별단의 규정이 있는 것을 제외하고는 제1조의 법률에 의하지 않고 관습에 의한다. 단, 씨氏, 혼인

116) 每日新報, 選氏苦心談, 1940.1.5.

117) 每日新報, 創氏와 나, 1940.2.20.

118) 每日新報, 心的 新體制와 朝鮮文化의 進路, 1940.9.7.

119) '조선민사령중 개정의 건'을 시행하는 2월11일은 일본국가의 紀元節이다. 초대 일본천황인 神武天皇B.C711~B.C585년)이 야마토국을 정복하고 기원전 660년 2월11일에 즉위하여 기원전 585년까지 재위한 것으로 보는 日本書紀의 신화적 내용에 기초한다. 明治維新 이후 국가의 정통성을 공고히 하려는 목적으로 1872년에 바로 神武天皇이 즉위한 2월11일을 紀元節로 정한 다음 제국주의 시대를 지속하여 지켜오게 된다. 2차대전 종전 후 이를 폐지하였다가 1966년에 다시 건국기념일로 정하여 이를 이어오고 있다. 1940년 2월11일 紀元節은 일제의 산법으로는 일본국 기원 2600년이 되는 특별한 해로써, 가족제도에 있어 조선인들이 갖는 부계혈통성과 독자성을 부정해버리고 모두가 일제식 氏를 사용하여 완전하게 內鮮一體를 이루는 날의 기점으로 법시행일을 지목하게 된 것이다.

연령, 재판상이혼,인지, 재판상이연裁判上離緣, 서양자연조壻養子緣組의 경우에 혼인 또는 연조緣組가 무효 또는 취소된 때의 연조, 혼인의 취소, 친권, 후견, 보좌인, 친족회, 상속의 승인 및 재산의 분리에 관한 규정은 그러하지 아니하다. 그리고 씨는 호주(법정대리인이 있는 경우는 법정대리인)가 이를 정한다"[120]는 내용이 된다.

특히 여기서 조선인의 '씨氏'는 일본민법을 따르게 하는 단서 조항의 첨가는 한국가족법의 근간을 이루는 성을 일제식 씨로 바꾸는 대변화를 가져오는 규정이 된다. 당시 일제 민법 제746조는 "호주와 가족은 그 가의 氏를 칭한다"고 함으로써 부계혈통에 따른 성불변姓不變을 원칙으로 하는 조선의 성제도姓制度와는 전혀 다르게, 호주와 가족구성원 모두는 가를 대표하는 칭호인 씨를 동일하게 사용하는 일제식 가제도家制度로 변경하게 하였다.[121] 그리고 그 씨를 정하는 주체는 바로 개정 조선민사령에서 정하고 있는바, 호주인 것으로 조선의 가제도를 완전히 일제식으로 변혁하게 되는 것이다.

따라서 일제식의 '氏'는 일가一家 집단의 호칭이 된다. 그리고 혼인이나 입양 등의 경우, 가를 옮기게 되면 새로운 호주의 가에 편입되면서 역시 신호주新戶主의 씨氏로 변경하게 된다. 이와 달리 조선의 성姓은 일본의 호주를 중심으로 하는 일가一家의 호칭이 아니다. 조선인의 성姓은 부계혈통을 중심으로 조상제사를 함께 모시는 동일종족의 칭호가 된다. 물론 이 성은 내부적으로는 다시 시조의 생장지生長地를 기준으로 분화된 본관本貫을 함께 묶어서 부계혈통의 계보동일성系譜同一性을 확인하면서 종족宗族을 표명하는 호칭이 된다. 결국 조선민족의 성은 바로 본관을 함께 결합하여 사용

---

120) 朝鮮民事令中改正ノ件(昭和14年 制令第19號)에서는 다음과 같이 규정하고 있다. "朝鮮民事令中左ノ通改正ス. 第十一條 第一項中「但シ」ノ下ニ「氏,」ヲ, 「認知,」ノ下ニ「裁判上ノ離緣, 壻養子緣組ノ場合ニ於テ婚姻又ハ緣組カ無效ナルトキ又ハ取消サレタルトキニ於ケル緣組又ハ婚姻ノ取消,」ヲ加ヘ同條ニ左ノ一項ヲ加ス"이라고 하고 바로 左의 一項으로 "氏ハ戶主(法定代理人アルトキハ法定代理人)之ヲ定ス"으로 하고 있다. 즉, 기존 조선민사령 제11조의 내용에 氏와 壻養子緣組 등을 새로이 규정하고 관련내용을 보충하면서, 핵심은 이들에 대해 조선의 관습적용이 아니고 일본민법을 적용하는 것으로 변경하게 되는 것이다.

121) 戶主와 家族에 대한 당시 민법의 기본조항으로는 제732조 제1항은 "호주의 親族으로서 그 家에 在하는 자와 그 배우자는 이를 家族으로 한다"고 하고 동조 제2항에서 "호주의 변경이 있는 경우에는 舊戶主와 그 가족은 新戶主의 가족으로 한다"고 하여 호주와 가족에 대한 관계를 정하고 있다. 또한 親族은 민법 제725조에서 "左에 揭한 자는 이를 親族으로 한다. 一.六親等內의 血族 二.配偶者 三.三親等內의 姻族"으로 정함으로써 기본적으로 가족을 가능케 하는 친족의 범위와 戶主의 관계가 규정되고 있다.

하는 것으로, 개인의 부계혈연 정통성과 정체성을 나타내는 호칭이 된다. 더욱 중요한 것은 조선인의 성 및 본관은 일본의 씨와는 다르게 가 및 호주의 변경이나 혼인 등의 경우에도 아무 관계없이 절대불변을 원칙으로 하고 있다. 조선민족이 당시까지 보유하여온 성불변원칙姓不變原則과 함께 이성불양異姓不養·동성동본불혼同姓同本不婚의 가족제도상의 관념과 법제전통은 일제의 호주중심의 가제도와 그 집단의 칭호로서의 '씨'를 이입하는 창씨개명과는 근본적으로 혼융될 수 없는 것이 된다. 더하여 일제식의 씨로 조선인의 성을 변경하여 호적에 기록하는 개정이 있게 됨으로써 조선인 개인의 혈통관계를 증명할 수 없게 되고 이로 인해 가까운 동성同姓 혈족간血族間의 혼인이나 가문家門 관계까지 알지 못하는 혼란이 예견된다. 이를 반영하여 일제는 총독부령 제220호로 '조선호적령朝鮮戶籍令'을 개정하여 조선인의 '성 및 본관'을 호적부에 기록하는 조처를 취하게 된다. 조선인이 일제식 씨로 변경을 하더라도 본래의 성과 본을 알 수 있게 한다는 것으로, 이는 결국 기만적으로 임하는 임시대응 조처로 볼 수 있는 것이다.[122)]

조선인에게 이식시키는 일제의 창씨제도는 이렇게 차근차근 법제의 궤선을 밟아 귀결시키고 있다. 이러한 창씨제도는 동 개정 조선민사령 부칙에서 "조선인 호주(법정대리인이 있는 경우는 법정대리인)는 본령 시행 후 6월 이내에 새로이 씨를 정하여 이를 부윤府尹 또는 읍면장에게 계출屆出(신고)함을 요한다"[123)]고 하였으며 또한 "전

---

122) 創氏改名 제도의 절차를 보완하는 명령들로 朝鮮總督府令 제219호는 제령 제19호와 제20호의 시행일을 정하고 있다. 결국 1940년 2월11일을 기하여 창씨개명에 관한 기본법률과 명령 등이 동시에 시행된다. 또한 조선총독부령 제221호 '조선인의 氏設定에 따른 신청 및 戶籍記載 手續에 관한 건'을 통해 창씨의 신청 절차와 호적부의 기재 방법 등을 마련하고 있다. 또한 조선총독부령 제222호는 '조선인의 氏名 변경에 관한 건'을 통해 氏名의 변경에 대한 원칙 및 세부 방법 등을, 朝鮮總督府訓令 제77호 '朝鮮人의 氏設定에 따른 호적사무 취급방법에 관한 건'은 창씨개명에 따른 호적사무 취급의 원칙과 방법에 대해 보완적 절차를 정하고 있다. 朝鮮民事令이라는 법률개정에 기하여 시작된 조선인에 대한 일제식·창씨개명은 하위의 총독부령과 훈령 등 절차적 세부적 보완 규정들을 자세히 정비함으로써 제도적 목적을 달성하는 진행이 이루어지게 되었다.

123) '朝鮮民事令中改正ノ件'(制令第一九號)의 附則 제2조는 "朝鮮人戶主(法定代理人アルトキハ法定代理人)ハ本令施行後六月以內ニ新ニ氏ヲ定メ之ヲ府尹又ハ邑面長ニ屆出ヅルコトヲ要ス"로 적고 있다. -또한 制令第二十號 '朝鮮人ノ氏名ニ關スル件'의 제2조는 氏·名은 변경할 수 없다고 하면서, 단지 '正當한 事由'가 있는 경우 조선총독이 정한 바에 의해 許可를 받은 경우에는 변경할 수 있다고 하였다. 즉, 창씨제도가 시행되는 6개월(1940.2.11.~8.10.)기간 중에 이루어지는 氏名變更과 관련하여서는 朝鮮總督府令第222號 '朝鮮人ノ氏名變更ニ關スル件 左ノ通定ム'이라고 하고 제1조와 제3조에서 "氏·名을 변경하고자 하는 경우 그 본적지 또는 주소지를 管轄하는 裁判所에 書面으로 신청하여 許可를 받도록 하면서 50錢의 手數料 납부"를 규정하고 있다. 이때 裁判所가 판단하는 許可요건으로 '정당한 사유' 역시 통첩에서 밝히고 있는 바의, 氏名變更의 立法趣旨인 "一視同仁의

항에 의한 신고를 하지 않을 때에는 본령 시행 당시의 호주의 성姓을 씨氏로 정한다. 단, 일가一家를 창립하는 것이 아닌 여호주女戶主의 경우 또는 호주상속인이 분명치 않은 경우에는 이전의 남호주男戶主의 성을 씨로 한다"[124]고 함으로써 신고 의무자인 호주가 새로운 씨를 정하여 제출하는 기한과 신고하지 않을 경우에 있어 효력, 그리고 예외적으로 적용되는 이전의 남호주의 성을 씨로사용하는 경우에 대해 규정하고 있다.[125]

결국 1940년 2월11일부터 시행하는 개정 조선민사령은 6개월의 기간을 한도로 하여 조선인의 성을 일률적으로 일제식 씨로 변경하는 것에 초점을 맞추어 시행한 강행법규가 된다.[126] 즉, 1940년 8월11일부터 조선인 모두는 성姓이 아닌 씨氏를 쓰게 되는 것으로, 호주에게 소속된 가족 구성원은 모두 호주와 동일한 씨氏를 사용하게 되었다. 따라서 조선인은 가족법상 완전히 일제와 동화하며 내선일체가 되는, 형식적 제도적으로는 내지의 일본인과 똑같은 씨를 갖고 이름을 쓰는 획기적 변환을 맞게 되었던 것이다.

聖旨를 받들고 內鮮一體의 統治方針에 따라 皇民化에 精進하게 하는 것"이 동일하게 적용되는 것으로 해석할 수 있게 된다. 또한 총독부법무국이 간행한 '氏制度の解說'에서는, "애를 써서 氏를 창씨하였어도 이름(名)이 재래의 것 그대로라면 대나무를 이어 놓은 것과 같은 느낌이므로 당연히 이름을 변경하는 것이 옳은 것이다. 이런 경우 이름의 변경에 대해 '정당한 사유'가 있는 것이 된다"고 하여 朝鮮總督府令第222號가 규정하는 氏・名의 變更과 관련하여 정당한 사유를 해석하고 있다. (조선총독부법무국, 氏制度の解說, 1940. 13면).

124) '朝鮮民事令中改正ノ件'(制令第一九號)의 附則 제3조의 당해 내용은 다음과 같다. "前項ノ規定ニ依ル届出ヲ爲ザルトキハ本令施行ノ際ニ於ケル戶主ノ姓ヲ以テ氏トス. 但シ一家ヲ創立シタルニ非ザル女戶主ナルトキ又ハ戶主相續人分明ナラザルトキハ前男戶主ノ姓ヲ以テ氏トス"

125) 참고로 1936년 당시 조선의 혼인 이혼 통계를 본다. 1936년도 당시 결혼수 대비 이혼수를 단순 대비하면 즉, 결혼 126,000건에 대한 이혼 5,300여건을 단순 대비하면 이혼은 결혼수에 비해 약 4.2%로 나타난다. 또한 인구 1000명당 혼인수 5.72건, 이혼수 0.24건을 대비하면 역시 약 4.2%로 대등하게 나타난다. 1936년을 기준으로 최근 10년간의 결혼수 추이를 보면, 昭和 元年(1926) 8.99, 소화2년 9.39, 소화3년 10.28로 絕頂에 달했다가 소화4년 10.26, 소화5년 10.04, 소화6년 9.27, 소화7년6.40, 소화8년 6.16, 소화9년 5.80, 소화10년 5.71로 감소되고 있다. 이에 따른 離婚數는 소화원년(1926) 0.38, 소화5년 0.45, 소화6년 0.45, 소화7년 0.33, 소화8년 0.28, 소화9년 0.25, 소화10년 0.25로 년년 감소 경향을 보이고 있다. 이를 기초로 일제시기의 혼인 이혼과 가족관계에 대한 일면적 이해를 도모할 수 있을 것이다. 상세한 내용은 조선일보, **統計上으로 본 結婚과 離婚−社會的 經濟的 意義**, 1937.10.23. 참조요.

126) '朝鮮民事令中改正ノ件'의 附則 제1조는 "本令施行ノ期日ハ朝鮮總督之ヲ定ス"이라고 하여 조선총독이 그 시행일을 정하도록 하였는바, 조선총독은 朝鮮總督府令 第二百十九號로서 昭和十五年二月十一日부터 制令第十九號를 시행토록 함으로써 조선에서 創氏改名 작업이 시작되게 되었다.

[4] 조선조의 호적법규와 성·본관 및 부계혈통

그러나 일제가 임의적으로 행한 강행적 법률개정을 통해 조선인이 보유하여온 가족문화의 정체성과 전통적 가족·친족 및 혈통관념을 일시에 개변할 수는 없는 것이다. 그래서 일제는 1939년 12월 26일 총독부령 제220호 '조선호적령 중 개정의 건'을 공포하여 개정 조선민사령의 시행일에 함께 시행하게 되었던 것으로, 조선인의 '성 및 본관'을 호적부에 기록으로 남겨두는 방식을 취하게 된다. 즉, 조선인이 일제식 씨로 변경을 하더라도 본래의 성과 본을 알 수 있게 한다는 명분이었다. 조선인이 사용하여오던 성은 본관과 함께 부계혈통을 중심으로 혈연의 역사성과 진실성을 담고 있는 중요 상징이 된다. 이러한 성과 본관을 무시하며 성격을 전혀 달리하는 일본식의 씨로 변경하는 조치에 대해 대개의 조선인은 동의할 수 없었던 것이다. 혈연의식을 기본으로 가와 가문 및 종중관계로 결합하는 조선인은 자기 존재의 정체성을 확고히 하는 기초로 성과 본관을 뿌리로 새겨 살아오고 있는 것이다.

그래서 일제 식민지배하에서도 족보편찬에 몰두하면서 개인과 가의 정통성과 정체성을 흔들림 없이 확립해가도록 노력하였음을 알 수 있다.[127] 더하여 조선인은 조선시대는 물론이고 역사상 호적기록이나 여타의 공부公簿에서 성과 본관은 빠트릴 수 없는 중요 기록사항이 되었다. 조선조의 대표법전인 경국대전經國大典에서는 호적기록시 부父·조부祖父·증조부曾祖父·외조부外祖父까지의 사조四祖를 호적기록의 기본으로 삼았으며, 백성들은 그에 기하여 개인의 혈통 내지 혈연관계를 강하게 관념하면서 생활실제를 통해 그를 실천적으로 살아온 것으로 정의된다.

다음에서 조선조의 기본법전으로 1485년(성종 16년)에 간행된 경국대전經國大典의 호적戶籍관련 규정중 기본된 내용을 밝혀두고자 한다. 조선시대 호적법규는 조선민족 개인의 출생과 가족 및 가제도家制度에 대한 기본 된 이해를 제공한다. 또한 그러한 법제를 기초로 조선 민족은 본관 및 성을 조선인의 정체성을 확인하는 자료로 인식하면서 개인으로서 일가一家에 편입되고 족보에 올라 가문과 종중을 잇고 역사를 이어가는 인간이자 민족임을 증거하고 있는 것이다.

---

127) 조선일보, 族譜刊行의 餘弊, 1928.2.1.

1. 경국대전經國大典 호전戶典 호적조戶籍條 :

매삼년개호적每三年改戶籍 장어본조한성부본도본읍藏於本曹漢城府本道本邑 ○경외이오호일통유통주京外以五戶爲一統有統主 외즉매오통유리정外則每五統有里正 매일면유권농관每一面有勸農官[지광호다즉량가地廣戶多則量加] 경즉매일방유관령京則每一坊有管領

번역문 : "3년마다 호적을 다시 고쳐서 본조(호조)와 한성부 · 본도 · 본읍에 보관한다. ○서울과 지방은 5호를 1통으로 하여 통주를 둔다. 지방은 매 5통마다 리정을 두고 1면마다 권농관을 두며[땅이 넓고 호수가 많으면 헤아려 더한다] 서울은 매 1방마다 관령[128]을 둔다"이다.

즉, 3년마다 인구변동을 고려하여 호적을 다시 작성하고 그를 호조戶曹를 비롯해서 지역 관청이 분산 보관한다. 그리고 5호를 한 개 통으로 하여 통주統主를 두며, 서울과 지방을 구분하여 서울은 방坊마다 관령管領을, 지방은 리정里正과 권농관勸農官을 두고 토지와 인구수에 따른 관리를 규정하고 있다.

그리고 이처럼 국가가 관장하는 호적에 있어 진실된 내용의 기록을 위해 다음의 규정이 작동한다. 개인을 기본으로 성명姓名과 본관本貫을 밝히고 그의 조상祖上 계보를 기록하고 배우자인 처妻와 자녀(여성의 경우는 이름(名)을 적지 않음), 그리고 노비와 고공雇工 등의 동거하는 자들에 대해 적게 된다.

아래에서는 경국대전 예전의 해당 내용을 본다.

2. 경국대전經國大典 예전禮典 호구식조戶口式條 :

호모부모방제기리戶某部某坊第幾里[외즉칭모면모리外則稱某面某里]주住 모직성명년갑본관사조某職姓名年甲本貫四祖 처모씨년갑본관사조妻某氏年甲本貫四祖[종친록자기직함처사조宗親錄自己職銜妻四祖 의빈록자기직함사조사조상모주儀賓錄自己職銜四祖尙某主 서인록자기급처사조庶人錄自己及妻四祖 서인부지사조자불수진록庶人不知四祖者不

128) 서울을 五部로 나눈 다음 하부의 편제 단위가 坊이 되며, 그 坊의 長을 管領이라 한다. 호구를 파악하고 捕盜 등의 임무를 수행한다. 또한 城 밖의 管領은 勸農의 임무도 수행하였다. 坊의 수는 經國大典註解(明宗代)에 의하면 城內 中部 8, 東部 12, 南部 11, 西部 8, 北部 10개로 총 49개의 坊이 편성되고 있다. 또한 地方은 世祖 初부터 五家統法에 따라 五統 25戶를 기준으로 里를 설정하고 里正을 두었다. 里正은 里內의 인구동향을 파악하고 호구조사와 捕盜 역할도 하였다.(譯註經國大典 註釋篇, 韓國精神文化研究院, 1986. 210-212면)

須盡錄] 솔거자녀모모년갑率居子女某某年甲[여서즉병록본관女婿則并錄本貫] 노비고공모모년갑奴婢雇工某某年甲

번역문 : "호戶 아무(모某)부 모방 모리[외방은 모면 모리라 칭함]거주, 모직 성명 나이(출생간지) 본관 사조四祖,[129] 처妻 모씨某氏 나이 본관 사조 [종친宗親은 자기 직함과 처의 사조를 기록한다. 의빈儀賓(왕족이 아니면서 왕족과 통혼한 자)은 자기의 직함과 사조 및 아무 공주公主나 옹주翁主에게 장가간 것을 기록한다. 서인庶人은 자기 및 처의 사조를 기록하되 서인이 자기의 사조를 모르는 경우는 반드시 다 적지 않아도 된다], 데리고 함께 사는 자녀 모모某某 나이[여서女婿는 모두 본관을 기록함] 노비 고공雇工[130]모모某某 나이"를 기록하는 것으로써 호적기록 방식을 규정하고 있다.

호적을 작성함에 있어 중요한 것이 본인을 중심으로 한 '사조四祖'의 작성이다. 바로 부父·조부祖父·증조부曾祖父·외조부外祖父를 기록하며, 처의 경우에도 똑 같이 사조四祖를 적게 된다. 부계혈족의 연결 계보를 명확히 밝히는 것과 함께 외조부外祖父를 통해 모계母系 혈연도 중요하게 기록한다. 물론 본인의 본관과 성명姓名을 기록하는 것은 가장 기본이 된다. 본관과 성을 통해 본인의 부계혈통父系血統을 증명하며 그에 기하여 가문家門과 종중宗中, 그리고 조선조 가족제도의 본질을 설명할 수 있게 된다. 아울러 본관 및 성은 불변으로, 그를 통해 본인이 속한 가문의 혈연정통성과 역사성을 규명하는 의미도 내포 되었던 것이다.

조선민족에 있어 기본된 가족관념은 이렇게 조선조의 전통 가족법제를 통해 명확히 정립된다. 성과 본관을 기본으로 부계혈통성이 증명되고 그에 기하여 동종지자입양同宗支子入養 동성동본불혼同姓同本不婚 등 여타의 가족 관념 및 제도가 파생되는 사회를 운영하여왔다.[131]

---

129) 四祖는 당해 戶의 대표자를 기준으로 父·祖父·曾祖父·外祖父의 네 조상을 칭한다.

130) 雇工은 머슴살이 또는 고용살이하는 직공 등을 말하는 것으로, 家勢가 貧寒하여 의탁할 곳이 없는 자가 남에게 寄食하거나 寄生하면서 살아가는 사람을 칭한다.(譯註經國大典 註釋篇, 韓國精神文化研究院, 1986. 700면)

131) 朴秉濠, 韓國傳統社會에 있어서의 同族結合의 類型, 법사학연구 제6호, 1981; 同, 韓國의 傳統家族과 家長權, 韓國學報 제2집, 1976.3 참조. 그리고 조선사회의 역사에서 姓 및 本貫이 위조되거나 변조되는 경우, 또는 조선후기의 사회 혼란 및 발전 과정에서 나타나는 호적 위조 문제와 奴婢의 姓 취득 또는 변개 등의 문제는 또 별개의 논의대상이 된다고 할 것이다.(李鍾吉, 同姓同本 禁婚規定의 改定을 위한 基礎課題의 檢討, 가족법연구 제12호, 1998 참조요).

참고로 조선시대에 가를 이어갈 후사後嗣가 없어 양자養子를 세우는 입후立後에 대해서 보면, **경국대전 예전禮典 입후조**立後條에서 다음과 같이 규정 한다.

"적첩구무자자嫡妾俱無子者 고관입동종지자위후告官立同宗支子爲後[양가부동명립지兩家父同命立之 부몰즉모고관父歿則母告官 존속급형제급손불상위후尊屬及兄弟及孫不相爲後]"[132]로 규정하고 있다. 즉, 적처嫡妻와 첩妾 모두에게서 아들이 없는 자는 관에 신고하여 같은 일가인 동종同宗에서 지자支子(맏아들이 아닌 아들)를 정하여 뒤를 잇게(후사後嗣) 한다. 또한 [양가兩家의 아버지가 함께 명하여 후사後嗣를 세운다. 아버지가 사망하였으면 어머니가 관에 신고하며, 존속과 형제, 손자의 항렬에서는 서로 입후立後하지 않는다]. 조선시대 양자 입후에 대한 법규정 역시 대단히 중요한 내용으로, 부계혈통에 대한 존숭과 동성동본에 대한 명확한 관념 및 의식에 기초하여 정립된 동종지자同宗支子의 혈연이어야 만이 당해 가의 양자로 세워질 수 있었던 것이다.

이렇게 구축된 조선민족, 조선인의 가족 관념과 의식 및 법제를 근본으로부터 완전하게 변개하려는 조처가 바로 일제에 의한 창씨개명創氏改名이었음을 분명하게 인식하면서 창씨제도에 대한 접근을 이루어가야 하는 것이다.

제VII장 창씨제도 시행에 따른 창씨설정과 신고의 구체적 실상

[1] 창씨제도 시행에 따른 신고 경과와 통계

1. 창씨개명의 신고 경과

창씨제도는 일제가 조선을 역사적 문화적으로 완전히 일체화하는 과정으로서의 정책이 된다. 그러나 조선인이 그에 쉽게 동의할 수는 없는 것으로 조선의 전통적 가족관념에 기초한 부계혈통의 지속성과 조상숭배를 중심으로 한 가문 및 종중의 일체

132) 經國大典 禮典 立後條

성과 결속이 파괴될 위험을 인식하고 있었다. 특히 조선인이 갖는 혈연연대적 친족관념은 개인이 창씨를 함부로 할 수 있는 것이 아니었다.[133] 창씨를 하더라도 그는 가족회의가 아니고 확장된 가문 내지 종중의 회의나 절차를 거쳐서 행할 수 있는 중대사로 관념하였던 것이다. 따라서 일제 식민치하에서도 종중 내지 가문별로 족보의 간행은 끊임없이 이루어지고 있었던 것이다. 일제하 족보간행의 성행과 가문별 대동보소大同譜所의 설치 등은 당시 조선인 사회의 특징으로 지적되고 있다.[134]

1940년 2월11일부터 시작된 일본식 새로운 씨氏의 설정設定 신고는 잘 이루어지지 않았다.[135] 진정한 내선일체內鮮一體는 마음으로부터 하는 것이기에 형식적 창씨제도 보다 교육제도를 통해 조선인에게 더 많은 교육을 베풀고 사회적 활동에 있어 조선인에 대한 차별을 개선하며 내지로의 통항을 자유롭게 하는 등의 실질적 일체화가 더욱 요청되는 바였다. 그러나 일제 총독부는 창씨정책을 반드시 이루어 내어야 하는 것이 시급하고도 일관하는 과제였기 때문에 전국민적 동원을 통해 이를 강력하게 추진하게 되는 것이었다.[136]

일제가 작성한 **초기 10일간의 창씨신고(1940.2.11.~2.20.)**를 참고한다.[137]

당시 호주戶主의 직업분류를 기초로 제시된 자료를 보면, 전체호수 4,123,646호를

---

133) 강만길, 역사가의 시간, 창비, 2010. 35-38면; 전경수 · 최미희, 일제의 창씨개명정책 실시와 조선민중의 隱抗策(hidden transcript)--세 마을 사례를 중심으로, 근대서지 제16호, 2017,

134) 조선일보, 族譜刊行의 餘弊, 1928.2.1.; 김필동, 일제의 창씨개명정책과 족보: 지역 종족집단의 대응 전략, 사회과학연구 제21권4호, 2010.

135) 역시 京城日報는 창씨제도를 시행하는 2월11일 당일에 다음의 글을 써서 조선인에게 기쁜 동참을 유도하고 있었다. "紀元佳節인 오늘 2300만 半島同胞에게 있어서는 皇國 2600년의 興隆을 받드는 佳日인 동시에 鶴首苦待해온 創氏의 날이다. 이미 만반의 준비를 갖추고 오늘을 학수고대하고 있던 사람들은 각자 숙고하여 결정한 새로운 氏를 떳떳하게 밝히는 바이다..."라고 하는바, 창씨제도 시행일을 맞아 조선인이 학수고대 기다려온 內地式 氏사용에 대해 皇國臣民됨을 기쁘게 여겨 각자가 숙고하여 정한 氏를 밝혀 신고해줄 것을 독려하고 있다.(京城日報, '오늘은 창씨의 날', 1940.2.11.)

136) 총독부는 1938년 7월7일 中日戰爭 1주년을 기하여 國民精神總動員聯盟을 조직하고, 그를 전국조직으로 확대하여 행정조직과 결부하는 지방연맹 및 기반조직을 확립한다. 그리고 필요시 언제라도 주민동원 및 통제를 고도화하기 위해 1940년 봄 현재 약 40만 개의 애국반조직을 정비하였으며 학교단위까지 조직을 충실히 하면서 일제의 식민정책 전반에 대한 협조조직을 완비하였다. 결국 創氏制度의 시행에는 이러한 조직을 통한 독려 활동 또한 적극적으로 활용되었던 것이다. 宮田節子 · 金英達 · 梁泰昊, 創氏改名, 明石書店, 1992, 100-102면.

137) 宮田節子 外, 創氏改名, 明石書店, 1992. 81-84면. 특히 여기서 인용되는 호구 총수와 조선인 직업별 통계 총수는 <朝鮮事情>昭和16年版の'現在戶口職業別'(1939年末)에 의한 것을 재인용하고 있다.

9개의 직업별로 분류 작성하고 있다. 씨설정계氏設定屆를 제출할 시 양식용지에는 호주의 직업을 기재하도록 되어있으므로 그를 기초로 직업별 전체호수와 위의 기간동안 신고한 호수를 괄호 안의 숫자로 표시한다.

①농업農業[138](2,925,988호 중 4,389호) ②수산업水產業(64,355호 중 1,489호) ③광업鑛業(71,532호 중 1,023호) ④공업工業(122,332호중 1,060호) ⑤상업商業(302,774호 중 2,941호) ⑥교통업交通業(46,696호 중 993호) ⑦공무公務·자유업自由業(141,572호중 1,779호) ⑧기타 유업자有業者(346,148호 중 58호) ⑨무업無業(102,249호 중 691호)의 9개로 분류·정리한다. 가장 높은 신고는 수산업(1489호, 2.31%)이며 최저는 기타 유업자有業者(58호, 0.01%)로 나타난다.

그러나 이처럼 저조한 창씨신고創氏申告는 일제가 가하는 생활상의 압박과 위력을 통해 창씨신고를 강제하는 과정을 겪게 된다.[139] 창씨를 하지 않은 호주의 자제에 대해 학교의 입학 및 전학이 거부되고, 교사는 학교에서 그러한 아동에게 질책하고 구타를 가한다. 또한 창씨를 하지 않은 자에 대해 공무 영역 전반에서 이루어지는 위력 행태를 보면, 총독부 소속기관은 채용을 거부하거나 현직자는 파면하며, 행정 관련 사무의 취급이나 처리 배제, 또 경찰은 그러한 조선인을 불령선인不逞鮮人으로 분류하여 사찰·미행하고 노무 등에서도 배제하며, 화물운송 및 우편물의 수취 배달에 있어 그를 거부하는 등의 행태가 자행되었던 사실을 부정할 수 없다.

2. 창씨개명 신고 실상과 그 통계

결국 창씨신청의 경과를 보면 조선의 호적총수戶籍總數 4,282,754호 중 각 월별 신청은 다음과 같다. 1940년 2월 15,746호(0.3%), 3월 45,833호(1.07%), 4월 94,264호(2.2%), 5월은 20일까지 169,031호(3.94%)를 신고함으로써 전체 324,874호(7.61%)를 신고하였다. 그 후 1940년 8월10일까지에 이루어진 신고 총수는 3,200,116호

138) 창씨개명 당시 일제가 분류한 직업에 대한 이해를 위해 '農業'항목에 대한 자세한 세목을 본다. 당시 농업은 조선 전체호수의 70%를 점하는 것으로 설명한다. [米作自作業主, 기타自作業主, 米作小作業主, 기타小作業主, 米作自作兼小作業主, 기타自作兼小作業主, 果樹栽培業主, 農業管理人, 作男·作女, 기타勞務者, 農業助手, 火田耕作主, 火田耕作勞務者, 造園師·植木職, 其他農耕從事者, 養畜業主, 養禽養蜂業主, 搾乳業主, 牧場管理人, 牧夫, 畜產助手, 養蠶業主, 蠶種製造業主, 蠶業技術者] 등으로 세부 분류하여 이들을 농업직업으로 포함시키고 있다. 宮田節子 外, 上揭書. 82면의 '大野文書所收の氏届出人 戶主職業別表'를 참고함.

139) 文定昌, 軍國日本朝鮮强占 三十六年史(上·中·下), 柏文堂, 1965-1967. 참조요.

(79.3%)가 창씨설정계創氏設定屆를 제출하는 것으로 정리되고 있다.[140] 그러나 당시 13個道의 호적 총수 4,282,754호 대비 창씨를 신고한 총호수 3,200,116호의 비율은 74.72%가 된다.[141]

논의의 전개를 위해 위의 통계를 기준으로 창씨신고 마감일까지 창씨설정계를 제출한 인구는 **74.72%**였는 만큼 나머지 약 25.3%는 창씨를 하지 않은 결과가 된다.[142] 위의 수치자료를 통해서도 보이는 바와 같이 창씨신고는 신고 초반에는 극히 미미하다가 8월10일의 마감일을 가까이 가면서 신고가 몰리게 되는 현상이 극명하다.[143] 이를 통해 창씨를 임하는 당시 조선인의 성본姓本 관념과 가족제도의 변화에 대한 숙고 실상이 충분히 읽혀진다. 조선인의 성은 성만이 아니고 본관과 결합하는 성이 된

---

140) 본 창씨신청의 실태는 1940년 2월의 총호수를 기준으로 '總動員' 1940년 6월호와 7월호, '高等外事月報'1940년 9월호를 기초로 작성된 것을 인용하고 있다(宮田節子 外, 創氏改名, 明石書店, 1992. 79 80면). 그러나 **宮田節子의 상계서 79면에서 밝히고 있는 도표 숫자에 약간이 오류가** 있다. 13個道 총호수 4,282,754호를 기준으로 2・3・4월과 5월20일까지 이루어진 중 창씨신고 호의 累計는 **324,851호**로써 7.58%가 된다.(**宮田節子는 326,105호**, 7.61%로 기록하고 있는데 이는 가로 누계의 숫자를 합한 것이 되며, 필자가 다시 확인한 바의 세로 숫자의 합은 324,851호가 되어 약간의 오차가 발생한다), 그리고 이후 창씨신고 마감일인 1940년 8월10일 까지의 신고 호수의 총합계는 **3,200,116호**로 기록된다. 따라서 총호수 4,282,754호 대비 창씨신고 비율은 약 **74.72%**가 된다. 그러나 **宮田節子는 그 비율을 79.3%로** 적고 있는 것으로(**약 4.6%의 차이**) 계산의 잘못으로 확인된다. 宮田節子의 계산은 총호수 대비 총신고 호수가 아니고, 13개도의 각도별 신고 수를 비율로 내고 이를 더하여 평균한 값으로 보아 진다. **그러나 그 수치도 79.15%로 계산**되는 것으로 이에 대한 의문이 있게 된다.

141) **조선총독부 법무국이 1941년에 발간한 '氏制度實施の狀況'을 통해 창씨개명의 실제상황**을 참고해 본다. **당시의 총인구는 24,053,530명**이었으며, **創氏申告기간에 이루어진 設定創氏는 3,220,693호**가 된다. 그러나 **창씨신고 기간 후 氏 변경허가를 통해** 이루어진 **창씨가 49,014호 추가**되면서 본서가 출간된 시점까지의 창씨신고 호수는 **3,269,707호**로 나타난다. 하지만 창씨신고 기간 내의 신고총계는 3,220,693호이므로 통계수치의 비교를 위해 **창씨신고 기간 내에 이루어진 3,220,693호를 기준으로 본문에서 기록하고 있는 총호수 4,282,754호를 대비하면 75.20%**로 계산된다. **결국 6개월의 신고기간 동안 이루어진 조선인의 창씨신고는 75% 전후가 된다고 할 수 있는** 것이다.(조선총독부 법무국, 氏制度實施の狀況, 1941,)

142) 다른 기록에 의하면 총독부의 창씨신고 통계는 전국평균 80.5%이며, 13개 도별로 가장 높은 곳은 85%이고 가장 낮은 도는 64.6%가 된다고 한다. 미즈노 나오키, 정선태 역, 창씨개명－일본의 조선 지배와 이름의 정치학, 산처럼, 2008. 147-148면.

143) 창씨개명 신고가 신고마감 기간에 임박하면서 신고가 집중되고 있음을 알 수있다. 창씨신고와 관련하여 현지의 제적부기록 검토를 통해 수행한 연구에 의하면 창씨신고 기간 종료시점인 1940년 8월에 가깝게 되면서 신고가 많아짐을 보이고 있다. 즉, 전북 순창군 구미마을은 95%, 갑동마을은 72%가 종료시점에 임박하면서 창씨신고를 하였는 것으로 나타난다. 창씨주체가 종족집단의 한 집안이었기에 그에 대한 협의 및 대응 숙고로 시간이 요구되었을 것으로 보고 있다. 물론 이를 두고 일제 식민정책에 대한 저항으로 보기에는 무리가 있는 것이다. 전경수・최미희, 일제의 창씨개명정책 실시와 조선민중의 隱抗策--세 마을 사례를 중심으로, 근대서지 제16호, 2017,

다. 시조始祖 중시조中始祖 조상祖上 문중門中 종손宗孫 가문家門 가계家系를 철저하게 관념하는 조선인이기에 성姓은 항상 시조始祖에 기초한 본관本貫과 결합하는 내용구조 속에 존재하는 것이 된다. 따라서 어떠한 경우에도 개인 존재의 정체의식正體意識 또한 성과 함께하는 시조와의 연결 및 조상과의 관계 속에서 역사 문화적으로 설정되고 있다. 이러한 성姓을 씨氏로 변경하는 것은 결코 단독으로 할 수 있는 것이 아니었던 것이다. 姓을 氏로 불가피하게 변경을 해야 하는 식민치하 위력威力 아래서이지만 그 변경을 위해서는 문중의 회의와 가문의 숙고가 이루어지고 있었던 것이다.[144)]

상기의 창씨신고를 기준으로, 신고를 하지 않은 25.3%의 호는 이전에 이미 창씨를 하였거나 아니면 법정창씨法定創氏를 규정한 제령 제19호 '조선민사령朝鮮民事令 중 개정改正의 건'의 부칙 조항에 의해 1940년 8월11일부터는 제령이 시행되던 당시(1940년 2월11일) 호주의 성을 씨로 하는 창씨의 법정효과法定效果가 발생하게 되는 것이었다.[145)] 따라서 조선인은 모두 창씨제도創氏制度에 의해 일본식 씨氏를 갖게 되었는 것으로, 호주의 성姓이 단일 가家의 호칭인 씨氏가 되면서 호주를 중심으로 가족 구성원 모두는 동일한 씨를 사용하게 되었던 것이다. 나아가 법률상 일제식 씨의 효력 및 가제도家制度가 조선에 완전히 이식되는 결과를 맞게 되면서 또 다른 갈등과 사회상이 전개되게 되었다.

[2] '창씨설정創氏設定'의 구체적 모습과 다양성

창씨개명創氏改名 과정을 통해 결과하는 조선인 창씨의 다양성은 그럼에도 불구하고 혈통과 종중을 잃지 않으려는 비장함과 함께 폭압적 시류에 아니 밀려갈 수 없는 식민속국 조선인의 비운悲運이 서려 있는 것이 된다. 조선인의 성姓은 창씨개명 시기

144) 姓을 創氏하여야 하는 과정에서 조선인들은 본관과 始祖와 현재의 姓을 연결시키려고 노력하고 있다. 그래서 本貫, 姓과 本貫, 始祖名과 本貫, 原籍과 姓 등을 잇거나 변형하거나 하면서 創氏를 이루어내고 있음을 알 수 있다. 관련하여 울릉도 현포동과 전북 순창군 구미리와 갑동리를 실증조사한 논문으로, 전경수 · 최미희, 상게논문 참조요.

145) 制令第十九號 '朝鮮民事令中 改正의 件'의 부칙 제3조의 핵심은, 전항의 규정에 따라 새롭게 氏를 신청을 하지 않은 자는 본 제령의 시행(1940.2.11.~1940.8.10.) 당시의 戶主의 姓을 氏로 한다고 하는 것이다. 따라서 창씨제도가 시행된 1940년 2월11일을 기준으로 그 당시 호주의 姓을 氏로 創氏하여 일제식 氏의 효력이 발생하게 되는 것이다.

에 약 341개의 성으로 파악된다.[146)]

종중이나 가문 단위로 협의하고 숙고하면서 창씨를 하지 않을 수 없는 상황에서 그 대응 고심은 심대하였던 것이다. 가장 중요한 것은 어떠한 경우에도 혈연적 계보, 즉 본관이나 성, 시조와 관련한 이름 설화 또는 유명한 조상의 이름이나 자호 또는 역사성을 담는 지역 등을 담아서 **창씨創氏를 설정設定**할 것을 중요하게 숙의하였다. 물론 완전한 일제식 씨를 사용하는 경우도 적지 않았다.

창씨에 대한 유형과 사례 등은 일제가 편찬한 '창씨명감創氏名鑑'을 통해 이해할 수 있다. 창씨명감創氏名鑑은 조선신문사가 1941년 1월에 발간한 것으로 1940년 8월10일 기준으로 작성된 경기도민 중 10,173명의 성명과 창씨 및 개명에 대한 실태 자료집이다. 이를 기초로 창씨의 사례 및 유형을 소개한다.[147)]

(1) '보충형補充型'으로 기존의 성姓에 다른 글자를 한자 더 붙여 창씨
: 金 → 金田, 李 → 李家, 朴 → 朴井

(2) '대치형代置型'은 본관을 성으로 대치하여 창씨
: 金海 金 → 金海, 安東 權 → 安東, 河東 鄭 → 河東

(3) '결합형結合型'은 본관과 성을 결합하는 형과, 성과 본을 결합하는 경우, 성과 이름을 결합하는 경우 등으로 창씨 : 慶州 金 → 慶金, 原州 邊 → 原邊, 江陵 金 → 金江

(4) '해체형解體型'은 성姓의 한자漢字를 해체 분해하여 씨로 바꾸어 창씨
: 張 → 弓長, 李 → 木子, 崔 → 山佳

---

146) 鄭光鉉교수는 '姓氏論'부분에서 조선인의 姓은 총독부 國勢調査(1930년10월1일)에 의한 250種, 국세조사에는 나타나지 않은 것으로 中樞院에서 전국 各面에 조회하여 戶籍簿所載의 姓에 대한 회답을 수집하여 행한 調査에서 나타난 91종 등을 합하여 341종으로 파악하고 있다. 鄭光鉉, 韓國家族法研究, 서울대학교출판부, 1968. 155-157면.

147) 창씨개명과 관련하여 '創氏名鑑' 및 여타 자료에 대한 분석 연구는 정주수, 일제강점기 창씨개명 실태연구(司法行政 2020.1월호)부터 [일제강점기 창씨개명 실태연구]의 V.결론'(사법행정, 2021.2.)까지에 걸쳐 연속으로 게재하고 있다. 여기에서 '創氏名鑑'은 1940년 8월10일을 기준으로 당시 경기도민 중 10,173명의 창씨 실상을 수록하고 있는 것으로, 조선인 본래의 姓名과 일제식 創氏名을 기재하고, 주소 원적 직업 생년월일을 기록하고 있는 자료집이 된다. 당시 政務總監 오노 로구이치로는 序文에서, 저명인물의 신구성명을 망라하여 일반의 편의에 제공하려는 취지에서 발간한 자료집임을 밝히고 있다(정주수, 일제강점기 창씨개명 실태연구, 司法行政 2020.1.). 특히 創氏에 대한 유형별 분류 및 改名에 대한 유형별 분류 등에 대해서는 동, [일제강점기 창씨개명 실태연구]의 V. 결론, 사법행정, 2021.2 참조요.

(5) '혼합형混合型'은 본관에서 한 자를 취하거나, 본관의 옛 지명 또는 주소지명에서 한 자를 취하여 창씨 : 江華 韋 → 江口, 丹陽 禹 → 丹山, 豐壤 趙 → 豐田
(6) '승격형昇格型'은 종전의 이름을 씨로 창씨하고 이름은 다른 것으로 개명함 : 趙海東 → 海東을 氏로 하고 이름을 邦保로 하여 '海東邦保'로 창씨개명함.
(7) '의지형意志型'은 일제에 저항하는 의지의 표현으로 일제 시책에 냉소적 분노적 표현을 변형하여 창씨하거나, 일제시책에 적극 찬양 협조하는 의지를 담아 일제식 씨로 창씨 : 李永哲 → 加那多哲((가나다 철)로 변경하여 저항적), 李光洙 → 香山光郎(일제에 적극 순응)
(8) '탐구형探究型'은 시조 내지 이름있는 명망 조상의 이름이나 자호字號, 역사성이 있는 고사古事나 전설 등에서 글자를 취하여 창씨 : 韓山 李 → 牧山(고려말 牧隱 李穡의 호에서 牧자를 취하고 韓山 李가의 山을 따서 붙여서 '牧山'으로 창씨)
(9) 위의 유형들과는 다르게 일본인들의 내지인식內地人式 씨氏를 그대로 사용하는 창씨 : 吉田 伊藤 靑山 野村 中村 加藤 松下 등의 일본 씨를 그냥 사용

위의 유형들은 바로 조선인이 보유하여오는 혈연정통성에 기하여 종족과 가문을 잊지 않아야 한다는 자기 정체성에 대한 인식에서 고심으로 이루어낸 씨의 창설로 분류할 수 있게 되는 것이다. 그러나 또 (9)번처럼 일부는 일본인들이 통상으로 쓰는 내지인식 씨를 모방·참용하여 그를 창씨로 사용하는 경우도 상당하게 존재하였던 것으로 나타난다.[148)]

더하여 창씨를 하면서 형태별로는 씨氏의 글자 수를 삼자형三字型[예,長谷川], 이자형二字型[山本, 宮野], 단자형單字型[岡, 島]으로 하여 씨를 새롭게 구성하고 있는 것으로 확인된다. 그리고 창씨와 결합하여 또 중요하게 이루어지는 개명改名에 있어서는 창씨보다도 더욱 다양하게 여러 형태와 유형으로 이름들이 창안되고 있었다.[149)]

---

148) 1941년(昭和 16)에 편찬된 족보중 晉州姜氏家譜의 序文(姜鎭求 書)을 통해 이해한다. 창씨개명을 하는 과정에서, 본관과 성씨가 일제식의 氏로 변형됨으로 인하여 **몇 세대가 지나서는** 조상을 모르고 종족을 알 수 없어서 人倫을 해하고 禮를 어지럽히게 될 것을 염려하고 있다. 특히 창씨과정에서 종족 중에 일본식의 井田 牧野 齋戶 成巖 文島 松山 松田 寺田 등을 쓴 친척들을 보면서 식견이 어둡고 무심한 데서 나온 것이라 탄한다. 그리고 이렇게 일본식의 氏로만 변형되어가면 후손들이 장차 禮를 모르고 예가 없으면 상하가 혼란되고 부모 형제간에 사랑과 공경의 道가 없어질 것을 염려하면서 序文에 족보편찬자의 심정을 적어둔 족보가 전해온다. 김필동, 일제의 창씨개명 정책과 족보(사회과학연구 21권4호, 2010.) 중 '晉州姜氏家譜序'(1941년편찬 족보) 참조.

149) 改名에 있어서는 創氏보다도 더욱 다양한 형태로 이름을 만들어내고 있었음을 알 수 있다. 정주수, [일제강점기 창씨개명 실태연구] V.결론, 사법행정 2021.2. 68-72면 참조요.

이렇게 이루어진 창씨는 '창씨명감'을 통해 성별姓別로 이루어내는 창씨創氏의 개수도 파악된다.[150] 대표적으로 성姓이 '이李'가의 경우 가장 많은 461개이며, '김金'가는 279개, '박朴'가는 219개, '정鄭'가는 157개, '최崔'가는 169개, '조趙'가는 100개 등으로 정리된다. 물론 이들의 상당수는 자신들의 시조나 본관 또는 원적지 및 고향 등과 관련하여 그를 변형하여 '씨氏'명칭으로 창씨하고 있다.[151] 그러나 그와 전혀 관계없이 일본인의 기존 씨를 따라서 자신들의 씨로 하는 경우도 적지 않았다.

이러한 과정을 거치면서 만들어내는 일제 창씨제도의 궁극은 혈연을 중심으로 한 종중宗中・가문家門 관계를 혼동하게 하는 것이었고 결국은 조선민족의 독자성 및 고유성을 철저히 멸실시키는 위에 일제에 흡수・동화시켜내는 것이었다.[152] 황국신민화皇國臣民化를 명목으로 창씨제도를 통해 조선인을 그들의 예속적 존재로 전락시키는 법제적 장치를 완결하는 것이 되었다.

[3] 창씨신고의 종료와 신문폐간, 그리고 황국신민에 대한 독전

1. 창씨신고의 종료와 신문폐간

일제는 창씨제도가 종료되는 날일 1940년 8월10일을 기해 조선일보와 동아일보 등의 언론에 대해 강제 폐간을 명하였다. 1920년 1월 총독부 경무국警務局은 조선인

150) 이에 대한 자세한 분석은 정주수, Ⅲ. 창씨개명 창씨실태, 司法行政, 2020.3. 참조요.

151) 창씨과정을 통해 가까운 형제가 뜻하지 않게 다른 氏를 가지면서 일족이 분리되는 과정을 보여주는 사례를 본다. 당시 마산의 일구역에 姜씨가 20여호 정도 살고 있었다. 일본서 공부하고 온 族叔 한 분의 발의로 경남 마산의 일가들은 姜에다가 밭 田자를 붙여서 '姜田'(교오다)으로 절반 창씨를 하였다. 그래서 창씨 한 姜田에다 이름은 그대로 조선 이름을 사용함으로써 당시 최소한의 창씨개명 방법을 하게 되었다. 하지만 경남 사천군 곤양에 살던 그와 형제인 종조부 집안은 창씨를 하면서 '晋陽'(晋州의 옛명)(신요오)이라 하였다. 결국 증언자인 저자의 조부 세대는 형제간에도 성을 바꾸어 氏가 달라지게 되었으니, 마산 사는 분은 '姜田'(교오다)이 되고 사천 곤양에 사는 분은 晋陽(신요오)로 창씨를 통해 家의 호칭이 달라지게 되었다고 한다. 강만길, 역사가의 시간, 창비사, 2010. 36면.

152) 일본의 氏에 대한 실례를 소개한다. 1980년대 도오쿄대학 교수이자 도오쿄 여자대학 총장이던 스미야 미끼오(隅谷三喜男)교수와 강만길 교수와의 대화 내용이다. 그는 강만길 교수에게 조선에서 '姜'이란 성이 언제부터 인지를 물었고 그에 대해 고구려 시대라는 설도 있지만 고려 중기쯤부터는 확실히 있었다고 말하였다. 그러자 놀라운 표정으로 자신이 가진 **氏 '스미야(隅谷)'는** 그전에는 없다가 할아버지 때부터 가졌는데 현재까지 일본 국내에서 같은 氏를 가진 사람이 **50명이 채 안 된다**고 하였다. 그러고는 한국과 일본의 성씨에 대한 역사와 인식이 그렇게 다른데 그를 부정하면서 과거 일본 제국주의자들이 조선 사람들에게 '創氏改名'을 강요했다는 것은 개탄할 일이라고 하였다. 그는 당시 '한국경제'라는 저서로도 유명한 교수였다. 강만길, 역사가의 시간, 창비사, 2010. 38-39면.

에게 신문의 발행을 허가하였다.[153] 조선일보(3월5일 창간)와 동아일보(4월1일) 양 신문은 창간 이후 총독부에 의해 기사에 대한 삭제는 물론이고 정간과 폐간을 수차례 겪은 끝에 결국 폐간에 임하게 된 것이다.[154] 동아일보는 "당국의 언론통제言論統制에 대한 대방침大方針에 순응하여 본보는 뒤를 보아 한恨됨이 없고 또 앞을 보아 미련未練 됨이 없는 오늘을 맞이하게 되었다... 무릇 보도기관으로서 신문의 사명이 결코 새로운 뉴스의 제공에만 그치지 않고 일보 나아가서 변전하는 시류에 처하여 능히 엄연한 비판적 태도와 부동의 지도적 입장을 견지함에 있음은 주지周知의 사실이다. 그러나 이 같은 의의는 특히 과거 조선에 있어서 더욱 광범하였음을 볼 수 있으니 그것은 극도로 뒤진 이 땅의 문화적 수준에서 귀결되는 필연적 사실이었다. 그러나 한번 뿌려진 씨인지라 오늘 이후에도 싹 밑에는 또 새싹이 트고 꽃 위에는 또 새 꽃이 필 것을 믿어 의심치 않는다"는 내용으로 그간 떨친 동아일보의 역할 및 기여와 앞날에 필연적 소생 믿음을 가지면서 일제 당국의 언론통제 방침으로 인해 폐간에 임하게 됨을 고하고 있다.[155]

조선일보는 폐간에 임하면서 다음의 내용을 기록한다. "지나사변支那事變 발발勃發 이래 본보는 보도보국報道報國의 사명과 임무에 충실하려고 노력하였고 더욱이 동아東亞 신질서건설의 위업을 성취하는데 만의 일이라도 협력하고자 밤낮없이 숙야분려夙夜奮勵한 것은 사회 일반의 주지하는 사실이다. 작년 9월에 발발한 구주대전歐洲大戰과 독일과 이탈리아의 대승을 계기로 세계정세는 큰 전환을 보게 되고 국내정세가

153) 이때 총독부 경무국은 민족주의 진영의 李商協에게 '東亞日報'를, 朝日同化主義를 강조하는 단체인 大正實業親睦會의 芮宗錫에게 '朝鮮日報'를, 그리고 新日本主義를 주장하던 국민협회의 閔元植에게 '時事新聞'의 발행을 허가하였다. 3.1운동 이후 일제는 문화주의를 표방하면서 식민지배정책을 변경하던 상황에서 신문발행을 허가하게 된 것으로, 武斷支配를 탈피하는 방식으로 民意暢達과 民論尊重의 취지에서 언론활동의 허용을 새로운 지배책략으로 제시하게 된 것이다. 그러나 식민지배를 효율화 하려는 일제의 목표는 불변한 것이어서 위의 신문허가 과정에서도 철저하게 세력을 조율하고 있음을 알 수 있다. 물론 얼마의 시간이 지나면서부터 각 신문은 경영진들이 바뀌어지게 된다. 정진석, 한국언론사연구, 일조각, 1983. ; 동, 일제하 한국언론투쟁사, 정음사, 1975등 참조요.

154) 창간에서 폐간에 이르기까지 紙齡을 보면 朝鮮日報는 6923호, 東亞日報는 6819호에 이르고 있다. 四·七言論人會編, 韓國新聞綜合社說選集 卷一, 1984.344면.

155) 동아일보, 廢刊辭--當局의 統制方針에 順應하여, 1940.8.11. 그러나 동아일보는 폐간 불과 4개월 여 전인 1940년 4월1일자에서 '本報創刊二十週年' 사설을 통해 다음 내용으로 다짐과 희망을 제시하고 있다. "사회변천의 急調的 템포를 본다면, 現代의 십년은 古代의 천년과 中代의 백년을 凌駕할 수 있는 것인만큼 本報의 二十年 生涯는 質的 量的으로 과연 심각하고 複雜多端하여 文化史的 내용을 한없이 풍부케 하였다....吾人은 往蹟을 반성하고 반성을 충실히 하여 다시금 새로운 精進과 보다 큰 발전에 일층 노력하기를 一般의 앞에 엄숙히 誓約하노니 滿天下讀者는 본보의 微誠을 깊이 信賴하여 시종일관의 애호와 편달을 끊임없이 베풀어줄 지어다". (동아일보, 本報創刊三十週年, 1940. 4.1.)

또한 이에 대응하여서 신체제가 건설되려고 하는 이때에 신문통제가 국책으로 수행되는 이외에 다른 사정私情을 운위할 바가 아니다. 본보의 폐간도 이 점에 근거가 있다"는 내용으로, 1937년의 중일전쟁 이래 동아의 신질서건설에 협력한 조선일보, 그리고 2차대전에서 독이獨伊의 승전 전황과 그에 따른 일제의 신체제 구축노력, 그를 이은 신문통제新聞統制 국책에 의해 신문폐간에 이르는 경과를 논설하고 있다.[156] 전쟁으로 매진하는 일제는 조선인들의 신문도 폐간하고 사회를 총동원체제로 강박하고 결속시키면서 동원 가능한 모든 인적 물적자원을 극한으로 결집시키는 것이었다.

2. 황국신민에 대한 전쟁 독려

결국 창씨개명은 1942년5월 일본 내각회의에서 결정된 조선징병제 시행에 중요한 관계가 있는 것으로 명백히 드러난다. 1945년 3월6일자 내무성 기밀문서의 내용 중 "...대다수는 희망대로 창씨하고 황국신민이 된 결의를 서서히 굳혀 현재에 있어서는 내선융합일체內鮮融合一體 위에 좋은 결과를 계속 낳고 있다고 믿음. 특히 징병제도를 실시한 오늘날 황군皇軍으로서 조금의 차별도 없이 혼연일체가 되어 군무軍務에 계속 정진精進할 수 있고, 만일 현재 군대 안에 김모 이모 등이 섞여 있다고 생각하면 그 이득과 폐단 또한 저절로 밝혀지게 되고...[(비秘) 조선 및 대만 거주민 정치 처우에 관한 질의응답] 내무성관리국 1945.3.6."라고 하여 전쟁 수행을 위해서는 반드시 창씨개명은 필요하였던 것임을 알 수 있게 한다.[157] 일제의 창씨제도는 이렇게 치밀하게, 일제가 도발한 중일전쟁을 포함하는 아시아태평양 지역의 내부적 전쟁과 세계대전世界大戰의 변화까지를 함께하면서 전쟁 범위를 확장하는 구상 위에서 조선을 완전하게 장악하는 정책에서 일관하고 있음을 알 수 있다.

대전의 막바지에 이르는 시점인 1945년 3월에 일제는 경성일보京城日報를 통해 **'전반도全半島를 요새화要塞化하라---우리들, 대동아大東亞의 방파제防波堤되리'**라는 글을 통해 미국과 영국의 연합국에 당하고 있는 일본의 패퇴적敗頹的 전황을 숨기면서 2600만 조선인들을 전장으로 끌어들여 전 조선 인민이 몰아적沒我的으로 협력하여 전반도全半島를 요새화할 것을 독려督勵하고 있다.[158]

156) 조선일보, 廢刊辭, 1940.8.11.

157) 정운현 편역, 創氏改名, 학민사, 1994. 39~40면.

여기에서는 일제가 러일전쟁에서 승리하도록 견인하고 대한제국을 정치적 외교적으로 장악하며 통감부를 설치하여 식민지배를 거의 완성단계로 만들어간 수훈자首勳者 이등박문伊藤博文을 존경으로 불러오고 있다. 식민지배를 위해 철저하게 책략을 구상하고 조선의 현장을 직접 누비면서 그를 실행한 이등박문을 조선인에게 새롭게 각인시키고 있다. 즉, 1904년의 러일전쟁을 승리로 이끈 40여년 전 이등박문을 현재로 소환하여 부족하고 불리한 전황을 승리로 바꾸어낸 그때를 재현하자는 격문檄文으로 조선인들에게 충성 단결을 호소하고 있다.

"명치37년(1904) 2월4일, 어전회의御前會議에서 기어이 러시아와의 개전이 결정되던 그 날 밤의 일이다. 이등박문공伊藤博文公은 술회하며 말하기를 강대한 러시아의 대군이 곧 조선에 침입하면 조선은 약탈당하고 만다. 우리 육군은 조선에서 이를 방지하려는 전략이긴 하다. 그렇다 해서 육해군 모두 확실한 승산은 없다.[159] 만일 조선에서 패한다면 미흡하나마 이 박문博文도 시종時宗의 고사故事를 본받아 스스로 무기를 들고 한낮 병졸이 되고 처에게도 병영의 취사를 시켜, 부처 함께 박다博多(후쿠오카)나 마관馬關까지 나가서 적을 무찌를 결심이다"라는 내용으로, 당시 원훈元勳으로서 이등박문이 국가를 위기에서 구하기 위해 비장한 결의를 가지고 분기함을 기술하면서 조선인의 분발을 촉구하고 있다. 결국은 이등박문의 이러한 결기가 일본의 지도진영에 전달되고 전국민의 혼에 전해져서 애국일심愛國一心 거군일체擧軍一體의 성과를 맺고 당시 러시아의 방대한 병력 및 전쟁물자에 대적하여 승리를 가져오게 되었다고 되새긴다.[160]

그리고 대동아의 각처가 치열한 혈전에 뒤덮이고 있는 상황에서, 당시 총독 아부신행阿部信行(아베 노부유키:1875~1953, 제9대 조선총독으로 1944.7.~1945.8 재임)은 반도에 있는 조선인들에게 다음과 같이 담화로 독려한다.

---

158) 京城日報, 全半島를 要塞化하라---우리들, 大東亞의 防波堤되리, 1945.3.10.

159) 러일전의 개전과 승리에 대해 일본은 40년 전을 되돌려 다음과 같이 쓴다. "상기해 보라, 40년전 奉天城頭를 진동한 그 승전을. 50배의 국토, 3배의 인구력을 가진 적을 때려눕히고 興亞의 도끼를 내려꽂던 快勝의 날을. 우리쪽이 괴로울 때는 敵 또한 괴로운 것이다" (京城日報, 全半島를 要塞化하라－우리들, 大東亞의 防波堤되리, 1945.3.10. 본문참조).

160) 京城日報, 全半島를 要塞化하라－우리들, 大東亞의 防波堤되리, 1945.3.10.

"우리들 국민 1억은 대동아 민족동포의 전운명全運命을 걸머질 입장에서 단연코 이겨나가지 않으면 안 될 이 일전이라는 것을 명심하고 대화일치大和一致, 철과 같은 결속 아래 불굴의 전의를 앙양하며 물심物心을 통틀어서 전력증강에 매진하지 않으면 안 된다"는 것이다.

그러면서 전반도 요새화의 길은 단 하나 전체 반도 주민이 마음과 힘을 하나로 뭉치는 일이다. 철통같은 군방위를 절대로 신뢰하는 동시에 관은 또한 솔생연단率生英斷으로 시정하며, 민은 흔연하게 몰아협력沒我協力 그 지역에 부지런히 정려精勵한다면 전반도의 요새화 또한 쉬울 것이다.

되풀이해 말하거니와 이 문제는 어디까지나 2600만 주민의 결속에 걸려있는 것이다.

전국戰局이 어떠한 양상을 띠더라도 아니 전국戰局이 위험을 고하면 고하는 만큼 더욱더 그 저력을 발휘하는 것이 황국의 전통인 것이다. 원하건대 선인先人의 산 교훈을 본받고 선인의 위업을 전승하라. 이제야말로 "전우戰友의 시체屍體를 뛰어넘어서 한 사람도 빠짐없이 공격에 분기奮起해야"할 것이라고 분전을 요구하고 있는 것이다. 결국 동조동근同祖同根으로 황국신민皇國臣民이 된 전체 조선인이 황국의 국민으로서 이 대동아전쟁大東亞戰爭에 몰아적沒我的으로 협력하고 결속 참전할 것을 강제하고 있는 것이다.

제Ⅷ장 결 어

1. 일제의 한국식민지배는 철저한 침탈정책과 법제를 기초로 수행되었다. 특히 가족법 영역에서는 조선민사령의 제정과 개정을 통해 조선민족 전통의 가족제도와 가족관념 및 관습법적 내용들을 단계적으로 변개시키면서 일제의 제도들을 접합·이식하게 된다. 가족 등 관습에 대한 기초조사를 행하고 이에 대한 변경 왜곡 등을 행정 및 사법절차 등을 이용해 차근히 이루어 내는 치밀함을 동반한다. 그러나 이러한 법제 및 제도의 변경은 조선을 강제합병한 것에 이어 점차 대동아공영권의 일원으로써 필히 일제와 동화同化하고 내선일체內鮮一體를 기하여야 한다는 설계 위에서 진행되

는 것이었다. 더하여 일제는 1930년대부터 중일전쟁의 수행과 함께 일본 역사상 '15년전쟁'으로 호칭되는, 태평양전쟁으로의 확전을 염두하면서 직접적이고도 강력한 총동원책략을 도모한다. 결국 조선인을 황국의 신민으로 결속시켜 충량忠良한 황국의 국민國民으로 만들고자 최후적으로 창씨제도를 감행함으로써 조선인이 역사문화적으로 보유하여온 부계혈통에 기한 가家의 정체성과 그에 기한 종중결합 및 가제도家制度에 대한 근본적 변환과 부정을 제도화하고자 하는 것이었다.

총독부 시대에 앞서 대한제국 침탈을 면밀하게 주도하면서 식민지배를 기획하여 온 한국통감 이등박문은 한국을 조속히 일제 치하에 완전 복속시키기 위해 법제도의 구축과 함께 정책기조를 일관되게 추진하였다. 그래서 매겸차랑梅謙次郎에게 관습법에 대한 조사는 물론이고 가족제도와 관련하여 당시 중국식인 한국인의 성姓제도를 일제식 씨氏제도로 전환 시킬 것을 연구하게 한다. 그러나 사회의 기초 단위인 가족제도를 강압으로 해체 변경하고, 특히 한국인 자신의 존재 근원으로 관념하며 부계혈통父系血統을 증명하는 장치인 성과 본관제도를 변경하는 것은 불가한 것임을 알게 된다. 결국 한국을 조속히 일제 식민치하로 복속시키려던 이등박문의 책략과 그를 철저히 협조하며 명령을 열심으로 수행하여야 했던 매겸차랑梅謙次郎의 노력은 본인의 사망과 이등박문伊藤博文의 사망(1909.10.26.)으로 중단되게 된다.[161] 그러나 당시에도 매국적 한국인은 일제식 씨와 이름을 자신의 이익과의 관계에서 솔선해서 갖기를 원하였다. 따라서 일진회의 송병준宋秉畯은 야전평차랑野田平次郎으로, 경찰 고위의 김해룡金海龍은 김강용웅金江龍雄으로 일찍이 창씨개명을 하고서 일본인보다 더 일본에 충성하며 조선인을 탄압하고 착취하던 인물도 존재하였던 것이다.

일제는 1940년 2월, 창씨제도를 본격적으로 시행하면서 조선인들이 자발적으로 일제식의 창씨創氏와 이름을 사용하고 이를 흔쾌히 수용할 것을 기대하였다. 물론 일제가 시키는 대로 창씨를 행하는 이들도 적지 않았지만 그러나 대개의 조선인들은 일제식의 창씨를 주저하였고, 그래서 설정창씨設定創氏의 신고서 제출(1940.2.11.~1940.8.10.) 종료시점에 근접하면서 가문家門단위 등으로 씨를 정하여 늦게 신고하는 실상이 나타난다. 또한 시조 및 조상과 원적을 잊지 않으려는 방책을 고뇌한 결과 여러형태의 조선인 방식의 창씨가 도출되기도 하였다. 결국은 별도로 신고가 없어서 설

161) 이에 대해서는 제2부 제Ⅵ장 '1.통감부 시기의 창씨논의와 창씨사례'를 참조하되, 梅謙次郎과 관련하여서는 각주 97번 참조요.

정창씨가 아니된 경우는 1940년 8월11일부터 조선인의 성姓이 일본식의 씨氏로 변경되는 법정창씨法定創氏의 효력이 발생하게 되었다. 아울러 한국인의 성명과 가족관련 법제가 일본 가족법제의 내용과 체계로 완전히 흡수 변화되어 효력을 발하게 되었으며, 단지 성명의 형태만이 한국식의 성과 이름으로 남으면서 법제적으로는 한국민족 말살을 결과하게 되었던 것이다.

당시 조선총독 남차랑南次郎이 주도한 창씨제도는 그렇게 식민지배에 있어 형식적 정치적 측면의 성취를 넘어 민족 근본으로부터 황민화와 내선일체를 완성하려 목적하였던 것이다. 그래서 창씨개명은 조선인의 독자성과 주체적 역사의식을 해체하는 것이며, 인간사회의 가장 기초 단위인 가족사회를 일제식으로 변개하고 그에 파생하는 모든 제도와 습속까지를 일제화日帝化 함으로써 한국민족을 말살하여 완전한 예속隷屬을 종국적으로 성료盛了하는 것으로 몰아갔던 것이다.[162)]

2. 창씨제도에 앞서 완비한 국민총동원과 일본어 상용화 등은 일제의 군국주의적 지배책략에 있어서는 당연히 부수적으로 전제되는 장치들이 된다. 1940년에 시행하는 창씨개명은 아시아와 태평양(1941년12월8일 태평양전쟁 발발)을 전쟁터로 설정하여 살육을 전개하는 일제에게 있어 조선인들을 군사 및 전쟁자원으로 징발하여 필요처에 동원해야 하는 궁극상황에서 기획된 핵심적 전략이 되었다. 그래서 모든 조선인은 일본인과 같은 외관을 일본인 그들이 씌워 주는 대로 받아쓰고는 그들의 필요에 따라 철저히 차별된 노예로서 인간의 존재 본질에 대한 주체적 생각과 자유의지를 유린당한 채 끌려가고 끌려오는 새로운 단계의 피식민적 압제를 당하게 되었던 것이다.

결국 1945년3월, 대동아전쟁이 한창인 상황에서 일제는 대한제국을 일제의 식민지배로 예속시켜간 최대공로자인 이등박문의 40년 전 러일전 승리의 교훈과 활약을 되살리면서 반도 조선인 2600만 주민의 결속을 통해 전반도全半島를 요새화할 것을 촉구하게 되었던 것이다. 창씨제도를 통해 황국신민皇國臣民이 된 조선인을 향해 황

162) 그러나 일제의 일부 경찰들은 조선인과 일본인의 구분이 명백하게 되지 않는다는 이유로 창씨개명을 그렇게 달가워하지 않았다고 한다. 일본 경찰들의 경우 조선인이 二等의 일본인이 되는 것도 싫어하였으며 조선인은 그냥 식민지백성 조선인으로 그대로 두기를 원하였던 것이다. 또한 일제는 당시 創氏는 강요하되, 改名을 강요하지 않고 조선식 이름을 그냥 가지게 한 것은 창씨 이후에 조선인과 일본인을 구분하기 위한 것이었다고 하였다. 창씨개명을 통해 조선인을 모두 일본인으로 만드는 황국신민화를 내세우면서도 자신들 내지인과는 다른 외지인으로서 이등의 일본 국민이 되어 그들이 행하는 침략전쟁의 자원으로 삼고자 하였을 뿐이었던 것이 된다. **水野直樹**, 創氏改名, 岩波書店, 2008. 및 강만길, 역사가의 시간, 창비, 2010. 38~40면 참조.

국신민으로서 황국의 전통을 발휘하여 '전우의 시체를 넘고 넘으면서' 공격에 나아가야 한다고 단호하게 요구하고 있다.[163] 따라서 조선반도의 전조선인全朝鮮人은 일제를 위해, 내선일체로 동화同化된 황국신민으로서 전장에 동원될 수밖에 없는 결론 앞에 서게 되었던 것이다.

일제가 조선민족에게 행한 압제와 민족말살의 시기를 벗어난 다음 광복 조선에서는 조선민족 본래의 성명姓名을 복구하는 조처가 시행된다. 즉, 미군정은 1946년에 '조선성명복구령朝鮮姓名復舊令'을 제정 시행한다. 군정법률軍政法律 제122호(1946.10.23. 공포・시행)로 발효된 본 법률은 일본 통치시대의 창씨제도에 의해 일본식 씨명氏名으로 변경된 조선인의 본래 성명을 간이하게 복구하는 것을 목적으로 하고 있다.[164] 따라서 조선인으로서 일제식 씨명으로 창씨개명을 한 자에 대해 바로 그 창초일創初日로부터 창씨개명이 무효임을 선언하면서 조선인 본래의 성명을 되찾게 함으로써, 식민지배의 압제와 창씨제도로 인한 민족말살의 암흑暗黑과 왜곡을 제거해내면서 다시 한국민족 역사의 부활과 함께 창신적創新的 진로進路를 열어갈 수 있게 되었던 것이다.

---

163) 京城日報, 全半島를 要塞化하라---우리들, 大東亞의 防波堤되리, 1945.3.10.

164) 물론 제국주의 시대를 종료한 현대의 일본사회는 이전의 전통사회가 갖던 사회적 기반의 변화와 그 후 전개된 역사상의 변천을 반영하면서 選擇的夫婦別氏制 등이 대두되는 문제를 중요하게 제기하고 있다. 그러나 夫婦同氏와 婚姻制度와 戶籍制度가 분리될 수 없는 일본 가족법제의 구조적 錯綜을 특징으로 지적하면서 논의의 진전에 어려움이 있음을 밝히고 있다.(廣中俊雄 星野英一, 民法典の百年 I, 有斐閣, 1998. 672-674면). 현재도 일본은 왕실 여성들을 일본의 전통적인 젠더 역할을 상징하고, 그들을 향한 혹독한 기준은 결국 일본 사회 저변에 깔려 있는 여성을 향한 시선이라는 게 NYT의 분석이다. "지난 총선에서 여성 총리 후보 두 명을 배출하는 등 일본 사회도 노력을 기울이고 있지만, 많은 면에서 여성은 여전히 2등 시민에 머물러 있다"는 지적과 함께한다. 이에 대한 근거로 매체는 [결혼한 부부의 선택적 별성제가 허용되지 않아 거의 모든 여성이 남편의 성을 따르고 있다]는 점을 들었다. 일본 사회의 완고한 특성이 호주 및 氏제도와 관련하여 남성우위를 공고히 하고 있는 현재를 보여주고 있다. (중앙일보, 6개국어 해도 아들 못 낳으면 천대, 공주마저 도망친 日왕실, 2021.10.27.)

제3부

언론지성이 기록한 일제 식민지배하의 부정의와 원억·수탈의 조선사회 실상

제 I 장 서 언

제3부는 일본제국주의에 의한 대한제국의 패망과 식민탄압에 대해 언론자료를 기초로 사회상을 자세히 검토한다. 조선조 후기에 일게 된 선각자들의 개화와 근대화에 대한 각성은 외부요인과 내재적 요인이 결합되면서 매우 역동적으로 국가와 사회 전반의 변화를 요구한다. 신문은 국민들이 알 수 있도록 정치와 사회의 변화를 알리고 논설 등을 통해 국민을 계몽하고 인도하는 역할에 목표를 둔다. 근대로의 이행을 알리는 신문을 볼 수 있도록 글을 배우고 리치를 궁구하는 과정이 선행되어야 하는 것으로, 기독교 선교사들에 의한 종교적 깨우침과 함께 교육이 시행되기도 하고 민중들의 열망적 의사와 정부의 의지적 노력에 의해 교육이 독립된 정책내용으로 설정되기도 하였다. 신문을 통해 국내외의 정보가 각계의 선각자들에 의해 끊임없이 제공되므로써 대한제국의 개창과 함께 자주적 독립국가로서의 성상 열망을 증대시켜기게 되었던 것이다.

근대신문의 효시가 되는 정부발행의 한성순보漢城旬報(1883.10.1.), 그를 이어 서재필이 발간한 독립신문(1896.4.7.)은 민간신문의 시작이 된다. 신문을 통해 20세기 전환기의 전후 대한제국이 당면하고 있는 정치 및 사회상에 대해 많은 내용들이 공개가 가능하였다. 새롭게 변환되는 여명의 시대에 신문 담당자들은 열심히 사실을 탐색하고 진리를 궁구하면서 국가를 보위保衛하고 국민들을 지켜내고자 자신의 역할에 노심초사勞心焦思하였던 것이다. 특히 독립신문은 당시 민중을 계몽하면서 개화와 근대사회가 지향하는 국민주권과 민주주의 등에 대한 내용을 전파하였다. 순한글신문으로서 한글을 보급하고 대중들이 정치 및 공무수행에 대한 관심을 제고하게 하였다. 즉, 정부관리의 부패와 열강의 침략정책에 대한 내용 등을 고발하고 알리는데 중요한 역할을 하게 되었다.[1] 독립신문이 폐간된 뒤를 이어 제국신문 황성신문 대한매일신

---

1) 한국신문사는 정부발행의 한성순보漢城旬報(1883.10.1.)가 근대신문의 효시로 본다. 그후 한성주보漢城週報로 발전하게 되지만 1888년 7월에 폐간된다. 이어서 1896년 4월7일 서재필이 발간한 독립신문은 민간신문으로서 한글을 전용하면서 민중을 계몽하는 역할을 수행하였지만 1899년 12월에 폐간되었다. 1900년 초기를 전후하여 많은 신문들이 발간되고 소멸하게 되었던 것으로, 신문은 나라의 독립·자주와 민중의 계몽, 정부에 대한 견제 비판 등을 노력하면서 국가적 위난 속에서 그 사명과 역할을 충실히 하고자 노력하였던 것이다.(이광린, 한국개화사연구, 일조각, 1974; 최준, 한국신문사론고, 일조각, 1976; 정진석, 한국언론사연구, 일조각, 1983 등의 자료를 참조바람).

보 등의 민간신문이 계속해서 창간되게 되는 것으로, 이는 서재필의 독립신문이 기여한 사회적 정치적 계몽 및 고발 등을 이어갈 언론 스스로의 각성에 기한 발전 과정이 되는 것이다.

이 글에서는 1900년대에 들어 격동의 국제질서 속에서 대한제국의 내부적 정치 사회상은 또 어떠하며 민중들은 어떻게 살아가는지를 탐구하고 비판하는 내용들에 대해, 황성신문 매일신보 독립신문(상해판) 등의 자료들을 검토하게 된다. 나아가 일제에 의해 1910년 국권을 완전히 강탈당한 채 식민지의 노예로 살아야 하였던 그 시대의 조선인들의 삶과 사회상에 대해, 신문이 기록하고 고발하며 저항하던 그 부정의와 원억과 폭압의 실상에 대해 자세하게 검토한다. 1920년이 되어 일제는 소위 문화정치를 표방하면서 신문 잡지의 발간을 허용하는 것으로, 이 글에서는 조선일보와 동아일보 등의 언론인이 적고 있는 내용, 즉 식민지배하에서 일제가 자행하던 부정의의 조선사회, 폭압과 원억 수탈의 대상이 되어야 하였던 당시의 조선사회를 사설 · 논설 등을 중심으로 고찰하게 되는 것이다.[2)] 우국애족憂國愛族의 단심丹心에서 우러나온 대문장大文章들이 일제 식민지배기를 기록한 언론인들의 논설 · 사설이 된다. 글이면 다 글인가. 논설이면 모두 논설인가. 뼈가 있고 '얼'이 살아있는 거기서만 비로소 독자들의 편에서 그 본연의 기능을 할 수 있다는 나절로 선생의 언론에 대한 지적은 지금 이 시대에도 명백한 새김을 주고 있다.

---

2) 일제하 조선인 언론인과 그들이 쓴 사설에 대해 술회한 언론인 나절로(1903-1985, 본명 禹昇圭)선생의 표현을 본다. 1984년에 쓴 것으로 한국신문 종합사설선집(일제편)을 출간하면서 서문으로 쓴 글이다. 1970-80년대 당시 한국 언론과 언론인에 대한 질책도 담겨있다. "물론 집필자가 좌고우면左顧右眄하면서 눈치코치를 살피다 보니 그럴밖에. 한마디로 해서 헐 미적지근, 결론적인 <斷>을 뚜렷하게 보여주지 못한다는 것이다. 여기서 독자들의 논설외면이나 사설불신이라는 비난을 안 받을 수가 없다. 심지어는 무용론까지 나오는 것이다. 어째서 구렁이 담 넘어가듯, 是는 是, 非는 非라고 두드러진 결론을 못 내리느냐는 불만의 표시이다. 그러한 반면 지난날은 그렇지 않았다. 비판과 주장이 뚜렷했다. 처음과 중간에선 서론과 해설, 그리고 끝에 가선 단 몇 줄이라도 소신을 분명히 했다. 따끔한 경종을 울려 독자들의 심금心琴을 사로잡아 공감을 샀다. 민중에게 진실한 대변자로서의 역할을 충실하게 다했다. 그래서 신문보도도 중하지만 신문사설을 더욱 중시하게 됐다.... 권력의 시녀가 된다면 민중의 대변자가 될 수 없다. 여도 야도 아닌 우국애족憂國愛族의 단심丹心에서 우러나온 大文章들이다. 글이면 다 글인가. 논설이면 모두 논설인가. 뼈가 있고 '얼'이 살아있는 거기서만 비로소 독자들의 편에서 그 본연의 기능을 다 했다." 四 · 七言論人會編, 韓國新聞綜合社說選集 卷一, --日帝篇, 1984. 나절로 선생의 序文 참조.

제Ⅱ장 일제침략에 협력하는 대한제국 공직자의 부패와 망국조력

[1] 러일전쟁 경고와 대한제국 정부의 자강방안 부재

러일전쟁의 개전이 임박한 시점, 당시의 대한제국은 내외적으로 어떠한 상황인식으로 백성들을 보호 독려하며 결속하고 있었는가. 청일전쟁(1894.7.25.~1895.4.17.)의 승리 후 일본은 한반도에서 청의 세력을 완전히 소거하면서 한반도를 일본에 복속服屬시키기 위해 전략을 구상한다. 러시아에게 만주의 주도권을 인정하면서 한반도에서는 일본이 지배우위를 완전히 장악하려 하였던 것이다. 청일전쟁 후 전승국 일본은 대민을 할양받고 중국의 주요지역으로 중경 항주 소주 등을 개항하고 일인의 거주와 무역자유를 보장하는 등과 함께 2억냥의 배상금까지 물게 하였다. 물론 조선에 대해서는 일본과 같이 완전무결한 자주독립국自主獨立國임을 확약케 하면서 청이 조선과 그동안 가졌던 기존 관계의 해체를 통한 대등 관계의 설정 등을 주로 하는 시모노세키조약을 체결하였다. 일본은 자연스럽게 한반도를 통해 대륙을 향한 교두보를 확보하고자 한 것이었다. 더하여 여순항旅順港과 대련만大連灣이 있는 요동반도遼東半島도 장악하게 되었으나 러시아가 중심된 프랑서 독일 등의 삼국간섭三國干涉에 의해 이를 다시 청나라에 반환하게 되었다. 그 후 러시아는 청과의 관계를 통해 부동항인 여순항을 군사항으로 사용하고 만주에 대한 이권을 확보하는 반면 일본은 한반도에서의 독점적 우위를 다지기 위해 진력하였다. 결국 일본은 1902년(1902년 1월30일) 제1차 영일동맹英日同盟을 통해 러시아의 남하를 견제할 것을 주 내용으로, 영국은 청국에서 일본은 한국에서 각자 특별한 이익을 보장하는 가운데 제3국과 교전이 발생할 경우는 중립을 지키거나 경우에 따라서는 상호동맹국을 위한 전투 가담 등을 협정하게 된 것이다. 일본이 한국을 복속하기 위해 펼친 구상은 한반도를 둘러싸고 전개되는 국제관계를 정확히 파악 정리한 다음, 대한제국을 고립시키면서 일본의 독점적 지위를 확보하려는 치밀한 전략에 기초하고 있었다.[3)]

3) 1905년 8월에는 제2차 英日同盟이 체결되었다. 러일전쟁이 한창이던 때에 영국과 일본은 러시아를 공동의 적으로 설정하면서 공수동맹을 강화하였다. 특히 일본은 한국에서 정치경제 및 군사적으로 탁월

러일전쟁(1904년2월8일~1905년 9월5일)의 발발을 앞두고 당시 한반도에서 전개되던 상황과 정치인들의 다양한 의논들을 1904년 1월의 황성신문皇城新聞 논설 '경고정부警告政府'를 통해 이해해 본다.[4] 당시 우리나라를 둘러싸고 러시아와 일본의 개전 징후가 농후해져 가고 있음에도 불구하고, 아니 러일의 군대와 포환 병참兵站이 계속적으로 바로 한성漢城 도성으로 속속 수입되고 있음에도 대한제국의 정치인 공직자들이 생민生民보호를 위한 대응 태세를 전혀 견지하지 못함에 대해 논설은 심각한 우려를 제기하고 있다.

현금現今 동양의 정세는 날로 급박하여가고 우리 한국의 시국時局은 동양중에서도 더욱 절박한 실정에 처해 있다. 여러 유언流言과 이설異說이 있는데, 혹자는 말하기를 일로개전日露開戰이 목전에 박두하여 만약 개전 시에는 우리 한국에까지 파급할 염려가 있다고 하고 전쟁이 조석지간에 발발할 것처럼 황황히 사람들에게 두려움을 주는 일도 있다. 또한 혹자는 일본과 러시아의 세력 강대는 열국列國이 꺼리는 바로써 만주滿洲에 세력부식勢力扶植이 이미 공고하고 프랑스와의 동맹이 후원하므로 일로전쟁은 단지 허장성세일 뿐으로 전쟁은 없으며, 설사 개전을 한다 해도 우리의 대한황성大韓皇城 영역에서 싸울 일은 만무하며 포환砲丸이나 식량의 수입은 시위적 행동에 지나지 않다며 태평건곤하는 자도 있지만 오늘날 이러한 시국時局은 동양전국東洋全局이 변동하는 징후라 할 것이다.

지금 각국의 군대와 포환 병참兵站이 어찌하여 계속적으로 곡하轂下(천자天子의 수레로서 바로 서울 도성을 말함)에 수입되고 있는 것인지.

자고이래自古以來로 적국敵國 군병이 성하城下에 육박하여 호천濠遷(성의 해자인 호濠를 옮기는 것으로써 천도遷都를 말함)할 지경에 이르고서도 평안을 유지한 경우는 없었던 것이다. 그런즉 우리의 도리道理는 마땅히 조심하고 걱정하고 경계하고 수성修省하여 상황변화에 따라 대응을 최적으로 하여야 하는 것으로, 무사할 것으로 기대

한 이익을 가지므로 영국은 일본이 갖는 특별한 이익을 보호 증진하기 위해 정당하고도 필요한 지도 감독 및 보호조치를 한국에서 취할 것을 승인한다는 내용을 보충하였다. 또한 일본은 그 직전인 1905년 7월29일에 미국과 맺은 가쓰라-태프트밀약(Taft-Katsura agreement)을 통해 대한제국에 대한 일본의 지배권을 미국이 승인하는 내용의 협약을 맺었던 것이다. 일본은 이렇게 국제사회가 행할 외부적 힘의 간여를 사전에 철저히 차단하는 것으로 대한제국을 고립시키면서 식민지배로의 이행을 설계하고 진행해갔던 것이다.

4) 皇城新聞, 警告政府, 1904.1.21.

하여 시일을 지체하고 마음을 방만 소홀하게 하며 외국인外國人들로 하여금 방약무인傍若無人하게 기만과 능욕을 일삼게 하여서는 아니 된다. 지금 각국各國은 각자의 군대를 불러들여 자국의 공관公館과 인민을 보호할 준비들을 하고 있는데 우리 정부는 도리어 무사하게 강토와 생민生民을 보호할 준비를 하고 있는 지를 듣지 못하고 있다.

대한大韓의 강토疆土와 대한의 생민生民을 각국의 공관公館과 견주어 그 경중輕重을 어떻게 보고 있는지? 아직까지도 자보自保 · 자호自護할 계책을 생각지 않는 것이 가능한 것인지?

빨리 정신을 가다듬고 정령政令을 발하여 실행하고 스스로를 성찰하여 의뢰하는 습성을 타파하고 자강自強할 시책을 강구하여야 만이 시국이 환산渙散(무력하고 해이하게 흩어짐)함에 이르지 않으며 강토疆土의 안녕을 유지할 수 있게 될 것이다. 만일 무사하리라 믿고 이전처럼 그릇된 인습만 좇는다면 시월지간時月之間에 아무리 후회를 하여도 아무 소용이 없을 것이라.[5] 오호嗚呼 슬프도다. 제공諸公들이여....

살펴본 바와 같이 1904년 1월 당시, 러일전쟁의 개전이 임박한 상황에서 국내의 정치인 및 공직자들이 갖는 상황인식에 대해 자세히 알 수 있는 논설이 된다. 대한제국 한성에 주둔하는 외국 공관을 중심으로 자기 나라의 군대가 속속 진주하고 주권국인 대한제국 관리들은 그들을 바라만 보는 듯한 상황이 되고 있다. 전쟁발발에 대한 공직자들의 판단이 양분되어 헤매면서 국민보호와 국가안위에 대한 합당한 판단도 없고 정령政令 또한 전혀 발동되지 못하는 대한제국이 되고 있음을 목도 한다. 이처럼 러일전쟁의 개전이 여러 가지 정황으로 임박해 오는 상황에서 한국영토가 전쟁의 현장으로 변화할 가능성과 그로 인해 한국민의 생명 및 재산상의 보호가 어떻게 될 것인지에 대해 정부가 시책을 강구할 것을 촉구 · 경고하고 있다. 그동안 국가의 생영生

5) 결국 1904년 2월8일에 러일전쟁은 개전이 되고 한국은 양국 간 틈새에서 전쟁의 와류에 빠져든다. **'論日俄關係之於俄韓'**(황성신문, 1904.2.12.)이라는 논설은 그 상황을 다음과 같이 적고 있다. "일본과 俄羅斯(러시아)는 다 우리의 友邦이다. 이제 두 나라가 평화로 귀결하지 못하고 끝내는 干戈로 서로 전쟁에 돌입하게 되었으니 아세아와 歐羅巴의 風雲이 크게 변동을 일으키게 될 것이다. **그러나 교전하게 된 主因을 캐보면 첫째로 우리에게 있으니 우리가 만일 일찍 발전하였던들 오늘날 일본과의 개전을 기다리기 전에 이미 우리와 싸웠을 일이거늘 우리 세력이 미약하므로** 隱忍중에 지금에 이르게 된 것이다.....이제 일본과 러시아는 이미 개전하여 交戰하고 있다. 만일 우리가 일찍 趣向을 정하여 去就를 택하지 않고 因循觀望하고 이리저리 눈치만 보며 허둥댄다면 우리를 도우려 하던 측이 오히려 해악적 공격을 가해 올 수도 있게 된다. 이에 **記者는 民志를 확립하여 국세를 유지케** 할 것을 강조한다"는 내용이다. 전쟁 와중에 빠진 한국정부의 통찰력 있는 결단과 선택을 요청하고 있다.

榮을 다른 나라에 의존하는데 익숙한 듯한 정부의 병폐를 비판하면서 강토의 안녕과 자강 방책의 수립을 간절히 경고하는 내용을 통해 당시의 국가가 처한 위기 실상을 알게 된다.

결국 그로부터 스무날도 안되어서 러일전쟁은 개전(1904.2.8.)되었고 대한제국은 전쟁으로 인한 손실과 고통을 온전히 떠안는 참화를 당하게 되었다. 일본군은 한성 덕수궁을 점령하고 인천과 마산 원산에 상륙하여 전쟁을 수행하게 되었다. 그리고 개전 직후인 1904년 2월23일에는 '한일의정서韓日議定書'를 체결하여 전쟁에서 중립을 주장하는 대한제국을 일제에 협조하도록 하는 조치를 취하였다.[6] 즉, 한일 두 나라는 항구불역恒久不易할 친교를 보지保持하고 동양평화東洋平和의 확립을 위하여 대한제국 정부는 일본 정부를 확신하고 시정개선施政改善에 관해 충고忠告를 들을 것(제1조)을 규정하였다. 또한 제3국의 침해나 내란으로 인하여 대한제국의 황실과 영토보전에 위험이 있을 경우 일본정부는 속히 임기응변의 필요조치를 행하며, 한국정부는 일본정부의 행동이 용이하도록 충분히 편의를 제공할 것(제4조) 등을 규정하여 일본이 수행하는 러일전쟁에 한국이 협조하여야 할 것임을 명백히 적고 있다.[7] 일본이 도발한 러시아와의 전쟁에 대한제국이 강제적으로 끌려들면서 부당하게 일본에게 국권을 빼앗겨가는 과정이 상세하게 읽혀진다.[8]

---

6) 러일전쟁 개전 후인 1904년 2월23일 일본은 한국을 강제하여 당시 외부대신 李址鎔(1870~?)과 주한 일본공사 하야시 곤스케(林權助, 1860~1939)사이에 협상조약을 체결한다. 핵심은 한국은 일본이 행하는 시정개선의 충고를 들어야 하며 일본이 수행하는 전쟁에 한국이 협조를 제공하여야 하는 것을 주된 내용으로 적고 있다.

7) 황성신문은 이러한 **韓日協商條約(제1차 한일협약)**체결에 대해 그 부당함을 痛切해 하고 있다. 즉, 한국정부의 施政은 한국정부의 책임이며 타국이 간섭할 바가 아닌 것으로, 우리 한국의 일을 스스로 행하지 못하고 그를 일본의 忠告를 기다려 행하도록 조약을 체결한다는 것은 외국인에게 國權을 양여하는 것과 다름이 없는 것이라고 慨歎하고 있다.(**皇城新聞, 論韓日協商條約, 1904.3.1.** 본문 참조요). 결국 일본은 한국의 疆土保存과 獨立扶植의 논의를 주도하는 것으로 議定約書하였으니 겉으로 보면 의거라 할 것이나, 실질로는 한국의 生靈들을 데려다가 요동 땅 들판에 희생으로 제공하고 전국의 재력을 긁어서는 러시아사람들의 시체에 쾌감을 갖게 하니 의무의 虛榮만 약속하고 공연히 한국의 독립을 돕는다고 할 뿐인 것이 되고있다(**황성신문, 誓告同胞(二), 1904.11.25.** 본문참조). 이어서 이렇게 전쟁에 동원되는 침탈적 의무 이행이 일본과 맺은 사악한 **韓日議定書**를 통해 이미 전개됨을 통탄해한다. 따라서 한국 동포는 각자의 책무를 각성하여 반드시 타인의 奴隸됨을 면하고 대한의 國旗를 빛나게 하여야 할 것임을 호소하고 있다.

8) 이러한 전쟁의 혼란 중에 일본에서 **1904년 3월17일 伊藤博文이 한국을 방문**한다. "일본대사 伊藤侯爵이 17일 하오 3시에 玉座列車를 타고 서울에 들어와 어제(18일) 우리 황제폐하를 뵙고 일본황제의 위문의 뜻과 양국 화친의 情誼를 아뢰고, 이로부터 서로 돕고 의지하는 의리를 강론하여 형제나라와 같이 정치를 하고 친척과 같이 情理를 더욱 친밀히 할 것이니 大韓人士들이 한층 더 송축할 것이되,

[2] 대한제국 공직사회의 부패와 백성들의 고통과 원망

이러한 시국상황과 맞물려 당시 대한제국의 공직사회 부패상은 정도를 크게 넘고 있었다. 황성신문은 1904년 1월의 논설 '의반성이물책인宜反省而勿責人'이란 글을 통해 한국 공직사회의 절망적 부패실상을 적시하면서 공직자들의 자기반성과 자경자면自警自勉을 촉구하고 있다.[9] 즉, 공직자들에게 나라와 백성들을 위해 스스로의 행동을 반성하고 타인을 책망하지 말 것을 요청한다. 아울러 신문은 인민들의 마지막 의존처가 될 수 있는 만큼 보도기관으로서의 책무를 잊지 말고 사실을 폭로하여 부패와 더러운 탐오貪汚를 바로잡아줄 것을 희망하고 있는 것이다.

강토 내 342개 군의 수령守令을 논한다면 탐욕에 가득 찬 탐려貪慮와 불법不法의 행정을 하지 않는 자가 거의 없는 실정이다. 바름을 시정하는 관리인 직지사直指使를 파견하여 자세히 조사하고 살핀다면 파출罷黜의 죄과罪科에 들지 않을 자가 거의 없을 것이다. 인민人民을 탐학의 정치로 몰아넣고 불법의 침탈을 통해 도탄塗炭에 빠트리게 한다면 인민들의 원망과 질시가 어떠하겠는가.

관찰사觀察使에게 호소하면 그는 사실을 조사하는 사핵査覈도 하지 않고 고등재판소高等裁判所에 고소하면 그곳에서도 역시 심리를 하지 않는다. 각군과 정부에 호소하는 것도 모두 무익하고 무익할 뿐만 아니라 도리어 그 해害만 입게 된다. 군수郡守에게 호소하면 군수는 오히려 고소자를 포치拘致(잡아서 다른 곳으로 돌려보내 버림)하고서는 그 세력 정도에 따라 직접 간접의 죄안罪案을 만들어 참혹한 해독을 가하니 비록 포학한 침해를 당하고서도 호소조차 하지 못하며 원한이 하늘에 사무치더라도 어느 누구에게도 호소할 수 없는 실정이 되고 있다.[10]

伊藤侯爵은 일본조정의 元老重臣이다. ....지난 **日清戰爭시에도** 일본이 우리 한국의 독립을 도와주는 것을 제일 의무로하여 오늘에 이르도록 독립의 기초를 확고히 지킨 것은 모두 일본의 힘이니 그 때에도 **伊藤이 首相을 맡아 국제상의 친목과 참모계획을 짜는 것이 모두 伊藤의** 힘이었으니...."라는 내용으로 伊藤博文을 칭찬한다. 그러나 중요한 것은 "伊藤侯爵이 온 이번 기회에 한국이 興隆할 기회가 되도록 政府諸公이 十分注意하여 한일양국이 合心竝力하여 **'自主의 힘을 잃지 말고' 기울어지는 운명을 挽回하며 維新의 사업을 분발할 것을 當局의 諸公들이 배전의 노력을** 다 해줄 것"을 간절히 소망하는 내용을 적고 있다. (**황성신문, 伊藤大使來韓關係, 1904.3.19.** 본문 참조)

9) 황성신문, 宜反省而勿責人, 1904.1.26.

10) 부패관리의 양산 실태는 이러하다. 근일에 이르러는 유력 자제들이 사치스런 복장으로 京城 紅塵間에 몰려와서는 일찍부터 벼슬자리와 승진할 길만 찾다가 왕왕 그 소망을 이룬 자들이 있기에, 지방 한촌 사람들마저도 독서는 하지 않고 벼슬길만을 찾고 있으니 교육과 배움이 없어지고 결국은 그들

오직 한 마디라도 대신 폭로해 줄 곳은 보도기관의 붓끝(필단筆端)이 있을 뿐인데 여기 또한 바른대로 게재된다면 고소자와 마찬가지 죄과罪科로 몰려 무한한 화독禍毒을 입게 되는 고로, 자신의 이름을 바로 밝히지 못하고 혹은 가명假名으로 혹은 익명匿名으로 우편으로 보도기관(보관報館)에 보내어 사정을 폭로해줄 것을 바라는 실정이다.

그러나 그 사정을 생각하면 진실로 슬프고 불쌍한 일이지만 보도기관의 의무에 있어서는 그 성명의 진위나 사실의 정확 여부를 모르고서는 바로 게재할 수가 있겠으며, 더욱이 익명서匿名書는 믿을 근거를 가질 길이 없으니 그를 어찌 공개할 수 있겠는가.

근일에는 간민배奸民輩들이 사적 원한으로 허무虛無한 일들을 날조하고 흑백을 섞어서 행하는 폐단이 무시할 수 없는 정도이니 보도기관이 이에 대한 취사를 판단하기에 어려움이 많다.

그러나 총괄해보면 화가 두려워서 말하지 못한 경우가 거의 전부이니 기자記者로서는 이런 사정을 꼭 염두에 두고 가명이나 익명의 투서投書가 있으면 사실 여부를 탐문하여 조금이라도 근거가 있다면 바로 공개코자 노력한다.

그러나 그에 대해 수령守令된 자들은 자기의 죄책을 반성하지 않고 오히려 그 사람을 찾아서 위력으로써 보복을 하려하니 이는 스스로 자신의 탐오貪汚를 그대로 드러내는 것이 되고 있다.

군수로서의 훌륭한 득책得策은 차라리 자기반성을 하여 그런 사실이 있으면 고쳐나가는 것이 소중한 일이니 신문新聞이 족히 약석이 될 것이리라.

1904년 당시 대한제국 공직자들의 부패행태가 원망과 한탄으로 읽혀진다. 일반 인민들이 공직자들로부터 부당함과 부정의不正義 함을 온몸으로 당하면서도 어디에다 호소하여 그를 풀고 바로잡을지에 대해 아무 기대가 없는 저열低劣한 미개사회를 살아야 하였다. 억울함을 호소하는 사안에 대해 관찰사도 배척하고 고등재판소도 심리를 하지 않고, 그래서 군수郡守에게 제기하면 이는 더욱 야비하며 가혹하게 '죄안罪案' 즉, 불량한 군민郡民이 불만이나 토로하는 자로 지목하여 문제 많은 위험인물 명단을 작성하여 앙갚음을 하고자 획책하고 있었으니...이러한 인간들을 어떻게 대한제국의

이 부패관리들이 되고 국민을 노예시하며 국가는 위태롭게 몰아가게 되는 것임을 지적하고 있다.(**황성신문, 勸告學校之設立(一), 1905.6.2.**)

공직자로 임명 채용할 수 있는 것인지. 그나마 신문新聞이 발간되어 그들의 억울함을 우편으로 전달받아 공개하고 폭로하며 그를 광정匡正하려 노력하지만 제보자들이 공직자들이 행하는 보복이 두려워 가명 · 익명에다 간민배奸民輩들의 거짓과 교활까지 더해지니 그를 분간하는 신문사 기자들의 능력은 한계를 넘고 있다.

러일전쟁의 개전 임박 상황에서 이렇게 활개 치는 공직자들의 극한부패와 무능은 대한제국 백성들의 존재가 부정되는 듯한 시대이자 국가 존재마저도 위태한 시국임을 설명하는 것으로 이해되어오는 것이다.

관직자들의 부패는 바로 백성들의 고통과 죽음을 불러온다. 러일전쟁의 개전 중에 함경도 서북지방 백성들이 대한제국 공직자로서의 각성과 사명감이 실종된 탐관오리貪官汚吏들로 인해 억울하게 당해야 하는 고통과 죽음의 내용 들이 너무나 슬프게 전개되는 현장이 된다. 황성신문이 1904년 3월에 게재한 논설 '오호서북지민嗚呼西北之民'은 국민보호책임이 무엇인지를 전혀 각성하지 못하는 대한제국의 부패 공직자들이 행하는 백성 유기 및 탐학 실상이 원통하게 기록되고 있다.[11)]

우리 한국 백성이 탐관오리貪官汚吏들의 재물약탈로 병이 들어가고 기근에 시달리어 유리流離하는 도적들에 겁탈당하는 고통이 도처到處마다 가득하다. 특히 함경남북도 백성들은 수년 전 일청日淸간 전쟁에 많은 병화를 입었고 북방 오랑케의 잦은 침략으로 십실구공十室九空의 재화를 벗어나지 못하였다. 더하여 평안일도平安一道는 고을 유지들의 배음례排飮禮(고을 유생들이 모여 읍양揖讓의 예禮를 하면서 술을 마시는 잔치)로 인해 빈궁한 백성들이 더한 궁핍을 당하고 있는 중에, 일본과 러시아의 교전交戰으로 인해 소요騷擾와 두려움으로 유리流離 도망하는 인민이 많이 발생하고 있다.

1) 야심 가득한 러시아군병들은 기율紀律이 밝지 못하고 성행性行이 불량하여 군읍郡邑을 통과할 때마다 인민의 재산을 약탈하고 부녀자를 겁간劫奸하며 생명과 재산을 소탕하여 남김이 없다.

2) 일본군대는 군법軍法이 엄정하여 추호도 범법犯法함이 없으니 다른 폐단은 없을

11) 황성신문, 嗚呼西北之民, 1904.3.4.

것으로 생각되지만 일본군이 통과하는 연도沿道의 개황을 들어보니 열군列郡의 관속官屬들이 이 혼란한 기회를 틈타 사욕私慾을 채우려 하고 있다. 즉, 역부役夫의 수를 충당한다고 빙자하고 촌리村里를 횡행하면서 집집마다 부역賦役을 배정하고서는 그를 모면謀免하려 돈을 바치는 자는 면해주고 그렇지 못한 자는 끌어가서 한 푼의 일비日費도 주지않고 자칭 일본군병日本軍兵에게 음식을 공궤供饋한다면서 정미精米(쌀) 진말眞末(밀가루) 진유眞油(참기름) 계란 닭 돼지 말 등 각종 음식물을 촌민들로부터 토색討索질 하고서는 한 푼도 주지 않으며, 또한 이를 각동리에 배정하여 징발徵發하니 이로 인해 인심이 원망怨望하고 여리閭里가 소요하여 한번 군병이 머물렀다가 지나간 곳은 큰 난리를 만난듯하니 이러한 폐해가 어찌 있을법한 일이겠는가.

3) 하물며 일본과 러시아의 양 진영이 대결하면 전운戰雲이 참담慘淡하고 살기殺氣가 횡행하다. 포연砲煙과 탄우彈雨가 서북천西北天에 널리 퍼져나가니 언제 이 병란이 끝이 날지 알 수 없는 상황에서 도탄에 빠진 백성들은 가시밭길 고통만을 당하고있는 것이다. 농자農者는 농업에서 안착할 수 없고 장사하는 상고商賈는 시가市街에서 무역을 할 수 없으니 장래 어찌 안도하는 삶을 살아 가겠는가. 서북인민西北人民들의 액운厄運이라 하겠도다.

4) 이런 난국을 당하여 수령守令된 자들은 진실로 본분에 충실하며 어진 정사를 펼치는 공명지인公明之人으로서 정성과 노고를 다해 조처할 방략을 강구하고 법을 세워 잘 처리한다면 오히려 구제될 수도 있고 회복될 수도 있는 것이거늘, 근일 서북지방의 수령들은 붙잡힐까 두려워하여 도피하고 청원을 하여 수령직을 사표辭表하며 분분히 흩어져 난국을 피하는 것을 상책上策으로 실행하니 슬프기만 하도다.[12]

5) 일본인들은 천하의 보전保全을 위하여 의용義勇을 떨치고 총칼을 들고 위엄을 과시하고 있는데, 우리나라의 관리官吏들은 전쟁의 위난을 당하여서 두려워하고 겁怯을 내며 도리어 왕사王事를 피하고 사욕私慾이나 채우려하고 있으니 진실로 슬프도다.

---

12) 守令을 포함하여 관직자들이 평소 태평시대에는 서로가 그 자리를 취하려고 哀乞하던 자들이었는데 국가가 위난에 처하니 다투어 공직을 피하려 하고 있다. 서북의 數萬生靈으로 하여금 재물을 탐내는 頑惡한 자들에게 공직을 넘겨주지 말고 관찰사와 군수 등을 공명정대하게 어진 정사를 펼 인재들을 간택 부임케하여 이 난국을 타개하고 백성들을 보호할 것을 간원하고 있다. 아울러 이러한 관리들이 어찌 서북지방 뿐이겠는지를 탄식하고 있다.(황성신문, 嗚呼西北之民,1904.3.4. 본문참조).

외국인들이 우리를 조소하고 깔보며 모욕侮辱하는 수치를 어찌 면할 수 있겠는가.

대한제국의 국가 운영이 어찌하여 이런 지경에 이르고 있는지. 공직자들은 무엇을 하는 존재들인가. 아니 백성들은 누구를 믿으며 무엇을 하면서 어떻게 살아가야 한다는 것인지. 대체 공무 관직官職이 백성들을 괴롭히고 백성들이 가진 것을 뺏어내고 백성 위에 군림하는 것이고, 모든 백성들은 도구가 되어 관직자인 자신을 위해 굴종하고 노예처럼 살아가는 존재로서 인식하고 있다는 말인가. 그에 따라 외부 침공 세력과 강대국들이 우리나라를 낮게 평가하며 우리 백성들을 침략 외세인 자기들의 도구이자 예속민으로 치환함이 얼마나 당연하다고 여기겠는가. 공직자들이 자기 백성들을 이렇게나 학대하고 멸시 유기하면서 착취를 일상으로 행하는 것을 보면서 외국인들이 우리 국가를 무시하고 모욕할 준비를 단단히 할 수밖에 없지 않을 것인가.

그들 강대국들은 세계가 행하는 제국주의의 진운進運을 보면서 호시탐탐 이웃 나라인 우리를 침공하여 식민지배를 하려고 준비를 하고 있지 않았는가 말이다. 그러한 국면에서도 우리의 공직자들은 백성들을 탄압하면서 러시아와 일본으로부터 함께 모멸과 멸시를 받을 행동을 그렇게 무모하게 수행하고 있었으니 그들을 과연 대한제국의 공직자라 이름할 수 있겠는가. 그처럼 무능하고도 미개 · 부패한 국가를 뺏어서 그 백성들과 강토를 식민지배한들 무엇이 잘못이며 무엇이 부당한 침공이라 생각하겠는가. 대한제국 서북지방에 국한될 수 없는 국가적 위난이 국가기강國家紀綱의 문란과 공직자의 부패로부터 만연하게 무너지고 있는 상황을 수치스러움과 분노로 새겨 안게 되는 것이다.

"...지금 우리 한국이 당하는 어려움과 위험이 숨이 막힐 형세이거늘, 정부政府는 정부의 직책을 능히 다하지 못하고 인민人民은 인민의 의무를 다하지 못한 고로 상하上下가 엉키어서 목전의 난국을 이기지 못한다면 종국宗國의 전복顚覆과 인종人種의 멸망을 어찌 면할 수 있겠는가. ...만약 지금을 잘못하면 장차 사천년四千年 오랜 강토가 어떤 사람의 판도版圖에 들어갈지 모르며 이천만二千萬 동포 민족이 누구의 집 노예奴隸로 윤락淪落 될지를 알 수 없을 것이니 오호嗚呼라 동포여. 마땅히 각자 그 두 어깨 위에 부담된 책임이 중차대함을 회고回顧할지어다"[13]라고 하면서 절박한 국가 붕괴의 어려움을 정부와 인민에게 호소하고 있는 것이다.

---

13) 황성신문, 誓告同胞(一), 1904.11.24.

[3] 대한제국 정부와 공직자의 개조를 소망함

이를 이어 절박한 시기를 임하면서 황성신문은 1905년 5월에 '정부개조政府改造의 시기절박時期切迫'(一)이란 글을 통해 시국의 위기를 지적하고 있다.[14)]

"현금 우리 정부 책임자의 실태를 보건대 그 재례才禮와 덕량德量이 이 어려운 때를 당하여 위로는 군주의 오래된 걱정을 흩어 펴게 하며 아래로는 인민의 고통을 구하여 국가백년지대계國家百年之大計를 확고히 할 능력이 있는지를 인정하기 어려운 바이다....그러면 사회와 인민의 개발과 국가정치의 향방을 어떻게 취할 것인가. 마땅히 전일의 고루固陋한 사상과 부패한 인물을 먼저 제거한 연후에라야 제반 사물의 혁신革新에 착수할 수 있게 된다. 현금 정부의 책임자들은 대부분이 편벽되고 완고하며 미혹에 빠져있는(완미頑迷) 무리들로서 신진의 재학才學이 없으며 시국을 보는 혜안이 전혀 없는 자들이다. 단지 권세에 기대어 마음대로 천롱擅弄하며 국왕의 성총聖寵을 막고 가려서 국세國勢는 날로 찌들고 생민生民은 도탄에 허덕이고 있으니 너무나 슬프도다. 이천만二千萬 백성은 실로 이러한 정부하에서 그 공동단체共同團體로서의 지위마저 보유키 어렵게 되었으니 이것이 어찌 지자智者들 만이 알 수 있는 일이라 하겠는가."

국가위난과 민생 도탄이 안전眼前에 도래한다. 국가 공직자인 정부 책임자들의 고루 부패와 국왕의 시국 판단마저 마음대로 교란하는 측근 세력가들의 사악 무지와 비재非才들이 국가정치의 향방을 잃게하며 국난을 급속히 자초하고 있는 것이다. 결국은 대한제국 이천만 백성의 공동체로서의 지위마저 보유하기 어려운 망국적 위난에 봉착하게 되었으니 국가 멸망으로 진행되는 이 난국을 어떻게 타개할 수 있을 것인가. 공직 관리들의 부패와 무지와 무책임, 그리고 국왕의 측근에서 사악한 위정자들이 행하는 권력 농단과 백성들의 고통을 희롱戲弄하며 행하는 탐욕과 몰염치는 국정의 건강한 작동을 절대 차단한다. 특히나 러일전쟁의 난국 속에서 제국주의적 침략자 일본에 얽혀서 엮여가는 국권 망실의 과정들은 곧 닥칠 식민지배를 스스로가 재촉해가는 내용들로 읽혀지고 있는 것이다.

---

14) 황성신문, 政府改造의 時期切迫(一), 1905.5.29.

그래서 당시의 한국사회에 대해 부패한 정부관리를 교체하고 정치를 변혁하며 백성들을 노예적 상황으로부터 구제하는 것과 함께 일제의 정치 간여를 절대 배제하도록 정치의 각성이 있을 것을 간구하고 있다.15)

"...그중에서도 가장 긴중緊重한 것은 정부관리政府官吏의 썩은 인물을 갈아야 한다는 것이다. 썩은 정부관리를 도려내지 않고 외면의 정치제도만 일신코저 하는 것은 헛수고에 지나지 않는다.... 기백년幾百年 이래로 국가의 공직기관(공기公器)은 일은 제대로 하지 않고 봉록俸祿만 타 먹는 '시위소찬尸位素餐'자리가 되어 정령政令이 불일不一하고 조변석개朝變夕改에 법령法令이 무상無常하였다. 따라서 국가의 권위는 쓰러져 없어졌고 생민生民의 복지증진은 고사하고 인민을 노예奴隷의 고통으로 몰아넣는 자들이 바로 그들이었다. 또 현금現今의 외세外勢를 논하자면 한일양국韓日兩國의 관계가 중첩하여 대소정무大小政務를 일본이 모두 간여干與하여 혹은 권고勸告하고 혹은 강박强迫하여 분말 독책督責이 디해 기는데 정부의 가성은 없고 오히려 더욱 정신없이 도취陶醉하고 있으니 정치사회의 비극이 아닐 수가 없는 것이다."

부패한 썩은 정부공직자는 국가를, 공공의 이익을 언제라도 사익私益과 교체할 준비를 하고 있다. 국가를 지키고 국민을 보호하고 자신의 청렴을 생명처럼 수호해 살아야 할 정부관리들, 그들이 공직자의 책무수행에는 관심이 없는 가운데 봉록만 자기 주머니에 채우면서 또 다른 이익을 위해 어떤 반역과 배신도 감행할 준비가 되어있는 당시를 보고 있다.

결국 대한제국은 공직자인 정부관리들의 부패로 인해 일본이 설계한 식민지 구상에 속속 먹혀드는 비극의 행로를 밟아 들게 되었다. 즉, 러일전쟁의 전장에 포획된 한국은 1904년부터 1905년의 시간까지 조변석개하는 법령의 흔들림을 일상으로 내보였다. 더하여 국가의 주요권능을 외세에 넘기고 백성을 노예로 만들면서 정치모리배政治謀利輩들이 획책하는 추악한 탐욕과 교활의 망국적 국정농간國政弄奸 속에서 대한

15) 이 글은 대한제국의 부패한 政府官吏에 대해 논하면서 이들이 일본과 체결한 제1차 한일협약에 대해 적고 있다. 즉, 러일전쟁 개전 후 일본과의 관계에서 충분한 숙고와 토론도 없이 우리가 맺은 제1차 한일협약(1904년 2월23일 韓日協商條約)의 결과 이루어지는 일본의 한국 국정 간여의 실질 모습에 대해 통분해 한다. "그렇다면 일본과 당초 어떤 관계로 이러한 협약을 체결하여 그들의 忠告를 받아들이기로 하였는가. 우리도 전날의 무지를 버리고 남에 대한 의무와 나에게 속하는 권리를 충분히 생각하여, 彼我의 權限관계와 양국의 利害 및 영향 등을 극히 均平되게 하여 양국의 友誼와 東亞의 大計를 확고히 하는 것이 오늘날 정부책임자가 힘써 講究할 바이다." (**황성신문, 政府改造의 時期切迫(二), 1905.5.30.** 본문 참조)

제국은 곧 닥칠 국권 상실의 내적 기초를 충실히 놓아가고 있었던 것이다.

[4] 부패 · 간악 공직무리에 대한 의분적義憤的 가살책可殺策

이렇게 부패 · 간악한 대한제국의 공직 무리는 시간을 이어 부정의와 배역背逆에 완전하게 탐닉耽溺하는 극악한 조선인들로 성장한다. 일제에게 교활로 아부하며 조선 동포들을 일제의 노예로 만들어 준 댓가로 자신들의 탐욕을 오물汚物로 채워가던 대한제국 망국의 배역背逆 주범들과 그 승계자들에 대해, 경술국치庚戌國恥로 국권을 빼앗기고 이를 이기기 위해 봉기한 3.1운동의 정의적 민족운동마저 패퇴함으로써 조선의 지성들은 그들에 대한 가살책可殺策을 선포한다.

즉, 한민족韓民族이 독립을 위해 떨쳐 일어난 1919년의 3.1운동은 결국 참담한 실패로 종료되었다. 독립신문은 1920년 2월에 '우리의 적敵은 누구누구인가'라고 말문을 열면서 독립운동의 실패와 식민압제의 지속을 가능케 하는 그들 부류들을 분명하게 가려서 지목하는 논설을 게재하였다. 우리는 일제 침략자들을 향해 우리가 당연히 가져야 하는 자유와 독립獨立만을 요구하였는데 그렇게 참혹하게 우리 동포들을 죽이고 또 유린蹂躪하였으니 그 만행을 주동主動한 자들에 대해 우리가 반드시 죽음을 되돌려 주어야 한다고 선언한다. 그들은 양심良心이 없는 흉악兇惡한 금수禽獸이므로 그들에게는 죽음 외에 달리 줄 것이 없는 것이라며, 상해에서 발간된 독립신문은 1920년 2월에 '칠가살七可殺'이라는 단호한 제목으로 의분義憤 넘치는 논설을 발표한다.[16] 즉, 일곱 유형類型으로 나누어 우리의 배역적 부패 무리를 적敵으로 지목하였는 것으로, 그들은 우리를 일제의 노예로 만든 자들이며 일제에 의해 처참한 죽임을 당하게 한 자들인 만큼 그들을 '죽일 수 있는 흉악兇惡금수禽獸'로 확정하였던 것이다. 내용을 자세히 살펴본다.

우리의 적은 누구누구인가. 전시戰時의 적敵에게는 사형死刑이 있을 뿐이다. 지난 1년간(3.1운동으로부터 1년간) 우리는 그들에게 회개悔改의 기회를 주었었다. 1년의

---

16) 독립신문(上海版), 七可殺, 1920.2.5.

기간은 그들에게 과분한 후전厚典이다. 이미 은전恩典의 기간이 다 되었다. 동포同胞여! 용감한 애국자愛國者여! 주저할 것 없이 죽일 자는 죽이고 불태울 자는 불태워야 하겠다. 그들은 양심이 없는 금수禽獸이니 금수의 흉악한 자에게 죽음밖에 줄 것이 없는 것이다.

생명生命을 죽임이 어찌 본의本意이겠는가. 저 금수 같은 한목숨으로 하여 국가가 큰 해害를 받는다 할진대 아니 죽이고 어떻게 할 것인가. 이제 우리는 가살可殺의 적敵을 세어보자.

一. 적괴敵魁를 가살可殺

적이라 하면 물론 일본인이다. 전쟁이 개시되면 마땅히 죽일 자는 알려니와 우선 개전전開戰前에 죽어야 할 적괴敵魁가 있으니 즉, 총독 정무총감 등은 물론이며 무릇 한국독립에 강경히 반대 의사를 내뱉는 적의 유력有力한 인물과 내외內外에 대하여 우리 독립운동 및 우리 시도자를 비방하는 정치가 · 학자 · 신문기자 · 종교가 등의 불령일인不逞日人 등과 이밖에 독립운동 이래로 가장 우리 동포를 학대虐待하던 적의 헌병憲兵 경관警官 등이다.

二. 매국적賣國賊을 가살

이완용李完用 송병준宋秉畯 등은 아직 그대로 두고, 한인韓人으로서 새 한국의 독립을 반대하고 적의 국기國旗아래 임任하기를 주장하는 흉적兇賊들이니 민원식閔元植 선우전鮮于銓 유일선柳一宣 및 협성구락부協成俱樂部 등의 부류部類들이다.

三. 외귀偎鬼를 가살

혹은 고등형사高等刑事나 그냥 형사로 우리 독립운동의 비밀을 적에게 밀고密告하거나 우리 지사志士를 체포하여 동포를 구타하는 귀적鬼賊들이니 선우갑鮮于甲 등과 같은 귀적鬼賊이다. 특히 중요한 비밀秘密을 적에게 누설漏洩하거나 중요한 인사를 밀고한 자에게는 반드시 즉시 복수復讐를 해야 할 것이나 이는 우리들의 의무일뿐더러 고등 적괴敵魁를 징계하는 가장 유력한 수단이다. 이같은 폐거廢擧를 범한 악덕惡德을 죽음의 저주를 피하지 못하도록 하는 것이 애국자愛國者의 의무이다.

四. 친일親日의 부호富豪를 가살

자기 한 몸의 안전을 꾀하기 위해 적과 통하고 그의 병영兵營의 보호를 받거나 혹 일신一身의 안전을 탐내어 적국敵國으로 도주逃走하거나 누차 권유勸誘하였으나 독립운동에 헌금하기를 듣지 않거나 특히 헌금을 권유하는 지사志士를 적에게 밀고密告한 자들이다. 용천龍川의 최가崔哥와 철천鐵泉의 고가高哥와 같이 그 집을 불살르고 그 목숨을 끊어서 같은 값어치의 징계懲戒를 해야 한다.

五. 적敵의 관리官吏된 자를 가살

적의 관리된 자로 독립운동 여러 단체의 퇴직 권유가 삼차이상三次以上에 달하였으나 개오改悟할 줄을 모르는 자와 적의 하수下手가 되어 독립운동을 비훼誹毁하거나 국민의 애국심과 용기를 감손減損케 하는 자 및 적의 위력威力에 시녀侍女 노릇하여 일반 동포를 압박하는 자.

六. 불량배不良輩를 가살

부언浮言과 낭설浪說을 퍼뜨려 독립운동을 해하거나 민심民心을 현혹眩惑케 하는 자 혹은 독립운동자를 모칭冒稱하고 동포의 애국의연금愛國義捐金을 횡령橫領한자, 중요한 사명使命을 지니고 파견된 자로서 혹은 의심疑心하거나 혹은 비겁하여 기간 내에 사명을 달하지 못한 자, 혹은 중요한 비밀秘密을 누설하거나 동지同志에게 대한 신의信義를 배반背叛한 자, 동지간同志間에 사이를 벌어지게 하는 자.

七. 모반자謀反者를 가살

대한大韓의 독립을 위하여 생사生死를 함께하자고 약속한 동지同志로서 중도中途에 뜻을 변심하여 독립운동에 위반되는 행동을 하는 자는 마땅히 가살可殺이며 사당私黨을 꾸며서 공연히 정부를 헐뜯고 반항함으로써 독립운동에 장애障碍가 되게하는 자도 가살可殺이다.

얼마나 원통하고 억울하였으면 대한의 선열들이 이렇게 상서祥瑞롭지 못한 '가살可殺'의 실행을 결단하지 않을 수 없었겠는가. 저들 적의 무리는 더욱 완악頑惡하여 온갖 교활과 기만술책欺瞞術策을 다하면서 우리 민족과 동포들을 탄압 살육하였으니 저들을 평화적 수단으로 교섭하고 설득한다는 것은 절대 불가능한 지경이 되고 있었다.

그동안 적무리들에게 회개를 권하고 같은 동포들 중에서 간악奸惡하고 잔혹殘酷한 행위를 일삼는 자들에게 거듭하여 반성하고 그만 빠져나오라고 하지 않았던가. 그러나 그들은 대한大韓 동포들의 간절한 호소를 멸시하면서 자기 개인의 호사영달豪奢榮達만을 탐하였던 악인惡人들이었다. 결국 그들에게 내려질 가장 합당한 댓가는 죽음을 줄 수밖에 없었던 것이다. 남의 나라를 침략하는 제국주의 수괴들과 민족과 역사와 바름을 배신하는 매국賣國 반역反逆의 탐욕자貪慾者들에게 우리의 의분義憤에 찬 선열先烈들은 그들을 이 세상에서 영원히 격리시키는 용단을 내릴 수밖에 없었던 것이다.

동포민족과 타인에게 가한 죽음을, 고통을 업적이라 여기며 조금의 회오적悔悟的 눈물도 없이 그를 또 더하고 더함이 얼마나 잔학무도殘虐無道한 짓인지를 알지 못하였는가. 저 푸른 하늘을 같이 이고서 도저히 함께 살아 갈 수 없는 '불구대천不俱戴天의 원악元惡 무리들'이여, 너희들이 행하는 끝없는 탐욕과 이기적 살인만행殺人蠻行은 너희들에게 당연히 가해질 추악醜惡한 죽음과 함께 너희 후예後裔들이 가져야 하는 최소한의 인간 가치마저 탈취당하게 하는 비인간적 포학暴虐행위 임을 분명히 깨우쳐 알 것이로다. 불의不義에 분노하는 의분義憤에 찬 선포를 역사는 시간을 지나서도 또렷하게 새기면서 후세를 경계하고 있는 것이다.

제Ⅲ장 식민치하의 정치와 법률, 부정의적 탄압상

[1] 정치의 원리와 조선통치에 임하는 일제의 기본태도

1. 통치권의 근본 뜻과 정의에 대하여

국가는 한 인간의 사유물私有物이 아니다. 더욱이 지금은 인류가 세계를 개조하여 신문명의 새로운 기초위에 국가와 세계질서를 확립하고 인류의 운명을 새로이 개척하여 영원한 평화를 향해 나아가고자 하는 때이다. 1920년의 시점에서 국가의 주권자가 국가권력을 여하히 행사함으로써 국민과 국토를 합당하게 다스리며 편성할 수 있는지에 대해 정치는 끊임없이 발전적 고민을 지속한다. 또한 국민을 지키며 국민의 삶을 합리와 합법으로 최선으로 보호·통솔하여야 하는 통치권자를 향해 통치권의 본질과 통치의 근본 목적을 질문한다. 그를 기초로 당시 이루어지는 일제의 조선 통치에 대해 그 실제를 살피고 부정의와 억압적 폭력적 실상에 대해 문제를 제기한다.

일본제국주의가 조선 민중에게 가하는 폭력과 비인도적 억압에 대해 정치와 통치권의 본질을 논하면서 국민이 주인이며 국민을 존중하는 정치로의 회복을 주장하고 있다. 동아일보가 1920년 4월에 발표한 논설 '통치권統治權의 근본의根本義는 하재何在오－강력호强力乎 정의호正義乎'를 살펴본다.17)

대개 통치권의 근본의는 어디에 있는 것인가. 국민은 어찌해서 통치권에 복종하며 어떤 연고로 정부를 유지하는가. 환언하면 조선인민은 어떤 연유로 일본통치에 복종하며 일본 정부하의 총독정치를 시인하는 것인가. 우선 통치권의 소재를 밝힐지니 이는 군주의 손에 있느냐.

국가는 어떠한 사람의 사유물私有物이 아니라 인민의 일개 자연적 단체이니 통치권은 이 같은 단체에 자연히 발생하는 또 인성人性에 기본한 권력이라. 그 공권公權이 어찌 군주의 손에 있으랴. 물론 국가라는 단체에 고유한 통치권의 운용은 기성국가의 헌법을 따라 군주 혹은 국회 혹은 대통령에 있을 수 있으나 그러나 고유권固有權이 어찌 일개 군주에게 있으리오.

군주는 국가의 기관에 불과하며 국가의 공권을 운용함이 불가한 것이라.

환언하면 통치권이 군주의 손에 있는 것이 아니며 따라서 정부에 있지 아니하고, 군주를 포함하여 칭하는 정부는 오직 국가의 목적을 달성하기 위하여 국가의 고유한 국권國權을 운용하는 것이니라. 통치권의 소재所在는 그러하다.

그 통치권의 성질은 어떠한가.

물론 인민은 통치권에 복종할 의무가 있고 국가는 이를 시행할 권리가 있은즉 통치권의 근본성질은 강제니라. 인민이 의무를 시행치 않는 경우에는 국가는 이를 강력으로 강요하나니 이는 곧 강제라. 그러나 이미 의무요 권리라 칭하였은 즉 그 근본에는 도덕적 윤리적 요소가 있지 않으면 불가하니 루소(Jean Jacques Rousseau : 1712.12.16.~1778.1.15.)의 말과 같이 "도적의 육혈포六穴砲가 어찌 도적맞은 자에게

17) 동아일보, **統治權의 根本義는 何在오－强力乎 正義乎, 1920.4.18.**

의무를 부과하며 도적에게 권리를 산출産出한다" 하겠는가. 강력强力만으로는 권리와 의무를 산출치 못하며 따라서 통치권의 근본을 이루지 못하는 것이다.

이에 가히 알지니 군대나 경찰이나 총이나 칼이나 위협이나 압박이나 결코 통치권이 아니요 또한 통치권을 이루지 못하는 것이다. 오직 통치권을 행사하며 보호함의 수단에 불과하니라.

그런즉 통치권의 근본은 강력이 아님을 가히 알 것이 아닌가.

그렇다면 강력으로서가 아니고 권리와 의무로써 강제하는 통치권의 도덕적 윤리적 근본 요소는 무엇인가. "천명지위성天命之謂性이요 솔성지위도率性之謂道라"[18)]하였으니, 인도人道를 누가 함부로 제작製作하며 인성人性을 누가 산출産出하리오. 모든 것이 하늘에서 나오는 것(천명天命)이니 그 본의는 하나이며 인성人性 역시 같은 것이다.[19)] 그래서 여余(논설자)는 통치권은 인민단체에 자연히 발생하는 것이며, 또 인성人性에 기본한 권력이라 설명하는 것이나......

인성人性으로 자연히 단결된 단체국가에 어찌 이 인류 최고의 목적이 있지 아니하리오. 이 곧 서양학자의 소위 '국가는 도덕체道德體 혹은 윤리체倫理體'라 하는 소이所以이며 '사람은 천성天性으로 정치적 동물'이라 하는 까닭이다. 목적을 달성함에는 수단과 규약規約이 필요하니 이에 통치권은 인류 최고의 공통목적을 달성하기 위한 명명明明한 인민의 심성心性의 일치라 하노라. 반드시 인민의 계약이라 하지 아니하노라.

자연적 협치協致라 하노니 이 어찌 통치권의 도덕적 윤리적 요소가 아니리오. 연즉然則 인민이 통치권에 복종함은 오직 이 최고선最高善을 실현하는 국가목적을 달성하기 위하여 함이라. 어찌 조선인이 일본 정부하의 총독정치에 복종함이 이에 지나리오.

여차한 입지로써 국제연맹의 세계적 조직운동을 보며 조선의 민족적 운동을 논하건대 재래상황在來狀況은 정의正義와 법률法律이 국내에서는 비교적 원만圓滿히 시행되되 일보 국경을 출出하여 국제관계에 이르러서는 하등 최고 정의의 판단과 시행의

---

18) 中庸 第1章 "天命之謂性 率性之謂道 修道之謂教" 하늘이 명한 것을 性이라고 하고 그 性을 따르는 것을 道라고 하며 그 道를 닦는 것을 敎라고 한다.

19) "德無常師 主善爲師 善無常主 協于克一"(書經...) 德에는 일정한 스승이 없고 善을 주로 함이 스승이며, 善에는 일정한 주가 없고 德이 순일할 수 있도록 협력함에 있다. 따라서 "率性之人道 在明明德하며 在止於至善"이라 할 수 있는 것이라고, 人道와 善을 결합하여 '統治權'을 본문에서 설명하고 있다.

기관이 없어서 무정부상태로 오직 '폭력' '전투'가 시비是非를 결정하였으니 어찌 세계에 공통한 인류 본래의 선성善性에 적합하며 그 동경憧憬의 평화를 완전히 실현할 바리오.

반드시 국가의 본질과 목적을 세계에 확대하여 정의와 평화를 확립하며 보증하여야 할지니 이 곧 국제연맹을 만민이 찬성하는 연유요 또한 조선인은 결코 일인日人에게 동同하며 화化하기 위하여 일본정부하에 복종하는 것이 아니오, 인성人性을 발달시켜 문화를 창조하며 행복을 향락하기 위하여 존재하며 복종하는 것이라. 합병조약에도 병호炳乎히 기재記載된 바며 작년昨年(1919년)이래 민족운동이 대기大起한 소이所以라.[20]

정치는 민의창달民意暢達에 있어 사실은폐事實隱蔽에 있지 않고, 국가의 근본은 강력强力에 있지 않고 정의正義에 있으며, 치안治安의 목적은 사상획일思想劃一에 있지 아니하고 '만선종합萬善綜合'에 있는 것이다. 따라서 일반의 맹성猛省을 구하며 천하의 주의注意를 환기喚起하는 동시에 고루固陋한 사상을 가련可憐하게 아는 소이所以를 밝히는 바이다.

참으로 일제당국은 정치의 본질을 제대로 깨치면서 조선인을 일인에 강제로 동화同化하려는 의미 없는 행동들을 크게 광정匡正하는 가운데 정의와 평화를 확립하도록 노력하여야 하는 것이다. 또한 국민은 조선총독에 대한 복종이 아니고 국민 개개인의 도덕적 인성人性을 발양시키고 국민을 존중하는 국가와 정치의 본래 목적에 복종하면서 조선과 동양전국東洋全局에 평화를 실행하는 통치권의 행사를 촉구하고 있는 것이다.

2. 일제 당시 정치의 원리에 대해 논함

현대정치는 국민을 넘어 전 세계 인류와 국민의 자유와 평등과 행복을 지키고 보장하고 증진할 것을 목적으로 삼고 있다. 인류는 역사상의 질곡을 이기고 배우면서 현

20) "원래 政治는 국가 본래의 목적과 본질에 의하여 民意에 순종하며 世界善에 각성할 바이어늘, 이제 조선 在住 官民中에 혹자는 언론의 자유를 인정치 않고 공공연히 혹은 암암리에 제반 방해를 가하며 事理에 적합한 논평에 대하여 관용한 태도를 취하지 않으니, 어찌 천하에 팽배한 新氣運을 捕捉한 자라 하겠는가."('統治權의 根本義는 何在오-强力乎 正義乎' 본문 참조). 일제는 이렇게 정치의 본의를 몰각한 채 언론자유를 부인하면서 事理에 부합하는 언론의 文筆에 대해 방해 억압하는 행태를 공공연히 또는 암암리에 자행하고 있었던 것이다.

대 사회라는 성장의 현재에 이르고 있다. 폭정과 학정의 시대를 넘고 구주대전歐洲大戰의 피어린 희생을 치르고서 이제 다시 세계를 이성적으로 존중하고 결속시킬 것을 약속해 가고 있다. 조선국 이 땅은 민중들이 3.1운동의 자유와 독립을 외치고 맞서다가 또 많은 죽음과 상실과 억압으로 몰려가는 새로운 상황이 전개되고 있다. 그러한 가운데 현대정치가 지향하며 실천해야 하는 목적과 바름에 대해 인간의 존엄 가치를 기본으로, 정치政治는 정의正義를 행하여야 한다는 명제와 함께 공권력의 공정한 행사와 민중의 자유와 행복의 실현을 위해 작용할 것을 주창하고 있는 것이다. 동아일보가 1920년 5월에 게재한 '현대정치現代政治의 원리原理'에 대해 살펴본다.[21]

민중의 공통한 이상理想은 생활의 안정이다. 현자賢者도 그러하고 우자愚者도 그러하다. 그런데 이 생활의 안정은 오직 정치의 선악善惡으로 인하여 생겨난다. 중국역사상 상주商紂의 백성은 도탄에 곡哭하였으며 주나라 문왕文王의 백성은 승평昇平(태평성세)에 가歌하였고,[22] 또한 제정러시아인 '쯔아(CZAR)'의 국민은 형벌에 쓰러져 죽어갔으며 미국 스위스와 같은 민주국가인 '데모크라시'의 국민은 자유에 환호하였도다.

그런데 정치의 이상理想은 민중의 자유와 평등을 천부天賦한대로 보장함에 있고 정치의 목적目的은 민중의 안녕과 행복을 인생의 본성本性대로 증진함에 있으니, 만일 민중의 자유가 박탈되면 이상이 없는 폭정暴政이요 민중의 행복이 유린되면 목적이 없는 포학한 학정虐政이 된다.

역사를 살피건대 어느 나라 어느 때를 막론하고 폭정暴政을 시행하여 복지를 향유한 경우는 없으며, 학정虐政을 행하여 융성隆盛을 가진 경우는 없으니 제정러시아의 '쯔아(CZAR)'와 고대 중국 하夏의 걸桀과 상商의 주紂가 그 예이다. 그러므로 정치政治는 정正한 것이니 감히 전단專斷할 수 없는 것이요 정치는 공公한 것이니 능히 사행私行할 수 없는 것이다.[23]

---

21) 동아일보 사설, **現代政治의 原理**, 1920.5.10.

22) 三皇五帝시대 舜帝로부터 양위를 받아 세운 禹의 夏나라는 포학한 桀로 인해 패망하였으며, 다음의 商나라는 역시 학정을 행한 紂에 의해 망하였다. 그러나 그를 딛고 새롭게 창업한 周나라는 文王의 善政으로 禮와 문화를 구축하면서 태평성대를 누리게 되었던 것이다.(이종길, 중국법문화론연구서설, 동아대학교출판부, 2018. 참조요)

23) "政者正也 子帥以正 孰敢不正"(論語 顔淵篇)을 인용하고 있다. 당시 魯나라의 대부 季康子가 정치에 대해 묻자 孔子는 "정치는 바른 것이니 그대가 솔선하여 바르게 행한다면 누가 감히 바르지 않겠는가"라는 내용이 된다.

공권公權을 가진 자는 공권을 가진 정신에 대하여 공권公權 본래의 성질을 이해치 못하고 오직 자아自我의 한정된 국견局見과 편견片見으로 자아를 존숭하기 위하여 공권이 민중으로부터 그 권한의 행사를 위임한 것으로 잘 못 오인하고서 잘못을 자행하는 것을 보게 된다...사회의 조직도 인류의 공통한 이익 때문에 존재하는 것이요 국가의 존재 또한 국민의 공통한 행복 때문에 있는 것이니 만일 국가가 국민의 공통한 이상理想과 이익을 무시하거나 초월하여 존재한다하면 그 국가는 무시체無視體나 초월체超越體가 될 뿐이요 결코 국가가 되지 못하는 것이 된다. 그러기에 국가는 국민의 공통된 행복을 위하여 충실하여야 하는 존재이며 국가의 공권公權은 사행私行이 없는 가운데 절대 공정하고 정의롭게 행사하여야 하는 것임을 정중하게 논술하고 있다.

이러한 현대정치의 지향을 기초로, 국민의 공통한 의사와 통일된 정신의 집약인 주권主權과 국가의 최고 통치권자인 원수元首가 갖는 통치권統治權에 대해 논의를 심화한다.

국민의 공통한 이익利益을 증진하려면 먼저 국민의 공통한 의사意思를 종합하여야 하며 공통한 이상理想을 표현하려면 절대 사유私有가 아닌 동시에 또한 고유固有한 것도 아님을 알아야 한다. 국가의 원수元首 되는 자가 통치권統治權을 총람總攬하고 또 그 권權을 행사하는 것은 자아의 고유한 권權으로 행하는 것이 아니요 국민 전체가 그 권權의 행사를 위임委任함으로써 이를 행하는 것이라.24) ...따라서 위정자의 정권政權은 국민이 통치기관을 통하여 위정자에게 자아 전체의 고유한 권리를 위임한 바의 것으로, 국민이 그 권한을 행사하는 위정자의 시정施政에 참여함은 물론이요 위정자를 감독하여야 만이 위정자가 위법과 그릇된 비정秕政을 행할 시에는 그 책임을 묻고 바로잡을(문규問糾) 권리가 있게 된다.25)

---

24) **국민이 主權을 元首(대통령 또는 군주)에게 위임한 [統治權]**에 대해 보언 한다. 국민의 의사가 종합이 되고 공통한 정신이 통일이 되어 그 종합적 統一體가 單一이 되므로 그 單一된 一은 다수가 행할 수 없는 것이 명백한 理致이다. 고로 그 단일인 權을 一機關에 위임하여 종합한 意思를 종합한대로, 통일한 精神을 통일한대로 국민의 공통한 이익을 기도하며 공통의 이상을 현실화하려는 필요에서 [統治權]이 작용하게 되는 것이다.(동아일보 사설, 現代政治의 原理, 1920.5.10. 본문참조)

25) 관련하여 當時의 立憲政治에 대한 이해이다. 입헌정치는 統治機關에 일정한 權限을 주어서 정치를 하게 하는 것으로 그 권한을 초과하는 정치는 불가하며 권한 범위 안에서 책임을 지고 통치하는 것을 말한다. 따라서 통치기관의 권한이라는 것과 위정자의 책임이라는 것이 立憲政治의 精神이라 하게 된다. 더하여 權利와 權限에 대해서도 이해를 제시한다. '權利'는 위임을 받지 않고 또 제한을 가하지 아니하는 自我의 고유한 權을 말하는 것이고, '權限'이라 함은 자아에게 고유한 것이 아니고 他로부터 제한이 주어지고 위임을 받아서 그 제한된 범위 내에서만 책임을 지고 행사하는 權을 지칭한다.

...또한 국가의 존재이유는 국민공통의 이익을 위함이요 정치의 발생 원인은 국민공통의 목적을 달성하기 위하여 국민전체의 종합한 의사와 통일한 정신을 위임함에 있으니, 따라서 위임委任이라함은 그 문자의 성질상 위임한 자의 전체의사로 위임한 목적을 이루지 못할 경우이면 다시 환수還收할 수도 있는 것이다.

...그러므로 위정자의 전횡專橫과 독단獨斷은 감히 용납될 수 없다. 전제정치專制政治가 현군양상賢君良相이 계계승승繼繼承承하여 아무리 선정善政을 행한다 할지라도 국민 전체의 종합적 의사를 무시하고 통일적 정신을 불원不願하는 그러한 사상은 불가한 것이므로 20세기에 들어서는 그 형적이 단절되었음을 분명히 하게 된다.[26)]

이렇듯 1920년 당시 일제에 의해 식민지배를 당하고 있는 관점에서 보는 국민을 위한 민주시대로의 변화에 기한 정치와 법, 그리고 국가와 통치권의 개념 등에 대해 근본적 이해를 충실하게 제기하고 있다.

일제의 통치가 계속되는 가운데 일제는 1924년에 아세아주의亞細亞主義와 대동아건설大東亞建設을 공공연하게 논한다. 1924년 7월 조선일보는 '소위所謂 대동아건설大東亞建設이란 무엇인가?'라는 논설을 발표하였으나 압수되고 만다. 조선인을 향해 끊임없이 자행하는 일제의 위약違約과 무신無信, 침략을 통한 제국주의적 침탈과 확장 야욕에 대해 살펴본다.[27)]

일본을 보면 문명이 다소 앞서 깨친 것을 유일한 무기로 하여 먼저 지나支那에 육박肉薄하여 조선을 강압하였다. 만주 몽고에까지도 항상 야욕野慾을 품고 침략을 행하였다. 일본은 청일전쟁淸日戰爭(1894.7.25.~1895.4)을 승리로 이끌면서 1895년 4월 청국과 마관조약馬關條約을 맺고 조선에 대해 완전한 자주 독립국임을 인정하였다.[28)]

(동아일보 사설, 現代政治의 原理, 1920.5.10. 본문참조). 아울러 이와 관련하여서는 김현정, 대한제국기 정치적결사에 관한 헌법사적 연구, 민속원, 2020. 290-305면 참조요.

26) 일제치하의 실상은 과연 어떠하고 있는 것인가. 언론사상의 표명과 관련한 다음의 표현을 참고한다. **일제는 조선을 합병한 후 총독부를 통해 조선인과 일본인을 동일시하여 차별이 없도록 한다는 것을 표제로 삼아 줄곧 선전하였다. 그럼에도 사실은 절대 相反하여** 일본인은 千言萬語로 사상을 발표하고 조선인은 一辭半句도 발표할 수 없는 제한과 구속이 가혹하고, 또한 일본인은 동일한 의미로 長廣舌을 펴지만 조선인은 緘口結舌하여 사상을 표현할 수 없게 하고 있다. 國人이 토론하고 의견을 교환하여 옳음(是)이 발현되어 그를 주장하고 반대로 국인이 모두 불가하다고 평판하면서 그릇됨(非)이라 주장함에 대해서도 그를 고압적으로 구속하면서 **是非를 公決하지 못하게 하고있는** 것이다.(조선일보, **言論과 思想에 대한 當局의 政策---寬和를 主하고 壓迫을 抛하라**, 1922.12.24.)

27) 조선일보, **所謂 大東亞建設이란 무엇인가?**, 1924.7.3. (압수)

1904년 개전한 일로전쟁日露戰爭(1904.2.8.~1905.9.5.)에서 승리한 일본은 동양의 평화와 조선의 보호를 표방하였지만 일본이 가진 야심野心과 사계詐計는 결국 동양평화東洋平和와 양국의 행복을 도모한다는 미명美名으로 일한합병日韓合倂을 결과하였다.

그러함에도 아직 아세아주의나 동양평화를 논하는 것을 들을 때는 익살이 심하다고 생각된다. 일본은 이렇게 아세아주의를 일컬어 왔다.[29] 제국주의帝國主義를 철저하게 발휘하기 위하여, 또한 침략정책을 실제로 확장하기 위하여 모든 위세와 권력과 강력强力을 방패로 삼아 가면假面과 허식虛飾으로써 약자를 농락하려 한 것에 불과하다. 일본은 오직 동양의 맹주盟主이자 강자가 자신이라고 알고 있다.

성의誠意없는 아세아주의의 제창에 아세아인으로서는 아직 어떠한 공명共鳴있는 바를 유감스럽게도 들은 적이 없다. 근일에 이르러 아세아연맹亞細亞聯盟이니 대동아건설大東亞建設이니를 말하여서 정치가나 문필가 학생까지도 모두 대분기大奮起를 일으키는 지경이 되고 있다.

성심이 있으면 자기의 앞선 죄를 우선 근본으로부터 회오悔悟하고 철저하게 개전改悛할 것이다. 그런 다음에야 무어라 말을 할 여지가 있을 것이다.

이렇게 일제의 조선침략은 역사를 이어 진행되어온 것이다. 아세아를 탐하며 조선과 대륙을 침탈하려는 일제의 야욕은 대동아건설大東亞建設이라는 또 하나의 목표를 제시한다. 대동아건설은 조금 앞서 서양을 학습한 섬나라 일본이 아세아의 여러 나라들을 확장적으로 침탈해가는 과정에 설정하는 제국주의적 침략과 수탈의 근사近似용어가 되는 것이다. 따라서 그런 일제가 앞서 행하여온 위선적 동양평화와 야심에 찬 간사한 침략 경로는 뜻있는 이들에게 분노와 저항을 조장해낼 뿐인 것이었다. 일제가

28) 馬關條約 또는 下關條約(시모노세키조약)으로 칭해지는 것으로, 일본이 청일전쟁을 승리하면서 1895년 4월17일 당시 일본의 내각총리대신 伊藤博文과 청나라의 전권대사 李鴻章사이에 체결한 조약이다. 즉, 淸國은 조선이 완전한 자주 독립국임을 확인하고 일본과 대등한 국가임을 인정하며(제1조), 또한 요동반도와 대만섬, 澎湖諸島 등 부속섬을 일본에 할양하며(제2조3항), 일본에 배상금 2억 냥을 지불(제4조)하는 등을 주요 내용으로 하고 있다.

29) 이와 관련하여 일제가 아세아주의며 대동아건설 등을 주장하는 연유에 대해 기술하는 서언적 내용을 참고로 적어둔다. 사람이 궁하면 못할 것이 없노라. 자신이 처한 어려운 窮狀을 감추고자 외면을 꾸며 慈善을 하는 것으로 내보이려고 함은 저들 침탈자들의 常習이리라. 사람의 마음은 이상스럽게도 자기의 보존욕이 강대하여서 자기가 행한 잘못을 붙잡고 당장은 편하게(因循姑息)하려는 책략을 쓴다. 그런데 그것이 정말 無謀한 일임을 알지 못하는 것이다. 미국에는 먼로주의('Monroe Doctrine': 미합중국 제5대 대통령 James Monroe에 의해 1823년 12월2일에 주창된 미국의 유럽으로부터의 불간섭 및 고립을 선언한 외교정책)가 있고 일본에는 '亞細亞主義'가 있는 것이다.(조선일보, 所謂 大東亞建設이란 무엇인가?, 1924.7.3. (압수), 본문참조)

향후 수행할 야만적 침략으로 험난하게 전개될 아세아의 평화파괴와 약탈상은 이렇게 궤도를 잡아가게 되었던 것이다.

3. 침략의 화신 일제가 한국에 대해 갖는 잘못된 우상偶像 5가지

침략야욕에 온몸이 절은 일제가 한국을 식민 지배함에 있어 그들이 신봉하는 미신 같은 우상偶像이 있었다. 절대적으로 일본이 우위라는 입장에서 한국을 무시하면서 자신들의 생각과 설계대로 한국을 이끌고 몰아가는 기초가 그곳으로부터 유래하는 것이다. 이에 대해 상해上海에서 발간하는 독립신문은 1919년 11월에 '일본日本의 오우상五偶像'이라는 글을 게재하였는바 그에 대해 검토한다.30)

나는 말하기를 일본은 우리나라에 관하여 사상思想하고 행동할 때에 다섯가지 우상偶像의 질제節制를 받아 미신迷信과 오해를 낳는 것이라고 말하겠다.

1) 첫째는 우월優越의 우상偶像이다. 일본은 스스로 생각하기를 세계에서 가장 우수한 민족 중의 하나이다. 영국이 인도를 정복하였으며 미국이 비율빈比律賓(필리핀)을 프랑스가 안남월남安南越南(베트남)을 정복했는데 자기가 한국과 중국을 정복치 못할 것인가 하는 우상偶像으로, 이는 일본이 과거 50년간의 행운 중에서 얻은 우상이 된다. 이 우상을 얻은 뒤부터는 일본은 심히 오만傲慢하고 스스로 커져서 전에는 버리려던 불완전한 것까지도 자기 것이면 존경尊敬하라는 경향이 생겼으니 그 잘난 일어日語로 한어韓語를 대신하려고 하며 그 잘난 도덕道德과 습관習慣으로 한족韓族의 도덕과 습관을 바꾸려 하며, 그 잘난 일인日人으로 한인韓人의 통치統治를 바꾸려고 하는 등이다.31)

2) 둘째는 열등劣等의 우상이다. 한족韓族은 자기보다 심히 열등한 민족이기에 자기가 지배하지 않으면 살아갈 수 없다 함을 말하는 것이니 이는 일본의 건망성健忘性과 배은성背恩性을 말하는 것이다. 혈굴생식穴窟生食의 일본인에게 문명생활文明生活

30) 독립신문(上海版), **日本의 五偶像**, 1919.11.11.

31) "이 우상이 미신에서 나온 것이다고 생각하라. 일본이 가진 모든 것 중에서 몇가지 외에 세계가 칭찬할 만한 것이 무엇인가. 富士山 賣淫女 기모노와 나막신 등?"이라 표현하면서 진정 일본이 내세울 것이 무엇이겠는지를 비웃고 있는 것이다.(독립신문(上海版), **日本의 五偶像**, 1919.11.11. 본문 참조)

의 모든 방법을 준 자가 누구인가. 신문명에 일일一日의 장長이 있고 병력兵力과 사기술詐欺術이 남보다 우월함을 빙자하여 괴심愧心하게도 선진국민先進國民이요 문화文化의 은인恩人에게 열등민족劣等民族이라느니 식민지의 신부민新附民이라는 등의 버릇없는 명칭을 붙였다.

3) 셋째는 동화同化의 우상이다. 자기는 우수하고 한족은 열등하며 열등하되 역사를 망각하고 국민성을 소실消失하도록 열등함으로써 한족을 영구히 일본민족의 노예奴隸로 화化할 수 있다 함을 말하는 것이니, 금년(1919) 2월28일까지 그들이 세계에 대하여 장담壯談하는 것이며 아직도 이리처럼 어리석은 도배徒輩의 주창主唱하는 바가 그것이다.

4) 넷째는 권력權力의 우상이다. 비록 한족이 자기의 동화정책同化政策에 복종하지 않더라도 헌병과 악형惡刑과 군대와 적표籍瓢로써 영구히 억압할 수 있으리라 미신迷信함을 말하는 것이니 육혈포六穴砲 한 자루, 칼 하나 없는 한족韓族은 도마 위의 고기로 확신하였었다. 그래서 이번 독립운동獨立運動에도 장곡천호도長谷川好道(하세가와 요시미치, 1916.10.14.~1919.8.12. 총독재임)가 이 우상의 신탁信託을 청한 것이다.

5) 다섯째는 필요必要의 우상이다. 한국을 병합併合하는 것도 일본존립日本存立의 필요조건必要條件이며 영구히 한국을 영유領有하는 것도 일본존립의 필요조건이라고 하는 것이니 합병당시에는 말하되 한국이 러시아나 청국의 수중手中에 들어가면 일본의 독립이 위협받으리라 하다가도 가상적假想敵인 러시아와 청국 두 나라의 염려가 없는 오늘에는 핑계에 궁하여 미국의 야심을 끊으려 하는 것이라고 칭한다. 미국이 한국을 수중에 넣을 야심이 있다하면 누가 곧이 듣겠는가.[32)]

결국 이 다섯가지 우상에 기초하여 교활과 모략謀略과 능란한 사기술로 일제는 한국을 식민지배하였으며 경제적 정치적으로 모든 것을 탈취하고 한국인을 노예奴隸로 만들어갔다. 그런다음 더욱 승급昇級된 위선僞善으로 일선동화日鮮同化까지를 선포하고 있었다. 한국인의 피식민 노예화에는 일본의 교묘한 식민침략 정책이 일관되게 작

---

32) 이는 미국이 인자해서가 아니라 정치상으로나 경제상으로 미국이 한국에 대해 관심을 둘 필요가 없다고 하는 관점에서 그러한 것이라는 견해를 밝히고 있다.(위의 '**日本의 五偶像**' 본문 참조)

동하고 있었다. 그러나 반면 당시 한국인의 자주독립을 위한 실행 노력은 어떠하였는가. 국민 일반이 독립에 대해 각성은 하였으되 그 각성覺醒에 있어 절실切實함이 결여되어 있었으며 더하여 신념信念에 찬 국민 모두의 결속과 분투역행奮鬪力行의 부족 등이 바로 독립을 가로막는 요인이 되고 있었음을 통절하게 지적하고 있었던 것이다.[33]

[2] 식민지배하의 정의와 법률, 그리고 부정의적 탄압

1. 정의와 법률관계, 그리고 악법의 문제

정의正義와 법률法律에 대한 식민치하에서의 논의를 고찰한다. 일본제국주의 침략의 화신化身들이 말하는 동양평화와 정의 법률 등의 용어는 혼란과 부정의不正義 불법不法을 지칭하는 것으로, 특히 조선인들을 향해 사용하는 평화 정의 법률 등은 전혀 허위적으로 사용하는 장식적 용어에 불과한 것이었다. 정의가 잘 유지되도록 법률이 필요하며, 그러한 법률은 정의를 실현하고 지키는 중요한 사회적 기제機制로서 그 역할에 충실하게 되는 것이다. 또한 법률은 실질적 형식적 내용으로 정의를 엄중하게 담고있어야 하는 것이며 이를 충족할 때 비로소 법률로서 성립할 수 있게 된다. 법률 자체가 정의에 합치됨은 물론이고 그 법을 적용하고 집행하는 모든 공직자公職者는 법이 목적하는 정의를 구체적으로 실현하려는 실천의지를 잊지 않아야 하는 것이다. 정의正義를 외면한 채 민중을 제재하고 구속하는데 몰두하는 법률을 바로 악법惡法이라 호칭한다. 동아일보가 1927년 11월에 사설로 게재한 '정의감正義感과 법률法律의 효과'를 기초로 당시 사회가 관념하던 법률과 정의에 대해 검토한다.[34]

---

33) 우리 국민의 독립에 대한 自覺과 관련하여 독립신문이 적고 있는 내용을 참고한다. 즉, 우리 국민은 독립을 해야겠다는 욕구와 이상은 普遍化 되어있다. 그러나 지금 시점에서 이 國民的 自覺이 喚起되어야 하는 상황에 있음을 다음과 같이 지적한다. "국민이 갖는 독립에 대한 자각이 切實하게 보편화 하지 못하였고, 또 여러 가지 外的情形이 民心을 동요하게 하고 있으며, 다음은 우리가 독립을 능히 달성할 수 있다고 하는 確實한 信念이 부족하다"는 등의 내용을 중요하게 지목하고 있다. (독립신문(上海版), 國民的 自覺--國民의 머리에 獨立運動에 대한 명확한 自覺과 굳은 信念을 넣어주는 운동, 1921.5.14. 참조요)

34) 동아일보, **正義感과 法律의 效果**, 1927.11.23.

1) 사회적 정의를 떠나서는 법률의 가치가 없다.

법률이 있음으로 사회적 정의가 있는 것이 아니라, 사회적 정의가 잘 유지되도록 법률이 필요한 것이다. 그러므로 시대의 추이趨移에 따라 그 사회의 내부에 변화가 생기면 정의正義의 내용과 형식이 또한 변화를 면免하지 못하는 것으로, 그에 이르면 법률은 새로운 형식으로 그 사회에 나타나게 된다. 이것은 법제사法制史가 명시하는 바로써 오인吾人이 다시 운위云謂할 필요도 없다.

법률法律은 정의正義를 위하여 있는 수단이요 방법이다. 정의는 내용이요 법률은 형식이다.

정의가 있음으로 그에 따라 법률의 존재가 필요하고, 법률이 그 정의에 합치되는 때에 법률의 효과는 생기는 것이다. 법률로 인하여 사람을 제재구속制裁拘束함은 법률이 '정의正義에 입각된 권위權威'에서 비로소 의의가 있는 것이요, 정의를 떠나서 사람을 제재制裁하고 구속拘束하게 되는 법률은 이것을 악법惡法이라고 하는 것이다.

2) 그러므로 법률이 사회의 질서를 유지함에 지대한 사명을 가지고 있으니 만큼, 법률은 사회적 정의감正義感에서 촌보寸步라도 떠나서는 아니 된다. 이것이 근대 법치국가法治國家의 통칙通則이요 삼권분립三權分立의 근본정신根本精神이라고 할 것이다.

법률이 없으면 사회가 망할 것과 같이, 정의감正義感에 의존倚存하지 못한 법률은 또한 국가와 사회를 해롭게 할 염려가 있는 것이다.....정의감에 의지依支되지 못한 악법惡法을 어느 부당한 권력이 남용濫用으로 강행하는 경우가 있다. 국가사회의 원만한 발달을 기하려면 법률에 정의의 권능權能을 항상 발휘發輝시켜야 되는 것이다.

3) 법률은 흔히 문자로 표시되는 터이니 문자는 사람의 생각을 완전히 발표함에 부족한 것이 있으니 만큼 법률의 조문은 항상 불완전함을 면하기 어려운 것이니, 법률조문法律條文 자체가 사회적 정의正義에 합치되도록 힘써야 될 뿐 아니라, 그 법률조문을 적용시키는 사법관司法官도 또한 이 사회적 정의감正義感에 밝지 아니하면 아니 되는 것이다.

법률자체가 악惡하여 세상에 해악을 끼치는 것도 있지만 그것보다도 법관法官의 잘못으로 인하여 또는 그 법을 악용惡用하는 집권자執權者의 무리無理로 인하여 국가와 사회에 해독害毒을 끼치는 일이 더욱 많으니 이 점이 더욱 주의를 요하는 바라고 할 것이다.

법률을 맡아서 활용活用하는 자가 법률을 악용惡用하면 이것은 국가를 불리하게 하는 자이니 그 죄가 더욱 크다 할 것이다. 법률의 권위權威가 추락墜落되면 이것은 즉 법률의 생명이 없어짐이니 질서秩序를 파괴破壞하는 행동이라고 할 것이다.

어찌 사법자司法者로서 일시一時라도 잊을 수 있는 일이겠는가.

세계적으로 분쟁이 널리 있는 시대이니 조선에 법률문제가 많이 일어나는 것도 그다지 기이奇異하게 알 바가 없다고 하면 그것도 일리가 있는 말이 될는지 알 수 없으나 그러나 작금昨今 조선에서 일어난 여러 가지 법률문제는 결코 보통 다른 사회에 있는 비와 동일시同一視하기 어려운 바가 있으니 오인吾人은 본래 면목에서 보아 법률의 활용에 관계있는 인사人士들에게 심심甚深한 주의注意를 촉구促求해 마지아니한다.

법률과 정의正義의 문제를 사법공직자司法公職者들의 정의수호 의지와 결합하여 논의한 십 여일 후인 1927년 12월 조선일보는 '악법문제惡法問題'를 정면으로 사설로 게재하게 되었다.[35)]

악법폐지문제惡法廢止問題가 최근 대중의 여론으로서 생장生長되기 시작했다.

악법惡法의 내용은 길게 말하지 않는다. 보호정치保護政治, 합병단행合倂斷行시대에 민중억압民衆抑壓의 도구道具로 만들어진 것으로서 이 증오憎惡할 법 그물인 천라지망天羅地網을 이제부터 정치적으로 동작하려고 준비하고 또 준비하지 않을 수 없는 역사적 필연 과정에 있는 대중은 먼저 이 악법의 철폐를 위해 일종의 정치운동권政治運動權, 투쟁권鬪爭權의 획득을 위해 궐기蹶起하지 않을 수 없는 것이다.

조선인 대중이 그 생존권生存權의 자주적自主的 보장을 위한 전적 투쟁의 길에 오름에 있어 그 정치적 투쟁을 질식시키는 독와사毒瓦斯(독가스)를 소멸시키고 또 전진에서 첫 번째로 부딪치게 되는 철조망鐵條網의 철폐를 외치는 것은 당연지사當然之事이다.

---

35) 조선일보, **惡法問題**, 1927.12.2.(압수)

악법惡法의 철폐! 즉 [보안법保安法 집회취체령集會取締令 출판법出版法 신문지법新聞紙法 제령칠호制令七號[36] 치안법治安法]의 철폐 또는 개작改作을 외치는 것이 중요한 내용이다.

이에 대해 내지연장주의자內地延長主義者 참정권운동자參政權運動者 타협파妥協派는 공명共鳴할 것이지만, 정치상 준열峻烈한 의식을 가지고 있는 자들은 거부할 것이다.

...이 철폐문제에 대해 조선인 대중 및 선구자先驅者, 그리고 조선통치의 당로當路와 그들을 배후에서 통제하고 있는 일본정치가 및 인민들은 서로 입각지立脚地가 다르다 할지라도 모두 깊이 고려해서 결심하지 않으면 안 될 것이다.

최근 재등실총독齋藤實總督(사이토 마코토, 1919.8.13.~1927.12.10.; 1929.8.17.~1931.6.17. 제3대와 제5대 총독재임)이 사임辭任할 것이라는 소문이 전해져 자타의 구별 없이 사실이라고 단정해 왔으나 사실무근이라는 정식 부인이 있었다....그러나 누구든 간에 이 이상 반동정치反動政治를 계속한다면 그것은 영원한 화인禍因을 만드는 결과를 초래하게 될 것이다. 동양의 국면은 침식侵蝕--결렬決裂--붕괴崩壞의 세력을 크게 하고 있을 뿐이다. 원기 있는 조선인은 누구나 정치투쟁의 길을 트기 위해 일로一路 전진前進하는데 노력하지 않으면 안 된다. 또한 통치자들의 각성覺醒도 필요하다.

더욱 가혹해지는 식민통치를 겪으면서 당시 조선인들은 조선인 탄압에 주요 역할을 하는 부정의 법제들에 대해 이를 우선 개정 철폐하고 그를 총괄하는 재등실齋藤實 총독이 교체될 것을 희망하고 있었다. 물론 그가 교체된다고 해서 일제의 지배정책이 달라 질 수는 없는 것이겠지만 그래도 당시의 조선인들은 변화가 있으면 혹독함이 조금은 덜해질 수 있으리라는 막연한 기대는 분명 가능하였던 것이다. 결국 그 해 12월 10일에 사이토 마코토는 총독을 이임하였다가 2년 후에 다시 조선 총독으로 부임하였다. 그 정도로 일제는 조선지배에 있어 악법의 집행자로서 식민지배에 있어 중요 역할을 수행하던 인물로 그를 중시하고 있었던 것이다.

---

36) '制令第七號'는 3.1운동 직후 독립운동 탄압을 목적으로 만들어낸 '政治에 관한 犯罪處罰의 건'을 지칭하는 것으로, 1919년 4월15일에 공포・시행함으로써 독립을 호소하던 많은 조선인을 탄압하던 부정의한 惡令의 대표로 지목되는 制令이 된다.

2. 악법의 총독 치하와 조선변호사회에 거는 기대

1923년 5월 제3회 전조선 변호사대회가 개최되었다. 조선에서 시행되고 있는 악법惡法의 개폐를 위한 조사와 그 실행을 결의한 조선 변호사대회의 결의에 대해 동아일보는 사설을 통해 '전조선全朝鮮 변호사대회辯護士大會의 결의決議--형식에 지止치 않기를 망望함' 이란 글을 통해 이러한 결의가 절대 형식으로 그치지 말고 반드시 실천해 갈 것을 간절히 호소하고 있는 내용이 된다.37)

전조선 변호사협회의 제3회 정기총회에 부적당한 법령의 개정을 기도키 위하여 법령개폐法令改廢 조사실행결의調査實行決議를 수행遂行한 것은 오인吾人이 심히 경하하는 바이며 금 후 해회該會의 활동이 해결의안該決議案의 초지관철初志貫徹에 열심하기를 기대하는 바로다.38)

물론 전조선 변호사협회는 인권옹호人權擁護의 책무가 있는 것이라, 오인吾人이 자玆에 역설力說할 필요가 무無하거니와 금일 조선의 불편불안不偏不安한 사법계司法界의 현상과 또 단지 엄준가혹嚴峻苛酷한 제다악법諸多惡法이 상존尙存함에 감鑑하여 해회該會의 금번결의今番決議가 실로 시기時機에 적절適切한 감感이 유有하도다.

다만 이상의 결의의 주지主旨가 일편 형식적 표방標榜에 불과 할는지 그 표리表裏의 사정은 자玆에 판단키 어려우나 차此 법령의 개정을 기도하고 인권옹호를 철저하기 위하여 '법령法令의 개폐조사실행改廢調査實行'을 운운한 것은 먼저 법령의 개정 또는 폐지의 전제조건으로 법령전체의 조사를 실행하자는 것인지, 혹은 이상의 조사는 물론이요 그 개폐의 실행도 행하자는 것인지 문맥文脈의 취지가 이상 양개兩個 의의에

---

37) 동아일보, **全朝鮮 辯護士大會의 決議--형식에 止치 않기를** 望함, 1923.5.22.

38) 이에 앞서 1923년5월13일에는 京城에서 **新聞記者大會와 新聞協會 제11회 대회**가 열렸다. 참가회원은 일본 각 신문사 대표자를 망라하여 100여명에 이르는 것으로 회합은 약 3일간이라 하였다. 신문의 문화적 가치가 시대의 진보를 따라 점점 그 의미가 중대해져 감은 물론이고, 신문은 천하의 公器이며 公職이기에 그 神聖한 지위가 실로 富로써 淫치 못하며 威로써 屈치 못하는 것이라 하였다. 또한 **신문의 立脚地**는 오직 不偏不黨의 公明正大이며 그의 前進의 목표는 眞理와 正義와 國利民福과 人類文化의 향상임을 지적하고 있다. 그러므로 신문 執筆者는 사회의 목탁임을 자임하며 시대 여론의 指導를 목적 삼아야 하며, 신문종사자는 天職이 천하의 公器인 언론기관에 종사함을 특히 고려하여 조선의 진상을 선하게 觀察批判하기를 앙망하는 것과 함께 平素 조선문제 연구를 등한히 하지 않는 가운데 조선의 실상과 접촉하여 公正한 관찰과 堂堂한 立論을 주장할 것을 강조하고 있다. 특히 조선총독부의 선전에 阿附迎合하여 비판의 正鵠을 失할진대 조선 全民衆의 기대에 빚을 지는 것이 되고 기자로서 天職을 瀆汚케하는 것이 되므로 이를 賢察할 것을 명백히 밝히고 있다. 동아일보, 新聞記者大會에 囑함－公明한 觀察을 望함, 1923.5.13.

공통한 관觀이 유有하도다. 그래서 조사調査는 물론이요 그 개폐改廢의 실행을 반드시 이루어낼 것을 기도企圖함이 당해결의當該決議의 근본정신根本精神에 소급溯及하여 명실名實이 상부相符한 것을 단언斷言하는 바로다.

고로 오인吾人은 당해 결의안의 취지가 결코 상투상례常套常例의 형식표방이 아닐 것을 기대하며 진중珍重히 생각하는 바가 된다.

조선의 입법수속立法手續 또는 입법권立法權의 권한이 금일의 시대요구인 민주주의에 기초하지 않고 일개 자연인 조선총독의 장중掌中에 전재專在한 것은 오인吾人이 그 불합리하며 불공정한 것을 자玆에 통론痛論함이 오히려 진부陳腐에 속한지라, 고로 논급하지 않거니와 조선에는 소위 삼권분립三權分立의 신성神聖이 무無하며 민의존중民意尊重의 입법사상立法思想이 전무全無한 것을 일언一言할 뿐이로다.

이와 같은 시대착오의 제도하에 재在한 인민의 지위와 권리는 여하할 것인지 오인吾人이 다시 다언할 필요가 없다. 인권의 유린蹂躪과 법익의 침해는 가위可謂 통례通例의 항다반사恒茶飯事라. 무고無辜한 양민良民이 얼마나 많이 그 생명 권리 재산을 피탈被奪 당하였으며, 또 법률의 가명하假名下에 무수한 제박制剝 고문拷問 모욕侮辱의 폭위暴威를 얼마나 드러내 보였는지 오인吾人이 그 실례의 매거枚擧에 머뭇거림이 없을 것이다.

결국 오인은 인권의 보장이 박약한 위험지경에 폭로暴露케 되었으며 비도가혹非道苛酷한 중벽엄형重辟嚴刑은 오인의 생명을 침식侵蝕하는 것이 금일 오민吾民이 이해하기 어려운 번잡한 문장과 유명무실한 법률인 '번문도법繁文徒法'을 설하여 거의 적종適從할 바를 부지不知하는 것이 금일 일반의 통폐通弊로다.

…법률자체가 사회생활의 반영일진대 일반 인민의 정도에 응하여 그 시설施設에 완급緩急이 있을 것이어늘 이를 돌아보지 않고 단지 법률의 이식모방移植模倣에 급급汲汲하여 그 장조章條의 나열을 능사로 하는 것은 실로 목후관적沐猴冠的(원숭이가 치장을 하고 관을 쓴 것 같은, 옷은 훌륭하나 마음은 사람답지 못한)의 기관奇觀이 아니고 무엇인가.

오인은 이 점에 있어 현행법령의 간이화簡易化 사회화社會化를 절규絕叫하는 바로다.

요컨대 금일 조선의 이상 악폐惡弊가 물론 조선총독의 제령制令에 의한 입법상 기초에 그 근본적 결함缺陷이 있는 것과 삼권분립의 신성神聖이 조선총독의 독재獨裁에 의하여 동요되는 근본적 제도상의 불합리한 바로 결과된 것이라. 고故로 그 근본적 교정矯正이 목하目下의 조선 총독정치로는 불가능할 바라. 그러나 사실의 불가능이라 함은 오인吾人이 차此를 긍정 시인하는 것과는 성질이 대이大異하도다.

오인吾人은 의연依然히 조선총독의 제령권制令權을 시대요구에 배치背馳된 것으로 관觀하며 또 조선현행법령朝鮮現行法令의 번쇄가엄繁瑣苛嚴(복잡다기하며 가혹하고 엄격함)한 것을 통론痛論하는도다. 그리고 인권人權의 유린蹂躪과 법익法益의 침해侵害는 금일 조선의 통폐고질通弊痼疾이라. 오인은 이 점에 있어 조선변호사계朝鮮辯護士界의 건투健鬪를 상常히 간절히 바라는 바려니와 금번의 결의안이 결코 일편一片의 형식적 표방標榜에 그치지 않기를 소망하는 바이다.

조선에서 시행되고 있는 법제의 현장을 비통하게 고발하는 논설이다. 법령이 복잡다기하고 난해하며 인권유린이 항상 하는 법제의 실천 현장을 보면서 조선총독이 행하는 독재 아래서 무용하게 되는 절망을 고발하고 있다. 법이란 이름하에 폭력과 고문 인간의 권리가 일상으로 유린되며 법익의 침해가 자행되는 식민치하의 실상을 교정하기 위해 법전문인 집단인 조선변호사회의 결의를 말이 아닌 실천으로 이루어 줄 것을 촉구하고 있다. 전조선 변호사협회가 결의한바, 악법惡法에 대한 조사와 함께 그의 개폐改廢를 반드시 실현해 줄 것을 당시 언론은 간절하게 요청한다.

당시의 언론 글을 보면서 조선에서 조선인에게 자행恣行하던 일제의 극한적 불법不法과 부정의不正義의 비극 현장을 지금이라도 명확하게 이해해야 할 책무가 현재의 한국인과 인류에게 부여되어있음을 분명하게 지적하게 된다. 인간의 절대적 존엄가치와 자유 및 정의를 탐구 실천하는 법학法學의 바른 정립定立을 위하여, 그리고 인류역사의 바른 진전을 위해서라도 식민전제植民專制의 부정의와 인권유린의 비참상을 바르게 구명해야 할 책무가 현재인에게 막중하게 부여되어있음을 잊지 않아야 하는 것이다.

3. 국가의 존립의의와 정의에 대하여

국가의 존재 목적은 무엇인가. 국가는 국민의 삶을 보장하고 국민 개개인이 보유하는 능력을 향상 발휘할 수 있도록 사회를 정의正義롭게 운영하여야 하는 책무를 부여받고 있다. 국가는 국민의 생활과 그 실상을 통찰洞察하여 최선의 협동을 행하고 최선으로 각자의 직능職能을 발휘하도록 그 기회를 보장하며 능력의 향상을 도모하도록 조력하는 것이 우선하는 국가가 수행하는 정의正義가 된다. 1925년 9월 동아일보는 '국가존립國家存立의 의의意義'라는 논설을 게재하였다가 총독부 경무국에 의해 압수되었다. 논설 내용을 통해 당시의 국가에 대한 이해와 조선에서 이루어지던 국가의 부정의不正義한 작동 실상에 대해 살펴본다.[39]

정의正義를 행하여야 하는 것이 국가國家인데 지금의 국가 운영을 보면 정의를 행한다고 하기 보다는 오히려 부정의不正義를 훨씬 많이 행하는 실정이 되고 있다. 인류가 국가를 유지해오는 이유는 국가가 정의正義를 행할 수 있어서이며 또는 불완전하지만 정의를 행한다는 믿음 때문에 그 지속이 가능하게 되는 것이다. 만일 국가가 정의를 행하지 않는다는 생각을 일반 국민이 갖게 되면 일시적으로는 재래在來의 기성권력이 이를 통어해가겠지만 그러한 국가는 조만간 멸망을 면할 수 없게 된다. 이는 인민의 의견을 무시하고 능멸하는 기성의 국가권력에 대해 새로운 조직을 결성하고 혁명革命을 일으켜 그를 전복하는 결과를 만들어내기 때문이다. 국가는 인민의 생활과 생활 조건들을 통찰하여 최선의 협동을 통해 각자의 능력을 발휘하도록 기회를 제공하고 또 각자에게 교육을 제공하여 능력을 배양하게 하도록 최선을 다하여야 하는 것이 국가가 행하는 정의正義가 된다. 그러므로 국정을 담당하는 자는 항상 국민들의 생활 실제에 대해 이해가 충실하며 또 국민들의 생각과 사상을 통찰하여 그에 입각하는 정치를 수행하여야 한다. 즉, 국민들의 현실 생활을 토대로 정책을 안출案出하고 그를 조정하며 조력을 충실히 실행할 때 국민을 위한 정당한 목적의 정치가 이루어지게 되는 것이다.

그런데 지금 조선에서 펼쳐지는 정책을 보면 일반 민중의 실제 생활과는 전혀 교섭이 없는 정책으로서 정책당국자들이 마음대로 천단擅斷하고 획책하고 있음을 보고 있다. 일반 민중 생활에는 전혀 캄캄하고 일제 자기들의 입장과 이해에만 혼취渾醉되어 권력을 남용하고 호도하며 고압적 행태를 능사能事로 하고 있다. 이러한 현하現下의 조선처럼 일반 민중과는 전혀 몰교섭적沒交涉的으로 자기들의 고집과 좁은 도량으로 일관하는 정치는 부정의不正義라 할 뿐인 것으로, 다만 국민을 향해 죄를 짓는 행

39) 동아일보, **國家存立의 意義**, 1925.9.11.(압수)

위에 불과한 것이라고 지적하지 않을 수 없게 된다.

위에서와 같은 일제의 부정의不正義한 국가행태에 반해 직접 정의正義에 대하여 설명하면서 적극적으로 정의를 행하여야 함을 강조하는 논설도 있다. 동아일보는 1934년 10월에 '정의正義를 고수固守하자'라는 사설에서 정의正義의 영원성과 정의에 기하여 지켜지는 인간의 존엄가치尊嚴價値를 논하고 있다. 더하여 어떠한 박해가 있을지라도 정의正義는 반드시 지켜가야 하는 것임을 주창하고 있다.[40)]

정의正義는 영원으로부터 영원까지 불멸하는 것이다.
시기猜忌많고 중상中傷많은 사회에서는 정의正義가 추방을 당하는 법이다.

금력金力보다도 지위地位보다도 명예名譽보다도 가장 고귀하고 가치있는 것은 정의正義다.
정의는 강하고 위대한 것이며 영겁永劫까지 그 웅자雄姿를 인간의 양심良心에서 물리칠 수 없는 것이다. 정의를 갈망渴望하고 정의를 옹호擁護하며 정의를 실행實行하는 가운데 인간의 정의情義가 있으며 인간의 존엄尊嚴이 있는 것이다.
이것이 없다 할진대 어찌 인간이라 칭하리오. 오직 인면人面을 가진 금수禽獸라 할 것이다.
불의不義를 말하는 자리에는 서지도 말 것이요 부정不正을 떠드는 곳에서는 참여參與도 말 것이다. 정의正義를 위하여 박해迫害를 받고 배척排斥을 받을지라도 견인불굴堅忍不屈하고 나가보자.

4. 부정의와 악법을 일상화하는 일제의 전제통치

현대정치에서 비밀秘密과 전제專制는 있을 수 없는 금물禁物이다. 조선사람의 현실상現實相과 사상유래思想由來를 알지 못하는, 아니 알려고도 하지 않는 가운데 폭압적 전제정치로 임하는 일제 식민지배자들의 행태는 조선민족을 분노와 절망으로 몰아간다. 법이라는 이름을 달았다면 극악한 악법惡法도 법이라 우기면서 조선인들을 엄중 가혹하게 구금하고 고문하는 실상에 임하여, 국권을 상실당한 그 실체를 원망할

40) 동아일보, 正義를 固守하자, 1934.10.4.

뿐인 것이 된다. 시간을 더하면서 가중되는 공포와 폭력적 부정의가 당시 사회를 더욱 우려스럽게 만들어가고 있다.

동아일보가 1927년 11월에 게재한 '우려憂慮되는 사회상社會相'을 통해 식민치하의 무단武斷적 전제통치專制統治 실상을 고찰한다.[41]

1) 비밀秘密과 전제專制는 현대정치의 금물禁物이다. 금물이라고 하는 것보다도 일종의 죄악罪惡이라고까지 보는 것이다. 정치가 일부 특권계급이나 집권자의 사유물私有物이 아닌 이상 당국자當局者의 비밀 주머니에서만 요리料理될 바가 아니요, 또한 그네들의 전단專斷으로만 될 것이 아니다. 이는 현대인의 상식이다...

2) 작금昨今 조선의 현실이 실로 요란搖亂한 중에 있는 것도 그 원인의 일부가 조선에 대하여 전제정치로 임함에 있음을 살펴야 될 것이다. 조선사람에게 희망을 주지 못하고 조선사람의 생활이 궁곤窮困할지라도 그것을 성의誠意에 있게 그 심산心算에 넣지 아니하므로 조선사람의 청년은 그 울분鬱憤한 심사心事를 어디에 발휘發揮하면 좋을 줄을 모르는 것이다.

....질서를 문란紊亂케하는 범죄사실을 표면에서 법적 안목으로만 볼 것이 아니라, 그러한 사건을 산출産出시키는 사회의 현상과 그 사회에 실시되고 있는 각종의 정책 등을 여실히 고찰할 필요가 있는 줄 믿는다.

3) 이에 오인吾人은 악법惡法도 법이라는 의미에서 당국자가 엄중취체嚴重取締하는 데에 가부可否를 말하지 아니한다. 또는 가부可否를 말할 자유自由도 없는 것이다. 그러나 이 우려憂慮할 현실에 대하여 법률이나 경찰력警察力으로만 임하는 것은 타당妥當하지 아니하다는 것을 말하지 아니할 수가 없다. 그러나 위정자爲政者는 이 현실에서 다시 반성反省하는 바가 있어야 될 것이다. 그것은 조선사람의 실생활實生活과 그 생활의식에서 배태胚胎된 사상적 경향이다.

오인吾人은 묻고자 한다. 당국자當局者가 과연 조선사람의 현실 생활에 대하여 그 사실을 사실대로나 간취看取하고 있는가 없는가. 또는 조선 사람의 사상을 우려憂慮하느니만큼 조선사람의 사상적 유래由來에 대하여 착실着實한 고찰이 있는가 없는가.

---

41) 동아일보, **憂慮되는 社會相**, 1927.11.18.

오인의 눈에 보이는 당국자의 행동은 이 점에 대하여 이해가 없는듯하다.

무력武力으로만 또는 법률法律로만 만능萬能을 삼음에는 시대가 너무나 다름을 말하지 아니할 수 없고, 조선사람의 지력智力이 너무나 발달하였다는 것을 또 말하지 아니할 수 없다. 그네들에게는 조선사람의 현실이 그대로 간취看取되지 못하였는줄 믿는다. 알고도 이러하다면 과심過甚한 잘못이니 우리는 알지 못한 것으로 밖에 볼 수 없다. 이 우려되는 현하現下 사회상에 직면直面하여 당국자에게 어찌 일언一言의 경고警告가 없을 수 없겠는가.

일제가 극심하게 행하는 조선인 무시의 식민통치 모습, 비밀 및 전제에 익숙한 당국의 행태와 법률 만능을 기치로 내세우면서 악법을 통상의 법으로 치환시켜 무단통치武斷統治를 자행하는 식민 사회상에 대해 조선의 지성과 언론은 강력하게 그의 위험을 경고하며 변화를 촉구하고 있는 것이다.

또한 일제 당시 공무 당국은 조선인을 위하는 조선인의 의견에 대해서는 아예 존중할 생각이 없었다. 시간을 더하면서 불합리를 지적하고 개선을 요청하는 조선인들의 요구에 대해 실태를 조사하고 당사자의 의견을 들으며 타협점을 찾으려 하는 존중과 성의가 원천적으로 존재하지 않는다. 아니 그 당국자들은 관료적官僚的이며 고압적 태도로 해당 농민들에게 오히려 겁박하며 손해를 가하는 것이 일반적이었다. 또한 조선에서 공무를 담당하는 관리들이 행하는 부정부패와 기강문란紀綱紊亂에 대해 어떠한 처벌도 개선도 이루어지지 않고 있음을 개탄한다. 관련하여 법제에 대한 접근에 있어서도 일제는 조선인을 무시하고 수단시하는 도구로서의 장치들을 법이라 하고 있다. 따라서 당시의 법률은 조선인 일반의 권익을 향상시키는 관점에서의 접근이 아니고 오히려 이를 철저하게 배제하는 법관法觀에 기초하고 있는 것이다. 국민을 위하고 국민의 편익을 증진하는 것이 주요 목적인 입헌상도立憲常道가 조선을 지배하는 일제의 공직자 및 정치인에게 원천적으로 부재하는 것과 함께 그러한 인식 자체를 출발에서부터 배제하고 있음에 대해 조선인들은 분노하고 있다.

관련 자료를 통해 그에 대한 이해를 도모한다.

조선 민중들의 원망에 찬 소리들을 외면하는 일제당국, 특히 농민들이 요구하는 현장에서의 소리를 경청하면서 농민들을 위한 정책을 조금이라도 들어주면 아니되는 것인지. 1932년 3월 동아일보가 쓴 사설 '민성民聲의 가지가지---당국은 청이불문聽而不聞하나'를 통해 민중의 현장소리를 들어본다.[42)]

금년의 각지 도평의회道平議會의 의사에 관한 논의를 볼 때 우리는 지난해에 부르짖었던 그 소리가 그대로 중복되고 있는 것을 본다. 이는 조선의 사태가 지난해와 아무런 변동이 없다는 것을 증명하는 것이다. 당국자가 민원民怨의 소재에 대해 하등의 대책을 강구하지 않거나 강구했더라도 그 효과가 크게 나타나지 않은 것을 말한다.[43)]

당국의 태도를 보면 조선인의 언동을 향해 반대하기 위한 반대를 한다거나 감정론感情論이라하기도 한다. 당국의 자문기관인 도평의회道平議會가 발표한 의사에 대해 이러한 표현은 구실이 없을 것이다.

조선의 산업지도정책에 의하여 농업기술의 개량을 조장하며 농가 부업장려, 농업의 다각화 등을 위한 적극적 농촌지도는 합당하다. 물론 이것이 상공자본의 이익을 주로하고 이를 위한 원료공급을 목표로 하고 있는 것도 사실이려니와 이로 인한 상공업편중의 폐해가 생기는 것은 유감遺憾이다.

그에 일보 나아가서 그 관료식官僚式·고압식高壓式 장려방법 때문에 인권을 침해하며 농촌에 이익을 주는 것보다도 손해를 주는 것이 간혹 있음이 분명한 사실이다. 즉, 묘목의 강제 배부, 누에고치·면화 등의 공동판매제의 폐해, 생활이 너무나 어려운 궁민窮民 구제사업에 있어 청부업자의 횡포, 교육기관의 부족과 불비, 수리정책水利政策의 파탄, 화전민의 참상, 농촌을 떠도는 유리민流離民의 증가 등 실생활에서 발생하는 절규의 실례들을 지적할 수 있다.

---

42) 동아일보, **民聲의 가지가지---當局은 聽而不聞하나**, 1932.3.6.

43) 조선인들은 일제 당국이 행하는 조선인 차별과 무시에 대해 끊임없이 시정을 요구한다. 다른 측면에서 고등교육을 받은 조선청년들의 취업차별 및 무관심과 조선 문제의 해결 방안 등에 대해 다음의 글을 참고해 본다. **1932년 당시에** 조선에서 大學과 專門學校를 나오는 900명 청년의 절반 이상이 취직난에 처해있다. 그 중에서도 조선인에게 있어서는 더욱 심하다. 또 東京이나 京都 기타 玄海灘 건너 각지에서 나오는 남녀청년이 400여명이 있다. 조선의 취직 전선에는 큰 異狀이 있다. 누년에 걸쳐 만성적으로 문제가 되는데 일제 당국은 이를 아무 문제가 아닌 것으로 보고 있다. ...특히 조선에 있어 같은 지식계급이면서도 같은 학교 출신이면서도 일본인은 구직이 비교적 쉽고 조선인은 일층 어렵다는 것은 당국자의 반성을 요하는 중요점이다. 조선인에게 직업을 주라. 농촌에 대한 窮民救濟사업은 작년부터 실시 중이다. 그러나 當局의 감독 불충분으로 문제가 끊임없이 많이 생겨나는데 여기에 많은 國庫金을 쓰고 있다. 도회의 지식계급을 위한 구제사업도 있어야 하겠다. 적어도 조선 내에 있어 조선인에게 취업의 우선권을 주는 것과 조선 내의 모든 사업기관을 조선인에게 개방하는 것도 정책의 한 가지가 될 것이다.(동아일보, 우리에게 직업을 달라---社會問題로서의 就職難, 1932.3.4. 본문참조)

그러나 그들은 자문기관에 대해서는 어떠한 책임도 지지 않으므로 해마다 공격을 당하고도 또 건의안을 받아서는 산적山積하게 버려두고도 어떤 아픔도 느끼지 않음이 사실이다. 중앙의 당국자로 앉아서는 마땅히 재고再考 삼고三考하는 바가 있어야 하는 것이다.

바라건대 모든 산업정책을 조선 본위, 조선인 본위로 하며, 농촌정책을 농촌 본위 농민 본위로 할 것이다. 공판제共販制의 대개혁, 수리정책의 재수립, 기술지도의 민중화, 기타 사회정책의 수립 등은 그의 구체적 세목細目이다.

당국은 성의가 없는 것인가 또는 능력이 없는 것인가. 듣고도 못들은 채 보고도 못본 채(청이불문聽而不聞 시이불견視而不見)하는 그 태도를 서운하게 유감遺憾으로 생각한다.

조선에서 근무하는 일제 공직자들의 기강문란紀綱紊亂과 관련하여서는 동아일보 1934년 7월의 '정치적 책임과 감찰監察---철저徹底한 책임규명責任糾明이 필요'라는 제명의 글에서 일부를 적고 있다.44)

.....조선은 소위 정치적 특수지역이어서 일본서 오래전부터 시행되고 있는 소원법訴願法, 행정재판법行政裁判法도 아직 실시되지 않고 있으므로 관헌官憲에 대한 민중의 불평과 요구는 묵살 혹은 그 임의적 재량裁量에만 기대할 뿐인 것이 사실이니 이에 기강紀綱이 문란紊亂하여지기 쉬운 허극虛隙을 발견할 수 있는 것이다. 더욱이 증전曾前의 행정정리行政整理로 말미암아 감찰제도監察制度까지 없어지고 만 오늘에 와서는 관기官紀의 숙청肅淸을 위한 하등의 제도가 없으므로 강기문란綱紀紊亂은 점차로 대두擡頭되는 경향을 보게 되었다. 만일 철저한 감찰제도가 있어 이제부터라도 그 내면을 무자비하게 검색하게 된다면 상상想像컨대 그 결과는 결코 금일 사직司直의 손에 걸려 폭로된 그런 정도의 것은 아닐 것이다.45)

금품을 먹고 권익權益을 삼키는 것도 많이 퉁겨져 나오겠지만 사감사리私感私利로

---

44) 동아일보 사설, **政治的 責任과 監察－徹底한 責任糾明이 필요**, 1934.7.10.

45) 이와 관련하여 당시 최근에 노출된 사건들로 "京城府의 대담합사건, 平北 현직경관의 금괴밀수사건, 강원도 현직군수의 疑獄사건, 공립학교직원의 횡령사건, 刑務所員의 횡령사건 등등의 추태가 지적되고 있다. 그러면서 授賄受賂의 當者는 국법에 抵觸된 자이매 그것에 현직을 빼앗고 형벌을 가하는 것은 당연한 일이라,..그 최고책임의 규명을 기피하여 온 것이 사실인 것을 보면 이는 遺憾이라 할 수 밖에 없다"고 하여 거대하고도 일상화된 공직자들의 부정부패에 대해 관련자 색출 규명 및 처벌이 이루어지지 않는 현실을 한스럽게 호소하고 있다. 동아일보 사설, 政治的 責任과 監察－徹底한 責任糾明이 필요(1934.7.10.) 내용 중 일부.

관권官權을 남용하는 반기망적反紀綱的 행위도 얼마나 많이 불거져 나올 것인가.

허다한 기강문제가 있으나 조선에서는 들추어내고 진서振書할 제도가 없으며 또 나타난 기강문제에도 그 책임의 소재를 철저하게 규명糾明키를 피하는 뜻한 현상은 실로 중대한 유감遺憾이 된다.

5. 조선의 특수사정과 차별적 악법 실상

일제는 식민지 조선에 대해 철저하게 열위적劣位的 차별대우와 부정의적 제도구축에 진력하였다. 조선을 아직은 모든 것이 저열한 특수한 사정을 가진 특수한 지역으로 몰아가면서 자의적恣意的 내용의 법제를 구축하고 제도의 운영을 폭압적 방법으로 일관해 가는 것이었다.

이에 대해 동아일보 1932년 8월의 사설 '조선특수사정朝鮮特殊事情'을 통해 일제의 폭압적 법제운용 실상을 이해한다.[46] 일제는 걸핏하면 <조선특수사정朝鮮特殊事情>을 지목한다. 누구나 똑같이 평등하게 바름으로 대한다는 '일시동인一視同仁'과 '차별철폐差別撤廢'를 수시로 논급하면서 실제는 조선의 특수사정을 핑계로 내건다.

'보안법保安法'이니 '집회취체령集會取締令'이니 '출판법出版法'이니 '신문지법新聞紙法'이니 하는 미개적未開的 법령法令이 지금까지 계속되는 것도 <조선특수사정朝鮮特殊事情>에 의함이다. 행정소송령行政訴訟令을 그대로 조선에 시행 못 하고 비승비속非僧非俗의 소송령訴願令을 안출案出하고 있는 것도 <조선특수사정> 때문이다.

조선에 특수사정이 없다는 것이 아니다. 크게 있다. 있느니 만큼 특수한 정책政策이 반드시 필요하다. 문제는 특수시설의 표준여하標準如何다. 민중의 이해관계를 근거로 하여야 할 것이다.

민권民權의 옹호擁護, 민리民利의 보급에 관하여는 모름지기 '일시동인一視同仁'이어야 할 것이요, 산업의 보호 지도 등은 특수한 보장이 있어야 할 것이다.

그런데 당국의 행정은 그와 정반대의 입장에 서 있는 듯하다.

조선에는 의무교육義務教育을 힘써 려행勵行치 않는다. 이것도 특수사정이라 한다. 쌀도 차별, 인권보장도 차별, 현해탄玄海灘을 건너는데도 차별, 대차별이다.

...당국의 형편에 편리하면 '무차별無差別'이요, 당국의 형편에 불편하면 '특수사정

46) 동아일보, 朝鮮特殊事情, 1932.8.14.

特殊事情'이다. 이 현상은 원칙적으로 태도부터 변개變改하지 아니하면 안 되겠다.

형사보상법刑事補償法의 적용에도 특수사정이 으례히 나올 것이다.47) 10월1일부터 실시한다고 한다.... 형사보상법의 근본의根本義가 인권을 보장하자는 데 있다. 식민지植民地는 자칫하면 인권보장이 헛껍데기로 돌아갈 염려가 다대하다. 인권보장을 일층 엄려嚴勵히 하지는 못할지언정 적어도 선진국의 그것보다 못하지는 않게 해야 할 것이다.

조선은 무리한 유도신문誘導訊問이 많으니 이를 어찌할까 하는 논의도 있을 것이다. "임의자백任意自白은 보상하지 않는다"는 조문條文이 있으니 이런 조문이야말로 조선의 특수사정에 기하여 삭제해도 무방한 것이다. 그러나 당국은 이 조문을 삭제하기는커녕 오히려 특수사정을 무시하고 더욱 무차별無差別 무자비無慈悲하게 적용하려 들 것이 아닌가.

참으로 한심寒心한 정책이다.

다른 것은 다 몰라도 [행정경찰권력行政警察權力, 사법의 독립, 교육적 시설비]에 한해서는 제발 <특수사정特殊事情>을 젖혀놓아 주었으면 한다. 형사소송법에 대해서도 적어도 그 전문全文 그대로 조선에 적용할 것이요, 간도間島에서 상소上訴해 온 것도 물론 적용하도록 해석을 붙여야 할 것이다.

이러한 정치 운영이 바로 독재정치를 보여주는 일면이 아니겠는가. 조선인의 인권을 조선의 사정이 열등하고 미개하다는 특수사정을 들면서 일본 내지와 차별하는 가운데 사법적 인권유린과 정치적 독재를 일상으로 행하고 있다. 동아일보가 게재하고 있는 1933년 3월의 사설 '독재獨裁와 비상시非常時--독재는 어디로 가는가'를 통해 독재로 일관하는 일제의 조선지배를 관련지어 검토한다.48) 일제가 행하는 독재의 실제 과정과 그 요건 및 내용이 어떠한지 그리고 독재정치가 궁극으로 어떤 결과에 이르는

---

47) 그런데 이러한 인권보장을 위한 법률의 시행을 앞두고도 조선인은 법의 보호에서 배제되거나 변형되어 적용될 상황을 이미 예측하고 있는 것이다. 즉, "刑事補償法을 1932년 10월1일부터 시행한다고 하는데, 이를 조선에서는 조선의 특수사정을 참작하여 총독부 府令으로 발포 시행하리라 한다. 절차상의 의문점이 있다 하면 그에 맞는 특수방법을 두는 것은 당연하다 하겠지만 **총독부령으로 變政되는 순간의 원칙상 차별이 潛入**한다 하면 이는 크게 잘못이다. 미리 警戒할 필요가 있다."고 하면서 왜곡될 염려를 명확히 제기하고 있다.(동아일보, 朝鮮特殊事情, 1932.8.14. 본문참조)

48) 동아일보, **獨裁와 非常時--獨裁는 어디로 가는가**, 1933.3.29.

지에 대해 논설하고 있다.

정권을 장악한 독일의 나치스(Nazi)는 그 당연한 순서대로 전독일全獨逸에 걸쳐 실질적 독재정치의 실현을 기하고 있다. 중요한 것으로 실력 행동에 대한 법률적 보장을 얻기 위해 다음의 장치를 구축하였다. 즉, 히틀러 내각 재임기간중 또는 오는 1937년 3월31일까지 정부에 독재적 권한을 부여하며 설령 헌법에 저촉되더라도 모든 법률을 공포할 수 있는 권한을 부여한다는 것이다. 또한 이와 같은 법률의 제정 및 각국과의 조약체결에 관하여 국회와 연방 참의원의 모든 권한을 해제한다는 '정부신임법안政府信任法案'을 국회에 제출하여 국회는 지난 3월 23일 압도적 다수로 이를 통과시켰으며 이어 대통령의 서명署名까지 얻어 24일부로 실시하게 되었다. 따라서 독일은 나치스의 완전한 독재 치하에 들게 되었다.[49]

철저한 독재정치에 앞선 이태리伊太利의 존재만으로도 구주歐洲는 다시 독일의 독재화에 중압감을 느낄 수밖에 없는 것이다. 독재정치의 거대 물결이 대단하다. 방향은 다르지만 로서아露西亞도 공산당共産黨 일당독재一黨獨裁요, 중국도 국민당國民黨 일당독재다. 터키 포르투갈도 독재를 한 지 오래되었으며 태국 네팔 모로코 에티오피아 등의 전제국도 독재 형태의 일종이니 세계는 독재정치의 거조巨潮에 쌓여있다.

경제적 위기와 정치적 위기에 당면한 세계 대세는 지금 국가주의國家主義, 강력주의强力主義의 독재정치로 말미암아 급격한 변화를 보이고 있다.

근대적 의미의 독재는 그것이 근대의 산물인 자본독재資本獨裁 금융독재金融獨裁와 표리表裏를 이룸에서 고대古代의 독재와는 다르며, 대의정치代議政治의 부패, 의회주의議會主義의 무기력無氣力을 태반胎盤으로 한 점에서도 과거와 다른 것이다. 정치의 특종계급으로부터 민의民意에의 도정道程을 밟은 과거의 모든 노력은 19세기 이래로

49) '全權委任法' 또는 '授權法'으로 명명되는 이 법률은 히틀러(Adolf Hitler: 1889.4.20.~1945.4.30.)의 나치당에 입법권을 완전히 위임하는 법률이 된다. 본래 명칭은 '민족과 국가의 위난 제거를 위한 법률'(Gesetz zur Behebung der Not von Volk und Reich)이다. 불법적 절차와 방법을 동원하여 국회를 통과한 본 법률은 1933년 3월24일부터 시행되었다. 본래는 히틀러의 총리 임기인 1937년 3월31일까지 유효한 것으로 하였으나 1937년과 1939년, 1943년에 연속적 개정을 통해 무소불위한 히틀러의 통치권이 계속되게 하였다. 주요 내용은 입법권을 국회에서 히틀러 총리(1934년8월, 힌덴부르크 대통령사망으로 대통령을 겸함) 내각의 정부로 이양하고, 이러한 정부의 입법은 헌법에 우월함을 핵심으로 함으로써 불법적 입법을 일상화한 독재정치를 영위해 갔던 것이다. 나치(Nazi)는 '국가사회주의 독일노동자당'(Nationalsozialistische Deutsche Arbeiterpartei)의 약칭으로 1920년 창당되어 1945년까지 존재하였다. (마르틴 브로샤트 저, 김학이 역, Der Staat Hitlers(히틀러국가)---나치정치혁명의 이념과 현실, 문학과지성사, 2011. 참조)

의회주의의 황금시대를 거치면서 금일에 이르렀다.

그러나 이와 함께 성장한 자체의 내재적 모순矛盾은 필경畢竟 금일에 이르러 파탄破綻을 보게 되었으니 의회주의의 조종弔鐘은 동시에 독재주의의 신호가 되었던 것이다.

독재정치가 발생되는 원인과 목적은 그 시대와 국정國情을 따라 다양多樣하겠으나 고금古今을 통해 일관一貫한 귀결은 '비상시기非常時期'라는 일점一點에 요약要約할 수 있다. 내부적으로는 급격한 개혁에 의하여 생기는 파괴와 건설사업의 필요로, 또 외부적으로는 전쟁 준비나 전후 집권자의 강력한 독재 요청에 의한 것은 고대나 근대나 다름이 없다....독재의 출현은 비상사변을 전제로 함이니 지금 일어나는 독재의 풍조가 도도함은 어떠한 비상시를 전제前提함인가. 그래서 그는 장차 어디로 갈 것인가. 독재 역시 생기사멸生起死滅의 필연적 궤도에서 일분일촌一分一寸도 벗어나지 못할 것임을 명기한다.

비상시기非常時期를 내세우면서 집권자가 획책하는 독재獨裁는 국내 정치에 있어 사회모순과 권력위기에 대한 돌파구로 작용하기도 하지만 한편으로는 외부와 전쟁을 준비하면서 독재를 도모하기도 하는 것이었다. 즉, 전 국민을 독재자의 권력 아래 복종시키면서 불합리와 부정의를 내부적으로 자행하고 야만적으로 전쟁 준비에 모든 국력을 동원하는 모습이 바로 독재정치이며 이를 이용해 국가주의와 강권 정치를 실행하게 되는 것임을 지적하고 있는 것이다. 당시 식민치하의 조선 상황이 독재정치의 공포 및 압제 양상과 너무나 유사하게 전개되고 있음을 일깨우고 있다.

[3] 일제의 법제 운영실상과 악법의 온존

일본과 조선 간에 있어 일제가 행하는 법제 전반의 차별은 실제로는 피식민국 조선의 조선인을 노예시奴隷視하면서 오직 구두口頭로만 일선동화日鮮同化를 말하고 있을 뿐임을 증명하는 것이 된다. 조선은 문화적 교육적 민도民度가 낮아서 법을 다르게 적용하고 교육도 그에 맞게 시행되어야 한다는 기조를 철저하게 가지고 있었던 일제였다. 일제 당국은 자신들이 일상으로 행하는 부당한 정치적 사회적 압박과 차등에 대해 조선인들이 행하는 사상적 저항적 표출을 언제나 멸시와 강압으로 억압하려 하였다.

1. 일제의 예심제도

1912년부터 시행된 예심제도豫審制度는 검사의 신청으로 예심판사豫審判事가 사건을 먼저 심리한 다음 범죄성립을 확신할 수 있는 경우에만 재판을 시작하는 제도이다. 혐의가 불분명한 사안에 대해 검사가 함부로 기소하는 것을 방지하기 위한 제도로서 피의자의 권익 보호를 목적으로 한 제도이다. 그러나 일제는 식민지 조선에서 이를 남용하여 예심단계에서 검사나 경찰이 피의자를 무기한 가두어둔 채 고문 등을 통해 자백을 받아내게 되었고 이렇게 작성된 조서를 재판에서 제출하여 유죄의 증거로 채택되게 하였던 것이다. 이렇듯 예심제도는 조선에서 경찰과 검찰의 권한을 자의적으로 확장할 수 있게 하는 장치가 되었던 것으로, 공판절차는 간소화되면서 피의자 내지 피고인의 권익보호 및 변론권이 행사되지 못하게 하는 사법왜곡司法歪曲을 결과하게 되었던 것이다.

예심제도豫審制度와 관련하여 당시 형사법의 일부 내용을 언급한다. 일본은 1922년 대정大正11년에 형사소송법을 개정한다. 따라서 조선에서 시행하는 조선형사령朝鮮刑事令도 개정하여 1924년부터 시행된다. 개정된 조선형사령에서 중요한 내용은, 검사의 피의자 구류기간을 20일에서 10일로, 사법경찰관의 피의자 유치기간을 14일에서 10일로 단축시키게 된다. 아울러 예심豫審과 관련하여서는 구류기간을 3개월로 하며 갱신기간은 매 2개월로 하게 하였다. 총독부 검찰은 이를 이용하여 피의자에 대해 예심을 청구한 다음 장기간에 걸친 미결 구금상태에서 고문을 가하면서 유죄의 증거들을 수집 조작하게 되었던 것이다.

이와 함께 1925년 5월 8일 일본국 칙령 제175호로 제정 공포된 '치안유지법治安維持法'을 통한 조선인 통제책이 있다. 즉, 국체國體를 변혁하거나 사유재산私有財産제도를 부인하는 것을 목적으로 결사結社를 조직하거나, 또는 그 정을 알고 이에 가입한 자는 10년 이하의 징역 또는 금고에 처한다(동법 제1조)고 하여 일제 천황제天皇制에 대한 불손이나 불복종은 물론 조선 독립을 추구하는 조선인에 대해 엄한 형벌을 가할 수 있게 하였다.[50] 또한 심문조서의 증거능력에 대해 보면, 일본에서는 수사기관이

50) 일제가 조선에 시행한 惡法의 문제는 일제가 민중억압의 도구로 만들어 시행한 것으로, 법을 빙자한 부정의로 뭉쳐진 증오의 통제 도구일 뿐이었다. "악법의 철폐! 즉, **保安法・集會取締令・出版法・新聞紙法・制令七號**(3.1운동직후 독립운동 탄압을 위해 만들어낸 '정치에 관한 범죄처벌의 건', 1919.4.15.공포시행)・**治安維持法의** 철폐 또는 개작을 외치지 않을 수 없는 것이다...동양의 국면은

강제수사를 통해 작성한 심문조서에 대해 증거능력을 예외적으로 인정하는 원칙을 가지는 반면, 조선에서는 수사기관이 작성한 조서에 대해 절대적 증거능력을 인정하는 차별을 제도화하고 있다. 그에 따라 일제의 경찰 등 수사기관은 피의자의 자백을 받아내는 것이 국가에 대한 충성이었고 가장 큰 기여로 알게 되었던 것이다.

이러한 정치사법적 구조하에서 형사절차상 중요제도로 작동하던 예심제도豫審制度의 실행에 대해 동아일보가 1929년 8월에 발표한 '예심천연豫審遷延'을 통해 이해한다.[51] 피고인의 권익을 위한다는 예심제도의 외관을 찬양하지만 실상은 예심판사도 태부족 상황에서 위에서 적고 있는 치안유지법治安維持法이란 악법으로 조선인 피의자를 구금하고서는 예심을 지체함으로 인해 발생하는 조선인의 원억冤抑 문제를 제기한다. 예심절차에 묶여 해를 넘긴 세월 동안 다음 단계로의 사법절차가 봉쇄된 채로 억울하게 영어囹圄의 구속을 당해야만 하는 조선인들, 사법의 남용과 법치法治를 빙자한 일제의 법파괴法破壞 악행에 의해 유린당하는 조선인의 인권 실상이 억울함으로 고발되고 있다.

문화정치文化政治를 표방한 조선정치가 사법제도의 미비로 인권을 존중하지 못함이 비일비재하다. 특히 예심豫審의 지체 천연遷延으로 신음하는 피고들의 참담慘憺한 실상이 너무나 심하다. 형법상 예심제도豫審制度는 그 목적이 피고의 이익을 위함에 있는 것으로 결코 징계에 있는 것이 아닌 것이다. 그러나 금일의 사실은 이와는 반대로 징계하기 위한 수단으로 역할을 하고 있다.

근일에 예심의 지연이 사법관司法官 사이에서도 문제가 되어 심리의 신속을 위해 예심판사豫審判事의 증원을 주창하고 있다. 경성지방법원의 예심 중에 있는 사건은 치안유지법治安維持法 위반을 비롯하여 기타 시국에 관한 것만으로도 착수 또는 미착수를 아울러 사건수 30여 건에 인원은 280여명이나 되고 있다. 이들 중 검거된 이후 1년 이상이 경과한 지금까지 예심에 넘겨져서 한차례의 취조取調도 받지 못한 채 그대로 철창에서 초조한 시일을 보내고 있는 자가 적지 않다고 한다.

<侵蝕-決裂-崩壞>의 세력을 크게 하고 있을 뿐이다. 元氣있는 조선인은 누구나 정치투쟁의 길을 트기 위해 일로 전진하는데 노력하지 않으면 안 된다. 통치자들의 각성도 필요하다"(조선일보, 惡法問題, 1927.12.2. 압수사설).

51) 동아일보, 豫審遷延, 1929.8.16.

법망法網에 걸린 자는 어떠한 괴로움이나 처치處置를 하여도 무관하다고 하는 '벌인주의罰人主義'라면 모르거니와, 사람을 벌하지 않고 죄罪를 벌한다는 '법치국法治國'의 견지로 인권을 존중하는 처지에 있어 다만 예산문제로 인한 인원 부족으로 예심이 천연遷延되어 수백명 피고인으로 하여금 예심전기간豫審全期間을 거의 감옥에서 신음하게 한다는 것은 허용될 수 없는 것이다.

이는 법리상法理上으로는 모르겠으나 인도상人道上으로 너무나 무자비無慈悲한 일이다.

일본의 경우 거의 같은 시기에 검거된 치안유지법 위반사건 같은 것은 일본 내 어느 지역을 막론하고 형기刑期까지 확정된 것이 벌써 오래전 일이다. 영어囹圄의 이개성상二個星霜은 너무나 장구한 초조의 2년이다. 인도를 위하고 그들의 안심관념安心觀念을 주기 위해 예심관豫審官의 증원을 단행하여 예심기간을 단축하게 할 것을 소망한다.

2. 조선태형령을 지지하는 매일신보 논설

조선사람에 대한 멸시와 차별을 너무나 교묘巧妙하고도 능숙하게 잘하는 교활하고도 야만적인 일제 당국자들. 매일신보를 통해 그들 일제 당국자들이 보는 조선태형령朝鮮笞刑令에 대한 교활한 견해를 살펴보고자 한다. 조선태형령은 조선인 남성에게만 적용되던 특수한 형벌로서 야만 시대의 후진적 유물이 되살아나 활개하던 대표적 법령이 된다. 그런데 이러한 태형령을 폐지하면 아니 된다고 하는 당시 총독부 기관지 매일신보每日申報의 1919년 11월 논설 '태형폐지설笞刑廢止說'을 검토해 본다.[52] 조선인에 대해서 낮은 민도民度를 논하면서 조선인에게는 아직 야만적 태형을 존치 시켜야 함을 강조한다.

조선인에 대한 특수의 형벌이 되는 태형笞刑이 야만시대의 유물로 형벌주의에 적합지 않은 것은 새삼스럽게 이를 설명할 필요가 없다. 그런데 명치明治 45년(1912년) 조선형사령朝鮮刑事令을 제정할 때에 일반원칙으로는 태형 폐지의 방침을 취하고 동령同令 시행 후 효력을 갖는 구한국법규舊韓國法規 중에 태형笞刑을 20일 이하의 구류拘留 또는 과료科料로 변경하였으나, 형벌도 또한 그 민도民度에 적응치 아니하면 징계懲戒의 공功을 나타내지 못할 것이다.

---

52) 每日申報, 笞刑 廢止說, 1919.11.19.

당시의 관헌官憲은 형사령刑事令과 함께 조선태형령朝鮮笞刑令을 제정하여 3월 이하의 징역 또는 구류拘留에 처할 자, 백원百圓이하의 벌금 또는 과료科料에 처할 자로서 조선 내에 일정한 주소를 갖지 아니하며 또는 무자산無資産으로 인認하는 자는 이것 모두 그 정상情狀에 의하여 태형笞刑에 처하기로 하였다. 본시 태형은 옛부터 내려와 조선에서 유효하게 행하던 형벌로서 사방의 정황으로 살피더라도 이의 존치필요存置必要를 인정함으로 말미암아 그로부터 7~8년의 시간이 흘렀다.

오인吾人은 현행의 조선법령에 대하여 선인측鮮人側으로서 여러 가지 어려운 고정苦情을 들었으나 태형에 관해서는 심한 반대가 없었음을 알고 있었다. 무슨 일에 대하든지 시끄러움이 많은 조선으로서는 자못 기이奇異한 경우이나 이것이 즉 그 반면反面에는 이의 존재를 필요로 인정認定함에 인함일 것이다.

요즘 당로자當路者사이에 태형笞刑 존폐에 관한 조사를 행한다는 것을 들었는데 형벌의 본의本義로 하던지 또는 나라의 체면으로 하던지 이 같은 비문명非文明적 신체에 가하는 체형體刑은 하루라도 바삐 제척除斥할 것임에는 논의를 기다릴바 없으나, 실제 문제로는 아직도 연구할 여지가 있는 것이다.

오인吾人은 조선의 실정을 바라보고 민도民度의 실제에 비추어 절대로 이 태형의 폐지가 아직 빠르다고 느끼는 바이다. 그러나 현행 태형령笞刑令을 그대로 존속하라고 하는 것은 아니다. 차제에 십분十分의 개정改正을 시행하여 되도록 그 적용의 범위를 좁히는 것이 가장 기의機宜에 알맞은 조처라고 하겠다.

결론적으로 개정한다면 즉, 일정한 주소가 없는 부랑자浮浪者와 같은 자 등에 한하여 태형笞刑으로써 본형本刑을 환換함은 형의 목적을 달하며 그 공과功果를 완전히 할 뿐만 아니라 따라서 감옥비監獄費의 격증激增을 피하고 재정의 타격을 막을 수도 있을 것이니 당국의 계획은 어떠한 것인지.

매일신보 논설자는 총독부가 의도하는 바의 의사를 부끄러움도 없이 잘도 서술하고 있다. 조선인에 적용되는 특별형법의 개폐를 놓고 국민들을 대상으로 법의 긍부 또는 찬반에 대한 법의식 및 실태조사를 한다고 하는 일제 당국자들의 태도가 우선은 놀랍다. 그래서 조선인의 의견을 들었다고도 하는 것이다. 우리 조선인을 보고는 무슨 일에 있어서나 시끄러움이 많은 존재로 비하하면서, 그러함에도 조선태형령은 존치해야 하는 것이라고 의견을 내었다는 것으로 악법을 민도에 맞게 존치해야 하는 근거로 당당하게 말을 하고 있다. 어느 조선인, 어떠한 매국적 모리배 조선인에게 의견을 물어서 그런 답을 듣고는 조선인 일반인양 이야기를 하고 있는 것인지. 즉, 현행의 조선법령에 대해 조선인 측으로부터 여러 가지 사정들을 들었으나 태형에 관해서는 심한 반대가 없었음을 알고 있다는 의견까지 내용에 담고 있다. 정말 그렇게 조선인들은 일의 당부當否도 모르면서 언제나 시끄러움이 많기만 한 것이며, 조선태형령朝鮮笞刑令의 존폐와 관련하여 조선인들의 진실된 의견을 들어보기라도 하였던 것인지. 그러면서 부득이 그를 개정 한다면 일정한 주소가 없는 부랑자에 대해 본형本刑을 태형笞刑으로 환형換刑하여 형의 목적을 달성하면서 경제적으로는 감옥비監獄費의 부담도 해소하는 것이 좋겠다는 방안을 교활하게 제시하는 것이 그렇게 합당하다고 할 것인지. 심히 부정의함은 물론이고 잔혹함이 가득한 법령에 대해 형식적으로 수식하는 태도를 보면서 일제의 식민지배 책략을 또 다르게 발견할 수 있게 된다.

3. 국가배상법의 제정과 조선사회에 있어 적용차별

또한 일제는 법을 제정하고 개정함에 있어 내지와 조선을 다르게 차별하여 왔다. 조선의 특수사정과 민도의 차이를 내세우면서 식민지 조선은 내지 일본과 법의 효력 등이 같을 수 없음을 분명한 기준으로 설정하고 있었다. 일례로 1930년 당시 국가배상법國家賠償法을 제정함에 있어 일본과 조선에서 그 적용을 차별적으로 할 것이라는 견해에 대해 동아일보는 1930년 9월 '국가배상법國家賠償法---조선예외설朝鮮例外說을 배排함'이라는 제명의 논설을 게재한다.[53] 일제 경찰이 조선인에 대해 행하는 자의적恣意的이며 남용적濫用的인 권한 행사로 인하여 억울하게 죄인이 된 원죄자冤罪者들이 구류 감금 등을 당한 사안이 조선인에게서 훨씬 많이 발생 함에도 불구하고 오히려 일본인과는 다르게 차별적으로 보상범위를 축소하여 법을 적용할 것이라는 의견에 대해 그의 부당함을 지적한다. 즉, 일제 당국이 말하는바, 조선과 일본은 검사檢事와 경찰관警察官의 권한 범위를 달리하는 관계로 일본에서 실시되는 국가배상법이 그대로 조선에서는 시행되기 어렵다는 것이다. 이에 대해 논설은 일제가 행하는 조선인 무시에 기한 차별적 법적용의 배척을 주장한다. 일제에 의해 법의 정신과 공정이 확연하게 사멸死滅하고 있는 조선의 법사회를 억울하게 지켜보아야만 하는 한 모습이 된다.

53) 동아일보, 國家賠償法---朝鮮 例外說을 排함, 1930.9.9.

동경東京으로부터의 보도에 의하면, 억울하게 죄를 받게된 원죄자冤罪者에 대한 국가보상법안國家補償法案을 정부안政府案으로 의회에 제출하기로 하고 사법성司法省에서 법안작성을 급속히 하고 있다고 한다. 금년(1930) 9월 3일자 사법성司法省 형사국초안刑事局草案의 개요에 의하면 동법同法의 취지는 "국가기관의 발동에 의하여 부득이하게 재해를 입은 자에 대하여 국가가 위자慰藉의 의미로 금원金圓을 교부한다"는 것이다. 동법同法에 의한 국가의 보상補償은 사법상私法上의 배상제도賠償制度와는 그 성질을 달리하는 것을 의미한다.54)

동법이 설정하는 보상의 범위를 보면 "1.구류처분拘留處分을 받은 예심면소자豫審免訴者 2.구류처분을 받고 판결에 의하여 무죄의 언도言渡를 받은 자 3.구류처분을 받고 유죄판결이 확정된 후 재심신립再審申立(신청) 또는 비상상고非常上告에 의하여 무죄 결정의 언도를 받은 자"등으로 하고 있다. 그러나 예외적으로 일부의 정당방위 등, 구류를 받은 책임이 자기에게 있는 자에게 대하여는 보상하지 아니한다고 한다. 이는 일본의 다른 사정도 있겠지만 재원財源 관계상 서양 제국에서 행하는 원죄자 전부에 대하여 전부 보상하는 제도를 일시에 채용할 수 없고 우선 이렇게 정한 다음 점진적으로 개선해 갈 것이라 한다.

그러나 보상범위가 이렇게 협소함에 대해 문제가 있다.

면소여부免訴與否가 없이 경찰서警察署에 구류되었다가 그냥 놓인 경우, 허위의 자백 또는 자백에 의하여 유죄의 언도를 받은 경우, 범죄사실은 있으나 범죄자가 책임무능력자인 고로 처벌할 수 없는 자가 처벌되었을 경우, 기소된 범죄의 실행을 준비한 사실이 있을 때, 기소된 행위가 도의상道義上 현저히 비난을 받을 성질의 것일 때, 도망 증거인멸 등의 이유가 있는 여러 경우에는 비록 억울하게 죄를 받은 원죄冤罪에 의하여 구인拘引 또는 구류拘留를 당하였을지라도 본법에 의한 보상급여를 받을 수 없게 되는 것이다. 또한 보상금액의 한도를 보면 "구류일수拘留日數 1일당 5원을

---

54) 국가배상법은 이에 앞서 1928년 4월에 일본 정부가 행정제도 심의회에 명하여 심의 입안할 것을 결정하였다. 당시 정부의 의향은 국가의 불법행위로 인한 손해를 입은 자에 대하여 금전배상을 행한다는 취지로써, 배상범위는 '억울하게 죄를 받게된 冤罪者'에 대한 배상은 물론이고 국가에 대해 행정소송을 제기할 수 있는 사건은 모두 이 배상 범위에 속한다고 하였다. 배상의 정도에 대해서는 일본정부는 종래 冤罪者에 한해 여비 및 구금중의 식비를 배상하는 정도에 그치려 하였으나 배상의 취지가 철저하지 못하다고 하여 행정심의회에서 "1.배상정도를 日當賠償의 방법을 취하며 2.배상범위를 확장해서 冤罪者 이외에도 일체의 국가의 불법행위로 인해 손해를 받은 자에 대하여 배상할 것"으로 하였다.(동아일보, 國家賠償法, 1928.4.21. 압수).

최고한도로 하고 원죄冤罪에 의하여 재해災害를 입은 정도에 응하여 보상한다"고 하고 있다.

문제는 이처럼 내용이 불비함에도 일본에서 의회를 통과하면 조선에도 실시가 될 것이라고 예견된다. 그러나 전하는 바에 의하면 조선과 일본은 검사檢事와 경찰관警察官의 권한 범위를 달리하는 관계로 일본에서 실시되는 법이 그대로 조선에 시행되기는 어렵다는 점이 지적된다.

우선 그대로 조선에서 시행이 되면 보상을 급여할 경우에 많은 염려가 있다하여 일본과 같은 내용의 일률주의一律主義를 채용할 수는 없다고 전해진다.

이 내용이 만약 사실이라면 이는 법의 공정관념상公正觀念上으로 불가할 것이며, 보상補償의 경우가 많으면 많을수록 법의 정신상精神上 이를 실시할 이유가 많은 것이니 조선예외론朝鮮例外論 같은 논의는 조선민중의 이해利害를 멸시하는 것으로 폭론暴論이라 할 수 있을 것이다.

결국 본 국가배상법國家賠償法의 제정목적과 정신을 보면, 피해자 본인이 귀책사유가 전혀 없는 가운데 이루어진 국가 형벌권에 의해 형의 집행을 받았거나, 또는 범죄의 혐의嫌疑를 받아서 구류拘留를 당하여서 결국 재판의 확정 판결에 의해 피해자의 무책임이 확정적으로 판명된 자에 대하여 위자慰藉의 의미로 국가가 소정의 보상금을 급여하는 것이 된다. 그런데 본 법은 내용상의 결함이 적지 않은 법임에도 일본인에 대해서 와는 달리 조선인에게는 차별적으로 적용할 것이 거의 명백하다고 한다. 조선인에게는 배상을 해주지 않겠다는 것이다. 일제는 조선인에 대해 교묘한 방법으로 속임을 하거나 아예 노골적으로 법을 통한 차별과 멸시를 당연시하고자 하는 것으로, 일제 당국이 평소 조선인에 대해 갖는 차별적 법관法觀을 폭로하는 논설이 되고 있다.

이에 앞서 1928년 4월에 있은 일본의 국가배상법 제정 논의에 대해 이러한 법제는 조선에서 도 당연히 시행되어야 함을 주장하였다. "이러한 법이 일본에 필요한 것은 물론이겠지만 국가 특히 경찰기관警察機關의 고의 또는 과실의 불법행위로 인해 억울한 죄인이 된 원죄자冤罪者가 많은 조선에는 일 층 필요한 것이므로, 오인吾人은 이 법이 하루속히 일본 및 조선을 통하여 실시되기를 희망함과 동시에, 나아가 백척간두百

尺竿頭에서 일보를 더 나아가 그 배상정도賠償程度를 피해자가 그 피해를 입지 않았으면 당연히 얻을 수 있는 이익을 표준으로 해서 배상하는 정도까지 이르기를 바라마지 않는다"고 하고 있다.[55] 조선에서는 특히 폭력적 강권强權을 행사하는 경찰에 의한 법적 · 법외法外적 피해가 우심尤甚한 만큼 경찰기관의 불법행위로 인한 피해에 대해 조선에서는 반드시 국가배상이 이루어져야 할 것을 주장하고 있다. 결국 국가 경찰기관의 강권에 피해를 당하고 있는 조선인에 대해 국가배상법이 일본에서의 적용원칙과 같이 차별 없이 시행되어야 함을 강조하고 있는 것이다.

4. 악법폐지 요구와 조선 변호사대회

법전문인인 변호사의 역할은 시대와 사회에 따른 차이는 있겠으나, 기본적으로 국가권력의 횡포로부터 개인의 인권을 보호하고 권력의 남용을 견제하며 사회정의를 구현하는데 중점을 두고 있다. 1928년 10월 8일 경성에서는 제2회 전조선 변호사대회가 개최되었는바, 경성京城 평양平壤 등의 지역변호사회별로 여러 안건이 제안되었다. 특히 조선 사회를 과도하게 위압하는 법령에 대해 폐지 및 개정을 요구하게 되는 것으로, 동아일보 1928년 10월 10일자 사설 '삼법령폐지三法令廢止에 대하여---변호사대회辯護士大會의 결의안決議案'을 통해 악법惡法의 실상과 그 논의의 경과에 대해 살펴본다.[56]

'대정大正8년(1919) 제령制令 제7호「정치에 관한 범죄처벌의 건」'과 '보안법保安法' '집회취체령集會取締令'을 폐지하는 문제였다. 이에 대해 동 변호사 회의에서 일본인 변호사 2인만이 반대 의사를 표시하여 전원일치가 되지 못하고 대다수의 동의 형식으로 가결이 되었다.

---

55) 동아일보, 國家賠償法, 1928.4.21.(압수). 본문참조.

56) **변호사회는 변호사 자체의 지위향상과 상호의 친목을 도모할 겸 民權을 옹호할 것을 목적으로 작년 (1927)에 조직되었다. 이러한 全朝鮮辯護士會**는 第2回大會를 오는 10월 8일 경성에서 개최하게 되는 것으로, 대회에서 논의할 안건들이 각지로부터 도착하였다. 그중에서도 비교적 중요안건이라 할만한 京城朝鮮人辯護士大會의 제출안건을 보면 다음과 같다. ①현재 조선 각 지방법원과 검사국의 직원을 증가하며 또 직원을 優待할 것 ②조선에도 행정재판제도를 실시할 것 ③조선인의 親族, 相續에 관한 법규를 제정할 것 ④조선에도 陪審法을 실시할 것 ⑤3인이상 합의재판소에는 조선인판사 1명이상을 干預케 할 것 ⑥大正8年(1919) 制令第7號 '政治에 관한 犯罪處罰의 件', '保安法'(1907)과 '集合取締令'(1910) 등을 폐지하며, '新聞紙法'과 '出版法'을 개정할 것 등이다.(동아일보, 三法令廢止에 대하여---辯護士大會의 決議案, 1928.10.10.)

경성 조선인변호사회는 당국을 향해 위의 3법령에 대해 모두 폐지하라는 제안을 하였고, 평양변호사회는 위 세 가지 법령 중 '보안법'과 '집회취체령'의 2법의 폐지를 제안하였다.

경성과 조선은 조선의 이대도회二大都會로서 이 삼법령三法令의 폐해를 가장 절실하게 느끼고 있는 지역이 된다.

1) '정치에 관한 범죄처벌의 건'은 대정8년(1919) 4월부터 시행된 것으로 기미만세운동己未萬歲運動이 일어난 다음 달이 된다. 이는 조선인의 정치사상이나 민족운동을 견제할 것을 목적으로 하는 것이다.[57] 즉, "정치의 변혁을 목적으로 다수공동多數共同하여 안녕질서를 방해하거나 또는 방해하고자 하는 자는 10년 이하의 징역懲役이나 금고禁錮에 처함. 단 형법刑法 제2편 제2장의 규정(내란內亂에 관한 죄)에 해당하는 때는 본령을 적용치 아니함. 전항前項의 행위를 하게 할 목적으로 선동을 한 자의 벌도 전항과 같다"고 하였다.[58] 중요한 것은 본 법령은 내용으로 보아 일본인과는 관계가 전혀 없는 법이 되고있는 것이다.

2) '보안법保安法'은 광무光武11년(1907) 구한국법률舊韓國法律 제2호로 공포 시행된 것이다. 동년同年 7월19일에 해아海牙(Hague) 밀사사건密使事件을 계기로 광무황제光武皇帝의 양위讓位가 있었고, 동년 7월 24일에 륵약勒約이 체결되었다.[59] 따라서 이는 당시 일본의 한국정치 간섭에 대한 반대를 목적으로 한 한국인의 결사結社 및 다중의 군집群集이나 운동을 제한 금지하며 해산시킬 것을 목적으로 만든 법률이 된다. 또한 보안법은 모든 정치운동을 경찰력에 의해 압박하는 경찰관 만능의 법률로 주목되는 법이다.

---

57) '政治에 관한 犯罪處罰의 件'은 3.1만세운동 당시에 정치의 변혁을 목적으로 하는 범죄에 적용하기 위해 제정한 것인데 그 후 '治安維持法'이 제정 시행되고 있는 지금에 있어서는 존치 시킬 필요가 없게 되는 것이다.(동아일보, 辯護士會 提案, 1928.10.1. 본문참조)

58) 특히 본령은 전체 3個條로 되어있는데, 그 제2조는 제1조의 죄에 대한 형의 감경 면제에 관한 규정이고, 제3조는 帝國 外에서 제1조의 죄를 범한 帝國臣民에게도 본령을 적용한다는 내용을 규정하고 있다.

59) 일제 통감부는 헤이그 특사파견사건에 대한 책임을 물어 고종황제를 강제 퇴위시키고 순종을 즉위시킨 다음 4일 후인 1907년 7월 24일에 대한제국의 국정을 완전히 장악할 기초가 되는 내용의 勒約을 체결하게 된 것이다. 한국 내정에 대한 통감의 지도, 한국군대의 해산, 사법권과 행정권 및 관리임면권의 위임, 일본인 次官의 채용, 경찰권의 위임 등 국정의 주요 내용이 일본에 이관되는 것으로 7개 조항의 신협약이 체결되게 되었다.

3) '집회취체령集會取締令'은 명치明治43년(1910) 8월29일 경령警令 제3호로 발포되어 당시로서는 관제상官制上 경성부내京城府內에 한하여 실시된 것으로 '정치에 관한 집회集會 혹은 옥외屋外의 다수집회금지多數集會禁止의 건'이 된다. 1910년 8월29일 한일 강제병탄이 있었던 것으로 주 내용은 당분간 정치에 관한 집회 혹은 옥외屋外에서 다중의 집합을 금지하는 것으로 하고 있었다.[60]

위의 3개 법령은 모두 조선인의 정치사상과 그에 기초하여 발로된 결사의 해산과 집합금지, 그리고 그에 기한 범죄의 처벌을 규정한 것이다. 또한 위 3개 법령의 공포 시행은 일제의 대한제국 식민지배의 역사적 주요 사건과 밀접한 관계를 맺고 있었던 것이다. 즉, 제령칠호制令七號인 '정치에 관한 범죄처벌의 건'(대정8년, 1919)은 기미년 3.1만세운동과 관련하고, '보안법'(광무11년, 1907)은 헤이그밀사사건과 고종의 강제 퇴위에 이은 국정늑탈國政勒脫과 관련하며, '집회취체령'(명치43년, 1910)은 일제의 한국 강제병탄과 직접 관련성을 갖는 것으로 국권침탈을 통해 식민지배를 완전히 하는 특별목적의 법령이 되고 있다. 그러나 각 법령이 제정된 때로부터 일정한 시간이 경과한 1928년 당시의 시점에서는 일제가 조선에 대한 식민지배적 억압을 완전하게 정착시킨 시간이 된 것으로 보아 조선인들에게 가하는 과중한 처벌을 제거하려는 법전문인들의 판단이 폐지를 주장하는데 이르고 있는 것이다.

5. 언론자유와 문화발달 저해하는 신문지법 개정요구

신문지법은 조선에 대한 식민지배를 공고히 하기 위해 조선의 언론관계를 규율하는 기본법률이 된다. 특히 조선문朝鮮文 신문新聞은 광무光武11년(1907) 7월 법률 제1호로 공포 시행된 신문지법新聞紙法에 근거하는 것으로 융희隆熙2년(1908)에 약간의 개정을 거쳐 시행되었다. 또한 일본어 신문인 화문신문和文新聞에 적용하는 신문지규칙新聞紙規則은 명치41년(1908) 4월에 통령統令 제11호로 공포 시행된 후 그 이듬해 약간의 개정을 더하여 역시 계속해서 효력을 발하게 되었다.

우선 1925년 6월에 신문지법 개정에 대해 주창한 조선일보의 사설 '신문지법新聞

---

60) 1910년 8월 한일강제합병 당시에 이를 당분간 존치한다고 선언하였음에도 불구하고 그 후 약 20여년을 경과한 금일에 있어서도 이를 그냥 두는 것은 명백히 불가한 것이며 아울러 警察萬能의 이 악법을 속히 폐지하여야 하는 것이라고 주장한다.(동아일보, 辯護士會 提案, 1928.10.1. 본문참조)

紙法 개정改正에 제際하여'를 통해 언론의 본질 및 정치와 문명국의 요건에 대한 당시의 주장을 이해한다.61) 언론은 자유를 원칙으로 제한을 예외로 할 것이다. 그런데 조선의 신문지법은 사회질서의 문란이나 치안유지를 전제로 하고 언론을 취체取締하는 까닭에 그로부터 원칙상의 모순과 부자연이 있게 된다. 언론자유는 합리적 사회생활을 영위하기 위하여 문명인에게 반드시 필요하다. 정치가 완전무결하다면 언론의 필요가 없으며 그 자유가 금압禁壓될 필요도 없을 것이다. 언론이 사회결함에 대해 비평하고 진리를 구명究明하게 함으로써 사회의 진보 발전을 도모하며, 인간 생활을 합리적으로 개조향상改造向上할 수 있게 하는 것이다. 그러나 일제 당국은 문화정치文化政治의 간판 아래 언론의 자유를 압박하는 모순적 조처가 빈번하였음을 지적한다.62) 사회생활의 진보와 향상이 오직 언론言論에 의한 자유논평自由論評 자유토구自由討究에 있는 것이니 현행법과 같이 본말이 전도된 상황을 개정하려 함에 현대국가로서의 최대한의 개혁을 역설한다. 그러나 '치안유지법治安維持法'이라는 안전판安全瓣을 제정하여 임의로 사상과 결사結社를 압박하고 더하여 신문지법에는 자의해석字議解釋이 모호한 추상적 문구, 그리고 과중한 벌칙규정과 복잡한 절차 등으로 언론의 존재를 박해하는 실상에 대해 결국은 조선인의 정치적 자유권과 생존권生存權을 부정하는 것이 된다는 소견을 밝히고 있다.

이런 경과를 거치면서도 그 후 계속하여 시행되던 신문지법에 대해 1934년에 이르러 다시 또 개정을 논의하게 된다. 조선일보가 1934년 8월에 게재한 '신문지법新聞紙法의 개정改正---조선문화朝鮮文化 향상에 치중置重하라'라는 사설을 통해 재차 신문지법의 개정에 대한 견해를 표명하고 있다.63) 다음에서 신문 및 언론의 본질과 아울러 일제 당국이 임하는 조선과 일본에 대한 근원적 차별에 대해 실상을 살펴본다.

총독부 도서과圖書課에서는 현재 조선에서 시행 중인 신문지규칙新聞紙規則 및 신문지법新聞紙法을 개정하기로 결정한 후 이에 관한 자료수집과 조사연구를 거듭하여 불일不日 그 초안 작업에 착수한다고 한다. 현재의 조선문朝鮮文 신문新聞은 광무11년(1907) 7월 법률 제1호로 공포 시행된 '신문지법新聞紙法'이 융희2년(1908)에 약간의

61) 조선일보, 新聞紙法 改正에 際하여, 1925.6.14.
62) 조선일보, 新聞紙法 改正에 際하여, 1925.6.14. 본문 참조.
63) 조선일보, 新聞紙法의 改正---朝鮮文化 向上에 置重하라, 1934.8.19.

개정을 거쳐 시행중에 있으며, 일문日文으로 발간하는 화문신문和文新聞에 적용하는 '신문지규칙新聞紙規則'은 명치41년(1908) 4월에 통령統令 제11호로 공포 시행된 후 그 이듬해 약간의 개정이 있은 다음 역시 지금까지 시행되어오고 있다.[64)]

신문新聞은 사회의 거울이며, 법률法律은 사회의 반영反映이다. 사회의 반영으로 볼 수 있는 법률, 특히 사회의 거울이라는 신문에 관한 법률이 그 시대와 그 사회에 부합하지 않음은 모순矛盾이다. 세계사조世界思潮는 시시각각으로 변천하여 간다. 최근 조선에 있어서는 이것이 더욱 격심激甚하다. 현재의 조선실정을 현행법의 제정 당시에 비교하면 참으로 격세지감을 느끼게 한다.

이러한 사리事理로 현재 조선의 신문에 적용되는 법령은 여러 면에서 무리無理와 불합리不合理를 안고 있다. 현재 적용되는 신문지법으로, 조선문朝鮮文신문新聞에 '신문지법新聞紙法'이 화문신문和文新聞에 '신문지규칙新聞紙規則'이 있다. 당국이 표방하는 차별철폐差別撤廢주의에 관계없이 신문발행에 있어 조선과 일본은 차별이 크다. 일례로 신문발행 관련 벌칙조항에서 일본어신문(화문신문和文新聞)을 규율하는 '신문지규칙'은 발행인 편집인 인쇄인이 일정 규정에 위반하면 최고 1개월 이상 6개월 이하의 '경금고輕禁錮' 또는 20원 이상 100원 이하의 벌금에 처함(신문지규칙 제19조와 제24조)에 반하여, 조선어신문을 규율하는 '신문지법'에서는 동일 요건에 대해 3년 이하의 역형役刑에 처하며 당해 범죄에 공용供用한 기계를 몰수沒收(신문지법 제25조)한다고 규정하고 있다.[65)]

또한 총독부 도서과가 개정안을 마련하는 지금도 신문사 설립에 허가주의許可主義를 채용하리라 한다. 자본이 빈약하고 기초가 튼튼하지 못한 조선의 신문발달을 위해 허가주의가 필요하다는 것이 그들의 이유이다. 그러나 개정법改正法에서는 조선문화

---

64) 이와 관련하여서는 이미 1925년 당시, 조선총독부 당국자들도 朝鮮新聞紙法의 개정 필요를 몇 차례 비공식적으로 언명한 바 있었는 것으로, 당시에도 일본과 조선에 차별적으로 적용되는 新聞紙 관련 법령에 대해 통일적으로 적용할 법이 마련되어야 한다는 의견과 방침이 논의되고 있었다.(조선일보, 新聞紙法 改正에 際하여, 1925.6.14.)

65) 이렇게 일본어신문 조선어신문에 따라 다르게 이루어지는 법적용 등과 관련하여 총독부 당국자도 개정의 필요성을 누누이 비공식적으로 언명하였는 바로써, 1925년 신문지법 개정논의 당시에 조선일보 사설은 "금번에는 일본과 조선에 별개의 同法을 立하지 않고 일본의 그것과 統一을 圖할 방침이라 하니 이 개정 정부안은 곧 조선의 그것으로 볼 수 있는 것이다"라는 의견을 표명하고 있다.(조선일보, 新聞紙法 改正에 際하여, 1925.6.14. 본문참조)

朝鮮文化를 향상하려는데 초점을 두고 신문경영에 편의를 도모하도록 개정되길 소망한다. 조선문 신문이 생장할 내외적 요건이 전과는 다르게 구비되어있으므로 이를 반영하며 또한 명문규정을 통해 조선문 지방신문地方新聞도 발전할 수 있도록 지원할 것을 바라게 된다.

그리고 이러한 지적과 주장이 있고 난 다음에 다시 조선일보는 1934년 12월의 사설 '신문지법新聞紙法과 출판법出版法 개정문제改正問題---요要는 개정改正의 정신여하精神如何'라는 글을 통해 동일지역 조선 내에서 발행하는 조선어신문과 일본어신문에 대해 동일하게 법의 적용이 이루어지도록 불합리를 바로잡을 것과 신문사 설립에 있어 허가주의許可主義가 아닌 인가주의認可主義로의 변화가 극히 온당하므로 이를 법개정에 반영할 것을 주장하고 있다.66)

당국에서는 근간에 조선에서 현재 적용되고 있는 '신문지규칙新聞紙規則' '출판규칙出版規則' 및 '신문지법新聞紙法' '출판법出版法'의 네 법령을 일괄 통합하여 시대정신에 적합하게 이를 개정하려 하고 있다.67)

종래 신문지에 대한 통제 취체取締가 조선인에게는 금지를 전제로 하는 허가주의를 취함으로써 신문지발행권이 이권화利權化하기도 하였음을 유념하게 된다. 따라서 신법령에서는 조선인 신문지발행이 당연히 인가주의를 원칙으로 하여 언론기관의 자유 발달이 이루어지기를 요망하게 된다.

관련하여 출판법 개정으로 조선인 잡지경영자에 대해 가해지던 원고검열原稿檢閱이 없어져야 함을 주장한다. 이는 사실상 정기출판물의 계속 간행을 불가능하게 하는 것이었다. 이번 개정에서 특별한 출판물 외에는 일본 내지內地에서와 같이 발행출판물을 관계청에 제출하는 '납본納本'을 표준으로 해야 할 것이다. 시대문화의 변화를 볼 때 문자로 쓰여지는 출판물이 원고검열에 의하여 적체積滯되고 막혀 지게 된다는 것은 사회문화의 자유 발전에 장애가 될 뿐인 것이다.68)

---

66) 조선일보, 新聞紙法 及 出版法 改正問題---要는 改正의 精神如何, 1934,12.1.

67) 일본어신문에 적용되는 '新聞紙規則' '出版規則', 그리고 조선어신문에 적용되는 '新聞紙法' '出版法'의 네 법령이 같은 조선지역 내에서 그동안 다르게 적용되는 불합리를 고쳐 단일법령화하고 변화하는 시대정신을 반영하여야 함이 당연하다는 논의를 제기한다.(조선일보, 新聞紙法 及 出版法 改正問題---要는 改正의 精神如何, 1934.12.1. 본문참조)

68) 출판법의 개정에 대해서는 앞서 1926년에도 총독부 경무국이 입안해서 동경으로 가서 협의를 하였

이러한 법령 개정의 지도정신이 시대문화時代文化에 순응하고 언론출판의 자유를 존중하는 태도에 지배되면서 형식에서도 이상적理想的으로 이행되기를 요망한다. 즉, 종래의 진부陳腐하고 복잡한 신문지新聞紙와 출판물出版物 취체법령取締法令이 단일법령으로 정비를 함에 있어 당국은 고려를 충실히 하여 검열제도를 없애고 시대의 진보에 맞는 언론법규의 정비를 이루어 낼 것을 간절하게 요망하고 있는 것이다.

[4] 조선인에 가하는 일제 경찰의 만행

1. 총독부예산의 증액편성과 경찰의 고문 횡포

일제 식민지배 아래서 정치적 사회적으로 특정하게 주목받는 사건이 아닐지라도, 식민지 공권력이 조선 민족에게 통상적으로 행하던 강권과 탄압상은 곳곳마다 비통과 억울함을 토해내는 현장이 되고 있다. 조선총독부와 경찰 당국이 조선 민중 일반에게 가하던 인권유린과 생명 및 재산침해에 대해 총독부가 편성한 예산분류 등에 기하여 근원적 이해 접근이 가능해진다. 즉, 조선총독부가 편성하는 예산을 자세히 분석해 보면 조선 통치의 기조를 이해할 수 있게 되는 것으로, 동아일보는 1920년 4월초 '조선총독부예산朝鮮總督府豫算을 논함'(一)(二)(三)이란 논설을 통해 그 내용을 소상히 밝히고 있다. 총독부 예산 편성에 대해 3회에 걸쳐 연속하여 게재하고 있다.[69] 아울러 경찰 등 공직자들이 조선인에 대해 행하는 언동과 법규에 합리는 없는 것이었고, 그들이 행하는 위압과 폭력에 무조건적으로 굴종해야만 하였던 조선 민중의 고통 현장이 기록되어 전해 온다.

특히 1920년에 들어 조선총독부는 경찰예산을 더욱 증대하게 되는 것으로, 헌병경

던 것이다. 그때에도 조선의 언론은 출판에 대해 許可主義를 버리고 屆出(申告)主義로 할 것을 강하게 요구하였다. 당시 조선에서 행해지던 허가주의에 의한 惡法性의 실질은 금지와 금압을 전제하는 것이며 또한 일본과 견주어도 법규의 형식상 불통일 등이 큰 문제가 되고 있었다. 즉, 일본인에 비해 조선인을 노골적으로 차등하였는 것으로, 일본에서 건너오는 출판물을 일본에서는 공연히 매매되고 공개되는 書物로 하되 매일 수천명씩 래왕하는 조선에서는 이를 금지하는 내용을 규정하는 등으로 인해 고의로 조선의 학술향상과 문화향상을 저지하는 방책을 쓰고 있었던 것이다.(동아일보, 改正中의 出版法, 1926.8.2.)

69) 이 논설은 동아일보, **'朝鮮總督府豫算을 論함'**(一)(二)(三)이라는 제목으로 1920년 4월8일부터 10일까지 3일에 걸쳐 연속으로 게재하고 있다.

찰에서 보통경찰제로 전환하면서 조선 민중의 권리나 행복과는 관련 없는 정책을 새롭게 구사한다. 즉, 재등총독齋藤總督은 문화정책文化政策을 표방하면서 강제병탄 이래의 헌병경찰제를 보통경찰제로 개편하였으나 경찰예산을 오히려 총독부 예산의 7분의 1로 대폭 증액하게 된다. 또한 경찰주재소警察駐在所는 1개면 1개소로 증설하는 등으로 경찰력을 크게 증강하는 조처를 취하게 되었다.[70] 이러한 모습으로의 변화에는 총독부가 추진하는 정책기조에 연하여 예산편성 및 정책의 집행 실상이 존재하는 것이기에 그에 대해 살펴본다.

조선총독부는 만능적 절대권으로 민간사업은 도무지 신용하지 아니할 뿐 아니라 민간에서 발생하는 사업을 심히 질투하여 이를 근본적으로 불허하는 방책기조方策基調를 가지고 있었다. 따라서 사립학교私立學校는 쉽게 인가하지 않고 회사는 세계에 없는 허가주의許可主義를 채용하였고 기타 공익사업에 대해서는 경영자를 여러모로 구속하는 동시에 기부 모집을 사실상 불허하였으며, 집회集會 및 결사結社와 언론言論 즉, 신문 잡지에 대해 준엄한 단속 취체取締를 무제한의 직권으로 행하는 것이다. 또한 세금을 가감하고 세목稅目을 증감함도 임의로 하고 이를 징수하여 소비하는 것도 임의로 하며 조선 민중의 소망과 의사를 조금도 돌아보지 아니하는 것이다.[71] 비록 조선 민중이 위임한 것이 아니고 조선총독부가 모두 임의로 행하는 일일지라도 어찌 조선 민중의 이해휴척利害休戚과 권리행복을 생각지 않고 예산의 편성과 심사를 독단적으로 하며 항목 증설과 실행을 마음대로 하는 것인지에 대해 문제를 제기하게 되는

---

70) 1920년 당시의 예산에 있어 寺內正毅(제1대 조선총독재임 : 강제병탄부터 ~1916.10.)・長谷川好道(제2대 총독재임 : 1916.10~1919.8)시대와 조금도 변하지 않은 채, 총독부가 임의적으로 편성하고 실행하는데다가 감시도 자기들이 하는 결과 감시 견제도 없는 총독부예산의 집행모습을 지적한다. 齊藤實(제3대 총독: 1919.8.~1927; 제5대 1929.8.~1931.6.)이 부임하여서도 특히 警察費와 관련하여서는 전보다 증액 편성되어 1920년 당시 총독부 1년 총예산 1억1666만 2천圓 중 경찰비가 1천5백7만7632圓으로 되어있다. 그래서 전체예산 대비 1918년은 8분의1, 1919년은 9분의1, 금년 1920년은 7분의1에 이르는 증가를 보이고 있음을 중요하게 기술하고 있다.(동아일보사설, 朝鮮總督府豫算을 論함(二), 1920.4.9. 본문 참조)

71) 이와 관련해서 참고한다. "조선총독부에서는 예산의 財源으로 조선민중에게서 세금만 징수할 뿐이고 세금을 내는 민중들의 소리는 조금도 듣지 않으며 총독부의 만능적 絕對權으로 예산을 임의적으로 편성하고 실행할 뿐이다. 비록 그 예산에 대하여 日本帝國議會에서 協贊도 하고 결산보고도 한다고 말하지만 그 議會는 원래 조선인의 기관이 아니고 그 의원도 또한 조선인이 아니니 자기에게 직접 아무 이해관계가 없는 조선예산문제에 대해 그 직원들이 무슨 誠心으로 白熱的 論爭을 펼치며 정당한 가부를 논 하겠는가"를 지적하고 있다.(동아일보사설, 朝鮮總督府豫算을 論함(一), 1920.4.8. 본문 참조)

것이다.[72)]

경찰비는 교육비 산업비의 7배 혹은 8배가 되었고 총예산의 8분의1 혹은 9분의1에 달하였느니라. 그런고로 조선 민중의 교육과 산업을 계발啓發하는 조장행정助長行政은 오직 형식만 있고 선언만 있을 뿐이요 그 내용은 심히 빈약하며 실질은 다만 허위虛僞를 위장하여 엄폐하고 있다. 인권을 유린하고 그 자유를 구속하고 산업을 진흥함에 아무 도움이 없는 소극행정消極行政 경찰사무행정警察事務行政에만 주력하여 확장을 행하였으니 이로써 보건대 빈핍한 조선민중의 생활비에서 징수한 재정으로 과연 조선 민중에게 교육을 주고 산업을 주어서 조선 민중의 인권을 확대하고 행복을 증진케 하였다 하겠는가.

경찰지상주의警察至上主義로 조선인에게는 지식知識도 필요 없고 실업實業도 필요 없다고 하는 것인가. 필요가 없을 뿐만 아니라 조선인에게는 지식과 실업을 주는 것이 극히 위험한 일이라고 하여 민간실업의 조직적 발생을, 민간지식의 현대적 추세를 일상하는 무제한적 권력으로 압박하고 질시하여 조선 민중의 인격이며 사상이며 권리며 행복이 비입헌적非立憲的 '짜르'식 경찰권警察權으로 무참無慘한 희생을 펼쳐내고 있으니 이러한 실상들은 확실하고도 분명한 증거로써 우리가 능히 알 수 있는 것이 된다.[73)]

현대의 정치는 예산정치이다. 예산의 전횡專橫은 정치의 전횡이요 원래 조선 민중이 조선총독부의 덕정德政이라 하는 관용적 간판에 대하여 믿는 바는 아닌 것이고 또 총독부가 임의로 행하는 예산을 믿을 필요도 없지마는 책임責任이 있고 양심良心이 있는 정치가의 언言과 행行이 이처럼 상반하는 것은 오직 인물의 인격人格을 표시하는 것이 될 뿐인 것이다.[74)]

이렇게 일제는 경찰권을 무제한 강화하고자 예산을 임의로 증대하면서 경찰 지상주의적 정책을 기조로 하였으니, 조선인의 권리 · 행복과 교육 및 산업의 진작은 아예 도외시하는 것이 맞는 것이었다. 또한 그들 일제가 벌이는 비열한 식민지배 책동에는 조선인 탄압을 위한 저급한 지식이 모두 동원되는 것이었으며, 결국 책임 양심 인격

72) 동아일보, 朝鮮總督府豫算을 論함(一), 1920.4.8.
73) 동아일보, 朝鮮總督府豫算을 論함(二), 1920.4.9.
74) 동아일보, 朝鮮總督府豫算을 論함(三), 1920.4.10.

신뢰 발전 등의 말들은 아예 융화될 수 없는 용어가 되어있었음을 명확히 확인하게 된다.

이러한 경찰들이 절대 만능적 총독부의 비호 아래 우리 조선 땅에서 권력을 자행함에 무엇을 두려워하며 주저함이 있었겠는가. 전횡專橫과 자의적 만행蠻行으로 조선인들을 잡아가고 고문하고 구금하고 능욕하고 죽이고 빼앗고 하는 등으로 생각나는 대로 금수와 같은 행동들을 거리낌 없이 휘둘렀던 것이다. 아래에서 그에 대한 사례 일부를 찾아 적어둔다.

동아일보는 1924년 8월에 '경관의 만행蠻行'이라는 제목으로 경찰이 조선인에게 부당하게 자행하는 고문에 대한 고발의 글을 쓰고 있다.[75] 조선 내 일본인 경찰이 강제 자백을 받기 위해 비인간적이고 야수적인 고문拷問을 자행恣行한다는 것은 이미 잘 알려진 사실이다. 저들은 법률상 명백히 위배 된다고 보이는 온갖 고문을 자행한다. 미국인들이 가하는 사형私刑은 세계적인 비난을 받았는데 까닭은 사형私刑이 불법不法이며, 이같은 죄악은 그 어떤 법제도 하에서도 정당화正當化될 수 없는 때문이다.

그와 동일한 논거로 조선 경찰이 가하는 고문이나 일본 경찰이 행하는 사형私刑은 단순히 반대의 반대가 아니라, 법률을 집행하는 자들이 방약무인傍若無人으로 악행을 자행한다는 데서 통절痛切할 일이 된다. 고문을 가하는 대상을 보면, 피의자被疑者는 물론이고 피의자에 대한 정보를 가지고 있다고 사료되는 자에게도 가하고, 불행하게도 그들이 뜻하는 대로 정보제공을 하지 않는다고 생각하는 자에게도 가하고 있다.

여자 죄수나 연루자連累者에 대한 경우에 있어 현대심리학現代心理學은 경찰이 여성을 가학加虐하는 기술을 더욱 다양하게 행하는 것으로 보고 있다. 경찰은 끈질기게 심리학적 발견을 응용하여, 여성 특히 조선 부인은 대부분 처녀들 보다도 더 육체적 모욕을 죽음보다 두려워한다는 사실을 찾아내어 야비野卑하게도 이를 시험하고 있는 것이다.[76]

지난달 7월25일, 충북 현도면 마봉리에 사는 오씨의 21세 부인 이암희씨는 임신중

75) 동아일보, 警官의 蠻行, 1924.8.17.(英文)

76) 일제 경찰은 이렇게 조선 여성에 대해 잔혹적 비인간적 性拷問을 행하였던 것이다.

인 태아와 함께 경찰의 조사를 받고 와서 자결自決을 하였다.77) 해당 부인은 시부모와 남편과 함께 시누이의 피의사실에 대한 신문訊問을 받기위해 인근 지서支署에 출두出頭하였다. 그런데 지서장은 부인이 임신하였음에도 불구하고 부인을 전나全裸로 세우고는 “더 벗겨. 정말로 임신했는지”라고 하면서 짐승 같은 언행을 하였다고 한다. 그러자 그 부인은 사력을 다해 광기狂氣서린 고통 속에서도 찢어진 옷 조각으로 자신의 벗긴 몸을 감추려 하였다는 것이다. 그런 다음 집으로 돌아와 치욕恥辱과 통념痛念을 이기지 못하고 자살을 하게 된 것이다.

무엇을 못 할 일제의 경찰 관리들이었겠는가 마는, 일제 관리가 조선의 여성들을 향해 행한 성고문性拷問과 야비하고도 가학적加虐的인 신문행태는 비인간적 반국가적 사욕邪慾과 사형私刑에 불과한 비문명적 전제권력專制權力의 행사에 불과한 것이었다.

또한 동아일보는 같은 해 9월에 ‘검사국檢事局 어뢰면사건조사漁雷面事件調査’라는 글을 게재하고 있다.78) 이 논설은 평안북도 강계군 어뢰면에서 발생한 사안들로써, 경찰이 부인과 처녀들을 대상으로 금수禽獸와 같이 행한 강간强姦과 능욕凌辱의 범죄 실상을 억울과 분노로 호소하고 있는 것이다.

1924년 6월21일 밤. 경찰관 2명이 김용필씨 집에 왔다. 김씨가 출타 중인 것을 알고 한 명은 내실에서 부인을 이끌고 밭으로 나가고 다른 한 명은 망을 보았다. 그는 권총으로 협박하여 상당시간 부인의 나신裸身을 조사하였다.

또 같은 날, 일본 경찰 2인은 전의석씨 집에 무단침래無斷侵來하여 그중 한 명은 망을 보고 다른 한 명은 18세 된 전씨의 부인을 옥수수밭으로 끌고 가서 권총으로 협박하고 강간强姦하였다. 이 밖에도 경찰에 의해 자행된 유사한 강간 및 추행사건醜行事件이 무수히 많다.

이 같은 피해자들의 명단을 공개하면 다음과 같다.

[문우준씨의 여식女息(처녀), 김운옥씨의 부인, 정태길씨의 부인, 김홍주씨의 자부子婦, 김모씨의 여식(처녀), 조모씨의 여식(처녀), 김풍수씨의 자부, 김익준씨의 부인, 이승현씨의 부인, 박재연씨의 부인, 이찬협씨의 부인, 송개풍씨의 부인]

---

77) 동아일보, 警官의 蠻行, 1924.8.17.

78) 동아일보, 檢事局 漁雷面事件調査, 1924.9.13.(英文)

이 여인들의 명단은 처녀성을 짓밟히고 정조貞操를 유린당한 많은 사례의 일부에 불과한 것이다. 여타의 감추어진 사례는 얼마나 많은지 알 수가 없다. 비통한 정황을 본보(동아일보)에 알린 몇 사람은 혹독한 구타를 당하였다. 상기한 김용필씨의 부인은 검사의 소취하訴取下를 종용받았으나 정식 고소를 제기하였다.79) 경찰에 의해 부당하게 강간 추행을 당하고 손실을 본 빈농들이 전혀 불가능한 줄을 알면서도 행여 구제되고 배상을 받을 수 있을까하여 法에 호소하고 있다. 대부분의 경우 이 땅의 법은 이들에게 귀머거리가 되어 버린다.

이러한 절망적 상황하에서 이들이 어떤 곤경도 마다않고 용기를 내어 법에 호소해 보지만 경찰과 당국이 법을 떠나 제멋대로 제재制裁를 가한들 그 누가 이들을 말릴 수 있을 것인가. 식민지 조선 백성이 당해야 하는 억울함과 법이 있어도 무법천지처럼 아무런 역할을 하지 못하는 조선사회가 되어있다. 인간의 존엄 가치며 자유의지를 완전히 능멸당하고 빼앗겨야 하는 공권력의 야만적 횡포 앞에서 대개의 조선인은 숨죽이며 생명만 이어가는 형상이 되어갔음을 울분 담아 읽게 된다.

2. 일본인의 조선인 사형私刑과 경찰의 무한 횡포

일제가 행하는 부정의적 악행은 법과 제도를 통한 공행정公行政 영역은 물론이고 사인私人의 영역에서도 사형私刑을 행하는 등으로 광범하게 실행되고 있었다. 민중들의 일상적 삶 가운데 발생하는 일제 간악 무리들의 몰상식한 횡포와 폭압적 행위들에 의해 조선 민중이 당해야 하는 원통함은 말로 형언할 수 없었던 것이다.

조선일보가 1927년 10월에 작성한 사설 '근일近日의 제문제諸問題--현정치現政治와 폐해弊害의 제조건諸條件'은 서민들의 삶의 전반에서 공사公私의 일본인들이 자행하는 조선인에 대한 늑탈勒奪과 압제壓制에 대해 기술하고 있다.80) 내용을 살펴본다.

---

79) "이 소송을 제기한다는 이유로 불법으로 경찰관 4명에 의해 구타를 당한 그 부인의 남편은 여론의 보호를 받고자 都會地로 피신하였다. 그는 法定訴訟을 더욱 더 강력하게 계속할 것을 다짐하였다고 한다."(동아일보 사설, 檢事局 漁雷面事件調査, 1924.9.13.본문 참조). 그 남편의 피신과 소송을 통한 고발행위는 죽음을 초월하는 용기가 되는 것으로, 자신과 아내 그리고 모든 조선인이 절대 존엄한 인간임을 부르짖는 최후적 호소이자 외침이 되는 것이다. 특별하게 신문에서 사용하는 용어의 표현을 지적할 것으로, **부인이 강간을 당하고 극한의 수모를 당하였음에도 논설은 '구타'를 당하였다고만** 표현하고 있다.

80) 조선일보, 近日의 諸問題--現政治와 弊害의 諸條件, 1927.10.6.(압수)

근일近日 경향각지京鄕各地에서 민중의 분개憤慨와 원한怨恨을 사는 사건이 일층 빈번頻繁하게 일어나고 있음을 느끼게 되었다.

일본인의 사형사건私刑事件, 경찰관의 실태失態--폭행暴行, 기타 행정기관의 실태失態등 일일이 매거枚擧할 겨를이 없을 정도다. 이것이 현정치現政治의 정체正體라해서 절대적 무관심한 태도를 가지는 자도 있으나, 민원民怨이 일층 앙등昂騰하고 따라서 물의物議가 확대되고 있는 만큼 다만 심각한 분만憤懣을 골수骨髓에만 축적해두는 것이 능사能事가 아니다..

1) 경성京城의 시내에서 조선인소년을 사형私刑한 사건이 일어났다. 과수果樹가 있는 부근을 통과한 소년에게 절도竊盜짓을 하였다고 망령되게 판단하여 일본인 수등須藤이라는 자가 사형私刑을 가한 것이다. 사형私刑의 방법은 16세의 소년(이점동李點童)을 철사로 묶어 거꾸로 매달아 마구 구타毆打했다는 것이다. (그러나 전혀 증빙이 없다고 반론하는 일인들)

원왕冤枉에도 사용되는 권력이 흑평백지黑平白地에 범인을 조작造作하는 예가 없는 것은 아니지만 이런 일은 없을 것이라고 믿는 바이다. 그러나 이런 사건은 언제나 현정치의 암흑면暗黑面의 연장이라고 보는 것이 민중의 상태常態인 것이다.

2) 김천金泉의 송본순사松本巡査가 정거장 구내에 들어간 여관의 손님 끄는 자를 난축亂蹴하여 결국 죽게하고 말았다. ...손님끄는 자인 조趙모를 발로 난축하여 필경 죽게까지 한 경로는 전적으로 감정感情을 초월하고 있으며 그 이면에는 수등須藤이라는 자가 이점동李點童에 대한 것과 같이 그들이 공통으로 가지고 있는 사형심리私刑心理에서 나온 것이라 추단推斷된다.

그러나 일토목공一土木工인 수등須藤이나 순사인 송본松本이나 모두 각각各各 자기들이 주인인양 선입주적先入主的인 우월감優越感 차별감差別感에 의해 그런 폭만暴慢한 행동을 하게 되었다는 것만은 냉정冷靜한 견해로 부인할 수 없을 것이다.

3) 함남신흥군咸南新興郡 원풍리元豐里 주재소駐在所에서는 유부녀有夫女를 강탈强奪하기 위해 본부本夫를 불법감금不法監禁하여 그 유부녀를 감금 능욕凌辱하고 이혼계약서를 강제로 작성케 했을 뿐 아니라, 이 사건에 관련된 친족 청년단체 간부들 까지 구타毆打 검속檢束하는 불법처치不法處置가 마음대로 사행肆行되었다. 이러한 1건의

잘못한 실태失態를 엄폐掩蔽하기 위해 2건 3건 연속되는 실태失態를 일으켰다고 말 할 수 있겠다.

4) 이 밖에도 황해도 장연長淵의 유만순사有滿巡査는 상민商民을 구타하여 치아를 부러뜨리고, 공주公州에서도 유사한 일이 있었다는 것이다.

5) 잠견蠶繭(누에고치)판매에 관한 민원문제民怨問題로서 함남 단천咸南端川의 과료科料 처분사건處分事件을 든다. 이 사건에 관해서는 이미 그 대략을 보도한 바 있고 또 본지 지방면을 통하여 상세하게 발표했지만,[81] 10관貫의 공동판매에 4원圓50전錢의 요금料金을 징수한다는 것은 산업장려정신에도 배치된다는 점, 기타 시설이 불충분하다는 점, 당무자當務者가 무자격 무성의하다는 점, 동기動機가 어떤 특수 재벌財閥의 이익을 위한 것이기 때문에 불순不純하다는 점 등, 여기서 상세하게 지적할 필요도 없이 이것이 도처到處에 민원民怨의 부府가 된다는 것은 결코 소위 편견자偏見者의 정략적政略的공격을 의미하는 것은 아니다.

여기에 30원圓 내지 10원圓씩의 과료科料를 무리하게 과課했다는 것은 단순한 지방사건이라고 말할 수 없다.

6) 다만 여기에 일론一論이 있어 냉평冷評한다면 "이민족異民族의 통치란 아무리 공평엄정公平嚴正하게한다 해도 지배를 당하는 피치인민被治人民의 분만불평憤懣不平을 억제抑制하기는 어려운 것이다. 하물며 오늘날 그들의 정치는 이미 부정부패不正腐敗란 준급峻急한 구렁에 빠져있으므로 일층 민중의 불신不信 불만不滿 및 이반離反을 가져오게 할 가연성可然性이 풍부하다"라 확론確論하면서 현정치現政治의 권력을 가지고 마음대로 행사하는 권병權柄에 있는 자로서는 특히 매서운 충고의 정문일침頂門一針의 감이 있을 것으로 믿는다고 하고 있다.

그러나 이에 앞서서부터 일제가 조선에 감행하는 폭압적 지배행태는 결국 조선인의 종노릇을 예감하게 하였다. 그러나 한편으로는 일제의 부정의적 야만과 폭압이 반드시 멈추고 종래는 이기게 되리라는 진리眞理와 천리天理를 믿으면서도, 그간에 일

81) 함경남도 端川에서 발생한 누에고치(蠶繭) 공동판매와 관련하여 과도한 料金징수 및 그의 부당함에 대응한 행위에 대한 科料處分이 이전에도 발생하고 있었음을 알게 한다.

어날 희생과 원억冤抑을 슬퍼하는 사설을 게재하기도 하였다.

즉, 동아일보는 1924년 7월에 '종노릇의 예감--진리를 믿고 희생을 슬퍼할 뿐'이라는 제명의 사설을 작성하여 일본인들이 조선인에게 행하는 무자비한 학대와 수탈로 인해 죽거나 희망을 상실해가는 실상을 게재하려 하였으나 총독부 당국에 의해 압수되고 말았다.[82] 주요 내용은 다음과 같다.

부천富川에서 일본인 농원農園 사무원 견미본치樫尾本治가 고용살이하는 조선 부인婦人을 혹대로 때리고 발로 차서 심장이 터져서 죽었다는 참혹한 보도가 어제 본지에 게재되었었다.

..조선천지에 이러한 잔학한 사실이 비일비재가 아닌가.

경제적으로 보호가 없으며 발달의 여유가 없는 조선사람들은 해마다 집을 팔고 땅을 팔고 혹 국경 밖으로 쫓겨나기도 하고 혹 세력 있는 자의 발길에 채어 죽음을 맞게 되니 이 얼마나 절통한 일이냐. 한 잎새가 떨어짐이 천하의 가을을 알린다. 이 간단한 사실을 보고 장래 수천만 흰옷 입은 백성의 종노릇과 죽음을 예상치 아니할 자가 누구랴!

그러나 우리는 설마 이천만이 모두 그러한 일을 당하기까지를 예상하기에는 너무 진리를 무시함인 줄 안다. 또는 공평무사公平無私한 하늘과 땅을 믿지 아니함이 된다. 진리眞理와 천리天理를 믿고 오직 당당히 싸울 뿐이며, 다만 그 사이에 일어나는 기타의 희생을 슬퍼할 뿐인 것이다.

3. 조선인 검거 남발과 범죄자 수의 급증

이에 더하여 1930년에는 경성지방법원 검사국檢事局의 통계를 통해 조선인에 대한 검거가 지나치게 남발되고 있는 실상이 제시된다. 조선일보는 1930년 3월 '검거남발檢擧濫發을 불가不可'라는 내용의 사설을 발표하였는바, 1929년 당시 경찰관서의 검거 남발 실상을 살펴본다.[83]

최근 경성지방법원京城地方法院 검사국檢事局의 통계에 의하건대, 작년(1929년) 1년 동안 관하 각 경찰관서로부터 범죄피의자를 검거 취조하고 일정한 기소의견起訴意

82) 동아일보, 종노릇의 예감--진리를 믿고 희생을 슬퍼할 뿐, 1924.7.12.(압수)
83) 조선일보, 檢擧濫發을 不可, 1930.3.5.

見을 붙여 검사국檢事局에 넘기게 되고, 그에 따라 검사국이 수리受理한 사건 수는 16,375건이며 인원수는 23,717인이 된다.

이에 대해 예심공판豫審公判 혹은 약식처분略式處分을 받은 자가 있고 그 외에 불기소처분不起訴處分 등이 있는 것으로 이를 합하여서 보면 사건 통계 숫자로는 8,833건(검사국수리 16,375건 대비 54%)에 15,017인(62.5%)이 된다. 이 숫자는 경찰서에서 검거 취조한 사건 중에서 검사국에서 전혀 사실무근으로 밝혀짐에 의해 불기소처분된 사건과 피해자를 설명하고 있다.

인민의 입장에서 보면 고삐에 묶여 걸려서 일생의 재액災厄이 되는 사안이 되고, 위정자 입장에서는 형옥刑獄이라는 것은 중대한 공법公法이어서 남형을 절대 할 수 없는 것이 된다.

따라서 이 수자數字는 얼마나 검거를 남발濫發하였는가를 보여주는 것이 된다.

경찰관서에서 경성지방법원 검사국에 이르기까지 기소의견起訴意見을 붙여 넘기는 피의자 수를 통계로 내기에는 그 전 단계에서 이미 숫자상의 피의자보다는 훨씬 많은 수의 인원을 검거하고, 그들에 대한 엄중 취조取調를 가하여 그래도 혐의가 범죄로 될 수 없는 자에 대해서는 석방을 한 다음에 이루어지는 숫자가 통계에 오르게 되는 것임을 생각할 때 조선 인민의 고통이 형사절차상의 범주 내에서라 하더라도 법외法外의 과정을 통해 자의적恣意的으로 얼마나 덧 씌어 지는지를 알게 한다.[84)]

이와 관련하여 일제의 조선인에 대한 탄압 실상을 범죄 건수 통계를 통해 이해해 본다. 동아일보는 일제의 한국 식민지배 후 5-6년을 단위로 통계로 작성한 조선인 범죄자 수의 증가와 관련하여 1935년 6월에 '범죄자수犯罪者數의 격증激增---방범防犯보다도 방빈防貧이 긴급'이라는 제목의 사설을 게재하였다.[85)] 근래 조선사회에 범죄자수가 년증세가年增歲加하며 일가월증日加月增하는 실상을 범연히 넘길 수가 없다. 범죄건수를 보면 명치明治43년(1910)에는 법망法網에 걸린 인수人數가 6,876인이던 것이 대정大正 5년(1916)에는 11,806인, 대정10년(1921) 14,482인, 소화昭和 원년(1926)에는 136,982인으로, 그리고 소화8년(1933)에는 186,520인으로 격증한 숫자를 보이고 있다.

인구의 증가에 따라 범죄 건수가 어느 정도 증가한다고는 예상할 수 있지만, 25년

---

84) 조선일보, 檢擧濫發을 不可, 1930.3.5. 본문 참조.
85) 동아일보, 犯罪者數의 激增---防犯보다도 防貧이 긴급, 1935.6.26. 본문 참조.

전(1910)에는 1300만이라는 인구가 1935년 현재 2천만으로 증가한 인구라고 하더라도 도저히 비교가 어려운 숫자가 된다. 범죄자 수의 격증에는 사회 저부底部에 깔려있는 고뇌苦惱와 모순矛盾, 생활난生活難등이 있다. 더욱이 18만여 명 범죄자 중에서도 절도竊盜 강도强盜 사기詐欺 횡령橫領 등등 파렴치 범죄가 절대다수를 점하고 있는 사실을 볼 때 조선사회의 심화되는 빈곤화貧困化와 생활난에 그 원인이 있음을 알 수 있다. 따라서 당국은 범죄방지 및 범죄감소를 위해 빈곤을 방지하는 방빈책防貧策에 특별히 주의용력注意用力할 것을 주장하고 있다.

일제가 행하는 정치적 부정의와 사회불안, 그리고 경제적 수탈의 여러 모습들이 조선인들로 하여금 일반적 생활 안정을 도저히 이루어낼 수 없게 하였다. 그러한 상황에서 조선인의 일상은 극도로 불안정 하였으며 그 불안정은 사회인으로서의 행동에 부정적 소극적 모습을 일으키게 되었다. 빈곤에다 수탈로 기본된 생활조차 영위되지 못하는 일상에서 가중되는 일제의 강압적 치안유지와 폭력적 공권력의 작동은 조선인 모두가 범죄자로 분류되지 않음이 오히려 다행스러웠던 것이다. 조선사회의 조선인은 언제라도 일제 경찰에 의해 단속과 취조를 당해야 하는, 불안 속에서 하루하루를 살아내어야 하는 식민치하의 곤고困苦한 삶을 새기게 하고 있다.

제Ⅳ장 동양척식회사와 농촌사회의 붕괴, 농민의 이산

[1] 동양척식회사를 통한 농민예속과 농촌사회의 붕괴

1. 일제의 식민지배 경제정책기조

식민지배하 조선인 농민들의 삶의 실태를 살펴보기로 한다. 정치적 지배 책략에서부터 경제정책에 이르기까지, 나아가 식민지배라는 거대한 구도 속에서 이루어지는 총체적 침탈侵奪의 문제인 만큼 보다 구조적인 접근을 통한 이해가 요구된다.

일제가 식민지 조선에서 획책하는 식민지 경제정책의 기조와 그 운영 실상은 어떠하였는가. 1924년 12월 조선일보는 '외래자본外來資本과 조선경제계朝鮮經濟界'라는 사설을 통해 중요한 내용 들을 정리 · 공표하고 있다.[86)]

금일 조선에는 외래자본조직을 제하고는 조선인의 손으로 된 자본조직은 아무것도 없다. 동양척식회사東洋拓殖會社 조선은행朝鮮銀行 척식은행拓殖銀行으로서 조선 경제계의 중추를 삼고, 기타 일본인의 중개은행仲介銀行, 회사와 조합, 대규모의 어업漁業, 광대한 삼림森林의 채벌권, 대광산의 채굴권 등 기타 개인적 영리사업 등이 일본인에게 장악되어있다. 조선인은 몇 개의 지주겸 자본가, 약간의 실업단체, 아이들 장난 같은 상업, 원시적 농업경영, 약간의 수공업 등으로 질식할 상태에 있는 경제상태가 전부이다. 요컨대 조선의 경제계는 이민족의 외래자본 때문에 변혁을 하고 있는바, 그러한 자본주의적 발전은 곧 외래자본의 팽창을 의미할 뿐인 것이다. 이에 더하여 조선일보가 1925년 2월에 작성한 압수사설 '조선경제정책朝鮮經濟政策의 변천變遷(下)'을 자세히 살펴본다.[87)]

세계 선진국가의 자본주의가 난숙함에 따라 제국주의적 정치 역시 더욱 발전상을 보이면서 식민지植民地를 필요로 하게 된다. 강대국이 약소한 소민족을 정복 점령하고 식민지를 획득하려는 경쟁은 20세기에 더욱 격화한다. 제국주의 국가들은 식민지에 대해 경제적 이익을 획득하는데 주안점을 두게 되는 것으로, 다음의 세 축을 기본으로 삼고 있다.

1) 잉여 인구문제 해결처로서의 식민지
2) 자본적 생산의 과잉 상품을 소화하는 시장으로서의 식민지
3) 공업적 생산의 원료原料와 노동력의 공급처로서의 식민지

(1) 일본이 조선을 식민지배한 이래로 토지겸병土地兼幷을 통해 일본 내의 잉여인구剩餘人口를 식민지 조선으로 이주시켰다. 특히 반관적半官的인 동양척식회사東洋拓殖會社로 하여금 저렴한 가격의 토지를 질풍처럼 빠르게 겸병兼併하게 하고, 또 일본인 개인 혹은 영리회사를 종용하여 토지 투자를 권장하여 상당한 토지를 소유토록 한

---

86) 조선일보, 外來資本과 朝鮮經濟界, 1924.12.4. (압수)
87) 조선일보, 朝鮮經濟政策의 變遷(下), 1925.2.26.(압수)

다음 여기에 다수의 이민자를 선발하여 조선에 이주하게 하였다.

조선에 이주한 일본인 다수는 영농을 목적으로 도래하였는바, 그들이 경작하는 토지면적은 현재 25만여 정보町步에 달한다. 그 밖에도 상공업商工業 관공리官公吏 광산鑛山 어업漁業 등에 이르기까지 일본인에 대한 절대 보호정책은 이주자의 급격한 증가를 가져오게 되었다.

(2) 자본적 생산은 상품생산商品生産을 목적으로 하는 생산이 되기에 시장을 확보하지 못하는 한에서는 과잉생산물의 축적이 불가피한 것으로, 이렇게 축적된 생산물을 식민지에서 소비하게 된다. 특히 이들 상품은 정치적 보호를 배경으로 식민지에 이입되며 식민지에서는 이에 대응할 생산기관이 아직 유치하여 어떠한 진입장벽이나 경쟁도 없이 소비시장을 가질 수 있게 된다. 현재 조선인의 일용품은 거의 일본제품으로 바뀌었고 위정자는 관세정책 및 금융정책으로 조선인의 생산관계를 압축壓縮하고 있음을 사실로 목도한다.

(3) 정치적 또는 경제적으로 어려움을 겪게 되는 경우에도 공업생산의 원료와 노동력의 안전한 공급을 위해 식민지를 확보한다. 자본주의의 난숙기爛熟期에 도래하는 경제공황經濟恐慌에 대비하여 자본가는 잉여가치를 많이 그리고 용이하게 착취하기 위해 임금이 저렴한 식민지노동자의 노동력을 요구한다.[88)]

또한 일제는 토지문제를 그들의 방식으로 정리하면서 조선인을 토지에서 유리시키고 조선인의 삶의 근거를 탈취하는 방안을 정밀하게 구축한다. 80% 이상이 토지에 의탁하여 살아가는 보통의 조선인 농민들은 점차 토지로부터 쫓겨나고 있으면서도 그래도 토지에 기대어 삶의 길을 찾아보려고 몸부림을 치게 된다. 그래도 아니 되면 그들은 혼이 배인 고향땅 조선을 떠나야 하며, 떠나지 못하면 유리걸식하면서 생명줄이라도 잡아 보려 하지만 그마저도 아니 되면 비참한 죽음밖에 다른 방도가 없게 되는 것이다.

---

88) 이는 조선총독부가 산업정책으로 면화재배 양잠 임업 등을 장려해서 공업원료의 공급으로 삼고, 동시에 産米增殖을 계획하여 식량문제 해결을 도모하는 와중에 일부 조선 노동자들은 생존을 위해 나날이 일본으로 渡航을 이어가고 있는 것이다.(조선일보, 朝鮮 經濟政策의 變遷(下), 1925.2.26. (압수) 본문참조)

2. 동양척식주식회사를 통한 한국농촌지배

동양척식주식회사東洋拓殖株式會社는 일제가 1908년 당시 대한제국에서 한국의 토지 및 경제를 효율적이며 체계적으로 수탈하고 착취하기 위해 설립한 국책회사이다.[89] 회사법의 개정 등을 통해 1917년에는 본사를 동경東京으로 옮기고, 이후 만주 몽고 시베리아 중국 필리핀 말레이시아 등지에 지사를 설치하면서 동남아시아 전역에서 제국주의적 식민지배를 철저하게 실행하는 중심기관으로 역할하였다. 일제가 조선인에게 가하던 착취 실상을 동양척식회사의 정책 및 그들이 행하던 부정의와 약탈적 횡포를 통해 이해한다. 그리고 그에 의해 무자비하게 침탈당하고 유리방황하던 조선 농민과 농촌사회 붕괴에 대해 당시의 언론논설이 기록한 내용을 기초로 검토하게 된다.

먼저 동아일보 1922년 3월의 사설 '동양척식회사東洋拓殖會社 철폐撤廢를 논하노라'를 검토한다.[90] 금년(1922) 3월6일자 동경발東京發 보도에 의하면 동척東拓 현하의 재정이 그 극에 달하여 자본금 5천만원으로 사채社債가 이미 1억원을 돌파코자 하며 투자를 방만하게 한 결과 대부금 회수불능이 몇천만 원에 달한지 추측하기 어렵다고 한다. 거기에다 회사내會社內의 비위 행태를 숨기기 위해 소비한 금액이 적지 않다하며 이미 폭로된 추상醜狀과 그 결손缺損에 대해 주주총회에서 큰 문제가 되리라 한다. 따라서 정부는 감독상의 책임으로 의회議會에서 문제가 될 것임은 이미 보도되었고, 이에 대해 동양척식회사 지점장(영목씨鈴木氏)이 부인하는 말과 동사同社 이사理事(인견씨人見氏)의 석명釋明이 있었지만 아직 그 결손된 사실과 비리 추태 실상에 대해서는 오가는 의심이 매우 짙은 실정이 되고 있다.[91] 이 글은 근본적으로 동척東拓의 목적과 운영의 불합리에 대해 논하면서 폐단이 극심한 동척회사의 철폐를 요구한다.

---

89) 동양척식주식회사는 일제가 東洋拓殖會社法(1908.8.26. 제정・공포)에 근거하여 1908년 12월18일에 설립(1945년11월10일까지 존속)한 식민지 수탈을 목적으로 하는 국책회사였다. 일제가 강제병탄을 전후로 대한제국기에 토지를 중심으로 각종 국익을 침탈하던 실상에 대하여는 이종길, 朝鮮社會法史攷(개정증보 제2판), 동아대학교출판부, 2020. 제3부, '대한제국기 토지소유질서의 재편과 일제의 대한제국 지배책략' 부분을 참조바람.

90) 동아일보, 東洋拓殖會社 撤廢를 論하노라,1922.3.13.

91) 물론 이러한 실상을 밝히려면 주주총회를 경과하고 의회에서 자세한 논의가 있기 전에는 판명할 수 없는 것이고 또한 동양척식회사의 자금손실과 영업방침 및 그 운영부실에 대해 상세히 알기는 어려운 것임을 미리 전제하면서, 東拓의 비리문제를 지적하려 하고 있다.(동아일보,東洋拓殖會社 撤廢를 論하노라, 1922.3.13. 본문참조).

그리고 당시 동척의 사업경영내용을 보면 다음과 같다.

1)척식상拓殖上 필요한 자금의 공급 2)농업과 수리사업, 토지의 취득과 경영처분 3)이주민移住民의 모집과 분배 4)이주민을 위해 필요한 건축물의 축조와 매매 및 대차貸借 5)이주민과 농업자에 대해 척식상拓殖上 필요한 물품의 공급 및 그 생산된 물품의 분배 6)위탁委託으로 인한 토지의 경영과 관리 7)기타 척식을 위해 필요한 사업의 경영 8)정기예금定期預金과 관련해서 본점을 동경에 두고 지점을 조선 각지에 두는 등의 경영 항목을 통해 동척東拓이 일본인의 조선 이주移住를 얼마나 장려하면서 그들에 대한 보호 방안을 구상하고 있는가를 알게 한다.

관련하여 명치43년(1910)부터 대정9년(1920)까지 11년간 이루어진 일본인의 조선 이민朝鮮移民에 대해 보면, 호수戶數 약 4천호, 인구 약 2만인, 양도면적讓渡面積이 8000여 정보町步(1정보는 3천평)로 파악된다. 또한 통계상 조선의 전체경작지 449만 5478정보에 비해 동척소유지東拓所有地가 70,592정보가 된다. 위의 토지소유는 동척東拓에 한해서 그러한 것이고 개인적으로 토지를 매수하거나 하여 이민을 도모하는 경우도 상당한 것으로 파악되고 있다.

당시 인구밀도에 대해서는 사방 1리인 방리方里 평균으로 일본인 1,989인, 조선은 1,208인이어서 781인의 밀도가 낮은 조선이기에 일본인의 이민에 여유가 있다고 오해한다.

그러나 일본 본토의 인민은 상공업商工業이 발달한 결과 외국의 물자를 수입하여 생계를 영위하는 것으로, 농업農業에 의존하지 않아도 그 생활이 풍부하지만 조선 인민은 대부분이 농산물에만 의존하여 삶을 살아가는 차이가 있음을 간과하고 있는 것이다. 그러니 조선인은 풍년에도 곤란困難하며 흉년에는 기근飢饉이 더욱 심한 실정에 놓여있다.

조선인이 처하고 있는 당시 삶의 실상을 더욱 자세히 살펴보자.

남방南方에서는 비옥한 전토田土를 모두 잃고 북방北方에서는 척박한 생활을 이기지 못하여 노약자老弱者를 등에 지고 유소幼少한 어린이를 앞에 안고 몽고사막과 만주들판으로 유리방황하는 민중이 늘어만 가고 있다. 다달이 몇백 명이니, 년으로는 몇천 명 몇만 명, 몇십 몇백만 명에 달하는 조선인이 이역 땅에서 슬퍼하며 절규하는 그 원인이 그 이유가 어디에 있는 것인지를 알게 한다.

일본정부가 조선은행朝鮮銀行과 식산은행殖産銀行을 세워서 금융권金融權과 상공권商工權을 순전히 일본인으로만 독점하게 하고, 이것도 부족하여 마저 남은 토지권土地權과 경작권耕作權까지 동양척식회사가 장악하게 하는 것은 조선인에 대해 너무나 가혹하며 준열한 처치가 아니겠는가.

이것이 바로 일제가 말하는 동양평화東洋平和를 유지하는 도리며 조선 인민의 행복을 증진하는 정책인지 묻게 된다. 몇천 년간 개발된 토지에다 노임이 저렴한 조선에서 강력하게 토지를 매수買收하여서는 무리하게 일본인의 이주를 장려하는 것은 조선 인민의 생활을 위협하는 것이며 조선 인민의 감정을 충돌케 하는 원인이 되는 것이다. 이에 더하여 동양척식회사 총재(석총영장石塚英藏)가 조선에 사단병력의 군대 증설을 논하고 있다.[92)]

결국 일제가 사용하는 동양평화며 정의며 인도는 단지 장식적 용어일 뿐이며 위선적 교활과 수탈이 그들의 본래 실체임을 고발한다. 조금이라도 평화를 유지하고 조선과의 공영共榮을 희망한다면 이러한 동양척식회사를 지금 당장에 철폐하는 것이 바람직 한 것임을 주장하고 있다.

그 후에도 지속적으로 동양척식회사가 조선인에게 행하는 불합리와 강압적 착취에 대해 조선인은 이의 해산과 폐지를 요구하고 있다. 동척은 창립기조를 조선에서 농업생산 토지를 새롭게 개척하는데 중점을 두었다. 그러나 실상은 기존의 경작토지를 헐값으로 매입하거나 돈을 빌려주고는 차용금을 변제하지 못하는 조선 농민에 대해 토지소유권을 탈취하는 등의 방법으로 소유토지를 확대해 가는데 중점을 두고 있었다. 따라서 땅에 의존해 살아가는 영세한 조선 농민을 토지에서 이탈시키는 반면 일본인을 조선 땅으로 유입시키는 이민정책을 중요 정책으로 실행하고 있었던 것이다. 동아일보가 1924년 11월에 게재한 사설 '동척東拓에 대한 오인吾人의 근본적 요구'를 통해 동척東拓이 행하는 그 실상을 살펴 본다.[93)]

---

92) 군대를 조선에 증파하는 것은 東拓을 포함한 일본인들이 조선인의 토지를 매수하고 탈취하는 등으로 농민들을 궁박해 갈 때 조선농민들이 반감으로 격렬히 저항하면 병력으로 위압하고 굴복하게 할 심산에서 그를 논의하는 것으로 보고 있다.(동아일보, 東洋拓殖會社 撤廢를 論하노라, 1922.3.13. 본문 참조).

93) 동아일보, 東拓에 대한 吾人의 근본적 요구, 1924.11.4.

동양척식회사가 조선인 소작인에게 대하는 심사心事와 정책에 대해 조선인은 근본적으로 동척東拓 자체가 해산解散되거나 정부가 이를 폐지할 것을 바라는 것이다.

1) 동척東拓이 조선에서 행하는 사업은 일본인 이민이니 이를 진실로 반대한다. 이에 대한 동척관계자의 변명은 "지금 일본의 인구밀도가 화태樺太(사할린)와 대만臺灣을 제하고는 1평방리에 2200인 가량임에 비해 조선은 1200인 가량에 불과하므로 인구가 희소한 곳으로 이주하는 것이 당연한 것"이라 강변한다.[94] 일본은 상공업이 발달해 있는 반면 조선인은 농사에 의해 생활하는 정도가 훨씬 높은 차이를 볼 때 조선인의 인구대비 토지 경작면적은 협소한 것이 사실이다. 그러므로 동척이 소유 관리하는 토지에 일본인이 전입해 오면 선주先住 조선인은 반드시 타처로 유출되어 나가야 하는 상황이 되고 있다.

2) 또한 동척은 창립의 정신을 잃고 있다. 창립 당시에는 동척의 주의정신主義精神이 조선의 토지를 개척함에 있는 것을 원칙으로 하였다. 그래서 동척은 종전의 경작토지를 한데 묶어 소유하는 겸병兼倂이나 빼앗아 소유하는 탈득奪得 등은 있지 않으며 조선인과 일본인 상호 간에 이익이 있게 할 것임을 누차 설명하였었다.

그런데 지금 실상은 토지취득에 있어 해마다 20만 내지 30만석의 수확을 얻는 토지가 동척의 소유로 넘어가고 있다. 즉, 창립 당시에 대한제국정부와 구한국황실에서 각 1만주의 주금株金 대신에 헐값으로 불입拂入한 역둔토驛屯土를 비롯해서 금융대차로 인한 저당토지가 채무변제의 어려움으로 소유권이 넘어간 유질토지流質土地, 그리고 매수買收를 통해 조선인의 토지를 겸병하게 된 토지가 대부분이 되고 있다.[95]

따라서 그동안 동척東拓이 일본인 이주민에게 제공한 토지는 개척에 의한 신생토지가 아니고, 조선인의 소유토지나 소작토지를 탈취奪取한 기성의 토지가 되었다. 또

---

94) 당시 北美合衆國의 경우는 1平方里에 190人가량 뿐이지만 미국은 일본의 이민을 배척하고 있음을 지적하기도 한다. (동아일보, 東拓에 대한 吾人의 근본적 요구, 1924.11.4. 본문 참조)

95) 합병 이후 大正12년(1923)말까지 대일본 자금 유출입의 통계를 참고한다. 일본서 조선으로 유입된 자금이 10억600만원, 조선에서 일본으로 유출된 자금이 2억6500만원으로써 7억4500만원의 유입초과로 선전한다. 그러나 병합 이후 같은 기간 동안 대일본 무역관계를 보면 수입이 7억8000만원 가량 초과로 나타난다. 이를 자세히 보면 일본에서 유입된 자금 7억4500만원은 그 대부분이 조선의 債務로 되어있고 조선의 수입초과로 인해 발생한 7억8000만원은 순전히 조선의 손실이 되고 있다. 손실된 **7억8000만원은 조선인이 누대에 전래해오던 토지의 소유권을 양도하는 것이 되었으며 토지소유권의 양도는 소작권의 이동으로 이어지게 됨으로써 조선인은 심대하게 생존의 곤란에 처해지게** 되는 것이다.(동아일보, 合倂後의 朝鮮---所得이 무엇인가, 1924.11.10. (압수) 본문참조).

한 동척이 그간에 행한 사업은 순전히 조선인 토지의 늑탈勒脫에 있었던 것이며 이로 인해 조선인과 일본인 간의 상호이익 도모는 처음부터 설정될 수 없는 거짓이었음이 확연하게 드러나게 되었던 것이다.[96]

결국 일제가 설립한 동양척식회사는 처음부터 조선인을 위한 기관이 될 수 없는 것이었음에도 이를 위장하였을 뿐인 것이었으며, 지금에 와서 명백하게 그 포악한 수탈과 거짓의 실상이 밝혀짐에 있어 조선인은 스스로의 생존과 토지를 지키는 방도로 일단은 동척의 해산 또는 폐지를 요구하고 있는 것이다.

3. 동양척식회사의 가혹한 농민수탈과 자본 증식

이어서 동양척식회사가 조선사회와 농민들에게 자행하는 실상에 대해 보다 더 자세하게 내용을 살펴본다. 천재天災로 인해 조선인들이 극심한 고통에 내던져진 와중에도 그들 동척은 간악하게 고율의 소작료를 징수하고, 고리대 금융을 통해 저당잡은 토지에 대한 소유권 점탈 등을 조선 강토 전역에서 패악적으로 이루어낸다. 조선일보 1924년 10월에 쓴 사설 '동척회사東拓會社에 대對하여'를 기초로 이해한다.[97]

희유稀有한 천재天災로 3백여만 조선인 동포가 기아에 허덕이고 과다夥多한 인명이 참담한 재앙으로 구제할 길이 없으니 그는 천재天災보다도 인재人災에 기인함이 더한 것이다. 동양척식회사東洋拓殖會社와 사악한 일반 악지주惡地主, 그리고 고리대금업자高利貸金業者들의 패악한 횡포가 천재天災를 고려치 않고 더욱 악착스럽게 발동되고 있다. 위의 삼자가 모두 이신동체異身同體로서 정도의 차이가 별로 없는 것이다.[98]

그러나 여기서는 종족적 정치적 우월을 배경으로 조선에서 군림하는 동척에 대해

96) **일본은 지금까지 조선으로 40만이 이주해 왔는 반면 조선은 수 만명의 실직자와 20~30만명의 國外流離民을 발생**시켰다. 또한 일본인에게는 다대한 山林川澤의 이권획득이 주어진 반면 조선인에게는 몇십만 내지 몇백만에 달하는 貧民窮氓이 생겨 있는 것이다.(동아일보, 合併後의 朝鮮---所得이 무엇인가, 1924.11.10. (압수) 본문참조).

97) 조선일보, 東拓會社에 對하여, 1924.10.23.

98) 그래서 조선인은 더 이상 조선에서 살 수가 없게 된다. 정치 경제적으로 압박을 받음에 생존경쟁을 이겨낼 수가 없는 실정이다. **일본으로 渡去하는 조선노동자가 매일 500명씩이나 된다. 渡去者들의 대부분이 농민이며 壯年들이다.** 토지에 비해 인구가 그다지 과잉하지 아니한 조선에서 다수의 破産 流離者들이 많은 것이, 그리고 일가의 생계를 책임지는 청년내지 장년의 노동자들이 조선에서 더 이상 노동의 기회를 얻을 수 없게 되어 결국 외국 일본으로 벌이를 나서게 되는 소이를 새삼 논하지 않으리라.(조선일보, 朝鮮勞動者의 渡日 問題, 1925.2.20. (압수))

논설한다.

1) 재해를 크게 당한 지방 중의 하나인 황해도 봉산군鳳山郡 사리원沙里院 일대에는 농작이 비교적 양호良好하였으나 그 지역 일대에 대부분 토지를 소유한 동척농감東拓農監(삼하모森下某와 출수모出水某)은 전후前後하여 금년 농산액農産額의 9할 가량의 소작율小作率을 과함으로써 소작인 150여인과의 사이에 분쟁이 생겨서 수십명의 경관대가 출동함.

2) 황해도 신천군信川郡 일대는 재해가 특별히 심하여 그 적은 농산물에 대해 과중한 소작료를 징수할 뿐 아니라 매1석에 약 2할5분의 추가 가봉加捧을 행함.

3) 같은 지역 일대에서 곤궁한 세민細民에게 연부상환年賦償還 계약으로 배부配付한 농우農牛 대금에 대해 기근으로 이를 상환하지 못하는 자에게 재산을 차압差押하여 집행함.

4) 전북 정읍군井邑郡은 동척東拓의 토지가 가장 많은 곳으로서 매년 무리한 소작료를 징수하므로 원성怨聲이 심하였는데 금년에는 평년작이나 재해지를 막론하고 모두 5할이상 7~8할의 소작료를 강요함에 소작인들이 극력 항쟁하자 농감農監이 간평看坪하여 다소 해결을 봄.

이외에 전조선全朝鮮에 뻗친 그들의 횡포와 무리無理는 낱낱이 매거枚擧하기가 불가한 실정이다.

동척東拓의 존재는 현재 형편상 일선日鮮관계의 작은 축소판인지라 그 유래를 보면 탄식치 않을 수 없다. 5천만원의 자금과 1억4천103만5천여원의 사채발행社債發行은 그 조직의 방대함을 말하는 것이고, 현재 조선 경작면적 445만여 정보町步에 대해 88,240여 정보의 소유토지와 조선인에게 대부貸付한 금액 약 3천여만원의 저당抵當으로 잡고있는 약 5만여정보의 토지를 합하면 도합 138,000여정보의 토지가 그의 수중에 들어갔다.

그리고 그 소유토지의 분포상황을 보면 황해도 16,630정보, 전남 13,625정보, 경상남북도 16,417정보의 주요 토지를 기본으로 평안북도에는 산림山林 기타를 합하여

21,248정보 및 그 밖에 경기 충청 각도에도 이와 유사한 정도 면적의 토지가 되는 것으로, 그 세력의 근거를 충분히 알 수 있다.

더하여 그렇게 과다한 토지가 동척의 수중에 들게 된 원유源由를 보면, 원한국元韓國 융희隆熙2년인 1908년 [동척창립東拓創立] 당시 한국정부의 소유주식 6만주의 대금으로 국유지國有地 및 역둔토驛屯土 전부를 제공한 것이 일한합병日韓合併과 동시에 넘어가게 된 것이다.

그들은 또한 매년 일본인 이민을 모집하여 4천여호의 일본인 이민자가 전조선도로全朝鮮道路와 역참驛站의 중요지를 점거하여 약 8,300여 정보의 가장 비옥한 토지를 경작하고 있다.[99]

재해災害에 더하여 사경死境에 빠져있는 조선 소작민小作民에 대해 동척東拓이 가하는 가혹한 착취는 이익만을 획책하는 비인간적 부정의의 화신이라 할 뿐인 것이다. 지배와 피지배를 넘어 거짓과 탐욕으로 늑탈勒奪하는 그들 일제에 대해 조선 민족은 저항하고 항쟁하며 그들을 배척하는 의지를 다져내지 않을 수 없는 시대를 살아가고 있었다.

이 시대 일제 식민지배자들은 조선인들의 고통과 생사에 대해서는 전혀 안중에 없는 가운데 오직 멸시와 탄압과 착취를 지속해 갔다. 이러한 실상을 보면서 조선일보는 1924년 11월에 '재차再次 동척東拓에 대하여'라는 제명의 사설을 게재하려 하였으나 바로 압수되고 말았다. 압수된 사설의 내용은 다음과 같다.[100]

왜성대倭城臺[101]의 엄연한 기관이 현하現下 조선지배의 총령總領이라고 한다면 거

---

99) 일본인 이민자들의 경우 그들은 군대의 병영생활에서 단련한 자들로 모두 정예한 무기를 가지고 농사 중 한가한 겨를에는 수렵을 겸업하며 가장 武勇한 豪氣를 인근에 보이는 상황이 되고 있는지라 조선인들이 유념하는 바가 되고 있었다.(조선일보, 東拓會社에 對하여, 1924.10.23. 본문참조). 이는 바로 이웃하는 조선인들에게는 위협적 존재들이 되는 것으로, 일제는 이들을 통해 조선인을 통제 위압하려는 계책도 있었던 것이다.

100) 조선일보, 再次 東拓에 대하여, 1924.11.12.(압수)

101) 일제시기 조선의 왕궁인 景福宮의 맥을 끊어 막고 일부를 허물면서 만든 일제 총독부청사는 1926년 10월1일에 준공식을 갖는다. 그때까지 일제는 남산에 있는 '倭城臺'를 총독부청사이자 식민지배의 본거지로 사용하였던 것이다. 통감부시기인 1907년에 통감부청사를 남산에 지어 왜성대라 하였으며 1910년 한일강제병탄 이후에도 계속하여 그를 총독부청사로 사용하게 됨으로써 이 글을 쓰고 있는 시점(1924.11.)에서 일제 통치의 본거지로서의 총독부를 일러 倭城臺라 호칭하고 있는 것이다.

미줄처럼 전조선에 깔린 경찰망警察網은 그 정통적 구현체이며, 그와 함께 전조선 각지에 분견소分遣所 및 일본인들이 임시축성 설치한 동척東拓의 각면보角面堡(다각형으로 각이 지게 만든 보루) 점포店鋪들은 따로 후방에 설치한 변태적 병참부兵站部라고 할 것이다. 그러나 조직적인 권력과 유동적遊動的인 약취화掠取化를 그 존재의 근본원리로 하는 이 양개기관兩個機關은 나날이 조선민족인 백의인白衣人을 위협하고 침식侵蝕하는 점에 있어서는 항상 이신동체異身同體가 되어있다.

동양의 선진국이라 자만하면서 그 조술자祖述者인 구미歐美의 침략자의 범주를 흉내 내어 2천만 민중의 안주지安住地인 조선의 3천리를 개발한다고 방대한 허형虛形을 말하며 동척東拓은 조선인의 작은 이권을 약취함에 급급하고 있는 것이다.

이미 동인도회사東印度會社 등 이민족의 착취와 주구誅求를 그 존재 본령으로 하고 식민제국의 특수회사의 심법心法을 그대로 답습하는 동척東拓임을 인정함에 다른 이론이 없다.[102)]

동척東拓은 최초 1천만원에서 5천만원으로 증식하여 1억4천만원의 사채社債로 대성세를 이루더니, 그를 바탕으로 해외진출海外進出을 떠들면서 만주와 몽고, 중국 동부와 시베리아, 그리고 남양南洋에까지 도남정북圖南征北을 호언하였다. 그러나 지금 동척은 신고辛苦 속에 긍긍하는 조선의 농촌 소민小民들을 상대로 그 영세한 이권을 착취하면서 폭정과 악명을 떨치고 있다.

동척은 현재 88,000여 정보의 토지를 소유하는바, 원래 구 한국정부의 육만주六萬株 출자에 상응하는 궁토宮土와 역둔토驛屯土의 이관에 의한 것이다.[103)] 지가가 저렴했던 당시에는 75만원에 불과하였으나 현재는 앙등하여 그들이 행한 해외 진출의 결손을 뒷받침하는 지경이 되고 있다...그런데 그들은 이렇게 해외진출 비용으로 막대한 결손을 내면서 올봄에 대장성大藏省 예금부預金部로부터 구제자금 1,500만원을 융통하고서는 도리어 34만4천원의 후기이월금을 계상하였다. 그런 다음 256만원의 돈

102) 일찍이 화란이나 영국의 東印度商會 事績은 물론이고, 또 영국의 南阿會社 독일의 東阿會社 등이 그 땅에서 利權을 약취하는 등의 식민지배가 어떠하였는지는 주지하는 바가 되고 있다.(조선일보, 再次 東拓에 대하여, 1924.11.12.(압수) 본문참조)

103) 1920년 당시 통계상 조선의 전체경작지 449만5478정보에 비해 東拓所有地가 70,592정보이다.(동아일보, 東洋拓殖會社 撤廢를 論하노라, 1922.3.13.). 그런데 그 사이에 다시 東拓 소유토지는 88,000여 정보로 증가하고 있는 것이다.

으로 동척주주東拓株主들에게 년 8%의 배당을 하여 동경東京 일대의 자본벌資本閥들에게 이익을 진정進呈하는 기이한 일을 만들어내고 있다.[104) ....결국 이 모두는 동척이 무용한 계책으로 막대한 결손을 가져와서는 무고한 조선농민들의 고혈을 뽑아서 그를 메우거나 이익을 나누어 갖는 비행을 자행하는 것으로 무한한 원망의 원부怨府 동척東拓이 될 뿐인 것이다.

총체적으로 당시 조선인들은 일제의 압제 수탈과 빈곤에 휩싸여 있었다. 동척이 조선인의 죽음에 이르는 수탈을 통해 획득한 이익으로 동경東京땅 자본가들의 희희낙락할 배당까지를 도모하는 허위적 계산 맞춤은 나라 잃은 백성의 노예적 비통을 직관하게 한다. 나아가 일제하 총독정치 아래 살고있는 1924년 당시 조선인에게 있어 최대고통은 생도生途가 없는 빈곤貧困과 생활 전반의 불안不安이었다. 동아일보가 그 시기, 1924년 11월에 쓴 논설 '조선인의 빈곤문제貧困問題'도 일제 당국에 의해 역시 압수되었다. 조선인을 사경死境으로 몰며 핍박逼迫하는 그들의 당시 정책기조에 대해 사설을 통해 이해한다.[105)]

지금 현재 조선인의 빈곤과 피폐는 빈자貧者나 도회인에게만이 아니고, 부자에게도 지방 사람에게도 똑같이 있는 것으로 조선민족 전체가 생활의 절박함을 가련하고 위급하게 부르짖고 있는 것이다. 이는 필시 그 책임의 대부분이 일본사람에게 있으며 총독정치에 기인한다.[106)]

여기에서는 현저하고도 근본적인 이유로 세 가지를 지목한다.

1) 제1은 이민정책移民政策이다. 이것은 조선인 모두 계급階級에 무관하게 실업失業문제를 야기한다. 농민에게는 소작권 상실을, 관공리에게는 공직의 지위를 박탈하고,

---

104) 이와 유사한 내용이 다음과 같이 지적되고 있다. 즉, 東拓은 조선에서 토지자원을 중심으로 방대한 금융을 高利貸로 증식하면서 한편으로는 만주와 몽고 남양 등지에 무모하게 자금을 투여하여 실패하기도 하고, 近者에는 政爭의 비용으로 거액을 제공하는 등의 巷說이 퍼져 나오는 실상이 되고 있다. (조선일보, 東拓會社에 對하여, 1924.10.23.).

105) 동아일보, 조선인의 貧困問題, 1924.11.11.(압수)

106) 당시와 같은 조선인의 빈곤과 피폐에 대해 조선인의 책임을 觀測하는 견해도 있다. 즉, 조선인의 나태 때문이라고도 하고, 조선사람 중 부자나 양반들이 착취를 심하게 해서 그렇다고도 하고, 조선사람이 현대적 산업에 관한 지식과 기술이 결핍하여서 빈곤할 수밖에 없다고도 하였다. (동아일보, 조선인의 貧困問題, 1924.11.11.(압수) 본문참조)

상인에게는 고객 상실을, 교사에게는 교사자리를 빼앗으며 노동자 순사巡査 배달부配達夫 공장工匠에 있어서까지 각자의 직업과 일자리를 박탈당한다.

2) 제2는 관세철폐關稅撤廢 정책이다. 조선사람이 아무리 식산증식殖産增殖을 해보려 하여도 일본과의 관세를 철폐하고서는 도저히 그를 당해내기는 불가능한 것이다. 이런 상황에서 조선인은 조그마한 공업이라도 해보려 하거나 기업을 일으키려 해도 몇 날이 못 가서 의욕을 빼앗기게 되고 어떠한 식산책殖産策도 구상할 수 없게 된다.

3) 제3은 이권利權의 점탈占奪이다. 교통은 물론이고 산림 광산 어업 개간 등에 이익이 있음직한 것은 모두 일본인에게 주고 마는 편파행정偏頗行政이 되고 있다. 조선인은 자본도 기술도 경영능력도 없다는 구실을 붙이면서 일본인에게 편파적 허가와 지원을 하고 있는데, 이는 조선인의 능력에 맞는 정도에서 개발이 있을 수 있는 것이고 또 경우에 따라서는 행정적 지도와 지원이 있으면 충분히 가능한 것임에도 불구하고 구실口實로 붙이고 있는 것이다.[107]

4. 진도 및 암태도 소작민들의 사악邪惡지주에 대한 저항

이처럼 층층으로 켜켜이 짜여진 식민지배정책 앞에서 조선인의 산업 농업 교육 인권 사회발전을 논한다는 것은 무지의 소치가 될 뿐인 것이다. 조선인의 삶은 일제 그들이 던지는 시혜적 조각 파편들에 겨우 의존하는 상황이 되고 있다.

관련하여 생존의 기본을 이루는 농업으로 돌아와서 농민들의 삶의 실체를 알게 하는 소작문제小作問題의 현장을 찾아본다. 소작문제와 관련하여 조선일보가 1924년 12월에 작성한 압수사설 '진도사건珍島事件에 대하여'는 소작 분쟁의 구조와 불법 비리적 작태作態 및 그 실상을 자세히 알게 하는 것으로, 몇 겹으로 포획된 조선 농민의 비참悲慘함이 통분스럽게 적혀있다.[108]

소작문제가 현하 조선문제의 대부분을 점하고 있다. 그중에서도 동척東拓과 흥업

107) 일제의 三菱 三井 大倉組合 등이 조선인들이 수백 년간 수호하고 이용해오던 山林과 漁場, 開墾地나 鑛山등의 利權을 무방비로 탈취하게 되었으니 조선인의 삶의 방도가 없게 되는 것이다.(동아일보, 조선인의 貧困問題, 1924.11.11.(압수) 본문참조)

108) 조선일보, 珍島事件에 대하여, 1924.12.7.(압수)

회사興業會社 등 국가권력을 배경으로 하는 특종회사特種會社가 거의 전 조선에 걸쳐 횡포를 자행한다. 동척東拓과 흥업興業이 연결하여 사악한 악지주惡地主들을 보조 세력으로 삼고 또한 폭위暴威를 일삼는 경찰이 부화뇌동附和雷同하고 있다.

남해의 한 소도小島인 진도珍島의 소작민小作民이 모두 악랄한 독수에 걸려 어육魚肉으로 되지 않으면 모름지기 벌집이 무너진 것처럼 사방으로 이산離散을 면치 못하고 있다. 소작쟁의가 끊이지 않는 동척의 횡포는 모두가 익히 아는 바여서 놀랄 일은 아니지만 지금의 그 횡포는 만용과 무치無恥로 언어도단言語道斷이 될 뿐이다.

자본주의 국가의 특종부대인 동척과 그 충실한 반려인 흥업회사興業會社가 상호의존하는 관계에 있는 관권官權과 공동하여 진도지방의 원주민을 억압하고 구축驅逐하는 것은 농산 취득품과 함께 그 질서를 차지하려는 예정된 계획이 된다.

그들은 지방관청의 양해를 근거로 삼아 고발告發하고 차압差押하며, 교제를 단절하고 벌금 등을 부과하면서 소작농민들의 결속체인 소작회小作會를 탈회하게 하고, 조직적 폭력군을 지휘하여 농작물을 강제로 빼앗으며 쟁의의 조건으로 항의하는 소작인을 난타하고 약탈을 자행한다.

진도군 10,000여호의 농가중에 자작농自作農은 1500호이며 나머지 8500호는 전부가 소작농小作農이다. 그들 주민의 실생활에 있어 생살여탈권生殺與奪權은 몇몇 지주地主들의 손에 달려있으며, 횡포와 위세로 천하를 울리는 동척東拓과 흥업興業 및 기타 일본인 소유 토지가 진도섬의 4할을 점하고 있다. 그들은 다른 악독한 지주들과 호응하여 매년 8할의 수확을 가로채 가고 있음으로써 피압박의 소작인들은 그 횡포에 대해 오직 살아갈 방도로 단결과 항쟁을 일으키게 되는 것이다. 정당한 방위적 수단으로 임할 뿐인 것이다.

또한 일제 지주들은 소박하고 유순한 농민의 우매愚昧를 기화로 인장印章을 몰래 속여서 찍거나, 증빙서류(文憑)를 허위로 작성하여 야비한 행동을 자행한다.

특히 동척이나 흥업이 일본인 이민을 불러들임으로써 재앙의 근원이 된 것을 폭로하려 함에 있어, 오히려 조선인 지주배地主輩들이 일제 그들을 따라서 추악하게도 중국인中國人들의 이입移入을 운운함에 대해서는 후안무치하며 동서도 구분하지 못하는 저능적 몰지각에 더욱 분노하게 되는 것이다. 일제 당국이 특권계급을 편파적으로 옹호하고 소작민의 처벌에 급급함으로써 유린당하는 소작민을 보면서 경찰당국과 총독부 왜성대倭城臺의 이신동체적二身同體的 해괴함에 분노하게 된다.

일제의 동척과 흥업이 중심이 되고 또 그들과 연계하는 사악 지주들에 의해 조선인 소작농민小作農民들은 사람으로서의 존중과 삶이 전혀 존재하지 않았다. 계약契約이란 이름으로 이루어지는 법적 관계에 있어서도 소작인들은 우매함과 그들의 위력威力 앞에서 인장 날인도 문건 작성도 그냥 동의하고 만들어주고 할 뿐인 것이었다. 이러한 통탄痛嘆의 고발 글을 쓴 바로 다음 날 조선일보는 또 다시 사설 '진도지주珍島地主의 간계奸計를 듣고'라는 사설을 발표하지만 바로 압수되고 말았다.[109]

진도의 소작인들은 비참한 노예적 지위에 있어 굶주림에 허덕이고 있다. 그 소작인의 가슴에 끓어오르는 정의감正義感의 맥동脈動과 분개는 사회의 불공평不公平과 무도리無道理를 외치고 있다. 경제적 노예가 된 가련한 동포는 일년내내 과도한 노동 때문에 귀중한 정신과 생명과 피를 나날이 빨리며 착취를 당하고 있다.[110] 탐욕스럽고 냉혹한 지주地主들은 굶주림에 신음하는 소작인의 최후의 생명까지 파멸시키고자 '지주회地主會'라는 것을 조직하여 악독스러운 간계奸計를 꾸미며 비인간적인 행동을 자행하려 한다.

그러나 소작운동小作運動이 일어나게 된 시발은 금일 수천의 형제의 배를 굶주리게 하고 무지와 통탄痛嘆과 뼈에 사무치는 절통切痛 등의 온갖 불평등이 근본적 원인이 되어 결사적으로 일어나기에 이른 것이다. 언제까지나 그 흉악자배凶惡者輩들에게 속아서 노예奴隸가 될 수는 없는 것이다. 또한 동포의 피를 빨고 인격人格을 짓밟고 인생을 인생답지 못하게 만드는 사회를 개조하여 인류의 행복을 증진하며 소작 동포들을 철저하게 경제적 인격적으로 해방하지 않으면 안 되는 연유에서 소작인들이 분노하게 되는 것임을 분명히 알아야 한다.

109) 조선일보, 珍島地主의 奸計를 듣고, 1924.12.8.(압수)

110) 일제는 식민지 조선에서 **매년 4~5百萬石의 米穀**을 일본으로 수출하여 일본인의 식량을 보급한다. 그런데 이는 우리 조선인의 의사에서 결정되는 바가 아니다. 위정자인 일본인이 自國民의 필요에 응하여 이것을 우리에게 강제하는 것이다. 금년은 대흉작으로 수확량이 크게 줄었으며 다수의 민중이 餓死지경에서 방황하고 있는데 무성의한 위정자들은 오직 조선인의 식량을 탈거하여 일본으로 보내려는 劃策에 여념이 없다.(조선일보, 饑饉과 食糧問題---人禍가 甚於天災, 1924.10.29.(압수) 본문참조)

이와 관련하여 1924년 당시 전라남도 무안군(1969년 신안군으로 편입됨) 암태도岩泰島에서 일어난 암태도 소작쟁의도 있다. 동아일보는 1924년 7월에 '암태사건岩泰事件'을 사설로 작성하였으나 당국에 의해 압수되고 말았다. 동아일보의 '암태사건岩泰事件'을 통해 나타나는 농민들의 억울함과 지주배地主輩들의 횡포, 그리고 당시 일상화되던 일제의 전단적專斷的 사법司法 작동실태를 자세하게 살펴본다.[111)]

암태도岩泰島 사건은 매우 중대한 사건이다. 목포 무안면務安面 암태도岩泰島 소작인민小作人民이 과중한 소작료를 경감해 달라고 각 지주地主에게 교섭한 일이 있었다. 그 결과 다른 지주는 모두 승낙하였으나 문재철(文在哲, 1882~1955)만은 동의하지 않았다. 이에 농민들이 섬에 세워둔 문재철 부父의 송덕비頌德碑를 뽑아 없애기로 하고 몰려가자, 문재철은 돈으로 사람들을 매수하여 중로中路에서 몰려오는 사람들을 구타 상해하였다. 1924년 4월의 일이었는데 가해한 지주측地主側 몇 명과 피해를 당한 13명이 구금되었고, 가해자는 방면되었으나 피해자들은 소요를 일으킨 죄가 있다 하여 경찰서에서 재판소裁判所로 넘기게 되었다. 이에 약 20여일 전에 암태도 인민 600여명이 피해자 13명을 석방하라고 광주지방법원 목포지청木浦支廳에 원통함을 호소하였고 이에 이들을 방면 또는 보석保釋시킨다는 언명言明을 듣고 해산하였다.

그러나 목포지청은 그를 어기고 공판公判에 회부 함으로써 분기하여 남녀노약자 600여인이 지난 7월 8일에 10척의 배를 나누어 타고 목포지청에 몰려갔다. 그들은 지청支廳내 맨땅 위에 눕고 앉고 침식을 폐한 채 신음하며 울부짖었다.[112)]

금력金力을 가지고 관권官權을 빌어서 자기의 이익을 탐하고 타인의 손해를 전혀 배척하는 자 중에서도 문재철은 그 흉악이 비유比喩할 바 없는 자이다. 600여 인의 생명이 조석朝夕에 있음을 보고도 욕설하고 악평하고 몇 사람의 선동질에 무리한 요구라 하며 도민島民들을 사생으로 다투게 하고 있다. 과중過重한 소작료小作料로써 이미 빈민의 고혈膏血을 말리고 남은 생명마저 단절하려 하니 도민島民의 원수이며 우리 모두를 분노하게 한다.

이 사건의 낙착落着이 어찌 될지 추측하기 어렵지만 당국자의 태도가 사건 낙착에

111) 동아일보, 岩泰事件, 1924.7.13.(압수)

112) 당시 지청내 통로에는 정복경관들이 인정 없는 눈으로 이들을 내려다보고, 목포지청 부근 여관에는 地主 문재철이 酒盃를 잡고 이를 방관하는 비인간적 모습을 보였다. 阿鼻地獄이 바로 이곳이라고 그 절규현장을 적고 있다.(동아일보, 岩泰事件, 1924.7.13. 본문참조)

중대한 관건이 됨은 틀림없다. 공정한 눈으로 이를 볼 때 600여 인의 사생死生과 일개 부민富民의 이해利害가 비교될 것이 아니지 않겠는가.

공정이 없고 금력과 관권이 판을 치는 일제 치하의 만행 앞에 부자 지주들은 일제의 공무원 권력자들과 결탁하여 소작 인민들을 노예시하고 고혈을 쥐어짜고 있다. 암태도 사건에서 문재철은 이러한 사악지주邪惡地主의 전형을 보이고 있다. 조선인 지주가 저러하거늘 일제의 동척東拓과 결탁된 일인 지주들의 횡포는 어떠하였겠는가. 죽음보다도 더한 노예적 착취와 압박일지 언정 그래도 가족들을 살리고자 사악 지주의 소작인이 되려고 애를 쓰던 조선 농민의 사생死生 현장이 이렇게 원통할 수가 없는 것이다.

5. 소작문제에 대한 일제식 이해 방법

그러한 가운데 조선을 총괄 통치하는 일제의 총독부總督府가 조선의 소작문제小作問題에 대해 견지하는 시각과 책략은 또 어떠하였는지를 검토해 본다. 총독부 기관지로 역할하던 경성일보京城日報[113]는 조선의 소작문제에 대해 1924년 5월에 '조선에 있어서의 소작문제小作問題---단지 생산生産의 증가增加만으로는 해결이 아니 된다'라는 제목의 글을 게재하였다. 조선사회의 소작문제를 보는 그들의 기본적 시각과 당면 문제에 대한 심각성 인식, 그리고 그 해결 방안에 대해 일제적日帝的 견지見地에서 의견을 피력하고 있다.[114] 그 내용을 살펴본다.

조선에 있어 현재 직면하고 있는 시급한 문제의 하나가 소작문제임은 다 알고 있다. 노동자勞動者라고 말하는 자는 자본주資本主에 반항하는 것이고, 소작인小作人이라 하면 곧 지주地主에 대해 반항하는 것이라고 한다면 그것은 심한 오류가 된다. 나

113) 京城日報는 통감 伊藤博文이 한성신보와 대동신보를 합병하여 1906년 9월에 통감부 기관지로 발행한 신문이다. 1910년 한일 강제병탄 이후에는 총독부의 기관지로 변경되었으며, 기존의 대한매일신보를 매일신보로 개편하고 경성일보를 그의 자매지로 하여 발행을 계속하였다. 통감부시절 國漢文版과 일본어판을 병행 발간하였으나 1907년 4월부터 일본어판만 발행하기 시작하여 일제 식민시대를 계속하여 발간되었다. 식민지배기 친일 인사들과 일본인들이 주로 애독하던 신문이었으며 1945년 10월31일에 폐간되었다.

114) 京城日報의 일본어 원문은 '朝鮮に於ける 小作問題---單に生産の增加のみでは解決は出來まい' (1924.5.31.)로 게재 되었다.

아가 소작인이 소작인조합小作人組合 기타의 기관을 설치하는 것은 단순히 지주에게 반항하기 위한 것은 아닌 것이다.

그러나 이해관계에서 보면 양자는 서로 반대 입장에서 충돌하는 지위에 있어서, 그 결과 서로가 각자의 입장에서 부담을 경감하고 이익을 확보하여 자기의 생활을 향상 발전시키려는 운동을 하게 된다. 만약 지주 측이 소작인 측의 요구를 들어주지 않을 때는 공장생산업계에서 일어나는 것과 마찬가지로 분쟁과 소요를 야기시키게 되는 것이다.

물론 일본내지日本內地와 동일한 상태라고는 할 수 없지만, 조선에 소작문제가 일어나고 있다는 것은 사실이다. 지금이야말로 최선의 해결 방법을 강구하지 않는다면 장래에 극히 감당할 수 없는 결과를 초래할 수 있다는 것을 깊이 생각지 않으면 아니 된다.

현재 조선의 소작문제를 보면 아직까지는 전반적으로 악화했다고 할 정도는 아니다. 지금이야말로 가장 중요한 시기에 당면하고 있는 것이다.

일부 인사들은 조선의 소작문제는 내지內地에 있어서의 소작문제와는 전혀 경향을 달리하고 있다고 한다. 즉, 내지의 소작문제는 생산증가의 문제가 아니고 그 생산의 분배를 문제로 하고 있지만, 조선의 소작문제는 그와는 다르게 생산의 증가 및 개량증식改良增殖에 의해서 해결을 할 수 있는 과정에 있다고 하고 있다. 따라서 조선의 토지생산력은 아직 여력이 있으며 노동 여하에 따라 생산의 증가는 가능하게 되는 것으로, 토지의 개량이나 경작법의 개선, 시비施肥의 장려 등을 통해 노동정신勞動精神을 착실히 양성한다면 조선의 소작문제는 아주 쉽게 해결할 수 있다고 한다.

그러나 이는 그럴듯한 말이지만 실상은 지나친 오해에서 비롯하는 것이다.

1차 세계대전 후에 있어 격변하는 세계사조가 팽배하게도 각국의 구석구석까지 밀려들고 있다. 그 사상들이 도시와 농촌에 침투하고 있으며 이제 농민들의 사상은 비상한 격변을 이룩하고 있는 것이다. 따라서 조선에 있어 소작문제는 단순히 생산증가에 의해서만이 해결되지 못하는 것으로, 그와 함께 분배상分配上의 문제가 함께 해결되지 않는 한 개량증식改良增殖도 불가능한 것으로 말할 수 있게 된다.

이 같은 관점에서 조선의 소작문제는 상당히 중요한 문제이다.

하층 농민은 무식하다고 하는 것을 전제로 하는 모든 의견은 단연코 허용할 수 없는 시대로 되고 있다. 조선의 개발을 한편으로는 치수治水 및 수리사업水利事業을 성대히 하여 토지의 개간을 하는 것은 크게 공명共鳴하는 바이다.

그러나 다른 면에서는 '소작제도小作制度의 조사調査'를 통해 문제를 개선改善하는 것으로 소작문제를 해결하고, 소작농민을 선도보호善導保護하는 것이 보다 더 급무急務이며 중요한 것임을 생각하지 않으면 아니 되는 것이다.

경성일보京城日報가 게재한 이글은 결론부에서 조선의 소작문제에 대해 보다 정확한 조사를 통해 문제를 개선 해결해 갈 것을 광범하고도 추상적으로 적고 있다. 조선농업의 생산을 증대시키며 그와 함께 농민에게 분배를 이루어갈 것을 말하면서도 그의 구체적 방법이나 실상에 대한 내용은 전혀 없다. 이는 조선 소작문제의 실체에 대한 이해가 전혀 없는 가운데 조선 농민들을 형식적으로 위무하고 일제에 대한 반감을 억제하려는 초조함에서 건성의 포장적 글을 쓰고 있음에 기인한다.

농민들은 소작인조합小作人組合을 결성하여 보다 높은 요율로 강력하게 징수에 임해오는 소작료小作料와 단기적 계약과 불안으로 모는 소작계약小作契約의 제조건들에 대해 개선적 협상을 요구할 준비를 하고자 하는 것이었다. 조선 농촌의 위기와 피폐疲弊를 한가하게 바라보면서 쓰고 있는 글이 더한 불신을 일으키게 하는 것이다.

일제 총독부는 생사의 기로에서 신음하고 절박해 하는 조선 민중의 고통 현장을 정확히 모르는 가운데, 아니 알려 하지 않으면서 적절히 외면하는 가운데 조선인들에게 위선적 언사를 포장해 던지고 있었다. 총독부 그들의 진정 실체는 조선민중을 노예시하는 것을 기본으로 극히 강압적이며 폭력적 방법으로 압살하고 수탈하는데 교활 술수를 다하고 있었을 뿐이었던 것이다.

6. 소작인총회와 토지소유 및 소작의 본질

조선 땅에서 이루어지는 소작은 대체 무엇이었는가. 토지에 대한 소유권을 기초로 경작자인 소작인을 마음대로 경질하고 소작료를 인상하고 착취하고 끝내는 소작인을 노예로 만드는 그 토지 소유권자는 어떠한 존재인가. 토지는 제한이 있는 자연의 소여물所與物이며 그에 대한 소유권을 갖는 자를 법적으로 토지소유자 또는 지주라고 한다. 만물을 길러내는 그 토지에 경작耕作을 가하여 생산을 일구어내면 산출에 관계한 사람들이 이치에 맞게 서로의 몫을 나누어서 생계를 유지하는 것으로 인간사회가 영위되는 것이다. 그런데 일제 당시 사회는 지주의 소유권에 기하여 경작을 담당하는 소작인의 지위가 너무나 열악하고 불안정하였다. 지주는 소작인을 노예시 하면서 소작료율을 더욱 올려갔고 토지에 부과되는 지세地稅까지도 소작인에게 전가하면서 부익부富益富에 호사豪奢를 당연시해 갔다. 소유권은 "당해 소유물을 배타적으로 사용·수익·처분하는 권능을 갖는 것"으로 정의한 일제 민법에 기하여 일본인들은 조선에서 토지 소유를 극대화하면서 소유권자로서 조선인 소작인들을 빈곤의 극한으로 궁박窮迫해 갔던 것이다.

동아일보가 1923년 3월에 작성한 사설 '대전소작인총회大田小作人總會--지주地主의 횡포橫暴를 제거制拒'를 검토한다.[115] 소작인과 지주 관계에 있어 토지소유권土地所有權에 기하여 만들어내는 소작인의 빈익빈貧益貧과 지주의 부익부富益富하는 구조 및 실상에 대한 주요 내용을 살펴본다.

토지의 소유권이 지주에게 있는 것은 물론이다. 소유권이란 그 소유물을 자유로 배타적으로 처분케 하는 기능을 의미한다. 그런데 오늘날 지주는 그 소유지에 대한 소작을 마음대로 갑甲에게 주었다가 을乙에게 주었다가 자유롭게 하면서 소작 조건을 수확의 반이나 반 이상으로 하면서 각종 부과잡역賦課雜役까지 마음대로 하고 있다. 조선의 지주는 그 소유권이라는 '괴물怪物'에 의하여 그 경제적 지위와 권력을 이용하여 소작인인 인격자人格者를 자기의 노예奴隷로 만들고자 하며 마음대로 착취搾取하고 사복私腹을 채우고 있다. 지주나 부호라고 하여도 특별한 인물은 아니고 괴물도 아닌 것으로, 하늘로부터 그 부富를 가지고 오고 땅으로부터 그 부를 용출함이 아닌 것이다. 천석 만석의 추수秋收가 변하여 신사紳士·양반兩班·영감令監·각하閣下의 위풍이 되고 사치영화奢侈榮華가 되는 것이다.

이렇게 지주는 추수의 근본이 되는 토지를 가지고 갑甲에게 소작을 허許하였다가 명일明日에 다시 일석一石을 더하는 을乙이 있으면 그를 즉시 빼앗아 을에게 허하고, 또 그에 더하여 병丙이 지세地稅까지 물겠다 하면 또 그를 병에게로 즉탈卽奪하여 넘기는 실정이 되고 있다.[116] 토지가 아니면 살아갈 생도生途가 없는 소작인은 비록 노

115) 동아일보, 大田小作人總會--地主의 橫暴를 制拒, 1923.3.20.

예가 되고 굴욕을 당할지라도 부득이 그 지주의 전횡專橫과 학대虐待를 감수甘受하면서 소작지小作地 획득에 급급하고 있다.

이 모두는 토지소유권의 공덕이다. 그러나 이 일편一片 '소유권所有權'으로 인하여 다수민중의 생명을 여탈與奪하는 권리까지도 그 수중에 있으며 그 다수민중을 좌우로 마음대로 사용하고 약탈하는 권리까지 그 수중에 있다고 할 수 있겠는가. 이는 결코 불능한 것이다.117)

사회의 요구와 개인의 양심良心, 민중의 천노天怒는 결코 이를 불허한다.

법률상 권리가 어찌 만능萬能을 의미하는 것이리오. 그는 사회적 요구를 항거하지 못하며 민중적 욕망인 생존에 대한 본능적 작동을 역거逆拒하지 못하는 것이다. 사회와 민중의 생존을 떠나서 어디에 권리權利의 가치價値와 위력威力이 있겠는가. 법률상 권리는 필경畢竟 사회의 요구와 민중의 욕망에 의하여 제한될 뿐 아니라 실로 개폐좌우改廢左右되어야 하는 것이다.

이 오인吾人은 소작인의 운동은 단지 소작인뿐만 아니라 조선 사회 전체를 향상하고 정성으로 순화醇化하는 도리로 보게 된다. 즉, 대전소작인총회가 지주들이 지세의 부담을 소작인에게 강요하고 그 수납의 독촉을 가혹하게 하며 소작권의 여탈與奪로써 지주들이 소작인의 일상을 위협하는 태도에 대해 성토하고 그릇됨을 격박擊駁하는 대회가 되는 것에 대해 지지하게 되는 것이다.

이렇게 소작인 문제는 법률상 지주의 소유권 문제와 결합하여 조선의 가난한 작인作人들을 극한의 궁박으로 몰아갔던 것이다. 민법상 보장된 소유권의 절대적 · 배타적 권능으로 인해 조선의 선량한 농민들은 곡물의 생산을 위해 토지에 모든 노력과 땀을 쏟아 넣고서도 모든 것을 빼앗기고 무시당하는 노예가 되고 있었다. 조선인 소작인들은 죽음직전의 절대 빈곤으로 몰려난 가운데 토지에 대해 소작할 권리마저 보장받지

116) 당시 소작인들 중 '大田小作人相助會'는 1923년 2월5일 대전시내 武德館에서 수백명이 모여 총회를 열고 **그 前年度分 地稅부터 이를 地主가 부담하고, 소작료는 징수액의 5割로 할 것을 결의**하는 등으로 대회를 개최하였다.(동아일보, 大田小作人總會--地主의 橫暴를 制拒, 1923.3.20. 본문 참조)

117) "대개 곡물의 산출이나 부호의 秋收는 누가 이를 행하는가. 地主가 친히 그 손을 놀리고 땀을 흘려서 이를 作하는가. 전혀 아니다. 吾人은 **作人이 자연과 合動하여 그 산출에 力作함을** 아노라. 그러므로 **作人이 그 '노동의 권리'에 의하여 또 '생존의 권리'에 의하여 公正한 대우를 요구하고 公平한 보장을 제기**함은 作人 전체를 위하여 또한 실로 당연하지 아니한가"(동아일보, 大田小作人總會--地主의 橫暴를 制拒, 1923.3.20. 본문 참조).

못하면서 수시로 소작할 기회를 박탈당하면서 사람 삶이 아닌 고통의 일상을 이어가게 되었던 것이다.

[2] 농촌·농민의 빈궁 심화와 지주들의 악행 실태

1. 농민의 곤궁 심화와 지주들의 착취상

조선 농민들의 삶은 소작으로 겨우 연명延命을 해가는 정도였다. 그러나 지주들이 행하는 끊임없는 수취 압박과 소작지 박탈은 그마저도 불가능한 상황으로 몰아가는 실상이 되고 있었다. 동척東拓이나 여타 지주들이 소작인들에게 가하는 소작권의 박탈은 당장 전개될 농사철을 맞아서 소작인들의 삶을 예측할 수 없게 하는 것이었으며 반면 그들 지주들은 더욱 더한 부의 축적을 도모하는 비인간적 식민행태를 실행해내는 것이었다. 조선일보가 1928년 3월에 쓴 사설 '춘궁기春窮期와 농민'을 통해 지주들에게 유린당하는 조선 소작인들의 원통한 실상을 살펴본다.[118)]

우수雨水와 경칩驚蟄이 지나고 춘경기春耕期가 도래하고 있다. 근일에 빈번히 일어나는 소작권小作權의 이동이 또다시 농민의 생활을 위협하고 있다. 조선에서 가장 대규모의 농사개간農事開墾을 경영하는 동양척식회사東洋拓殖會社의 농지에서 이러한 일들이 발생한다.

①밀양군 하남리下南里에 있는 동척東拓 소유지는 본래 미간지未墾地와 전지田地이던 것이 수리조합水利組合의 조직과 함께 소작인小作人들의 특별한 노력으로 답畓으로 개경改耕한지 3년에 불과하다. 그러나 지난달(2월) 하순에 갑자기 소작정리小作整理라는 명목으로 개간에 유공한 소작인 89명의 소작권을 박탈剝奪하였다.

이들은 대개가 궁박한 농민들인데 그 가족들까지 4~500명의 참상이 극심하다고 한다.

② 합천에 있는 동척소유지에서는 기존 소작인의 소작권을 무조건 9할이나 이동하여 탈경奪耕된 200여 명의 농민이 생계를 어찌할 바 모르고 통곡하고 있다.

---

118) 조선일보, 春窮期와 농민, 1928.3.8.

이들 농민의 대부분은 2~3두락斗落의 소작으로 겨우 호구지책糊口之策을 삼고 있는 궁농窮農들이다. 그러기에 불리한 소작 조건 아래서도 소작권을 유지하여 목숨을 연명해 가려고 애를 쓰고 있는 사람들이다. 이들에게 춘경기春耕期를 앞두고서 갑자기 소작할 땅을 빼앗고서는 소작정리를 하는 것이라 하고있는 것이다.

동척에서는 소작권자 변경에 대해 또 많은 구실이 있을 것이다.

궁박한 농민들을 정리하여 비교적 대농大農에게 경작하게 함으로써 그 이익을 더하게 한다거나 또는 소작농민의 무력無力한 지위를 이용하여 이익을 농단하는 등으로 영리 추구에만 급급하고 있다면 이는 도저히 허용받기 어려운 비인간적 만행蠻行에 불과한 것이 된다.

특히 조선에서 지주에게 돌아가는 농사상 이익은 일본에 비해 매우 많았다.

총독부 식산국殖産局의 생산비生産費에 관한 조사에 의하면, 조租 1석 생산에 대하여 지주地主에게는 10원90전, 자작농自作農에게는 10원32전, 소작농小作農에게는 10원97전이 되는 것으로, 소작농에게 드는 생산비가 가장 많으며 그에 따른 수익收益은 1할도 되지 못하는 현상이 되고 있다. 또한 농민의 부채負債는 해마다 가중하여 가는 중에 금년도 금융조합 연도 말(3월말일)이 가까워 옴에 따라 부채상환으로 인한 지방 농민들의 공황恐慌이 극심하고 있다. 경기도의 경우만 보아도 회수될 부채상환액이 90만 원에 달한다고 하는 가운데 그를 갚기 위해 우마牛馬 등의 가산을 방매放賣하는 것이 조선 농민의 현실이다. 이렇게 점차 몰락하는 농민들의 삶은 동척 만이 아니고 일반 지주들에 의해서도 자행되고 있었던 것이다.

더하여 조선의 농민 실상에 대해 조선일보가 1928년 4월에 게재한 '소농小農 저자低資 융통계획融通計劃에 대해서'라는 제명의 사설은 조선 농민들이 겪고 있는 영세궁민零細窮民들의 통계실태와 고리대금高利貸金으로 인해 가중되는 고통과 절망스런 삶의 모습을 기록하고 있다.[119]

최근 조사에 의하면 세민細民이 408,422호에 186만명, 궁민窮民은 73,550호에 295,620명이다.[120] 이를 전조선인구全朝鮮人口와 비교해 보면 호수戶數로는 13/100,

---

119) 조선일보, 小農 低資 融通計劃에 對해서, 1928.1.16. (압수).

인구수人口數로는 11/100을 차지한다. 그 밖에도 빌어먹고 있는 걸인乞人의 숫자는 166만명으로 파악된다.[121]

조선 총인구 중 농민이 약 8할이다. 따라서 조선의 인구문제는 농민문제로 연결되는 것이며, 조선 인민의 대다수가 소농小農인 동시에 세민細民과 궁민窮民이 이렇게 다수를 점하고 있다. 이러한 농민들의 어려움은 지배 당국자 측에서도 문제가 될 수 있는 것으로, 몰락해가는 조선인의 생활은 조선인으로 하여금 지배자에 대한 대립 문제를 더욱 첨예하게 만들어낼 수 있게 된다.[122]

따라서 생계가 궁핍하고 취업이 곤란한 자들로서는 우선의 기아를 면하기 위해 부채負債에 의존하게 될 것이다. 서민을 위한 금융기관으로 설립된 금융조합金融組合이라고 하지만 소농자小農者에게는 불편함이 많아 어쩔 수 없이 민간대금업자民間貸金業者나 기타 기관에서 자금을 빌려 쓰게 되는바, 그 이자가 매월每月 5% 또는 심하면 10%의 고리高利를 지불하고 있는 실정이다. 농민들의 고리 부채는 생계를 더욱 빈궁貧窮하게 하고 마침내는 농업을 포기하고 가향家鄕을 떠나 먼 곳 타국이나 타지방으로 이산離散하는 경우도 적지 않은 것으로 파악된다.[123]

이러한 사정을 이어 조선의 농촌사회는 더욱 빈궁과 피폐로 변해간다. 일제가 조선 농촌을 수탈과 착취의 대상으로 삼고서 일로一路 농지를 매수하고 소작인을 교체하면서 농민의 삶의 근거 요소들을 잠식蠶食하는데는 법제도를 통한 위압적 방법이 모

---

120) 용어에 대한 설명이다. **'窮民'**은 목전의 궁박한 생활로 긴급히 구제해주지 않으면 기아를 면치 못하게 되는 자이고, **'細民'** 역시 이에 준하는 자가 된다. 그리고 **'細窮民'**의 수를 각도별로 보면 忠南이 수위이고, 전북과 강원이 그 다음이며, 함북이 최하위로 분류된다.(조선일보, 小農 低資 融通計劃에 對해서, 1928.1.16. 본문 참조.(압수)

121) 또한 당시의 조선 인구는 2300만으로 파악하고 있다.(조선일보, 救命運動, 1928.4.26. 압수)

122) 본문과 시간적 간격은 조금 있지만 **1935년 당시 조선사회의 통계자료를 참고한다. 전체 里의 수는 26,641개, 面은 2,523개이다. 농민인구는 3,009,855호에 16,132,503명**이다. 생산액을 보면 農産額 108,000萬圓, 林産物 6000만원, 水産物 8000만원, 鑛山額 5000만원, 工産額 38,000萬圓, 기타 15,000萬圓으로 年總産額은 18億圓에 이른다. 농민들이 생산하는 농산액이 절대 다액을 차지한다.(曺晩植, 靑年과 社會奉仕, 한국신문 종합사설선집 권2, 일제편, 370~374면 참조: 원래 이 글은 '三千里'잡지 1936년 11월호에 게재되었음).

123) 삶을 찾아 滿洲로 떠난 동포들의 고통을 헤아려 본다. 在滿同胞가 압박을 받고 있다는 사실이 만천하에 알려지게 되었지만, 그들 재만주 동포들의 수난 소식은 지금도 들려오고 있다. 압록강 右岸인 東邊八縣의 寬甸 通化의 각지에서 中東線의 活邊 北滿 內蒙까지 그러하다. 中東線 山市站에서 발생한 동포 韓春華의 無故銃殺事件으로 同地 이주동포는 不農同盟을 일으켰고, 학생은 盟休, 노동자는 동맹파업으로 悲壯한 同情을 표명하게 되었다.(조선일보, 救命運動, 1928.4.26. 압수)

두 동원된다. 나아가 생계의 궁지에 몰린 조선 농민은 그나마 조금 남은 자작의 소농지를 담보로 하여 고리의 대부를 받아 위기를 해결한다. 농사를 짓기 위해 드는 비료대금과 여타의 비용 등의 차용을 포함하여 채권자가 된 일제 금융당국은 가혹을 다해 조선 농민의 땅을 합법이란 이름으로 자연스럽게 탈취한다.

2. 농촌부채 증가와 그 개선방안

농촌사회의 붕괴와 농민들의 절망적 삶의 실상을 동아일보 1931년 9월의 '농촌부채農村負債 오억원五億圓--그 해결책解決策 여하如何'를 통해 살펴본다.[124]

조선농촌의 위기실상危機實相에 대해 본다. 자신이 직접 경작하는 자작지自作地의 면적을 보면 답畓은 3할5분, 전田은 5할3분인 것을 보면 토지겸병土地兼幷이 심한 실태를 알 수 있다.[125] 그러나 이들 자작지自作地도 자기 소유로 믿기 어려운 실상이 있다. 그것은 농촌부채農村負債가 방대한데 연유하는 것으로써 현재 농촌의 부채가 약 5억원에 이르는 것으로 파악된다.

조선 총경지總耕地의 법정지가法定地價는 8억4600만원이며, 현시가現時價로는 약 그 3배인 25억원으로 추산된다. 그러나 부동산不動産의 저당대출고抵當貸出高는 평균 5할에 이르는 것으로 농촌에서 5억원의 부채를 얻고자 할 때 약 10억원 가치의 토지를 저당抵當 잡히게 되었는바, 전체 경작지의 4할 정도가 이에 해당한다.

또한 이 저당 토지에 대해서는 면적만으로 이해하는 것은 실상과는 다를 수 있는 것으로, 저당토지의 건수를 보면 영세한 자작농 토지의 저당이 많은 것이 명확하다. 따라서 조선의 농촌을 볼 때 소작인의 경우는 이미 곤궁이 말할 수가 없는 상태이고, 자작농 내지 소지주小地主의 경우도 몰락의 길을 걷고 있음을 알 수 있는 것이다.

조선의 농촌은 피폐함을 넘어 몰락의 위기로 치닫고 있다.

농사를 지어야 가족을 양육할 수 있는 것으로, 생산비와 수확 농산물의 판매가격 차이를 통해 농민들의 삶이 영위되는 것이다. 작년(1930년)은 특별한 예이지만,[126]

124) 동아일보, 農村負債 五億圓--그 解決策 如何, 1931.9.7.

125) 당시 일본은 自作畓이 49%, 自作田이 60%로 나타난다.(동아일보, 農村負債 五億圓--그 解決策 如何, 1931.9.7. 본문참조)

126) 1930년은 불황이 來襲하여서 穀價가 폭락한 특별한 해로 기록된다. 즉, 작년에 官公私立 보통학교에서 중도에 퇴학한 자가 8만4007명이라고 한다. 해마다 중도 퇴학자가 7만명 이상이 되는데 바로

경기도내 1단보段步(300평) 경작자의 수지收支를 조사하면 소작농小作農은 5원, 자작농自作農은 15원, 그리고 지주地主도 금리를 타산하면 9원의 손실이 발생하였다고 한다.[127]

손실의 발생은 생산비가 수확한 농산물의 판매가격보다 훨씬 과다함에 있다.[128] 생산비에는 주로 금융 대부에 따른 금리金利와 공과금公課金의 부담, 노임勞賃, 비료대肥料代, 각종 기구료, 근래는 수리조합비水利組合費 등이 더해지고 있으며 소작인의 경우는 소작료小作料의 지불이 있다. 다음에서 항목별로 이를 살펴본다.

1) 금리金利에 대해 본다. 농촌의 금리를 보면 촌락 금융조합金融組合의 보통대부에는 일보日步(일변日邊: 하루씩 셈을 하는 이자) 3전錢6리厘 내지 4전2리이다.

개인 대금업자貸金業者의 금리는 담보대출의 경우 10원에 일보日步 1전2리, 50원 미만에 월月 3분3리, 100원미만에 월 2분9리, 500원 미만에 월 2분4리의 고리高利가 된다.

또한 농촌에 대대부금大貸付金을 가진 조선식산은행朝鮮殖産銀行[129]의 금리도 일반권업대부勸業貸付에 있어서 년 8분5리 내지 9분3리이며, 금융조합의 장기대부는 년 1할1분이다.

작년인 1930년에는 예년보다 근 1만명이나 퇴학자가 더 늘었다고 하는 것으로, 이는 바로 불황과 곡가의 폭락이 영향을 미친 결과 농촌의 苦惱相을 증명하는 것이라고 기술하고 있다.(동아일보, **退學生 八萬名--民生疲弊의 一尺度**, 1931.9.18.)

127) 여기서 소작농이 자작농보다 손실액이 적게 나타나는 것은 小作農의 경우는 수지계산에서 자기의 투여 노동력을 無償으로 계산한 결과이다. (동아일보, 農村負債 五億圓--그 解決策 如何, 1931.9.7. 본문참조)

128) 농산물가격이 저렴한 것에 대해서는 농업기업의 성질상 부득이한 점도 있지만 當局의 정책여하에 영향을 받게 된다. 조선의 경우는 일본의 농산물가격을 主로하고 조선의 그것을 從으로 삼는 물가정책 때문에 항상 저렴한 가격을 면치 못하였다. 이러한 모순된 정책을 두고서 농촌의 생산물가격을 생산비와 맞추려 하기에 조선 농촌의 쇠퇴를 면할 수 없게 되는 것이라는 지적도 펴고 있다.(동아일보, 農村負債 五億圓--그 解決策 如何, 1931.9.7. 본문참조)

129) 1906년 3월 칙령 제13호 '農工銀行條例'에 의해 대한제국정부가 자본을 투자하고 지원 감독하면서 산업자금을 공급하여 농업공업상업 등의 산업발달을 기할 목적으로 농공은행이 만들어졌다. 일제는 1918년 토지조사사업이 종료되고 토지에 대한 소유권이 정리되어 가면서 보다 적극적으로 일본의 자본을 도입하는 등으로 규모를 확장하여 농업과 공상업에 투자하며 은행의 대부업을 확충할 목적으로 1918년 6월에 총독의 제령 제7호 '朝鮮殖産銀行令'을 반포하여 기존의 6개 農工銀行을 합병하여 朝鮮殖産銀行을 설립하였다. 따라서 은행장을 조선총독이 임명하고 임원과 주주들은 일본인들로 교체하면서 일제의 조선식민지배를 위한 중심은행으로서 기초를 공고히 하였다. 1937년의 중일전쟁 발발 후에는 전시체제를 지원하는 은행으로서 역할의 증강이 이루어지게 되었으며 1940년대에 들어서는 일제의 전쟁 확전에 따라 전쟁의 수행과 지원을 위한 금융기관으로서의 역할을 더욱 강화하는 가운데 1942년에는 조선에서 군수자금을 공급하는 핵심 금융기관이 되기도 하였다.

2) 그리고 소작료는 보통이 5할이고, 6할 7할도 드물지 않으며 심한 곳은 8할까지 납부해야 하는 것이 실상이다.

3) 공과금公課金이 과도한 것은 물가가 등귀한 때인 과거의 세율과 물가가 폭락한 금일의 세율을 같이 대등하게 거두어들이는 데서 과도함을 볼 수 있다.

4) 또한 농회비農會費 축산회비畜産會費의 부담과 댓가 없는 무상부역無償賦役의 제공 등을 통해 농촌에 부과되는 공과公課가 과대함을 알 수 있다.

5) 근래에는 수리조합비水利組合費의 과도한 징수가 민성民聲을 일으키고 있으며 이것을 소작인에게까지 전가시키는 실태를 보고 있다.

이러한 문제들을 바로잡기 위해 대책을 제안하게 되는 것으로 내용은 다음과 같다.

1) 금리金利와 지대地代를 내리고 공과금公課金을 인하하여야 함

2) 필요하지 않은 수리조합비를 인가하지 말아야 함

3) 국가가 저리자금을 융통하여 토지 없는 소작인을 자작농으로 만들어야 함

4) 물가정책을 통하여 농산물가격을 오르도록 함

5) 민간에서는 생산비를 일전一錢이라도 적게 하도록 비료 농기구 등 구매를 위해 구매조합購買組合을 조직하며 소작조건小作條件을 완화하기 위해 소작조합小作組合 등을 조직함

6) 농촌에 부업副業을 장려함으로써 일조一助가 되게 함

농촌사회에 대한 정책의 부실은 결국 생산비의 앙등昂騰을 초래하며 수확 농산물에 대한 소득을 낮추게 한다. 그리고 대부자금貸付資金의 고금리로 인하여 농민들은 저당 잡힌 농토를 빼앗기게 되고 결국은 소작농으로 전락하여 최소한의 삶도 영위하지 못하는 위험에 내몰린다. 국민을 진정으로 위하고 살리려는 정치 또는 행정이 설계되어 실천되지 않는 한 그 사회의 민중들은 착취를 통해 쇠락과 고통 외에 다른 기대 희망이 없게 된다. 일제 식민지배는 이렇게 제도를 통해 조선인의 모든 것을 빼앗으며 노예로서의 삶을 강요하고 있었던 것이다.

3. 농촌개량과 청년의 역할

이렇게 중첩된 착취와 폭압적 식민지배로 인하여 절망으로 변해가는 조선사회를 보면서 지식인들은 사회 전반의 새로운 각성과 도약을 요구하기도 하였다. 특히 조만식(曺晩植, 1882~?)선생은 '청년青年과 사회봉사社會奉仕'라는 논설을 통해 농업을 개척 개량하고 농촌과 농촌사회를 살려낼 인재의 양성을 강조한다.[130]

고등농사학원高等農事學院을 설립하여 젊은 청년들을 용기있는 인재로 육영하여 농촌지도자로서 봉사적 역할을 수행할 것을 역설한다. 천박한 언행과 허약한 의지로 삶을 사는 '박행약지薄行弱志'의 청년들, 개인적으로 취직해서 오직 밥이나 먹고 사는 정도에 빠져들고 있는 청년들을 향해 각성을 요구하고 있는 것이다. 그래서 똑똑한 바보 뻔뻔한 멍텅구리가 되는 조선 청년들의 모습은 장래를 어둡고 암담하게 할 뿐임을 지적한다. 우수한 청년들이 겨우 법학교法學校나 의학교醫學校를 가서는 전부는 아니지만 거개擧皆가 자기일인自己一人의 편함과 사복私腹 채우는데 익숙한 실상을 당시 조선인사회의 중요문제로 제기하고 있다.

질식할 식민통치를 이기는 것은 조선청년들이 희망과 이상理想을 가지는 것이다. 교육을 통해 개인의 깨우침과 함께 조선사회의 책임 있는 역할자가 될 것을 강조하면서 농업과 농촌사회를 새롭게 살려낼 것을 강조한다. 당시 조선의 인구상황을 보면 농업인구가 16,132,503명에 달하는바, 이들을 살려낼 뜻을 가진 청년들의 육영이 너무나 중요하다고 역설한다. 따라서 고등농사학원高等農事學院은 약 1,700만에 달하는 농민대중을 대상으로 이들에게 우수한 농업기술을 교육하고 건강한 농업인으로 역할 할 수 있도록 지도하고 교육할 인재를 양성한다. 복음진리福音眞理를 기초로 과학과 이상理想을 중심 삼아 조선 사회를 건강하게 건설하는 농사학원農事學院으로 역할 할 것임을 역설한다. 또한 복음주의福音主義 인격주의人格主義 실행주의實行主義의 기조基調 위에서 삶을 행동으로 실천궁행하도록 젊은 인재들을 선발하고 교육하여야 한다. 개인은 물론 조선인 전체로 보더라도 대망大望과 이상理想을 가지고 삶을 실천하는 인물과 인재人材가 역할하는 사회는 반드시 희망이 있는 사회임을 확신한다.

그리고 말만 하는 기독교인은 나쁜 것임을 공표한다. 이웃의 고통과 사회문제를 보면서 이를 해결하고자 하는 뜻을 갖는 청년들이 조선에는 너무나 긴요한 실정임을 강

---

130) 曺晩植, 青年과 社會奉仕, 한국신문종합사설선집 권2, 일제편, 370~374면 참조. 이 글은 '三千里'잡지 1936년 11월호에도 게재되었다.

조하면서 농촌사회를 일으켜 세울 청년교육의 요람으로서 고등농사학원의 설립을 시급하게 요청하고 있다.

조선의 당시 인구와 생산통계를 제시하고 있는바 다음과 같다.[131] 즉, 리里는 26,641리, 인구로는 농민16,132,503명. 면面은 2523면, 호수戶數 3,009,855호가 된다. 산업별 생산액生産額을 보면, 농산액農産額 108,000만원, 임산물林産物 6000만원, 수산물水産物 8000만원,

광산액鑛山額 5000만원, 공산액工産額 38,000만원, 기타 15,000만원으로 연총생산액年總生産額 18억원이 되고 있다. 농업생산액의 비중이 60%를 점하는 것으로, 일제치하를 극복할 대응책을 고심하는 지식인의 시대 인식을 명확하게 이해할 수 있게 된다.

4. 농업침탈과 함께하는 수산 어민의 이익 침탈

아울러 일제시기 농업農業과는 또 다른 어업漁業 영역에 대해 약간의 이해를 더 하고자 한다. 위의 1930년대의 생산액 통계를 보더라도 농업이 인구의 생명 유지를 책임지는 기본산업으로서 조선에서는 절대 다수 생산액인 108,000만원의 생산액을 기록하고 있다. 다음은 생활 용구나 여타 산업기초의 구축 및 전쟁물자 등의 소용을 위한 공산품의 산출액이 많아지는 것으로 38,000만원이 된다. 그러나 농업 다음으로 인간의 생존을 보조하는 산업은 어업이 되는 것으로, 생산액이 8000만원으로 나타난다. 삼면이 바다이기에 천혜天惠의 어장이 산재하고 바다의 각종 어산물이 생육하기에 좋은 한반도 연안沿岸에서 식용을 위한 어패류魚貝類 및 해조류海藻類의 생산은 고대 및 전근대사회에서부터 중요한 산물로 활용되어 왔다. 일제는 한국 강제 병탄을 시작하면서 어업법漁業法을 제정(1908.11)하여 대한제국의 전통적 어업실태를 일본식에 맞추려 하였으며,[132] 본격적으로는 식민합병 후 조선어업령朝鮮漁業令(1911.6)을 제정하여 일제의 선진 어획술과 법제를 바탕으로 조선 연안의 어장과 어산물을 장악하는 과정을 밟게 되었다.

식민치하 식민정책의 가속은 날을 더할수록 조선 민중들의 삶을 더욱 곤고困苦하

131) 曺晩植, 青年과 社會奉仕, 한국신문종합사설선집 권2, 일제편, 370~374면.

132) 이에 앞서 일본은 1908년 10월에 '韓日漁業協定'을 강제로 체결하여 한국과 일본의 어민들을 상호간에 보호 단속한다는 것을 명분으로, 일본 어민의 한국어장 진출을 장려하는 조처를 취하게 되었다.

게 만들어갔다. 기본산업인 농업영역의 수탈 심화는 조선 민중들의 삶을 더욱 궁핍하게 몰아가는 것이었다. 이를 조금이라도 보충하는 방법으로 어업을 통한 수산물의 이용은 대단히 중요하였다. 조선 민중이 당면하는 영세궁민적零細窮民的 삶의 실제와 함께 어업에 있어서도 조선인의 생산고는 날로 위축되는 상황 속에서 일제가 시행하는 농어업에 대한 정책 인식은 어떠하였는지를 자료를 통해 일부나마 살펴본다.

즉, 동아일보가 1928년 7월에 게재한 사설 '수산업水産業을 장려獎勵하자'라는 글을 통해 당시의 어업에 대한 인식과 실상을 이해한다.[133]

조선은 기후가 온난하고 지미地味가 비옥하여 본래부터 농본국農本國으로서 농업을 제1위의 산업으로 삼아 전생활全生活을 의탁하여왔다. 그러나 조선의 부원富源은 농업 외에도 천연적 지형이 반도半島로 인해 삼면三面이 해양을 접하여 해운이 편리하며, 황해연안黃海沿岸을 비롯한 전라남북도 연안의 다도해多島海와 동해일대의 진포津浦는 수산물이 풍요하다. 현재 어획법漁獲法이 아직 충분치 못한 상황에서도 상당한 산액産額이 있으며 특히 일반 수산에 있어서 공동시설사업과 어구 어선의 개량을 지속함으로써 우리 생활을 위해 많은 도움을 예측할 수 있게 된다.

이렇게 천여天與의 자연환경으로 무진장無盡藏의 보고寶庫를 가지고 있지만 우리의 이용 실제는 너무나 박약하다. 해양 운수사업에 무관심한 것은 물론이고 직접 생활을 의탁하는 수산물 생산에 대해서도 적극적 발전책은 별로 없는 실정이다.

어업의 발전이 다소 이루어지고 있지만 발전의 정도가 높아갈수록 우리 조선인의 생활과는 무관계한 형편이 되고 있다. 즉, 조선의 농업이 발달하여 생산 증대가 수치로 드러나지만 조선인의 생활은 점차 위축되어가는 것과 같은 궤도軌道를 밟아가는 것이 되고 있다.

지금 어획량을 보면, 어느 어구漁區를 가든지 조선인 출어자出漁者는 극히 소수이고 그 규모 또한 빈약하여서 총생산액으로 본다면 1~2할割에 불과한 실정이다. 농촌의 공황恐慌이 동포들로 하여금 결국은 남북만주南北滿洲로 살길을 찾아 이주군移住群이 줄을 이었듯이 어촌漁村의 장래도 또한 크게 염려가 되는 바이다.

이에 대한 대비책으로 어업에 대해 우선 기업가企業家들이 더욱 분기奮起할 것이

133) 동아일보, 水産業을 獎勵하자, **1928**.7.10.

요구된다. 수년 전까지는 그래도 기업가들이 어업사업에 착안하는 경향이 있었으나 최근에는 재계의 불황도 있지만 각자가 스스로 자포자기하는 경향이 나타나고 있다. 현실적으로는 다소간의 희생과 손실이 있을지언정 우리의 부원富源인 어업자원에 대해 우리가 개척하고 생산하여야 한다는 의미로 임한다면 반드시 장래에는 우리의 삶을 진보시킬 수 있을 것이다.134)

또한 직접 수산업에 종사하는 분자分子(어업인들)의 분투를 요망한다. 즉, 수산에 대한 지식이 천박하고 수산관련 법령에 대한 이해가 없음으로 인해 목전目前에 보이는 이익을 남에게 빼앗기는 예가 너무나 많은 것이 사실이다.

이러한 점들을 적극적으로 개선하고 분발하여 우리의 어업자원을 우리가 생산하여 조선인들이 스스로 삶을 진보시켜가야 할 것을 지적하고 있는 것이다. 결국은 일제 식민지배하의 농업 발달과 농업생산의 증대가 우리 조선인의 삶에 전혀 도움을 주지 못하는 것을 보면서, 어업의 발달과 어업생산고의 증대 역시 조선인과 조선어민들의 삶에 도움을 주지 못할 것을 염려한다. 그러나 어업에 대해 보다 적극적으로 기업가적 분발을 기하며 수산업에 종사하는 인원들이 수산관련 법령을 이해하고 수산지식을 연마하여서 수산업 발전을 추구한다면 조선인의 삶에 도움을 줄 수 있는 방도가 될 수 있는 것임을 주창하고 있다.

[3] 간도間島 이민과 화전민 문제

1. 총독부 기관지 매일신보의 간도이민間島移民 야유

조선인의 간도間島 이주에 대한 초기의 모습을 이해한다. 총독부 기관지인 매일신보每日申報 1913년 3월의 논설 '간도間島의 이주상황移住狀況'을 통해 간도로 떠나는 조선인 이주자들에 대한 일제日帝 지배자들의 생각과 이주민들의 이주 실상이 간취看

134) 조선인과 어업에 대한 관계를 보면, 우선 재정상의 어려움도 있는 것이지만 실제 바다와 우리 조선인의 생활이 밀접한 관계에 있음을 전혀 도외시하여온 점이 어업을 발달시키지 못한 요인이 되는 것이다. 그리고 水產業이라고 하면 일종의 投機事業으로 관념하고서는 적극적인 관심과 연구를 하지 않았음도 지적하고 있다.(동아일보, 水產業을 奬勵하자, 1928.7.10. 본문참조)

取 된다.[135] 그리고 일제가 펼치는 조선에 대한 식민지배 실상과 조선인의 현재 및 미래에 대해 가공架空된 시각과 의견을 양심良心의 가책도 없이 거짓으로 표현해 내고 있다. 일제 자신들이 행하는 부정의不正義와 불합리不合理와 폭압暴壓을 이기지 못해 살기 위해 간도로 떠나는 조선인들이건만 거짓된 내용을 언론에 퍼트리니 참으로 억울하며 분통을 자아내는 신문 글이 되고 있다. 식민지 제국주의 기생자들은 조선인들의 고통에 대해 비웃음과 함께 교활하게 실상을 조작 왜곡하여언행하는 것이 놀랍도록 능통하다. 성대盛代와 법률공평法律公平의 신정치新政治 시대를 자신들이 만들고 있다면서 조선인들을 멸시하고 무시하는 내용으로 채워놓고 있다.

수년 이래로 무슨 풍조風潮로 인한 것인지. 조선인의 간도間島 이주열移住熱이 팽창하여 처음에는 서북동포西北同胞에서 일어나더니 이제는 삼남동포三南同胞까지 분주하게 가옥과 전토田土를 싼값으로 팔아버리고 어린이와 늙은이를 거느려 만리사막萬里沙漠을 멀다 않고 객지의 곤궁困窮을 스스로 취하니 어찌 가련하지 않을 것인가.

나는 각지 보도를 통해 간도間島의 상황을 남김없이 통찰洞察하였다.

때문에 티없는 동포가 스스로 불행의 화굴禍窟을 밟는 것을 통한痛恨하여 이해관계가 어떠한 것임을 입에 침이 마르도록 말했으나, 나의 말을 멀리하고 떠나는 자가 날로 늘어 어찌할 바를 모르더니 이제 다시 하나의 보도를 듣게 되었다.

경북사람 모某도 가옥과 전지를 팔아 현금 20원을 휴대하고 구력舊曆 정월正月께 신의주新義州를 경유, 북방北方 약 100리 되는 대황구大黃溝에 도착하였다는데 눈앞에는 하얗게 쌓인 눈뿐이며 길을 알아볼 수 없어 할 수 없이 동지同地에서 사흘을 체재했다고 한다.

여기서 간도間島의 정황을 상세히 알아본즉 조선에서 듣던 바와는 천지 차이가 있어서 이미 이주한 자도 고생이 말할 수 없어 다시 귀향하려 해도 여비가 없어서 진퇴유곡進退維谷에서 헤매고 있다는 것이다.

이 같은 상세한 사실을 알고서는 이주할 것을 중지하고 즉시 환향還鄕하였다고 하니, 이는 틀림없는 사실이며 나는 다시 한 번 일반 동포에게 경고警告하는 바이다.

---

135) 每日申報, **間島의 移住狀況, 1913.3.26.**

고향을 떠난다는 것이 여러 가지 이유에서이다.

가난하여 옷이 없고 생활을 할 수 없고 안주安住할 곳이 없어 부득이 길을 따라 결식乞食하는 자도 있거니와, 이제 이주자 여러분은 친척을 버리고 조상의 무덤을 멀리하고 가옥과 전지를 아낌없이 팔아넘기니 무슨 때문인가. 혹은 벼슬아치를 열망하는 마음으로 고연顧戀하여, 또는 견문見聞을 널리 하기 위하여 강회江淮를 유람한다면 모르거니와.. 이주자 여러분은 벼슬아치를 고연顧戀함인가 견문見聞을 널리 하자는 것인가, 북막한굴北漠寒窟에 무엇을 구하기 위해서인가, 세상이 싫어서 하늘 밖에서 남은 해를 보내려 하며, 죄지은 사실이 드러나 절성絕城에서 목숨을 부지코져 하는 자는 모르거니와...

이제 이주자 여러분은 성대일월盛代日月에 무슨 세상을 싫어하는 염세厭世가 있을 수 있으며 선량한 신분으로 무슨 죄과罪過가 있을 것인가. 그러기에 여러분은 좋은 재물財物을 돌아보지 않고 고향을 떠나 낯선 땅으로 향하려는 그 사상을 이해하기 어렵다. 또는 혹시 지난날처럼 탐관오리貪官汚吏가 지방에 횡행하여 인민人民의 피를 착취하는데 못 견디어 비록 절도궁협絕島窮峽이라도 바위를 지붕 삼고 구차스럽지 않게 살고저하는 자는 모르되,136)

현재 신정新政이 보급되고 법률法律이 공평公平하여 일반 인민으로 하여금 그 직업을 스스로 즐겁게 하도록 힘쓰고 있는 이 마당에, 물과 땅이 마땅치 못하고 도둑이 그치지 않는 고해수도苦海愁島에 스스로 몸을 던지려는 것은 그 사상을 해석하기가 어렵다.

미신迷信으로 인함인지 시운時運으로 인함인지 모르겠으나 어떻든지 간에 몰상식에 지나지 않으니 돌아오라. 돌아오라. 간도間島 이주자移住者 여러분이여.

조선인들이 조국을 버리고 일제의 탄압과 야만을 피해 간도로 만주로 떠날 수밖에

---

136) 일제에 협잡하는 이들은 언제나 차별되어야 하는 열등한 민족으로서의 조선을 강조하며 일제가 조선에 대해 가하는 우월적 지배적 행태를 합당한 것으로 고수하고 있었다. 역시 每日申報 1913년 12월의 기록을 본다. "...조선은 반비례를 하여 모든 제도가 初中을 마치지 못하고 점점 퇴보하여 終來는 그 典型까지 還失하니 어찌 慨惜치 않을 것인가. 이는 新羅를 責하지 못할 것이며 高麗를 責하지 못할 것이며 **朝鮮을 자책해야 한다. 그러나 조선의 모든 人民을 책할 것이 아니라 옛날 조선의 當局을 책할 일이겠다.** 萬事萬物을 물론하고 적극적으로 나아가면 가히 不可思議에 나오며 소극적으로 물러가면 아무것도 없게 되는 것이니, 조선의 소위 學問家는 만사만물을 오직 소극적으로 물러나서 여러 가지 奇術을 박멸하였으니 嘆할 일이다"(每日申報, 朝鮮의 陶器業, 1913.12.13. 본문)라고 하여, **조선사회의 반비례적 퇴보와 조선인 당국자와 학문가의 무책임성 및 소극적 자기 안일을 통해 여러 가지 奇術들이 소멸 되어 감을 지적하면서 퇴행적 조선사회를 논조로** 삼고 있다.

없음을 저들 일제 당국자는 정말 몰라서 이렇게 떠드는 것인가. 피식민인인 조선인의 고통을 희화화하며 악의惡意를 가득 담아 비난성 야유揶揄를 가하는 매일신보每日申報 논설자의 무지와 교활이 심하게 원망怨望스럽다.137)

식민지배 초기부터 조선의 농민들은 연명을 위해 부득이 일본인의 고리채高利債 돈을 빌려 쓰고는 땅과 집을 모두 그들 전주錢主에게 압류당하고 빼앗기고 마는 실정이 되고 있었다. 총독부를 대변하는 매일신보는 1913년 11월에 '고리대高利貸와 농민農民'이란 글에서 다음과 같이 적고 있다.138)

지방백성이 고리대高利貸에 시달림을 받는 것은 후진국의 일반적인 통환通患이다. 그 알고 어리석음이 같지 않으며 그 강하고 약함이 같지 않으면 어찌 이 같은 폐해가 없겠는가. 때문에 위정자는 반드시 이 폐해를 없애버리는데 노력하는 것이다. 예를 들면 프랑스 알제리에서는 고리채高利債의 발호가 심하여 그 토착민의 우약愚弱함에 편승, 여러 가지 달콤한 말로 농민을 유롱誘弄하는데 농업자금을 대여한다고 칭하고 부당한 이익을 거두므로 농민들은 수확 때가 되면 거의 수확의 전부를 고리대 전주錢主에게 빼앗겨 자가自家의 식량마저 떨어지고 다시 고리대에게 채무를 청하니 명년 수확 때에는 무슨 물건으로 이를 보상하겠는가. 그 이자는 날로 늘고 달로 더하여 드디어는 그 땅까지 고리대 전주에게 양도하기에 이른다. 이처럼 어리석고 약한 토착민이 날로 궁곤窮困하여 선조先祖에게서 전해 내려온 양전미토良田美土를 고리대에게 빼앗겨 길거리에 방황하고 또한 거처할 곳마저도 없게 된다. ....조선은 신정新政이래 당국에서 이같은 폐단弊端을 예방키 위하여 금융조합金融組合을 각도各道에 설립하고 인민人民의 근검저축勤儉貯蓄을 장려하여 고리대 발호를 박멸하고, 그래서 위의 알제리와 같은 병독病毒은 보급치 않았으나 아직도 간사스러운 자들이 감언으로 농민을 유혹하고 농단하여 파산에 이르는 자가 적지 않다.

---

137) 조선인의 滿洲 이주와 관련하여 총독부기관지 每日申報 1914년 7월의 논설, **'滿洲에 移住하는 鮮人'**을 보자. 근년에 만주에 이주하는 조선인이 많다는 것에 대해 나로서는 그 是非는 고사하고 조선인이 생활상의 편의로 만주의 사람 수가 드문 땅을 찾아 옮기고 농사를 짓는 것은 자연의 추세라. 하물며 그 이주로 말미암아 우리 日本 대륙경영에 보탬이 되는 것이 있을 것이다. 조선인의 이주는 우리 大陸經營上 우려할 일이 결코 아닌 것이며 그 경제적 세력권의 확장상 이를 장려하는 것이 좋은지 모르겠다. 현재 이주지는 거의가 人家가 드문 한적한 땅으로 帝國領事館의 소재지와 거리가 멀리 떨어져 있기 때문에 支那官憲의 횡포를 피할 보호가 필요하다 할 것이다.(每日申報, 滿洲에 移住하는 鮮人, 1914.7.18. 참조) 정말 일제의 장기적 대륙경영상의 책동에 의해 조선인들은 만주 땅에서도 사람 없는 벽지 외진 곳으로 버려지다시피 떠나가야 했던 것임을 알 수 있다.

138) 每日申報, 高利貸와 農民, 1913.11.16.

일제 그들은 프랑스의 알제리 식민지배 사례를 예로 들면서 그와 같은 식민지배의 야비한 방법과 행태를 조선인에게 그대로 답습하거나 더욱 가혹한 고리대를 통해 농민들의 삶의 근거를 완전히 붕괴시키고 있음을 시인하는 가운데 조선인을 우약愚弱하고 유롱誘弄하는 대상으로 삼아 조롱까지 하고있는 것이다. 결국 이렇게 고리대와 관권에 의해 유린되는 조선인은 더 이상 조국인 조선에서의 삶이 불가능하게 되는 것이기에 마지막으로 가족을 대동하고 봇짐을 꾸려서 이역만리 험지인 만주滿洲나 간도間島로 생사를 맡긴 유랑 길을 떠나게 되는 것이었다.

일제에 기생하는 식자류識者類의 사악한 글 놀이가 더욱 통분을 자아내게 한다.

더하여 위의 글에서는 일제 그들이 행하는 고리대를 통한 농민들의 수확물 착취에 대해서 바로 아래와 같은 방법들이 일반화되어 있음을 적시하기도 하였다.

"경기도청에서는 농공은행農工銀行 및 금융조합金融組合에 의뢰하여 저리자금低利資金을 공급하고 이미 좋은 성적을 얻었다. 장단長湍 및 양주楊州와 같은 대두 산지大豆産地는 항상 대두상인大豆商人이 고리대금으로 이를 예매豫賣하는 악수단惡手段이 종종 있는데 대두大豆를 파종할 때에 장래의 수확을 담보물로 정하고 고리高利를 대여貸與하였다가 수확할 때에는 부정당不正當한 값으로 이를 징수하니 그들 농민의 우약愚弱은 새삼 말하지 않거니와 고리대高利貸도 인정人情의 불인不仁함이 어찌 이와 같은가."[139]라고 하며 고리대와 곤궁에 처한 농민들의 관계에서 이루어지는 부정당한 착취와 폭리에 대해 지적하는 모습도 적고 있다.

그러나 실상은 그와 비교될 수 없는 상황들로 전개되고 있었다. 조선인 농민들이 부득이 사용하는 고리대금을 저리자금低利資金으로 바꾸어 줌이 중요하다면서 당시의 논설은 이를 현장에서 지도하는 책임이 군수郡守와 면장面長에게 있는 만큼 이들의 역할을 강조하고 있다. 즉, 저리자금 이용 방법을 지도하면서 고리대금을 금하여야 하는 것인데 고리대금만 금한다면 오히려 영세 농민들을 어렵게 하는 것이 된다. 영세 농민들은 당장의 곤란이 적지 않은 터인바, 고리대 전주들은 이를 기회로 곤란에 처한 영세민들을 더욱 농락하면서 더 많은 고리채 자금을 대여하고서는 농산물은 물론이고 가옥 전지를 빼앗게 될 것이 예견되는 상황을 기술하고 있다.[140] 결국 매일

139) 每日申報, 高利貸와 農民, 1913.11.16. 본문 참조.

140) 每日申報, 高利貸와 農民, 1913.11.16. 본문 참조.

신보의 이 글은 조선인들의 우매함을 부각시키면서 그에 응하여 일본인 고리대 전주의 수탈대상이 되는 것과 함께, 나아가 만주滿洲 및 간도間島로의 이주 탈출을 오히려 부추기며 조롱하는 듯한 논지로 조선인을 울분하게 하는 글이 되고 있다.

2. 1930년대 일제가 행하는 조선인 만주이주

앞의 글로부터 약 20여년의 시간이 지난후의 식민지배상황에서 일제는 조선인에 대해 만주땅으로 정책적 이민을 실행한다. 일제 관동군은 1931년 9월 18일에 만주를 침공한다. 만주를 점령한 일제는 1932년 3월1일에 만주국滿洲國(1932.3.1.~1945.8.18.)을 건국하고 청의 마지막 황제인 선통제宣統帝 부의溥儀(1906.2.7.~1967.10.17.)를 대표로 내세워 괴뢰정부傀儡政府를 수립한다. 1930년대 초 일제의 만주국 건국은 조선을 거점으로 중국 대륙을 장악해가려는 침략 구상의 충실한 실현과정이 된다. 그를 이은 조선인의 만주지역 강제 이주는 식민지배 정책의 당연한 이행과정에 불과하다. 즉, 국토확장과 전쟁을 일관된 국가정책으로 설정한 일본 제국주의자들은 조선 땅에서 삶이 어려워진 조선사람들을 뽑아 북녘 만주 땅으로 이민 아닌 이민을 보내게 된다. 명목으로는 천재天災로 인해 더이상 삶의 방도가 없어 고향 땅을 떠날 수밖에 없게 된 농민들을 선발하여 4천여리 떨어진 북쪽 만주滿洲 지방으로 이주를 보내는 것으로 하고 있다. 3차로 나누어 보내기로 하였는바, 1934년에 우선 1차 1080명이 떠나게 된 것이다.

동아일보는 1934년 10월에 사설 '이민군移民群의 가는 곳--가나안은 어딘고'라는 제명으로 슬프고도 비통하게 이루어지는 만주 이주에 대해 그 내용과 이주 실상을 게재하였다. 당시 이루어진 북방 만주로의 이민 실체를 검토한다.[141]

(1) 조선의 보고寶庫 삼남지방三南地方이 미증유未曾有의 천재天災에 엄습掩襲되어 사십만四十萬 생령生靈이 생활자료와 생활근거를 잃고 그 중의 우심尤甚한 자者 수천명數千名은 이미 발표된 바와 같이 삼회三回로 나눈 이민단에 참가하여 정든 고토故土를 버리고 생소한 이역異域으로 가게 되었다. 그 제일회第一回 일천팔십명一千八十名은 수일전數日前에 각각 그 생장生長의 고향땅을 떠나 이민열차移民列車에 큰 이별의 한恨을 싣고 북으로 사천리四千里길 만주滿洲의 '영구營口'[142]를 향하였다.

141) 동아일보, **移民群의 가는 곳** -가나안은 어딘고, 1934.10.22.

작보昨報는 그들이 모토母土의 마지막 끝에서 애처로운 발길로 머뭇거리던 가련可憐한 정경情景을 그려 오인吾人의 심회心懷를 찢어 주었거니와 이제 그들은 목적한 그곳에 닿았으리니...

(2) 이민移民이 어느 나라에 없으랴마는 이런 이민이야 또 어디 있더란 말인가.

다른 나라의 이민이란 것은 대개가 해외발전海外發展의 선발대先發隊로서의 임무와 사명을 띤 것이므로 가는 자도 늠름凜凜한 호기豪氣에 걸음이 씩씩하고 보내는 자도 양양洋洋한 희망에 마음이 든든하지마는, 오늘날 우리의 이민은 절망에서 허우적이는 무리들의 힘없는 걸음이니 그 어찌 동일同一로써 논할 것이랴. 이제 모토母土의 상처傷處로부터 흘러나가는 그들이 북국北國의 빙설氷雪 속으로 스며듬을 볼 때 보내는 자로서의 상감傷感도 그지 없거니와 가는 자의 통한痛恨이야 오직하랴.[143]

(3) 그러나 형제여 아니 가지 못하여 가는 걸음인 바에야 눈물과 한숨이 무슨 도움이 되랴. 지금부터는 마음을 되사려 먹고 기운을 다시 돋우어 새로운 희망을 갖고 새로운 계획을 세워 내일來日을 위하여 준비하여야 한다. 이 땅을 떠날 때에는 재변災變에 쫓겨가는 무리들이었지마는 그곳에 당도當到한 때에는 당당堂堂한 개척자開拓者로서의 의기意氣와 금도襟度를 가져야 할 것이다. 거기가 원래 우리 선인先人의 구지舊地이려니 오늘날 동포同胞들이 그곳에 다시 집을 이룩하고 논밭은 가꾸는 것이 인연因緣이 아니라 그 누가 확언할 것인고.

장구長久한 역사가 다른 날 무슨 기록을 남길지 우리는 모르거니와 이제 집단적으로 움직인 형제들이 이 땅에서의 모든 경험을 전감前鑑으로하여 그 신대지新大地에서 대계大計를 세운다면 이채異彩있는 조선문화朝鮮文化의 일지류一支流의 발상發祥을 볼 수 있는 것이 아닌가.[144]

---

142) '營口'는 遼寧省에서 대련의 서쪽에 위치한 지역 도시로서 서쪽은 발해만이 위치하고 동쪽은 鞍山市, 남쪽은 大連市에 접해있다. 1864년에 항구를 개항하면서 만주지방에서 생산되는 대두를 출하하는 항구로 유명하였으며 나중에 남만주철도 부설로 대련항이 발달하면서 營口는 상대적으로 약화되었다.

143) 일제 그들의 교활함은 每日申報, '滿洲에 移住하는 鮮人', 1914.7.18.을 참조 할 수 있다.

144) 1914년 매일신보를 보면 일제는 이미 만주 이주 조선인에 대해 다음과 같은 목적을 숨겨두고 있었다. 만주 이주 조선인의 경영은 거의 水田임으로 제국의 경제상에도 좋은 영향이 있는 것으로, 그 水田에서 收穫되는 쌀은 현재는 滿洲 내에 소비되고 있으나 점차 收穫이 늘어나면 판로는 우리나라 本土에서 구하게 된다. 만약 滿洲에 조선인 水田 경영자가 점차 늘어나면 朝鮮産 쌀과 함께 本土의 부족량을 모두 보충하여 외국쌀의 수입을 막을 수가 있기 때문에 만주의 조선인 水田경영은 조선인

오늘날 형제들의 가는 곳이 그러한 의미를 띠어야 비로소 전화위복轉禍爲福의 '가나안'이 될 수 있다. 이민동포移民同胞여, 한갖 비상悲傷만 말고 건재健在하여 복귀復歸하라.

일제는 일찍이 조선인을 만주로 보내어 농토를 경작하고 그로부터의 소출과 토지 개척을 대륙경영의 주요 원천으로 삼는 전략을 가지고 있었다.[145] 마침 1930년대 당시의 재해 위기를 이용하여 조선인을 북방으로 이주시키게 되는 것은 본래의 제국주의 책략을 실행하는 것에 지나지 않는 것이었다. 그러기에 조선인이 가게 되는 북쪽 만주땅으로의 이주는 우리들 조선인에게는 고통과 원한의 이주가 될 뿐이었다. 나라를 빼앗긴 민족이 고향 땅을 버리고 강제적으로 끌려가야 하는 북방이주는 희망도 자유도 미래도 박탈당하는 것이었기에 이민이라 할 수 없는 것이 된다. 그러나 한 가지, 만주는 옛날 우리 선인들이 살았던 고토古土였기에 지금 이주하는 동포들이 그곳에 다시 조선문화를 일구고 역사를 되찾는 개척자로서의 큰 계획을 가지고 굳건히 살아줄 것을 글로서 호소하고 있는 것이다.

3. 중일전쟁과 조선인 만주이민 책략

1937년 7월7일 북평北平 노구교盧溝橋에서 일본인의 발포로 개전된 중일전쟁中日戰爭을 기화로 일제는 중국침략을 전면화하는 대전쟁으로 확전을 결정한다. 조선인의 만주 이민은 이제 전쟁의 지원 및 수행을 위해서도 더욱 적극적이며 대규모적으로 추진하는 단계로 정책화된다. 이전에도 물론이었지만 일제가 식민지배와 전쟁 책략을 고도화함에 따라 조선은 그들의 명령에 따라 그냥 동원되고 이끌리는 방법 외에는 다른 방도가 없는 것이었다.

조선일보는 1938년 6월에 '만주이민문제滿洲移民問題--만주국滿洲國 당국當局에 맹성猛省을 촉促함'이라는 제목의 사설을 게재한다. 당시의 시국 구도에서 만주 이민은 또 어떠한 상황으로 변모하게 되는 것이며 많은 조선인구의 만주이민 계획은 무엇을 도모하는 것인지. 일제가 추진하는 조선인 강제이민의 실체에 대한 내용을 요약

의 만주 이주를 등한히 하여서는 아니된다고 하고 있다.(每日申報, 滿洲에 移住하는 鮮人, 1914.7.18.). 즉, 만주 변방으로의 조선인 이주와 水田경작은 그들 일제 본토의 경제적 이익을 위해 철저히 收奪해갈 설계 위에서 진행되는 것이었다.

145) 每日申報, 滿洲에 移住하는 鮮人, 1914.7.18. 참조요.

소개한다.[146]

만주국滿洲國으로 농업 이주는 지리적 근접성이나 역사적 밀접관계로 기대되는 바가 컸다. 만주지역의 수전水田 개발에 있어 조선농민의 공적은 지대하다. 수십 년에 걸쳐 수많은 조선농민의 노력은 황막荒漠한 만주에 수전농사를 가능하게 하였다.[147] 때마침 오족협화五族協和[148]의 깃발아래 신흥의 만주국滿洲國이 새롭게 출현하여 더욱 기대가 크다. 국책상의 필요로 조선이민은 소위 동변도東邊道인 통화성通化省과 간도성間島省, 빈강성濱江省, 길림성吉林省, 삼강성三江省 등 5성23현으로 지역적 제한을 단행하고, 제1차 계획으로 소화12년(1937)부터 15년간 15만호 75만명을 총독부의 알선으로 선만척식회사鮮滿拓殖會社를 통하여 이민시키기로 하였다. 일 년에 1만여 호를 이주하게 하면서 만주滿洲 당국은 이렇게 지역 제한을 강제하는 것으로, 이미 다른 지역에서 땅을 개척하여 살고있는 조선 농민들마저 새로이 설정한 구역으로 모든 개척기반을 두고서 이주를 강제하려고 한다는 것이다. 그래서 당시 조선인들은 이렇게 협소한 5성23개현으로만 이민 구역을 한정하지 말고 실질적 이민 보호를 위해 구역을 넓히는 것과 함께 관유지官有地나 민유지民有地를 개방해서 계획된 바의 이민이 성과를 올리도록 해야 할 것임을 주장하고 있다.

그러나 여러 정황이 이미 일제가 조선 농민들의 삶을 이민을 통해 도와주려는 정책이 아닌 것임을 알고 있었다. 15년 동안 1년에 1만여 호씩, 75만 명의 조선인을 이주시키고자 하면서 지역을 제한하고 개간 경작지도 일제의 전략에 의하여 결정하는 구상이 드러나고 있다. 만주개척과 함께 전쟁 수행을 목적으로 조선 인구의 만주 이주

146) 조선일보, 滿洲移民 問題--滿洲國 當局에 猛省을 促함, 1938.6.26.

147) 19세기 중반 이래 만주로 건너간 조선인들의 농지개척과 수전 경작에 대한 경과에 대해서는 '만주지역의 논농사를 개척한 조선인 농민들'을 참고할 수 있다. 특히 1881년 청에 의한 만주지역 封禁令의 해제는 더 많은 조선인들을 중국 동북지방으로 이주하게 하였다.(세계한민족문화대전, 만주지역의 논농사를 개척한 조선인 농민들, 참조요)

148) 五族協和는 滿洲國 건국과 함께 주창된 정치이념이다. 1932년3월1일 일제는 傀儡 만주국을 건국하면서 '五族協和의 王道樂土'를 표어로 삼고서 五族인 일본인과 조선인, 만주족 몽골족 한족을 통합하여 화합 협력하는 방향으로 국가를 운영하겠다는 의미를 담은 정치선언을 하게 된다. 따라서 만주국의 국기는 노란색을 바탕으로 왼쪽 상단에 빨강 파랑 흰색 검은색으로 가로선을 긋고 있다. 여기서 노랑 바탕색은 만주족을, 빨강은 일본, 파랑은 한족, 하양은 몽골족, 가장아래 검정은 조선인을 상징하는 것으로 하여 만주국 국기를 제정하였다. 五族은 본래 중화민국 창건 당시의 五族共和에서 연원하는 것으로, 청나라의 지배세력인 만주족과 회족, 몽골족, 티베트족과 한족을 공동으로 하는 화합된 정치운영을 표명한 것으로, 일제가 이를 응용하고 있다.

를 설계하고 실행하는 실제를 보여주고 있는 것이다.

4. 조선농촌의 곤궁과 화전민 실상

일제의 조선 침탈은 기본적으로 농촌사회를 예측할 수 없는 불안으로 와해瓦解시켜 가고 있었다. 자작自作은 물론이고 소작지小作地마저 확보하지 못한 농민들은 어떻게 해서라도 경작할 땅을 찾아내어야 하였다. 그래야 만이 가족과 함께 삶을 이어가며 내일을 도모할 수 있었기 때문이다. 깊은 산으로 들어가 불을 놓고 숲을 베고 나무 등끌을 제거하면서 경작농토를 만듦으로써 살길을 마련할 수 있게 되는 것이었다. 그러한 경작농토를 화전火田이라 칭하고 그에 의존하여 살아가는 사람들을 화전민火田民이라 이름하게 되는 것이다.

조선일보가 1929년 1월에 쓴 사설 '화전조사火田調査에 대하여'는 당시의 화전과 화전민 실상에 대해 주요 내용을 제시하고 것으로 그에 대해 자세히 살펴보고자 한다.[149]

화전火田이라 함은 땅은 넓고 사람은 희소(지활인희地闊人稀)하던 옛날, 농경 기술이 극히 유치하던 때에 울창한 삼림을 채벌 방화하여 전야田野를 개척하던 원시적 농법이 된다. 지질地質이 햇볕을 받는 향양건조向陽乾燥한 부식토를 가려서 윤작輪作으로 농사를 하는 것으로, 표토表土의 유실로 인한 약탈적掠奪的 경작지는 10년을 넘지 못하여 척박한 황무지로 변화하기에 또다시 경작지를 옮겨 전전이경轉轉移耕하게 된다. 그러나 조선에는 이러한 화전 경작이 지금도 많은 것으로, 화전면적은 393,008정보町步로 전체 임야면적의 25/1000, 화전민 호수戶數는 240,391호에 1,213,060인이 예속해 삶으로써 전 조선인구의 65/1000에 이른다.

이들의 삶의 실상을 살펴본다. 함경남도 신흥군新興郡 한 면面에 거주하는 화전민에 대해 조사한 바에 의하면 경지면적 8,000평을 가지고 8인의 가족을 부양하는 화전민의 경우, 1년 수입이 722원에 지출은 639원으로 83원을 저축한다. 그를 대금업으로 부업副業하여 비교적 유족한 가계의 한 사례가 된다. 반면에 경지면적 3000평으로 6인 가족을 부양하는 화전민의 경우 연간수입이 119원이고 지출은 141원이 되어서 매년 22원의 부채負債를 지고 있다.

---

149) 조선일보, **火田調査에 對하여,** 1929.1.17.

화전민들의 실제 삶은 생활이 극히 단순하고 빈약한 것으로, 대개는 보통 농민의 지위도 가질 수 없어서 끝내 산간으로 쫓겨 가서 그곳에서 겨우 생도生途를 이어가는 사람들이 된다.[150)]

구한국시대 경국대전經國大典과 같은 데서는 산속 금양禁養구역 내에 방화모경放火冒耕한 자는 사형에 처하는 엄중한 규정이 있었다. 그 후 오늘에 이르도록 여러 법령을 제정하여 방화모경을 막는데 노력하여 왔으나 그들에게 적당한 삶의 방도를 제공하지 않는 한에서는 농촌의 피폐 실상에 비추어 어떤 효과도 기할 수 없게 된다.

작년(1928년) 3월에 당국은 남의 땅에 신규모경新規冒耕하는 것을 방지하고 현재의 화전을 정리하기 위해 화전조사火田調査의 요강을 세우고 이를 조사하게 하였다.[151)] 경성제대 교본橋本박사팀의 조사에 기하여 당국은 국경자원개발國境資源開發을 위해 화전민조사위원회火田民調査委員會를 구성하여 화전에 대한 대응 방안을 마련하게 되었는바, 그 대강은 다음과 같다.

국유림 중 농경에 적합한 자에 있어서는 국토의 보안과 임정林政의 장해障害가 되지 않는 한도 내에서 화전정리 방침에 순응하여 개척의 방책을 강구 한다. 또 고지대에 대한 일반적 농법의 개선과 부업장려 및 기타 방법을 강구하여 농가경제의 혁신을 도모하며, 존치하여야 하는 국유임야에 한하여서는 화전모경火田冒耕을 폐지하고 그들에게 대신 개간적지開墾適地를 제공하여 이주시키는 방책을 마련하며 산림의 보호취체保護取締를 엄중히 하는 등의 내용을 마련하였다.

국유임야 중 존속되어야 하는 임야(국유요존임야國有要存林野)내의 화전火田 면적은 149,997정보로 전체 화전 면적의 38%가 되며, 종래의 경향을 보면 민유림民有林에서 보다는 국유림國有林에서 화전이 증가되어온 것이 사실이다. 이러한 국유요존임야

---

150) 火田冒耕으로 인해 일반 경제에 미치는 해악도 크다. 즉 산불의 빈발과 삼림 도벌로 인한 임야 황폐화는 막대하여서 당시 최근 5개년간의 山火面積이 약 40만 정보에 달하며, **고지대 화전농가**의 연료소비량이 1년에 100尺締이상이면 4만호의 화전농가의 연간 소비량이 국유림의 연간 벌채량 400萬尺締에 필적하게 된다. 또한 삼림남벌로 인한 치수상의 문제도 적지 않은 것으로 洪水의 참화도 경험하고 있는 바이다.(조선일보, 火田調査에 對하여, 1929.1.17. 본문참조)

151) 당시 京城帝大敎授 橋本박사에게 囑託하여 화전조사반을 구성하고 平北 咸鏡南北道 江原道 등의 주요 火田地帶를 답사하여 보고서를 작성하였다. 그에 의해 국경자원개발에 착안한 당국은 火田民調査委員會를 설치하고 금년(1929) 1월14일 제1회 위원회를 개최하였다.

國有要存林野 내의 화전을 폐경廢耕한다면 이로 인해 삶의 방도를 잃게 될 화전민은 77,872호에 410,316인이나 된다. 이들에게 대신 경작할 땅을 주거나 개간적지로의 이주 등 방책이 마련되더라도 그 효과가 어떠할지는 매우 의문이다. 화전정리는 조선경제를 위하여 긴급을 요하는 것이나 전조선인구全朝鮮人口의 65/1000를 차지하는 만큼 중대 사회문제가 되는 것이다.

따라서 화전조사위원회의 토의에 대해 화전정리가 자원개발과 기타의 목적을 관철하기 위해 편중偏重되는 위장적 적본주의(敵本主義 : 목적이 다른 곳에 있는 것처럼 꾸미면서 실상은 그를 목적으로 정하여 행하는 것)에 떨어지지 않을까 의심을 하게 되는 것이다.

5. 화전민의 증가와 동척東拓을 통한 일본인 이민자 보호

1930년대에 들어 일제의 조선인 탄압은 전반적으로 강도를 더해간다. 종래 일제당국의 정책이나 방침을 보면 조선인에 대해 강압적으로 단속하고 감시하는 취체감시取締監視에 주력하여왔다. 이는 산업 경제 문화 종교 사상 위생 등 민중의 생활 전반에 다름이 없었다. 실상은 그러하면서도 사학교육 등에 있어 단속중심에서 보호지도로 방침을 전환하고 있다고 공표하면서 종교 사상 경찰 위생 등에 대해서도 그러한 진보적 경향으로 정책을 전환하는 것처럼 형식을 가장하는 일제가 되고 있었다.[152]

동아일보가 1938년 10월에 게재한 사설 '취체取締에서 보호지도保護指導에--화전민문제火田民問題에 대하여'를 통해 화전민 문제와 일제가 말하는 단속지침의 변화에 대해 검토해 본다.[153] 결국 중요한 것은 힘들고 곤란 많은 화전민火田民에 대해서도 단속취체가 아닌 보호지도책을 사용함이 매우 적의適宜하다고 하면서 화전민의 실상과 일본인의 조선 이주민에 대한 지원과 보호책을 비교하면서 논설을 전개하고 있다.

---

152) 이 글은 일제가 조선인에게 가하는 取締監視 문제를 핵심으로 지적하면서, 그래도 일제가 조선사회 개선에 긍정적 기여측면이 있었음을 순화적으로 표현하려 노력하고 있다. 즉, "그렇다고 保護指導에 전연 等閑하였다할 수는 없고 교통 교육 농상공업 사법 경찰 위생 등의 諸政策施設에 銳意注力하였기 때문에 조선의 일반 문화수준이 현저히 改善 向上되고 있음을 부인할 수 없는 바이지만, 過渡的時期인 관계도 있어서 교육 종교 사상 경찰 위생 등에 있어 取締監視에 편한 경향이 있었음도 사실이라 할 것이다."라고 기술하고 있는 것으로, 일제의 시정이 조선사회에 끼친 긍정을 애써 표현하면서 실제는 그들이 행하는 단속과 강압의 取締監視를 논설코자 하고 있다.(동아일보, 取締에서 保護指導에--火田民問題에 대하여, 1938.10.8. 본문참조)

153) 동아일보, 取締에서 保護指導에--火田民問題에 대하여, 1938.10.8.

소화昭和3년(1928)현재 화전민은 1,213,000여 명이었으나, 최근(1938) 임정과林政課 조사에 의하면 1,502,000여 명으로 10년간에 30만여 명의 방대한 인원이 증가하였는 것으로 이는 그만큼 농민들이 살기가 어려워 위축유리萎縮遊離하는 실상을 가리키는 것이 된다.

화전민火田民이 되는 원인을 보면, 농촌에서 채무로 인해 소유토지를 모두 매각하고 삶의 방도가 없게 된 자, 경작의 어려움으로 수확이 점감漸減하여 생활이 곤란하게 된 자, 의외의 재난으로 도산하게 된 자 등이다. 이들은 생활이 곤란하여 정처 없이 심산으로 헤매며 들어가 산허리 경사지에 수목 가시덤불을 베고 방화하여 땅을 만들어 기장과 조(서속黍粟)등을 갈아서 겨우 연명하는 사람들이 된다. 물론 이들 궁민窮民들이 삼림에 방화하고 임야를 훼손하는 문제는 지적되고 있는 바이다.

조선인 화전민과 동양척식회사가 주관하는 일본인 이민자들에 대한 지도보호 관계를 비교해서 검토해 본다.[154]

1) 당국은 국유림내國有林內 화전민에 대하여 15년 계획 5백만원 예산으로써 종래와 같이 그들이 의존해서 살고있는 화전에 조림造林을 하여서 그들을 몰아내고 단속하는 것만이 아니게 하는 것으로, 지도보호책指導保護策을 써서 현지 경작을 그대로 용인하는 원칙을 세워서 '국유미간지이용법國有未墾地利用法'에 의해 무료대부無料貸付형식을 취하고, 또 필요에 따라서는 매호당每戶當 2정보를 경작지로 보급補給하기로 하였다.

또한 민유림民有林에 있어서도 그들의 안착 안정과 영농방법의 지도를 통해 폐경廢耕에 의한 이주移住를 지도조성指導造成 하도록 하였다.

그리고 5백호를 표준으로 소농지도구小農指導區를 설정하고 '소농공려조합小農共勵組合'을 조직하여 농법農法의 개선과 부업副業의 보급조성補給造成 및 생업자금을 저리융통低利融通하게하며 특히 생활의 개선과 함께 풍속風俗을 바로잡아 교화敎化하는 일에 주력한다고 하였다.

이러한 화전민은 당시 전조선 인구대비 약 1/15, 전체 농민의 약 1/12이 되는 것으

---

154) 동아일보, 取締에서 保護指導에--火田民問題에 대하여, 1938.10.8. 본문 참조.

로 화전민 문제의 해결은 대단히 중대한 문제였다. 이의 해결은 동시에 삼림보호森林保護도 기하게 되어 치산정책治山政策의 목적도 달성하게 되는 것이다.

한해에 3만여 명씩 증가하는 화전민을 지금까지 핍박하고 쫓아내며 구축취체驅逐取締를 능사로 여기면서 어떠한 보호지도가 없었음은 폭압적으로만 임하는 당국의 태만이라 할 수 있다.

2) 일본인을 조선으로 이주시키는 동척이민東拓移民의 경우는 많은 혜택과 보호가 있다.

제1종에는 전답田畓 약 2정보씩을 배정하되 토지대금에 연리年利 6분分을 붙여서 25개년 연부상환年賦償還하게 하고, 제2종은 약 5정보씩을 배정하여 토지를 인도하되 토지대금은 1/4이상을 불입拂込한 다음 잔액은 연리 7분으로 25년 연부상환年賦償還을 하도록 하고 있다. 더하여 기타 종묘種苗 비료肥料 농구農具 등을 저리 또는 무이자로 대부貸付하며 한수해旱水害 및 기타 재난시災難時에는 금품을 대여 또는 급여하는 것과 함께 영농상의 필요한 지도를 제공하고 있다.

3) 조선의 화전민에게 일본 동양척식회사 이민자에게 제공하는 지도보호의 몇 분지 일의 성의誠意만을 제공하더라도 화전민의 참상慘狀은 얼마나 개선될 수 있었을 것이다. 지나간 기왕지사는 별수 없는 것이니 오인吾人은 다만 앞으로 당국의 화전민 보호지도가 순조로이 진행되어 소기의 성과를 거두기를 바라고 있다.

살펴본 바와 같이 일제의 조선 농업인에 대한 정책기조와 화전민에 대한 기본적 인식이 충분히 배어 나온다. 화전민은 일제 당국의 압박과 수탈을 피해 삶의 가장 막바지에 산속으로 숨어들어서 그래도 살아가려는 궁민의 마지막 몸부림이 되는 것이다.

이 글을 통해 당시 조선의 농민 및 화전민의 실상과 일본인 농업이민에 대한 보호지원을 알게 된다. 일제당국이 행하는 조선 화전민에 대한 단속과 차별적 구축驅逐은 조선인이 더 이상 조선 땅에서 살아갈 수 없도록 궁극 참상을 만들고 만다. 중일전쟁을 일으키고 대규모 전쟁을 준비하고 있는 일제가 조선인 화전민들에게 무슨 마음으로 유화적 정책을 내놓게 되었는지, 결국 그러한 정책은 조선인의 반발을 억제하며 시간을 지연하기 위한 임시방편적 거짓 교활 술책에 불과한 것이었다.

제Ⅴ장 교육본질 왜곡과 차별적 조선교육, 교육·문화의 멸실위기

[1] 근대교육의 개창과 일제 식민지배하의 차별적 교육 실제

1. 근대교육의 개창과 교육조칙教育詔勅 반포

1894년 갑오년을 기점으로 한국은 전근대적 전통사회를 벗어나고자 사회변혁을 도모하는 것과 함께 교육에 있어서도 새로운 제도를 구축하기 위한 변혁이 일게된다. 1894년 7월20일의 관제개편官制改編 시행으로 학무아문學務衙門이 만들어지고[155] 후에 이는 학부學部로 개편(1895.3.25.)된다. 1900년까지 학부를 중심으로 하는 학교관련 관제와 여타의 학교규칙 등을 창제하면서 대한제국 초기의 교육제도를 정비해간다.

즉, 법관양성소관제法官養成所官制(1895.3.25. 칙령 제49), 한성사범학교관제漢城師範學校官制(1895.4.16. 칙령 제79), 외국어학교관제外國語學校官制(1895.5.10. 칙령 제88), 성균관관제成均館官制(1895.7.2. 칙령 제136), 소학교령小學校令(1895.7.19. 칙령 제145), 종두의양성규정種痘醫養成規定(1895.11.7. 칙령 제180), 의학교관제醫學校官制(1899.3.24. 칙령 제7), 중학교관제中學校官制(1899.4.4. 칙령 제11), 상공학교관제商工學校官制(1899.6.24. 칙령 제28), 광무학교관제鑛務學校官制(1900.9.4. 칙령 제31), 우무학도규칙郵務學徒規則(1900.11.1. 통신원령通信院令 제6), 전무학도규칙電務學徒規則(1900.11.1. 통신원령 제7), 종인학교관제宗人學校官制(1900.12.19. 칙령 제55) 등으로 대한제국 초기의 근대식 교육제도가 정비되는 과정을 보게 된다.

1895년(개국504년) 2월2일 고종황제高宗皇帝는 조칙제일詔勅第一로 '교육教育에 관한 건件'을 다음의 내용으로 공표한다. 내용의 대강大綱은 다음과 같다.

---

155) 당시 만들어진 衙門은 內務·外務·度支·軍務·學務·法務·工務·農商務衙門 등 전체 8개의 衙門이 편성된다. (大韓民國國會圖書館, 韓末近代法令資料集 1, 1970). 즉, '議案 各衙門官制'(1894년 6월28일)가 이루어지고 7월20일에 '詔勅 新定各府·衙門官制를 施行하는 件'에서 "敎曰 各府衙門 分屬諸司 依啓下施行"에 의하여 시행이 이루어진다.

"조종祖宗이 나라를 개창 함이 504년에 이른다. 그동안 열성조列聖朝들의 올바른 교화敎化와 높은 은택恩澤이 백성들의 마음에 두루 미치게 되었으며 그는 또한 신민臣民이 모두 그 정성스런 마음을 능히 다함에 연유하는 것이다. 지금 세계의 독립강대국들은 국민들에게 교육을 통해 지식을 보급하고 지혜를 열어주고 있는 나라들이다. 따라서 황제인 본인이 국왕과 스승의 지위에 임하여 교육하는 책임을 스스로 맡는 것이니 교육에는 또한 그 도道가 있는 것이라. 교육의 최선 시행은 국민에게 지식과 깨우침을 주게 되고 그러한 교육은 종국에는 국가를 보존하는 근본이 되는 것이다. 지금 교육을 함에 있어 허명을 버리고 실용을 숭상하는 것을 기조로, [덕양德養과 체양體養과 지양智養]을 교육의 근본 강기綱紀로 삼아 학교를 널리 창설하여 인재를 육영하며, 교육을 통한 학문적 지식으로 국가의 중흥中興 대업을 이루어내고자 하는 바임"을 선포하고 있다. 또한 왕실王室의 안전安全과 국가國家의 부강富强도 신민臣民의 교육敎育에 있다고 한다, 따라서 신민에게 교육을 충실하게 제공하지 못한다면 어찌 국왕이 정치政治를 잘한다고 할 것이며 국왕의 정부政府가 어찌 그 책임을 다했다고 할 수 있는지를 반문하고 있다. 결국 고종황제는 이러한 교육일념敎育一念 의지를 담은 조칙詔勅내용을 신민臣民들이 깊이 헤아려 실행할 것을 명백하게 밝히고 있는 것이다.

특히 조칙詔勅에서 밝히고 있는 교육敎育의 근본 강기綱紀인 [덕양德養] [체양體養] [지양智養]에 대해 그 뜻을 다음과 같이 설명하고 있다.

1) [덕양德養]은 오륜五倫의 행실을 닦고 민간 생활의 강령綱領들을 문란하지 말며 교육으로 풍속을 잘 교화하여 인간 세상의 질서를 유지하고 사회의 행복을 증진하는 것이다.

2) [체양體養]은 동작에 법도가 있어 모든 일에 부지런히 힘쓰는 것을 위주로 하며 나태懶怠와 안일安逸을 멀리하고 고난을 피하지 않으며 근육과 골격을 강건하게 하여 평안하고 굳세고 질병이 없는 약을 혜택받아 삶을 누리는 것이다.

3) [지양智養]은 사물의 본질을 탐구하여 앎에 이르고 리理를 궁구함에 본성本性에 이르러 좋고 싫음과 맞고 틀림, 그리고 길고 짧음에 자타自他의 구역을 넘어서 상세하

게 연구하고 널리 통달하여 자기 개인의 사사로움을 경영하지 말며 일반 대중의 이익을 기도할 것이다.

참고로 아래에서 개국 504년 2월 2일에 공표한 고종황제의 조칙詔勅 제일第一 '교육敎育에 관한 건件' 원문의 중요내용을 제시한다.156)

詔勅 敎育에 관한 件

日省錄 高宗 32年 2月2日 官報 開國504年 2月2日
承政院日記 高宗 32年 2月2日 詔勅第一 開國504年 2月2日
高宗實錄 高宗 32年 2月2日

짐유朕惟 아조종我祖宗이 업業을 창創ᄒᆞ시미 자玆에 오백사년五百四年을
역유歷有ᄒᆞ시니 실實 아열조我列朝의 교화敎化와 덕택德澤이 인심人心에
협흡浹洽ᄒᆞ시미며 역아신민亦我臣民이 궐충애厥忠愛ᄅᆞᆯ 극탄克殫호믈 유由호미라
이러므로 짐朕이 무강無疆ᄒᆞᆫ 대역복大歷服을 사嗣ᄒᆞ야 숙야夙夜에 지구祗懼ᄒᆞ야
오작 조종祖宗의 유훈遺訓을 시승是承ᄒᆞ노니 이신민爾臣民은 짐충朕衷을
체體ᄒᆞᆯ지어다
오작 이신민爾臣民의 조선祖先이 아조종我祖宗의 보육保育ᄒᆞᆫ 양신민良臣民이니
이신민爾臣民도 역이조선亦爾祖先의 충애忠愛를 극소克紹ᄒᆞ야 짐朕의 보육保育ᄒᆞ는
양신민良臣民이라

짐朕이 이신민爾臣民으로 더브러 조종祖宗의 비기丕基를 수守ᄒᆞ야 만억년萬億年의
휴명休命을 아속迓續ᄒᆞ노니 오호嗚呼라 민民을 교敎치 아니면 국가國家를
공고鞏固케ᄒᆞ기 심난甚難하니 우내宇內의 형세形勢ᄅᆞᆯ 환고環顧ᄒᆞ건ᄃᆡ
극부克富ᄒᆞ며 극강克强ᄒᆞ야 독립웅시獨立雄視ᄒᆞᄂᆞᆫ 제국諸國은 개기인민皆其人民의
지식知識이 개명開明ᄒᆞ고 지식知識의 개명開明ᄒᆞᆷ은 교육敎育의 선미善美ᄒᆞᆫ므로
이以홈인 즉교육則敎育이 실實로 국가보존國家保存ᄒᆞᄂᆞᆫ 근본根本이라

156) 大韓民國國會圖書館, 韓末近代法令資料集 1, 1970.

이시是以로 짐朕이 군사君師의 위位에 재在ᄒᆞ야 교육敎育ᄒᆞᄂᆞᆫ 책責을 자담自擔ᄒᆞ노니 교육敎育도 또ᄒᆞᆫ 기도其道가 유有ᄒᆞᆫ지라 허명虛名과 실용實用의 분별分別을 선립先立ᄒᆞ미 가可ᄒᆞ니 서書를 독讀ᄒᆞ고 자字를 습習ᄒᆞ야 고인古人의 조박糟粕만 철습掇拾ᄒᆞ고 시세時勢의 대국大局에 몽매矇昧ᄒᆞᆫ 자者는 문장文章이 고금古今을 능가凌駕ᄒᆞ야도 일무용一無用ᄒᆞᆫ 서생書生이라

짐朕이 교육敎育ᄒᆞᄂᆞᆫ 강령綱領을 시示ᄒᆞ야 허명虛名을 시거是祛ᄒᆞ고 실용實用을 시숭是崇ᄒᆞ노니

왈曰 **[덕양德養]**은 오륜五倫의 행실行實을 수修ᄒᆞ야 속강俗綱을 문란紊亂치 물勿ᄒᆞ며 풍교風敎를 부식扶植ᄒᆞ야써 인세人世의 질서秩序를 유지維持ᄒᆞ고 사회社會의 행복幸福을 증진增進ᄒᆞ라

왈曰 **[체양體養]**은 동작動作에 상常이 유有ᄒᆞ야 근려勤勵ᄒᆞ므로 주主ᄒᆞ고 타일惰逸를 탐貪치 물勿ᄒᆞ며 고난苦難을 피避치 물勿ᄒᆞ야 이근爾筋을 고固케ᄒᆞ며 이골爾骨을 건健케ᄒᆞ야 강장康壯 무병無病ᄒᆞᆫ 약藥을 향수享受ᄒᆞ라

왈曰 **[지양智養]**은 물物을 격格ᄒᆞ매 지知를 치致ᄒᆞ고 리理를 궁窮ᄒᆞ매 성性을 진盡ᄒᆞ야 호오好惡 시비是非 장단長短에 자타自他의 구역區域을 불립不立ᄒᆞ고 상구박통詳究博通ᄒᆞ야 일기一己의 사私를 경영經營치 물勿ᄒᆞ며 공중公衆의 이익利益을 기도跂圖ᄒᆞ라

왈曰 차삼자此三者ᄂᆞᆫ 교육敎育ᄒᆞᄂᆞᆫ 강기綱紀니 짐朕이 정부政府를 명命ᄒᆞ야 학교學校를 광설廣設ᄒᆞ고 인재人材를 양성養成호믄 이신민爾臣民의 학식學識으로 국가國家의 중흥대공中興大功을 찬성贊成ᄒᆞ기 위爲ᄒᆞ미라
이신민爾臣民은 충군애국忠君愛國ᄒᆞᄂᆞᆫ 심성心性으로 이덕爾德 이체爾體 이지爾智를 양養ᄒᆞ라 왕실王室의 안전安全홈도 이신민爾臣民의 교육敎育에 재在ᄒᆞ고 국가國家의 부강富强홈도 이신민爾臣民의 교육敎育에 재在ᄒᆞ니 이신민爾臣民의 교육敎育이 선미善美ᄒᆞᆫ 경境에 저抵치 못ᄒᆞ면 짐朕이 엇지 ᄀᆞᆯᄋᆞᄃᆡ 짐朕의 치治가 성成ᄒᆞ다 ᄒᆞ며 짐朕의 정부政府가 엇지 감敢히 ᄀᆞᆯᄋᆞᄃᆡ 기책其責을 진盡ᄒᆞ다

ᄒᆞ리오..(중략).....약자若玆ᄒᆞᆯ진ᄃᆡ 짐朕이 조종祖宗의 덕德을 양揚ᄒᆞ야 사표四表에 광光ᄒᆞᆯ지며 이신민爾臣民도 역유조선亦惟爾祖先의 초자효손肖子孝孫이 ᄃᆡ리니 욱勗ᄒᆞᆯ지어다 이신민爾臣民이여 유짐차언惟朕此言

開國五百四年 二月二日　　총리대신總理大臣 김홍집金弘集
大君主 御押 御璽　　내무대신內務大臣 박영효朴泳孝
학무대신學務大臣 박정양朴正陽 봉奉

2. 학교설립 권고와 세계 주요국의 학교 현황

19세기를 이어 20세기 초엽은 서구열강들에 의해 동양의 여러나라들은 식민제국 석 쟁패의 현장으로 변화한다. 대한제국大韓帝國이 직면하는 내재적 혼돈混沌과 외침에 의한 교란攪亂은 심지어 국권 상실의 위기로까시 비회한다. 1900년대 초의 상황에서 대한제국이 강고하게 보유해야 하는 내적 자각에 기한 자주적 힘의 결속은 교육을 기반으로 가능하다고 하였다. 고종황제의 교육에 관한 조칙詔勅은 그 의미가 지대한 것이었으나 실행은 그렇게 용이하지 못하였다. 동양의 이웃한 일본을 비롯한 서구열강들의 식민적 제국주의 정책은 한국의 허약을 최대한 악용하여 국권을 침탈하려는 의도를 노골화하고 있었다. 대한제국은 열강들이 획책하는 침략을 위한 전쟁터이거나 그들 간에서 협상의 대상물로 간주되고 있었다.

이러한 상황에서 당시의 지성들은 대한제국의 자주와 독립을 위한 국기國基의 강건한 설정과 흔들림 없는 국가운영을 강조한다. 그러나 국가의 운영 실상을 보면 한국을 지배할 계책에 기초하여 집요하게 파고드는 일본의 간교한 이간離間 책동과 내부적으로는 신민臣民들이 보여내는 부패腐敗와 미개未開한 안일安逸이 결합하면서 국가의 진운進運이 도무지 암중暗中으로 쏠려가는 혼동混同의 궤도에 올라 있었다.

근대로의 이행과정에서 시대를 읽으면서 국민을 계몽하고 국가를 향해 경계와 지향을 제시하는 신문의 역할은 참으로 중대하다. 1900년대 초의 사회적 국가적 혼동와중에 황성신문皇城新聞은 당시 대한제국이 겪고 있는 정치 및 사회의 부패와 혼란을 보면서, 민지民智의 계발啓發을 위하여 교육을 제대로 시행할 것과 함께 그를 위한 학교설립에 국가와 사회가 전력을 다할 것을 호소하고 있다. 즉, 신문은 (1)'권고학교지설립勸告學校之設立(一)'(1905.6.2.)이라는 제명의 논설을 써서 동포들에게 교육의 중요성을 일깨우고자 노력한다. 다른 나라들이 학교를 세워서 교육을 열심히 한 결과 부강하게 되고 그래서 세계를 움직이면서 전쟁을 수행하는 등의 힘을 발휘하게 되는 것이기에 그 실상을 알게 하는 것이 중요하다고 생각하였다.

황성신문이 1905년 6월에 게재한 사설 '권고학교지설립勸告學校之設立(一)'의 주요 내용을 본다.[157)]

우리가 동포同胞로서 개탄할 바는 국력의 쇠약이 바로 민지民智의 부패腐敗와 견문이 협소하여 알지 못함에 있는 것이니 민지民智를 계발啓發하고 국력을 진흥하고자 한다면 낡은 구습舊習을 제거하고 신학新學을 배양하여야 만이 비로소 문명文明의 길로 나아갈 수 있는 것이다. 이러한 권고를 거듭하였으나 듣는 자 안아安易하고, 보는 자 사소些少하게 여겨 분발도 희망도 잊은 채 풍교風敎와 인심이 날로 추락해가고 있다. ...이대로 몇 개 성상星霜이 지난다면 전국이 암흑세계로 변하지나 않을지 걱정이 되는 것으로, 앞으로의 결과는 어떻게 될 것이며 어느 때에나 노예奴隷의 굴레에서 풀려날 수 있을 것인가.[158)] 다행히 현재 우리 인사들 중 왕왕 학문을 닦지 않아서는 안 된다는 점을 자각하고 교육의 확산에 뜻을 둔 자들이 파다하여, 황성皇城 안에도 '법학교法學校' '보성학교普成學校' '양정의숙養正義塾' '낙연의숙洛淵義塾' '온수의숙溫水義塾' '계산학당桂山學堂' 등이 설립되어 차츰 흥기하는 색조가 있다. 그러나 이들이 모두 경성인사京城人士들의 교육장소이고 지방에는 보통학교가 있을 뿐이며 부군府郡 단위의 도회都會에도 관립학교官立學校를 제하고는 일개인이 자금을 내어 학교를 세

157) 皇城新聞, 勸告學校之設立(一), 1905.6.2.

158) 국권이 망실되어 가는 당시를 전후하여 국가의 자주독립을 위한 민지의 계발과 교육의 확대 보급은 절박한 과제였다. 그를 반영하며 일어나는 여러 단체들의 설립 및 해체와 혼탁 부패의 사회 정황을 **大韓自强會**의 설립을 통해 이해한다. "외국 세력에 의해 국권을 침탈당하고 노예로 사는 것을 면하기 위해서는 독립된 한국을 세워야 한다. 그래서 지금 大韓自强會를 설립한다. 한국의 독립은 韓國人의 自强自立에 있으며 그 自立의 방도는 民智를 계발하고 산업을 일으켜 나라의 元氣를 강화하고 國力을 배양하는 것뿐이라 할 것이다...전례를 보면 이를 위해 한국에 처음에 **獨立協會**가 조직되었다가 얼마 못 가서 무너지고 그 후에 **保安會**가 생겨났다가 낭패하고 다음에는 **一進會**와 開進教育會, 國民教育會 青年會 淨土宗教會 등이 있어서 각기 강령을 내세우며 商工教育 발달과 각국 宗教를 자칭하는 등으로 그 목적을 선하게 설정하였으나 뒤에는 국권을 손상하고 人民을 討索하는 폐해가 막심하게 되었다"(황성신문, **大韓自强會設立**, 1906.4.3. 본문 참조). 따라서 지금 설립하는 大韓自强會는 교육의 확장과 산업발달을 연구・실시하여 한국의 부강을 도모함으로써 독립의 기초를 확고히 한다는 목적을 반드시 실행할 것을 당부하고 있다. 관련 참고자료로 김현정, 대한제국기 정치적결사에 관한 헌법사적 연구, 민속원, 2020, 280-306면.

운 일은 못 들었다.

자녀에게 금백金帛의 물품을 물려줌이 소중한 줄 알고 종신 수전노守錢奴가 되어 몽매한 삶을 하다가 끝내는 재산도 보유치 못하고 암흑의 노예奴隸로만 마치려 할 것인가. 지금 지구상의 문명文明 제국인諸國人들도 산업을 경영하여 재산을 축적하려 하지만 만금萬金을 모으면 반드시 학교를 설립하여 교육에 힘쓰거나 병원을 설립하여 널리 자애롭게 은혜를 베푸는 '자혜보중慈惠普衆'에 기여하는 등으로 공동公同의 이익利益을 추구함으로써 세계 최부 최강의 지위를 점하고 있다.

우리 한국인은 굴욕을 감수甘受하면서도 물질에 인색吝嗇하기를 자기 생명과 같이 하는 것으로, 자기 자제子弟에게도 돈을 들여 교육하지 않으려 하는데 하물며 자기 재산을 출연하여 학교를 세워서 공중公衆을 위해 자혜사업을 한다는 것이 가능하다 하겠는가. 이에 세계 각국의 학교 교육이 발전하는 실상을 게재하여 우리 한국이 그를 깨우치도록 경고警告하려 하는 것이다

따라서 황성신문은 주요 국가의 학교설치 및 교육 현황에 대해 1900년도 당시 통계를 기초로 내용을 설명하면서 우리 한국인의 각성覺醒을 강하게 촉구하고 있는 것이다. 즉, 황성신문은 교육과 관련하여 각국의 관립官立·사립학교私立學校의 수와 제도 및 그 운영에 대해 이를 연속하여 게재하고 있다. (1)권고학교지설립勸告學校之設立(一),1905.6.2.를 시작으로 (2)勸告學校之設立(二)--각국관사립학교수급제도各國官私立學校數及制度, 1905.6.3. (3)勸告學校之設立(三)--各國官私立學校數及制度, 1905.6.5. (4)勸告學校之設立(四)--各國官私立學校數及制度, 1905.6.6. (5)勸告學校之設立(五)--各國官私立學校數及制度, 1905.6.8. (6)勸告學校之設立(六), 1905년 6월9일자까지 6회에 걸쳐 연속으로 게재하였다. 이는 당시 한국의 관직자 및 백성들에게 학교를 설립할 것을 독려하고 학교 교육을 통해 민지民智를 일깨우며 국가의 독립 및 부강의 원천으로서 교육의 의미를 분명히 알게 하는 것이었다. 학교를 많이 만들어 교육을 널리 보급하되 특히 아동들의 교육받을 권리를 반드시 보장하고 실천할 것을 강조한다. 교육을 통해 깨어난 민중은 결국 국가의 독립과 부강을 이루어낼 수 있게 하는 원천이 되는 것임을 계몽적으로 호소하고 있는 것이다.

다음에서 1900년 당시 주요 국가의 학교 설치 현황과 교육제도 실상을 소개한다.

1) 영국英國은 대학교大學校가 잉글랜드(영륜英倫)와 웨일즈(위이사威爾士)에 42개소가 있다.[159] 런던(륜돈倫敦)에도 대학교가 5개소, 스코틀랜드(소격란蘇格蘭)에 4개소, 아일란드(애이란愛爾蘭)에 1개소가 있으며,[160] 또 전문학교專門學校는 10개소가 있으며 각 대학교에는 의학교醫學校가 부속되어 있다. 1900년 조사표에 의거하여 소학교小學校 통계를 보면 잉글란드에 6,209개소, 웨일즈에 94개소, 스코틀란드에 93개소, 아일란드에 8,670개소가 있다. 민간자제의 취학연령은 5세부터 14세까지이며 만일 16세가 되도록 학교에 입학하지 않은 아동이 있으면 어떠한 사정을 막론하고 그 부모를 강제하여 소학교에 입학하도록 하고 있다.

또한 각 시도와 런던에는 사재私財를 출연하여 사립학교인 중앙전문학교中央專門學校와 기술피혁상업학교技術皮革商業學校 등을 설립 운영하고 있으며 중등학교中等學校는 열거하기가 어려운 정도이다. 이들 대개가 부호신사富豪紳士들이 기금을 내어 학교를 세워서 빈한貧寒한 가정의 자제들을 교육하며 기업들은 또 지방공립학교와는 별개로 지방에 학교를 설립하여 교육에 기여하는 등으로 교육을 적극적으로 수행하고 있다.

2) 독일獨逸은 대학교가 21개소로써 신학神學 법학法學 의학醫學 철학哲學의 사과四科로 나누고 있다.[161] 각 도시와 지방에는 반드시 소학교小學校를 설치하여 아동을 교육한다. 6세부터 14세까지를 '학령아동學齡兒童'이라 하며, 그 부모는 아동을 학교에 입학시켜야 하는 책임을 진다. 중학교中學校는 각시도에 반드시 두게 하였으니 시민학교市民學校와 고등시민학교高等市民學校가 된다. 공인工人과 시가지의 아동들을 위하여서는 보충학습소補充學習所를 설치하여 야간이나 한가한 시간을 이용하여 교육하게 한다. 또한 고등중학교 고등실과중학 보통실과중학 고등실업학교 보통실업학교 고등시민학교 등의 실업학교實業學校도 있으며 기타 관립官立 및 사립私立의 학교는 매우 다양하게 존재한다. 그리고 전문학교專門學校와 공예학교工藝學校는 고등高等의 공업 농업 광업 건축 삼림 미술 음악 해군 육군 항해 등을 교육하는 각종의 학교가

---

159) 황성신문, 勸告學校之設立(二)--各國官私立學校數及制度, 1905.6.3.

160) 그리고 分科大學校(單科大學)는 잉글랜드와 웨일즈에 13개, 런던에 1개, 스코틀랜드에 2개, 아일랜드에 3개소가 있다.(勸告學校之設立(二)--各國官私立學校數及制度, 1905.6.3. 본문참조)

161) 황성신문, 勸告學校之設立(二)--各國官私立學校數及制度, 1905.6.3.

있어서 전문적 교육을 담당하고 있다.

3) 미국美國은 대학교와 전문학교가 서대서양부西大西洋部에 84개, 남대서양부南大西洋部에 73개, 남중앙부南中央部에 84개, 북중앙부北中央部에 198개, 서부西部에 45개소가 있으며, 기타 전문부학교專門部學校 및 남자전문학교男子專門學校와 중학교中學校와 소학교小學校는 각주各州의 읍면邑面에 모두 설립되어 있다.[162] 그 밖에 사립소학교私立小學校는 166개이고 사립사범학교는 165개, 사립실업학교 43개, 사립여자전문학교는 145개이며, 교회부속教會附屬 소학교小學校도 매우 많다. 도서관圖書館을 보면 대략 5,383개소이고 소장도서는 4,459만9,851책이며 신문은 일간 및 주간과 월간신문을 합하여 17,760종에 이른다.

4) 러시아(아라사俄羅斯)는 전국을 15개 학구學區로 나누어 전문학교를 두고 대학교는 9개소에 두고 있다.[163] 이밖에 고등신학교高等神學校 6개소, 의학교醫學校 6개소, 수의학교獸醫學校 4개소, 법률학교法律學校 5개소, 기예학교技藝學校 12개소, 여지학교女子學校 12개소, 광업학교鑛業學校 2개소이며 기기학교機器學校 4개소, 지리학교地理學校 1개소, 언어학교言語學校 3개소, 병농학교兵農學校 5개소를 두고 있다.

5) 오스트리아(오지리奧地利)[164]는 소학교小學校 26,007개소, 중학교中學校 201개소, 실업학교實業學校 97개소, 대학교大學校는 7개소이다. 그리고 학교에 취학하여야 하는 학령學齡은 6세부터 14세까지로 하고 있다.

6) 일본日本은 소학교小學校를 심상소학교尋常小學校와 고등소학교高等小學校로 나눈다.[165] 심상소학교는 수업연한이 4년이고 고등소학교는 수업연한이 2년 혹은 3년이다. 1900년도 조사표調査表에 의하면 전국 소학교 중 관립官立이 2개소, 공립公立이 26,485개소, 사립私立이 369개소이다. 맹아盲啞학교는 공립이 2개소, 사립이 9개소이며, 사범학교師範學校는 공립公立이 52개소이고 고등사범학교는 관립官立이 2개소이다. 중학교中學校는 관립이 1개소, 공립이 183개소, 사립이 34개소이다. 고등여학교高

162) 황성신문, 勸告學校之設立(三)--各國官私立學校數及制度, 1905.6.5.
163) 황성신문, 勸告學校之設立(三)--各國官私立學校數及制度, 1905.6.5.
164) 황성신문, 勸告學校之設立(四)--各國官私立學校數及制度, 1905.6.6.
165) 황성신문, 勸告學校之設立(五)--各國官私立學校數及制度, 1905.6.8.

等女學校는 관립 1개소, 공립 44개소, 사립 7개소며, 고등학교高等學校는 관립 7개소이다. 제국대학帝國大學은 2개소, 전문학교專門學校는 관립 3개소, 공립 4개소, 사립 41개소이며, 실업학교實業學校는 관립 9개소, 공립 265개소, 사립이 1,195개소가 되고 있다.[166)]

그밖에 일본 전지역에 사립서방私立書房이 약 1,473개소가 있으며, 전국대학全國大學은 3개가 있으니 동경제국대학東京帝國大學 경도제국대학京都帝國大學 조도전대학早稻田大學이 그것이다. 제국대학帝國大學이란 대학원大學院과 분과대학分科大學으로 구성되는 것으로써, 바로 [법과法科 의과醫科 공과工科 문과文科 이과理科 농과農科] 등 6개의 단과대학으로 분과分科하며 대학원大學院도 설치되어 있다.[167)] 또한 일본은 당시 6세부터 14세를 학령아동學齡兒童으로 정하여 교육을 시행하였다.

그렇다면 당시 한국의 학교설립 및 교육 실상은 어떠한가. 한국 사회가 학교를 많이 만들어 일반 국민에게 교육을 시행하는 것에 대한 열망을 간절하게 제시한다. 교육을 통해 인간과 사회와 역사를 배우고 깨우치며 세계의 변화를 이해하는 유능한 인재人材가 양성된다. 그들 인재들이 공직을 맡고 산업 진흥을 도모하며 국민을 위해 국가를 위해 헌신함으로써 민지民智의 확장과 함께 국가의 부강과 자주적 독립국가를 영위할 수 있게 되는 것이다.

위에서 살펴본 주요 국가의 학교 현황과 교육제도를 기초로 당시 설립된 한국의 관립 및 사립학교 실상에 대해 황성신문이 결론으로 게재하는 '권고학교지설립勸告學校之設立(六)'(1905. 6.9.)을 통해 살펴본다.

---

166) 일본은 이들 학교들에 대해 관할관청이 각각 다르게 정해져 있는바, 그 예를 본다. [文部省]관할학교로는 東京帝國大學 京都帝國大學 高等師範學校 女子高等師範學校 札幌農業學校 고등상업학교 상업학교 동경공업학교 동경외국어학교 동경미술학교 동경음악학교 대판공업학교 동경맹아학교 등이 된다. 그리고 [宮內省]관할학교는 學習院과 華族女學校이 있고, [陸軍省]관할학교는 대학교 砲工士官 中央幼年 地方幼年 戶山 騎兵實施 野戰砲兵射擊 經理 砲兵工科 軍樂 陸地測量部 등이 있으며, [海軍省]관할학교는 大學校 兵學 機關 軍醫 生計官鍊習所 造船工鍊習所 등이, [遞信省]관할학교는 동경상업학교 상업학대판분교 函館分校 동경우편체신 등이 있다.(勸告學校之設立(五)--各國官私立學校數及制度, 1905.6.8. 본문참조)

167) 참고로 1895년 이래 일본의 지배 하에 있는 臺灣은 小學校와 師範學校 公私立國語學校가 140여개소 설치 운영되고 있다.(勸告學校之設立(五)--各國官私立學校數及制度, 1905.6.8.)

한국은 한성漢城에 관립소학교官立小學校 9개소, 각 지방에는 공립소학교公立小學校가 52개소, 한성에 고등소학교高等小學校 1개소, 외국어학교外國語學校 6개소, 의학교醫學校 1개소, 농상공학교農商工學校 1개소, 사범학교師範學校 1개소가 있으며, 기타 사립소학교와 고등보통학교는 합하여 54개소이다.[168)]

나라가 개명開明되고 부강하려면 교육의 진흥이 잘 되어있어야 하는 고로 그 나라의 강약은 바로 학교의 설립이 어느 정도인지에 달려 있는 것이다. 구주歐洲의 강대국들은 물론이고, 인구가 적은 그리스(희랍希臘) 덴마크(단국丹國) 같은 나라들도 인구는 우리나라가 몇십 배나 많으면서도 설립 학교 수는 오히려 1/40~1/50밖에 되지 않는다.[169)] 교육의 부진不振이 이와 같은 상황인데 국가의 부강이 어찌 가능하겠는지 한심한 생각이 들게 된다.

우리 한국을 보면 현재 국권國權이 날로 쇠하여가고 속박된 노예奴隷처럼 치욕을 받고 있는 것은 선부가 학교의 교육이 부진한 탓이니 참으로 탄식을 금할 수 없다.[170)] 그래서 본기자本記者는 개명된 각국의 학교 교육상황을 검토하여 우리 한국과 비교하면서 상하上下 모두에게 경고警告하는 것으로, 관민官民을 막론하고 우리의 국치國恥를 씻고 국력을 배양하려 한다면 반드시 하루속히 학교의 진흥에 노력해야 할 것을 강조하고 있는 것이다.

학교의 설립과 교육의 진흥, 그리고 그에 기한 인재人材의 양성은 국가의 기틀을 바르게 하며 독립의 자주국가自主國家를 굳건하게 만드는 근원이 되는 것이다. 대한제

---

168) 황성신문, 勸告學校之設立(六), 1905. 6.9.

169) 여기서 지목하는 국가를 본다. **그리스는 인구가 2,432,800여명, 덴마크는 2,464,700여명**이다. 학교 수를 보면, 그리스는 소학교가 3,154개, 국어학교가 263개, 중학교 36개, 사립학교 16개, 상업학교 1개, 상공학교 1개, 농학교 2개, 대학교 1개소이다. 덴마크는 소학교 2,940개, 고등학교 67개, 종족(獵丁)학교 31개, 기술대학교1개, 農務大學校 1개, 약학교 1개, 상공업학교 99개소가 있다.(勸告學校之設立(四)--各國官私立學校數及制度, 1905.6.6. 본문참조)

170) **교육**의 영향력을 논하면서 1870년에 발발한 프러시아(普魯士, 전쟁승리 후 1871년 '독일제국'으로 통일됨)와 프랑스 간의 **普佛戰爭**에서 독일이 프랑스를 이긴 원인이 教育에 있음을 지적하고 있다. 즉, 프러시아가 프랑스를 이긴 것은 그 功이 小學校의 設立에 있다고 하였다. 이로부터 프랑스도 국민교육이 프러시아만큼 이르지 못하여 패전의 치욕을 당한 것이라고 깨닫고 그로부터 학교를 설립하여 國民教育을 진흥시키고 인재를 양성하여 강대국 프랑스를 이루어내었다.(황성신문, 勸告學校之設立(六), 1905. 6.9. 본문참조). 관련하여 프러시아와 프랑스 간의 普佛戰爭(1870.7~1871.5)은 통일독일을 이루려는 프로이센(普魯士, Prussia)과 프랑스 간에 발발한 전쟁이다. 프랑스는 이 전쟁의 패전으로 프랑스 제2제국이 무너지고 제3공화국이 세워졌으며, 프로이센은 오스트리아를 제외한 독일연방 내의 모든 회원국을 통합하여 독일제국을 건국(1871.1.18.)하게 되었다. 독일은 승전으로 프랑스로부터 '알사스-로렌(Alsace-Lorraine)' 지방과 50억프랑의 전쟁배상금을 받게 되었다.

국이 교육을 통해 완전한 자주독립을 실현해야 한다는 신념으로 6회에 걸쳐 연속으로 게재한 이 글은 지금도 유효하게 울림을 준다. 교육을 통해 국민의 지적 역량을 향상시키고 그중에서 유능하고도 헌신적인 인재를 공직자로 선발한다면 국민과 국가를 발전 일로에 진입시켜 놓을 수 있게 된다. 한국을 무대로 러시아와 일본이 자국의 이익을 위해 전력을 투여하는 전쟁상황에서 한국의 운명은 암울 와중에 빠져있었다. 국민들을 수탈하는 부패관리들은 사익과 탐욕으로 국권 상실마저 별로 긴요하게 인식하지 않는 무개념적無概念的 존재가 되어있었다.

결국 교육을 통해 깨어난 백성들은 나라를 위해 국민공동체를 위해 부패관리腐敗官吏들을 용서하지 않게 된다. 위민爲民하며 애민愛民하는 공직자를 선발하여 국가의 기초를 튼실히 하며 국력을 강성하게 하고 나아가 국가 간의 평화를 도모하는 인재로서 역할 할 수 있게 된다. 관민이 협력하는 공명정대公明正大한 국가운영과 공직자의 위민헌신爲民獻身은 전쟁을 방지하며 국민들의 권익을 절대적으로 보호한다. 이러한 역할을 담당하는 인재의 양성은 바로 학교를 설립하고 교육을 바르게 시행함으로써 가능한 것이기에, 황성신문 기자는 각국의 교육실태를 조사하여 '권고학교지설립勸告學校之設立'이란 논설을 작성하여 관직자官職者와 국민 일반을 향해 교육입국敎育立國의 실천을 간절히 호소하고 있는 것이다.

3. 일본어 교육 강제와 언어 · 문화 말살에 이은 일선동화日鮮同化 술책

대한제국大韓帝國은 1910년 8월 29일, 결국 한국을 식민지배하기 위해 갖은 술책術策을 구사해오던 일제日帝에 의해 경술국치庚戌國恥라는 치욕적 강제합병强制合倂을 당하게 되었다. 대한제국은 일제에게 주권과 통치권 일체를 탈취당하고 국명國名마저 조선朝鮮으로 변경 당하면서 노예적奴隷的 피식민국被植民國이 되고 말았다.

일제의 무단적武斷的 예속적隷屬的 식민지배는 독립적이며 자주적이어야 하는 대한제국 및 조선의 언론을 사라지게 하였다. 한국민족의 자주독립을 절규한 3.1 운동을 무력으로 진압한 다음인 1920년이 되어서 일제는 소위 문화정치文化政治라는 미명美名으로 조선일보와 동아일보 등의 신문 창간을 허용하였다.[171)]

이들 신문들은 창간과 함께 당시 식민치하에서 조선민족과 조선사회가 당면하는

171) 조선일보는 1920년 3월5일에, 동아일보는 1920년 4월1일에 각각 창간되었다.

문제들을 주요 내용으로 싣게 되었다. 그중에서도 동아일보는 1920년 4월 초에 조선인 교육에 대한 기초로서 조선인에게 행하는 일본어日本語 교육 강제에 대해 근본적 문제를 제기하면서 이의 폐지를 주장하고 있다. 당시 동아일보는 '조선인朝鮮人의 교육용어敎育用語를 일본어日本語로 강제强制함을 폐지廢止하라' 라는 제명의 사설을 1920년 4월11일부터 13일까지 사흘 동안 (상)(중)(하)로 나누어 주요 내용을 연속하여 게재하고 있다.[172] 교육敎育은 정치에 있어 가장 근본을 이루는 것으로 한나라의 정치 수준은 민중들이 교육을 받은 정도에 의존한다. 교육은 인간을 끊임없이 깨우치며 변화하게 한다. 인간은 교육을 통해 인간으로서의 존엄가치에 대해 정의로우며 발전적인 각성을 이루어가게 된다. 만약 인간의 존엄가치를 손상하는 정치나 제도가 시행되면 교육받은 인간은 그에 대해 저항하며 수정을 요구한다. 그러나 일제가 자행하는 식민지정치는 조선인에게 기본적으로 교육에 있어 차별과 통제를 일반화해 갔던 것이다.

식민교육 기조에 대해 동아일보의 사설 '조선인朝鮮人의 교육용어敎育用語를 일본어日本語로 강제强制함을 폐지廢止하라'(1920년 4월11일(상), 4월12일(중), 4월13일(하))를 통해 주요 내용을 연속하여 살펴본다. 일본이 획책한 제국주의적 식민지 정치 구도 위에서 이루어지는 조선의 교육 실상과 일제가 조선인을 교육을 통해 도구적 기능적 존재로 육성하려 했던 당시의 실상을 분명하게 설명하고 있다. 더하여 교육용어로서 일본어를 강제하는 것은 조선인의 능력을 소모하는 것이 되며 궁극으로는 조선인의 문화를 파괴하는 것으로 분석하고 있다.

(1) 동아일보가 쓴 1920년 4월의 사설 '조선인朝鮮人의 교육용어敎育用語를 일본어日本語로 강제强制함을 폐지廢止하라'의 첫 번째 글을 본다.[173]

우리 조선인은 병합이래 10여 성상星霜을 일대 악몽에서 벗어나지 못하고 있다. 현대정치가 무엇인지도 알지 못하는 군인軍人의 지배하에 참정권도 없고, 언론言論 결

172) 이 사설은 창간 직후 총독부의 警察制度改編 비판에 뒤이어 敎育問題로써 일본의 식민정책을 비판한 第2彈이다. 이 사설에 이어 4월 20일부터 23일까지는 4회에 걸쳐 사설 '조선교육에 대하여'를 게재하였다. 일제가 조선에 대한 식민지배를 고도화하기 위해 강압적 경찰제도를 구축하고 교육에 있어 일본화를 추진하는 실상을 알 수 있게 하는 연속된 주제의 논설이 된다.

173) 동아일보, 朝鮮人의 敎育用語를 日本語로 强制함을 廢止하라, 1920.4.11.(上)

사結社 출판出版 집회集會 신서信書 등의 모든 자유를 박탈당하고 기타 신교信敎의 자유와 여타 모든 자유까지도 가혹한 구속과 압박을 당하여왔다. 더하여 이러한 횡포와 고통을 호소할 수도 없었으며 군인의 압박을 요순堯舜의 선정善政이라 칭송하고 관료의 횡포를 신정新政의 혜택이라 찬미하는 시대가 되어왔다.

...그러나 조선어의 압박 즉 교육용어敎育用語를 일본어로 강제하는 폐해와 고통에 대하여는 오인吾人은 인내할 수가 없다. 오인은 민족적 자부심과 구구한 감정에 의해 이를 요구하고 창도唱導함이 아니고 인내할 수 없는 고통과 절규할 수밖에 없는 사세事勢에 의하여 이에 이르는 것이 된다. 교육용어를 일본어로 강제함은 조선인의 능력을 소모하는 것이 되며, 또한 조선인의 독특한 문화文化를 파괴하는 것이 되기에 이를 더 이상 물러날 수 없는 사세事勢라 판단 한다.

(一) 교육용어를 일본어로 강제함이 조선인의 능력을 소모케 하는 소이所以를 본다

언어言語는 사람이 세상에 출생하여 최초로 전력을 경주하여 성취한 사업이다. 언어는 태어나 자라면서 주위의 감화感化에 의하여 부지불식간에 기억하는 것이다. 이렇게 습득한 조선어를 버리고 일본어를 교육용어로 함은 조선인에게는 외국어를 학습하는 것이 되고 따라서 이는 이중의 부담을 지게 된다.

당시 논자는 교육학자 루소(Jean Jacques Rousseau, 1712~1778년)의 교육론을 들어 아동의 언어교육에 대해 설명하고 있다.

"아동의 연령이 5세부터 12세에 이르기까지는 아직 아동의 이성理性이 발달치 못하고 기억력이 부족함으로 음音이나 형용形容을 느끼기는 하지만, 관념觀念을 형성하며 관념을 종합하여 사물을 기억함은 불능한 일이니 이 시기에 아동에게 어학語學을 과課함은 불가하다. 이 시기에 외국어를 교수함은 전혀 무익하며 유해하기조차 하므로 아동은 외국어를 배운다고 할지라도 그 언어의 내용 되는 사물의 관념觀念을 형조形造할 수가 없으므로 기억하기가 불가하니 외국어를 가르침은 자못 아동의 두뇌를 곤고困苦하게 할 뿐인 것이다"[174] 따라서 유년아동幼年兒童에게 외국어를 교수함은 아동의 능력을 소모함이 심대하며 아동의 지능 발달을 저애沮礙함이 심대하다고 하면서 외국어와 동일한 일본어의 교육 강제는 인내하기 어려운 고통임을 강조하고 있다.

174) 동아일보, 朝鮮人의 敎育用語를 日本語로 强制함을 廢止하라, 1920.4.11.(上) 본문 참조.

결국 일본어로 조선인을 교육하는 것은 실로 조선인의 발달과 진보를 방해함이니, 조선인의 진보와 발달의 민속敏速을 위하여 하루라도 속히 일본어로서 교육용어로 강제하는 조치를 폐지할 것을 주창하고 있는 것이다.

(2) 동아일보가 게재한 '朝鮮人의 教育用語를 日本語로 强制함을 廢止하라'의 두 번째 사설을 본다.175)

(二) 조선인의 교육용어를 일본어로서 강제함은 조선인의 독특한 문화文化를 파괴하는 소이所以를 본다. 언어言語는 인류의 사상思想의 표현이며 사상思想은 생명生命의 표현이다. 언어言語가 있음으로 도덕道德이 발달하고, 민족民族이 형성되며 의사意思가 교통되며 문화文化가 출생出生하는 것이다. 따라서 인간은 세상에 출생하여 가장 먼저 언어를 깨우치고 알도록 노력하게 된다. 도덕과 문화는 언어에 의하여 발달되며, 언어言語는 역시歷史와 도덕道德과 습관習慣과 풍속風俗과 문화文化에 의하여 발달 되는 것이므로, 언어와 문화는 불가분의 관계를 갖게 된다. 또한 언어의 발달 없이 예술이나 과학의 발달도 기할 수 없으며, 예술이나 과학의 발달 없이 역시 언어의 발달도 바랄 수 없는 것이다.

그런 만큼 일본日本은 일본의 독특한 국어가 있어서 일본 특유의 문화가 있게 되며, 중국中國 역시 이러한 과정을 거쳐 중국 특유의 국어와 문화가 있게 되고, 조선朝鮮에는 조선 특유의 국어가 있으며 조선 특유의 문화가 있게 된다. 그래서 국가 또는 민족별로 생성되어온 특유한 언어와 문화에 대해 개별성個別性과 존중론尊重論이 당연히 발생하게 되는 것이다.176)

물론 문화나 민족성은 일정불변하는 것이 아니고 간단間斷없이 진보 변화하는 것이며, 역사를 근거로 시대에 순응하면서 발달 변천하는 것이기에 이는 결국 인류진보人類進步의 법칙을 설명하는 것이 된다.

---

175) 동아일보, 朝鮮人의 教育用語를 日本語로 强制함을 廢止하라, 1920.4.12.(中)

176) **國家는 국가의 실질 되는 국민의 문화를 발달케 하는 수단과 형식에 불과하지만, 文化는 곧 국민의 생활이며 생명인 것이다.** 개인의 발달과 향상은 사회에 의하여 出來하며 국가민족의 발달과 향상은 세계인류에 의하여 출래한다. 그러나 개인의 발달은 그의 個性을 떠나서 나올 수 없으며 民族의 발달은 그 民族性(국민성)을 떠나서 발달할 수 없다. 따라서 **個性의 尊重論이 성립되며 民族性의 尊重論이 발생**하게 된다. 또한 민족성은 그 역사가 長久하면 할수록 변화시키기가 어려우며 特長이 있을수록 변화가 용이할 수 없음을 역설하고 있다.(동아일보사설, 朝鮮人의 教育用語를 日本語로 强制함을 廢止하라, 1920.4.12.(중) 본문내용 참조)

조선朝鮮은 4천여 년이나 지속된 역사가 있으며 이에 의하여 발달된 독특한 문화가 있고 언어가 있는 것이므로 일본인日本人은 자기의 추상적 관념과 객관적 시찰로써 조선인朝鮮人의 문화를 유치幼稚하다고 멸시하여 이를 압박하고, 조선어를 폐지하고 일본어로써 정치상 용어를 정하고 교육용어까지 강제하였으니 이 어찌 조선인의 고통이 아니며 문화에 대한 위협이 아니겠는가.[177] 우리 동포는 참으로 야만野蠻의 대우를 당하였을 뿐만 아니라 병합併合된지 10년 후에 문화文化에 대하여 실로 막대한 훼손을 당하였다. 병합 이래 10여 성상星霜에 당한 모든 고통과 수욕羞辱을 다 인내한다 하여도 이 문화文化의 훼손에 대하여는 인내할 수가 없다.

대개 일본인은 조선인의 문화와 언어에 대하여 간섭할 하등의 권리 없는 것으로, 민족성民族性과 문화文化에 대하여는 그 민족의 자유에 맡겨두어야 하는 것이기 때문이다. 즉, 문화의 가치는 그 민족의 생활에 적합하거나 부적합에 의하여 판단 결정되는 것이지 추상적이거나 객관적으로 결정할 수 있는 것이 아니기 때문인 것이다. 따라서 타민족의 독특한 문화에 대하여 이해가 없고 존중심尊重心이 없으며 자기의 추상적시찰抽象的視察과 객관적관념客觀的觀念에 의해 이를 무시하며 파괴함은 그 민족의 발달을 방해하는 것이며 동시에 인류의 발전 진보를 저애阻碍하는 결과를 가져오게 되는 것이다.

일본은 조선에 대해 공명정대公明正大한 정치를 약속하였으며 행복증진幸福增進을 목적한다고 공언公言하였다. 결국 일본인이 일본어로써 조선인의 교육용어로 강제함은 조선인의 진보 발달을 방해하며 세계 인류의 진보를 막아버리는 것이 되는 즉, 오인吾人은 조선인의 독특한 문화를 진보 발달하게 하며 세계 문화운동을 증진하게 하는 최선最善의 방법으로 일본어로서 조선인의 교육용어를 강제함을 폐지하라고 창도唱導하고 있는 것이다.

결국 특정민족特定民族이 보유하여오는 언어와 도덕과 민족과 문화를 절대적으로 존중하여야 하는 것과 함께 조선인에 대해 공명정대公明正大하지 않는, 거짓과 위압威

177) 일례로 일제가 획책하는 檀君 否認에 대한 지적이다. “조선의 역사로서 단군을 削去하려 함은 일본학자의 전통적인 그릇된 말(謬口)일 뿐 아니라 일본 위정자들의 조선 정신을 殘虐하는 위에 또 하나의 필요수단을 삼는 바이니.... 단군부인의 논이 일본학계에 출현하기는 이미 30년의 세월을 경과 하였고..” (동아일보, 檀君否認의 排擊과 白頭山 讚美--檀君否認의 妄, 1926. 2.21.)

壓으로 조선을 통치하는 일제의 행위를 폐지할 것을 강력하게 요청하고 있다.

(3) 동아일보 사설 '朝鮮人의 教育用語를 日本語로 强制함을 廢止하라'의 세 번째 글을 본다.178)

(三) 여기서는 특히 일제가 식민지배를 통해 이루고자 하는 동화정책同化政策, 즉 일선동화日鮮同化에 대해 그는 절대로 될 수 없는 것임을 상세히 논설하고 있다. 일제는 조선인의 고유성과 민족성을 훼손하면서 일제와 일체一體로 하는 동화정책同化政策을 도모하지만, 그는 '동화同化'가 아닌 재앙을 함께하는 '동화同禍'가 될 뿐임을 분명하게 경고하는 내용으로 비장하게 논설에 임하고 있는 것이다.

즉, 일본어를 조선인의 교육용어로 강제함이 조선인의 발달과 진보를 방해하며 조선인의 독특한 문화를 파괴할 것이므로 그는 일본인 자신에 대하여도 이익이 없는 것이 되어 백해무익百害無益한 것이 되며, 세계사에서도 그런 예는 모두가 실패하였음을 강력하게 결론하고 있다.

일본어로써 조선인을 교육하여 조선인에게 일본 역사를 교육하고 일본 전설과 일본풍속을 교육하며 일본인의 인정人情을 교육함으로써 일본의 문화를 조선인 아동의 뇌수腦髓에 고취하고자 할 것이다. 그러면 일본인을 숭배하는 사상이 생겨나 적어도 일본인을 친애親愛할 수도 있겠지만 다른 한편으로는 조선인의 고유固有한 습성習性을 파괴하고 조선인의 민족성民族性을 훼손하며 조선인의 독립사상獨立思想을 소실消失케할 수 있다.

이것은 조선인으로 하여금 일본제국의 충량忠良한 국민이 되게 하는 최선의 정책이라 하여 사내정의寺內正毅(데라우치 마사다케, 초대총독 재임 1910.10.1.~1916.10.14.)총독 이래로 일본 정부가 전력을 다해 독려해온 것으로 소위 '동화정책同化政策'의 골수骨髓가 된다.

'동화정책同化政策'은 내용과 행위의 시비곡직是非曲直과 선악가부善惡可否의 성찰도 없이 사뭇 무력武力과 금권金權만 믿고 조선 이천만二千萬의 무고無辜한 동포로 하여금 함구봉설緘口封舌하고 손발을 절단하여 사자死者와 같이 침묵하게 하였던 정책이 된다.... 결국 너(同化政策)는 조선인에게도 죄인이요 일본인에게도 대죄인大罪人이 된다. 너는 '동화同化'정책이 아니고 '동화同禍'정책이 되는 것이다.

---

178) 동아일보, 朝鮮人의 教育用語를 日本語로 强制함을 廢止하라, 1920.4.13.(下)

혹자의 말과 같이 일본어로써 조선인을 교육하면 조선인은 과연 일본인이 될 것이며 적어도 일본인과 친선親善하여 지겠다고 하지만, 이는 잘못 아는 것으로 이유는 다음과 같다.

① 조선민족은 4천여년 연속된 역사에 의해 발달된 독특한 문화文化와 언어言語를 가진 민족으로 조선인을 몰살한다 하면 모르겠으나 약간의 교육이나 일본어로써 압박 강제하여 조선인의 민족성을 박멸하거나 조선어를 파멸할 수는 없는 것이다.

② 조선인의 부담負擔을 과중하게 한다.

③ 조선인의 진보進步와 발달發達을 방해하게 한다.

④ 조선인의 민족적民族的 자부심自負心을 훼손케 함으로써 도리어 조선인으로 하여금 일본인에게 반항하게 하며 조선인의 민족성을 더욱 강하게 하여 점차 독립분리열獨立分離熱을 조장助長케 할 뿐이니 조선인으로 하여금 진보와 발달을 방해하고 일본과의 동화同化는 절대絕對 불가능不可能하게 할 뿐이다.

이는 일본인의 동화정책이 졸열拙劣하여서가 아니라 세계 공통으로 역사와 문화가 있는 민족을 동화同化한 실례가 전무全無하기 때문이다.[179] 특히 중요한 예로 프러시아(Preuβen, Prussia)의 폴란드 동화정책 실패에 대해 설명한다. 18세기 후반 오스트리아와 러시아와 함께 폴란드를 삼등분하여 그 일을 영유한 이후 비스마르크 시대에 동화정책同化政策을 시행하였다. 비스마르크(Bismarck Schönhausen,1815~1898)는 폴란드를 동화하는 정책으로 독일어의 사용을 강제하였던 것으로, 1872년에 중학교에 폴란드어 사용을 일절 금지하고 그 이듬해에는 또 소학교小學校에서도 그의 사용을 금지하였으며, 학교 이외에도 법정法廷 행정관청行政官廳 군대軍隊에서도 독일어獨逸語를 공용어公用語로 정하고 1908년에는 선거에 관한 집회를 제외하고 어떤 집회에도 폴란드어의 사용을 금지하였다. 이렇게 독일은 폴란드민족 고유의 언어사용 금지를 통해 독일로의 동화同化를 도모하였던 것이다. 그러나 결국 독일이 획책한 폴란드인 동화는 실패하였으며 1차대전을 통하여 폴란드는 독일을 배반하고 폴란드공화국을 재건하게 되었던 것이다. 식민지배를 획책하는 강대국이 피식민국에 자국어自國語

179) 본문에서는 그러한 사례를 영국의 아일랜드 동화정책 실패 및 러시아의 유태인 탄압과 유태교 신앙 금지 등을 제시하며 동화정책의 절대 실패를 설명하고 있다. (동아일보사설, 朝鮮人의 教育用語를 日本語로 强制함을 廢止하라, 1920.4.13.(하) 본문 참조)

를 보급 강제하고 자국自國에 동화同化하게 하고자한 사례는 많으나 성공한 경우는 절무絕無하다.

따라서 일본인이 조선인의 교육용어教育用語로써 일본어를 강제하는 것을 폐지함은 조선인으로 하여금 고통苦痛과 애망哀亡에서 구하는 것이 되고 일본인에게는 인도상人道上의 죄인罪人과 문화진보의 저애자阻碍者라는 불명예에서 벗어나 정의正義와 인도人道의 도상道上에 바로 서게 하는 것이 된다. 그럼으로써 조선인의 진보進步와 발달을 기하게 함은 물론이고 일본인의 명예회복을 위해서라도 일본어로서 조선인의 교육용어를 강제하는 악정惡政을 하루라도 속히 폐지할 것을 주장하고 있는 것이다.

덧붙이건대 위에서 본 바처럼 독일이 폴란드에 실행하는 동화정책同化政策의 경과는 일제가 조선을 식민지배 함에 있어 유사하게 활용되는 선행 사례가 되고 있다. 그리고 폭압에다 교활을 더하면서 극단적 부정의로 식민수탈을 일관하던 일제는 결국 2차대전에서 패전하였으며 조선은 독립을 성취하게 되었다. 인류가 만들어 내는 이러한 경험적 사례와 경로는 인류에게 '역사법칙歷史法則'으로 정립되게 되며 그 결실들은 인류사의 교훈으로 새겨지게 되는 것이다.

4. 일제식민 치하에서 맞게 되는 훈민정음 반포 팔회갑八回甲

조선의 언어와 역사와 문화를 말살해내고자 술책을 거듭하는 일제 식민치하에서 1926년은 훈민정음반포訓民正音頒布 팔회갑八回甲을 맞는 기쁨이 있었다. 그러나 어찌 기쁨이었겠는가. 세종대왕의 훈민정음 반포 480년이 흘렀으니 이 땅에서는 마땅히 우리의 한글이 자유롭게 쓰여지고 교육되고 우리의 사상과 생각이 고귀한 한글로 표현되고 기록되어야 함이 순리였을 것이다. 그러나 일제 식민치하에서 신음呻吟하는 우리들 조선인은 우리의 글인 그 한글을 제대로 사용할 수 없으며 제대로 교육도 받지 못하는 고통의 시간을 맞고 있었던 것이다. 동아일보가 1926년 11월에 쓴 사설 '국지어음國之語音--훈민정음訓民正音 팔회갑八回甲'을 통해 주요 내용을 새겨본다.[180]

애국심愛國心을 담아 전하는 그릇이 국어國語와 국사國史임은 교육을 아는 자는 다

180) 동아일보, 國之語音--訓民正音 八回甲, 1926.11.5.(압수)

아는 진리이다. 그러기에 국민교육의 중심은 국어와 국사가 된다. 일본의 교육제도를 보더라도 소학교小學校에서 고등학교高等學校에 이르기까지 13개년 내지 14개년 동안에 매주 4~5시간의 국어國語와 국사國史 교수시간이 배정되고 있다. 이는 영국 미국 프랑스 독일 등의 나라에서도 그러하다.

인간 행위의 기록이 역사歷史이고 사상 감정의 기록이 국어國語이다. 국민사상國民思想은 오직 자기의 국어國語로만 표현할 수 있음을 특징으로 한다. 다른 외국어로는 도저히 그를 표현할 수 없는 것이기 때문이다. 자국어自國語로 말할 때 우리는 일종의 자유와 친애親愛를 느끼며 외국어로 말을 할 때에는 부자유함을 느끼게 되는 것이다. 국어國語는 그처럼 그 국민國民의 살이요 피가 되는 것이다.

일국의 국어國語는 가정家庭과 사교社交와 문학文學을 통해 다듬어지고 이어지며 발달하게 된다. 즉, 모든 생활 전체가 국어의 창조자요 보호자요 선전자요 발달시키는 자가 되지만 그중에서도 가장 유력한 것은 가정家庭과 사람의 어울림을 통한 사교社交와 문학文學이 된다는 것이다. 어머니 태중에서의 태교胎敎와 출생을 통한 만남에서부터 전 삶의 초기과정이 가정의 영역에서 어머니와 함께 비롯되는 것이다. 그래서 어머니인 여성女性에 대한 교육敎育의 필요성이 더욱 강조된다.

모성母性을 가진 어머니인 여성女性에 대한 국어國語와 국사國史에 대한 교육敎育은 정말 중요한 것이 된다. 사교社交는 가정 외의 영역에서 이루어지는 인간관계의 모든 것으로써, 만나는 사람에 따라 언제나 영향을 받고 감화를 받는다. 이 모두는 언어를 통해서 이루어진다. 특히 어린 소년 소녀일수록 그 영향이 더욱 크게 되는 것이기에 그들을 완전한 국민으로 성장시키려면 완전한 국어를 사용하는 환경을 제공해주어야 함을 명심해야 한다.

또한 국어의 보존과 발전에 가장 유력한 것은 국문학國文學이다. 가정과 사교에서 배우는 것은 일상용日常用의 구어口語에 한하지만, 문학文學은 이 일상의 구어를 가장 세련洗練된 형식으로 가르치는 외에 일상용日常用 이상의 깊고 높고 아름답고 다의적多義的인 국어를 가르친다. 아울러 문장文章의 표현법과 국민적 사상감정思想感情 중에 가장 깊고 높고 아름다운 것을 가르치는 것이 된다. 그러므로 국어교육은 문자와 문전文典(문법)의 교육을 제하고는 바로 국문학國文學의 교육이 되는 것이다.

지적할 바가 여기에 있다. 근년近年에 이르러 학교의 조선어 교육이 거의 없다고 할 정도에도 불구하고 조선어가 전에 없는 미증유未曾有의 발달을 보이고 있다. 이는 한글인 언문諺文을 사용하는 문학文學이 기여한 바라고 할 수 있다. 기독교계의 문학과

신문 잡지 신문예新文藝 등은 조선어를 유지하는데 중요한 기여가 되고 있다.

훈민정음 창제반포 480년을 맞이하여 조선 민족의 후예로서 힘주어 외치고 있는 결론적 내용은 다음과 같다. 한자漢字를 폐지하라. 여자에게 깊은 조선어문朝鮮語文의 교육을 제공하라.

가정과 사회가 조선어의 수호자守護者가 되라. 모든 가정과 모든 사회가 세련되고 풍부한 조선어의 보금자리가 되게하라. 위대한 신문학新文學이 발생하도록 하며, 유치한 신문학의 맹아萌芽를 늦게 얻은 독자獨子를 가진 부모의 심정으로 애육愛育하라.

완비한 조선어朝鮮語의 사전辭典과 문전文典을 만들어 내어라.[181]

이것이 훈민정음訓民正音 팔회갑八回甲을 축하祝賀하기에 적당適當한 유일한 잔치가 아닌가 한다.

우리 민족의 문자 훈민정음訓民正音 창제반포創製頒布 480년, 팔회갑八回甲을 맞으면서 우리의 국어國語와 국사교육國史教育이 활발하게 살아날 것을 비장祕藏한 심정으로 주창하고 있다. 어머니에 의해 이루어지는 국어교육을 강조하면서 여성교육女性教育을 함께 제창하고 조선어사전 편찬과 조선문학의 애육愛育을 호소하고 있다. 이는 당시 조선 국어의 보급과 국사교육을 통한 조선인의 민족혼民族魂 함양을 절규絕叫하는 외침으로 새겨지는 글이 된다.

5. 교육본질에 충실한 조선 교육의 개선 요망

1920년4월11일(上)부터 12일(中)13일(下)에 걸쳐 쓴 동아일보 사설, '朝鮮人의 教育用語를 日本語로 强制함을 廢止하라'의 내용을 이어서 동아일보는 동년 4월 20일

181) 이시기 엄혹한 식민치하에서 이지만, 이러한 '朝鮮語辭典' 발간의 輿望을 굳게 지켜내면서 분투한 결과 결국은 1938년 7월 12일에 靑嵐 文世榮(1888~?)이 자력으로 '조선어사전'을 博文書館主人 盧益亨의 후원으로 上梓하여 출간하게 되었다는 소식을 전한다. 10여년의 刻苦노력으로 十萬語彙 1700여 페이지에 달하는 방대한 朝鮮語辭典을 완성하게 된 것이다. 물론 그동안에 韓英字典 韓佛字典 朝鮮語辭典(朝鮮總督府編纂) 등이 간행되었지만, 이들은 모두 영어 불어 和語로 주석한 번역체의 사전이었고 조선어로써 주석한 사전은 여러 곳에서 계획은 되었지만 現物이 이렇게 출현한 것은 처음이 된다. 원래 辭典의 편찬과 간행은 獨力으로 하기는 어려운 일이다. 公正과 精密을 요하고 또 규모가 방대하기 때문이다. 물론 朝鮮語辭典編纂會의 사업은 당시에도 진행중에 있었다. 따라서 이를 통해 語學者들이 더욱 精進하여 조선어사전편찬회의 사전완성이 더욱 촉진되어 더욱 완전하고 尨大한 사전이 하루 속히 出現할 것도 아울러 명백히 표명하고 있다.(동아일보, 朝鮮語辭典의 出來, 1938.7.13.)

부터 '조선교육朝鮮教育에 대하여'라는 제명으로 4회에 걸쳐 연속으로 일제가 행하는 조선교육의 퇴행적 현실과 조선인을 위한 바람직한 교육원칙에 대해 정중하고도 충실한 내용으로 논설을 게재하고 있다.[182] 즉, 조선인의 인격가치 존중과 만민평등의 구현을 위해 교육 본질에 충실한 정책을 수립할 것과 함께 그의 실천을 요구한다. 교육은 사람을 절대 존엄한 존재인 사람으로 양성養成하는 것으로써 단지 식민지배를 강화하기 위한 도구적이며 퇴행적 교육을 시행하여서는 아니 되는 것임을 역설한다. 또한 교육의 본지本旨는 만민이 함유하고 있는 천성天性을 확충하여 인간의 도리道理를 깨치고 실천하는데 있는 것으로, 그 중심체는 일반 민중民衆이 되며 그 효용은 인간의 평등平等을 향해 작동되어야 하는 것임을 분명히 하고 있다.

따라서 그의 실천을 위해 여러 가지 방안을 제시한다. 식민지배계급의 이익과 정책을 옹호 대변하는 관학주의官學主義를 폐지하고 인격교육人格教育을 시행하며 취직就職만을 염두하면서 인간의 인격人格 및 자유가치自由價値를 소외시키는 직업예정주의職業豫定主義를 버려야 함(二), 민족과 문화가 다른 조선인에게 조선민족에 합당한 교과서를 만들어 보급하여야 하며 보통학교 선생은 조선인으로 선발하고 사범학교를 확충하여 교사를 많이 양성하고 학교를 증설하여야 함(三), 의무교육義務教育이란 국가가 민중民衆에게 보통교육普通教育을 시행하는 것으로 국가가 국민에게 반드시 제공해야 하는 한 책무가 되는 만큼 조선인에게도 일본의 최저 육년六年과 같은 의무교육의 시행을 요구(四)하고 있다. 일제가 차별하고 무시하며 도구적으로 생각하는 조선인, 그리고 조선교육에 대해 중요사항을 정리하여 식민당국에 강력히 개선改善을 요청하고 있는 논설이 된다. 이하에서 조선교육에 대한 당시의 절박하고도 충심어린 내용을 자세하게 살펴 본다.

(1) '조선교육朝鮮教育에 대하여'중 (一)의 내용을 검토한다.[183] 일제가 조선인에게 교육을 시행함에 있어, 그들이 구사하는 교육 본질을 벗어나는 차별적이고도 교활한 책동策動과 술책術策이 너무나 부끄럽게 드러나고 있다.

이천만二千萬 민중 가운데 교육을 받은 자는 기인幾人이며, 교육을 주는 기관은 기

182) 동아일보, '朝鮮教育에 대하여', 1920.4.20.(一), 4.21.(二), 4.22.(三), 4.23.(四)로 4일간 연속하여 동일 주제의 사설을 게재하고 있다.

183) 동아일보, 朝鮮教育에 대하여, 1920.4.20.(一)

개幾個이며, 또 교육을 받는 자가 배우는 학과學科는 무엇인고.

'태고천황씨太古天皇氏 목덕木德'을 교수하는 서당書堂도 있고[184] 학생도 있으며, 동서부지東西不知하고 일이불기一二不記하는 정도로 모르는 아동에게 일본어인 '아이우에오' '야마도다마시'를 교수하는 보통학교普通學校도 있도다. 그러나 이도 몇 개처나 있는고.

천天이 인人을 생生하실 때 만민평등萬民平等으로 광영光榮을 주셨고 환희歡喜를 주셨고 복지福祉를 주셨건마는 배우지 아니하고 먹지 아니하여, 또 배움을 주지 아니하고 먹는 것을 주지 아니하여 만민평등의 은택恩澤을 균점均霑치 못하니 이는 천의天意일까 인사人事일까.

그러나 교육教育에 대한 민주주의는 현대의 신발명新發明이 아니요 신창설新創設이 아니니 역사로써 보면 인생 팔세八歲에 개입소학皆入小學이라 하는 고전도 있고 희랍시대에 스파르타 아테네의 국민교육國民教育도 있느니라.

이와 같이 상고시대上古時代에 교육 민주주의가 발달된 것은 문화를 향상하고 부국강병富國强兵에 있다 할지나 그 실은 인도人道를 각覺하고 천의天意를 순順함에 있느니라.[185]

그런데 우리 조선인에게 배움이 있는가 없는가. 형식의 배움은 유有하나 실질의 배움은 유有치 아니하다....그런데 고금동서를 물론하고 지배계급支配階級에 재在하여는 민중民衆의 지식발달을 극히 질시嫉視하였나니 이는 민중이 몽매朦昧하여 자기가 안전할 것이요, 민중이 무식하여 자기의 사환使喚을 순종할 것이라 함이라....

만일 민중에게 교육을 시施하고 지식을 여與하면 민중이 사환의 불합리를 알아서 일어날 것이요 인권人權의 무차별을 각覺하여 일어날 것이니 이에 지배계급의 행복이 휴休하고 쾌락이 파破하고 지위가 위태할지라. 어찌 민중의 각성覺醒이 지배계급에 대하여 일대 독와사毒瓦斯(독가스)가 아니리오.

---

184) 書堂에서 배우는 童蒙先習에서 "天皇氏 地皇氏 人皇氏 有巢氏 燧人氏 是爲太古"로 중국 태고적 성인의 역사를 적고있는 것이다. 三皇의 으뜸인 천황씨로부터 지황씨와 인황씨를 잇고 집 짓는 법을 가르쳐준 有巢氏와 불을 쓰고 조리하는 법을 가르쳐준 燧人氏를 이르는 것이다. 天皇氏의 이름이 木德이다.

185) "**韓愈 가로되 사람이 배우지 아니하면 馬牛에 금거衿裾(옷을 메어입음)함과 같다 하니** 사람은 사람이요 馬牛가 아니라. 고로 馬牛를 면하려면 배워야 할 것이요 馬牛를 면케 하려면 또한 반드시 배워야 할지니라."(朝鮮教育에 대하여, 1920.4.20.(一) 본문 참조).

그리고 일본에서도 6년의 의무교육義務教育 연한을 7년~8년으로 연장을 준비 중이다. 그런데 조선에서는 1·2년의 의무교육도 있지 아니하고 오직 고금을 통하여 있지 아니한 '서당령書堂令'만 있을 뿐이니 어찌 조선인에게 배움이 있다고 할 것이요.

수년 전 일본 길야박사吉野博士가 조선에 와서 어떤 공립보통학교장公立普通學校長이 동박사同博士에게 말하기를 조선인은 영리怜悧하니 비록 소학교육小學校育만 일반一般으로 제공하여도 심히 위험한 일이라고 함을 볼지라도 일반一般을 가히 추측할 수 있느니라.

그러므로 '서당령書堂令'을 반포하여 학교 교육은 위험하니 여與치 말고 ...이 서당교육에 일어日語는 교육을 아니 하지 못할 것이라 하여 서당교육에 일어필수제日語必須制를 설치하였으며, 또 사립학교私立學校는 더욱 위험하다 하여 도태淘汰함을 태만怠慢치 아니하였나니 고로 합방合邦하던 융희隆熙4년(1910)에 존재한 바, 1,671개교가 대정大正 8년(1919) 5월말에 이르러 742개교로 감하였으니 사립학교는 929개교 반수半數 이상을 도태하였도다.[186)]

조선총독부는 조선교육을 확장한다고 하면서, 종래 6면面 1교校 공립보통학교公立普通學校를 3면 1개교로 증가한다는 것이다. 순사주재소巡査駐在所는 매면每面에 치置하되 보통학교는 3면에 1교를 치置하니 완급적의緩急適宜의 정책이라 할 수 있겠는가. 육순사주재소六巡查駐在所의 관할 내에 있을 학교가 삼순사주재소三巡查駐在所의 관할 내에 있게 된 것도 진보라면 진보이요 개혁이라면 개혁일지라.[187)]

....그러므로 조선교육에 대해 가부可否를 논하는 것은 심히 어리석은 자의 일이라 할지나 그러나 원래 교육문제는 인류人類의 문제라, 지배계급의 이해利害로만 좌우할

186) **사립학교의 도태 원인으로는 다음을 지목**한다. 우선은 사립학교에 기부금을 모집할 수 없게 하면서 **'書堂令'**을 통해 원시교육을 장려한 결과 학부형과 학생들이 去就에 혼미하게 된 것과 양반 유생을 대우하여 신학문을 배척케 한 것이 원인이며, 다음은 가장 비근한 원인으로 사립학교 학생 대우인데 **사립학교 졸업자는 비록 인격과 지식과 수완이 官學 졸업생보다 우수하더라도 仕宦 등으로 선발을 하지 않으므로** 인하여 官僚萬能의 조선에서 私學이 발달할 수 없는 원인이 되었다. (朝鮮教育에 대하여, 1920.4.20.(一) 본문 참조)

187) 여기서 인구 대비 학교 수를 보기로 하자. 6개면에 보통학교 1개교에서 3개면에 1개교를 설치하겠다고 함에 대해, 당시의 1개 面當 戶數를 2천 호씩으로 보면 3개면은 6천 호가 된다. 호당 인구를 5인으로 볼 때 3개 면에는 3만 명의 인구가 살게 된다. 이러한 3개면 인구에 1개의 보통학교가 세워지면 한 학교에 학생은 학급당 70명을 기준으로 4학급 280명의 학생을 뽑게 되니 이는 인구 1000명당 小學生 1명이 아니 된다. 그런데 문제는 이들 중에서 극히 일부만이 중학진학, 전문대학진학을 생각한다면 조선인 교육의 실체를 알 수 있게 된다. (朝鮮教育에 대하여, 1920.4.20.(一) 본문 참조)

것이 아니요 반드시 인류의 문화를 염념念念한 인도人道의 소유所由를 알지 아니하지 못할 것이다.

(2) '朝鮮教育에 대하여' 중 (二)의 내용을 살펴본다.[188] 관존민비官尊民卑적 사고를 심화시키며 인간중심의 자유 정신을 위축시키는 관학주의官學主義를 버리고 애정을 가진 도덕적 인간으로서 인간으로서의 존엄 가치와 이상을 자유롭게 창의적으로 발양하는 인격교육人格教育을 시행할 것을 역설한다. 그리고 모든 학생들을 취직에만 몰두시키면서 현실적 식음과 생존에만 집중케 하는 직업예정주의職業豫定主義를 버리고 인간교육과 전문교육을 충실히 행함으로써 직업을 가질 수 있게 하는 교육 본지本旨에의 충실을 강조하고 있다.

교육教育은 사람을 사람으로 양성하는 것이나 그 사람은 그 시대의 사람이 되어야 할 것이니라. 고로 교육도 그 시대의 교육이 아니면 사람을 사람으로 양성하는 교육이 되지 못하고 오식 기계적機械的 교육이 될 것이다..... 그러므로 만일 20세기에 있어 우민교육愚民教育을 또는 기계교육機械教育을 행하여 이세민李世民의 진장책眞長策을 모방한다 하면[189] 설사 일시의 기만은 능能일는지 알지 못하거니와 도도한 신기운에 팽팽膨膨하게 성장하는 민주사상은 결코 그 속이려는 만착瞞着에 중독中毒되지 아니할지니 깨달아 고칠 것이라.

민중民衆이 지우至愚한 것이 아니요 지령至靈한 존재이니라.

조선교육의 근본적 개혁을 논하여 여론輿論에 호소하노라.

1) 관학주의官學主義를 폐지하라

교육의 본지本旨는 만민에 함유한 천성을 확충하여 대자비大慈悲의 인도人道를 천명闡明함에 있으니 그러므로 그 체體는 민중民衆이요 그 용用은 평등平等이라. 이러한 대경대법大經大法을 무시하고 다만 지배계급의 이익만 옹호擁護하며 증대하는 조선의

188) 동아일보, 朝鮮教育에 대하여, 1920.4.21.(二).

189) 당나라 제2대 황제인 太宗 李世民(**626년~649년 재위**)으로서 **貞觀의** 治를 펼쳤다. 토지의 균등분급과 租庸調 세제 정비를 통해 백성들의 부담을 균평히 하고 과거제도를 실시하여 인재를 널리 선발하여 양성하는 것으로 당나라의 국운을 크게 융흥시켰다. 吳兢(670~749년)이 편찬한 '貞觀政要'는 태종이 군왕으로서 대신들의 의견을 널리 경청하면서 愛民之政을 실천한 정치 언행을 적고 있는 책이다.

관학주의官學主義는 형식상 교육이라 명명命名할는지 모르나 그러나 그 내용은 진실의 교육이 되지 못할 지니라. ...관官이 어찌 존尊하며 민民이 어찌 비卑하리오. 황금을 숭배崇拜하고 노동을 멸시蔑視하는 계급의 악근성惡根性으로 이를 보면 민중은 자본가요 관리는 노동자이니 오히려 관리官吏가 민중民衆보다 천賤할 것이로다.[190)]

그러나 관官도 민중民衆도 모두 민중民衆이니 그 간에 무슨 차별과 존비尊卑가 있으리오만은 조선에 있어서는 관官이 민民에게 대하여 방만倣慢하고 멸시蔑視하여 일본인 순사巡査는 조선 민중에게 말할 때 '오마에'가 아니면 '기미'요, 조선인 순사巡査는 '야, 이놈아'가 아니면 '이 사람'이라. 어찌 순사만 이러하리오.

관官의 대부분은 모두 일반이니 이는 저들이 인도상人道上 인격人格의 신성神聖을 알지 못함이라. 그리고 조선의 관존민비官尊民卑사상은 벼슬 관직을 가진 사환계仕宦界(관계官界) 정치계政治界에만 범람하는 것이 아니고 사회 각 방면에 걸쳐 창궐猖獗하고 있으니 이렇게 시대를 역행하는 사상은 그 여명餘命이 얼마 가지 못 할 것이다.

따라서 교육처럼 장래의 인물을 양성하는 방면에 있어서는 과거의 잘못된 사상으로 임한다는 것은 지극히 불가한 것이니 이 같은 일을 하루라도 지연하면 그 해독이 증대하게 되는 것이다. 조선인 부형父兄 가운데에 아직도 시대와 풍조風潮를 알지 못하고 '등하고燈下苦에 마두영馬頭榮'을 바라는 자가 없지 아니하나,[191)] 새 조선인이 된 후에는 깨인 조선인이 된 후에 실로 면목과 의사를 바꾼 조선인이 되었으니 비루卑陋한 벼슬살이 사환심仕宦心을 가진 부형이 극감하였고 더욱 더 도태가 될 것이니라.

교육을 오직 관리양성官吏養成으로 주안을 삼은 것은 불가한 일이며 설혹 관리양성을 주안으로 삼을지라도 그 교육방법이 암흑시대에 승려僧侶들이 교리주석敎理註釋만 옳다하는 교육을 행하듯이 관官에 대한 기계적 해석교육만 시행하면 이는 기계를 조성하는 방법이오 인물人物을 교육하는 것이 되지 못 하나니라.

---

190) 官吏와 民의 관계에 대한 명확한 이해이다. 대개 '官尊民卑'는 역사적 유물로 현대에는 심한 惡德이다. '官'은 '民衆'의 일부분인 동시에 그 生活은 민중에 依賴하고, 생활을 의뢰하는 報酬로 민중을 위하여 봉사하나니 비유컨대 자본가에 대하여 노동자와 흡사하다 할 것이다. (朝鮮教育에 대하여, 1920.4.21.(二) 본문 참조)

191) "十年燈下苦 三日馬頭榮"는 東晉때 陶淵明(365~427년)의 四季에 나오는 시구절로, 십년동안 등잔불 아래서 공부를 한 끝에 성공하여 사흘 동안 말을 타고 영화를 누린다는 뜻이다. 조선에서 벼슬관리가 되어 편하게 영화를 누리며 산다는 것에 비추어 쓰고 있다.

2) 인격교육人格教育을 주장主張하노라

위에서 말하였거니와 사람은 사람이요 금수禽獸가 아니요 또 기계機械가 아니다. 애정愛情이 있고 의지意志가 있고 도덕道德이 있고 이상理想이 있는 사람이라. 그러므로 애정을 발로發露하며 의지를 해방解放하며 도덕을 준수하며 이상을 표시하려면, 기계나 금수가 할 수 있는 바가 아니요 오직 인격人格있는 사람(人)이 된 후에야 능能히 할 수 있는 것이라.[192]

따라서 교육을 행함에 있어 사람의 인격을 무시하고 그 자유의지自由意志를 구속하여 정신精神의 수련과 사상思想의 해방을 회피하면서 다만 육체의 기능을 기계와 같이 도야陶冶하게 된다면 그 사회는 기초가 기계적機械的이 되며 그 종합 역시 기계가 될 뿐인 것이다..... 그러므로 인격교육人格教育은 실로 교육의 주안主眼이 되어야 하는 것이며, 더하여 관학官學을 반대하며 평민平民의 자유교육自由教育을 주장하는 소이所以이기도 한 것이다.

3) 직업예정주의職業豫定主義를 버려라

원래 직업職業은 인생人生에서 결하지 못하는 것이다. 그러나 인생은 동물 중에서 가장 가능성을 많이 가진 존재이니 인생을 인생으로 교육만 하면 그 직업을 자유의지로 능히 선택하고 실행할 것이거늘, 조선총독부는 조선인을 너무 소아시小兒視하고 유치시幼稚視하는 것으로 조선인을 양성養成함에 먼저 그 취직할 처소를 생각하여 취직할 만한 처소의 수효만큼만 학생을 양성하고 그 외에는 직업을 줄 수 없다하여 교육을 제공하지 않고 있다.[193]

.... 물론 학식이 있고 상당한 직업이 없으면 사회에 대하여 불평不平을 명鳴하고 불만不滿을 포抱하게 될 것이다. 교육 때문에 불평가不平家와 불만의不滿義가 발생한다면 지배계급에게는 실로 안상顔上의 췌류贅瘤(혹)이니 고등유민高等遊民을 양성하지

---

192) 사람의 인격을 무시해온 앞선 역사를 경험하였다. 역사상 사람의 人格을 가족제도로 무시한 경우도 있었고 종교의 墮落으로, 또는 정치의 압박으로 무시한 경우도 있었다. 그러나 금일은 사회의 單位를 개인으로 삼고 개인의 인격을 사회의 기초로 삼고 있는 바, 사회의 진보 발전을 개개인의 인격 종합에서 구하는 것이기에 정치의 압박이나 종교의 발호가 감히 개인의 인격을 무시할 수 없는 역사 시기를 살고 있음을 강조한다.(朝鮮教育에 대하여, 1920.4.21.(二) 본문 참조)

193) 工業專門學校를 예로 보면 그 學科가 六科이고 강당 설비가 수백 명은 수용할 수 있는 바인데, 그러나 해마다 입학지원자가 7~800명 이상이 됨에도 매년 40명 이하 즉, 일개 과 5~6명만 모집하고 있으니 이는 엄격한 職業豫定主義에서 비롯하고 있는 것으로 지적한다.(朝鮮教育에 대하여, 1920.4.21.(二) 본문 참조)

않는 것이 양책良策이라 할 것이라. 그러나 세상은 변화하고 사람은 깨우치게 되는 것이라, 지배계급들이 만사를 마음대로 천단擅斷하여 암흑의 내막을 유지할 수는 없는 것이니라.

(3) '朝鮮教育에 대하여'중 (三)의 내용을 본다.[194] 조선인 청소년들이 배우는 교과서가 일본의 역사와 문화에 대한 내용으로 기술되어있다. 조선인이 배워야 하는 조선역사와 문화는 배우지 않고 일본역사와 일본문화를 가르쳐 주입注入하고자 함에 대해 조선의 역사와 정신과 문화를 주 내용으로 하는 교과서로 개정改正할 것을 요구한다. 또한 보통학교普通學校에서 조선인 학동學童들을 교육하는 교사들을 심리적 정신적으로 유대를 깊게 할 수 있는 조선인으로 교체하여 줄 것을 요망한다. 나아가 1개면 1개교로 보통학교를 증설하여야 하는 것과 함께 그들 학동들을 가르칠 교사를 양성해야 하는 만큼 시급히 사범학교師範學校를 확충擴充하여야 할 것임을 강력하게 제안하고 있다.

1) 교과서教科書를 개정改正하라

민족民族의 구별은 혈통血統보다도, 언어言語 습관習慣 인정人情 풍속風俗의 상이相異 여하에 있으니 이는 앵글로색션족과 게르만족과의 관계로도 알 수 있다. 그러므로 조선민족과 일본민족 간에 상호 왕래하여 조선족이 일본으로 이전한 일도 있고 일본족이 조선으로 이주한 일도 있으니 혈통으로 보면 양 민족이 다소 혼혈混血이 되었다 할 수 있다.

그러나 문화상文化上으로 보면 조선과 일본과 사이에 계통이 각자 달라서 제도制度와 문물文物이 다르고 전설傳說과 예의禮儀가 다르고 도덕道德과 습관習慣이 다를 뿐만 아니라 십 년간을 고심苦心 참담慘憺하여 동화정책同化政策을 적극 행하였으나 재래在來의 조선언어와 풍속이며 정신과 사상이 의연히 존재하였으니, 고유한 문화와 전통傳統이 있는 민족은 결코 타민족에게 동화同化하는 것이 아니요 고유한 정신을 기어히 발휘하는 것이리라.

그러므로 이와 같은 민족을 교육함에 당하여 그 민족의 문화를 근본根本치 아니하고 언어와 문자를 사용치 아니하고 역사와 전설을 또 도덕과 풍속을 기초하지 아니하

194) 동아일보, 朝鮮教育에 대하여, 1920.4.22.(三)

고 타민족의 전설과 정신으로 교육하면 교육을 받는 민족은 문화가 향상치 못할 것이요 특장特長이 발현치 못할 것이다.

그런데 조선교육의 교과서를 보면 모두 조선민족과는 아무 관계가 없는 일본 고대의 도태랑桃太郎의 전설이며 천조대신天照大神의 역사를, 또 조선어와는 계통系統과 연혁沿革은 물론이고 조직이 다른 일문日文으로 편찬하여 조선인과 습관 풍속이, 또 심리상태心理狀態가 다른 일인日人이 교수하니 어찌 조선인의 교육이 발전되며 교육받는 학생들이 기능을 발휘하리오. 그리고 교육은 시대時代와 민도民度에 의하여 시행할 것이거늘 10년 전 제국주의帝國主義가 팽창하고 식민사상植民思想이 범람한 때, 하물며 데라우치 총독의 극단적 동화정책同化政策으로 일거에 조선혼을 조선인으로부터 빼앗아 버리려는 정신으로 편찬한 것이리오

조선 교육을 위한 교과서를 시대에 적당하도록 개혁改革함은 물론이고 또 전설傳說 역사歷史 등을 조선민족의 전설 역사로 할 것이며, 교수敎授와 문자文字도 조선인朝鮮人과 조선문朝鮮文으로 함이 가하니라.

2) 보통학교普通學校 선생先生은 조선인朝鮮人으로 하라

보통학교 학생은 연령이 유소幼少하여 가정의 애정愛情에서 타인의 교도敎導에 비로소 출래出來한 것이니 이를 교육함에는 가정의 애정으로, 가정에서 훈육하고 교도하듯이 임하여야 한다. 즉, 선생 된 자가 부형父兄과 같은 생각으로 학생들을 자녀 조카와 같이 대우하여 그 학생의 심리心理에 타합打合하여야 할 것이니 선생 되는 자는 학동學童에게 대하여 친절하게 화뢰和賴하여 학생과 선생 간에 아무 간격이 없는 동시에 가급적 가정 내의 애정이 학교에서 실행되어야 할 것이거늘 보통학교 선생이 일인日人이기 때문에 풍속과 관습을 조선인과 같이 알 수 없고 또 의복과 언어가 조선인과는 판이判異하니 소학생小學生이 자기의 눈에 익숙하지 못한 의복을, 또 듣지 못한 언어를 잘 알지 못하게 하니 학생이 선생에 대해 애정愛情이 생기며 학교에 대해 흥미가 발하겠는가.[195]

그러므로 보통학교에 있어서는 그 선생을 조선인으로 담임케 하여 교육하지 아니

195) (학생에게 있어) 선생의 태도와 행동이며 愛情과 用心이 자기의 父兄과는 전혀 다르며 교육을 시키는 言語가 가정에서는 듣지 못하던 말이요, 교육을 시키는 精神이나 思想이나 傳說이나 歷史가 자기의 가정에서는 모두 듣지 못하던 바이며...등등의 실상으로 인하여 日人이 행하는 보통학교 교육은 그 교육효과를 볼 수 없게 되는 것이다.(朝鮮敎育에 대하여, 1920.4.22.(三) 본문 참조)

하면 조선의 소학小學 교육은 도저히 교육다운 효과가 발생치 못한 것이니라.

3) 사범교육師範教育을 확장擴張하라.

조선교육을 교육이라 할 만큼 개혁하려면 육면일교六面一校니 삼면일교三面一校니 하는 고식책姑息策으로는 아무 효과 없는 것이고 적어도 1개 면에 1개 학교씩은 있어야 할 것이다.[196] 따라서 현재에도 결핍한 선생이지만 그 가운데서 적합지 못한 자 다수를 도태하고 또 학교 증설을 행하려면 사범교육師範教育 확장은 급무 중의 급무이다. 그리고 사범교육은 민중의 정신과 사상을 주안主眼하여 또 그 민족民族의 언어와 문자를 기초로 하여 행하여야 하니 이는 위에서와같이 고유한 문화가 있는 민족을 교육함에는 반드시 그 민족의 문화로 할 것이요 또 그 시대의 사조思潮에 부합하여야 할 것이니라.

(4) '朝鮮教育에 대하여'중 (四)의 내용을 살펴본다.[197] 일정 연령에 달하는 아동에게 국가는 그 아동이 반드시 교육을 받을 수 있도록 보통학교 교육을 의무적으로 제공하여야 하는 것이다. 교육을 통하여 인간은 인간의 존엄가치尊嚴價値를 알게 되고 바름과 자유와 평등을 배울수 있게 되는 것이다. 따라서 합당한 재원財源을 마련하여 1개면에 1개 학교를 반드시 설립하여 조선인이 보다 많이 교육을 받을 수 있게 함으로써 조선인이 인간적 가치를 각성하는 가운데 존엄한 삶을 영위할 수 있음을 일제 당국을 향해 주장하고 있다.

이 글의 중심내용은 조선인에게 **의무교육義務教育을 시행施行하라**는 것이다.

의무교육義務教育이라는 것은 민중의 보통교육을 말함이니, 부형父兄된 자는 그 자녀와 동생 조카들을 7-8세의 초학기로부터 어느 시기까지는 교육을 시킬 의무가 있고 국가에서는 그 부형되는 자에게 자제子弟의 교육을 강제할 권리가 있음을 말함이라.[198] 사람이 사람 된 가치를 발휘하려면 식食이 있어야하고 학學이 있어야 할 것인

196) 더욱 근본적인 것으로는 日人先生이 보통학교 학생을 교육하는 것은 매우 부적합하므로 이를 개혁해야 하는 것이며 이를 개혁하려면 따라서 사범학교 교육을 확장해야 하는 것으로 논지를 갖게 된다.(朝鮮教育에 대하여, 1920.4.22.(三) 본문 참조)

197) 동아일보, 朝鮮教育에 대하여, 1920.4.23.(四)

198) 의무교육은 고대 希臘에서 기원하고 프러시아의 프리드리히 대왕 시기에 제도화하면서 선진 세계가 이의 실행에 진력하고 있다. 일본도 明治初期에 민도가 우매하고 재정이 어려움에도 불구하고

고로 식食과 학學은 이대요건二大要件이 된다.

"좋은 일인 선사善事는 급히 하라"는 일본속담과 같이 조선에 있어 의무교육을 오늘까지 지연한 것은 그를 지연한 자의 과오過誤이되, 지금부터 지연되는 것은 일시동인一視同仁으로 덕정德政을 표방하는 새 총독의 문제이다.[199)]

그리고 재원財源에 있어서는 지방비地方費로 하여 충용充用함이 아무 곤란과 고통이 없다 할 것이니라.[200)] 즉, 1면에 보통학교 1개교를 전제로 할 때, 1개면 당 2,000호이므로 호당 1년에 2원씩을 납부(매월 20전 정도씩)하여 4천원을 마련하여 자녀의 교육비 재원으로 쓴다면 그 정도의 의무부담은 고통으로 여기지 않을 것이며 당시 조선 형편상 학교 유지비용으로 부족하지 않을 것으로 보고 있다.

또한 조선에는 거대巨多한 관유재산官有財産이 있으므로 그를 처분하여 교육비로 충당함이 합당하다 할 것인바, 관유재산을 관에서 농단壟斷함이 국가경제에 손실이 됨은 분명한 것이며 이 같은 재산을 처분하여 교육비로 충당함이 지극히 합당한 일이 되는 것이다. 이 재산을 교육비로 처분하면 조선교육의 개혁문제에 대해 재원무로財源無路의 구실은 성립될 수 없으며 지금 당국자는 이미 덕정德政을 표방하였으니 이를 시행함은 조금이라도 유예할 바가 아닌 것이 된다.[201)]

그러나 진眞이 없고 미美가 없고 선善이 없는 자, 어찌 슬프지 않겠느뇨. 문학文學이 없으니 미美를 어찌 노래하며 종교宗敎와 정치政治와 법률法律이 없으니 선善을 어찌 실행하며 사학私學이 없으니 진眞을 어찌 찾겠는가. 이에 조선의 보통교육을 논하여 천하의 여론輿論을 환기하며 당국의 맹성猛省을 촉구하고 있는 것이다.

'義務敎育令'을 제정하여 이를 시행하게 되었다. (朝鮮敎育에 대하여, 1920.4.23.(四) 본문 참조)

199) 3.1 독립운동이 실패로 끝난 뒤의 당시 총독은 제3대 齋藤實(사이토 마코토: 1858~1936) 총독으로서 그는 1919.8.12.~1927년(제3대 총독)과 1929.8.17.~1931.6.16.(제5대 총독)까지 조선 총독을 두 차례 역임하였다.

200) 당시 財源問題를 구실로 하여 교육의 시행을 지연하는 처사에 대해, 재원문제는 없는 것임을 강조하면서 조선인이 년간 2원씩의 교육비를 부담하며 또 국가가 가지고 있는 관유재산 처분을 통해 이러한 문제는 능히 해결할 수 있는 것임을 설명하고 있다.(朝鮮敎育에 대하여, 1920.4.23.(四) 본문 참조)

201) 당시 일제 당국에 대한 불신은 당연한 것이어서, 관유재산은 국민경제로나 施政當局의 입장에서나 이익이 있지 못하는 것으로 보았다. 가령 시정당국은 민중에게서 세금을 징수하여 歲計豫算을 편성하여 政務를 행하는 것이니 관유재산을 소유해서 별도 수입을 행할 필요가 없으며 또 관유재산이 있어서 시정당국이 애매한 별도수입을 갖게 된다면 정확한 예산감시를 충분히 행할 수 없으므로 이로 인해 官과 民의 간격과 불신만 더해짐을 지적하고 있다. 특히 조선에서는 민중의 예산감시를 허용하지 않는 실상도 더하여 밝히고 있다. 이어서 실업교육과 전문학교 교육문제에 대해서는 다음 기회에 논하게 될 것이라 하고 있다. (朝鮮敎育에 대하여, 1920.4.23.(四) 본문 참조)

이상으로 4회에 걸쳐 동아일보는 1920년 현재 조선의 보통학교와 교육 실상에 대해 상세한 논의를 제기하고 있다. 특히 일제 당국이 조선에서 행하는 신의信義 없는 식민지배 책략을 종횡縱橫으로 연결 지어 논설하면서 교육본지教育本旨에 기한 의무교육의 확장과 교육을 통한 언어에 기반한 역사와 문화의 존중, 그리고 인간의 존엄가치를 기초로 진선미眞善美를 공유하는 인간사회로의 이행을 간원하고 있다. 즉, 문학文學이 있어 미美를 노래하고 종교와 정치와 법률이 살아 있어서 선善을 실행하며, 국가의 통치이념을 강요하는 관학주의官學主義를 배격하고 사학私學과 함께 학교 교육기관이 많이 확충 · 개선되어서 진리眞理를 찾아내고 그를 실천하는 그러한 조선 사회가 될 수 있도록 일제 당국에 간절하게 성찰을 촉구하고 있는 것이다.[202)]

6. 식민지배자의 장식적 · 노예적 교육관과 인류문화의 진보

위의 논의가 제기된 후 4년여가 경과 하는 시점에서 교육에 대한 이해와 변화는 어떠하였는가. 동아일보가 1924년 1월에 쓴 사설 '민족적民族的 경륜經綸(四)---교육적 결사結社와 운동運動'이라는 제목의 글은 일제 당국이 아직도 교육의 진의眞義를 깨우치지 못하는 가운데 구식의 교육을 계속하는 점과 함께 조선 민중의 대다수가 교육에서 배제되고 있음에 대해 우려를 지적하고 있다.[203)]

교육이란 말은 너무 많이 들어서 다 아는 것처럼 하는데 정말 모르는 것이 많은 것이다. 교육을 실천이 없이 구두선口頭禪 모양으로 부르건만 그 참 의의意義를 아는 이가 의외로 희소하고 그것을 위해 전력을 다할 정성精誠은 더욱 적은 것이 사실이다.

전근대 시대인 조선 고대의 교육은 첫째, 전민중全民衆도 아니었거니와 둘째로는 적을 피하고 먹이를 포획하는(피적포이避敵捕餌) 이용후생利用厚生적인 것도 아닌 가운데 대부분 장식적裝飾的이었는바, 근년의 교육도 아직 이 옛 방식을 벗어나지 못하였다. 이는 일반 민중이 아직도 구식적 교육목적의 잘못됨과 교육의 진의眞意를 깨닫지 못한 것에 연유한다.

그래서 교육教育은 첫째로 사람들이 모두 받아야 하는 것이다. 어떤 선택된 특별 계

---

202) "物은 그 平을 得하면 和하고 그 平을 득하지 못하면 울음(鳴)하나니, 사람이기에 그 平을 득하지 못하여 어찌 울부짖지(鳴) 않으리오"라며, 조선인이 당하고 있는 **平과 和의 원천적 상실** 속에서 어찌 울부짖지 않을 수 있겠는가를 호소하고 있다.(朝鮮教育에 대하여, 1920.4.23.(四) 본문 참조)

203) 동아일보, 民族的 經綸(四)---교육적 結社와 運動, 1924.1.5.

급만 받는 것이 아니다. 사람이 삶을 한다는 것은 만인이 다 하는 것이고 남이 자신을 대신해서 살아주는 것이 아니기 때문이다. 그런데 현재 조선에서는 학령아동學齡兒童만으로 취학율을 보면 5~6/100에 불과하고, 일반인민 전체를 보면 90%를 차지하는 농민(약 1400만명)은 대부분 전혀 교육을 받지 못한 형편이 되고 있다. 이들은 피적포이避敵捕餌하는 술수術數를 겨우 견습見習하였을 뿐, 이에 대해 과학적으로 방법을 배우고 습득하는 생각은 전혀 하지 못하였다. 이것이 조선민족이 처한 가장 근본적인 문제가 되는 것이다. 이러한 문제를 해결하여야 그다음으로 정치문제 경제문제 사회문제의 해결로 나아갈 수 있게 되는 것이다.

두 번째로 교육이란 적을 피하고 식량이나 먹이를 포획하는 '피적포이술避敵捕餌術'을 주로 하게 된다. 이는 기본적으로 인간의 생존과 생활을 가능하게 하는 것이므로 교육의 중심문제가 되게 된다.[204] 이를 위해 물리학 화학 동식물학 천문학 지질학 등 과학적 지식의 교육 보급이 필요함을 주창하고 있다. 따라서 조선사회에서 전민중全民衆에게 이러한 과학지식 보급을 위한 대운동이 일어나야 하는 것이다. 특히 농촌의 농민을 중심으로 하는 강습소의 설치 등이 필요한 것으로 거기에 소요되는 자금과 인물을 확보하기 위해 대결사大結社의 조직이 필요함을 역설하고 있다. 이는 당시 조선인의 생존과 생활에 대한 절박성을 교육의 보급과 관련하여 주창하는 것으로 조선인을 계몽하는 내용의 호소적 논설이 되고 있다.

이렇게 조선인은 일제당국을 향해 조선교육에 대해 조선사회와 조선 민중에 대한 이해를 기본으로 교육원칙에 충실한 교육 시행을 호소하게 된다. 그러나 교육정책을 결정하고 그의 실행을 주도하는 총독부 정치 당국자들의 기본 생각과 태도는 어떠하였는가.

동아일보가 1925년 5월에 쓴 사설 '조선총독부朝鮮總督府의 교육방침敎育方針---하강총감下岡總監의 대담大膽한 고백'을 통해 보면 총독부는 조선인을 교육할 학교가 전혀 부족 되고있는 상황임에도 오히려 학교를 남설濫設하지 말 것을 얘기하면서

204) 이에 대한 설명으로, 인생의 敵은 氣候 水土 疾病 기타동물 등이며 인생의 먹이(餌)는 음식물 공기 약품 등이 된다. 자연을 이용하는 주거확보 및 적으로부터의 보호를 위한 설비의 마련, 위생적 생활장치와 화학약품의 제조개발, 그리고 음식물 등의 식량을 확보하기 위한 농경 어업수렵 및 지역 간 산물의 교환 등이 여러 산업 개발을 통해 함께 실현할 수 있게 된다. 즉, 교육의 실용성과 교육을 통한 인간 삶의 해결방안 연구 등을 설명하면서 교육이 시행되어야 하는 목적 및 그 중요성을 주장하고 있다.(동아일보, 民族的 經綸(四)---교육적 結社와 運動, 1924.1.5. 본문참조)

조선인에게 민도民度에 비추어 교육 수준은 실업보습교육實業補習教育 정도의 교육에 치중할 것을 기본으로 하는 교육방침을 드러내고 있다.[205]

당시 총독부의 하강충치下岡忠治 정무총감政務總監이 도지사회의道知事會議 석상席上에서 조선교육에 대해 훈시訓示한 내용은 다음과 같다.[206]

"명년明年(1926년) 4월에는 경성제국대학京城帝國大學도 개교開校하게 되어 조선의 문물文物은 더욱 면목面目을 개改하게 되었다. 조선의 민도民度에 비추어 수數의 증가보다 차라리 질質의 개량改良에 치중하고 차제에 학교의 남설濫設을 경계하여 내용의 개선에 유의할 시기라고 믿는다. 특히 실업교육實業教育에 치중置重할 것이나 실업교육의 진흥에 대하여도 한갖 정도가 높은 것을 목표로 하느니보다도 차라리 도제교육徒弟教育 혹은 간이한 실업보습교육實業補習教育 등과 같은 비슷한 시설을 충실히 할 것이 급선무最急務이라"라고 하는 것으로 총독부의 조선교육에 대한 근본 생각을 여실히 보여내고 있다.

조선인도 산업군産業軍 조직에 있어 어느 정도 참여하여야 하는 고로 실업교육實業教育이라는 간판 아래 정도가 그리 높지 않은 수준에서 도제교육을 시행할 것을 원칙으로 제시한다. 그리고 놀라운 것은 1926년에 개교하는 경성제국대학京城帝國大學은 조선인을 위한 전문교육기관이 아님을 밝히고 있다. 조선에 있는 일본인과 일본에 있는 청년수재青年秀才를 모집하여 조선사정에 정통精通한 인재人材를 양성할 것을 목적으로 하기에 기본 설정이 크게 다르게 되는 것이다. 즉, 그 일본 청년들이 조선의 경성제국대학에서 공부를 한 다음 조선의 문화정신을 완전히 몰아내어 구축驅逐하고 그 위에 일본문화를 새롭게 수립樹立하려는 것이 건학建學의 이유라고 밝히고 있다.

또한 조선에는 중학 정도 이상의 교육기관은 물론이고, 보통학교에 있어서도 도시

---

205) 동아일보, 朝鮮總督府의 教育方針---下岡總監의 大膽한 告白, 1925.5.22.(압수사설)

206) 일제는 조선을 강제 병탄한 다음 1910년 9월 30일에 '조선총독부 및 소속관서 관제'를 공표 시행한다. 식민지가 된 조선을 統轄하는 최고위 朝鮮總督의 아래에 총독을 보좌하고 총독부의 各部와 局의 사무를 감독하는 임무를 수행하는 직으로 '政務總監'을 두게 된다. 사실상 副總督의 지위를 갖는 자로서, 매주 총독부의 주요 정책을 협의하고 결정하던 국장회의의 의장이 되며 총독부 산하 각종 위원회의 위원장 직임수행, 그리고 총독과 함께 매년 일본 의회에 출석하여 조선의 정책을 설명하고 예산을 논의 결정하는 역할을 수행하였다. 또한 정무총감은 총독부의 정책 등과 관련하여 정무총감 명의의 通牒을 발할 수도 있었다. 여기서 논의되는 下岡忠治 總監은 1924년7월~1925년11월까지 정무총감으로 재임하였다.

에서는 소학교小學校 1·2학년에까지 시험이나 추첨 등의 방법으로 지원자의 반수半數 내외를 수용할 수 있을 뿐이고, 지방에서는 1개면 1개교의 시설도 모자라는 실정에 학교 남설濫設을 경계하는 교육방침을 정하면서 문화정치文化政治를 운운하는 것이다.

정무총감이 말하는 총독부의 조선교육 기조는 많은 조선인 학생을 교육하고 가르쳐서 조선인을 깨우치고 사회를 발전시키고자 함이 아니었던 것이다. 질質의 개량을 말하면서 소수의 조선인만을 뽑아서 기능적 수준의 교육을 시킴으로써 진심으로 기뻐하며 순종하는 심열성복心悅誠服의 충량忠良한 노예奴隸를 길러내어 조선지배를 공고히 하려는 술수를 영리怜悧하게 기획하고 실행하는 것에 모아지고 있었다.

그렇다면 일제 식민정복자植民征服者가 보는 피정복자被征服者 조선에 대한 핵심 생각은 또 무엇이었는가. 그리고 정복과 피정복의 관계에서 발생 되는 우연적 사실事實과 필연적 산물産物이 엮어내는 역사歷史의 결과와 방향은 어떠한 것인가. 선악善惡과 가부可否의 가치판단을 배제한 채 노예교육奴隸敎育을 도모하는 일제의 식민지배 행태에 대해 동아일보가 1925년 5월에 작성한 사설 '정복교육征服敎育의 오산誤算'을 통해 살펴본다.[207] 조선에 시행하는 일제의 식민지배 교육 실상을 보면서, 무력武力으로 위압威壓하고 교육敎育으로 희롱戱弄하며 법률法律로서 고압高壓하는 식민정복자들의 통치궤도를 발견한다. 이러한 일제의 지배 책략에 대해 조선인이 직시하는 일제의 반교육적 노예교육奴隸敎育 책동策動에 대한 논설을 검토한다.

조선에 조선인의 존재가 있는가 없는가. 조선인의 생활은 인간이 아니요 노예奴隸이니 정치로나 경제로나 조선의 조선인은 오직 노예로서 존재할 뿐이니 이는 정복征服과 피정복被征服의 관계에서 유래한바 필연한 운명이다. 주인과 노예와는 의식과 감정과 생활로 보아서 전혀 다른 것이다.[208]

---

207) 동아일보, **征服敎育의 誤算**, 1925.5.15.(압수사설)

208) 정복과 피정복이 가져오는 주인과 노예관계는 절대 하나로 조화할 수 없는 근본한계를 갖게 된다고 지적한다. 즉, 형식상으로는 정복에 의하여 상이한 두 宗族間에 접촉과 관계가 밀접하게 연결되는 것처럼 보이지만 실제에는 도저히 相容할 수 없는 양극의 분열이 될 뿐이니, 이는 정복자의 권력 이외에는 그 어떤 것도 인정할 수 없는 피정복자의 利害와 名譽와 權利를 위해 피할 수 없는 理勢이다. 그리고 主人과 奴隸는 주인이 노예화하든지 노예가 주인화하든지 하지 못하면 절대로 調和의 實을 구할 수 없는 것이 된다.(동아일보, 征服敎育의 誤算, 1925.5.15.(압수) 본문 참조)

그런데 정복자는 우리에게 대해 [처음에는 무력武力으로 위압威壓하고 그 다음은 교육教育으로 희롱戲弄하고, 이제는 법률法律로써 고압高壓하는 것]으로써, 이는 역사상 정복자가 피정복자에 대해 행하던 공통된 순서이다. 그래서 초대 총독 사내정의寺內正毅(데라우치 마사다케, 1852.2.24.~1919.11.3.)[209] 때는 무력武力과 교육教育이요, 제3대와 5대 총독을 역임한 재등실齋藤實(사이토 마코토, 1858.12.2.~1936.2.26.)때는 교육教育과 법률法律을 강조하였다.[210]

그러나 일제는 소위 초기 무단통치기에도 각종의 법망法網을 넓게 펴서 식민지배의 기초를 폭압적으로 구축하였으며 문화정치文化政治라는 미명을 내걸고서도 군대와 헌병이 횡행하는 가운데 교육방침은 식민지 피정복민에 대한 차별과 무력과 위압으로 일관하였다.

정복자는 피정복자에 대해 우월한 지위를 유지하기 위해 피정복자에게 모든 점에서 열등종족劣等種族이라는 관념을 심중에 뿌리박으려 열중하게 되며 이를 위해 교육은 노예교육제도奴隸教育制度를 실시한다. 그 방법으로 피정복자의 언어言語와 신神을 경멸모욕하고 의식儀式과 예배禮拜를 배척하면서 대신 정복자征服者의 언어와 신과 의식과 예배를 강제한다. 나아가 피정복자의 풍속風俗과 관습慣習과 제도制度를 완전히 유린하고 그 자리에 정복자의 풍속과 관습과 제도를 새롭게 수립樹立한다. 즉, 조선의 언어言語 및 문화文化를 철저하게 모욕 · 말살하는 정책을 시행하게 되는 것이다.

이러한 과정에는 본래 존재하여야 하는 선악善惡과 가부可否의 가치판단價値判斷은 없어지면서 오직 정복자의 것은 모두 선善으로, 반대로 피정복자의 것은 모두 악惡으로 세뇌洗腦시키게 된다. 그러나 역사歷史를 통해 보면 정복자의 교육정책이 성공한 사실이 극히 없는 것이기에 그들로 하여금 번민과 염려를 야기하게 하는 것이다. 교

209) 초대 총독 寺內正毅(데라우치 마사다케, 1852.2.24.~1919.11.3.)에 대한 설명이다. 그는 1910년 5월 제3대 한국통감으로 부임한 다음 일제 강제병탄에 의한 총독체제로의 정비를 거쳐 1910년 10월 1일부터 총독에 취임하여 1916년 10월 14일까지 조선총독부의 초대 총독을 역임하였다.

210) 제2대 총독 **長谷川好道**(하세가와 요시미치, 1916.10.14.~1919.8.12. 총독재임)는 1906년 2월부터 3월까지 韓國統監을 임시 대리하고, 1916년 10월부터 1919년 8월까지 제2대 총독을 역임하였다. 초**대 총독 寺內正毅(데라우치 마사타케, 1910.10.1.~1916.10.14. 총독재임)의 武斷統治**를 이어 1919년에 일어난 3.1운동을 강경 진압하는 주역이었다. 당시 일본에서는 조선 무단통치에 대한 우려가 일고 있었던 가운데 1919년 3.1운동이 발발하여 종료되면서 일제는 **同化政策과 文化統治를** 구상하게 되었다. 長谷川好道는 1919년 8월에 총독에서 물러나고 **齋藤實(사이토 마코토,** 1919.8.13.~1927.12.10. 3대총독 및 1929.8.17.~1931.6.17. 5대총독 역임)이 제3대 총독으로 부임하여 **同化政策과 文化統治를 시행**하게 되었던 것이다.

육제도와 방침이 악惡하면 그로 인해 우리의 능률이 희생되는 것은 사실이지만 조선인의 언어와 신앙과 풍속 등이 결코 유린蹂躪될 수 없는 것임을 믿게 된다.

정복자의 정복征服은 우연적偶然的 사실事實이요, 언어와 신앙은 역사를 통한 자연의 필연必然的 산물産物이니 우연한 사실은 필연한 산물을 결코 파멸할 수 없는 것이다. 더욱이 우리의 언어와 신앙이 저들의 것보다는 우수함이 분명하다. 화폐貨幣에 있어서는 선화善貨가 악화惡貨에게 구축驅逐을 당하지마는 인류문화人類文化는 선善한 것이 악惡한 것을 구축하는 것이 진화進化의 원칙原則이므로 우리 조선의 언어와 신앙이 결코 어떤 정복교육征服教育에 유린되지 않을 것임을 강조하고 있다. 정복자 일제가 피압박민족인 조선민족에 대해 열등적 노예로 몰아가기 위해 교활狡猾과 폭압暴壓을 구사하는 일제의 식민 교육방책이 단계별로 얼마나 치밀하며 잔학한지를 통탄으로 지적하고 있다.

[2] 인간 존엄에 기초하는 윤리 및 교육철학 정립과 아동교육론

1. 인간존재의 본질에 대한 이해와 윤리교육에 기한 사회변화

인간의 교육 본질에 대한 중요내용으로 윤리교육에 대해 주창한다. 동아일보는 1921년 2월에 '윤리교육倫理教育의 대본大本---사람과 사랑, 자유自由와 평등平等'을 통해 인간존재의 본질적 존엄 가치와 인간의 사회적 역할 정립에 대해 논설하고 있다.[211] 도덕적 윤리적 존재로서의 인간은 인간 본질에 대한 이해를 기초로 개인적 사회적 관계 속에서 어떻게 합당하게 생각하며 행동하여야 하는가에 촛점을 맞추어 교육을 수행하는 것이 바로 윤리교육倫理教育임을 설명한다. 더욱이 제1차 세계대전이 끝나고 새로운 사상조류가 일고 있는 인류사회를 향해, 윤리의 확립과 윤리교육은 바로 세계개조의 기초적 문제이자 우리 조선으로서는 사회개혁과 시정쇄신施政刷新의 근본적 과제가 되는 것임을 강조한다. 그리고 교육과 정치 종교의 제영역이 인성人性의 계발啓發을 목적하는 교육에 착안着眼할 것과 함께 인간의 존엄가치와 인간본

211) 동아일보, 倫理教育의 大本---사람과 사랑, 自由와 平等, 1921.2.26.

질에 대한 이해 실천을 촉구하는 의미의 주장을 펴고 있다. 다음에서 주요 내용을 새겨 본다.

윤리교육倫理教育은 크게는 세계개조世界改造의 기초적 문제이고 작게는 조선의 사회개혁社會改革과 시정쇄신施政刷新의 근본적 문제가 된다. 그리고 윤리倫理는 사람이 이 세상에 살면서 스스로에 대하는 관계와 함께 또 사회에 처하여서는 서로가 서로를 대하는 관계를 명백히 하는 도리와 원칙으로써 이를 정당히 이해하여 체득하는가가 관건이 된다.

이는 실로 육안으로써 능히 보지 못할 바 인생의 정신적 대도大道이며 사람 손으로 능히 붙잡지 못할 바 선악善惡을 자세히 살펴 이를 균형되게 하는 심제적審制的 추형錘衡이니, 사람의 육체는 비록 물질로써 유지한다 할지라도 그러나 그 인격人格과 그 인격으로써 구성되는 인간사회는 실로 하늘이 순서를 정하는 천서윤리天敍倫理를 중심하여 운전하는 것이 된다. 그러므로 이는 인생 사회의 근본이 되는 것으로 천지만조千枝萬條가 이로부터 유출하는바, 이 윤리교육 문제는 곧 세계개조의 기초적 문제이며 조선 혁신의 근본적 문제가 되는 것이다.

시대의 변화는 금번의 제1차 세계대전을 겪으며 절대한 희생과 참상慘狀을 경험하였다.[212] 이를 통해 1) 재래의 절대 국가주의를 타파하고 국제주의를 확립하자고 하며 2) 전제 압박의 잔인한 포학暴虐을 일소하고 자유 해방의 정의正義를 옹호하자고 국제연맹의 탄생과 민족해방과 노동권익의 대두가 이로 인하였음을 주지하게 된다.

그러므로 이러한 천하의 대세를 정관靜觀하는 즉, 구속으로부터 해방에, 압박으로부터 자유自由에, 고난으로부터 화락和樂에, 고달픔의 피곤疲困으로부터 안식安息으로 이행하는 노력이 경주되는 중이라고 할 수 있다. 그러나 사회의 근본은 윤리적 관계이며 윤리적 관계는 개개인의 인성人性을 기본으로 하였으니, 따라서 인류사회를 개조하려 노력하는 자는 그가 종교가宗教家든 도덕가道德家든 정치가政治家든 교육가教育家든 어느 영역을 막론하고 하나같이 인성人性의 계발啓發을 목적으로 하는 교육 근본에 착안하여 재래의 누습악폐陋習惡弊와 완고頑固하여 버려야 하는 사상들을 혁신할 것을 기대하게 되는 것이다.[213]

---

212) 제1차 세계대전은 교육상 國家主義의 강화에서 유래하였으며 또한 교육상 階級主義에서 유래한 것으로, 그 결과 희생과 慘狀이 얼마나 크고 심하였는지를 확연히 보여준 전쟁이 되었다.(동아일보, 倫理教育의 大本--사람과 사랑, 自由와 平等, 1921.2.26. 본문참조)

따라서 윤리교육의 대본大本은 개개인이 고유하며 천만인에 널리 편재遍在하는 인간본질人間本質에 기초하여 교육을 수행해야 하는 것이 된다. 인간본질은 그러면 무엇으로 정의할 수 있겠는가.

1) 첫째는 사랑이다. 사랑은 곧 인생의 정신精神적 생명生命이다.

2) 둘째는 자유自由이다. 자유는 곧 인간 생명生命의 본질本質이다.

3) 셋째는 평등平等이다. 평등은 곧 각인各人 존재存在의 진리眞理이다.

결국 윤리교육의 대본은 이들 인간 본질을 중요소로 하여 교육을 이루어가야 하는 것이 된다.

이제 새로운 변환기에 이른 조선 교육은 인격본위人格本位로 교육의 대본大本을 만들어 세계에 공통하며 시대에 초월한 인물, 의義를 행하며 세계의 평화平和를 선도하는 인재들을 육영해 내어야 하는 것을 분명하게 제시한다. 과거의 편협偏狹된 국가주의國家主義나 계급주의階級主義 등으로 충돌하며 배척하고 탄압하며 착취하던 구시대를 확실하게 마감해야 하는 것이다 일제 식민지배의 시대적 난국 중에서도 조선의 지성知性들은 그래도 사랑과 자유와 평등의 인간본질人間本質에 기초한 새로운 윤리교육론을 설정하여 일제 당국과 국민 일반을 향해 화합과 존중과 평화의 새 교육을 열어갈 것을 간절히 호소하고 있는 것이다.

2. 교사들의 바른 교육관 정립 및 교육철학에 기초하는 교육 실천

(1) 보통학교 재직 조선인 교원들의 교육자적 행동 요망

교사가 된 조선인, 즉 조선인 교사들은 보통학교에서 학동學童들을 어떤 생각으로 임하며 교육의 현장을 어떻게 지켜가고 있는가에 대해 살펴본다. 동아일보는 1925년 6월에 '보교普校 조선인교원朝鮮人敎員에게'라는 사설을 통해 일제 치하 보통학교 조선인 교사 청년들에게 조선인의 정신을 훼손치 않도록 교육을 임해야 할 것에 대해

---

213) 이러한 측면에서 지금 작동하는 조선 教育調査會의 책임은 조선교육의 변화를 만들어 내는 것이 되므로 너무나 막중하며 이에 희망을 걸고 있다고 하고 있다. 따라서 **教育用語는 교육방법의 문제이지만 이는 教育精神의 근본문제로 연결되는 것이기에, 倫理 등의 교육용어의 사용에 있어서도 인성의 계발과 인간 그 자체에 대한 존중을 기본 삼아야** 하는 것이 된다. 더하여 **1차대전 이후 자유 해방의 正義的 思潮變化를 수용하는 교육정신과 연결되게 하여야** 함을 강조하면서 집중된 논지를 펴고 있다.(동아일보, 倫理教育의 大本--사람과 사랑, 自由와 平等, 1921.2.26. 본문참조)

의분義憤에 찬 논의를 제기하고 있다.[214] 조선인 교원들이 행하는 일제 권력의 앞잡이 같은 주구走狗적 행태에 대해 교육자적 기본을 확립할 것과 함께 학동들에게 일본어日本語와 일본 복장을 강제하는 등의 몰상식沒常識한 교사가 되지 않아야 할 것을 역설한다. 조선에서 조선인을 위한 교육이 무엇이며 조선인 교육자로서 어떠한 가치관과 행동양식을 가져야 하는지에 대해 논설하고 있다.

말하는 나도 조선청년, 내 말을 듣는 제군諸君도 조선청년. 같은 환경에 같은 타입을 가진 우리는 어떠한 경우의 신조信條가 다르다 할지라도 심금心琴이 공명하는 때가 많을 줄 안다. 그런데 교육자는 불편부당不偏不黨이라야 할 것이니 조선의 보통학교普通學校 교육자敎育者는 그렇지 않고 일종의 주구走狗로 인정하게 되니 하여何如한 일인가.

현재의 조선인을 괴롭게 하는 이대진용二大陣容이 있다면 그것은 경찰警察과 교육敎育일 것이다. 경찰은 외부현상 진정鎭定에 재在하나 교육은 내적 생명을 위축萎縮하려는 점으로 보아 우리에게는 무서운 해악害惡을 가져올 것이다.

더욱이 아무 이지력理智力이 없는 어린아이에게 천부天賦의 민족적 혼백魂魄을 중화中和 또는 귀화歸化토록 함에 우리는 생존적 충동으로 의분義憤치 않을 수 없고, 나는 이 의미에서 보통학교의 교육제도를 불평히 생각하여 종사하는 조선인 교원 제군에게 주의注意를 촉진促進하려 한다.

그러나 우리에게 주는 이 제도가 강자强者의 형편이 유리하게 좋을 대로 만든 것인 이상 그 죄를 어찌 제군에게 돌아가게 할 수 있으리오만은 가능성 있는 범위에서 무슨 비행非行이 있다 하면 우리는 도저히 용서할 수 없다.

근래에 신문 지상에까지 나타나고 또는 지방에 잠재한 사실인 보교생도普校生徒로 일어日語를 사용치 않으면 벌금罰金에 처한다, 또는 일본인 의복제도衣服制度를 장려하는 등 이 현실 노력을 조선인 교원敎員이 한사코 한다니 그 심리가 어디에 있는 것인고. 교육용어敎育用語를 일어日語로 함이 어학의 일거양득을 위함이요, 의복제도나 민족적 정조情操가 충일한 풍속을 개조함이 경제 방면 또는 신문화를 위함인 줄 알았다 하면 그는 아주 몰상식沒常識한 자이니, 교육자 될 하등何等의 가치가 없고 그렇지 않다면 고의故意로 한 바이니 응답하라!

214) 동아일보, 普校 朝鮮人 敎員에게, 1925.6.23.

제군은 조선 청년이며 조선을 위한 교육자가 맞는 것인지를 엄중히 캐묻고 있다. 조선인 교사들이 보통학교 교육 현장에서 학생들에게 일본어를 강제로 사용하게 하고 일본인 의복을 입도록 장려하는 등으로 일제의 앞잡이 노릇을 행하는 실상을 보면서 각성覺醒을 촉구하고 있다.

또한 당시 보통학교의 교육현장을 적나라赤裸裸하게 알게 하는 내용들도 쓰고 있다. 즉, 조선어 교육의 소극화消極化 및 형식화形式化, 학교에서 조직한 아동보호자회 내지 학부형회의 형식적 모습, 교장의 일방적一方的 독재적獨裁的 학교운영, 교육비인 월사금月謝金 징수에 있어 군청郡廳이 행할 일을 군청을 위해 교사가 학생들을 구타 모욕하면서 반교육적反教育的으로 행하는 실상, 지방세 및 학부형 회비의 과도한 징수와 조선인 교육보다 일본인 교육에 치중하는 교육행정상教育行政相 등에 대해서도 지적하고 있다.

결국 조선민족이 진보進步하기 위해서는 조선인들이 깨어나야 하고 조선인들이 저항 항쟁해야 하며 그리고 학교의 학부형회 등을 통해 결의하고 다짐한 내용들을 교육 현장에서 교원들이 먼저 실천해야 할 것임을 강조한다. 조선인 교사 및 교육관계자들이 교육 현장에서 교육과정을 통해 학생들을 내적으로 일본인화하고 정신적으로 일제에 충실토록 위압하는 모습을 제어制御하고자 논설로 공개 경고를 보내는 글이 되고 있다.

(2) 조선인 보통학교의 일본인화 및 일본인 우위적 교육실태

조선에서 시행되는 보통학교 교육의 본질 및 내용 등과 관련하여 조선일보가 1927년에 쓴 사설을 검토한다. 즉, 조선일보는 1927년 11월에 사설 '조선인朝鮮人과 보통교육普通教育'이란 제명의 글을 통해 당시 보통학교에서 이루어지던 일본어 교육 강제 실상을 지적한다.[215] 일본어 사용을 폐지하고 조선 학동에게 조선어 교육을 시행하여 우리 사회의 장래를 기약하게 하여야 한다. 그래서 보통학교 교육에 있어 조선 아동의 예민하고 총명하며 우수한 개성個性을 억압됨 없이 발휘할 수 있도록 하되, 그를 위해 자연적이고도 합리적으로 조선어를 사용하게 함으로써 인간성을 계발하고 행복한 삶을 영위할 수 있게 할 것을 강조하고 있다. 결국 일본어 교육의 강제를 배척

---

215) 조선일보, 朝鮮人과 普通教育, 1927.11.1.

하여야 할 것을 주장하고 있다.

보통학교 3년 정도까지는 음울하고 불합리하며 비자연非自然스럽게 지내다가 4년 이상이 되면 용어用語에 대한 불편은 다소 덜게 되지만, 그때까지 정력精力을 일어日語에 빼앗겼기 때문에 다른 학과學科에 힘을 들일 여가가 없게 된다.

입학해서 졸업할 때까지 용어用語(생소한 일본어와 일본어 교육용어)에 압박당하여 예민銳敏 총명聰明 우수優秀한 개성個性을 발휘할 수 없게 되어 천진天眞한 아동의 실생활은 일방적인 압박과 구속만 받고 있다. 조선 학동들이 보통학교의 교육과정에서 자연적이며 합리적으로 조선어를 사용하여 인간성人間性을 계발하며 활발하고 행복한 모습으로 사회의 동량棟樑으로 자라날 수 있도록 할 것을 주장하고 있다.

실로 현하의 조선교육은 조선의 아동을 본위로 하고 있다기보다 일본의 아동을 만들려고 강제强制하고 있으며, 본연의 인간성人間性을 유도계발誘導啓發하기 보다 부자연不自然한 의식意識을 주입하고 있음이 바른 실정이다. 고로 그런 교육으로써 유위有爲한 사회적 동량棟樑을 양성할 수 없다는 것은 새삼스럽게 말할 필요도 없을 것이다.

조선의 교육은 자랑할 것이 없다. 건물이 굉대宏大하다든지 일어보급日語普及이 잘되고 있다는 등 여러 가지 거짓된 수식과 과장을 하고 있지만 그 이면을 살펴볼 때는 실로 전율戰慄을 금할 수 없는 것이다.

현대 사회조직 하에서의 교육기관敎育機關이란 어떤 사회를 불문하고 지배계급支配階級의 계획과 지도를 받지 않는 나라는 없지만, 그러나 타국他國의 아동들이 자기 나라 말로 교육을 받고 또 그들의 활발하고 행복한 태도를 보고 우리의 불쌍한 아동들을 생각할 때는 참으로 통탄의 강개慷慨를 금할 수 없다. 만일 이런 교육이 계속된다면 우리의 후진 자제들은 어떻게 될 것인가…오인吾人은 힘을 합쳐 절규絕叫해야 한다. 분기奮起해서 싸우라. 진실한 교육을 위해 후대의 사회를 위해 싸우라.

오인吾人은 먼저 일어폐지日語廢止를 기약期約하자. 일어 과목을 없앨 수 없다면 그 과목에서만 일어를 사용하는 것은 별문제로 하고, 다른 과목에서는 절대로 일어日語를 폐지하지 않으면 안 된다. 오인은 보통학교의 교과서 및 교수용어敎授用語에는 가장 자연적이며 합리적인 조선어를 사용할 수 있도록 최선의 노력을 다하자! 이것이야말로 현재의 조선학동朝鮮學童으로 하여금 부자연한 교육제도의 희생을 면하게 할 수 있는 시단적始端的 기초문제가 되는 것이다.

이렇게 일제가 교육을 통한 조선 지배를 더욱 강화해 가는 와중渦中에 조선인 보통학교普通學校 학생과 일본인 소학교小學校 학생 사이에 조선인 학생을 무시無視하는 충돌사건이 일어났다. 동아일보는 1928년 2월 조선인 보통학교 학생이 일본인 학생에 의해 구타 사망한 사건을 보면서 '보교생普校生(韓)과 소학생小學生(日)과의 충돌衝突'이란 제목으로 사설을 게재하게 되었는바, 일본인 학생들이 조선인 학생들을 평소에 경시하거나 모욕侮辱하지 말고, 존중尊重 경애敬愛하도록 하는 훈육訓育이 가정과 학교에서 충실하게 이루어지도록 할 것을 요청하고 있다. 물론 당해 심상소학교尋常小學校의 교장 및 교원과 학부형學父兄들의 책임을 함께 묻고 있다.[216)]

1928년 1월 13일날 경남 고성固城 공립보통학교 생도 이용진李龍振(13세) 아동이 학교에서 귀가 중 고성면 성내동城內洞 심상소학교尋常小學校 뒤 울타리 밖에서 같은 보통학교 아동과 죽마竹馬를 타고 놀다가 그 죽竹이 튕기면서 일본인 학교인 심상소학교 교정으로 날아가자 그를 줍기 위해 소학교에 들어가게 되었다. 그러자 그곳에 있던 소학교 생도들이 작당作黨하여 이용진 아동을 난타하였다. 그런 구타를 당한 다음 이 군은 집으로 돌아갔으며 다음날 학교에 출석하여 집에 돌아온 다음부터 심히 아프게 되었고 병상의 몸이 되었다. 처음은 부모도 몰랐으나 의사의 진찰 결과 구타로 인한 병으로 판명되었다.

이를 안 소학교 교장은 이용진 군의 병상을 방문하고 치료비는 주겠으니 충분히 치료받으라고 하였다. 그러나 병세는 심중해지고 그 부모는 치료를 간구하면서 진주자혜병원晉州慈惠病院으로 옮겨 치료하였지만 효험이 없이 지난 1월28일날 사망하였다.

소학교 생도들이 저지른 일이기에 그들은 모두 14세 미만이라 그에 대해 형사법규상의 책임문제는 일어나지 않는 문제가 된다. 그러나 우리는 여기서 고성의 인사들과 함께 문제를 제기하려 하는 것은 소학교 생도들로 하여금 조선 아동에 대하여 경시하고 모욕적인 생각을 가지게 하는 일본인 부형들의 무책임을 성토하고 또한 그 교육을 받는 고성군 성내동 심상소학교장 및 교원 제군諸君의 책임을 묻고자 한다.

그리고 그들이 평소에 그 자제子弟들에게 조선 아동에 대한 경애敬愛의 생각을 가지도록 훈육訓育하는 바가 있었다면 이렇게 불상사가 야기되지 않았음을 지적한다.

---

216) 동아일보, 普校生(韓)과 小學生(日)과의 衝突, 1928.2.1.(押收)

그래서 이에 대해 소리높여 그 반성을 촉구하며 어떤 식으로든지 자진해서 상당한 형식의 표현이 있기를 바라게 되는 것이다.

일본인들이 무차별적으로 가하는 조선인과 조선 아동에 대한 무시와 멸시가 일상화된 당시를 억울함으로 지적하면서 일본인들의 조선인들에 대한 인식의 변화와 함께 본 사망사건에 대한 배상과 반성을 호소하고 있다. 특히 소학교 학생들의 생각과 행동은 더욱이 부모와 교사들의 교육에 의존성이 크다는 점을 생각할 때 교육을 담당하는 이들이 교육 현장에서 맹렬한 반성과 태도의 변화를 요구하고 있는 것이다.

(3) 조선어와 한문교육의 폐지

일제 식민치하에서 인격성과 양심의 자유와 교육의 근본 뜻을 위압威壓에 의해 유린당해오던 조선의 교육현장에 또 하나의 조치가 더해진다. 일제 총독부 학무당국은 1937년 9월1일부터 중등학교(고등보통학교)에서 조선어朝鮮語와 한문과漢文科의 한문漢文을 폐지할 것을 각 학교에 통첩通牒한다. 즉, 1937년 8월 30일 총독부령 131호로 공립사립公立私立 고등보통학교高等普通學校에서 실시하는 조선어朝鮮語 및 한문독본漢文讀本 중 순한문과정純漢文課程을 9월1일부터 폐지할 것을 결정하여 통첩하였다. 이에 대해 당시 조선의 교육실상과 한문漢文과 조선어 및 일본어 관계에 대해 언어적 교육적 관련성을 제시하면서 한문漢文교육 폐지 통첩이 비교육적 조치임을 항변한다. 즉, 조선일보는 1937년 8월 말, 폐지가 임박한 상황에서 '조선어朝鮮語 한문과漢文科 폐지--사실이면 단연불가斷然不可'라는 사설을 통해 한문교육 폐지가 교육 내용상으로 단연 불가한 것임을 주장하고 있는 것이다.[217]

당시에도 조선어 사용금지설이 있어서 사회적으로 일대 소동이 있었다. 그럼에도 불구하고 총독부 학무당국은 오는 9월1일(1937년)부터 중등학교에서 교수하는 조선어朝鮮語와 한문과목漢文科目의 한문漢文을 폐지하라고 통첩할 것이라 한다. 이유는 중등학교에서 국어國語(日本語)와 한문漢文, 조선어朝鮮語와 한문漢文의 이종二種으로 한문漢文을 교수하는데, 이는 이중의 중복적 교수로 하등의 필요가 없다는 것이다.

그러나 한문을 국어(일본어)로도 배우고 조선어로도 배우므로 이중의 교수가 된다고 하는데, 이는 형식적形式的으로는 그렇다 할지라도 내용상內容上은 전혀 다른 것이다.

217) 조선일보, 朝鮮語 漢文科 廢止--사실이면 斷然不可, 1937.8.31.

국어로 쓰는 일본어 한문漢文은 훈독訓讀으로 하여 송점送點 반점返點으로 읽으며, 조선어 한문漢文은 조선어로 훈독訓讀 음독音讀 하는 것으로 양자를 겸용한다. 같은 한문이어도 일본어와 조선어와는 각자 읽는 법이 다르고 한번 읽고 감각되는 감촉이 전혀 다르다.

조선어 한문을 폐지함으로써 조선말의 감소염려가 우선된다. 조선인이 항상 사용하는 언어 문장 가운데는 한문이 대부분이다. 조선어문朝鮮語文에서 한문을 빼어버린다면 조선어문은 성립되지 않는다.[218] 조선어 한문과漢文科의 한문을 조선어로 배움으로써 현재 줄어가는 조선어문의 수효를 다소나마 유지해 가는 것인데 이마저도 폐지한다면 조선어문은 점차 사라질 운명에 처해질 뿐이다. 조선어의 수효를 크게 감소 소멸시킬 한문과 폐지는 실로 중대한 문제가 되고있는 것이다.

조선에 있어 한문漢文은 영어나 불어 독일어 같은 외국어가 아니다. 유럽 언어에 있어 라틴어가 어문語文의 모체母體인 것처럼 한문漢文은 동양 여러 민족의 어문에 모체가 되고 있는 것이다. 따라서 이러한 언어 원리에 기하여 한문교육의 지속을 호소하게 된다.

결국 일제 총독부는 이러한 조선인들의 간절한 청원을 배격 무시하면서 1937년 8월30일 총독부령을 통해 공사립의 고등보통학교(1940년부터 중학교로 변경)에서 교수하던 조선어와 한문독본漢文讀本 중 순한문과정純漢文課程을 9월1일부터 폐지하는 정책을 강제하게 되었다. 이는 조선인에게 조선어 사용을 점차 금지하고 조선 민족을 말살시키려는 궁극적 식민지배목표를 한 걸음 더 현실화하는 것으로써, 그들 일제 당국에 있어서는 이미 설계한 단계들을 밟아가는 수순에 불과한 것이 되어 있었다.

(4) 교사들에게 요구되는 바른 교육철학의 함양, 그리고 인격과 양심

교육은 교육을 담당하는 교원敎員의 올곧은 교육철학敎育哲學을 근간으로 하여 시행되어야 한다. 즉, 교육은 교원들이 참된 교육철학을 기초로 교육 현장에서 학생들과 인격적 접촉을 실천하는 과정을 통해 학생들에게 올바른 지식知識과 가치價値를

218) 조선어 교과서에 漢字가 전연 없는 것은 아니지만 漢字와 漢文은 다르며, 漢字도 1주일에 1시간씩 가르치는 조선어 교과서로는 일상생활에서 쓰는 조선어 한문을 배울 수가 없게 되는 것임을 주장하고 있다.(조선일보, 朝鮮語 漢文科 廢止--사실이면 斷然不可, 1937. 8.31. 본문참조)

습득하게 하는 것이 된다. 나아가 교원이 실천하는 광범한 인격적 교육과정을 통해 학생은 은연중에 신의信義 사랑 단합團合 상호부조相互扶助 분업分業 등의 제반 내용들을 체득體得할 수 있게 되는 것이다.

동아일보는 1932년 3월 조선에서 이루어지는 교육의 타락 실상을 보면서 사설 **'상품화商品化한 교육敎育--참된 교육철학敎育哲學을 수립樹立하라'**라는 제목의 글을 게재하고 있는 것으로, 일제 당국이 조선에서 시행하는 교육에 대해 교육 본래의 목적과 목표에 합당하게 실시할 것을 간절하게 요망하고 있다.[219] 당시 교육현장에서 발생하는 동맹휴교와 학생에 대한 교원의 구타 폭행 등을 보면서 교육자인 교원의 인격人格과 교육철학의 함양을 강하게 요구하고 있다. 인격자人格者의 손에 쥐어진 무기는 악惡을 제거하고 선善을 기르며 건설을 위한 사업에 운용될 수 있지만, 비인격자非人格者의 손에 쥐어진 무기는 선善을 해하고 악惡을 조장助長하며 파괴破壞를 위하여 운용될 것임을 잊지 말아야 한다고 지적하고 있다.

해마다 오는 졸업기와 개학기가 닥쳐왔다. 우리는 이때에 조선교육계朝鮮敎育界에 한 커다란 모순을 본다. 입학지원자가 모집정원의 5배~14배까지 초과한다는 세계에 비할데 없는 기현상이 있는 반면, 한편 졸업생 송별회 석상에서 학교에 대한 불평을 토하고 졸업증서를 희생한 생도가 있다. 또한 각처에서 일어나는 동맹휴학同盟休學과 백지답안白紙答案 제출, 그리고 생도生徒의 교원에 대한 구타毆打 폭행 등의 불상사不祥事를 알고 있다.

어려운 입학시험을 거쳐 입학한 생도들이 3년이나 4년, 5년의 교육을 그 학교에서 받은 후일에 그 학교 교육에 대해 감사하기 보다는 도리어 거기에 불평과 불만을 갖는다는 것은 과연 무슨 이유이겠는가. 이는 현재 조선의 학교 교육에 어딘가 결함이 있음을 부인할 수 없게 한다.

이는 교육철학敎育哲學의 오류誤謬에 문제가 있는 것이다. 학교를 인격적人格的 감화感化의 보금자리, 자작연구自作研究의 지도소로 보지 않고 오직 천편일률千篇一律의 지식주입소知識注入所로만 보기 때문에 그 교육은 절름발이가 되어버리는 것이다.[220]

---

219) 동아일보, 商品化한 敎育---참된 敎育哲學을 樹立하라, 1932.3.10.

220) 교육과정에서 나타나는 不良學生의 風紀紊亂에 대한 조사가 있다. 1933년 총독부 학무국에서 조사한 것으로, 16개 중등학교 남녀학생의 무기명 고백서를 통해 나타난 내용이다. 피해자는 전체 352명(남학생 88명, 여학생 237명)이며, 피해장소는 路上 100명, 통행인 없는 처소 94명, 귀가 중의 19명, 電車中 15명, 백화점 12명, 郊外 11명이 되고 있다. 즉 이들 풍기문란에는 성적만족이나 향락을 위

학교교육의 근본의根本義는 지식의 학득學得보다는 교원과 생도 간의 인격적 접촉으로부터 얻는바 감화感化에 더 큰 의의가 있는 것이다. 그냥 지식의 학득學得만 요구한다면 학교가 아니고도 얻을 방도가 많다.

그런데 통탄痛嘆할 일로는 현재 교육계에서는 인격적으로 생도들을 훈육訓育하기 위해 부단히 노력을 가하는 성의誠意있는 교원보다도, 오직 교실에서 교과서나 해석해주는 것으로써 교육자敎育者의 임무가 끝나는 줄로 생각하는 교원이 많지 않은가 하는 의심이 있는 것이다.

진정한 학교교육의 가치는 교원과 생도 간의 인격적 접촉과 학업과정學業課程을 통해 생도들이 교원에 대한 신뢰信賴 및 권위權威의 인정과 존중에 있다. 이 권위의 존중은 현대 사회생활상 불가결한 요소가 된다. 권위를 존중할 줄 모르는 사회는 무질서와 혼돈混沌이 있을 뿐이어서 앞으로의 향상을 바랄 수 없는 것이다.

다음으로 학교 교육의 중요한 가치는 다수의 학생들이 한 교정에 모여서 공부하고 놀고 하는 가운데 은연중에 습득하게 되는 신의信義 사랑 단합團合 호상부조互相扶助 분업分業 등 제반 단체생활의 훈련에 있는 것이다. 사회생활 관계를 바르게 갖지 못하는 가운데 개인이 가진 지식知識은 도리어 악용惡用되는 예가 많다.

인격자人格者의 손에 쥐어진 무기는 악惡을 제거하고 선善을 기르며 건설을 위한 사업에 운용될 수 있지만, 비인격자非人格者의 손에 쥐어진 무기는 도리어 선善을 해하고 악惡을 조장助長하며 파괴를 위하여 운용될 가능성이 있는 것이다.

문제의 근본해결은 확고한 교육철학敎育哲學의 수립과 교원제위敎員諸位의 부단한 노력 여하에 달려있다 할 것이다.

이어서 교육자敎育者인 교원敎員이 확립하여야 하는 인격人格에 대하여 당시의 논의를 더 해본다. 동아일보는 1930년 2월에 게재한 사설 **'양심良心의 자유自由와 인격人格의 권위權威'**라는 글을 통해 교원敎員이 갖는 인격은 양심의 자유와 직결하는

한 문란행위인 桃色遊戲의 피해자 수가 많으며, 불량학생의 증가와 함께 중류이상 가정의 자녀가 많은 것으로 나타난다. 이에 대한 문제점으로, **금일 학교 교원들이 너무도 지식만을 주입하는 主知에 기울어져서 덕성으로 학생들을 감화하는 人格的 薰陶는 등한시하는 교육태도에서 문제**가 있음을 지적하고 있다.(조선일보, **慨歎할 학생의 風紀紊亂**, 1933.11.21. 본문참조) 이에 대한 개선방안으로 **가정에서 학부모의 보호감독을 강조**하면서 **가정과 학교교육의 공동협업**이 있어야 할 것을 지적한다. 아울러 학생들이 기숙사 생활보다는 각 지역별로 중등학교를 증설하여 가정에서 통학을 가능하게 함으로써 가정교육과 학교교육의 협동을 통한 인격성 함양을 제시하고 있다.

것이며 그에 기한 교원의 교육 실천은 바로 제자弟子들이 교원에게 보내는 존경과 권위와 신뢰의 근원이 됨을 강조하고 있다.[221] 인격人格은 오직 양심良心의 자유自由와 관계하는 것으로써 양심이 자유로우면 인격이 있고 그렇지 않으면 인격이 없는 것으로 정의한다. 교육을 담당하는 교원敎員은 자신의 행위에 대해 옳고 그름과 선악善惡을 판단하면서 그를 바르게 행하고자 하는 도덕적 의식인 '양심良心'을 언제나 밝히고 견지하는 존재로서의 삶을 추구해야 하는 것이다. 교원이 제자들에게 그러한 양심에 기한 교육 실천과 접촉, 그리고 양심을 자유롭게 표명하고 실천하는 교육자로서의 삶을 살아갈 때 학생 생도는 교육자인 교원에게 존경의 권위를 보내며 그로부터 신뢰에 찬 배움을 도모하게 되는 것이다. '良心의 自由와 人格의 권위'의 사설 내용을 조금 더 살펴본다.

인격이 무엇이냐. 그 표준이 어떠하냐이다. 황금黃金이냐, 권력權力이냐, 지식知識이냐, 재조才操이냐. 아니다. 황금도 권력도 지식도 재조도 그 아무것도 아니다. 오직 양심良心의 자유 여하如何다. 양심의 자유는 인격의 표준이다. 양심이 자유로우면 인격이 있고 그러하지 않으면 인격이 없다.

인격人格은 바로 양심良心이다. 따라서 인간에게서 양심을 빼놓으면 인격을 뺀 인간과 같이 한갓 숨 쉬는 일생물一生物에 다름 아니다.... 인간에게 있어 인격을 빼놓으면 남는 것은 오직 숨 쉬는 생물일 뿐이다. 인간은 인격의 구상具象이다. 사회도 인격간의 관계에 다름 아니다.

우주가 변화하고 생물이 진화하되 오직 양심의 자유가 인격의 표준이란 원칙만은 변치 않는 영원한 철칙鐵則이다. 인류역사는 실로 인류양심人類良心의 진화발달사이다. 양심이 쇠미한 민족은 부패하고 양심이 박약한 사회는 위축하며 양심이 발달한 민족은 번영하고 양심이 위축萎縮한 사회는 위축한다.[222]

---

221) 동아일보, 良心의 自由와 人格의 權威, 1930.2.12

222) 양심의 팽창과 쇠미함에 대해 당 논설은 日本과 中國을 예로 들면서 보충 설명을 하고 있다. "가까운 일본의 민족을 보라. 그들의 사회를 보라. 그들에게는 민족적 良心이 팽창하였고 사회적 양심이 긴장하였다. 그리하여서 금일의 저 상태를 현출치 안했느냐. 또한 中國의 현세를 보라. 統一의 步調가 오히려 昔日의 일본에 비해 뒤떨어짐(遜)이 있고 문화의 進運이 오히려 방관자로서의 吾人의 눈에 더디게(遲遲) 보임은 아직 민족적 良心의 發露가 철저하지 못한 때문이 아니냐. 개인과 黨派의 權力慾 黃金慾이 마침내 이 상태를 現出하였다. 一切의 權力慾을 버려라. 일체의 黃金慾을 버려라. 오직 양심의 자유에 從하라. 현실을 팔고 실익을 팔아 현재의 국면을 수습하려는 것은 邪慾에 눈이 먼 虛僞客의 가면에 엄폐된 欺瞞的 행동에 不外하다. 民衆은 자신으로서 그 가면을 치워 없앨(剔脫) 良心의 자유가 있지 않으면 안 된다"(동아일보, 良心의 自由와 人格의 權威, 1930.2.12. 본문참조).

인격에 대한 또 다른 표현을 새겨본다. "자유와 권리는 인생의 발달 그 자체의 인정認定이요 인생의 발달은 생명 그 자체의 확충을 의미하는 것이다. 세인世人이 말하는 소위 인격이란 무엇인가. 요컨대 그 생명의 확충에 불과한 것이 아니냐. 사회는 여하한 이유와 권능으로도 이를 거부할 수 없으므로 오인吾人은 고告하노니 조선 민중에게 민중民衆의 권능權能을 거부하는 사회는 그 발달을 거부하는 사회, 즉 생명과 인격을 무시하는 사회라 할 것이다. 세상에 굴욕이 많다 할지라도 이보다 더 큰 굴욕은 없을 것이요, 세상에 비리非理가 많다 할지라도 이보다 더 큰 비리는 없다"고 하였다.223)

인격은 이렇게 인간 생명에 대한 존중과 감화感化 확충을 기본으로 양심의 자유 및 그 실천과 결합한다. 나아가 사회의 비리非理와 굴욕屈辱을 제거하며 인류의 역사를 바르게 운용해 갈 근본 동력이 되는 것이다. 그러한 인격人格이 바로 교육을 담당하는 教員에게서 발원하여 사회를 구성하는 인간 모두에게 충실하게 훈육薰育됨으로써 인간의 자유와 권리, 정의와 평등이 실천되고 확장되는 인간사회와 인류역사를 구축할 수 있게 되는 것이다.

특별히 교육자教育者에게 요구되는 '인격성人格性'은 결국 개개 인간의 고귀한 생명 존중에서 출발하여 그를 넘어 사회와 국가, 그리고 인류 모두에게 자유와 평등과 인도와 정의를 채워 실천케 하는 근본 인소로서 확장적으로 작동하게 되는 것이기에 교육자인 교원의 충실한 각성과 실천을 요구하게 되는 것이다.

3. 조선의 아동 및 어린이에 대한 교육적 보호와 위생문제

(1) 보통학교 아동의 보호를 위한 아동보호자회의 각성

보통학교 교육이 본래의 교육목표를 이탈하여 일본주의日本主義를 연장하면서 조선인을 일본인에 동화同化하게 하는 것에 초점을 모으고 있음이 명백해져 간다. 거기에다 과다한 지방세地方稅를 부과하여 일본인 교육에 충당하고 있는 것이 주지의 실상이다. 이에 더하여 아동보호자회兒童保護者會를 조직하여 가난한 조선인들에게 회비를 징수하면서 이를 학교설비에 사용하는 상황까지 나타난다. 그러나 근자에 있은

人格과 良心의 자유를 핵심으로, 일본과 중국을 들면서 다양한 의미를 함의하는 가운데 욕심과 허위 기만적 행태 등에 대해 심층적 지적을 하고있는 것이다.

223) 동아일보, 朝鮮民衆아 蹶起하자, 1922.1.20.

아동보호자회의 정기총회에서는 학부형學父兄들이 학교 운영상의 잘못을 지적하고 교장의 독재와 군청의 전횡과 여타 교육의 불합리에 대해 의견을 활발히 개진하는 변화를 보이게 된 것이다. 이러한 상황에서 동아일보는 1927년 6월에 사설 '실행實行에 철저徹底하라--아동보호자회兒童保護者會를 보고'라는 글을 통해 아동보호자회兒童保護者會에서 이렇게 학부형學父兄들이 취한 태도는 조선인으로서의 각성에 기인하는 것이 되는 만큼 사회의 변화를 위해 지속적으로 조선인이 깨우쳐 가야 하는 것과 함께 학교 교육을 감독하면서 교육을 바꾸고 정치를 바꾸는 조선 민족이 될 수 있도록 실행에 더욱 철저할 것을 논설하고 있다.[224] 일제가 행하는 비교육적 교육행태에 대해 결기決起에 찬 학부형들이 그를 부정하며 개선을 요구한 저항의 내용 실상을 이해한다.

1) 소위 조선인의 교육보급을 표방하고 시설된 보통학교普通學校는 문화정치文化政治를 가장하고 <일본주의연장日本主義延長=동화同化=기관機關>으로서 천진난만한 교육기의 아동의 뇌수腦髓에 있던 기백氣魂을 주입注入시킴은 오인吾人의 주지周知하는 바이다. 또한 조선인에게 이중삼중의 과중한 지방세地方稅를 과하여 그것의 대부분으로 일본인 교육에 충용充用하고 조선인 교육에는 겨우 형식뿐임은 적나나赤裸裸한 사실이나 근자에 와서 가정과 학교와의 유기적연락有機的連絡을 취하고자 함이라 빙자憑藉하고 아동보호자회兒童保護者會라는 것을 조직하여 과중한 과세課稅를 부담하여 생활난에 쫓기어 매삭每朔으로 아동兒童 월사금지출月謝金支出에도 극난極難한 학부형學父兄에게 회비라는 명목으로 월액月額 십전十錢씩을 받아서 설비設備에 충용充用하는 것이 각 보통학교의 학부형회學父兄會일 것이다.

2) 그러나 역사의 추이推移를 따라 인간의 사상과 의식은 발달 향상하는 것이 원칙이니 오랫동안 통치자의 야릇한 수작酬酌에 속아오던 조선인도 필연적으로 이에 각성하게 되었다.

지난 5월28일 김천공립보통학교 강당에서 개최된 보호자회保護者會 정기총회는 일찍이 보지 못하던 논전論戰이 개시되어 ...거개擧皆가 민족적 의식에서 출발하였으나 그중에도 청년보호자측青年保護者側의 예리하고 의식적으로 심연深淵한 논리는 아무

---

224) 동아일보, 實行에 徹底하라--兒童保護者會를 보고, 1927.6.1. (압수 사설)

리 위장胃臟(밥통)의 충복忠僕이 되어 정신을 상실하고 의분義憤이 고갈된 사람일지라도 양심良心의 가책苛責을 받았을 것이다. 종래로 명목만 보호자회保護者會라 하나 교장校長의 독재獨裁로써 예산편성 사업계획을 물론하고 교장이 몇 마디의 설명을 가하면 하등의 이의가 없이 묵과默過하였을 뿐이더니, 금번에는 회순會順에서부터 문제가 기하여 예산안 통과 시에는 가일층 긴장하여 예산의 대부분이 삭제削除를 당하고 과잉금過剩金으로 적빈아동赤貧兒童의 월사금月謝金에 보조하기로 일치 가결된 것을 보면 민중의 의식경향意識傾向을 가히 추측할 수 있는 바이다.

3) 동대회同大會에서 결정된 사항을 보면, 월사금 징수를 당국인 군청郡廳의 편의便宜를 도모키 위하여 교육자인 선생先生이 교수시간敎授時間도 불고不顧하고 아동에게 독촉督促하며 체납아동滯納兒童에게는 심지어 구타 처벌 등 만행蠻行까지 행하여 아동의 향상에 적지 않은 악영향을 미치게 한다는 말도 있으므로, 금후는 군당국郡當局이 직접 부형父兄에게 징수케 하되 만약 군당국郡當局이 불응할 때는 일제一齊히 월사금月謝金을 불납不納키로 할 것과, 조신이 시간을 증가하기 위하여 전주선全朝鮮적으로 여론을 환기喚起시켜 적극적으로 실현에 노력할 것 등이다.

총독부학제總督府學制에 의하면 보통학교 교육에 저급低級(1학년에서 4학년까지)은 매주 4시간, 고급高級(5학년에서 6학년까지)은 매주 3시간씩 조선어朝鮮語를 교수하도록 되어있어서 도시와 농촌을 물론하고 실시 중이다. 그러면 보통학교 1학년에서 6학년까지 아동의 연령은 어떠한가. 대개 8세에서 14~5세에 불과한 소년이다. 이러한 천진天眞한 소년들에게 조선인의 천부天賦인 조선어를 제한하고 일본어를 장려함이 그 본의가 어디에 있는 것인가. 이는 일본연장책日本延長策과 동화정책同化政策의 노골적 표현이라 할 것이다.

4) 오인吾人은 금반今般 학부형學父兄 제씨諸氏의 취한 태도가 어느 방면으로나 조선인으로서의 적절한 각성이라 생각한다. 투쟁이 없는 사회는 진보進步할 수 없으며, 항쟁抗爭이 없는 민족계급은 발전할 수 없는 것이다....바라건대 학부형 제씨는 금차今次의 결의決議를 기상연물機上鳶物로 버리지 말고 조선인 본위의 교육 실현을 위하여 적극적으로 실천實踐에 철저하기를 바라는 바이다.

(2) 400만 조선 어린이에게 존중과 희망을

어린이에 대한 존중과 교육실천을 연결 지어 살펴본다.

즉, '어린 사람'이라는 뜻을 가진 표현이 '어린이'이다. 당시 일제 식민치하에서 설움 받던 400만명의 가여운 조선 어린이들을 생각한다. 조선의 어린이들은 어른과 사회로부터 보호받고 존중받는 양육과정과 함께 교육을 통해 조선의 역사와 사회를 배워 그를 이어 사는 당당한 조선의 어린이로서 성장해 가야하는 것이다. 조선일보는 1931년 5월에 '조선朝鮮 어린이날'이라는 제목으로 글을 게재하였는바, 당시까지만 해도 어른들은 어린이를 상식에 어긋나게 욕하고 때리고 자신의 하인을 대하듯 마음대로 학대하고 명령하는 대상으로 대하였다. 그러나 이제는 그를 크게 고치면서 조선의 어린이들에게 조선의 현실을 정확히 알게 하고 미래를 향해 희망을 가지고 기운있게 성장해 가도록 이끌어주고 보살펴야 할 것을 강조하고 있는 것이다.[225)]

5월3일 이달의 첫 일요일을 삼아서 예년例年처럼 '어린이 날'의 기념과 그 행렬行列을 하게 된다. 어린이는 인생의 출발로서 사회에 나서는 첫걸음이요, 그들을 뭉치게 하는 세력勢力은 장래를 결정하는 자라가는 세력이 되는 것이니 어린이 때부터 잘 기르고 잘 가르쳐서 시대와 사회에 마땅한 마음과 뜻과 기운을 길러주는 것이 매우 긴절緊切한 일이다.

조선의 사회는 어린이의 양육養育에 있어서도 아직 옳은 표준이 서지를 못해서 많

---

225) 조선일보, **朝鮮 어린이날**, 1931. 5.3. 참고로 어린이날의 유래를 생각한다. **1923년 5월1일 노동절을 첫 번째 어린이날로** 정하였다. 아동문학가였던 小波 方定煥(1899.11.9.~1931.7.23.)선생은 1921년부터 **천도교 소년회**를 조직하여 어린이들을 위한 특별한 보호와 관심을 계몽하였다. 나아가 어린이의 인격을 존중하고 어린이가 행복할 수 있도록 기념일을 제정하며 사회는 미래의 어른이 될 어린이가 희망과 용기를 가지고 자라나도록 협조할 것을 호소하였다. **일본 유학생들을 중심으로 '색동회'**를 조직하여 소년운동을 확산하고 잡지 <어린이>를 창간하여 어린이에 대한 존중을 아동문학작품을 통해 보다 대중적으로 이해하도록 노력하였다. **1927년에는 어린이날을 5월1일이 아니고 5월 첫째 일요일**로 변경한다. 1934년에는 <어린이>잡지가 일제 당국에 의해 폐간되고 1937년부터는 어린이날 행사마저 금지하였다. **1939년부터는 심화하는 일제의 조선침략 책략으로 어린이날 자체가 없어지게** 되었다. **일제가 패망한 후 조선건국준비위원회는 1946년 5월의 첫째 주 일요일인 5일에 어린이날을 부활하여 행사를 개최하였다. 그 후로는 5월 5일을 어린이날로 정하여** 매년 지속적으로 행사를 열고 어린이를 씩씩하고 슬기롭게 성장해 가도록 특별히 유념하고 기념하는 날로 지켜오고 있다. 현재는 어린이날을 법정공휴일(1975년1월)로 정하여 어린이에 대한 보호와 존중 및 교육에 소홀함이 없도록 노력을 더하고 있다. 현행 **아동복지법 제6조(어린이날 및 어린이주간)**는 "어린이에 대한 사랑과 보호의 정신을 높임으로써 이들을 옳고 아름답고 슬기로우며 씩씩하게 자라나도록 하기 위하여 매년 5월 5일을 어린이날로 하며, 5월 1일부터 5월 7일까지를 어린이주간으로 한다"고 규정하는 것으로 '어린이날'은 확장적이며 적극적으로 연결되고 있는 것이다.

은 어른들은 지금도 아이들을 자기의 가진 물건처럼 여기어 어린이를 어린이 자신의 처지대로 소중하게 대접하지 않고 그를 인도하고 가르치는데 상식에 어긋나게 욕을 하고 때리며 종놈에 대한 일처럼하니 이는 크게 고칠 바의 일이요, 어린이날에 400만 어린이들에게 이를 외치고 또 나날이 깨우쳐 주어야 하는 큰일이 된다. 또한 이는 부모님과 언니 누님 된 이들에게 새롭게 외쳐서 깨달음이 있기를 재촉하고 서로 이르고 하여서 정신을 차려 반드시 고쳐가야 할 일이 된다.

또한 우리 조선의 어린이같이 가여운 이들은 없다. 그것은 모두 조선이 당하고 있는 사정 때문에 그러한 것으로, 어린이가 보건대 조선의 형편과 조선의 역사와 사회를 이어서 먼저 것을 받아 오는 날을 이어갈 마음과 느낌과 기운을 차려가도록 하여야 하는 것이지만, 그렇게 할 수 없는 결함이 있다. 그러나 이제 어린이날을 당하여 조선의 어린이들이 뚜렷한 '조선의 어린이'인 자리에서 조선 어린이의 마음과 느낌과 깨달음으로 꼿꼿이 나아갈 수 있도록 새로운 눈과 귀와 머리와 가슴을 끌어주도록 철저하게 힘써야 할 것이다.

조선의 어린이는 어려운 사리에 있다. 조선의 모든 어린이들아! 이 조선은 옛날부터 우리의 보금자리요 누구에게 의뢰하거나 기대서 지낼 바가 아닌 것이다. 오직 앞서서 헤치고 나간 어른들의 뜻과 느낌 기운을 자라나는 동무들과 함께하면서 힘에 벅차도록 힘껏 일해나갈 새로운 결심을 가져야 하는 것이다. 그리고 우리들 어른 된 이들은 언제까지나 이 어린이날을 우리들 자신들이 끝끝내 똑바로 쥐고 나아가도록 정신을 가다듬어야 하겠다.

(3) 교육 결핍에서 원인하는 조선의 위생문제와 총독부의 악선전

일본인 저들은 조선의 교육이 충분하지 못하여 발생하는 사회적 문제 등에 대해 조선인의 민족성民族性 미개未開를 운운하는 저열함을 일반화 해왔다. 조선의 위생과 관련하여 동아일보가 쓴 1927년 2월의 사설 '조선인朝鮮人과 위생衛生--악선전惡宣傳의 일례一例'를 통해 일제가 조선인에 대해 가지는 멸시적 악의적 기본인식에 대해 살펴본다.[226]

총독부 관리를 필두로 일본인들이 조선인을 경멸 무시하며 악선전하는 내용 중의

226) 동아일보, 朝鮮人과 衛生--惡宣傳의 一例, 1927.2.1.

하나로 위생사상衛生思想의 유치幼稚와 청결淸潔을 싫어하는 불결不潔한 습관을 가진 조선민족으로 몰아가는 행태가 자세하다. 일제 당국자들은 불결을 시정하려는 공무적 행위에 대해 조선인들이 반감反感을 가지고 3.1운동을 일으켰다는 등으로 모멸적 악선전을 퍼뜨리기도 하였다. 그러나 당시로는 조선인의 위생 상태가 일본인에 비해 미급未及한 것은 사실이었는 것으로, 이는 보통교육普通敎育의 미보급未普及에서 기인하는 것임을 설명한다. 왜냐하면 일본에도 보통교육이 보급된 이후에 일본인의 위생 상태나 사회환경이 좋아졌는 것이므로 결국은 조선에 보통교육의 광범한 시행은 그러한 위생문제를 해결하는 도구가 됨을 강조한다. 당시도 교육敎育을 받은 조선인의 중류이상中流以上 생활 정도자는 일본인 중류 이상자에 비하여 위생상태가 전혀 손색이 없음을 지적하면서 교육의 확대 시행을 역설하고 있는 것이다.

위생衛生 등의 지엽적인 문제는 민족성民族性이 아닌 교육敎育의 문제임을 분명히 하면서 일제 당국자의 유치하고도 위압적인 차별적 행태를 경고한다.

조선총독부 관리가 조선사정朝鮮事情이나 조선인심朝鮮人心에 관해 자기네의 지위 보존상 내지는 자기네의 공적을 자랑하기 위하여 사실과 전혀 위반되는 선전을 내외에 함부로 하고 있다. 그래서 세인世人들로 하여금 조선을 실상實相대로 인식시키지 않으며 조선인에게 불쾌한 감정을 갖게 하는 것이 적지 않은바, 위생에 관한 일부 일본인들의 악선전惡宣傳도 그릇된 선전 중의 하나이다. 조선인의 위생사상衛生思想은 유치하여서 그 불결한 것을 관변官邊에서 간섭하였더니 그것에 반감反感을 가져서 3.1운동의 중대한 원인이 되었다고도 하고, 심한 자는 조선인은 청결을 싫어하고 불결한 습관을 좋아한다고까지 악담惡談을 하는 자가 있다.

지금 조선인의 위생상태가 일반적으로 일본인에 비하여 미치지 못함이 사실이다. 그러나 이것도 일본에 보통교육이 보급된 이후의 일본에 비교하여 하는 말이다. 따라서 현재 조선인의 위생상태가 일본인에 미치지 못한다는 것은 그 원인이 오직 교육이 일본만큼 보급되지 못하는 것에 기인함을 단언斷言한다.

그러나 조선인 중류中流 이상 정도의 생활자生活者는 결코 일본인 중류 이상 정도의 생활자에 비하여, 더욱이 그 교육정도敎育程度가 대등되는 조선인의 위생 상태는 결코 일본인에 손색이 없는 것으로써 충분히 증명이 된다. 물론 중산계층의 수가 일본인에 비하여 적고 교육이 보급되지 못한 조선민족인 고로 전반적으로 미급未及함이 있지만, 그러나 그 원인이 교육에 있는 것이지 민족성에 있는 것이 아님을 분명히

지적한다.[227)]

이러한 위생문제 하나도 일제 위정자爲政者들은 자기네의 정책을 옹호하기 위해 역선전逆宣傳 악선전惡宣傳을 국내는 물론 널리 외국에까지 전파하는 경향이 있으니, 일제의 조선 식민지배는 부분과 전체를 관통하는 가운데 억압하고 멸시 천대하면서 '일본인日本人의 조선朝鮮'을 만들기에 철저하고 있었던 것이다.

[3] 조선사회의 민생 피폐와 문맹자 및 퇴학자의 격증

1. 민생의 곤란과 퇴학생 수의 급증

우리의 학동學童들 모두는 고양된 인격성에 기하여 감화感化를 주는 교원으로부터 교육을 받을 수 있을 뿐만 아니라 그러한 교육자로부터 교육을 받아야 하는 고귀한 인격 주체들이다. 그러나 조선의 교육 현장은 눈물겨운 실상이 전개되고 있었다. 어렵고도 어렵게 학교를 입학한 관공사립官公私立의 보통학교 학동들이 가정적 경제적 어려움으로 학교를 퇴학하는 숫자가 연간 7~8만 명을 상회하고 있음이 보고된다. 얼마나 슬프고 억울한 일인가. 배우고 싶은 마음 가득하지만 일 개월에 50전의 월사금月謝金을 내지 못하여서 학교 문을 쫓겨나 퇴학을 당하고 있다. 더하여 조선의 소학교 아동들이 생활난으로 잘 먹지를 못하여서 80~92%가 영양불량에 걸려있다고 하는 일본의회 의원의 보고는 가슴을 짓누르는 아픔을 준다.

자세한 내용을 동아일보 1931년 9월에 게재한 사설 '퇴학생退學生 팔만명八萬名---민생피폐民生疲廢의 일척도一尺度'를 통해 살펴본다.[228)]

작년도(1930)에 관공사립官公私立 보통학교에서 중도에 퇴학한 학생이 84,007명이

---

227) 총독부 관리들의 조선인에 대한 악선전은 당시의 일반적 행태였다. 당시 조선 농민에게 총독부 관리들이 가하는 실상을 본다. 지방 농민이 불평 중 하나로 청결에 대해 매년 몇 차례씩 정기 또는 부정기로 농민에게 가하는 구타와 侮辱은 다른 기회에 있어 헌병이나 경관이 인민을 억압 멸시하는 정도 이상으로 농민의 감정을 상하게 하는 고로 反感을 갖게 되고, 이러한 반응에 대해 영리한 총독부 관리들은 조선인은 불결한 習慣을 갖는 民族이라고 해석한다. 더욱이 이러한 모습을 가지고 朝鮮民族은 청결을 싫어하는 민족이라고 侮蔑적인 패(牌)를 붙이는 것이다.(동아일보, 朝鮮人과 衛生--惡宣傳의 一例, 1927.2.1. 본문참조)

228) 동아일보, 退學生 八萬名---民生疲廢의 一尺度, 1931.9.18.

라고 한다. 해마다 중도 퇴학자가 7만명 이상을 보이는바, 이는 조선의 만성적 현상으로 대중민생大衆民生의 피폐疲弊를 증명하는 것이 된다. 작년에는 특히 예년보다 근 1만여 명이 증가한 것으로 불황과 곡가의 폭락에 의한 농촌의 고민을 알게 한다. 오인吾人은 조선 민생民生에 관한 조직적 계책을 요구해왔으며 교육에는 보통학교의 의무화와 학령아동의 특별보호에 대해 누차 주장하여 왔다.

조선 민생의 참상에 대해서는 일본의 제국의회에서도 이미 논의가 되어 왔다.

그를 보면 "작년(1930) 4월부터 10월까지 사이에 극도의 생활 궁핍으로 인해 중도 퇴학한 소학아동小學兒童의 수는 185,000명이나 된다. 더욱이 소학교에서는 1개월에 약 50전의 월사금月謝金을 지불하지 못하는 월사금 체납 아동이 약 36만 인이라고 한다. 또한 조선의 의사醫師가 전하는 바에 따르면 조선 소학아동은 생활난으로 8할 내지 9할2분이 영양불량에 빠져있다고 한다."229)

우탄일성宇垣一成 총독(우가키 가즈시게, 제6대 총독 1931.6.17.~1936.8.5. 재임)은 조선사람에게 먹을 것을 주는 것을 시정방침의 하나로 하고 있음을 자부한다고 전한다. 이는 그 반면을 보면 조선사람이 먹지 못하는 사람이 많음을 사실로 승인하는 것이 된다. 조선의 농촌을 구제하고 의무교육義務教育을 실시하며 학령아동의 건강을 보호하는 등의 사업은 조선 재정에 대한 근본적 대수술을 가하기 전에는 불능한 것으로 판단된다.

이렇게 조선사회의 궁핍은 학동들의 취학을 불가하게 하였으며 대다수의 학동들이 영양불량으로 고통에 처해있음을 구체적으로 보여주고 있다. 그런 위에 공직 관료들이 행하는 재정관리 부실과 조선인들에 대한 천대와 무시는 그들이 어떠한 정책을 쓴다하더라도 신뢰할 수 없는 상황이 되어 있었다. 일례로 재등실齊藤實 총독(사이토 마코토, 제3대 총독 1919.8.13.~1927.12.10. 및 제5대 총독 1929.8.17.~1931.6.17. 재임)이 남기고 간 궁민구제사업窮民救濟事業이 겨우 6,500만원을 가지고 3년간에 나누어 풀어서 조선의 피폐를 구하고자 하였다. 그러나 그것조차도 실시 후의 상태를 보면 감독관청의 큰소리가 있음에도 불구하고 노동자들의 임금으로는 그 전액의 1/3도 어렵고 오직 재료상材料商의 배를 불릴 뿐이었다. 더구나 근검勤儉의 기풍을 조장한다면서 강제저축을 하게 하는 것이 전형적인 관료식官僚式이 되어 도리어 민원民怨을 증

229) 당시 일본의 帝國議會議員인 淺原代議士가 지난번 의회 석상에서 이러한 내용을 발언하였음을 밝히고 있다.(동아일보, 退學生 八萬名---民生疲廢의 一尺度, 1931.9.18. 본문 참조)

대시키는 등으로 실로 이해하기 어려운 일들이 일상사로 이루어지는 것이 바로 1931년 당시 일제 식민치하의 조선 사회였음을 기록하고 있는 것이다.[230]

2. 문맹률 77%와 교육시설의 증설 시급, 특히 여성문맹 92%

교육을 통한 인간의 가치발견과 그 존중은 나아가 인류사회를 자유와 정의가 흐르는 사회로 변화시키는 원천이 된다. 인간이 존중되고 인간 모두가 행복을 느끼는 그러한 인간사회를 만들기 위해 인류는 역사단계마다 사회 단위마다 교육을 기본으로 설정한다. 교육을 통해 정치를 바르게 하고 산업을 일으키며 인간을 함께 살게 하는 기초를 충실히 배양한다. 교육이 멈추어지면 인간은 더이상 사회와 문화를 진보시킬 원천을 잃게 된다. 아니 인간에 대한 존중과 가치로운 존재로서의 인식을 아예 가질 수 없게 된다. 그래서 교육은 인간사회가 가장 우선적으로 구축하여야 하는 사회적 기제機制, 즉 사회를 조성하고 운영함에 있어 중심된 역할을 부여받고 있는 것이다.

식민지배기 일제가 조선인에게 행한 이러한 교육의 주요 성과는 어떠하였는가. 조선일보는 1934년 12월 '문맹률文盲者 77%---의무교육義務教育과 성인교육成人教育을 병행竝行하라'라는 제목의 사설을 통해 조선의 교육 실상에 대한 주요 지표를 제시하고 있다.[231] 이 글의 소재가 된 [전조선全朝鮮 국세통계조사國勢統計調査]는 1930년(소화5년) 10월에 시행된 국세조사로서 통계 결과는 1934년 12월이 되어서야 공개가 되었음도 새겨둘 사항이다.

소화昭和5년(1930) 10월1일 전조선全朝鮮에 일제히 시행한 국세조사國勢調査 통계가 집계되어 최근 [조선인의 문맹총수文盲總數]라는 제명의 자료로 발표되었다. 주요 내용을 살펴본다.

전조선인구全朝鮮人口는 21,058,000여인餘人이며 이중 조선인朝鮮人은 20,438,000여인이다.

문자를 아는 조선인(6세이상)은 4,549,000여인이다.[232] 따라서 조선인 중 나머지

---

230) 동아일보, 退學生 八萬名---民生疲廢의 一尺度, 1931.9.18. 본문참조.

231) 조선일보, **文盲者 77%---義務教育과 成人教育을 竝行하라**, 1934.12.22.

232) 여기서 문자를 아는 사람이란 朝鮮文만 아는 사람, 조선문과 日本文을 다 아는 사람, 일본문만 아는 사람으로 나누어서 보게 된다. 그러나 여기서는 이들 모두를 합하여 어느 하나에라도 해당이 되면 문자를 아는 사람으로 분류하여 통계화하고 있다.(조선일보, 文盲者 77%---義務教育과 成人教育을

15,888,000여인은 어떠한 문자도 알지 못하는 문맹文盲이 되는 것이다. 따라서 조선인의 문자 해독解讀자는 전인구의 겨우 22.3%에 불과하고 그 나머지 77.7%는 완전한 문맹으로 분류된다.[233)]

그리고 문맹자의 백분비를 연령별로 보면 6세부터 9세 사이의 88.4%가 가장 많고, 20세로부터 24세 사이의 64.9%가 가장 적다. 남녀별로 보면 남자는 63.9%, 여자는 92%가 되는 것으로 여성의 경우 거의 문맹자가 되고 있음을 알 수 있다.

현재 전세계全世界는 다투어 교육을 보급 시키고 문화를 향상하기에 힘쓴다. 독일 일본 같은데는 전인구의 거의 대개가 문자를 이해하고, 그 국민들은 신문화新文化를 수입하고 신문화를 창조하면서 국가와 세계에 기여하게 된다. 그런데 조선은 이렇게 문맹이 많으므로 인해 국가와 세계의 공헌함이 적을 뿐아니라 도리어 국가행정상 세계문화상 지장 됨이 많다.[234)]

앞의 통계를 참고하건데, 6세부터 9세사이의 아동중 88.4%가 문맹이라 한다. 이 연령은 의무교육이 시행되는 곳에서는 전부가 취학연령就學年齡이 되는 것으로, 조선의 경우 80% 이상의 아동이 취학하지 못한 것을 증명하는 것이 된다. 그렇다면 세계 각국은 거의 그 연령의 국민에게 '초등학교初等學校'의 의무교육義務敎育을 강요强要하고 있거니와 이것은 장차 국가의 중임重任을 책임지는 국민이 될 수 있도록 교육을 시키는 것이 아니겠는가.

또한 여자의 문맹이 92%로 너무도 높다. 조선에서 이렇게 최소한의 교육인 문자 이해가 아니되는 것이니 가정과 사회에 행복幸福과 평화平和가 어찌 있겠는가.

지금 당국이 1면面 1교제校制의 실시와 아울러 '간이학교簡易學校'의 증설, 농촌 진흥의 한 정책으로 문자보급文字普及 등을 실행하고 있다. 그러나 현재 초등학교初等學校 아동수兒童數는 불과 60만 명을 상하上下할 뿐이요, 학령아동 총수를 400만으로

竝行하라, 1934.12.22. 본문 참조)

233) 문맹 비율에 대해서 조금을 부언한다. 조선인 중 6세 이상으로서 문자를 아는 4,549,000餘人은 조선인 전체 20,438,000여인 중에서 22.257%를 차지하고 있음을 의미한다.

234) 문맹이 많으므로 인해 조선은 행정기관에서 발부하는 고지서 한 장을 읽지 못하여 납세기일을 놓치고 철도역에 써놓은 역명을 알지 못해 내릴 곳을 통과하는 일이 많다. 하물며 근대산업이 전부 근대적 과학지식에 의하여 운전되고 정치의 운전이 민중의 이익을 토대로 하여야 하는 것임을 본다면, 문맹한 국민이 근대사회에 기여할 수 있는 역할과 민중의 이익을 위해 국민으로서 논의를 제기할 가능성은 전혀 없게 되는 것이다.(조선일보, 文盲者 77%---義務敎育과 成人敎育을 竝行하라, 1934.12.22. 본문 참조)

잡드라도 학령아동의 15%밖에 취학되지 못하니, 설사 1년에 간이학교簡易學校 1~2천 개를 더 설립하더라도 10년 이내에 학령아동의 40%가 취학되지 못할지니 문맹은 의연 방대한 숫자를 보이게 될 것이다.

당국은 조선의 문맹을 하루속히 퇴치하려 한다면 간이학교 증설이나 농촌진흥책의 일부로써 만으로 임하지 말고, 적극적으로 학령아동의 의무교육을 실시하고 민간의 '강습소講習所'를 신고만 하면 되는 '계출제屆出制'로 하여 장려하여야 하는 것이다. 또한 지방비 기타 면비面費로써 각 면에 간이한 '성인교육기관成人教育機關'을 설립하여 국고보조를 주어서 실시하여야 할 것이다.

3. 일제의 조선인 의무교육 외면과 교육과 인간발달의 상관성

총독부 당국은 조선의 민도民度 민력民力을 들어 의무교육의 시행이 아직은 이르다고 말하지만, 일본 내지內地에 의무교육을 실시한 명치30년(1897)경 보다 오히려 더 이상임을 누차 지적해 왔다. 따라서 당국의 반성을 촉구하면서 조선교육에 대한 차별과 무시를 시정할 것을 요구하고 있다.

이어서 의무교육義務教育이 전혀 배제되고 있는 조선교육의 실상에 대해 살펴본다. 인간은 교육을 통해 자아를 발견하며 사회적 존재로서의 역할을 바르게 구축하게 된다. 또한 교육을 통해 인간은 지적 능력을 함양하며, 그에 기한 사회적 정치적 이해 능력을 향상시키게 된다. 나아가 자신의 권리와 책무에 대한 이해를 하게되며 사회적 정치적 참여에 대한 판단을 명확히 하게 된다. 또한 교육은 지육智育의 발달만이 아니고 체육體育과 덕육德育의 통합적 발달을 도모함으로써 건강한 육체와 함께 인격의 형성과 고귀한 존재로서의 인간 가치를 끊임없이 계발하게 한다. 그러므로 선진 국가들은 국민을 위해 교육의 의무적 시행을 최우선의 과제로 설정하게 되는 것이다. 식민지배하 조선에서 시행하던 일제의 교육 실상을 검토한다. 즉, 1년의 의무교육도 시행되지 못하던 당시의 조선교육에 대해 동아일보는 1936년 8월 '의무교육의義務教育의 통계적統計的 고찰考察'이라는 제명의 사설을 발표한다. 서구 여러 나라의 교육 현황을 제시하면서 교육 본의本義와 인간능력의 발달을 살피고, 나아가 그를 외면하는 일제 당국의 잘못에 대해 비판적批判的 논의를 제기하고 있다.[235]

235) 동아일보, **義務教育의 統計的 考察**, 1936.8.4.

최근 당국이 발표한 조사통계에 의하면 조선의 보통학교 아동 총수는 640,000여인餘人에 달한다. 이는 조선인 인구 1000인에 대해 31.2인의 비율이 된다.

호주의 178인, 미국의 168인, 일본내지日本內地 164인, 신서파新西蘭(뉴질랜드) 157인, 화란和蘭(네델란드) 152인, 서반아西班牙(스페인) 144인, 영국과 파란波蘭(폴란드) 140인 등과는 하늘과 땅만큼의 차이를 갖는 것으로 조선의 현실에 실망과 울분을 느끼게 된다.

후진문화後進文化가 선진문화先進文化를 따르는데 있어서는 출발이 늦은 대신 속도가 빨라야 하는 것인데, 이마저 약 5배의 느린 차이를 보이고 있음에 선진문화를 따른다는 것이 공상空想같이 여겨진다.

교육은 지육방면智育方面만을 의미하는 것이 아니고 체육體育과 덕육德育까지를 포함한다. 교육의 수준이 낮다는 것은 그 사회성원의 모든 것을 평가하게 되는 것이다.[236)]

문부성文部省에서 13세와 20세의 재학자在學者와 취업자就業者의 발육상황發育狀況을 조사한 결과를 제시한다. 13세의 재학자 신장은 137.5센티미터, 동취업자 143센티미터, 13세 재학자의 체중은 32.2킬로그램, 취업자는 36.2킬로그램으로 취업자가 약간 높게 측정된다.

그러나 20세의 재학자在學者 신장은 163센티미터, 동 취업자就業者는 159.5센티미터, 20세 재학자의 체중은 55.5킬로그램, 동취업자는 53킬로그램으로 재학자가 더 우월하게 나타난다. 심상소학교尋常小學校 졸업자와 고등소학교高等小學校 졸업자의 발육상황을 보면 고등소학교 졸업자 중에서 갑종甲種합격자가 다수多數를 점하는 것으로 나타난다.[237)]

---

236) 일제 치하에서도 조선인들은 교육을 통해 진정한 인재의 양성을 열망하였다. 1932년 당시 조선은 진정한 의미의 지도적 人格을 요구하는 때였다. 온몸으로 熱과 誠을 가진 지도자를 요구한다는 것이다. 곤궁, 無力, 생각을 바르게 갖지 못하는 어리석은 暗昧, 그리고 조직적 힘을 갖지 못하는 無組織 등의 대난관을 돌파해야 하는 우리들의 처지에 있어 진정으로 민중으로부터 <u>'信任'을 받는 公人</u>이 많이 나와야 함을 역설하고 있다. **'信任'은 오직 公生活과 私生活이 똑같이 버젓한 사람에게만 민중들이 보낼 수 있는 것이**라고 정의하고 있다.(동아일보, 公生活과 私生活－指導者的 純潔性을 高潮, 1932.5.6.). 그래서 조선인에게 있어 교육은 더더욱 갈망되었던 것이다.

237) 동아일보, 義務教育의 統計的 考察, 1936.8.4. 본문 참조. 참고로 **'소학교'**와 **'보통학교', '국민학교' 명칭에 대해 간략히 이해**한다. 小學校는 **1895**년 **7**월 **'小學校令'**에 의해 제도적 기초가 마련되었다. 그러나 小學校는 1890년을 전후하여 조선에 거류하는 일본인 대상 초등교육기관의 명칭으로 이미 작동되고 있었던 것이다. 乙巳勒約 이후 일제통감부는 점차 조선을 식민지화하면서 **1906**년 **普通學**

예의와 인성人性을 함양하는 덕성德性과 지식을 축적하고 이해와 판단 능력을 배양하는 지성知性에 대해서도 학령기 의무교육義務敎育의 중요성은 지대하다. 13~14세의 소년은 자아自我를 각성하기 시작하여 수동적 태도에서 능동적 태도로 나아가며, 막연하게나마 자기 장래에 관심을 가지게 되는 것으로 교육상 가장 중요한 시기가 된다. 또한 사고력思考力이 점차 진보하여 비판적批判的으로 사물을 고찰하기 시작하며 연구심과 독서열이 왕성하게 고조되는 시기이다.

위와 같은 통계적 증거에 기하여 의무교육의 중요성이 논의되는 것이다. 따라서 6년의 의무교육은 이러한 이유하에서 오히려 부족하다는 것이 과학적 논거가 된다.

그러나 조선은 어떠한가. 단 1년의 의무교육제도 가지지 못한 당사자인 우리로서는 참으로 아연啞然할 수밖에 없다.[238] 일본인 그들은 의무교육의 효과를 먼저 경험하고 그 연장의 필요를 역설하는 현실에서 우리 조선의 이러한 상황은 어떻게 보고 있는 것인지. 일본 내지內地의 의무교육 연장이 실시될 때에는 조선의 의무교육 요구도 거부할 수 없는 정도는 되어야 하는 것이 아니겠는가. 특히 일본 문부당국文部當局이 일본 내지의 의무교육 연장을 주장하고, 총독부가 조선의 의무교육 반대를 고집한다면 이것이 재정상의 문제로만 논의할 수 있는 문제인가.

校令을 반포하여 조선인을 교육하는 초등교육기관은 보통학교로 명칭하고, **조선에 거주하는 일본인들이 교육받는 초등교육기관은 小學校(尋常小學校를 기본으로 하되 2~3년의 교육기간을 연장하여 高等小學校로 구분 운영하였음)를 계속하여 명칭**으로 사용하였다. 1911년 제1차 조선교육령과 1922년 제2차 조선교육령에서도 보통학교를 그대로 사용하다가, **1938년 제3차 조선교육령의 개정으로부터 1941년까지 일제는 '一視同仁'의 미명하에 조선인들의 보통학교 명칭을 개정하여 일본인들이 다니는 학교와 명칭이 같은 '尋常小學校'로 변경**하였다. 그러다가 **태평양전쟁의 확전으로 1941년에 모두를 '國民學校'로 명칭을 개정하면**서 일제 식민지배하의 초등교육기관은 國民學校로 마감하게 되었다.(심상소학교, 부산문화대전, 한국학중앙연구원 및 손인수, 한국근대교육사, 연세대출판부, 1975 등 참조)

238) 이미 1920년의 지적에서도 日本內地는 의무교육에 있어 **6년의 의무교육연한을 7년~8년으로 연장을 준비 중이었다.** 그런데 조선에서는 당시에도 1・2년의 의무교육도 있지 아니하고 오직 고금을 통하여 있지 아니한 '書堂令'만 있을 뿐이니 어찌 조선인에게 배움이 있다고 할 것인가라는 문제를 제기하고 있었다.(동아일보, **朝鮮敎育에 대하여, 1920.4.20.**(一) 본문 참조). 참고로 **書堂敎育의 탄압**에 대해 부언한다. **1908년에 제정된 사립학교령을 1911년 10월에 '私立學校規則'으로 변경**하면서 **사립학교 신규설립을 금지**하는 것과 함께 기존 사립학교들에 대한 **감시 및 폐교**가 이루어진다. 이에 전통적 교육기관인 書堂들이 기존 사립학교들이 행하던 근대교육의 내용과 방식을 일부 수용하면서 **改良書堂을** 설립하여 교육에 임한다. **그러자 일제는 이를 탄압하고자 1918년 2월에 별도의 '書堂規則'**을 만들어 조선인이 독자적으로 서당교육을 하지 못하게 하였다. **서당의 개설에 도지사의 인가를 요**하고, 또 **서당의 교과서는 조선총독부가 편찬한 교과서를 사용하여야** 하는 등으로 통제를 가하게 된다. 조선어와 조선의 정신 및 역사 등에 대한 민족교육을 원천적으로 금지하는 것은 물론이고 조선 지식인에 의한 독립사상 교육을 차단하는 술책으로 만들어 낸 제도의 변경이 된다.

결국 일제는 조선인에 대한 교육 시혜를 통해 자아 각성 및 인간 가치의 인식과 그에 기한 비판적 사고의 형성 등에 대해서는 근본적으로 허용할 수 없음을 주요 원칙으로 삼고 있었다. 그러기에 의무교육義務教育 등에 대해서는 아예 논의를 차단하면서 오직 조선인을 노예적 도구적 존재로서만 취급하고 있었던 것이다. 일제가 행한 조선 식민교육의 얼개와 뿌리는 기만과 위선과 억압이 철저하게 도사리고 있는 것이었다.

4. 정치적 사건 관련 학생을 입학 및 교육에서 배제

조선에서 교육을 시행하면서 기저에 심고 있는 일제의 위선적 술수에 대해 1926년 발생한 6.10만세 사건의 대응 태도를 통해 실상을 검토한다. 6.10만세 사건과 관련한 학생들에 대해 당국은 학교 교육을 받을 수 없도록 입학을 불허하는 조처를 취한다. 즉, 1926년 6.10만세 운동에 참가한 학생들에게 내리는 총독부 교육당국의 교육을 몰각하는 조처에 대해 부당함을 통박痛駁한다. 사법기관인지 교육기관인지를 불고不顧하고 학생들에게 일방적 억압으로만 속박하는 일제의 행정조처에 대해 동아일보는 1926년 7월 '학교學校와 사법기관司法機關의 구별---전과자前科者의 입학불허入學不許에 대하여'라는 제명으로 그의 불의를 고발한다. 만세운동 참여 학생에 대해 총독부가 사법적 징벌과 함께 교육에 있어서도 복교復校나 진학進學을 불허하는 조처를 취하려는 것과 관련하여, 당국이 교육의 본질과 가치를 인식하지 못하는 가운데 학생에게 가하는 불합리한 폭압적 제재에 저항하는 논설이 되고 있다.[239]

형벌을 중심으로 하는 사법작용司法作用의 의미와 다른 교육의 중요성에 대해 단호하게 역설하는 것과 함께 당시 사회가 갖는 형벌의 의의 및 목적에 대해서도 논한다. 법의 적용 및 집행에 있어 범죄자의 범죄 동기와 원인 및 환경 요인 등을 살펴서 복수復讎가 아닌 범죄성의 소멸과 교화敎化를 중요하게 제시하고 있다.

총독부는 기소유예나 심지어는 불기소된 학생에게까지 관공립官公立과 사립私立을 물론하고 퇴학 또는 무기정학無期停學 유기정학有期停學 등의 처치處置를 하게 하리라고 하는바, 학생이거나 학생이 아니거나 법률상 명문明文이 있고 그에 저촉되어서 사

239) 동아일보, 學校와 司法機關의 구별---前科者의 入學不許에 대하여, 1926.7.5.

법당국이 그 범죄자에게 형을 과하는 것은 그 국가주권에 관련되는 일이니 그는 당연한 결론이요 결과라 할 수 있다.

그러나 그러한 사법상 형벌刑罰의 행사도 현대에 와서는 그 범죄犯罪의 동기와 원인 또는 환경의 작용 등을 참작하여 형刑은 복수를 목적하는 것이 아니라, 범죄성犯罪性의 소멸을 위하여 있다는 의의를 천명하기에 노력하는 현재가 아닌가.

그럼에도 불구하고 명문明文에도 없는 형刑을, 더욱이 인성人性의 선도善導에 진력한다는 교육행정教育行政에서 금일의 조선청년 그 학생들에게 이러한 처치를 하는 것이 과연 어떠한 결과를 지을 것인가.

총독부 당국에게 오인吾人은 학교學校와 사법기관司法機關의 구별을 권한다.

사법기관司法機關은 시비곡직是非曲直을 판단하며 질서유지를 위하여 있는 것이요,

학교는 인성人性의 훈육薰育과 기술의 발양發揚을 위하여 있는 것이다.

사법기관은 죄를 적발하여 제재하는 곳이요 학교는 죄를 버리고 선善을 권하는 것이다.

학교는 인성을 인도하여 선善에 진취進就시키는 곳이요, 사법기관은 인간의 악행惡行을 처벌하는 것이다.

재판소裁判所 이상으로 학교에서 청년을 처벌하려고 하는 당국자여, 조선에 있는 사법권司法權이 박약薄弱하여 학교를 사법기관 이상으로 처벌용處罰用에 충당하려 하는가. 법률에 의하여 사법기관에서 그에 상당한 처치處置를 함에도 불구하고 학교에서 이중삼중二重三重으로 처벌을 가하는 이유가 어디 있는가.

공정公正하게 보자하면 일방에 그와 같은 처벌이 있는 동시에 일방에서는 학교와 같은 선善의 조장기관助長機關이 필요한 것이 아니겠는가. 학교에서 연소年少하여 의지意志가 확립하지 못한 사람들이 받을 교도教導의 기회까지 거절하는 본의本意가 어디 있는가.[240)]

---

240) 본 사건에 당면하여 前途가 실로 萬里같은 청년과 소년들을 학교에서 거절시킨 이유가 어디에 있는 것인가. 인간의 犯罪性이 절대로 치료되지 않는 것이라면 모르겠지만 적어도 금일에는 이러한 견해는 인정되지 않고 있는 이상, 그 범죄의 원인이 그 범죄자 個人性品의 흠결에 있다 하더라도 그를 教化 善導함이 마땅한 것이다. 즉, **사법기관에서는 이를 責罰하는 동시에 학교에서는 그를 선도할 필요가 있는 것이며**, 하물며 **그 범죄의 동기와 원인이 그 個人性에 있다기보다 오히려 그와 다른 社會的 政治的 방면에 있는 이상 그를 이해시키고 교육을 통해 선행을 하도록 教導하고 곁에서 부축하는 學校가 진정으로 필요하다고 주장**하고 있는 것이다.(동아일보, 學校와 司法機關의 구별---前科者의 入學 不許에 대하여, 1926.7.5. 본문 참조).

하물며 그 범죄행위의 성질을 관찰하면 그 범행犯行의 결함이 만세를 부른 개인에게 있다고 하는 것보다, 그 학생들로 하여금 그 범행에 이르게 한 사회적社會的 정치적政治的 원인과 이유가 다대多大한 것이니 형사정책상刑事政策上으로 보아서도 당연히 참작하고 숙고熟考할 바가 다대한 것이 아닌가...총독부 당국자는 그들로 하여금 더 좋은 사람이 되게 교양함은 고사姑捨하고 그들에게 학교까지 갈 수 없게 하니 무슨 목적으로 그러는지 알 수가 없다. 학교에서 거절하면 그들은 학문을 수득修得하지 못하므로 이전에 비해 더욱 총독부 당국자에게 순종하는 무리가 될 줄로 아는가. 그들을 학교에서 거절하면 그러한(만세를 외치는) 심리를 제거할 수 있는 것으로 믿는 것인지. 어느 편으로 생각하여도 총독부 당국자의 분별없는 망거妄擧이자 졸책拙策이라 단언斷言하는 바이다.

총독부 당국자들은 6.10만세 사건과 관련하여 만세 가담 학생에 대해 사법상司法上 처벌은 물론이고 이에 더해 교육과 관련하여 법률적 규정이 없음에도 불구하고 교육을 받을 수 없게 한다고 하였다. 배움을 추구하는 학생에게 교육받을 기회를 박탈한다고 하는 것은 일반인이 각자가 행한 위법행위로 인해 받게 되는 형사법적 처벌과는 비교할 수 없는 인생의 장애와 손실을 초래한다. 구체적으로는 당시 만세에 가담한 학생의 경우, 기소되어 사법적 형벌을 받은 후에라도 학생은 다시는 자신이 재학하던 대학에 복학하거나 또는 예과豫科에 진학을 절대로 허락하지 않는 방침을 공표한 것이다. 학생들이 만세사건에 가담함에는 당시의 사회적 정치적 원인과 이유가 지대함에도 당국은 이를 숙고하지 않고, 즉 형사정책적 고려를 충실히 하지 않고 위하적威嚇的으로 교육의 기회를 배제하는 반교육적 탄압을 단행하고 있는 것이다. 식민지의 노예로서 굴종하는 조선인을 만들려는 일제의 폭정과 위선적 교육행정 실체를 이렇게 노골적으로 작동시켜 내고 있는 것이다.

[4] 사립법학교와 경성제국대학의 설립 및 일제의 교육 · 문화장악

1. 법관양성소와 '사립법학교'의 설립

대한제국기에 뜻있는 유지有志들이 자금을 모아 '사립법학교私立法學校'를 설립하였다. 국민문명國民文明의 향상을 도모할 기초가 될 것임과 함께 나아가 법률대학교法律大學校로의 발전을 소망하던 1900년대 초기 상황을 살펴본다. 당시 법관양성소法官養成所가 있어서 정부에서 소요所要되는 법관을 단기 속성으로 길러내던 역할을 하였다. 그에 비해 법학을 체계적으로 연구 강론하며 법의 정신과 내용을 충실하게 교학敎學하여 사회를 바르게 운영할 인재를 육영育英하는 사립법학교私立法學校의 설립은 그 의미가 심대한 것이었다. 1905년 2월에 황성신문皇城新聞이 게재한 논설 '논법학교성립論法學校成立'을 통해 당시 한국사회가 가지고 있던 법학에 대한 이해 실상과 향후 기대에 대해 검토한다.[241]

법률法律이란 것은 人民이 세상에 존재하는데 있어 하루라도 없어서는 아니 되는 것이다. 그러므로 속담俗談에 "법률에서 낳고 법률에서 생활하며 법률에서 동작하고 법률에서 죽는다"라고 하였다. 법률의 정의定義를 쓰면, 사법私法과 공법公法 국제법國際法의 구별이 있다.

사법私法이란 민법 상법 민사소송법民事訴訟法[242]과 신분상사권류身分上私權類, 공법公法은 헌법 행정법 형법 형사소송법 국가간공법류國家間公法類, 국제법國際法은 국제공법國際公法 국권상평시전시권류國權上平時戰時權類 등이 된다. 국가정치경제와 인민사회人民社會의 일용규칙日用規則이 이 법에 포함되지 않음이 없고 법의 종류와 조항이 복잡다단하여 문명의 진보에 따라 증가함으로 인해 용이하게 알 수 없으므로 각 나라의 국민은 그 나라의 법만 알면 되는 것이다.

그러나 법학을 면밀히 밝히고자 하는 자는 그 조항條項과 제도制度에 대해 주의主義와 취지趣旨를 상세히 연구하여 천태만상의 사실을 적용適用시킨 연후에 조금도 과오가 없기를 기할 것인 고로 반드시 법학에 통달通達하여 법의 원리원칙과 창정개정創定改定 등에 대해 명확히 이해 해야 하는 것으로 이것이 법학法學이 성립成立하는 바가 된다. 또한 법학의 학파學派로는 분석법分析法 연혁법沿革法 비교법比較法 철리법哲理法 등 학파가 있으며, 또한 성문법成文法 불문법不文法 공법公法 사법私法 주법主法 조법助法 보통법普通法 특별법特別法 강요법强要法 청허법聽許法[243] 등의 구별이 있으

241) 皇城新聞, 論法學校成立, 1905.2.17.

242) 公法과 私法의 구분에 있어 **민사소송법**은 절차법으로서 공법으로 분류함이 일반적이나 당시의 논설에서는 사법으로 분류하고 있다.

243) **强要法과 聽許法은 현행법상 强行法과 任意法**의 구분에 대응하는 당시적 용어이다. 任意法은 당사

니 이들 모두는 전문가專門家가 마땅히 연구하여 분석 이해하는 대상이 된다.

따라서 현재 동서양의 문명제국은 법률전문학교가 있어서 법학을 연구한 고명 인사를 양성하여 그들의 역할이 심대하지만 오직 우리 한국에는 교육수준과 방법이 극히 졸열하고 그릇되어있는 것이다. 그래서 겨우 법관法官을 양성養成하는 학교로 '법관양성소法官養成所'가 있으나 이는 임시 속성기관일 뿐이고 전문專門으로 말하면 거의 없는 형편이 되고 있다.[244)]

그러나 근간에 뜻있는 여러 군자君子들이 자금을 모아서 사립학교를 창학하고 외국에 유학하여 법률을 졸업한 인사를 12명이나 교사로 초빙하였다고 한다. 전문專門과 예비법과豫備法科로 나누어 장차 배움을 원하는 전국의 총명 준수한 자제들을 선발하여 법률학法律學을 공부하여 후일 국가가 필요로 하는 자원이 되도록 할 것이다. 이름은 비록 사립私立이지만 우리 한국에서 처음으로 설립되는 '법률대학교法律大學校'가 될 것이다.[245)] 따라서 국내의 뜻을 품은 유지有志 제군자諸君子는 각자 정신을 가다듬고 나날이 진보 발전하여 법률전문학문法律專門學問을 일구어낸다면 국민문명國民文明이 이로부터 단단하게 새롭게 나아가게 될 것이다. 나아가 사립법학교私立法學校의 창학이 법률대학교法律大學校로 발전해 갈 것을 소원한다.

자의 의사에 따라 적용이 결정되는 법을 말한다.

244) **'法官養成所'**는 고종32년(1895) 3월25일 **勅令 제49호**로 法官養成所規定을 재가・반포함으로써 설립된 기관이다. 제1조에서 "法官養成所는 速成함을 期하고 生徒를 汎募하여 規定하는 學課를 教授하고 卒後에 司法官으로 採用함이 可한 자격을 養成하는 處라"라고 하여 속성의 사법관 양성을 위한 교육기관으로 설립된 것이다.(高宗實錄 32년 3월25일; 韓末近代法令資料集 1, 國會圖書館,1970). 따라서 초기에는 수업연한이 6개월이었으며 1895년 4월과 6월에 50명씩의 학생을 선발교육하였다. 明成皇后 시해사건으로 학생모집이 중단되었다가 1903년에 재개하면서 수업기간을 1년6개월, 1904년 12월에는 2년으로 연장하었다. 1907년에는 다시 예과 1년을 포함하여 3년으로 늘어났으며, 1909년 11월에는 관할을 **法部에서 學部로 변경하고 명칭을 法學校로** 개칭하였다. 일제 식민지배하인 1911년에는 京城專修學校로, **1922년에는 京城法學專門學校**로 이어졌다. 또한 法官養成所에 앞서 裁判所의 설치 및 구성과 그의 중요구성원으로서 法官인 판사・검사의 존재 근거 법률이 되는 **'裁判所構成法'이 1895년 3월25일 法律第1號**로 제정되어 재가・반포(高宗32년 3월25일)되었음을 중요하게 기록해 둔다.

245) 이 글을 쓴 記者는 당시에 이루어지던 私立學校에 대해 염려하는 바가 있었다. "이전부터 우리나라의 인사가 往往 교육에 뜻을 두고 자금을 모아 학교를 설립한 이가 적지 않았으나 永久히 존립하지 못하고 얼마 안 가 철폐하는 이가 흔히 있었으니, 이것은 우리들이 개탄하고 한심해하는 바이다. 지금 法律學校는 혹여 이러한 한탄에 이르지 않을런지가 걱정이다."(皇城新聞, 論法學校成立, 1905.2.17. 본문참조). 그리고 더 하여 재학 중인 제군들에게 백배나 열심히 勉勵하고 학교를 확장하여 영원히 유지하는 가운데 국민을 文明法律로 인도하면 **국민의 행복**이 어찌 이보다 더 크지 않겠는가라고 하면서 私立法學校의 튼실한 발전을 빌고 있다.

이러한 대한제국기의 초기역사를 이어 1926년 4월에는 경성제국대학京城帝國大學이 최고학부最高學府로 설립되어 법문학부法文學部와 의학부醫學部의 두 개 학부로 분화 발전하는 대학교육사大學教育史를 이어가게 되는 것이다.246)

2. 경성제국대학의 설치와 대학교육의 본령

총독부는 1924년 5월 경성제국대학령京城帝國大學令을 공포한다. 1926년 4월부터 개교하게 될 경성제국대학京城帝國大學에 대해 진취적 청년인재의 양성을 기대하는 것과 함께 학생들에게 관영의 관학官學이 요구하는 국가정책의 추종자 내지 수호자들로서의 우려도 존재하였다. 예과豫科는 1924년 초에 이미 학생을 선발하고 교수요원도 확보하여 5월12일부터 수업을 개시한다. 물론 예과는 2년의 학업을 통해 본과本科에 입학하는 준비과정이 된다. 경성제국대학은 조선에 있어 최고학부最高學府로서 교양教養을 함양하는 리버럴 에듀케이션(Liberal Education)을 목적으로 대학교육의 본령本領에 충실하여야 하는 것과 함께 인류사회를 위해 기여할 인재들을 배출하는 사명을 잊지 않아야 하는 것이다. 경성제국대학의 설립과 관련하여 당시 조선사회가 가졌던 기대 및 우려와 대학의 사명에 대해 1924년 5월 동아일보가 게재한 사설 '경성제국대학령京城帝國大學令 발포發布에 대하여'를 통해 주요 내용을 검토한다.247)

경성제국대학 개설에 관한 칙령안勅令案과 관제官制는 추부樞府 본회의의 자순咨詢을 거쳐 지난 5월 2일에 내각관보內閣官報로 공포되었고, 다시 조선총독부관보朝鮮總督府官報에 지금 6일에 정식으로 발포된다고 한다. 이 관제官制의 주요 내용은 다음과 같다. 경성제국대학은 일반 제국대학령에 준거하여 학과는 [법문학法文學]과 [의학醫學]의 2학부로 나누며, 동대학同大學의 부속으로 2년의 [예과豫科]과정을 설치한다.

그리고 동대학同大學 예과豫科는 이미 교수 임명까지 그 절차를 완료하여 오는 12일부터 실제 수업을 개시하게 된다. 예과의 개설은 장차 대학 본과本科에 입학할 준비 계단에 불과하거니와 이미 총명한 학생들을 선발하여 그 준비를 마친 상태다. 조선에 권위 있는 최고학부가 설치됨으로써 조선교육계의 신기원新紀元을 이루게 되었다.

---

246) 앞에서 본 法官養成所는 대한제국기의 변화를 이어 일제 식민치하인 **1911년에는 京城專修學校**로, **1922년에는 京城法學專門學校**로 이어졌다. 그리고 이렇게 **1926년 4월의 京城帝國大學 법학부**의 개교로 연결되게 된다.

247) 동아일보, 京城帝國大學令 發布에 對하여, 1924.5.6.

교육은 현재와 미래를 통한 유구悠久의 생명이 있는 것이며, 또 교육의 권위는 정치와 사사로운 정실情實을 초월하여 학문의 독립과 연구의 자유自由를 보장하는데 있다. 그러나 많은 실례實例를 보면 소위 관학官學의 폐해가 이같은 학문의 독립과 연구의 자유를 보장함에 항상 손색遜色이 있음도 사실이다. 즉, 관영官營의 관학官學에서 예로부터 곡학아세曲學阿世하는 무리가 많이 산출되었다. 진취進取의 기상氣象을 결여하고 주입주의注入主義에 떨어지는 경우가 많았다. 절대 세인世人이 거는 최고의 사명을 발휘해야 한다.248)

물론 이 학교에서 많은 관리官吏와 기사技師를 양성하는 것도 좋다. 그러나 경성제국대학은 교양敎養을 함양하는 리버럴 에듀케이션(Liberal Education)을 목적으로 대학교육의 본령本領에 충실하며 보다 더 큰 고처대국高處大局의 사명使命이 있음을 기억해야 하는 것이다.249)

경성제국대학의 자랑이 그 건축물의 위압적임에 있지 않기를 바라며, 또 칙명勅命에 의한 총장과 그의 상신으로 임용된 교수가 그 위계의 높음으로써 교만을 부리는 득의得意의 포로가 되지 말기를 바란다. 경성제국대학의 강단講壇이 진실로 권위있는 진리眞理의 강단이 되어야 한다. 그리고 자유스러운 기풍氣風을 양성養成하여야 한다. 만약 이 대학이 조선통치의 충실한 대변자가 된다든가 혹은 다수의 청년들의 발랄한 원기元氣를 거세去勢하여 위축의 독소를 주입하는 것 등은 본 대학에 대한 내외 일반의 기대를 배반하는 것이 된다. 오로지 웅혼雄渾한 대학의 정신을 선양宣揚할 것이다.

결국 경성제국대학은 대학교육의 본령本領을 충실히 함으로써 대학의 표상表象으로서 건재健在해야할 것을 논설하고 있다. 자유의 기풍을 충실히 발양發揚하는 가운

248) 이글이 발표된지 5개월여 후에 당시 경성제국대학 총장으로 내정되었던 인사(문학박사 服部宇之吉氏)가 10월에 갑자기 변경(幣原坦氏로) 되었다. 그와 함께 服部氏가 교수요원으로 선정한 소장학자들이 함께 사퇴를 한다고 하였다. 이러한 문제를 보면서 무능 천박한 인간들에 의해 이루어질 교육부패와 진리와 자유를 멸절하는 대학의 정치화를 다음의 내용으로 지적하고 있다. “장차 京城大學에는 眞理討究에 열렬한 學究적 인재는 오지 않고 그 자리에는 다만 幾百金錢에 팔리는 賤品의 학자와 幾百個의 쓸모없는 老朽無能한 落後者와 權勢에 영합하는 曲學阿世의 무리가 숫자를 채우게 될 것이니 이것으로써 능히 영특한 다수 학생의 무한한 기대를 만족하게 하며 또한 조선 최고의 권위 있는 대학교육을 시행할 가능성이 있겠는가”. (동아일보, 京城大學總長의 辭職問題, 1924.10.21. 본문 참조)

249) 특히 당시 경성제국대학을 겨우 서양의학과 朝鮮漢方의 비교연구에 중점을 두는 것에서 독특한 생명이 있는 것처럼 저급한 선전을 하기도 하였던바, 이러한 견해는 온전히 버려 없애야 할 것임을 주창하였다.(동아일보, 京城帝國大學令 發布에 對하여, 1924.5.6. 본문 참조)

데 자유와 정의를 진리眞理에 기하여 연구하고 교육하는 대학이 되어야 하는 것이다. 또한 교양敎養이 풍부한 진취적 인재人材를 육영하는 것과 함께 대학의 정치화政治化와 사정私情에 흐르는 대학 운영을 절대 배격하여야 할 것을 지적한다. 더하여 제국대학帝國大學의 관학官學적 특성으로 인해, 관료적 정치적 영향 하에서 결코 곡학아세曲學阿世하는 교수와 주입식注入式으로 강요되는 교육이 작동하지 않아야 할 것임을 중요내용으로 담고 있다.

그래서 경성제국대학의 개교가 순조롭게 이루어지는 듯하였는데, 총독부의 정치적 관여가 있게 된다. 이미 내정된 총장(문학박사 복부우지길服部宇之吉씨)을 갑자기 교체(폐원탄幣原坦씨)하면서 최고의 교육기관인 경성제국대학이 진리를 탐구하고 학문의 자유를 실천하며 인재 양성의 요람으로서의 역할을 능히 할 수 있을지를 염려하게 하는 일이 되고 있었다.

즉, 경성제국대학령京城帝國大學令이 공표된 바로 그 해, 1924년 10월 동아일보가 쓴 사설 '경성대학총장京城大學總長의 사직문제辭職問題'는 총장교체에 대해 우려와 함께 대학의 사명과 학문의 자유 등에 대한 염려를 현실로 불러오는 사건으로 논란을 일으키게 되었다.[250] 최고학부인 대학이 대상으로 삼는 것은 오직 진리眞理이며 그의 목적은 오직 인류문화人類文化 향상과 행복증진幸福增進이다. 진리眞理를 위하여 대학이 존재하고 인류의 문화文化와 행복幸福을 위하여 대학이 필요한 것임을 천명闡明하면서, 대학의 본령인 자유에 기반한 연구와 교육의 충실에 대해 기운차게 논설을 전개하고 있다.

이미 보도된 바와 같이 대정15년(1926) 4월부터 개교될 경성제국대학 총장으로 내정되었던 문학박사 복부우지길服部宇之吉씨는 총장으로 위촉을 받은 이래로 조선에 수차 래왕來往하면서 새로 임명될 교수의 전형銓衡도 이미 종료하는 등으로 개교사무에 노력을 쏟았다. 그러면서 개교기일開校期日을 기다리고 있는 터에 최근 조선총독부의 교육방침과 복부服部씨의 의견이 상위相違하여 총장직을 사퇴하고 후임으로 폐원탄幣原坦씨가 내정內定되었다고 한다. 자세히는 알 수 없으나 여항간閭巷間에 전하는 바에 의하면 복부服部씨의 비교적 진보사상이 총독부의 보수적 방침과 달라

250) 동아일보, 京城大學總長의 辭職問題, 1924.10.21.

서 의견의 상위가 생겼다고 한다.[251] 총장의 교체는 장래 경성대학의 교육방침 전부에 관한 문제가 되기에 총독부의 완명頑冥하고 고루孤陋한 점을 공격하고자 하는 것이다.[252]

원래 대학의 생명은 연구硏究에 있고, 연구의 발달은 자유自由에 있는 것이다.

연구硏究가 없으면 대학大學은 대학으로서의 권위權威와 가치가 없고, 자유自由가 없으면 그 연구가 완전한 발달과 완전한 진보를 얻지 못한다. 이는 동서고금의 문화발달文化發達의 역사를 보아 소상昭詳히 아는 것이다. 또한 대학은 교육체계에 있어 최고학부이니, 그의 대상은 오직 진리眞理요 그의 목적은 오직 인류문화人類文化 향상과 행복증진幸福增進이다. 진리眞理를 위하여 대학이 존재하고 인류의 문화文化와 행복幸福을 위하여 대학이 필요한 것이다.

그러기에 대학에는 간섭이 없고 속박이 없으며 편파偏頗가 없고 사사로운 협사挾私가 없는 것이다. 문예부흥文藝復興이후 기백년幾百年동안 구미歐美 사람들이 천신만고千辛萬苦하여 얻은 고귀한 경험과 소득이다.

즉, 대학강단에서는 제왕帝王도 없고 병마도 없고 부귀도 없고 권세도 없는 것이며, 학문學問이나 진리眞理 앞에는 법률도 없고 정책도 없고 위협도 없고 모략謀略도 없는 것이다.

---

251) 경성제국대학의 개교는 1926년 4월에 이루어진다. 총독부 下岡總監이 道知事會의 석상에서 행한 교육에 관한 훈시를 참고한다. "明年**(1926) 4월에는 京城帝國大學도 개교**하게 되어 조선의 文物은 더욱 면목을 改하게 되었다. **조선의 民度에 비추어 數의 증가보다 차라리 質의 개량에 치중**하고 차제에 **학교의 濫設을 경계하여 내용의 개선에 유의할** 시기라고 믿는다. 특히 **實業教育에 置重**할 것이나 실업교육의 진흥에 대하여도 한갖 높은 정도의 것을 목표로 하느니보다도 **오히려 徒弟教育이나 간이한 實業補習教育 等과 같이 早近한 시설을 충실히 할 것이 最急務이라**"라고 하여, 현세계 제국주의국가에서 보편적인 군대와 산업군 조직을 위한 **'服從道德'의 철칙** 하에 조선의 교육제도를 구상 시행할 것임을 고백하고 있다. 자유정신을 기초로 학문발전을 통한 인간사회의 행복구현 등은 출발부터 존재하는 생각이 아닌 것이다.(동아일보, **朝鮮總督府의 教育方針--下岡總監의 대담한 고백**, 1925.5.22. 본문참조)

252) 文學博士 服部宇之吉氏의 총장 내정은 **동양적 漢文臭味**가 많다 하여 그의 선정을 조금은 불만스럽게 생각하였다. 그러나 **服部氏의 사상이 총독부의 희망보다도 進步的이라는 이유로 그를 辭免하게** 하였다는 점에 대해 총독부는 장차 경성제국대학을 무엇으로 만들고자 하는지 의문을 갖게 된다. 또한 服部氏의 진력으로 장차 교수가 되어 경성에 부임키로 작정되었던 다수의 少壯學者가 용납하기 어려운 금번의 인사를 보고 일제히 사퇴를 한다고 하니 경성대학의 앞날이 염려되는 것이다. (동아일보, 京城大學總長의 辭職問題, 1924.10.21. 본문참조)

최초에 경성제국대학의 설치를 조선인의 문화향상을 위해 한다고 대언장담大言壯談 하였다.[253] 제1회 대학예과 학생모집 시에 일본 각지 신문에 광고를 하여 전체학생 170명을 선발하였는바, 조선인은 그중 42명만 선발하였다. 더욱이 조선인은 학술시험 이외에 경찰서의 사법시험司法試驗(법률위배 여부 등 조사)까지 행하였다.

교사校舍나 운동장을 번듯하게 하고 시시時時로 찾아오는 외국인에게 '우리가 대학도 설치하였다'고 기만적으로 자랑을 하려는 것인가. 또 복종도덕服從道德이나 가르치고 통역생通譯生이나 양성해서 각 방면의 하급관리下級官吏나 기르자는 것인가. 우리는 진실로 그 본의에 미혹迷惑되지 않을 수 없다.[254] 진실로 염려하는 바는, 총독부의 교육방침이 대학교육을 구속하고 간섭하며 기계화하려는 것이니, 그렇다면 이는 조선인의 발달을 위하여 또는 인류의 문화를 위하여 간과할 수 없는 문제가 되는 것이다.

엄혹한 식민치하에서도 당시 조선의 지성은 웅혼한 대학론을 여과 없이 전개하고 있다. 대학에는 진정으로 제왕帝王도 없고 병마도 부귀도 권세도 없는 것이다. 학문學問이나 진리眞理 앞에는 법률도 없고 정책도 없고 위협도 모략謀略도 없는 것으로, 대학의 독립과 학문의 자유의 중대성을 역설한다. 아울러 대학은 최고학부最高學府로서, 그의 대상은 오직 진리요 그의 목적은 오직 인류문화 향상과 행복의 증진에 있는 것이다. 더하여 정치권력의 간섭이 없고 속박이 없으며 편벽됨과 모리謀利의 협사挾私가 없는 가운데 학문 자유를 기초로 연구와 교육이 생생히 살아 작동하면서 인류문화의 진보를 이루어내는 진리탐구眞理探究의 보고寶庫가 되어야 하는 것이다. 그런데 일제 총독부는 경성제국대학의 개교를 앞두고서 이런 누추하고 비열한 정치 모사謀事와 협사挾私로써 총장교체를 이루어내고 있으니, 이것이 진정 일제 식민지배자들이

253) **1923년을 전후하여 民立大學 설립을 위한 期成運動이 각 지방별로 이루어지게 되었다.** 민립대학을 통해 조선민족 전체의 문화향상과 조선인 개개인의 인격적 가치를 고양할 수 있게 된다. 즉, 4천년 문화생활의 배경과 2천만 민중의 책임과 양심으로 민립대학을 만들어 낼 것을 열망하게 된다. 민립대학을 설립하여 심오한 진리를 연구하고 건전한 여론의 발달을 도모한다. 또한 紛糾된 사상을 先導하며 決裂된 사회를 단결하고 파멸에 처한 생활방책의 안출 역시 민립대학의 설립과 그 교육에서 있게 됨을 강조하고 있다.(동아일보, **民大 期成運動의 發展---宣傳으로부터 實行에, 1923.7.28.**) **조선인 사회의 민립대학 설립운동은 결국 관립 경성제국대학 설립을 독촉하는 요인으로 작용하게 되**었던 것이다.

254) 만일 총독부의 교육방침이 이렇게 거짓되게 속이는 방식으로 완명頑冥하다면 그들이 말하는 '文化政治'라는 것은 결국 **羊頭를 걸어놓고 狗肉을 팔려는 것이** 되는 것이다.(동아일보, 京城大學總長의 辭職問題, 1924.10.21. 본문참조)

도모하는 대학교육관을 표출해내는 것으로 이해 함이 옳지 않겠는가.

이 조선 강토에서 오염되고 왜곡된 일제식 대학교육의 실행이 교육 본질을 압살하면서 가동된 결과 이 땅은 지금도 그를 모범으로 알아 완고頑固하게 궤도를 구축하면서 그 궤도를 관성으로 달리고 있는 것은 아닌지 두려움으로 성찰케 한다.

3. 관립전문학교 및 대학입시에 있어 일본인 절대 우위

식민지배의 강도를 더해가면서 일제는 교육에 있어 조선인에 대한 차별을 요소별로 심화해 갔다. 입학시험 등에 있어서도 원천적으로 조선인에 불리한 입시요강들을 만들어 냄으로써 조선인 학생의 상급학교 입학 기회를 더욱 어렵게 하였다. 상대적으로 일본인의 교육기회는 보다 확장하게 되었는 것으로, 이어지는 조선인의 사회적 역할 및 참여의 위축과 차별은 교육으로부터 기인하는 것이었다. 입학시험에서 일본어의 미숙으로 인한 차등은 기본이고, 여타 과목에 있어서도 일본어 능력의 미숙은 연계하여 불이익을 초래할 수밖에 없었으며 채점방식 등에 있어서도 조선인의 특수성은 전혀 고려가 없는 극한 차별의 입시제도가 되고 있었다. 1934년 3월 동아일보가 사설로 게재한 '관립전문官立專門, 대학입시문제大學入試問題--문화적 특수성을 이해하라'를 통해 당시의 교육 차별과 입시 실상을 이해한다.[255]

조선내 관립의 전문학교와 대학예과 입학상황을 보면 인구 비율로는 조선인이 당연히 다수여야 하지만 실제는 1/3 내지 1/5에 불과한 실정이다. 입학지원자 중에서 조선인 입학지원자수가 절대 다수이지만 입학율入學率에서는 그 반대가 되고 있다. 만일 두뇌의 차이가 아니고 학력學力의 차이라 한다면 마땅히 교육방침敎育方針의 여하如何를 고려하여야 하는 것이요, 또한 교육방침의 결함으로 인해 결과가 그러하다면 입학자 선발 과정에 특수방침特殊方針을 수립하여야 할 책임이 있다 할 것이다.

가장 많은 인구층을 표준으로 삼아 교육을 시행하는 교육기관이라면 적어도 조선인 학생에게 입학의 우선권을 용인함이 옳을 것이다. 그리고 조선의 특수성特殊性을 위정자爲政者들은 언제나 얘기하여왔다. 그 특수성이란 결국 정치적 경제적 사회적 문화적 제영역諸領域에 있어 독자성獨自性과 상대적相對的 차이를 가지고 있는 만큼 구체적 정책에 임하여서는 반드시 그를 고려하는 차별적 우대를 정책으로 시행하여

---

255) 동아일보, 官立專門 大學入試問題--文化的 特殊性을 理解하라, 1934.3.18.

야 하는 것이다. 그러나 당국은 '관립전문학교官立專門學校'와 대학大學의 입학생 선발 과정에 있어서는 어떠한 특수성도 인식하지 않고 있다.

조선인은 일본어日本語 등의 어학語學에 미숙하다. 이것이 상식적으로 이해되는 조선인 학생들의 특수성이 된다. 그런데 일본인 학생들과 동일한 채점방식으로 그 우열을 가려서 합격생을 결정하고 있는 것이다. 입학시험 경험자의 말을 참고하면, 어학시험語學試驗 과목은 조선인 수험자에게 절대적 난관이 되는 것은 물론이고 직접 어학과목 이외의 수험과목에서도 그 표현에 있어 언어가 크게 관계하는 바가 되어서 조선인 학생에 대한 문화적 특수성의 고려는 매우 중요한 것이라고 하였다.

일제가 식민지 조선에 고등교육기관을 설치하였다면 일차적으로 조선인을 위한 교육기관이 되어야 하는 것이고, 또한 교육을 받는 대상이 상당수 조선인임을 인식하면서 조선인에 대한 현실적 지반地盤의 이해와 조선의 역사 및 문화를 중요하게 반영하는 교육 구상을 펼쳐야 하는 것이다. 따라서 교육정책과 제도를 조선인에게 보다 합당하고도 특별하게 설계하는 것이 옳은 것임에도 불구하고 일본인을 우대하는 입시제도와 교육방식을 더욱 강화하는 문교 당국이 되고 있다. 일제는 정치 문화 사회의 제영역에 있어 평소에 조선의 특수성을 그렇게 강조하면서도 조선인에 대한 차별과 멸시를 일상화하여 왔다. 그러나 교육에 있어서는 전혀 그를 반영하거나 배려하지 않는 가운데 입학 기회마저 어렵게 하는 것으로 식민지배자의 교활한 위선을 이렇게 전단적專斷的으로 실행하고 있는 것이다.

4. 조선문화와 문학의 발분發奮 전승傳承을 촉구

말과 글은 개인 생활의 생명인 동시에 민족문화民族文化의 기초가 된다. 사람의 문화는 말로 시작되고 글로 보존, 전달되는 것이다. 말과 글이 발달 된 곳에 문화의 발달이 있고 문화가 발달 되려면 말과 글의 발달이 필요한 것이다. 동아일보는 1932년 8월에 사설 '조선문화朝鮮文化--유지有志 유력인사有力人士의 자각발분自覺發奮을 촉促함'이라는 제명으로 조선문화와 관련하여 말과 글을 지켜가고 사전辭典을 편찬하고 조선문학朝鮮文學을 애호愛好하기 위해 조선의 유력인사들이 어떻게 해야 하는가에 대해 비장祕藏한 내용을 힘있게 논설하고 있다.[256]

어느 나라에서나 아동들이 이수하는 보통교육普通敎育은 너무나 중요한 것으로, 말과 글의 발달에 보통교육이 기초로 역할 함은 말할 필요가 없다. 각국의 보통교육은 일언이폐지一言以蔽之하면 말과 글의 교육이요, 고등전문학교高等專門學校와 대학大學에 까지도 말과 글 교육은 그 학생 개인이 무엇을 전문으로 하는지를 묻지 않고 중요학과學課가 되는 것이다.

그렇지만 조선인은 특별한 사정으로 조선말, 조선 글의 교육을 받을 기회가 심히 적을뿐더러 또 조선말 조선글의 과정은 상급학교의 입학시험入學試驗에도 쓰이지 아니하므로 불우不遇의 경우에 있다. 그 결과로는 [보통학교－고등보통학교－대학예과--대학]으로 순서 있게 교육을 받은 조선인도 조선말 조선글을 쓰기에 불완전한 정도가 외국 학생의 중등과中等科 하급생下級生정도에 지나지 못하는 현상이 되고 있다. 이것은 조선문화 발전에 치명적 대결함, 대병통大病痛이라고 아니할 수 없다.

본사(동아일보사)에서 작년(1931) 이래로 브나로드운동257)외에 조선어학자들을 초청하여 전조선全朝鮮 각지에서 한글 강습회講習會를 개최하고 있다. 우리는 "모든

---

256) 동아일보, 朝鮮文化--有志 有力人士의 自覺發奮을 促함, 1932.8.1.

257) 동아일보는 1931년부터 1934년까지 전국규모로 학생 夏期啓蒙運動을 벌여 한글과 數字를 가르쳐 문맹 타파를 도모하였다. '브나로드(В народ, v narod)운동'은 19세기 제정러시아의 지식층이 농민 속으로 들어가서 그들을 계몽하는 운동이 되는 것으로, **'민중 속으로'라는 뜻에서 명칭만 차용한 것이 된다. 당시 조선인 2300만 인구 중 약 80% 정도인 1600만명이 문맹자로서 이들을 대상으로 문맹을 타파하고 보건지식을 보급하자는 민중운동이었다. 제1회는 1931년 7월21일부터 62일간 실시되었다.** 제1은 학생계몽대로 중학교 4・5학년에 한해 참가시키되 한글과 數字강습이 된다. 제2는 학생강연대로 專門學生이 참가하여 위생 및 학술강연을 주로 하였다. 제3은 學生記者隊로서 專門학생과 중학 상급생에 한해서 紀行 日記 故鄕通信 등으로 지상에 발표하는 것이었다. 이 운동은 **3회 때부터는 계몽운동**으로 개칭하여 문맹 타파에만 국한하였으며 **4년에 걸쳐 약 10만 명의 文盲을 퇴치**하였다. 결국 일제는 제5회 때부터 이 운동을 전면 금지하였다.(동아일보, **브나로드 대원의 활동－隊員과 有志에 감사함, 1932.8.11**. 본 내용에 대해서는 **동아일보사가 社說選集(제2집, 1984)을 간행**하면서 수록하게 된 것으로, 본 社說選集(제2집) 194면에서 위의 내용을 [註]로 작성하여 정리하고 있다). 또한 본 계몽운동과 관련하여 약간의 언급을 더하면, "이천여 學生 啓蒙隊는 全朝鮮 각지에서 가갸거겨와 一二三四를 敎授를 하는 중이다"(동아일보사설, **朝鮮文化--有志 有力人士의 自覺發奮을 促함,** 1932.8.1.) ..."우리는 우리 것을 알자고 부르 짖은지 오래다. 우리의 언어를 알고 우리의 문자를 알고, 우리의 역사, 우리의 문학, 우리의 철학을 알자고....보라. 한편에 한글 時調 등 조선적 語學과 문학운동이 있는가 하면 딴 편에는 영문 불문 독문 노문露文 등의 해외 문학운동이 있고, 한편에서는 조선사 및 조선위인의 연구와 宣揚이 있으면 딴 편에는 사회과학 자연과학 등 세계적 新文化的 연구가 있었다. 이것은 사회의 정상적 발전의 證左다."(동아일보, **다시 우리 것을 찾자, 1932.7.12.**)라고 하면서 우리 것을 배우고 알아야 하는 것과 함께 세계적 신문화의 도래와 학문의 연구 및 진보에 대해 각성과 분발을 호소하고 있는 것이다.(최준, 한국신문사, 일조각, 1975 및 정세현, 항일학생민족운동사, 일지사, 1975 등 참조요)

조선인으로 하여금 바른 조선 말과 바른 조선 글을 쓰게 하자"를 표어標語로 대운동의 필요가 있거니와 이것은 조선인 전체의 총의總意로 총역량總力量으로 할 사업이라 하고 있다.[258]

이밖에 조선말과 조선 글을 위해서 해야 할 사업을 다음과 같이 적시한다.

1) 조선문학朝鮮文學의 애호愛護_2) 사전辭典, 문전편찬文典編纂 3) 간행물刊行物의 문법文法 철자법綴字法 교정통일校正統一 4) 조선말, 조선 글과 문학에 대한 표창表彰, 장학기관설치 등이 된다.[259]

이와 관련하여 1934년에 조선이 요구하는 문학에 대해 지적한 글을 참고한다. 식민지배하에서 조선인이 쓰는 조선문학朝鮮文學은 무엇을 향하여 어떻게 쓰여지고 행보해 가야 하는지에 대해 장래의 작가作家들을 향해 호소하고 있다. 즉, 동아일보가 1934년 5월에 발표한 '조선朝鮮이 요구하는 문학文學--명일明日의 작가作家에게'라는 글이 바로 그것이다.[260]

지금 세계는 국세적國際的 연관聯關 하에서 서로 비슷한 양상으로 동일한 호흡을 하고 있지만 이를 다시 차별적으로 보면 각개의 민족民族이 독자獨自의 특수성特殊性을 가지고 천태만상千態萬象의 다름을 보인다. 문학을 놓고 보더라도 각개가 지향하는 목표와 도달 수준이 다르다. 이는 역사와 환경과 희망을 달리하는 까닭에서 기인한다. 정치경제와 문화전통 및 사회사정이 각자 다른 바이며, 우리의 조선 역시 그 다름으로 인하여 문학의 지향과 작용이 다르게 되는 것이다. 조선에도 누천년의 역사와 생활과 문화가 있다. 그러나 조선의 문학은 오랜 역사 속의 것은 거의 인멸湮滅되어

258) 조선인을 계몽하기 위해 진행하는 **브나로드운동**에 대해 일제 당국은 압박과 방해 감시를 지속하였다. "다음 지방당국자에게 一言하거니와 隊員의 보고에 의하면 경찰과 군청은 이것을 위험시하여 끝끝내 인가하지 않는 곳이 있고 어떤 곳에는 二週 내지 三週後 에야 인가가 되어 개강했다 한다. 본사의 브나로드운동이 文字와 數字의 보급을 목적하고 何等 사상적 내지 선동적 의미를 가지지 않은 것은 이미 모두가 아는 바이다. 가갸거겨와 一二三四에 무슨 不穩과 煽動이 있으랴. 講習會規例를 내세우고 手續을 번거롭게 찾는 것이나 끝끝내 인가하지 않는 데는 당국의 신경과민적 태도가 있다. 당국의 諒解를 또다시 요망치 않을 수 없다."고 하면서 행정당국의 압박과 방해에 대해 소명과 함께 부당한 처사를 더 이상 말 것을 요망하고 있다.(동아일보, **브나로드대원의 활동--隊員과 有志에 감사함**, 1932.8.11.참조)

259) 이러한 사업에 있어 수행방안을 위 글의 본문에서 다음과 같이 적고 있다. 즉, 사전편찬에 대하여서는 조선어사전편찬회와 啓明俱樂部가 있고, 新綴字活字는 本社(동아일보사)의 신주新鑄가 近近 완성되려니와 기타 조선말 조선 글의 운동에 대하여는 人力으로나 經濟力으로 유력한 인사들이 단결하여 일대 운동을 일으키기를 바라는 것으로 방안을 제시하고 있다.

260) 동아일보, '朝鮮이 요구하는 文學--明日의 作家에게', 1934.5.14.

가고 있고, 근래의 것은 모두 모방模倣의 소산消散이 많아서 조선의 고유하고도 독자적인 면목面目을 찾아보기 어렵게 되고 있다.

결국 명일明日의 작가作家에게 기대를 하게 된다. 명일 즉, 내일의 작가란 아직 등단하지 못한 수련 중의 작가를 포함하여 현재 문단의 대가大家와 신인 중에도 그 문단적文壇的 생명을 명일明日까지 지속하려고 노력하고 정진精進하는 자들을 모두 포함하여 지칭한다.

이들 모두가 진정한 조선문학의 건설공작建設工作을 지금부터 시작하지 않으면 아니 된다.[261]

우선 조선이 요구하는 문학이 무엇인가를 알아야 한다. 이를 위해 위대한 문학의 건설공작 설계도設計圖를 만들어야 한다. 4천년 역사와 3000리 강산에서 무진장無盡藏한 재료를 채취하여 2000만 민중이 그 속에서 고무鼓舞할 대전당大殿堂을 지어낼 설계도를 만들어야 하는 것이다.

조선이 요구하는 문학은 어떤 것인가.

오늘날 조선이 요구하는 문학은 현재의 경제관계 정치현실 문화전통 사회사정을 과학적科學的으로 재비판再批判하고 재인식再認識하여 이를 타개함에 증상에 따라 약제를 투여하는 대증투제적對症投劑的 효과를 보증할 만한 문학이어야 한다. 또한 그는 국제적國際的이며 계급적階級的이며 민족적民族的이어야 하는 것이 된다.

이러한 문학의 설계도를 충실히 작성하면서 새롭게 조선문학의 방향을 정립해 나가야만 한다는 것이다. 시대적 난기류亂氣流가 정치경제적政治經濟的으로 오류를 초래코자 하는 시점에서 조선인의 정신세계精神世界를 바르게 구축할 노력이 역사문화와 현실 세계에 대한 정확한 인식 위에서 문학이 본연의 역할을 굳게 하여줄 것을 간원하는 논설이 되고 있다. 문학의 힘을 믿으며 현재와 미래의 문학인을 향해 각성과 분발을 촉구하고 있는 것이다.

---

261) 조선의 문학은 그렇다면 어떻게 방향을 잡아야 하는가. 홍등가에 綠酒마시며 현재 세상에 무관 하는 **'頹廢文學'**도 아니요, 나약하게 無病呻吟하는 **'感傷文學'**도 아니요, 내용에 思想이 빠져있는 **'感覺文學'**도 아니요, 도회를 미화하는 사이비 **'都會文學'**도 아니요, 이 땅의 실상은 어두운 채 외래사상의 **直譯輸入**으로 拜外事大의 과거를 답습할 위험을 안은 현재의 **'프로文學'**도 아니요, 막연한 역사 속 설화를 반복하는 민족주의적 **'歷史文學'**도 아닌 것이라고 강조한다.(동아일보, **朝鮮이 요구하는 文學--明日의 作家에게,** 1934.5.14. 본문참조)

5. 일제의 조선문화에 대한 통제 강화

일제는 1937년에 들어 강력한 국가통제와 함께 국가총동원법國家總動員法을 발포하게 된다. 중일전쟁中日戰爭(1937.7.7. 개전)과 함께 시작된 제국주의적 전면전쟁의 확전과 동남아 및 미국을 겨냥한 태평양전쟁(1941.12.7. 개전)에 대한 기획구상이 점차 구체화 되면서 일본내지日本內地는 물론이고 식민지 조선에 대한 전쟁 동원체제를 확고히 하는 단계로 진입하게 되는 것이다. 동아일보는 1938년 12월에 '문화통제문제文化統制問題'라는 글을 써서 언론 예술 문화 전반에 대한 통제적統制的 문화행정文化行政을 통해 조선 민중들의 문화영역 활동을 왜곡하는 일제 당국의 행태에 대해 지적한다. 아울러 문화본질에 기하여 예술적 교양을 향상시키면서 인류 영원의 행복을 향유 할 수 있도록 문화 문제를 바르게 방향 잡을 것을 호소하게 된다.[262)]

종래 취체取締의 대상이었던 문화 부문에 대하여 당국은 통제의 손을 펴기 위하여 법규와 행정기구의 정비를 준비 중에 있다고 한다. 작년(1937년)도 의회議會에서 전력통제법電力統制法, 국가총동원법國家總動員法 등을 필두로 80여 개의 법령이 대부분 국가통제國家統制를 그 내용으로 하였고, 특히 물자의 배급 및 소비 생산 수출입 등 여러 각도에서의 통제와 인적자원人的資源의 생산배급 등의 점에서 규정을 보게 되어 전시태세戰時態勢의 수행상 법적 정비가 이루어졌다.[263)]

그러나 문화방면에서는 총동원법에 신문통제新聞統制라는 조항이 있고 기타 광범한 문예文藝의 분야에는 소극적인 단속 취체만을 계속해오는 중이었다. 그런데 이제 또다시 당국에서는 연극 영화 레코드 음악 등 대중 생활과 밀접한 관계가 있는 예술방면에 있어서도 통제지도統制指導를 통한 기존의 단속에서 전쟁 동원정책을 미화하면서 그를 조장助奬하는 쪽으로 방침을 옮길 것이라 한다.[264)]

---

262) 동아일보, 文化統制問題, 1938.12.11.

263) 國家總動員法은 1938년 4월1일에 제정・공포하고 5월5일부터 시행되었다. 아울러 동 법은 '國家總動員法을 朝鮮・臺灣 및 樺太에 시행하는 件'에 의해 조선과 대만 및 사할린에서도 함께 시행되게 되었다.

264) 그러나 국가의 활동부문 전반이 이제 統制라는 큰 바퀴에 실려 움직이는 **統制行政은** 원래 정치가 통제라는 時代傾向을 띠게 되므로, 자연히 힘을 제일로 믿어서 調整의 원활함이 아니고 자칫하면 도리어 强力한 단속 取締의 결과를 발생하게 되는 일이 적지 않다면서 강력한 단속적 통제행정에 대한 우려를 지적하고 있다.(동아일보, 文化統制問題, 1938.12.11. 본문 참조)

통제統制가 지도조장指導助奬을 내포한 것이라면, 스스로 가두街頭에 진출하여 종래 민간기업자에 의해 영위되고 특별한 취미를 가진 인사에 의해 보지保持되던 이 예술분야에 대해 향상向上 조장助長을 기하는 한편 이러한 문화의 혜택을 입지 못하는 다수의 민중에게 기회균등機會均等의 요구를 만족시켜주고 따라서 일반에게 예술 교양의 보급을 기할 수 있을 것이다....현대의 연예 방면을 문호 개방하고 또 그 내용을 일반 생활감정에 함께하여 민중들과 함께 여인낙락與人樂樂할 수 있게 하는 것이 통제統制의 본의本意요 문화행정文化行政의 담당영역이라 할 것이다.

또 다른 한편으로는 이와는 별개로 소위 아마추어 소인素人들인 신예술가의 양성과 그들 단체를 지도조장指導助長하며 도시만이 아닌 농산어촌農山漁村에도 그들의 생활과 부합되는 평이하고도 취미 있는 예술적 요구에 만족을 주는 시설이 있어야 하는 것이다. 순회이동극장, 라디오보급, 애극조합愛劇組合의 결성, 순회문고의 일반화 등으로 예술인과 민중과 당국의 일환一環으로 된 즉, 예술의 민중화 운동이 진군進軍되는 것이다. 이것이 곧 예술통제의 코스요 예술행정의 운동화에의 목표일 것이다.

문화文化란 것은 사유私有인 동시에 사유물私有物이 아닌 인류공동人類共同의 생활감정의 향상과 만족을 위하여 공유公有되어야 하는 것이다. 이리하여 성장 발달 된 문예文藝는 인류 영원의 행복을 위하여 향유享有되어야 하는 것이므로 조선문화의 쇠미衰微는 곧 세계 인류의 손실이 아닐 수 없다.[265] ...영리적 부문에 기회균등機會均等을 기도하고 일반 민간의 예술적 교양敎養을 목적으로 삼는 문화행정文化行政은 문화운동文化運動에 대해서도 적극적으로 도우며 권장勸奬해야 하는 것이니 이는 곧 문화국가文化國家의 목적을 달성하는 중요한 국책운동國策運動임을 당국은 반드시 알아야 하는 것이다.

결국 문화예술은 세계인들이 함께 누리는 것을 이상理想으로 하는바, 조선의 전래문예傳來文藝를 조장助長 천명闡明하는 것이 바로 이러한 문화행정과 문화운동의 중심이 되어야 하며 이를 통해서만이 크고 아름다운 미美를 득하는 문화완성文化完成의 실질을 거두게 된다는 것을 분명하게 지적하게 된다.

---

265) 조선은 과거 여러 방면에서 예술적 위대성을 발휘한 바 있으나 그 보존과 전승이 근세에 와서 예술천시 풍조로 말미암아 약간을 제하고는 散逸되고 말았기에 遺憾스럽기 더할 바 없음을 지적한다. (동아일보, 文化統制問題, 1938.12.11. 본문 참조)

문화정책文化政策의 중심은 역사를 통해 생성된 문화를 살려내고 그러한 문화예술을 인류 모두가 향유 함으로써 인간의 행복을 창출하도록 해야하는 것이다. 그러나 당시 조선에 가해지는 일제의 문화 통제정책은 전쟁을 향해 달려가는 제국주의자들이 문화마저 전쟁의 도구이자 국민총동원國民總動員의 수단으로 활용하려는 의도에서 수립되고 있었던 것이다. 문화예술에 대한 통제를 통해 조선사회를 일제의 획일적 전쟁전략에 동원하고자 하는 정책의도를 절대 행치 말 것을 주문하는 것과 함께 일제 당국의 문화정책 방향의 바른 설정을 요구하는 측면에서 문화와 문화예술정책에 대한 근본의根本義를 논설하고 있는 것이다. 예술통제藝術統制를 행하는 일제에 대해 문화행정文化行政과 예술의 민중화운동民衆化運動을 숙고해야 함을 호소하고 있다.

위의 '문화통제문제文化統制問題'에 대한 글을 쓴지 약 이십여 일 후에 동아일보는 1939년 1월 '문화유산文化遺産의 보전保全'이라는 글을 통해 문화의 가치와 역사와 인간의 위대성에 대해 다시금 그를 강조하는 글을 게재하기도 하였다.266)

"인생은 짧고 예술은 길다"는 말이 있거니와 한 걸음 더 나아가서 문화文化는 참으로 모든 것을 초월하여 구원久遠하고 위대偉大한 것이다. 여기에 문화가 무엇이냐 함을 거론할 것은 없겠지마는, 우리 인간의 힘으로써 자연을 사회를 어떠한 목적과 이상에 맞도록 작용해 놓고 또 그렇게 해가는 그 과정---종교 도덕 예술 교육 학술의 제가치諸價値를 고도高度로 발휘시킨 '창조創造'는 그야말로 우리 사람만이 가질 수 있는 자랑이요 그 생명은 영겁永劫에 빛나는 것이다. 그런데 우리 조선민족은 고래古來로 유달리 이 문화를 애호愛護했고 또 많은 업적을 남겼음을 강조하면서 문화민족文化民族의 긍지와 그에 맞는 애호적 실천을 계몽한다. 특히 문화유산의 보전은 바로 우리 민족이 역사와 함께 창조를 거듭하여온 삶과 정신의 종합적 결정結晶인 문화를 보지保持 전승傳承하는 것으로써 현세를 사는 인간에게 그 책임이 막중하게 부여되어 있음을 거듭 역설하고 있다.

---

266) 동아일보, 文化遺産의 保全--故 瑪可 僧正의 垂範, 1939.1.18. 더하여 과거가 없는 현재가 없고 현재 없이 將來가 빛날 수 없다는 것이 너무나 常識이다. 한 개의 물자라도 비록 陳腐하고 素朴한 그것이 문화재요 역사재가 되는 것임을 알고서 문화에 대한 인식 재고를 요청하고 있다. 관련하여 **러시아 정교회 마가瑪可 신부에 대한 설명이다.** 1936년 수도사제 폴리카르프 프리마크(Поликарп Приймак)가 세르기 티호미로프(Сергий Тихомиров) 관구장주교에 의해 제9차 한국선교회장으로 임명되었다. 폴리카르프 프리마크신부는 17개 도시에 퍼져살던 약 150명의 신도들을 사목하였다.(서울신문, 러시아 정교회의 한국선교 중단과 70년 만의 재개, 2019.1.9. 참조요).

제Ⅵ장 통계자료의 허상과 조선사회의 피탈 실상, 인구와 생명·죽음

[1] 통계의 허상과 조선사회의 피탈被奪 실상

1. 조선 인구 2300만 명과 세계인구

통계조사를 통해 기록되는 조선의 사회 실상을 일부나마 이해하고자 한다. 우선하여 조선 동포의 인구수는 전체 몇 명인가? 실제 수를 정확히 알 수 없었다.

그러나 1925년 일제가 시행한 국세조사國勢調査를 통해 밝혀진 조선의 인구통계를 참고할 수 있다.[267] 일제가 행한 국세조사를 통한 인구통계 등과 관련하여 1925년 11월에 조선일보가 쓴 압수사설 '이천삼백만二千參百萬의 동포同胞'에서 적고 있는 내용을 자세히 살펴본다.[268]

우리는 지금까지 우리 동포의 명확한 수數를 몰랐다. 1500만명 혹은 1700만명이라는 막연한 숫자를 반신반의半信半疑하면서 받아들이고 있었다. 재작년(1923) 말의 조사에서 우리 인구가 1800만명을 넘고 있다는 사실을 알게 되었고 또 금년(1925) 10월 1일의 국세조사國勢調査 결과는 재작년보다 1할割 이상이나 증가된 사실이 밝혀졌다. 1800만명에서 10%를 더하여 1980만명이 된다.

따라서 우리 조선인의 수가 2000만명에 달하고 있음을 이제 명확히 단언할 수 있다.

그리고 외지外地에 있는 조선동포의 수를 개략 300만명으로 볼 수 있다.

만주와 시베리아(서백리아西伯利亞) 평원平原에 210만명의 동포가 있다.

---

267) 우리나라에서 근대적 의미의 인구총조사는 일제 식민치하에서 처음 이루어졌다. 즉, 1919년 6월에 총독부령 제103호 '國勢調査規則'을 제정하여 1920년에 시행을 계획하였으나 3.1독립운동의 영향으로 취소되었다. 그 후 1925년 총독부의 '簡易國勢調査에 關한 件'에 의해 1925년 10월1일 0시를 기해 국내에 거주하는 인구에 대해 조사가 시행되었던 것으로, 식민지배라는 목적성으로 인하여 조사 내용의 불충과 함께 결과도 발표하지 않는 등의 문제와 한계가 있었다.(한국학중앙연구원, 한국민족문화대백과사전; 김민경, 인구센서스의 이해, 글로벌, 2000. 참조요).

268) 조선일보, 2千3百萬의 同胞, 1925.11.12.(압수)

미주美洲에 있는 사람이 1만명 정도이고, 일본에 가서 노동하는 동포가 수십만 명에 달하는 것으로 하여 우리 조선인 총수가 2300만명이 되는 것이다.

삼천리 강산과 2300만명의 동포. 금년 10월의 국세조사를 통해 300만명을 새로 얻게 된 것이다. 특히 1910년 병합併合 당시 관변官邊 당국이 주장했던 1300만명 설에 비하면 1000만명의 동포를 새로 얻게 된 셈이다. 이전에 말하던 1300만명 1500만명 1700만명의 여러 설은 조사가 불완전하였다고 하기보다는, 일제의 위정자들이 일종의 술책에 의한 것이라 추측할 수 있다. 이제 그동안에 얘기하던 동포 숫자에서 우리는 300만~600만명의 우리 동포를 새로 얻었다는데 대해 기뻐할 수밖에 없다.

세계 주요강국의 인구를 보면, 일본 5596만명, 영국본국 4404만명, 불란서본국 3920만명, 독일 5980만명, 북미합중국 1억571만명, 이태리 3890만명, 러시아 1억3129만명이 된다.

인구로 본다면 강대국 중의 이태리와 불란서와는 별차이가 없는 규모이다.

2등 국가 중에서는 중국(4억3355만명) 폴란드(2717만명) 브라질(3000만명)등 3국이 우리를 앞서는 숫자이고, 화란(686만명) 터키(990만명) 태국(922만명) 스페인(2033만명) 포르투갈(603만명) 오스트리아(665만명) 체코슬로바키아(1361만명) 정도로 파악된다.

따라서 이러한 2300만명 인구의 힘을 바탕으로 우리의 생활과 사회 모습이 여러 나라들과 동등하게 될 날이 반드시 온다는 것을 확신해야 할 것임을 역설하고 있다.

2. 일제가 지배하는 피탈被奪도시 경성

이러한 인구 숫자를 기초로 그 시기를 전후하여 전개된 조선의 식민지배 실상을 살펴본다.

조선사회의 외형적 변화와 통계숫자의 증가를 자랑하는 일본인들의 허세와 외침 속에서 죽어가고 쫓겨 가고 빼앗겨가는 조선인의 삶, 즉 경제적 측면에서 조선인이 당하는 압제와 핍박 실상에 대해 보다 구체적으로 이해를 도모한다.

동아일보는 1923년 3월의 사설, '도망逃亡하여 가는 경성京城---조선朝鮮이 다 이렇다'(上)(中)(下)를 3회 연속으로 게재하였다.269) 당시 사설은 일제에 의해 경제적으로 정치적으로 모두를 유린당하고 있는 조선과 조선인의 삶의 실상에 대해 절통切痛한 심정으로 이를 공지하는 내용이 되고 있다.

돈을 버는 수입이 없고 직업이 없고 함으로써 삶이 멸망을 향해가는 실태에 대해 설명한다.

수입의 원천이 무엇인고 하니 자본에 의한 이윤利潤, 토지에 의한 지대地代, 노동에 의한 임금賃金을 적시한다. 즉, 자본資本과 토지土地와 노동勞動이 서로 결합하여 생산사업을 하면서 수입을 일구어내게 되는 것이다. 그런데 일본인들은 입만 열면 조선사람에게 자랑을 일삼는다. 일한日韓 강제병합 이후 불과 십여년에 도로가 개척되고, 도시가 확장되고 저축이 증진하고 부력富力이 향상하고 무역이 크게 조장助長되고 등을 내세우고 있다. 그러면서 조선사람들은 은의恩義를 모르는 야만野蠻이며 미개未開한 인종이라 매도罵倒하고 모욕侮辱하는 행위를 일상으로 하고있는 것이다.

그러나 그들이 자랑하는 도시都市 도로道路 교통交通 등이 누구를 위한 것인가를 숙고할 때, 조선사람들이 집을 팔고 도망하는 도시가 되고 있고, 도로와 교통은 다소의 편리를 이용하여 조선사람의 피를 빨아먹고 주머니를 빼앗아가는 도로 교통은 물론이고, 조선인 농부와 상고商賈의 삶의 터전들을 모두 파서 장지葬地를 만드는 그 도로의 개척임을 통탄하고 있다.

교통기관의 발달과 도로의 개척을 따라 일본인 상인商人과 농부는 조선의 산산곡곡山山谷谷에 들어오고, 도시의 확장擴張과 부력富力의 증진增進으로 조선사람이 배고프게 되고 집을 팔아먹는 실정이 되고 있다.

실로 살아갈 생계生計가 없도다. 상업을 할 권리인 상권商權이 있는가, 공업을 할 권리인 공권工權이 있는가, 광업 수산업 교통업 금융업 심지어 관리官吏도 생계의 일종이라면 이마저도 있는 것인가. 지금의 조선사람은 현대경제조직하에서 과연 무엇을 먹고 살아갈 수 있겠는가를 통탄으로 지적한다.270)

이어서 정치기관과 상업기관 등도 모두 일본인들이 장악한 가운데 조선인을 위한

---

269) 동아일보의 '逃亡하여 가는 京城---朝鮮이 다 이렇다'라는 제목의 사설은 1923년3월6일부터 8일까지 (上)(中)(下)로 3회에 걸쳐 연속 게재하고 있다.

270) 동아일보, 逃亡하여 가는 京城－朝鮮이 다 이렇다(上), 1923.3.6.

수입 원천을 모두 차단함으로써 살아갈 방도가 없게 되는 것이다. 또한 조선인들이 가졌던 땅도 빼앗고 가졌던 집도 빼앗고 그래서 조금 번영한 곳으로부터 한산閑散한 곳으로, 또 그곳에서 편벽偏僻한 곳으로, 결국은 멸망하는 구렁텅이로 우리를 구축驅逐하고 도태시켜버리고 있는 실상이 되고 있다.[271]

당시 경성京城의 인구와 토지소유 등의 실상을 참고로 살펴보자.

조선인은 19만명, 일본인은 7만명 정도가 경성에 살고 있었다.

토지소유에 대해 보면, 전田의 경우 총면적 280여 정보町步에서 조선인 소유가 120여 정보, 일본인이 140여 정보이다. 답畓은 총면적 7정보에서 조선인은 겨우 2정보이고 일본인이 5정보를 소유하고 있다. 잡종지雜種地의 경우는 조선인은 일본인의 5분지 1정도만 소유한다. 가장 중요한 대지垈地의 경우는 810여 정보에서 조선인이 약 400여 정보를 점하고 있으나 대지의 가액價額으로 보면 일본인의 것이 1200여만원이고 조선인 소유의 것은 1100여만원에 불과하고 있다.

보다 중요한 것은 명의상名義上으로는 조선인 소유로 되어있으나 그중에는 금융대차 등으로 저당권抵當權이 설정되어있는 것이 적지 않은 실정으로 그를 공제할 것 같으면 조선인들이 처한 삶의 위태함을 알 수 있다.

여기에다 총독부가 경복궁내景福宮內로 이전[272]되어 종전에는 경성에서도 남쪽을 중심으로 하던 일본인들의 근거지가 북부로 옮겨오면서 조선인들은 또 다시 동으로

---

271) "吾人은 오랫동안 인내하고 또 인내하여 왔다. 非道한 重壓아래 오인은 많이 인내하여 왔다....도시의 城外로 밀려나가는 것은 나의 住家이고 '살 수 없다'는 소리는 오인의 단말마斷末魔의 부르짖음이다. 교회의 창문에서 흘러나오는 찬미가讚美歌의 소리는 '살 수 없다'고 호소하는 오인의 소리이다...오인을 누르는 압력하에 오인은 사는 것을 원하지 않는다. 吾人은 自由의 공기를 마셔야 하겠다..."를 외치면서 조선인들의 奮起와 일제가 자행하는 탄압을 그만둘 것을 지적하였던 것이었는데 일제에 의해 압수되고 말았다.(동아일보, 自由를 위해 싸우자, 1924.6.13. 압수)

272) 조선총독부 건물은 1916년 7월10일에 기공하여 1926년 10월1일에 낙성식을 갖게 된다. 일제는 1912년에 경복궁의 興禮門터를 헐어내고 일선동화日鮮同和를 촉진하는 수단으로 朝鮮物産共進會(1915.9.11.~10.30.)를 개최하였으며 그 터에다 총독부 건물을 짓게 된다. **1916년 7월10일에 착공하여 1920년 7월10일에 齋藤實(사이토 마코토, 3대 총독)가 定礎石을 놓고 1923년 5월 17일에 上梁式을 가졌다. 1926년 1월4일에 건물을 완공하여 이때부터 사용**을 하게 되지만 공식적인 **落成式은 1926년 10월1일 施政紀念日에** 거행하였다. **총독부 청사는 당시로서는 일본 본토와 식민지에서 가장 규모가 큰 근대식 건물로 연건평 9600여평의 4층 건물이 된다.** 이를 건축한 다음 일제는 **1927년에 경복궁의 남쪽 정문인 光化門을 建春門이 있는 동쪽으로 이전**하였으며 옮긴 그 자리를 포함하여 총독부 건물 앞쪽에 광장을 조성하였다.(김정동, 남아있는 역사, 사라지는 건축물, 대원사, 2001 및 허영섭, 일본, 조선총독부를 세우다, 채륜, 2010 참조).

서쪽으로 쫓겨 나 청량리나 마포 등지로 가게 된다. 멀리로는 만주나 시베리아로 그 생을 구해 표류漂流 이산離散하게 될 것이 예견되고 있다.273)

어찌 경성京城만이 이러하리오. 조선이 모두 이러하도다. 부산釜山 대구大邱 대전大田 평양平壤 신의주新義州는 어떠한고. 다시 진남포鎭南浦 제물포濟物浦 군산群山 목포木浦 마산馬山 원산元山 청진淸津 성진城津의 각처는 어떠한가. 그 평지의 살기 좋은 곳과 그 시가市街의 장사하기 좋은 곳은 누가 차지하였으며 그 양명陽明하고 광대廣大하며 번창繁昌하고 활기活氣있는 집은 누가 점령占領하였는가...

현대경제조직하現代經濟組織下에서 아무것도 경영할 길이 없도다. 조선사람에게는 과연 돈이 없도다. 땅이 없도다. 지식과 기능이 없도다...우리는 일찍이 민족으로서 정치의 권력을 잃어버린 적이 있지 아니한가. 우리는 이제 다시 한걸음 더 나가서 생명 유지의 근본을 잃어버리게 된 것이다. 정치의 권력을 잃어버린 결과 생활의 유지가 곤란하여진 것이 사실이라 하면 생활의 근거를 다시 빼앗기고 잃어버리게 되는 그것이야말로 곤란困難은 고사姑捨하고 생활의 불능 멸망의 필요한 운명을 초치招致하는 것이로다.

조선사람은 이제 제2의 위기에 섰으며 또 마지막 위기에 섰도다. 우리가 절실한 생각과 튼튼한 각오覺悟로써 이 생산 문제를 해결하지 않으면 우리는 죽고 망할 것이다.

칼로서 망치는 것이 아니라 자연의 도태淘汰 구축驅逐으로써 망치는 것이며, 도끼를 들고 와서 우리를 멸하는 것이 아니라 그것 이상의 전율戰慄할 경제의 법칙으로서 우리를 멸滅할 것이로다.274)

3. 경제통계를 통한 사술詐術과 광고정치의 획책

일제 통치 당국은 통계를 통해 조선의 사회발전과 식민지배를 통한 조선인의 진보상에 대해 설명하려 노력한다. 그러나 당시 조선인 식자층은 일제가 제시하는 통계숫자에 대해 날조 의혹을 품게되고 나아가 그를 이용한 기만적 정치술책에 경계警戒를 제기한다. 조선총독부가 조선에서 행하는 정치를 보면서 '광고정치廣告政治'라 비

273) 동아일보, 逃亡하여 가는 京城-朝鮮이 다 이렇다(中), 1923.3.7.
274) 동아일보, 逃亡하여 가는 京城-朝鮮이 다 이렇다(下), 1923.3.8.

난한다. 광고정치란 통계표와 통계수치를 통해 정치업적을 과시하는 정치상을 말한다. 다음에서 통계와 정치에 대한 관계를 살피면서, 과시를 위한 통계수치는 결국 사회발전을 저해하는 중요요인이 됨을 엄중히 지적한다.

동아일보는 1924년 11월에 '합병후合併後의 조선---소득이 무엇인가'라는 내용의 사설을 실으려 하였는데 결국 압수되고 말았다.275) 강권적强權的 식민지배를 일상화하는 일제가 피식민국 조선과의 관계에서 생산하는 이러한 경제통계 숫자와 문서에 대해서는 내용의 실질을 면밀히 분석하면서 이해하지 않으면 아니 됨을 강조한다.

이 글에서는 일제가 합병 이후부터 대정大正12년(1923) 말까지 일본에서 조선으로 유입된 자금資金에 대해 통계 숫자를 통해 설명한다. 즉, 대일본자금유출입對日本資金流出入의 통계를 보면 대략 10억6백만원이 일본에서 조선으로 들어왔고 조선에서 일본으로의 유출은 2억6500만원으로, 약 7억4500만원이 조선으로 초과 유입된 것으로 설명한다. 그래서 일본인들은 이러한 통계숫자를 기초로 통상 "우리가 조선 때문에 다대多大한 금전을 쓴다"고 대언장담大言壯談하고 있다.

또한 그 대신 병합이래 대정12년까지 대일본무역관계對日本貿易關係를 보면 무역은 항상 수출보다 조선으로 수입되는 것이 다대多大하여 초과액을 대개만 들어도 약 7억8000만원가량 된다고 한다. 그러면 그동안 일한병합日韓併合의 결과로 인해 발생한 손해와 이득은 어느 쪽에 있는 것인가. 기록에서 보는바, 일본에서 조선으로 왔다는 자금 초과 유입 7억4500만원과 조선의 수입초과 7억8000만원과를 비교해 보면 조선에서 일본으로 유출된 금액이 오히려 3500만원가량 많은 것이 된다.

그렇다면 일본에서 조선으로 유입되었다는 자금 7억4500만원에 대해, 그중 일부는 정치적 비용으로 소비되었을 것이나, 대부분은 고정자산 또는 운전자금으로 되어 현재 또는 장래에 생산기능과 생산활동을 하게 되는 것이다. 이들은 은행회사의 대부자금貸付資金도 되고 공장 등을 건립하였으며, 과수원이나 어선漁船 토지土地 건물建物 등도 되어있어서 많은 이익과 수확收穫을 발생하고 있는 것으로 되어있다. 이는 결국 소비적인 것이 아니고 대부분이 조선에 대한 채권債權으로 작용하는 자금인 것으로, 그 7억4500만원의 대부분은 후일에 일본이 다시 조선에서 회수하고 보상을 청구

275) 동아일보, 合併後의 朝鮮---所得이 무엇인가, 1924.11.10.(압수사설)

할 수 있는 돈이 되어있는 것이다.

그러나 무역을 통해 조선에서 초과 수입하여 유출된 7억8000만원은 순전히 조선의 손실과 지출로 확정된다. 더욱이 일본서 유입된 자금 중에 조선의 채무가 되어있는 일본인의 자본은 조선인의 고혈을 쉬임없이 빨아내고 있다.

반면 수입초과輸入超過로 일본으로 유출된 7억8000만원은 대부분 조선인이 누대에 걸쳐 전래傳來하던 토지소유권土地所有權의 이전과 양도로 인한 것이 많으며, 이 소유권 이전은 토지소작권土地小作權의 이동移動까지 영향을 미쳐서 조선인의 생계 곤란과 토지이탈은 나날이 가중되는 실정에 처해지고 있는 것이다.

병합倂合 이후 일어난 일본과 조선 간의 자금 및 무역의 통계수치를 본즉, 결국 일본은 병합으로 이중二重의 이득利得을 보게 되고, 조선은 이중二重의 손실損失을 입고 있는 실상을 알게 된다.

더하여 당시를 기준으로, 일본은 40만명이 넘는 일본인이 조선으로 이주해 왔으며 조선은 오히려 수만명의 실직자와 2~30만명의 동포가 국외로 떠나간 유이민流離民이 발생하게 된 것이다. 조선으로 온 일본인들에게는 다대한 산림천택山林川澤과 여타의 이권획득利權獲得이 주어진 반면, 조선인에게는 몇십 몇백만에 달하는 빈민貧民과 궁민窮民이 생겨나 있는 것이다.

일제는 조선에 대한 식민지배를 통해 이처럼 경제적 이익을 극대화하는 과정을 꾸며왔다. 전쟁을 수행하고 교활한 정치경제적 농간을 통해 피식민지 백성을 노예로 만들면서 거짓과 위선과 강압으로 조선인을 압살하고 도구화하려 하였던 것이다. 일제 관민들은 자신들로 인해 조선인이 당하고 있는 곤궁과 신음을 보면서도 "우리가 조선 때문에 다대多大한 금전을 쓴다"고 허언虛言하는, 비인간적 몰염치적 사고와 행동을 일상으로 살아가는 존재들이 되고 있었던 것이다.

일제 총독부가 조선지배의 술책으로 쓰는 '광고정치廣告政治'를 통해 실상을 조금 더 살펴본다. 광고정치란 통계표나 통계수치를 보여내면서 정치업적을 과시하는데 급급하는 저급한 정치행태를 이른다. 경제적 측면과 관련하여 광고정치를 논설하는 글로 조선일보가 1925년 2월에 쓴 '조선경제정책의 변천(上)---광고정치廣告政治는

변해원리辯解原理의 반증反證'에 대해 살펴본다.276)

오늘날 정치적 기제機制가 경제관계의 집약체로써 존립되어 있는 관계상 정치적 권력은 언제나 경제적 관계를 중심으로 하여 움직인다. 일본의 조선에 대한 통치책도 경제적 관계를 핵심으로 하여 모든 정책이 조종操縱되는 것이 사실이다. 거기에 문화계발文化啓發이라는 정신적 요소가 관여하지만 그것은 경제정책을 보다 교묘하고 복잡하게 하여 경제적 성과를 다량으로 원활히 수득收得하기 위한 방편과 구실에 불과한 것이다.

누구나 조선총독부 정치를 비난할 때에 '광고정치廣告政治'라 한다.

광고정치란 통계표나 통계수치로써 정치업적을 과시하는데 급급한 것을 이른다. 원래 정치가 통계숫자를 생명으로 하는 것이 사실이다. 통계상에서 표시하는 수자數字가 정치기관의 운용상 필요불가결하게 쓰이는 것이지만, 민중에 대하여는 정치가의 책임을 오히려 말로서 풀어 밝히는(변해辯解) 변명의 자료로 활용되며. 나아가 특수계급의 이익을 조장助長하는데 중요한 도구로 작용한다.

이러한 의미에서 통계수치를 말로 풀어서 설명하는 '변해辯解'는 현대 자본주의 정치의 통폐通弊라 할 수 있다. 따라서 조선총독부의 조선통치책朝鮮統治策도 질적 양적으로 정도의 차이는 있겠지만 통계수자統計數字를 통해 이런 통폐通弊에 빠져있다 할 것이다.

조선총독 정치가 광고정치로서 통계수자를 과시하여 변해辯解를 주로 하지만, 그 병폐가 여하히 포화飽和되어 결국 조선민중의 생활 향상을 저해하고 조선사회의 발달진화를 정체하게 하는 문제가 있음을 지적하게 된다.

4. 통계의 실체와 조선문제의 위중성危重性

관련하여 조선일보가 1929년 10월에 쓴 사설 '통계統計와 실제實際'는 통계를 통한 사회 및 정치조작에 대해 큰 이해를 제공한다.277) 당시 식민지배를 행하는 제국주의 열국들은 피식민국의 진상眞相을 가리면서 통계숫자를 공표하지 않거나 사실대로 공표하지 않음에 대해, 국가정책의 한 공통된 원칙이자 수단으로 인식하면서 식민지

276) 조선일보, 조선경제정책의 변천(上)---廣告政治는 辯解原理의 反證, 1925.2.25.
277) 조선일보, 統計와 實際, 1929.10.11.

배를 더욱 교묘하게 운영해 갔던 것이다. 그래서 통계를 보는 식자층의 눈이 진실을 찾는 고도의 의지와 식견으로 채워지지 않는 가운데 그를 따라 읽게 되면 결과는 식민지배를 미화하거나 그를 더욱 공고하게 하는데 이용될 위험이 대단히 높아지는 점을 경계하고 있는 것이다.

정치는 인사人事에 있어 한가지 중대하고도 어려운 일이 됨이 사실이다. 이것이 개인이 전제專制하고 독단獨斷하는 것이 될수록 더욱 어려운 것이다....."거짓말 잘 하는 자가 정치가政治家요 음모陰謀하지 못하는 정치가가 없다"는 속언俗言은 정치가 일종의 허위요 음모인 것을 지적하는 것이다. 정치는 과연 예로부터 일컫는 바와 같이 권모權謀요 술수術數인가....지금에 목도하는 모든 정치 현상이 또한 그를 부정할 만한 반증자료가 되지 못하고 있다.

...이태리伊太利에서 무솔리니(Benito Andrea Amilcare Mussolini, 1883.7.9.~1945.4.28.)의 파시스트 정부가 시작된 이래로 그 정치비판의 유일한 회피책으로 모든 정치적 사정, 경제 현상의 실태와 현황의 발포를 엄밀히 단속 취체取締하고 민중생활의 정황, 생산통계 같은 것도 그 특수한 부류에 속한 것 외에는 공표公表하지 않는 것이 사실이다.[278]

또한 일반 식민지정치에 있어 그 실상실태實相實態를 그대로 공표하는 것이 드물고 일반 경제사정이 통계 숫자상에 잘 나타나지 않는다는 것은 현대의 발달한 지배 방법에 의한 정책으로 중요한 조건이 되어있는 것이니, 이는 이미 공연한 비밀의 원칙이요 제국주의 국가정책의 한 공통된 수단이 되고 있다.

사회사상社會事象을 종합적으로 관찰함에는 통계수자統計數字에 의함이 가장 정확할 것이며 또한 과학적科學的 측정방법이 된다. 물론 수자數字를 채취 방법상의 정밀 여부에 의해 그 신빙정도信憑程度가 구별될 수 있다. 더하여 그 실상實相을 제시한다는 수자로써 정치의 실적을 과장하는 자료로 삼는다면 그의 신빙성은 더욱 미약해질

---

278) 무솔리니(Benito Andrea Amilcare Mussolini)를 예를 들어 논하면서 통계수자의 날조와 정치적 술책, 그리고 그로 인한 사회발전 저해에 대해 다음의 내용으로 경고하고 있다. 즉, 이태리 무솔리니 정책이 그 眞相을 사회에 공표하지 않는 것은 그 因襲的 獨裁政治家의 良心으로 보아 오히려 容認할 점이 있을는지 모르나, **만일 그 실제사실을 數字로 날조하여 識者의 관찰을 틀리도록 한다면 그는 정치의 術略的 氣質을 여실히 드러내는 동시에 사회의 發展機能을 크게 저해하는 것이 된다고** 지적하고 있다.(조선일보, 統計와 實際, 1929.10.11. 본문 참조)

것은 물론이다.....그는 실제의 엄연한 사실을 허위로 돌려서 진상眞相에 대한 비판력批判力을 활자로 말살하는 것이 되니 비판을 금지하는 조성 작용을 하는 것이 분명하게 된다.

이는 금일의 모든 국가의 치적에 나타나는 통계수자를 살피는 식자들이 특히 유념해야 하는 점이 된다. 통계수자를 만들어 내는 통치 당국이 기초작업에서부터 사실과 유리되는 의사와 자료를 개입시키면 통계수자는 이미 사실 내지 진실과는 전혀 관계없는 정치조작으로 이행되고 마는 결과를 가져온다.

식민지를 획득하여 피식민인들에게 허위와 위압을 수단으로 수탈을 당연시하는 제국주의자들, 그들은 통계수자를 조작하고 피식민인이 갖는 비판의식의 말살을 매우 중요한 정치 책략으로 관념한다. 일제는 조선에 대한 식민지배 과정에서 이러한 통계의 조작과 해석상의 난맥을 최대한 활용하는 술수를 내보이고 있다. 조선일보 1930년 3월의 사설 '조선문제朝鮮問題의 중대성重大性'을 통해 조선 사회를 표출하는 통계자료의 수자數字상의 허상에 대해 검토한다.[279]

통계가 제시하는 숫자의 의미를 정확하게 이해할 때 일제 당시를 사는 조선인과 일본인의 삶의 실체를 다소나마 알게 되며 일제 식민지배하의 사회관계 및 구성에 대한 실질적인 내용과 의미를 파악하는 실마리를 잡을 수 있게 된다.

1) 어제(1930.3.7.) 본지에 소개된 바와 같이, 경성부내京城府內의 각종 공업 생산품은 재작년(1928)말 현재 통계에 의하면 6,200만원으로, 16년 전인 1912년도의 동 생산액 1,000여만원의 6배 증가를 가져왔다. 이 중에서 조선인의 생산품은 겨우 1,200여만원으로 전체 대비 1/6에 불과하며 투자액으로 보면 총계 2,875만원중 조선인의 투자금은 646만원으로 약 1/5에 해당한다. 이러한 차이는 바로 조선인의 민중적 궁핍과 관계한다. 즉, 외지外地에서 상품을 생산하여 조선에서 수입하게 되었던 것으로, 그 대종大宗은 직물織物이 되며 연간 5,000만원에 달하고 있다.

2) 역시 1928년 말 전조선내全朝鮮內 각종 공장의 통계표를 보면, 공장수 합계

---

279) 조선일보, 朝鮮問題의 重大性, 1930.3.8.

5,342개, 종업자從業者 99,574人, 원동력原動力 153,896마력馬力, 총생산액은 2억9253만3000원, 금융자산총액 5억4912만2000원이 된다. 이중 관영공장官營工場이 73개소에 생산액은 5,360여만원이 된다. 다음 일본인 소유공장은 2,425개소에 종업원從業員 53,400여인에 생산 전액은 2억4449만여원으로 각 공장 평균산액은 10만여원이 되며, 자본금은 4억9940만여원에 달한다.

반면 조선인 소유공장은 2,751개소에 종업자從業者 29,000여인이며 생산 전액은 8,800여만원으로 각 공장 평균산액은 32,000원이 되며, 자본금은 2,532만여원에 불과하다.

결국 조선인 소유의 공장 수(2,751)는 일본인 공장 수(2,425)보다 오히려 많으나 종업원 수는 일본인 공장이 훨씬 많으며, 특히 생산액에서는 조선인 공장의 8800여만원과 일본인 공장의 2억4449만원으로 현격한 차이를 가져온다. 단위 공장당 생산액에서는 조선의 32,000원과 일본의 10만여원으로 일본공장이 세 배 이상이나 생산력의 우위를 보이고 있는 것이다.

3) 근래 조선내의 인구는 1천9백 수십만인을 산정한다.

그중 농업민은 1,543만명으로 전인구의 80.6%에 해당하지만 토지의 겸병兼倂 및 그 민족적 이동 상황이 구구하여 정확을 기하기는 어렵다. 당국의 발표에 의하더라도 일본인의 소유전지所有田地는 1/14~1/11 등으로 어느 수치를 따르더라도 상당한 고율이 되고 있으며, 그들이 시가지와 임야 및 광산, 수산 등 영역에 대규모로 진출하고 있는 실정은 일일이 매거枚擧할 수가 없다.[280] 당시 조선에 거주하는 일본인을 30만~40만명으로 추산할 때,[281] 조선인 인구에 비해 일본인의 소유전지所有田地는 대단히 많은 면적이 되고 있다.

---

280) 조선은 일본에 대해 식량공급지로서 긴밀한 관계를 가지고 있다. 1928년 조선의 米穀 이출상태는 10월말까지 720만~730萬石이 일본으로 이출 예상이다. 조선 내의 미곡소비량을 보면 **지금부터 17년전(1911년)에 960만6천석이던 것이 1926년에는 951만5천여석으로** 감소되었다. **17년간에 증식된 6백만 인구와 일본인의 이주로 인한 미곡소비량의 증가를 고려하면 조선인의 미곡소비량은 너무나 많이 감소되고 있음을 알게 된다. 이에 따라 해마다 해외로 생존 연명을 위해 이주하는 인구는 점차 증가할 수밖에 없는 실정임을 짐작케** 한다. **참고로 1926년도 인구증가를 보면, 인구 1000명당 일본 內地는 14.65인, 조선은 17.34人의 자연증가를 보여서 조선 내에 연간 20만~30만의 인구증가가 이루어짐을 추정하게** 한다.(조선일보, 移住民의 飽和, 1928.9.29. 본문참조)

281) 동아일보, 일본 있던 朝鮮人의 送還--緘口치 못할 문제, 1923.9.21.(압수사설) 및 同, 合倂後의 朝鮮---所得이 무엇인가, 1924.11.10.(압수) 참조요.

또한 1928년말 조선 무역액貿易額 표에 의한 조선 수출입현황을 본다.

수출 총액은 3억6597만8000여원, 수입액은 4억1399만여원으로 4801만2000여원의 수입초과가 나타난다. 이는 1인당 약 2원50전여의 지출초과로 계산된다.

이를 자세히 보면, 조선인만의 실제 부담은 더욱 높은 액이 될 것으로, 조선의 수출이라 하는 것도 앞에서 기술한 바대로 공장 현황과 생산 실제를 볼 때 조선인의 소유분은 근소한 것이 된다. 더하여 조선 내에서 조선인의 일용품과 여러 지불에 있어 민족적 이동현황을 고려할 때 그 실상은 더욱 큰 규모가 될 것임을 추산할 수 있다.282)

4) 점차로 일본 내의 대자본이 조선으로 유입되어 대기업을 일으키니 조선인은 그의 노임勞賃으로 인해 생활이 보다 나아져야 할 것이다. 그러나 실상은 각지 공장에서 조선인 노동자에게 저렴低廉한 노임을 지급함으로써 생계를 유지할 수 없는 지경이 되고 있다.

일례로 부산에 있는 조선방직朝鮮紡織의 경우 대개 최저 일급日給 30전錢 정도로 1개월에 9원圓여를 수입하기 어렵나. 따라서 3~4인 가족은커녕 그 자신의 의식衣食이 어려운 형편이다. 노동에 종사하는 사람들의 삶이 이렇게 어려운 실정이기에 동요의 모습을 보이게도 되는 것이다. 따라서 생활 유지도 어려운 열악한 노동환경에 대해 노동자들의 동요가 있었던 것으로, 경찰과 행정기관들이 공장주工場主들을 편벽되이 옹호하면서 그들의 배후에서 선동煽動하는 자들이 있다면서 노동자들을 압박하는 등의 불합리한 대응에 대해 그러한 방식은 결코 해결방책이 될 수 없다고 하고 있다.283)

그에 비해 최근 함경남도의 조선질소회사朝鮮窒素會社는 1000명의 제대군인을 월급 50원에 직공으로 채용할 것을 공고하였다. 월급의 차별은 차치하고 9圓 밖에 안 되는

---

282) 더욱이 조선인에게 있어 농산물가격의 低落으로 인해 조선인이 받는 심각한 경제적 타격은 말할 필요도 없는 것이고, 米價의 低落과 일반 工産品의 상대적 高價가 조선인의 생활상에 한층 중대한 영향이 있는 것은 조선에서만 특수한 현상이 되고 있음을 지적하고 있다.(조선일보, 不況과 朝鮮, 1930.6.16.)

283) 당시 釜山 朝鮮紡織에 동맹파업이 발생하였다. 대개 勞動爭議나 小作爭議가 일어나는 원인은 資本主 地主들이 과도한 이득 정책을 내세워 직공이나 소작인의 대우를 열악하게 하여 노동자 농민으로 하여금 화를 내게 하기 때문이다. 금번 발생한 부산 朝紡同盟罷業도 이러한 원인으로 일어난 것으로 2700여 직공이 정당한 조건을 회사 측에 제출하려 하였다. 그런데 부산의 경찰 당국은 그들의 피와 땀으로 된 요구서를 제시 전에 압수하는 동시에 4~5인의 노동자를 체포하였다. 警察官은 본래 사회의 안녕, 인민의 행복을 보호해야 함에도 불구하고 조선 내지에 있는 경찰관은 왕왕 그 의의를 벗어나서 인민을 해하고 있으니 통탄할 일이 된다.(朝鮮日報, 釜山 朝紡盟罷를 들어--警察當局에 一言한다, 1930.1.19. 압수)

낮은 월급마저도 조선인에게는 취직의 기회가 없어지는 상황이 되고 있는 것이다.[284)]

결국 위에서 기술한 여러 사정은 식민지배하 조선의 본질 실상과 일본인과의 차별상差別相에 대해 일반인의 이해와 각성을 요구하는 논설이 된다. 식민지배라는 정치행태가 피식민국에 대한 압제와 수탈收奪 위에서 본국本國의 이익을 극대화하는 경제운용은 물론이고 정치제도를 통해서는 피식민지 국민의 인간 가치마저 부정하고 유린하는 것에 몰두한다. 통계 숫자를 통해서는 식민지배가 사회를 발전시키고 있다는 허위虛僞를 주입 시킴으로써 장래에 반드시 있어야 하는 피식민 극복의 희망마저 탈취해버리는 무서운 결과를 초래한다. 식민지배의 공포와 교활은 피식민 국민을 끝없는 수탈과 무지로 몰아간다. 식민 침략국은 그들이 구축한 부정의의 궤도를 더욱 가속하고자 술책을 더하게 되는 것으로, 일제는 그러한 방식을 조선에서 철저하고도 분명하게 실행해 내었던 것이다.

5. 일본인의 조선으로 구축된 조선 경제실상

일제가 조선을 식민지배한지 17년, 그간의 경제자료 분석을 통해 본 [일본인의 조선] [일본인의 경성] 만들기에 대해 논설한다.

일본의 조선통치 17년, 조선 내부에서 무엇이 실제 어떻게 변화되었는지에 대해 통계관련 자료를 통해 논술한다. 조선통치가 이루어진 17년 동안의 경제통계 수치를 보면서 일제의 조선식민지배 실상을 검토하게 되는 것으로, 식민지배를 통해 조선이 정치적으로만 일본인의 것이 아니고 경제적으로도 일본인의 것으로 변환되고 말았음을 확연하게 설명하고 있다. 즉, 동아일보는 1927년 1월에 '전율戰慄할 수자數字--조선총독정치朝鮮總督政治 십칠년十七年의 업적業績'이란 제명의 사설을 게재하였는바, 일제가 밝히는 경제상의 통계수치를 통해 일제가 행한 식언食言과 조선사회의 수탈 실상에 대해 지적하고 있다.[285)] 1927년 1월1일부터 연재하던 독립운동가이자 언론인인 서춘徐椿(1894~1943)의 '병인년丙寅年(1926년) 조선인 경제經濟의 회고回顧'와 1927년 1월5일 동아일보에 게재된 연희전문학교 경제학교수 이순탁李順鐸(1897~?)의

284) 일본인 이민 1戶가 조선농민 5戶의 失業을 초래하는 현상을 보면서 일본인 이민 장려에 대한 조선농민들의 불평은 의아할 바 없는 것이 되고 있다.(조선일보, 移住民의 飽和, 1928.9.29. 본문)

285) 동아일보, 戰慄할 數字--朝鮮總督政治 十七年의 業績, 1927.1.5.

'경성京城이냐? ケィジヤウ냐?'의 두 편의 논문은 조선인의 경제생활에 관하여 전율할 정도의 통계숫자를 제시하면서 일제에 의한 조선지배의 실상을 설명하고 있다. 우선 서춘徐椿의 논문은 조선의 경제와 조선인의 경제가 일치하지 않는다는 사실을 통계적으로 증명한다. 다음 이순탁李順鐸의 글은 경성부내京城府內의 토지소유와 금융기관별 금융실태를 통해 경성이 완전히 조선인의 경성京城으로부터 일본인의 경성京城으로 변환되어 졌음을 수치를 분석하며 증명해 보이고 있는 것이다.

일본의 조선통치가 1910년 당시 일제 당국이 말한 조서문면詔書文面대로 되어야 하였었지만 17년의 시간이 흐른 1927년(1926년 통계자료 기준)의 시점에서 볼 때 그 결과는 전혀 다른 내용을 가져다 놓고 있다. 조선총독부는 분명히 합병조서合倂詔書대로 행하지 못한 책임을 져야하는 것이고, 나아가 강제병탄 이래로 일본의 역대 내각과 국회도 총독부가 행하는 조선정치에 대해 감독을 제대로 하지 못한 책임을 져야 하는 것이다.

병합조서倂合詔書나 병합조약倂合條約의 문면文面은 일본제국이 정치적으로 조선을 통치할 권리를 가지되, 당시 한국신민韓國臣民이던 조선인민朝鮮人民의 복리福利를 위해서 의무義務 역시 병담倂擔하도록 하였다. 그러나 조선총독부는 이후 17년간 조선朝鮮을 [일본인日本人의 조선朝鮮]으로 만들게 됨으로써 조선인朝鮮人의 조선朝鮮이 아니게 하였다. 결과 조선은 외적 수치상 번영繁榮하였지만 조선인은 쇠퇴衰頹하고 경성京城은 비참하게 변하고 말았다. 이는 병합 후 정치적 경제적으로 조선을 일본인의 조선으로 만들기 위해 전력을 다한 결과임이 분명한 것이다.[286]

이것이 총독부 당국자의 목표였다면 이는 일본천왕의 병합칙어倂合勅語 정신을 고의故意로 위반한 것이 되고 만일 과실過失이라 한다면 자결自決의 책임을 져야 할 것이다. 조선총독부가 조선에 대해 누누히 강조하는 '공존공영共存共榮' '일시동인一視

286) 조선총독부 관리배들은 조선과 조선인을 자신들과는 아주 다른 열등한 존재로 관념하면서 갖은 억압과 모욕을 가하는 것에 익숙하였다. 일례로 조선인의 위생 상태와 관련하여 그들이 퍼뜨리는 모욕적인 악선전을 한번 보자. 조선인은 **위생사상이 유치하므로 그 不潔한 것을 官에서 간섭하였더니 그것에 反感**을 많이 가졌다. 그리하여 **그 반감이 3.1운동의 중대한 원인이 되었다고 한다**. 어떤 경우는 조선인은 청결을 싫어하고 불결한 습관을 좋아한다고까지 악담과 악선전을 하기도 한다.(동아일보, 朝鮮人과 衛生--惡宣傳의 一例, 1927.2.1. 본문참조). 이에 대해 논설은 현재 조선의 위생 상태가 일본인에 비해 未及한 바가 있음이 사실이다. 그러나 이것도 **일본에 普通敎育이 보급된 이후의 상태를 놓고 비교**하는 것이다. 따라서 지금 조선의 위생 상태가 일본에 미치지 못하는 것은 그 원인이 **오직 敎育이** 제대로 보급되지 못한 것에 기인하는 것이라고 의견을 표명하고 있다.

同仁'의 원리에만 따랐다면 조선인이 당면하고 있는 현재와 같은 불안과 빈궁貧窮과 위압威壓은 없지 않겠는가.[287]

특히 위의 연희전문학교 경제학교수 이순탁의 논문을 보면 경성부京城府의 토지소유관계와 금융소유관계를 상세히 살핀 결과 다음과 같이 결론하고 있다. "이상에 나는 토지소유관계와 자본의 소유관계로 경성京城을 일별一瞥하였다. 그래서 토지로는 겨우 1할7분, 자본으로는 겨우 5분강分强을 조선인이 소유하고 그 외는 전부 일본인이 소유하였음을 발견하였다. ...따라서 경성에 조선인이 일본인보다 비록 3배 가량假量 많이 있다 하더라도 경성이라는 집의 소유자가 되지 못하고, 오직 그 집의 용인사역자傭人使役者 밖에 되지 못하면 벌써 그 집의 주인主人은 아닌 것이다. 경성은 벌써 '경성京城'이 아니다. 경성京城은 'ケィジヤウ'이다"라고 하고 있다.[288] 결국 경성에는 현재 일본인보다 3배나 많은 조선인이 살고있지만 조선인이 토지는 17%, 자본은 5%여 정도만 소유하는 것으로써, 경성의 주인은 일본인이고 조선인은 그 일본인의 고용 사역인使役人에 불과한 상태가 되고 있음을 통계수치를 통해 지적하고 있다.

동아일보가 1927년 1월 5일에 쓴 '전율戰慄할 수자數字--조선총독정치朝鮮總督政治 십칠년十七年의 업적業績'은 결론적으로 이러한 조선의 현실을 만든 총독부 당국자에게 강하게 반문하고 있다. "만일 일본내지日本內地의 토지와 상공업을 개방하여 자본과 기술이 우수한 영국이나 미국인으로 하여금 자유로이 일본인과 경쟁하게 한다면 어떠한 결과를 초래하겠는가"라면서 일제 그들이 행하는 조선 수탈에 대한 변명 궤변에 대해 말이 아닌 것으로 항변하고 있다. 당시 조선이 당하는 압제와 불행의 책임을 조선인에게 되돌리려는 일제의 거짓된 궤변詭辯에 대해 그런 비겁과 교활한 행동을 멈출 것을 요청하고 있는 것이다.

6. 일본거주 조선인의 추방과 일본 도항에 대한 일제의 제재

1923년 시기에 있었던 또 다른 실상을 살펴본다. 바로 관동대지진과 관련하여 일본 내에서 조선인이 당하여야 하는 죽임과 학대 및 추방 실상은 어떠하였는지를 이해

287) 동아일보, 戰慄할 數字--朝鮮總督政治 十七年의 業績, 1927.1.5. 본문참조
288) 동아일보, 일본사람의 京城, 1927.1.6.

해 본다.

1923년 9월21일자의 동아일보 사설은 '일본 있던 조선인朝鮮人의 송환送還--함구緘口치 못할 문제'를 게재하려 하였으나 압수되어 끝내 게재되지 못하였다.[289] 그 내용은 1923년 9월1일에 발생한 관동대지진關東大地震과 관련한 것이다.

이 지진을 기화로 일제가 조선인에게 가한 죽임과 박해는 말할 것도 없었고,[290] 그와는 달리 경제적 측면에서 또 다른 조치를 자행하고 있었다. 일제는 일본에 있던 조선인 노동자를 매일 300~400명씩 조선으로 귀환시키는 것이었다. 그동안에 돌아온 조선인 노동자의 수가 벌써 4000~5000명에 달한다고 한다. 그런데 일본에서 송환되는 노동자는 동경東京 횡빈橫濱 등 관동지방關東地方의 지진 발생 지역이 아닌 대판大阪 이서以西인 소위 관서지방關西地方에 있던 이들이라 한다. 우선 이들이 일본에 머물 수 없어서 직업을 버리고 창황蒼遑히 귀환하였다면 지금 일본 전국에 머물고 있는 십수만명十數萬名의 조선인 동포들이 모두 같은 사정 하에서 어려움을 당하고 있을 것이다.... 그렇다면 조선에 있는 30만명 이상의 일본인을 받은 조선인은 자유로 일본 각지에서 거주하고 영업하고 노동할 자유와 권리를 향유하여야 옳거늘 이제 대규모의 방환放還을 당함은 이 자유와 권리를 유린 받음인즉 이는 결코 십수만十數萬 재일 조선인만의 문제가 아닌 것으로 전조선인全朝鮮人이 실로 함구緘口할 수 있는 문제가 아닌 것이다. 특히나 본래 조선인들은 농작하던 토지를 잃고 삶의 방도가 더 이상 없어서 일본으로 노동을 구하여 갔던 가련한 무리가 이제 적수공권赤手空拳으로 불의에 조선으로 돌아오니 그들은 장차將次 무엇으로 호구지계糊口之計를 얻으리오. 일본 각지의 공장에서 낮은 박급薄給과 과로를 감내하면서 일본의 국부國富를 증진하기에 노역한 공로자들이 아니겠는가.

물론 일상으로 당하는 일제의 무단과 압제이지만, 관동지방에서 지진재해가 극심하였는데 대판大阪 서편의 관서지방에 살고있는 조선인 노무자들을 조선으로 추방하고 있는 현실은 무엇을 말하는 것인지. 또다시 이런 불인정不人情하고 불합리한 조처들을 속수무책으로 당하면서 조선인의 살길이 더더욱 막혀 지는 현실을 개탄한다. 삼

289) 동아일보, 일본 있던 朝鮮人의 送還--緘口치 못할 문제, 1923.9.21.(압수)

290) 관동대지진과 관련하여 일본 거주 조선인들을 불량선인들로 몰면서 6000여명 이상의 조선인을 처참하게 죽여 간 실상 등에 대해서는 한계옥저, 조양욱역, 망언의 뿌리를 찾아서, 자유포럼, 1998. 등 참조요.

십여만의 조선거주 일본인들은 나날이 부를 증대시켜가는데 십 수만 명의 재일 조선인 노동자들은 하루에 300~400여명씩을 조선으로 귀환시키고 있는 문제에 대해 사설을 통해 그 실상을 전조선인에게 알리고자 하였던 것이다. 관동진재 일년여 후, 일제의 조선인에 대한 탄압과 인구 이산은 더욱 심하게 이루어지게 되었다.[291]

이에 더하여 1928년 당시 생계를 찾아 떠나는 조선인의 일본 도항과 일본인의 조선 유입에 대해 동아일보가 쓴 압수사설 '조선인朝鮮人 도항渡航에 신제한新制限'을 검토한다.[292] 일제 식민당국이 견지하는 양 국민에 대한 차별적 대응과 그들이 제시하는 논리의 불합리가 확연하게 드러난다.

일본 내무성內務省 사회국社會局에서는 현재까지 이주해 있는 15만 조선인과 매년 증가하는 15,000의 조선인이 간접적으로 일본에서 일어나는 일본인의 실업문제失業問題에 지대한 영향을 미친다고 한다.[293]

따라서 조선총독부 및 관계 각성各省과 다음의 사항을 협의하여 정하였다고 한다.

1. 조선인은 가능한 한 조선에서 화전火田 관개灌漑 등의 사업에 종사하게 할 방침을 취할 사
2. 만연漫然하는 도항渡航을 제한할 사
3. 조선인 특유의 직업소개소를 신설하지 않을 사

종전에도 일제는 만연하는 조선인 도항을 방지한다는 이유로 조선인이 노동자로서 일본에 가는 것을 극도로 제한해 왔지만 이제 또 이렇게 제한을 강화하게 된 것이다.

이는 만주滿洲에서 조선인을 배척하는 것과 대조해서 너무나 기괴奇怪한 바가 있게 된다.

조선인이 일본으로 가는 것이 지속된다면 금후 2년이 못 되어서 현재 조선에 이주

291) "吾人은 寸土도 소유하지 못하고...따뜻하고 살기 좋은 고국을 떠나서 시베리아의 평야로 흩어져가는 금일이 아니냐. 작년 9월의 震災時에는 당하지 않아야 할 일을 당하고 스스로 벙어리가 되어버렸던 오인이 아니냐..."(동아일보, 自由를 위해 싸우자, 1924.6.13. 압수)

292) 동아일보, 朝鮮人 渡航에 新制限,1928.4.16.(압수)

293) 이에 앞서 1925년 2월에는 "조선 노동자가 최근 매일 500명씩 일본으로 渡去하고 있다"고 하고 있다. 조선인들은 산업상 모든 우월권을 빼앗겨 농업도 할 수 없는 隷屬的 지위에 이르러 경제생활이 근본적으로 불가능하게 되었기에 향토 분묘를 떠나서 외국으로 벌이를 나서는 末路를 취하기에 이른 것이다. 이들의 대부분은 일이 없어 自然流離하거나 奸輩의 유혹으로 조국을 떠나는 자들이다.(조선일보, 조선노동자의 渡日問題, 1925. 2.20. (압수))

한 일본인보다 많은 조선인이 일본에 거주하게 된다. 따라서 조선의 토지를 매입해서 이민을 장려하는 그들의 방책은 근본적으로 실패로 돌아간다. 이를 대비해서 새로이 조치를 하게 되는 것으로 생각된다.

일본이 조선에 이민을 계획하는 것이 일본에 인구가 너무 많아서 조선에 이민을 보내는 것이 인도상人道上 정당하다고 한다면, 조선에서 일본으로 도항을 하는 것은 그 생명을 유지할 직업이 없으므로 부득이 삶을 위해 가는 인도상人道上의 문제가 있는 것이다.

그런데 일제 당국은 종래 일본인이 조선으로 오는 이민을 장려하면서 조선인이 일본에 가는 것은 제한해 왔는데 금번에 다시 이를 강조하고 있는 것이다. 일본인이 조선에 오는 것은 장려하지만 조선인은 일본에 갈 수 없는 것으로 하는바, 이는 양방에 평등한 것인가. 이렇게 양방에 차별적이며 불평등하게 이민을 하면서 자유와 인권을 존중하는 정책이라 표방할 수 있는 것인가.[294]

조선인들이 일본으로 도항하는 이유는 고향에서는 살 수 없는 극도의 생활난 때문이다. 그러한 고통을 호화로운 총독부관리總督府官吏들은 추측도 할 수 없을 것이다. 그들이 직업을 가질 수 없는 참극慘劇속에서 생도生途를 찾아가는 그들을 제지하는 것은 중대한 인도상人道上의 문제가 되지 않을 수 없다. 이러한 상황을 제대로 알지 않으면서 동경 내무성內務省에서 조선인의 도항을 제지하는 조처를 취함에 대해, 들을 능력이 없는 그들 일제 당국자들을 향해 그래도 인권 및 인도상의 요청이기에 부디 들어줄 것을 외침하고 있는 것이다.

[2] 조선사회의 인구 · 생명 및 자살 등 통계

1. 혼인 · 이혼과 조선인의 생명표

여기에서는 1930년대 식민지배기의 가족관계 및 인구동태에 대해 살펴본다. 혼인

294) 일례로 일본에서 조선인 직공을 요구하는 공장이 있었는데 官權의 관여로 직공으로 들어갈 수 없게 되었다고 한다. 조선인 노동자가 일본에 가서 직업을 구할 수 없어 방황하는 것을 방지하기 위해서 일본 도항을 못하게 한다는 것이 당국자의 말이다. 일본으로 건너가는 조선인 노동자는 고향을 등지는 것만으로도 이미 비참한 사정에 있다는 것을 모른 채하고 있는 것이 일본 당국인 것이다. (동아일보, 朝鮮人渡航에 新制限,1928.4.16.(압수) 본문참조)

婚姻과 이혼離婚을 통해 사회적 경제적 의미를 개관하고, 당시의 생명표를 보면서 조선인의 생애生涯를 일본 내지와의 관계에서 비교하면서 전체 인구동태에 대해서도 검토한다. 또한 당시의 사회적 환경에서 이루어지던 조혼早婚 풍습과 자살자의 증가, 그리고 교육 등의 관계를 가족 및 사회관계적 측면에서 이해한다,

먼저 조선일보가 1937년 10월에 쓴 사설 '통계상統計上으로 본 결혼結婚과 이혼離婚--사회적社會的 경제적經濟的 의의'를 자세히 살펴본다,[295] 앞선 1920년대로 부터의 시기에 비해 결혼과 이혼이 숫자상으로는 모두 감소하고 있다. 그러나 그 원인은 각각 다름이 있어서 혼인 감소는 경제적 궁핍의 심화로, 이혼 감소는 조혼早婚 및 강제 혼인의 감소에 기인起因하는 것으로 보고 있다.

작년昨年(1936)중 조선의 결혼수結婚數는 12만6천여건, 인구 천인千人에 대하여 5.72건의 비례요, 이혼수離婚數는 5천3백여건으로 인구 천인千人에 대하여 0.24건의 비례다.

이것을 최근 10년간의 추이로 보면 결혼 수는 소화昭和 원년元年(1926) 8.99건, 소화2년(1927) 9.39, 소화3년 10.28로 절정에 달했다가 소화4년 10.26, 소화5년 10.04, 소화6년 9.27, 소화7년 6.40, 소화8년 6.16, 소화9년 5.80, 소화10년 5.71로 감소된다.

이혼수離婚數는 소화원년(1926) 0.38, 소화5년 0.45, 소화6년 0.45, 소화7년 0.33, 소화8년 0.28, 소화9년 0.25, 소화10년 0.25로 년년 감소 경향을 보이고 있다.

결혼과 이혼이 모두 감소하는 경향은 동일하나 원인에 있어서는 다름이 있다.

결혼 수가 감소해 가는 것은 경제적 생활이 궁핍窮乏해 간다는 것을 의미하고,

이혼 수가 감소한다는 것은 조혼早婚과 강제결혼强制結婚이 적어지기 때문에 불합리한 결혼이 적어지는 것을 의미한다.

다음으로 결혼과 이혼의 연령年齡을 보면, 결혼에 있어 일본내지인日本內地人은 남자는 25세로부터 29세까지의 58.9%가 제일 많고, 여자는 20세로부터 24세까지 62.8%가 제일 많게 나타난다. 조선인朝鮮人은 남자는 20세로부터 24세까지의 37.3%

---

295) 동아일보, 統計上으로 본 結婚과 離婚--社會的 經濟的 意義, 1937.10.23.

가 제1위이고, 17세로부터 19세까지의 31.4%가 제2위, 여자는 15세로부터 19세의 72.6%가 제1위로 일반적으로 조선인의 결혼연령이 대단히 낮다.

특히 조선인에는 법정연령法定年齡에 달하지 못한, 즉 남자 17세 미만, 여자 15세 미만의 결혼 수가 다수하니, 남자 1만3천여인, 여자 1만4백여인 이란 수를 보면 얼마나 조혼早婚이 아직도 많이 유행하고 있음을 알 수 있다.

또한 이혼연령을 보면 일본 내지인은 남자가 25세로부터 29세의 35%가 제일 많고 여자도 25세로부터 29세의 45%가 제일 많다. 조선인은 남자가 20세로부터 24세에의 27.2%가 제일 많고, 여자도 20세로부터 24세의 31.3%가 제일 많아서 이혼이 남자는 결혼기에 가장 많고 여자는 결혼한 연령보다 윗 단계의 연령에서 가장 많게 나타난다.

요컨대 일본 내지인은 남녀가 25세로부터 29세가 권태기倦怠期라 볼 수 있고, 조선인은 조혼早婚의 폐해弊害로 성적 이상을 자각할 20세로부터 24세까지에 가장 비극悲劇이 많음을 알 수 있다. 이러한 자료는 사회경제학자와 위정자의 연구자료가 되지 않겠는가.

이러한 혼인 및 이혼을 조사한 자료와 함께 조선인의 생명표生命表를 관련하여 살펴본다. 동아일보가 1938년 10월에 작성하여 게재한 사설 '조선인朝鮮人의 생명표生命表'는 당시 조선 도시의 특성과 조선인의 평균수명 및 생사生死 실태가 어떠한지를 제시하고 있다.[296] 출생 후 1년 이내에 1/5 내지 1/4의 유아乳兒가 사망하는 조선은 구미제국歐美諸國과 일본 내지의 사망률 1/10과 크게 대비된다. 사망률과 수명연장 등은 주거 문제와 위생 상태에 관련성이 높은 만큼 이의 교정 개선을 함께 요구하는 논설이 되고 있다.

1) 때마침 경성京城에는 제육회第六回 전국도시문제회의全國都市問題會議의 총회가 개최되어 각지로부터 사계권위자斯界權威者 천여명千餘名이 참집參集하였고 동회의同會議에 제출된 보고報告, 의안議案 등은 모두 근대 도시에 관한 중대과제重大課題로서 일반의 주목을 끄는 바 클 뿐 아니라, 참집자參集者 일동一同은 경성의 도시상都市相을

296) 동아일보, **朝鮮人의 生命表**, 1938.10.12.

실제實際로 시찰視察까지 하기로 되었으니 동회의同會議의 수확收穫이 벌써 절대絕大할 것을 믿는 동시에 금반今般 이 회의를 계기契機로하여 경성이 도시로서의 새로운 면목을 갖추게 하고 또 전조선全朝鮮 중요도시重要都市 내지 지방소도시地方小都市에 이르기까지 그 자체건조自體建造에 일단 비약飛躍하는바 있으리라는 전제前提에서 우리의 기대는 자못 큰 것이 된다.

2) 더욱이 경성京城과 같은 도시, 아니 대부분의 조선도시朝鮮都市가 가지고 있는 성격은 정상적으로 발전될 상태가 아니고 변태적變態的인 특수형特殊型이라는 것을 이미 지적 하였거니와 과연 이것을 증좌證左하는 특징을 동회의同會議가 스스로 가르쳐 주고 있으니 그 실례實例를 일일이 예시例示할 여유는 없어도 경성제대京城帝大 수도박사水島博士의 보고인 경성주민京城住民의 생명표生命表에 나타난 조선인의 수명壽命, 즉 조선도시의 위생사정은 참으로 암담暗澹한 바 있다.

우선 놀라지 않을 수 없는 사실은 주민의 사망율死亡率이 태고太高한 중에도 젓먹이 유아乳兒의 사망률은 세계적 제일위를 점하고 있으니, 출생 후 일년 이내에 오분지일五分之一 내지 사분지일四分之一은 사망한다. 구미제국歐美諸國에서는 십분지일十分之一도 못되고 일본내지日本內地도 그 정도밖에 안 되며 가장 고율高率이라고 하는 인도印度의 그것보다 오히려 많은 터이다. 이 위에 출생신고 전에 사망하는 수까지를 합산한다면 참으로 무서운 수자數字가 나오고 말 것이다.

그리고 생존수生存數 즉, 동시출생同時出生한 자가 반수半數로 되는 연령年齡을 보면 이십구세二十九歲 내지 삼십세三十歲 사이로써, 외국인에 비하여 이십세二十歲 내지 사십세四十歲의 차이가 있다.

또 평균여명平均餘命 즉 조선인의 평균수명平均壽命을 보면 남자 삼십이세三十二歲 내지 삼십사세三十四歲, 여자 삼십오세三十五歲 내지 삼십칠세三十七歲로써 일본 내지인에 비하여 십여년十餘年, 구미인歐美人에 비하여 약 이십년二十年이나 짧다. 뉴질랜드인에 비해서는 실로 삼십여년三十餘年의 차가 난다.

3) 이상과 같이 유아乳兒의 사망률이 높고 생존수生存數가 적고 평균수명平均壽命이 짧은 것은 결국 그만치 조선인의 건강이 좋지 못해서 유약중幼弱中에 사망해버리고, 그 사망원인은 선천적 생리生理의 고장故障보다도 위생시설衛生施設의 불비不備로 인

하여 후생厚生을 향유하지 못한다는 것을 의미한다.

...물론 종합적인 대책으로는 무엇보다도 사회의학社會醫學을 좀 더 고구考究하고 위생시설의 확충을 포함한 도시건조都市建造를 실현시키는 것으로써만 가능할 것이다.

아무리 오늘 경성이 평면으로 입체로 호화로운 건축물이 즐비하다고 해도 그 이면裏面에 토막土幕(움막집)이 증가된다면 그것을 발전이라고 할 수 없는 것과 같이 인구가 팽창膨脹되어 가되 그들의 수명이 단축된다면 그런 도시의 생활은 우리의 원하는 바가 못 된다.

금반今般 개최된 도시문제회의가 이 땅의 도시를 대상으로 하였고 또 당국이 그 건조建造를 담당한 이상에는 현재 조선 도시의 성격을 교정矯正하는데 주력主力을 추진推進시켜야 할 것을 말하여 두는 것이다.

2. 조선인구의 변화 동태와 인구조사의 문제점

그런가 하면 일제 당국은 1934년에 1933년 말 현재 시점의 인구동태를 발표하였는바, 조선인의 인구증가율이 크다고 한다. 그런데 과연 정확한 통계인지에 대해 언론은 의문을 제기하면서 정확성이 떨어지는 통계자료를 가지고 조선의 인구증가율이 세계의 몇째로 안 간다고 떠들어 대는 일제 당국에 대해 문제를 제기하고 있다. 즉, 조선일보는 1934년 7월에 사설 '조선朝鮮의 인구동태人口動態--증가율增加率의 방대尨大 반드시 행복아니다'를 게재하여, 인구통계를 위한 조사 과정에 있어 문제점과 통계수치에 반영되어야 할 제반 요소들에 대한 면밀한 고려가 충실하지 못함에 대해 문제를 제기하고 있는 것이다.[297] 결국 정확한 인구통계가 이루어지지 못하는 결과, 그에 기한 사회적 경제적 해석 및 전망이 모두 오류일 가능성을 지적하게 된다.

1) 예년例年에 의하면 금년에도 전년말前年末 현재 인구동태가 발표되었다.

이것에 의하면 소화昭和8年(1933)말 조선 전인구全人口는 2천79만여인, 재작년再昨年 그것에 비하면 19만인의 증가로 인구 일천인一千人에 대하여 9.20인의 증가라 한다.

297) 조선일보, **朝鮮의 人口動態**--增加率의 방대尨大, 반드시 행복아니다, 1934.7.6.

전세계 인구의 증가율, 특히 최근 5개년간의 인구증가율이 일천인一千人에 대하여 15.14인이라는 것을 염두念頭에 넣는다면 일 층 조선 인구의 증가율의 큼을 발견할 수 있다.

2) 그러나 이 숫자에는 두 가지의 생각할 점이 있다. 하나는 통계가 과연 정확성을 가졌는가 하는 것이요, 또 다른 것은 이 인구증가율이 순조선인純朝鮮人만의 자연적 증가일까 하는 것이다.

첫째, 이 통계를 볼 것 같으면 저 소화5년(1930)에 시행한 국세조사國勢調査와 달라서 통상적으로 각부各府--읍邑--면面에서 조사한 것을 토대로 각도各道가 종합하고, 나종那終에 총독부가 이를 종합하였다.

그러므로 이 통계는 정확성이 적은 것으로, 이것은 거년去年 경남의 인구통계가 전년前年보다 초상식적超常識的으로 증가했다 하여 다시 조사를 명령했던 것으로 보아 알 수 있다.

그뿐 아니라 통계에 나타난 누년인구累年人口 증가율을 보더라도 알 수 있으니,

명치明治43년(1910)에는 전년前年(1909)에 비해 일천인一千人에 대하여 불과 16인의 증가이었으나, 그 익년翌年에는 55인, 그 익년翌年인 45년(1912)에는 54인, 그 익년翌年인 대정大正2년(1913)에는 47인의 증가율을 보였다.

그런데 대정7년(1918)에는 5인, 대정8년(1919)에도 5인이란 증가율이요, 소화원년昭和元年(1926)에는 4인, 소화2년에는 1인, 소화3년에는 2인이라는 뒤섞인 참차參差한 숫자를 나타냈으니, 이런 부정규不正規한 인구증가율人口增加率이 있으랴. 그러므로 이 숫자는 정확성이 부족하다.

3) 둘째 설사設使 이 일천인一千人에 대한 15인이란 증가율이 조선인구의 증가율이라 할지라도, 그 속에 인구의 이주移住라는 것이 있음을 생각하지 않으면 안 된다. 즉, 조선인의 해외 이주와 일본 내지인과 외국인의 조선 이주라는 것을 생각지 않으면 안 된다.

통계에 의하면 조선인은 연연年年 약 15만인이 만주滿洲와 일본 내지內地로 이주하고, 일본내지인日本內地人은 연연 이주자와 자연 증가자와 합하여 일만 내지 이만인씩

증가한다.

그러므로 조선내 인구증가율 15인이라는 속에는 순조선인純朝鮮人의 인구증가율이 13인여(13인강人强)밖에 안 된다는 숫자를 내포하고 있다. 그러므로 이 숫자가 반드시 놀라울 만한 숫자는 아니다.

4) 물론 일천인에 대한 13인이란 증가율도 적은 것은 아니다.

그러나 위에 말한 것과 같이 정확성正確性이 적은 통계, 이것으로써 조선의 인구증가율이 세계의 몇째로 안 간다고 떠들만한 것이 아니다. 인구는 증가하고 부富는 증가되지 않으면 결국 실업자족생失業者簇生과 인민의 저임금低賃金밖에 초래招來할 것이 없으니 조선의 현실은 이 일면一面을 증명함이 아니겠는가....이러한 의미에서 조선 인구동태人口動態를 보면 인구의 증가가 반드시 좋아서 작약雀躍할 만한 현상은 아닌 것이라고도 할 수 있을 것이다.

3. 자살 및 살인과 조혼 등 가족제도의 폐습

일제치하 조선사회에서 조선인이 겪어야 하는 실상은 살아갈 방도가 장벽 같은 극빈한 삶과 당국의 계속되는 핍박으로 인해 인생을 비관悲觀으로 몰아감이 일반적이었다. 얼마나 곤고困苦하며 희망 없는 식민압제의 나날이었겠는가. 따라서 증가하는 자살율自殺率과 많은 살인이 당시의 사회상으로 연결되고 있는 것이다. 동아일보는 1934년 3월에 사설 '생生에 대한 태도態度--좀 더 정중鄭重하여라'를 통해 조선인들이 자신의 삶에 대해 더한 존중을 부여하며 사회와 민족의 진전進展을 위해서라도 용기와 희망을 가져 줄 것을 호소하고 있다.[298] 주요 내용을 검토해 본다.

생生은 보는 태도 여하에 따라 가장 고귀할 수도 있고 가장 비천할 수도 있다. 이 인생관人生觀과 생활철학生活哲學의 종류는 곧 그 개인의 생존의의生存意義를 결정짓는 요소가 되는 동시에 그 개인의 사회적 연대성을 좌우하는 원동력原動力이 된다. 개인이 갖는 생의 태도는 사회와 민족전체의 진퇴進退에 지대한 관련을 갖는다.

근래 알려지고 있는 조선인의 생生에 대한 수치들을 보면서 많은 염려를 갖게 된다.

통계를 보면 자살자가 매해 증가하는 경향을 보이고 있다.

---

298) 동아일보, 生에 대한 態度--좀 더 鄭重하여라, 1934.3.30.

1932년 현재 조선내의 자살자自殺者 총수는 2407인이며, 이 중 조선인 자살자는 2228인으로써 전년(1931년) 대비 150여인이 증가된 수치이다.

자신의 생명에 대한 존중의 결여는 인생의 패배나 자기 삶에 대한 무가치적無價值的 판단에 기인한다. 그러나 어떠한 어려움에 직면하여서도 그를 이겨내려는 용기를 가져야 하는 것이고 그런 용기를 통해 현대의 심화하는 생존경쟁에 있어 개인으로서 또는 민족으로서 이겨낼 희망을 가져야만 하는 것이 된다.

또한 통계상 나타나는 1932년도 타살건수他殺件數는 조선전체에 338인이며 이중 조선인이 행한 타살건수는 325인으로 파악된다. 아무리 용서 못 할 짓을 타인이 하였다 하여도 그를 죽여서 문제가 해결되는 것은 아니다. 자기 자신의 목숨을 아끼고 존중한다면 타인의 목숨도 존중하고 인정하여야 하는 것이다. 물론 살인을 함에는 그 사회의 부조리함도 원인이 될 것이며 상대방의 행위가 그를 촉발한 책임도 부정할 수는 없는 것이다.

최근에 보도된 사실을 예로 보면 27년간을 부부로서 살던 남녀사이에 치정癡情관계가 생겨서 남자가 그 아내의 코를 도려낸 사건이 있었다. 그러면서 사설은 조선인은 너무 용서容恕하고 관용寬容하는 마음이 없다고 한다. 자신이나 타인에 대해 조그마한 결점이나 사혐私嫌을 발견하면 그를 과장하여 다른 여지를 전혀 갖지 못하고 극단의 행동으로 연결하는 특징을 보인다. 이는 문명한 사회의 구성원으로서는 취할 바가 아닌것이라고 적고 있다.

그러나 당시 조선사회가 처한 식민지배하의 여러 사회상은 용서와 관용의 여유를 가질 수 없는 위험과 불안과 억압들을 가득 품고 있었다. 개인으로서 자기 자신의 삶과 명예를 존중할 줄 아는 수양과 교육을 통한 인간 및 자신의 존엄가치에 대한 성찰기회가 크게 봉쇄된 사회였다.

따라서 사회적으로 만연해있는 식민지적 불합리와 위협과 강압 등이 점차 제거되면서 희망으로 변모되어갈 때 인간의 자기 존중과 절대 존엄가치에 대한 발견이 전반적으로 증대될 수 있는 것임을 기억해야 한다. 결국 당시 사회의 자살 및 살인사건의 증가는 인간 가치의 깨우침을 위한 교육의 부족과 전반적으로 민중 사회를 위압威壓하는 식민지배적 부정의와 자의적恣意的 정치 사회상에 기인하고 있음을 실증적으로 제시해 보이는 글이 된다.

그러나 한가지 조선에 특별한 사회상도 있다. 근래 조선에서 빈발하는 독살毒殺사건은 조선특유의 현상으로서 조선가족제도朝鮮家族制度의 악풍습惡風習인 조혼早婚으로 말미암아 발생하는 경우가 많다. 조선사회의 진보 발전을 저해하는 요인으로 조혼早婚은 구관누습舊慣陋習의 가장 대표적 사안이 된다. 전근대사회의 유습遺習이 뿌리 깊은 촌락사회와 도시에 살면서도 스스로가 깨어나려고 노력하지 않는 층에서는 조혼과 강제결혼의 악습惡習을 당연하게 행하고 있다. 이를 개선하고자 하는 노력이 없는 가운데 이루어지는 폐해에 대해서는 내부적으로 조선인이 책임질 몫이 있음도 유념해야 할 것이다.[299] 그러나 근본적으로는 조선사회를 독립적 자율적으로 작동할 수 없게 만든 식민지배 운영자들과 식민제도로부터 연원하는 것임은 재언을 요치 않는다.

시간을 더하여 조선 가족제도의 악폐습惡弊習으로 지목되던 조혼早婚은 결국 범죄발생과도 연관성이 적지 않음이 밝혀진다. 이에 대해서는 조선일보가 1938년 5월에 발표한 사설 '조혼早婚의 폐해弊害'라는 글에서 그 내용을 지적하고 있다.[300]

물질문명이 발달할수록 세태가 각박해지고 그에 따라 범죄도 증가한다. 그러나 조선에서 발생하는 20세 미만 미성년자인 소년 소녀의 범죄 상황을 통해 또 다른 의미가 발견된다.

조선에는 인천 · 개성 · 김천에 3개의 소년형무소少年刑務所가 있다. 1938년 3월 말 현재 수형자受刑者 수는 합계 1,637명이다. 범죄유형별로는 절도竊盜가 가장 많아서

---

299) 교육과 관련하여 **평양의 教會團** 각 학교에서 **1934**학년도부터 **既婚者 내지** 約婚한 **者**의 입학을 불허하기로 하였다. 조선사회의 진보 발전을 저해하는 요인으로 **早婚**을 舊慣陋習의 제1로 지목한다. 封建遺習이 뿌리 깊은 **鄕村과 도회지의 未開化층에서는 조혼과 강제결혼의 악습이 강하게 남아**있어서 이를 개선하고자 하는 것이다. **직접적 이유로는 기혼자 특히 年少한 기혼자가 교육상으로 학습능률이 미혼자에 비해 저열하며**, 品格上의 훈련에 있어 청년층의 기혼자와 미혼자의 혼재는 여러 가지 곤란한 문제를 야기한다. 더욱이 女子教育에 있어서는 한층 더한 어려움이 있음을 아울러 밝히고 있다.(**조선일보, 早婚廢止와 教育, 1933.8.6.**) 즉, 연소한 기혼자라도 교육상으로 볼 때 학습능률이 미혼자에 비해 떨어지고, 연소한 자의 혼인인 조혼과 강제 혼인을 보면 봉건사회의 유습이 강한 향촌과 도회지에서는 미개화층에서 많이 이루어지고 있음을 지적하고 있다. 또한 기독교계열 학교에서는 1934년부터 기혼자 및 약혼한 자의 입학을 아예 불허하는 조처를 내리고 있으니, 혼인과 교육소외와 자살 및 타살 등의 사회문제가 식민지적 억압과 부정의와 연계하여 증폭되고 있음을 알게 하고 있다.

300) 조선일보, **早婚의 弊害**, 1938.5.13. 甲午改革期인 1894년 6월29일에 '早婚을 금하는 건'이 공표 시행된다. 즉, "男女早婚 亟宜嚴禁 男子二十歲 女子十六歲以後 始許嫁娶事"라 하여 남녀의 早婚은 즉시 엄금하되 남자는 20세, 여자는 16세 이후에 비로소 嫁娶를 허가할 일이라는 내용이 된다. (大韓民國國會圖書館, 韓末近代法令資料集 1, 1970)

80% 이상을 점한다. 그다음은 강도와 사기 · 공갈 등으로 약 50명 정도 된다고 한다. 그러나 소녀少女의 범죄 동기가 조혼早婚에 있는 것으로 나타나는 것은 조선에 특수한 사정으로 파악된다.

결혼은 완전히 독립한 남녀 양성의 자유로운 인격적 결합이어야 한다. 어느 일방의 의사나 제삼자의 의사에 의해, 또는 권력이나 금력에 의해 의사능력이나 생리상 아직 미숙한 소녀를 대상으로 혼인을 강제한다면 이는 절대 불가한 일이다. 현대 사회에서 아직도 물질적 허영이 양심良心을 가려서 강제적으로 혹은 물질을 개입시켜 판단이 미숙한 소녀와 결혼을 감행하는 일이 많다. 봉건적 잔재로서의 가족제도가 완고頑固하게 작용하는 현실에서 결혼에 대해 가장家長이 권력적 경제적 폭력적 행위를 통해 당사자의 본의와는 무관하게 강제되는 경우도 허다하다. 전문학교 등의 고등교육을 받은 남성의 경우에도 이러한 가족제도의 누습陋習으로 불합리한 결혼을 강행하고 있다.

아직 의사결정능력마저 미숙한 남녀가 자유의사가 전혀 없이 결혼하게 된 경우, 결혼 후 점차 인격적으로 성장해 가면서 불합리한 결혼과 가정생활상의 속박과 고통을 임하면서 남자는 방탕 소비와 음일淫佚 번뇌를 일삼고 여자는 자살하거나 출가出家하여 방랑하게 된다.

특히 20세 미만으로 조혼早婚을 하는 여자는 더욱 수동적이어서 일단 결혼을 한 후에 출가出家나 자살自殺의 방법으로 소극적 저항을 하는 사례가 적지 않은 실정이다. 나아가 이들은 방황과 여러 방식의 저항 과정에서 죄를 범하게 되는 것으로, 당시의 통계에 의하면 소녀의 살인방화殺人放火가 76건이나 되며 기타 절도죄 등은 부지기수가 되고 있다.

따라서 봉건적 잔재인 불합리한 혼인가족제도를 타파하여 남녀간 자유로운 인격적 결합의 결혼을 정착하게 할 것이며, 동시에 종래 유린되어 오던 여성의 지위를 향상시키며 의사능력과 생리적으로 미숙한 소녀의 결혼을 강요하는 자는 사회적 도덕적으로 비난을 가하여 이러한 일이 다시 발생하지 않는 사회를 구축할 것을 강조하고 있다. 아울러 남성에 대한 여성의 예속관계를 면하게 하도록 여성의 경제적 독립을 가능하게 하는 방안을 고심한다. 그래서 여성에게도 사회적 직분과 권리를 주장할 수 있는 기반을 마련할 것을 중요하게 제안하고 있다.[301]

---

301) 당시의 시점에서도 혼인생활을 통해 남성에 대한 여성의 예속관계를 면하게 하도록 여성의 경제적 독립을 가능하게 하는 방안 마련을 고심하는 것과 함께 여성에게도 사회적 직분과 권리를 주장할 수 있는 기반이 구축되어야 할 것을 제기하였다.(조선일보, 早婚의 弊害, 1938.5.13. 본문 참조)

제VII장 매국 역적에 대한 응대와 조선민족의 진운, '전쟁'으로의 귀결

[1] 부정의의 화신化身 이완용의 죽음과 조선인의 대응

1. 부정의와 간지奸智에 출중한 원악元惡 상징 이완용의 죽음

일제가 조선민족에 가하는 노예적 식민지배는 참담慘憺함과 비극悲劇으로 일관한다. 그런 와중渦中에 우리들 조선인 내부에서 사악邪惡함으로 민족을 배반背叛하면서 자신만의 편익便益 충족에 희희낙락喜喜樂樂하던 부정의不正義의 화신化身 이완용이 죽었다. 부정의不正義로 가득 채운 부패腐敗된 오염의 저수조貯水槽에서 일제가 건져서 던져주던, 조선인을 수탈收奪한 이익利益 조각에 탐닉耽溺하며 유락遊樂하던 이완용 인생의 죽음 결과는 어떠하였을까.

당시 조선의 총독이던 자작子爵 재등실齋藤實은 이완용이 죽은지 1년 후에 간행된 '일당기사一堂紀事'[302]의 서문에서 그를 추모하면서 "학부와 외부 참정대신參政大臣을 거친 다음 내각총리대신에 올라 한국韓國 시정개선施政改善에 혼신을 다한 후侯(후작侯爵)였다. 또한 해아海牙(헤이그) 사건에 있어서는 온몸으로 그를 해결하고 명치 43년(1910) 8월 일한병합日韓併合에는 한국 대표로서 그를 원만히 수행하였으며 그 후 일념으로 시정을 돕는 직임을 수행하였다. 특히 본인(齋藤實)이 조선총독(1919.8~1927.12)으로 재임하면서 제반 시정에 후侯의 협조와 도움에 의존하였다"고 찬탄 글을 적고 있다. 또한 대한제국 정부에 용빙傭聘되어 재무財務업무를 관여한 정상아이井上雅二는 역시 같은 책 서문에서 "한국을 병합하는 과정에 있어 이등박문伊藤博文은 이완용을 학상學相에서 발탁하여 총리總理로 임명함으로써 한국유신韓國維新의 중심인물이자 일한일가日韓一家를 이루는데 크게 기여한 후侯"로 기록하고 있다.[303]

---

302) 李完用이 죽은 후 1년, 그가 70년 생애에서 남긴 기록들을 조카인 金明秀가 편집하고 법학박사 和田一郎이 監修하여 책으로 만든 **'一堂紀事'(一堂紀事出版所, 1927.12.)**가 출간되었다. 김명수는 이완용의 甥姪로서 그가 내각총리대신일 때 비서관으로 근무하였다(一堂紀事 서문부분 참조요). 이완용의 본관은 牛峰이며 호는 一堂이다.

303) 一堂紀事, 序文부분 참조요. 이완용의 출생지는 京畿道 廣州郡 樂生面 栢峴里이다. 一堂紀事는 序文부분에 이어 사진 자료로 廣州郡 樂生面 栢峴里의 이완용 출생지 집터를 사진으로 싣고 있다. '가옥

일제 식민치하에서 그렇게 개인적 부귀영달을 도모하면서 악독惡毒하고도 몰염치沒廉恥한 삶을 살다간 이완용에 대해 조선 민중들이 보편적으로 가졌던 감정과 한탄 원망怨望을 당사자의 죽음에 임하여 표출해낸 글을 살펴본다. 조선일보가 1926년 2월에 발표한 사설 '이완용李完用 병사病死'를 통해 매국노 이완용에 대한 당시 조선 민중의 원억과 울분에 찬 평가를 검토하게 된다.[304] 이 글은 일제 당국에 의해 압수되었다.

구한국 최종의 총리대신으로 한일합병韓日合併의 한국 측 당로자當路者 후작侯爵 이완용李完用(1858.7.17.~1926.2.11.)이 죽었다. 매국노賣國奴의 죄명은 그에게 씌워졌다. 죽어 시체가 된 사시死屍에 매질은 오인이 오히려 비겁하다고 생각한다. 그는 지병인 천식에 폐렴이 병발併發한 것이 사인死因이 되었지만 옛날 이재명李在明의 한 칼이 오히려 그 사인을 이루었던 것이다.[305] 하지만 그의 나이 69세라고 하니 수壽를 누렸다 할 수 있다.[306] 악운惡運의 억셈에 놀라지 않을 수 없다.

일본은 동양평화東洋平和란 구실口實로써 한국을 병합했다. 이것은 대사실大事實이다.

이완용은 그의 한 꼭두각시 괴뢰傀儡가 되었다. 이 또한 일대 사실이다. 그는 외향

이 지금은 없다'(家屋今無)고 부언하고 있다.

304) 조선일보, 李完用 **病死, 1926. 2.13.(압수 사설)**

305) 李在明(1887.10.13.~1910.9.30.)이 李完用을 칼로 자격刺擊한 사건을 이른다. 이재명은 1909년 12월22일 **명동 천주교회당에서 거행되는 벨기에의 제2대 레오폴국왕**(Leopold Louis Philippe Marie Victor, 1835~1909.12.17.) **추도식에 이완용이 참석**한다는 정보를 듣고 변장하고 기다리다가 인력거를 타고 오는 이완용을 칼로 수차례 刺擊하였다. 그러나 이재명은 곧바로 이완용을 호위하던 일본경찰에 체포되었으며, 칼에 폐를 찔린 이완용은 대한의원으로 옮겨져 일본인 의사들의 수술치료를 받고 살아났다. 재판에서 사형을 선고받은 이재명은 경성감옥에서 수감 중 **1910년 9월30일 사형 집행으로 순국**하였다. 재판정에서 그는 이완용을 자격한 것은 지극히 의로운 행위임을 다음과 같이 당당히 주장하였다. **"나는 兇行이 아니고 당당한 義行을 한 것이다. 이 일에 찬성한 사람은 2000만 민족이다. 倭法이 不平하여 나의 생명을 빼앗기는 하나 나의 忠魂은 빼앗지 못할 것이다. 나는 죽어서 수십만 명의 이재명으로 환생하여 기어이 일본을 망하게 하고 말겠다." (대한민국국가보훈처, 이달의 독립운동가 이재명, 2015 참조)**

306) 이완용은 1926년 2월11일(음력 12월29일) "朝鮮 京城府 玉仁洞 19番地 本邸에서 오후 1시20분(未時)에 병으로 홍거薨去하였다"고 적고 있다. 사망 당시의 상황으로 당시 주치의 金溶埰의 말에 의하면.. 2월11일 아침에는 肺炎이 함께 발병하였는 것으로, 처음 岩淵박사의 진찰을 받았는바 앞서 遭難(李在明의 刺擊사건)을 당한 左肺는 전적으로 기능을 잃었고 右肺에는 폐렴이 발생하여 어떤 약도 효과가 없는 상황에 이르게 되었으며, 그래서 결국 오후 1시경에 사망하게 된 것이라고 하였다. (一堂紀事, 769-700면)

外鄕의 비천한 일수자一竪子로서 특권벌特權閥의 문門안에 들어 일명령一螟蛉(애벌레) 양자養子가 되어 그를 인연因緣으로 정계政界에 비약飛躍하여 드디어는 만세萬世에 씻을 수 없는 매국賣國의 죄역罪逆을 저지른 것이다.[307)]

그의 간흉강퍅奸兇剛愎(간사 흉악하며 자기만 고집하고 괴팍한)함은 권세權勢에 영합하고 기회機會에 응변應變해서 정계政界의 유영游泳에 독특한 교지狡智(교활한 재주와 잔꾀)를 발휘했다. 친로親露에서 친일親日로 돌변하여 끝내는 2천 수백만 대중에 반역反逆하는, 악惡의 으뜸이자 너무나 모진 사람인 원악대대元惡大憝(악의 우두머리로 두루 원한을 삼)가 된 것은 오로지 그의 간흉강퍅한 타고난 소성素性에 의한 것이다. 그는 호남湖南의 장관이 되었을 때 즉시 국가의 이권으로 사리私利를 취하려고 그 문생門生을 형옥刑獄으로 보냈었다. 이것만 보아도 근성根性이 부정不正하다는 것은 명백한 것이다.

그러나 그는 청일전淸日戰 이후부터 로일전쟁露日戰爭 때까지 험난한 난국의 풍우표요風雨飄搖하는 한성정국漢城政局에 있어서 반복무상反覆無常 무소부지無所不至했었다. 그것을 보더라도 그는 소인小人중에서도 완흉頑凶한 자였다.

그가 이등박문伊藤博文(이토히로부미, 1841.10.16.~1909.10.26.)을 보내고 증녜황조曾禰荒助(소네아라스케, 1849.2.20.~1910.9.13.)를 맞아 한일합방의 시기상조時機尙早를 주창해서 당시 통감統監 증녜황조曾禰荒助를 심히 놀랍게 번롱飜弄하는 데가 있었다.[308)] 그런데 계태랑桂太郎(카쓰라다로, 1848.1.4.~1913.10.10.)이 제국주의적 야

---

307) 李完用(일제식 창씨명은 李家完用이었음)은 1867년(만9세)에 判中樞府事 李鎬俊(1821~1901)에게 입양된다. 이호준은 정실부인에게서는 아들이 없고 庶子와 딸만 있었다. 이호준은 당대에 吏曹參議 承政院同副承旨, 漢城判尹 吏曹判書 등 고위직을 두루 거친 세력가였다. 이호준은 흥선 대원군과 교분이 가까웠다. 그래서 庶子인 李允用을 대원군의 庶女와 혼인시켜 왕실과 연을 맺기도 하였다. 이완용의 친부 李奭俊과 이호준은 족보상으로는 거리가 먼 친척관계이며, 이완용의 입양 이후에 이호준은 이석준에게 繕工監 監役官(정9품)의 공직을 알선해 주었다. 이처럼 세력가 이호준을 양부로 하는 입양을 통해 이완용의 인생길이 왜곡된 영화와 회복 불능한 역사의 파멸 길을 영원하게 살아가게 되는 것이다.(반민족문제연구소, 친일파 99인, 돌베개, 1993; 윤덕한, 이완용평전, 도서출판 중심, 1999. 등 참조)

308) 伊藤博文은 1909년 10월26일 안중근 의사에 의해 사망(1841.10.16.~1909.10.26.)하였다. 伊藤은 일본제국의 초대 내각총리대신(1885.12.22.~1888.4.30.; 그리고 5대 내각총리를 다시 역임함, 1892.8.8.~1896.8.31.)을 지냈으며 사망하기 전 일제가 한국을 식민지배하는 전단계를 철저하게 구축하는 통감부의 초대 통감(1906,3.3.~1909.6.14.)으로 있다가 일본 천황의 자문기관인 樞密院의 의장이 되었는바, 당시 伊藤을 이어 제2대 한국통감으로 부임한 이가 曾禰荒助(소네 아라스케: 통감재임1909.6.14.~1910.5.30.)이다.

심의 권화權化이며 송병준宋秉畯(1857.10.7.~1925.2.1.)이 어두귀면魚頭鬼面의 일진회一進會 무리들을 이끌고 조선에 있어서 준동蠢動할 수 있음에 임하여 스스로 한일병합 재앙의 수괴인 일화수一禍首가 되는 것을 기뻐하였다.[309] 그는 필경 간지奸智에 뛰어난 일흉역一兇逆이었다.

이완용이 만약 이재명李在明의 한칼에 쓰러졌다면 그는 소위 을사년 오적五賊의 하나로 그 최후를 마쳤을 것이며 송병준이 그 무리들과 함께 나라를 팔고 영화를 얻는 원악元惡이 되었을 것이다. 그러나 그의 모진 목숨은 더욱 대한의원 속에서 술회述懷하는 시를 읊는 여유가 있었고 그러고는 자신이 매국구영賣國求榮의 대악大惡을 만들기에 이르렀다. 그는 악운惡運에 강한 자이다. 그와 송병준은 모두 매국의 원흉元兇이다.[310]

병준秉畯이 병사病死(1925.2.1.)하자 참정권參政權을 운위云謂했던 그의 잔도殘徒들은 차례로 영패零敗했다. 완용完用이 병사病死(1926.2.11.)하자 남은 것은 단지 관해官海에서 유영游泳하고 있는 기개幾個의 자식子息들이 있을 뿐이었다.

오호嗚呼 북망北邙의 삭풍朔風에 무초봉봉蕪草蓬蓬(잡초가 어지러이 흐트러짐)하도다.

---

309) 桂太郎(1848.1.4.~1913.10.10.)은 일제 제11대 내각총리대신(1901.6.2.~1906.1.7.)을 시작으로 13대(1908.7.14.~1911.8.30.) 15대(1912.12~1913.2) 내각총리를 역임하였다. 당시 카쓰라 다로는 미국 육군장관 태프트와 밀약(Taft-Katsura secret agreement)을 맺게 된다. 즉, 1905년 7월29일 미국 육군장관 William Howard Taft(1857.9.15.~1930.3.8.)와 일본 총리 桂太郎은 대한제국과 필리핀에 대한 보호 및 지배를 두고 양국 간에 협약을 체결한다. 대한제국은 러시아와의 관계에서 대단히 중요하므로 일본은 대한제국에 대한 적절한 조처를 취하도록 미국이 인정하는 것으로, 미국의 태프트는 대한제국에 대한 보호권을 일본이 갖는 것이 동아시아 질서에 합당하다고 하여 이를 인정하게 되는 것이다. 물론 필리핀에 대해서는 미국이 통치하는 것이 일본에 유리한 것으로 협의하였다. 이러한 카쓰라는 15대 총리로 3차 내각(1912.12~1913.2)을 맡아 정치를 주도하게 되었으나 민중들은 헌정 질서를 위배한다고 주장 비판하면서 의회를 공격하게 되었다. 결국 카쓰라는 1913년 2월 총리직에서 퇴임하였는바, 일본 역사상 민중이 내각을 붕괴시킨 첫 번째 사례로 기록된다.**(도미타 노부오 외, 일본총리열전, 다락원, 2001,** 참조). **특히 본문에서는 카스라 다로가 제13대 내각총리 때 한일 강제 병탄이 이루어 졌는바, 송병준 이완용 등이 이 併呑에 禍首가 되어** 카쓰라의 식민지 제국주의에 크게 협력하며 和樂하였음에 대해 분노로 적시하고 있는 것이다.

310) 독립신문은 1920년 2월에 **'七可殺'**이란 논설을 통해, 한국 국가와 동포 국민에게 큰 해악을 끼친 '良心이 없는 兇惡한 禽獸'같은 자들에 대해 可殺을 제시하였다. 일곱 개의 可殺부류는 다음과 같다. **1.敵魁**(총독 정무총감 등 敵의 首魁)를 可殺 **2.賣國賊을** 可殺이라 하면서, 특히 **李完用 宋秉畯** 등과 協成俱樂部 부류들을 제시한다 **3.倀鬼**(적에게 가깝게 밀착하는 高等刑事 류의 밀고자 등)를 가살 **4.親日의 富豪**를 가살 **5.敵의 官吏**된 자를 가살 **6.不良輩**(독립운동을 해하거나 민심을 현혹하는 자 등)를 가살 **7.謀反者**(독립 위해 생사를 함께 약속하고서는 배반하는 자 등)를 가살 할 대상으로 제시하였다.**(독립신문(상해판),** 七可殺, **1920.2.5.** 본문 참조)

그들이 갖고 있던 그 많은 누거만금累鉅萬金의 백성의 고혈膏血은 필경 써먹을 곳이 어디더냐!

단지 소소小小한 아손배兒孫輩의 유탕음일遊蕩淫逸의 자료資料가 될 뿐이다. 그들은 나라를 팔고 또 집을 패망敗亡시킨 자들이다. 그들과 함께 살았던 무수한 무산대중無産大衆의 일이야말로 무엇이라고 말할까.

2. 세금납부 감경위해 행정질서 교란하는 이완용의 교활 소행

이처럼 대한제국을 망국亡國으로 몰아간 화근禍根의 수괴首魁였던 매국노賣國奴 이완용李完用에 대해 그의 실체를 알 수 있는 또 다른 내용이 있다. 이완용은 사망하기 몇 달 전 경성부京城府에 세금납부와 관련하여 이해 못 할 처사를 하고 있다. 동아일보는 1925년 7월에 '이완용李完用 학교비문제學校費問題와 당국자當局者'라는 사설을 통해 당시 경성부가 세금행정을 교란하면서 행하는 이완용에 대한 세금감액稅金減額 조처에 대해 그 의혹 실상을 추악醜惡 교활한 소행과 악정惡政의 측면에서 논설하고 있다.[311] 교활狡猾한 이기적利己的 악인惡人의 생각과 행동은 어느 한 영역에서만 이루어지는 것이 아닌 것이다.

'당세當世의 귀현貴顯' 이완용후작李完用侯爵을 가지고 운운함이 아니고 이완용이라는 경성부 일개 시민市民이 세금 중에도 유독 학교비學校費를 가지고 문제를 야기惹起하여 30만 경성시민京城市民을 불쾌하게 하고 있다. 또한 경성의 행정상 적지 않은 지장을 일으킨 것에 대해, 그 죄가 이완용에게 있는지 경성부 당국자에게 있는지 판명이 어려우나 일반시민은 그 유무형의 손실에 대해 그를 간과看過함에는 너무나 무조리無條理하고 추악醜惡한 점에 놀라게 된다.

이완용의 학교비납세學校費納稅에 대해 그 경과를 본다.

그의 학교비 납세액을 보면 그 전에는 6등급等級으로 3,266원40전을 납부해 왔다.

그런데 경성부에서 그의 재산수입財産收入을 조사한 결과 연수입年收入이 242,000원 이상은 분명하다고 하여 그를 표준으로 대정13년(1924)부터는 6등에서 5등으로 하고, 3,885원40전을 정하여 작년(1924) 8월 말에 제1기 납세고지서를 발부하였다.

---

311) 동아일보, 李完用 學校費問題와 當局者, 1925.7.2.

그러나 이완용은 그 익일翌日날 세금을 납부納付 할 수 없다고 하며 경성부에 다시 환부還付하고 금년(1925) 3월에 발부한 제2기분도 역시 납부를 거절하면서 지금까지 연기해오던 중에 새로이 5등급으로 인정한 세액을 받아들이기는커녕, 전에 납부하던 6등급 3,266원에서도 한 참 낮은 10등급 1,631圓20錢으로 개정하여 지난 6월 17일날 경성부에 납부하였다고 한다.

이러한 행정이 공연公然하게 경성부 명의名義로 실시된다는 것은 놀라울 일이 된다. 30만 경성부민京城府民의 생활을 요리하는 경성부 책임당국자가 책임을 가지고 조사한 결과 산정하여 고지서告知書를 발부한 세금에 대해 반년半年을 두고 경성부 당국자가 무과실無過失 무착오無錯誤를 주장해 왔는데, 전前 부윤府尹이 전임轉任하면서 바로 전일前日에 책임을 후임자에게 끼칠 수 없다는 이유로 임의任意로 처리하게 된 것이라 한다. 법률法律이 있고 질서秩序가 있다는 사회에 그 놀라움이 악연실색愕然失色 기괴奇怪한 현상이라 할 뿐인 것이다.

경성부의 말에 의하면 재산에 대해 다시 조사한 결과 금번에 10등으로 감해졌다 하니, 그 5등에서 10등까지 차가 어떠하며 또한 그러한 구별도 할 수 없는 자가 세금을 담당하는 책임자의 지위에 태연히 있다는 것이 용인될 수 없는 일이다. 경성의 30만 주민의 생명과 재산을 위하여서는 하루도 있을 수 없는 일이 된다. 이 일이 어느 권세權勢나 정실情實에 관련되어 있다면 이는 관변官邊에 대하여 권세나 정실이 없는 사람은 결국 생존生存을 유지할 수 없는 바이니, 전하는 바와 같이 총독부의 어느 압력壓力이 경성부의 행정을 강제하였다 하면 실로 악정惡政으로서 이 이상 가는 악정이 또 어디 있겠는가.

정正과 부정不正에 대한 판별 능력을 잃은 인간, 그는 정치 행정과 관련하여 권세權勢와 법질서를 교란하는 교활로 악정惡政을 조장助長하고 사적이익私的利益을 누리는데 온 생각과 행동을 몰두沒頭한다. 그러한 인간은 결국 공공의 사회 이익과 정의 및 공정을 파괴유린破壞蹂躪하는데 주도적 역할을 한다. 그는 또한 정의正義와 타인他人과 공동체共同體는 절대 배격排擊과 무시無視의 대상으로 삼으면서 사회의 주요 조직과 제도·질서를 권세와 정실로 연결하면서 부정의不正義의 구조화構造化에 진력盡力하게 된다.

한 인간의 부정의적 삶은 생각과 행동의 구조화를 통해 배어 나오는 것으로 그가 속한 삶의 영역 전반을 불합리와 부정의로 채워가게 된다. 이완용은 물질적으로나 정신적으로 자신을 바로 세우려는 사고의 원천이 전혀 실종된 존재였기에, 어떠한 이익도 공공公共을 위해 민족과 타인他人을 위해서는 공여할 수 없다는 생각으로 충일充溢해 있다. 그래서 곧 다가올 죽음의 시점에서조차 일호一毫의 부끄럼도 없이 불의와 모리謀利를 자행恣行하고 있었던 것이다. 많은 것을 가지고 많은 사람을 고통스럽게 사지死地로 몰면서 아주 많이 흡족洽足해 하였을 몰염치의 매국노賣國奴 이완용을 수치羞恥와 회오悔悟로 그래도 적게 된다. 그와 그의 패거리들이 구상하고 움직이는 처처處處마다 헤아릴 수 없는 교활과 간악과 부정의와 절망이 낙엽처럼 우수수 내려 쌓인다. 결국 대한제국과 조선은 그로 인해 폭압과 죽음과 패망의 역사를 조성造成하게 되었는바, 도저히 그에 대한 역사적 인간적 원억冤抑과 울분鬱憤을 지울 수 없게 된다.

3. 일제가 쌓아준 매국 댓가 훈장·보화, 어찌 두고 떠나는가

이완용의 죽음에 대해 동아일보가 게재한 사설의 내용도 함께 살펴본다.

1926년 2월 11일에 사망한 이완용李完用에 대해 동아일보 역시 1926년 2월 13일날 '무슨 낯으로---이 길을 떠나가나'라는 제목으로 사설을 작성하였으나 당국에 압수되어 게재할 수 없게 되었다. 그래서 삭제된 사설란을 비운 채로 호외號外를 발행하였다. 천하의 교활 악행을 혼령까지 끌어모아 모두 행하고 오욕汚辱된 재물로 광실廣室을 가득 채우고서 그렇게 호의호식好衣好食하며 군림하던 이완용. 악독한 삶의 과보果報로 죽은 후 영원히 치욕의 타매唾罵(침을 뱉으며 경멸하고 욕함)를 받을 일만 남아있는 그가 주검이 되어있는 것이다.

사설이 압수된 이틀날 2월14일에 동아일보는 '본보압수本報押收'라는 제명으로 사설 삭제와 관련한 해명 글을 싣게 되었다.

[本報押收 : 이월 십삼일부 발행, 본보 제1995호는 기사 중 당국의 기휘忌諱에 저촉된 바가 유有하야 발매금지의 처분을 당하얏기로 해저촉該抵觸된 기사는 삭제하고 호외號外로 발행 반포하얏삽기 자玆에 근고謹告함. 동아일보사東亞日報社]

일제 당국에 의해 압수된 이완용 죽음에 임하여 쓴 사설 '무슨 낯으로---이 길을 떠나가나'의 내용은 다음과 같다.[312)]

그도 갔다. 그도 필경畢竟 붙들려 갔다. 보호순사保護巡査의 겹겹 파수把守와 전비전벽錢扉磚壁(돈으로 채워진 집에 견고한 벽돌 담장을 침)의 견고한 엄호掩護도 달겨든 저승사자 하나에는 어찌하지를 못하였으니 드러난 칼과 보이지 않는 몽둥이가 우박같이 주집注集하는 중에서도 이내 꼼짝하지를 아니하던, 그 달아진 눈동자도 저승 염라대왕의 소환 초대장인 패초牌招 앞에는 아주 공손하게 감겨질 수밖에 없는 구나.

이때이었다. 너를 위하여 준비하였던 것이 이때이었다.

아무리 몸부림하고 앙탈하여도 꿀꺽 드리마시지 아니치 못할 것이 이날의 독배毒杯이다.

너의 시렁이 빠지도록 무거히 실린 관기훈장官記勳章과 너의 고앙(광)이 꺼지도록 들어잠긴 금은재백金銀財帛도 이때 너를 도움에 털끝만한 소용이 없음을 다른 사람이 아닌 네가 촐촐히 샅샅이 미감味感하게 될 마당이 이제야 다닥쳤다.

만萬을 반절半截한 오직 덕향德馨과 천千을 양만兩萬한 많은 생맥生脈을 귀떨어진 쇠조각으로 바꿀 때에는 그런 것이나마 천사만사千斯萬斯 누릴 줄 알았지마는 이제와서는 모두 다 허사虛事임을 깨닫고 굳어가는 혀를 깨물 그때가 왔다. 이럴 때를 당한 너의 감회感懷가 어떠하냐.

모든 것이 다 덧없는 몽환夢幻같고 포영泡影같건마는 오직 하나 추치오욕醜恥惡辱만이 만고萬古의 현실로 떨어짐을 깨닫게 된 이때의 너의 내심內心이야 그래 어떠하냐.

학부學部(학부대신)의 구실만 치르고 말았어도 하는 생각도 나지. 아니, 애당초에 대가大家의 양자養子로 들어가지 말고 시골서 땅이나 파다가 말았더라면 하는 생각도 나지.[313)] 깨끗한 몸과 편안한 마음으로 마지막의 눈을 감음에는 너의 어저께까지 옳

312) 동아일보, **무슨 낯으로---이 길을 떠나가나**, 1926.2.13.(압수 사설)

313) 이완용의 양자 입양 등과 관련하여 적고 있는 것으로, 앞의 조선일보 사설(1926년 2월13일에 발표한 '李完用 病死')의 각주 내용을 참조바람.

게 알던 것이 하나도 오늘의 너를 고뇌전민苦惱煎悶(고뇌하며 속을태움)케 하지 않는 것이 없음을 새삼스러이 기막혀 하지 아니치 못할 것이다. 아까까지도 눈을 깜박거리면서 자기 변호할 말이나 생각하고 자기 위안할 길이나 찾았었지마는 육십여생六十餘生의 분간 없는 완운미무頑雲迷霧(먹구름과 앞을 분간치 못하는 안개)가 다 거쳐지고 천량天良의 월륜月輪(둥근달)만이 둥그러이 낭조朗照(밝게 비춤)하는 이 마당에서 보지 말자 하여도 자꾸만 눈에 들어오는 더러운 뼉다귀 부대를 데미다 보고야, 안 차고 달아진 네 눈에 선들 걷잡을 수 없는 뜨거운 눈물이 어찌 아니나 쏟아질 것이냐.

이제는 나막신 친구의 알랑거리는 빛도 너의 눈에서 떠날 것이며 한 구덩이 여우들끼리 서로 위로하던 말도 너의 귀에서 사라질 것이다. 이 눈이 감기면서 떠지는 새 눈의 앞에는 다만 바름을 다스리는 리의理義와 오직 법도法度의 성성하며 위엄 넘치는 삼엄위숙森嚴威肅한 세계가 나설 것이다.

....사람의 현사顯思가 무서운 것 아니요, 귀신의 음의陰議(음침한 계획)만 두려운 것이니다.

이것 저것을 면免하자면 면하기도 하는 것이지마는 회간윤교檜姦倫巧(시체를 넣은 관을 간사하게 장식하면서 부리는 윤리적 기교)도 면하지 못한 것은 마지막 구경究竟의 일사一死요, 일사이후一死以後 영원한 공벌公罰이다. 무섭고 두려운 것이 무엇이냐 하면 갈수록 불고 더하여 그칠 줄을 모르는 이 영원한 형징刑懲(형벌로 징계함)의 아픔이다. 살아서의 미안美眼 가찬佳饌 호거好居 선식善飾이 얼마나 유연柔軟이 체體에 적適하고(부드럽고 맛나는 것이 몸에 잘 맞고) 순당順當(순하게 좇아서 대함)이 심心에 칭하였을지라도 그것은 꿈같은 시대의 일이다. 영원한 업보業報의 제 몸에 얽매임과 항구恒久한 타매唾罵(침을 뱉으며 경멸하고 욕함)는 후세後世에 떨어져 감에 비하여서도 그것이 달고 맛갈스러울 수는 없다.

목숨은 짧은데 의義는 길며 사람은 몰라도 법法은 엄하다.

누가 불의不義의 부귀富貴로써 능히 신후身後(죽은 후)를 유윤裕潤케 한 자者냐. 누가 일대一代의 영화榮華로써 능히 만고萬古의 적막寂寞(쓸쓸하고 고요함)을 면免한 자者이냐. 누가 팔지 못할 것을 팔아서 능히 누리지 못할 것을 누린 자者이냐....

보이지 않는 천하의 오예汚穢(추잡하고 더러움)가 형상形相없는 추상醜像(추한 형상)을 벌책罰責함은 일찍 일각一刻의 보완寶緩(보배로이 여겨 느슨하게 함)이 없으리니 살아서 누린 것이 얼마나 대단하였는지 이제부터 받을 일, 이것이 진실로 기막히지 아니하랴. 문서는 헛것을 하였지마는 그 괴로운 갚음은 영원한 진실임을 오늘 이 마당에서야 깨닫지 못하였으랴. 어허, 부둥켰던 그 재물財物은 그만하면 내놓았지!

앙탈하던 이 책벌責罰(잘못한 죄과에 꾸짖어 벌함)을 이제부터는 영원히 받아야지.

동아일보는 이렇게 이완용李完用의 죽음을 보면서 그가 생시에 조선민족에게 가한 극악한 작폐作弊와 비리교활非理狡猾과 그에 탐닉하여 엮어낸 매국賣國과 망국亡國의 추악 죄상에 대해 원통하고 억울한 심정을 사설로 쓰고 있다. 그렇게 동포 민족들을 구렁으로 몰아 묻고 사지死地에다 던져낸 부정의不正義의 댓가로 고대광실高臺廣室을 채우고도 남아나는 재부財富와 보화寶貨들, 거기에다 천하 권세權勢 다 꿰어 찬 그 탐욕이 고작 그런 주검으로 누워가는 것에 대해 삭힐 수 없는 통분痛憤이 솟구친다. 나라의 고위공직을 모두 싸안고서 나막신 일제 여우 패牌거리들과 문서로 온갖 못된 음모陰謀를 다 지어내고는 호화저택에 산해진미로 흥청망청하여놓고 어찌 성한 죽음을 바랐었겠는가. 반만년의 역사와 이천만의 민족 동포를 처절히도 유린 농락하면서 받은 불의不義한 영화부귀榮華富貴가 육십 구세로 종결되니, 염라대왕의 소환장이 너무 늦은 것은 아니었겠는가. 요행에 요행을 더하여 참으로 오래도록 살아낸 인간이었다.

이완용의 잔재주로 꾸며낸 사악邪惡한 업보業報는 영원히 침을 뱉고 욕을 쏟아서 세세영영 새겨질 것이니 지옥불 저승에서라도 깨우치길 바라게 되는 것이다. 목숨은 짧은데 의義는 길며 사람은 몰라도 법法은 엄하다고 하였다. 추악한 인간의 삶이 일제를 위해 겹쌓은 거짓된 작위爵位와 훈공勳功은 한 올 먼지보다 못한 허상虛像이 되어 비산飛散하면서 대신 오욕汚辱에 찬 역사의 징벌懲罰만이 주검 위에 가득 쌓여 그를 원악元惡의 화신化身으로 새겨갈 뿐인 것이다. 원악의 상징인 이완용의 시체는 전라북도 익산시 낭산면 낭산리 선인봉으로 옮겨 묻혀졌다.[314)]

---

314) 이완용의 묘소는 [全羅北道 益山郡 朗山面 朗山里 仙人峰] '艮坐'(正東과 正北사이의 방위)에 마련되었다. 묘소의 위치기록과 함께 '一堂紀事'의 앞부분에 이완용의 분묘 사진도 실려 있다('一堂紀事' 참조요). 관련하여 일제 시기의 기사 내용을 참고한다. 전북 익산시 郎山面 山內洞 선인봉 중턱에 마련되었다. 생전에 地官을 동원해 明堂을 잡아두었던 것이었다. 무덤을 쓴 얼마 후 봉분의 파손으로 인해 일제는 순사를 배치하기도 하였으며(동아일보, 1926.5.4.), 1932년에는 이완용 묘비 훼손범을 체포하였다는 내용의 기사가 보도되기도 하였다(동아일보, 1932.9.18.). 결국 1979년에는 이완용의 증손자인 李錫衡(이완용의 子 李恒九-손자丙周-증손자 錫衡으로 이어짐) 형제들에 의해 분묘가 폐묘되어 없어지게 되었다. '묘를 오래 둘수록 치욕만 남는다'고 하면서 1979년 4월23일 경에 폐

주검을 싼 관棺의 뚜껑에는 1926년 사망 당시 조선총독부가 그를 최고로 대우하여 칭송한 글귀가 다음과 같이 쓰여 있다.

[조선총독부 중추원부의장정이위대훈위 후작우봉이공지구]
[朝鮮總督府 中樞院副議長正二位大勳位 侯爵牛峯李公之柩].[315]

그러나 지금은 이완용의 우람했던 무덤도, 그의 관棺뚜껑에 일제 총독부가 화려하게 써 붙여준 오욕의 칭호 '중추원부의장中樞院副議長, 대훈위大勳位, 후작侯爵' 등의 거악의 허사虛辭마져 극독성 병원체病原體인양 소거燒去하고 박멸撲滅시켜 허공으로 던져버리고 말았다. 오로지 추악과 비리의 원악인간元惡人間 이완용을 역사에서 정죄定罪하는 원성怨聲모은 물줄기가 세대를 더하면서 더더욱 거세게 굽이치며 등등하다.

악행과 부정의와 부패와 죽임을 인생의 가치인 양 온몸으로 체화體化하여 누리고 즐기던, 그래서 그를 행한 공로로 챙겨 반은 더러운 댓가로 맛나고 찰지게 풍미豐味하던 인간 이완용李完用의 주검을 대하면서 역사는 불의와 거악의 행위자를 절대로 그냥 넘겨주지 않음을 진리眞理로 제시한다. 신문의 역할이 진정 무엇이며 언론이 당대의 사람들과 후세의 역사에게 어떠한 영향을 미치게 되는지를 힘있게 교훈 주는 신문 속 역사기록을 절통切痛 심정으로 새겨놓게 된다. 이완용에 대한 민족적 공분을 최대한 응축하며 또박 하게 적고 있는 언론 지성知性의 책임에 찬 용기와 역사의식을 굳게 통감痛感한다.

권세를 가진 공직자는 물론이고 공사영역에서 역할 하는 인간 누구라도 교활과 이

묘하여 유골을 화장한 후 마을 앞 場岩川에 뿌렸다고 한다.(경향신문, 1979.8.20.)

315) 이완용의 무덤을 破墓하였을 때 그의 棺은 가죽나무에 옻칠을 하였는 것으로 확인되었다. 그리고 棺의 뚜껑에 쓰여진 글귀가 바로 위의 본문에서 쓰고 있는 글이다. 관뚜껑의 크기는 '45㎝×180㎝×6㎝'였다.(경향신문, 1979.8.20. 기사 참조요). 당시 관뚜껑은 익산시 원광대학교 박물관이 구매하여 보관하였으나 그 후 관계 동족(牛峯 李家)인 이병도박사가 그를 다시 구입하여 폐기해 버림으로써 지금은 없어지게 되었다. 박물관에 가 있던 관뚜껑을 다시 구득하여 훼멸한 斗溪 이병도(李丙燾, 1896~1989)박사의증언에 따르면, 자신이 이완용의 관뚜껑을 되찾아 불사른 이유는 "우리나라의 창피한 賣國奴의 관 뚜껑을 왜 박물관에 두느냐"고 하면서 이를 사서 불태워 버렸다고 말하였다. (진단학회편, '실증사학과 민족사학'--- 斗溪先生과 정홍준씨와의 대담, 歷史家의 遺香, 일조각, 1991. 275~276면). 1984년 봄에 斗溪선생이 대담한 내용을 '學園'잡지 1984년5월호에 게재한 것을, 두계선생 사후 [歷史家의 遺香](斗溪李丙燾先生追念文集)이란 책명으로 선생의 추념문집을 내면서 본서에 다시 싣고 있는 것이다.

익이 결합하는 모사謀事가 어디를 향해가는 것인지를 명확히 식별識別하지 않으면 아니 되는 것이다. 민족과 국가를 훼손毁損하고 망실亡失시켜준 사적私的 댓가가 일순 화려하였을지라도, 그가 행한 비인간적 불의와 만행을 보편된 역사정신은 절대로 간과看過하지 않음을 반드시 새겨두기 바란다. 역사歷史가 기록하고 되돌려주는 그 불의不義와 교활狡猾, 모리謀利와 만행蠻行의 댓가는 그가 받은 화려 영광과는 대비불가한 억천만億千萬배의 고통적 파괴와 인간가치의 영원한 소멸임을 명심해두어야 한다. 동족과 공동체와 이웃을 노예奴隸와 죽음으로 몰아가면서 비인간非人間으로서의 삶을 알뜰히도 엮어 산 그 개인에게 역사가 내리는 인격적 파멸破滅의 완전함은 대를 이어서도 전혀 소생蘇生이 불가능한 것임을 맺음에 덧붙인다.

[2] 3.1운동을 기점으로 본 세계질서 재편과 조선민족의 진운

1. 세계질서의 변화와 조선민족의 장래 서언

1925년 당시 송진우宋鎭禹(1890~1945) 동아일보 주필은 그해 7월, 하와이 호놀룰루에서 열린 세계기독교청년회주최 제1회 태평양문제연구회太平洋問題硏究會에 한민족韓民族 대표로 참석하였다.[316] 2개월여에 걸쳐 미국 하와이에 체류하면서 견문見聞한 바를 기초로 송진우 주필은 '세계대세世界大勢와 조선朝鮮의 장래將來'라는 제목의 논설을 작성하여 동아일보에 1925년 8월28일부터 9월6일까지 10회에 걸쳐 연재連載하였다. 3.1운동 이후 5년여가 경과한 시점에서 세계질서의 변화상과 조선이 처하고 있는 식민문제의 원대한 극복에 대해 제명題名을 나누어서 상론詳論하고 있다.

'世界大勢와 朝鮮의 將來'라는 대주제大主題 하에 나누어진 내용별 제명은 다음과 같다.

'과거성쇠過去盛衰의 사적史跡'(一), '최근最近의 사실史實은 여하如何'(二), '三·一운동의 유래由來'(三), '현상現狀은 여하如何'(四), '대세大勢의 추이趨移는 여하如何'(五), '대세大勢의 추이趨移는 여하如何'(六), '일본日本의 내우외환內憂外患'(七), '동양

316) 송진우는 1925년 7월 하와이 호놀룰루에서 열린 세계기독교청년회주최 제1회 太平洋問題硏究會에 한민족 대표로 참석하였다. 약 2개월여의 기간이었으며 동행한 인사로는 徐載弼(1864~1951), 金活蘭(1899~1970), 申興雨(1883~1959), 俞億兼(1895~1947), 金良洙(1896~1971) 등이 함께 참석하였다.(四·七言論人會編, 韓國新聞綜合社說選集 卷1(日帝篇),1984. 514면 참조)

정국東洋政局의 위기危機'(八), '일본日本과 조선朝鮮의 관계關係'(九), '웅혼雄偉한 포부抱負, 원대遠大한 경륜經綸'(完) 등의 열 개 주제이다.

1925년 당시를 중심으로 미국 러시아 중국 유럽 등의 국제사회가 정치 경제 사회적으로 어떻게 변화하고 있으며 이에 우리 조선 민족은 자유와 독립을 위해 어떻게 대응 · 준비해야 할지에 대해 통찰력洞察力 있는 논지論旨를 전개하고 있다. 핵심은 우리 조선인의 자주적 민족정신에 기한 자유의 획득과 일본이 조선 침탈의 과오를 진실로 뉘우쳐야 할 것을 바라고 있다. 또한 현재도 조선에서 마음대로 자행恣行하고 있는 일제의 군국주의적 식민지배를 멈추고 조선문제를 인도적으로 해결할 것을 촉구하는 내용으로 이어간다.

특히 조선 근년의 역사는 십 년을 단위로 물결처럼 몰려왔다. 즉, 1884년 갑신정변甲申政變의 혁신운동을 시작으로 갑오동란甲午動亂까지, 또 갑오동란에서 갑진을사甲辰乙巳의 의거義擧까지, 뒤이어 갑진을사甲辰乙巳 의거에서 경술합방庚戌合邦까지, 경술합방에서 1919년 기미己未 3.1운동까지 사회변동의 물결이 대개 10년을 전후하여 밀려옴을 시작한다. 구주대전歐洲大戰(Great War, 1914.6. 1918.11.)을 종료하면서 미국 제28대 대통령 우드로 윌슨(Thomas Woodrow Wilson, 1913.3~1921.3 대통령 재임)이 제창한 민족자결民族自決(Self-determination) 선언은 국가질서의 중요 변동요인으로 지목한다.

나아가 조선문제와 사회적 변혁, 그리고 세계 대세의 추이와 동양정국東洋政局의 위기를 보면서 4-5년을 지나지 않아 태평양을 중심으로 한 세계적 변화의 풍운風雲이 야기될 것을 예측한다. 이에 우리는 구미歐美의 자유정신自由精神과 과학문명科學文明을 애호하면서 항상 민족적 정의正義와 인도적人道的 평화平和의 유지발전에 대해 민족적 의혈義血을 불사不辭하며 합심 진력할 것을 제언한다. 결국 "민족적 자유와 사회적 생존권 확보 및 세계적 평화"를 우리들 조선민족의 웅위雄偉한 포부와 원대한 경륜經綸으로 반드시 이룩해 낼 것을 웅혼雄渾한 필치로 계도啓導 논설하고 있는 것이다.

2. 제국주의적 세계질서의 붕괴와 조선 민족의 역사 진운進運

이하에서는 제국주의적 세계질서의 패퇴敗頹와 일제가 행하는 조선 민족의 식민실상을 간절한 심정으로 탐구한 내용에 대해 자세히 검토한다. 언론사 주필인 송진우 선생은 1925년 당시 세계의 변화를 직접 살펴본 바를 기초로 역사 과정에서 조선민족이 보행하여온 내용을 통찰력 있게 논구하는 것과 함께, 예지叡智를 모아 조선의 자주독립과 인류 세계의 평화와 공존을 이루어 낼 방안에 대해 심도 있는 논지論旨를 제시하고 있다.

(1) 조선의 장래를 논함에는 외부적 영향으로 세계적 대세의 변화 파도가 중요하지만 **그 보다 더 중요한 것은 조선민족 자체의 과거 역사상의 흥체성쇠興替盛衰로부터 인과관계를** 갖는다. 역사상 신라 고려 조선의 교체 등은 당시의 왕위교대王位交代의 흥망변천에 불과하였던 것으로, 4000년의 조선역사를 통해 조선인의 조선이라는 관념은 일관하여 보유되어온 터이다. 즉, 역대왕조의 흥망은 왕조 자체의 정치적 흥망에 불과한 것이지 결코 조선민족 자체의 전체적 멸망은 절대 아닌 것 임을 단언하게 된다.[317] 물론 역대왕조가 항상 민중 생활의 토대 위에서 또는 민중문화의 발전에서 정권을 운용하며 경륜經綸을 시설하여온 것은 아니고, 왕가 자체의 발전이나 정권 유지의 목표에서 정치적 이상이 국한되어 왔는 특징이 있다.

(2) 또한 역사상 포학무도暴虐無道한 정권의 변혁도 없지 않았다. 그러나 특히 조선인이 주목해야 하는 것은 과거 무상無常한 정치적 변혁에 **이민족의 세력이 오랫동안 간섭하고 통치하는 것은 절대적으로 거절하여왔다는 것이 역사적 사실**이다. 이는 본래부터 조선민족이 갖는 혈통의 순수함과 언어言語와 예속禮俗이 이민족異民族의 그것에 비해 항상 탁월卓越 우수優秀하였음에 관계한다고 본다.[318] 하지만 당시를 기점으로 30여년 전의 갑신정변甲申政變으로부터 새로운 변혁의 전개는 시운이 닿지 않아 종료되고, 조선의 계속된 학정虐政과 함께 팽배한 서세동점西勢東漸은 혹은 종교宗教로 혹은 상선商船으로 물밀듯 세력을 크게 하였다. 일청전쟁日清戰爭과 동학당東學黨을 중심으로 한 갑오동란甲午動亂은 도솔의범導率儀範의 지위에 있는 귀족계급들의 신문화에 대한 각성의 결여와 그들이 벌이는 사리私利와 당쟁黨爭 등은 일로전쟁日露戰爭을 야기케도 되었고 결국 1910년의 경술년 합병合併으로 결과하게 된 것이다.

(3) 1919년의 3.1운동은 조선민족 4천년 이래 윤회 반복해 오던 동양적 생활양

317) 동아일보 世界大勢와 朝鮮의 將來(一) : '過去盛衰의 史跡', 1925. 8.28.
318) 동아일보 世界大勢와 朝鮮의 將來(二) : '最近의 史實은 如何', 1925. 8.29.

식을 **정신상·정치상 면에서 근본적으로 민중적으로 파괴 건설하려는 내재적**內在的 **생명의 폭발**이었다. 조선역사에서 처음 보는 운동으로서 그 내용과 형식에서 적어도 사상의 근저根底가 세계적 대여론大輿論인 민족적 자존自存과 인류적 공영共榮의 정의正義 인도人道의 관념하에서 전국적으로 도검철퇴刀劍鐵槌에 의연히 맞선 조선민족의 혁신적 일대 위관偉觀이 된다.[319] 사내정의寺內正毅(데라우치 마사다케)총독[320]의 동화정책同化政策은 조선인에게 도리어 민족적民族的 의식意識을 환기喚起시키는 한편 일반적으로 보급된 신식교육新式敎育은 신문명新文明에 대한 긍정과 민중적民衆的 각성覺醒을 비상하게 촉진하였었다. 결국 3.1운동은 조선민족의 내재적 생명이 세계적 신문화에 접촉되어 폭발된 일대 각성의 소리인 것을 단언斷言하게 된다.

(4) 그래서 과거 30년을 통관하면 민중적 운동을 삼기三期**로 나누어** 볼 수 있는 것으로, **제1기는 종교적 배타운동의 갑오동란**甲午動亂**이요, 제2기는 정치적 근왕사상**勤王思想**의 의병운동**義兵運動**이요, 제3기는 민족자유**民族自由**의 3.1운동**이 된다.[321] 그러나 앞의 제1기 제2기의 운동은 실패로 돌아갔는바, 사상적으로도 민중의 여론을 만들지 못하고 계속하여 승리를 이루어내지 못한 것은 정치적政治的 이상理想과 윤리적倫理的 가치價値가 현대의 신사조新思潮와 결합할 사상적 근저와 토대가 너무도 박약하고 배치背馳된 것에 연유한다. 그러나 민족자유民族自由의 3.1운동만은 그 동기와 이상이 내적內的으로 민족적 복리福利를 기도하며, 외적外的으로는 세계적 사조思潮에 순응하는 점에서 비록 완벽의 공功은 갖지 못하였지만, 조선민족에 양심적良心的 발동으로 보아서 또한 세계 인류 사상상思想上 공명共鳴으로 보아서 분명히 도덕적道德的 승리勝利를 얻게 된 것임에 틀림이 없다...조선은 고유 특수한 선입적先入的 문화가 있었다. 신사조와의 관계에서 신구취사新舊取捨의 고민苦悶은 반드시 존재한다. 신구취사의 고민 시기에는 자주적自主的 변혁變革보다 타력적他力的 변동變動이 빈번하

---

319) 동아일보 世界大勢와 朝鮮의 將來(三) : '三·一運動의 由來', 1925. 8.30.

320) **寺內正毅(데라우치 마사다케,** 1852.2.5.~1919.11.3.)총독은 통감부시기에 **제3대 한국통감**(1910.5.30.~1910.8.29.)을 지내고 **합병 후에는 바로 초대 조선총독(1919.10.1.~1916.10.14.)**을 역임하였다. 조선총독을 지낸 다음 일본의 **제18대 내각총리대신**(1916.10.9.~1918.9.29.)으로 부임하였다.

321) 동아일보 世界大勢와 朝鮮의 將來(四) : '現狀은 如何', 1925. 8.31. 관련하여 필자 송진우 주필은 조선의 과거를 회고하건대, **甲申의 혁신운동을 筆頭로 10년 단위로 사회적 대변동이 일게 됨이 常例**임을 지적한다. **甲申政亂에서 甲午動亂까지, 甲午動亂에서 甲辰乙巳의 義擧까지, 甲辰乙巳 의거에서 庚戌合邦까지, 경술합방에서 己未 3.1運動까지** 마치 예정적 행동과 같이 사회적 변동이 발생된 것으로, 구시대에서 신시대에로 변화하는 道程에서 恒見하는 역사적 사실의 발생을 지적하고 있다.

였다. 일청日淸 일로日露의 두 번의 대전大戰이 그러하며 경술년庚戌年 대변大變도 그러하다. 그러나 조선민족은 1919년 3.1운동을 신기축新機軸으로 민중적民衆的으로 새 기운을 타게 되었다. 그 표증表證은 바로 **교육적敎育的 각성覺醒과 경제적經濟的 의식意識의 변화**이다.322)

(5) 그동안 일본의 동양전국東洋全局에 대한 태도와 정책은 어떠하였는가. 일영동맹日英同盟을 국제외교의 중추로 하여 동양평화東洋平和의 보장이라는 미명하美名下에 문화상으로 은총恩寵이 특별한 조선의 병합을 단행하고, 더 나아가 영국英國과의 협조하에 중국의 이권을 쌍분雙分 농단隴斷하려 하던 것이 과거의 정책상 대본大本이 아니었던가.323) 19세기에서 20세기 초까지 세계는 침략적侵略的 제국주의帝國主義의 시대였음을 인식한다. 그러나 구주대전歐洲大戰(제1차 세계대전)을 종료하면서 미국 제28대 대통령 우드로 윌슨(Thomas Woodrow Wilson)이 제창한 민족자결民族自決(Self-determination)문제가 여하한 것인지, 이제 일본은 동양전국東洋全局의 백년대계百年大計를 위하여 역대문화의 특수적 관계를 바탕으로 또한 도래하는 세계적 민족문제를 위하여 조선문제의 희생이 과연 득책得策이었는지를 판단하여야 하는 것이다.324)

---

322) 교육과 사회변화에 대해 논하건대, **庚戌事變이래 10년간 보통교육의 보급은 3.1운동의 자주적 대변동을 가져왔고 그로부터 지금의 수년은 또 사회조직의 변화가 일어나고** 있다. 결국 **교육의 보급과 지식의 진보는 사회변화를 반드시 초래하게 됨이 바로 진화의 법칙**인 까닭임을 강조하고 있다.(동아일보 世界大勢와 朝鮮의 將來(四) : '現狀은 如何', 1925. 8.31. 본문참조).

323) 동아일보, 世界大勢와 朝鮮의 將來(五) : '大勢의 趨移는 如何', 1925. 9.1.

324) 歐洲大戰, 즉 제1차 세계대전(1914.7~1918.11)은 유럽의 질서를 새롭게 편성한다. 미국 윌슨대통령이 주창한 민족자결주의로 민족주의가 보편화되면서 20세기 세계정치의 중심가치가 된다. 조선은 물론 인도 중국 등 東洋全局에 있어 독립운동의 전개는 세계사적 변환에 크게 힘입은 바 된다. **일제는 세계대전에서 英日同盟**(러시아제국의 남하를 저지하기 위해 英日간에 1902년 1월에 체결한 동맹. 청과 조선에 있어 청국의 이익은 영국이, 조선에서의 이익은 일본이 확보함을 인정하는 것으로 1923년 8월까지 지속하였음. 이로 인해 일본은 러일전쟁과 한일 강제병탄 과정에서 영국의 묵인을 받게 됨)**을 근거로 연합국에 가담**하여 많은 이익을 확보한다. **일본의 중국 산동반도 침공은 독일의 조차지에 대한 연합국의 공격으로 이루어진 것**이며, 이로 인해 중국과의 21개조의 불평등 협약(1915.5)을 통해 막대한 이익을 점탈한다. 당시 중화제국의 실권자인 袁世凱(1859~1916)와 맺은 주요 내용은 산동반도에 대한 독일의 권익을 승계하고 만주 몽골 등에 있어 일본의 이권을 확보하며, 중국 정부기관 및 군대에 일본인 고문의 채용을 결정한다. 일본제국주의의 중국 본토 침공은 세계대전과 그에 기생하는 일본의 비밀외교 및 조약의 획득 전과가 된다. 일본제국주의의 동양평화 잠식은 이후 속도를 더 하면서 조선과 중국에 대한 지배책략을 더욱 적극화하게 된다.(연민수, 日本歷史, 보고사, 1998 등 참조).

(6) 19세기에서 20세기 초엽에 걸친 열강의 제국주의침탈은 건곤일척乾坤一擲의 구주대전歐洲大戰으로 인해 급전적急轉的 파탄破綻과 최후의 말로末路를 고하게 되었다. 불합리한 살륙적 전쟁이 4-5년을 계속한 결과 수백억 전비戰費와 수백만의 생명을 수포같이 초개草芥같이 운소무산雲消霧散하여 버린 구주문명歐洲文明의 파탄을 경험하였다. 여기서 세계 인류는 번민煩悶 회오悔悟 우수憂愁 반성反省의 기회를 갖게 되었다. 세계 인류의 대여론大輿論 대이상大理想에 기초한 주의主義와 그 실현은 결코 시간적 반동으로 저지할 수 없으며 또한 무력적 제재로 억압할 수 없는 것이 역사의 사실이다.[325] 현하現下의 반동적反動的 기분氣分은 각국 정계政界를 통하여 특권계급의 인습적因襲的 버릇의 최후발작에 불과한 것으로 결코 세계 대중의 이상理想과 여론輿論이 아닌 것 임을 여기서 단언하게 되는 것이다.

(7) 앞서 있은 구주歐洲 세계전란世界戰亂으로 세계 인류에 대해 기여하는 바가 있다면 그것은 침략적 제국주의의 붕괴이다. 군국주의軍國主義의 쌍배雙輩인 폭력적 독일獨逸과 강압적 제성러시아(석로赤露)의 붕괴를 완성힌 것이 시실이다.[326] 일본은 군국주의의 신참견습新參見習으로 동양 방면에 있어서 이르는 곳마다 과아瓜牙(송곳니)를 드러내었다.[327] 일본의 내정內政은 여하如何한가. 재래在來로 군국주의를 유일한 신조로 신봉하는 일본사회는 세계적으로 군국주의가 붕괴되는 동시에 일대공황一大恐慌이 일었으며 대진재大震災로 초토화焦土化의 치명상을 당하였다. 하물며 군호파軍護派의 대중외교對中外交와 러시아령(로령露領) 시베리아 출병의 연속 실패로 인해 국위國威 국재國財를 아울러 손실케 함에 대해 일반사회는 반항의 기세가 들끓는

325) 동아일보, 世界大勢와 朝鮮의 將來(六) : '大勢의 趨移는 如何', 1925. 9.2. 본문의 부언 내용을 참고한다. 민족운동에 있어서는 발칸반도(巴爾幹半島)의 여러 나라의 독립을 비롯하여 폴란드(波蘭)의 독립, 핀란드(芬蘭)의 독립, 이집트(埃及)의 독립, 아일란드(愛蘭)의 분립이 완성되었고 인도의 비협동운동과 필리핀(比島)의 독립운동도 비록 도정에 있으나 그 형세가 맹렬하다. 더하여 勞動運動에 있어서도 대전 후 공산주의 러시아(赤露)의 완성을 거쳐 국제적 국내적으로 확장되고 있는 실정이 되고 있다.

326) 1917년 2월과 10월의 러시아 혁명으로 제정러시아가 붕괴된 다음 여러 당파 간의 충돌은 러시아 내전(1917.11~1922.10)으로 연결된다. 블라디미르 일리치 레닌(1870.4.22.~1924.1.21.)은 당시 볼셰비키의 지도자였다. 마르크스 사상을 기초로 사회주의 볼셰비키를 위해 결집된 붉은군대와 군주제와 자본주의적 사상을 기반으로 공산주의에 반대하는 세력인 백군이 대립하였다. 결국 레닌의 붉은군대가 승리하여 1922년 12월30일 소련(The Union of Soviet Socialist Republics :소비에트 사회주의 공화국 연방)을 수립하면서 레닌은 소련을 완전히 장악하게 되었다.(김학준, 러시아사, 대한교과서, 2006.)

327) 동아일보, 世界大勢와 朝鮮의 將來(七) : '日本의 內憂外患', 1925. 9.3.

다.[328] 또한 자본주의의 발흥은 사회주의의 수입을 가속화하고 있다. 흥진비래興盡悲來하고 낙극생애樂極生哀함이 인간세상의 상사常事이다. 여하간 이로부터 3-4년을 불과하여 정치적으로나 사회적으로나 일대 변혁이 생길 것으로 오인吾人은 예상하는 바이다.

(8) 세계 대세의 조류는 지중해에서 대서양으로, 그리고 대서양에서 태평양 방면으로 이동해 오는 것이 과거의 사실로부터 분명한 사실이 된다. 19세기를 불란서 문화의 확충기라고 한다면 20세기는 공산주의 러시아(적로赤露)사조의 발전시대라 할 것이다. 한편 미국의 자본적 제국주의는 점점 더 이민문제로 인하거나 혹은 중국문제로 인해 반목反目의 정도를 더하면서 일본과 충돌할 기회가 촉진되고 있다.[329] 따라서 미국과 러시아의 충돌의 도정道程에 있어서 일본과 미국의 충돌이 전제가 될 가능성도 어렵지 않게 생각된다. 중국을 보면 중국中國은 일대미인一大美人과 같다.[330] 세계열강 속에서 중국의 무한한 부원富源과 허다한 이권利權은 열강의 좋은 투자처이며 대발전지大發展地가 된다. 그러면 중국의 현상은 어떠한가. 아직도 민중의 각성이 철저하지 못한 현하現下에서 정치적 불안정이 풍등風燈과 같다. 그러나 민중의 각성에 따라 자주배외自主排外의 운동이 날로 치열하여 갈 것이 확연하고 있다. 그렇지만 대외 열강의 각축으로 인하여 중국 정계가 동요 될 때에 중국 방면에 암운暗雲이 태평양상太平洋上의 풍우를 대작大作케 할 것을 그 누구가 보증하겠는가.

(9) 오인吾人은 조선문제와 사회적 변혁, 그리고 세계대세世界大勢의 추이와 동양정국東洋政局의 위기를 보면서 4-5년을 지나지 않아 태평양太平洋을 중심으로 한 세계적 풍운風雲이 야기될 것을 예측하고 있다.[331] 1919년의 세계대전의 종식으로부터 10년이 되는 4-5년 후가 변화의 시간이 될 수 있는 것이다. 특히 동양정국의 화란禍亂

328) 歐洲大戰 즉, 제1차 세계대전의 말기에 일본 군국주의자들은 시베리아 출병을 단행한다. 1917년 10월 혁명으로 집권한 러시아 볼셰비키 공산정권과의 관계에서 제국주의적 자원확보를 위해 일본이 침공하여 패배로 물러나게 된 사건이다. 1918년부터 1922년까지 지속된 침공 전쟁은 일본이 연해주 이르쿠츠크 바이칼호까지 전쟁을 확전하였으나 결국 러시아의 반격으로 패전을 결과하게 되었다.

329) 동아일보, 世界大勢와 朝鮮의 將來(八) : '東洋政局의 危機', 1925. 9.4.

330) 원래 美人은 자체가 主動的 능력이 없는 만큼 이러한 美人을 마음대로 玩弄하려 하는 淫夫蕩子도 많게 된다. 이리하여 질투도 생기고 투쟁도 생기게 되는 것이다.(동아일보, 世界大勢와 朝鮮의 將來(八) : '東洋政局의 危機', 1925. 9.4. 본문참조).

331) 동아일보, 世界大勢와 朝鮮의 將來(九) : '日本과 朝鮮의 關係', 1925. 9.5.

을 추단할 때 가장 특수한 사정을 가진 일본과 조선의 관계가 어떻게 진전될 것인지. 적어도 조선 문제의 해결은 동양 전체문제 해결의 전제가 되며 요건이 되고 있기 때문이다. 일본이 가장 민족적 관계가 밀접하고 문화적 은택이 특별한 조선민족을 유린·압박하는 것은 아무리 일본 민족의 전체의사가 아니고, 임진왜란의 풍신수길豊臣秀吉이나 지금의 사내총독寺內總督 등류의 군국일파軍國一派의 배은몰의背恩沒義적 행동이라 할지라도 적어도 반만년 역사적 배경과 이천만 민중의 총명聰明을 가진 조선민족으로서는 뼈만 남는 철골徹骨의 한恨이 되고 있다.[332] 지금도 일본 위정자들은 조선문제를 운운하면서 중국 쪽에 대한 국경 경비문제와 군대軍隊 사단증설師團增設을 역설하고 있다. 이러한 상황에서는 중일친선中日親善도 공염불이며 동양평화東洋平和도 구두선口頭禪에 불과한 것임을 단언하게 된다. 이러한 위험 상황의 전개를 보면서 일본 인사들에게 반성을 촉구하게 되는 것이다.

(10) 그렇다면 우리 민족의 세계대세世界大勢에 처하는 마음속 포부抱負와 조선의 장래에 대한 계획 및 경륜經綸은 어떠해야 하겠는가. 객관적으로 조선의 장래가 여하히 되리라 하는 것보다 일보一步를 나아가 주관적으로 조선의 장래를 어떻게 만들까 하는 것이 주의注意의 초점이며 문제의 목표가 아닌가. 한마디로 조선인의 포부는 웅위雄偉하여야 하며 또 원대遠大하여야 하는 것이다.[333] 그래서 역사적으로 외세와의 관계에서 우리 역사를 본다면 외족外族의 희생발작犧牲發作에 대해 정의적正義的 제재制裁와 인도적人道的 방위防衛로 임하여 왔다. 우리는 구미歐美의 자유정신自由精神과 과학문명科學文明을 애호愛護하여야 한다. 그리고 항상 민족적 정의正義와 인도적人道的 평화平和의 유지발전에 대해 민족적 의혈義血을 불사不辭하며 전국적 동원을 이루어 내어야 하는 것이다.

따라서 우리가 설령 일본을 배척한다 하면 일본의 군벌일파軍閥一派의 침략적 군국주의軍國主義를 배척하는 것이며, 미국과 러시아를 친근親近한다 하면 그들의 자유평

---

332) 日本人士 중에는 이런 말을 하는 자도 있다. 즉, "李朝 虐政下에서 지내던 朝鮮民族이 총독정치의 생명 재산의 안전 보장으로 인해 만족해하는 것은 말할 필요가 없는 것이다"라고 한다. 이것이 과연 日本人士의 조선민족에 대한 심리적 관찰이라 하면 吾人은 오히려 그 우매함을 가엽게 여길 뿐인 것이다. 설령 조선의 虐政이 현대에 재현된다면 조선인은 그 改革을 절규할 것이다. 하물며 총독정치와 李朝政治가 민족적 감정에 있어서 더욱이 그 근저가 다름이 있는 것으로 그는 절대 다른 것이 아니겠는가.(동아일보, 世界大勢와 朝鮮의 將來(九) : '日本과 朝鮮의 關係', 1925. 9.5. 본문 참조)

333) 동아일보, 世界大勢와 朝鮮의 將來(完) : '雄偉한 抱負, 遠大한 經綸', 1925. 9.6.

등自由平等의 정신精神을 애호하는 바가 된다.

우리가 갖는 자주적自主的 정신精神은 자유自由와 관계한다.

자유自由는 바로 자주적自主的 행동이며 자력적自力的 해결을 도모한다.

또한 우리는 타족他族의 인도적 동정同情과 정의적正義的 원조를 불사不辭하는 바이다. 그리고 현하 일본에 대해 '작비금시昨非今是의 진리眞理'를 번복하여 지난날의 잘못을 회오悔悟하며 자진하여 조선문제의 인도적 해결을 단행한다면 그를 배척하지 않을 것이다. 우리의 주의主義와 목표目標는 언제든지 민족적으로 자유自由 생존生存 평화平和의 삼대이상三大理想에서 그 출발점을 작作할 것이요, 결코 증오憎惡 배척排斥 침략적관념侵略的觀念에 지배되지 않는 것이다. 그래서 [민족적 자유自由 해결, 사회적 생존권生存權 보장, 세계적 평화平和 지향]이 바로 조선민족의 웅위雄偉한 포부이며 원대遠大한 경륜으로 설정하게 된다고 하고 있다.334)

결국 약간의 강력함을 의지해 주변 국가들을 박해하고 침탈하며 인류평화를 교란攪亂하려 하다가 구주대전歐洲大戰에서 최후 파멸을 초래하던 제정러시아와 독일제국 양국의 전철前轍을 비추어 이를 잘못 견습모방見習模倣하는 일본에 대해, 어제는 틀리다고 여기던 것이 오늘에는 옳다고 여기는 '작비금시昨非今是의 진리眞理'를 번복하여 지난날의 잘못을 회오悔悟할 것을 촉구한다. 그를 통해 조선민족에게 가하는 식민압제植民壓制를 인도적으로 종료하고 조선인이 염원하는 자유自由 생존生存 평화平和의 삼대이상三大理想을 실현할 수 있게 도와줄 것을 논설하고 있다. 또한 조선은 세계의 변화 시국을 보면서 외세外勢의 파동보다 타력의 원조보다, 오직 중심세력을 확립하여 민족 자체의 세력 단합을 통해 이 위난을 해결해 나아갈 것을 호소하고 있다. 결국 이 글은 당시의 세계대세와 조선민족의 식민실상을 간절한 심정으로 탐구하면서 예지叡智를 모아 조선민족의 독립과 인류 세계의 평화와 공존에 대해 굳건한 신념으로 연구한 바에 기한 논지를 전개하고 있는 것이다.

---

334) 송진우 주필은 이를 위해 세계적 變局에 처하여 思想的 修練과 民族的 團結을 요구한다. 내부적으로 일어나는 복잡한 사상의 통일을 위해 현상에 대한 조사 · 비교 및 연구를 충실히 하며 이렇게 정리 통일된 사상 위에서 민족적 단결을 이루어내는 것이 急務가 된다고 역설하고 있다.(동아일보, 世界大勢와 朝鮮의 將來(完) : '雄偉한 抱負, 遠大한 經綸', 1925. 9.6. 본문 참조)

[3] 부정의의 귀결, 세계전쟁과 조선인의 전장 동원

1. 인간의 탐욕과 부정의와 전쟁

제2차 세계대전이 발발하였다. 영불 연합군이 폴란드를 침공한 독일에 대해 선전포고를 한 것이 1939년 9월 3일이다. 동아일보는 유럽을 중심으로 제1차대전에 이어 또다시 발생한 구주대전쟁歐洲大戰爭을 보면서 전쟁 개시의 구조적 문제와 전쟁의 참담함에 이어 조선의 미래를 염려하게 된다. 동아일보가 1939년 9월 초에 사설로 게재한 '전쟁戰爭과 역사歷史'는 일제 식민치하에서 조선민족이 인식하던 국제사회의 버려지는 신뢰信賴와 인간의 본질 문제 및 강대국들의 침략전쟁 전개, 그리고 전쟁을 통해 인류가 겪어야 하는 막대한 파괴와 전쟁이 갖는 역사적 의미에 대해 성찰적 이해를 도모하고 있다.[335] 주요 내용을 살펴본다.

인류는 그 역사에 있어서 가장 참담慘憺한 기록을 더 가지게 되는바, 목전目前에 제이차第二次 구주대전란歐洲大戰亂이 시작된 1939년 9월 3일은 지구와 함께 영원히 잊혀지지 않을 것이다.[336] '전쟁戰爭의 절멸絕滅을 위한 전쟁'이라 했던 제1차 세계대전이 수천만의 생령生靈과 수천억의 재화財貨를 제물祭物로 바치고 종식終熄된 지 불과 20여 년, 세계는 다시 대파국에 직면하고 있는 것이다. 1918년 11월 11일의 제1차대전의 휴전과 다음 해 6월28일의 베르사이유 평화조약, 1925년의 로카르노 상호보장조약과 1928년의 켈로그 브리앙 다변적부전조약多邊的不戰條約은 어디로 갔으며, 독일 나치의 집권 1년 후에 체결된 독일 폴란드 불가침조약은 어떻게 된 것인가.[337]

---

335) 동아일보, 戰爭과 歷史, 1939.9.8.

336) 제2차 세계대전의 시점에 대해서이다. 독일이 폴란드를 침공한 날이 1939년 9월1일이며, 영국과 프랑스가 독일에 선전포고를 한 날이 이틀 후인 9월3일이 된다. 따라서 당시 동아일보는 제2차 세계대전 개전 일을 영불의 독일에 대한 선전 포고일인 9월3일로 적고 있는 것이다.

337) 특히 多邊的不戰條約은 1928년 8월27일 미국무장관 켈로그(Frank Billings Kellogg)와 프랑스 외무장관 브리앙(Aristide Briand)이 발의하여 파리에서 15개국이 체결한 전쟁 거부 및 전쟁을 규탄하는 국제조약이다. 15개국이 가입하여 조약에 가입 비준한 국가는 국제분쟁의 해결수단이나 국제외교정치의 수단으로 전쟁을 일으키는 것을 거부함과 동시에 전쟁을 포기하는 것을 조약의 기본 목표로 설정하고 있다. 1939년까지 63개국이 조약에 가입하였다. **그러나 이 조약의 가입국인 독일과 일본이 제2차 세계대전의 주범국으로 등장한 것에 대해 강제적 대항력을 갖지 못하는 한계로 인하여 무력화**되었다. 전쟁포기를 명백히 하는 내용에 대해 영문을 참고로 기록한다. "The Kellogg-Briant Pact(General Treaty for Renunciation of War as Instrument of National Policy) is a 1928 international agreement in which **signatory states promised not to use war to resolve 'disputes or conflicts'**."

1933년 1월에 정권을 장악한 독일의 나치스(Nazis), 국가사회주의 독일노동자당, Nationalsozialistische Deutsche Arbeiterpartei, 1920년부터 1945년까지 존속)는 군비軍備를 재강화再强化하고 실지회복失地回復을 정강정책政綱政策으로 선언하였다. 따라서 그 폭발이 예상되던 세계대전의 암운暗雲은 비로소 독일을 중심으로 위험을 안고 저회低廻함이 점차 명료하게 되었다. 결국 나치스에 의한 오스트리아와 체코의 병합 등 독일의 외교적 승리는 욱일승천旭日昇天의 세勢가 되었고, 영국 프랑스 측의 양보도 한계가 있는 것이어서 끝내 전쟁으로 폭발할 수밖에 없게 되었다.[338]

전쟁戰爭은 사회의 생산력生産力과 문화文化뿐만 아니라 실로 인류자체人類自體까지 파괴破壞하는 조직적 행위로써 어떠한 창조적 성격도 갖지 않는 것이다. 그러나 한편 신질서新秩序의 여러 조건을 창출하는 의의도 있는 것이어서 인류역사人類歷史가 전쟁에 의해 추진된다는 것 또한 세계사의 기록이 보여주고 있는 바의 내용이 되고 있다.

또한 조선일보는 제2차 세계대전의 발발 5개월 전인 1939년 4월에 유럽 곳곳에서 발생하고 있는 전쟁戰爭의 전주곡前奏曲을 보면서 '전쟁戰爭과 평화平和'라는 제목의 글을 게재하였다.[339] 현대의 전쟁은 정의正義·인도人道와 평화平和를 주장하더라도 결국 강대국强大國이 약소국을 굴복시켜 경제적經濟的 소유所有를 극대화極大化하기 위해 일으키는 침략에 불과한 것임을 역설하고 있는 것이다.

오늘날에 구주歐洲의 험악한 풍운風雲은 독일이나 이탈리아, 영불英佛을 막론하고 그 무엇을 말하는 것인가. 소위 세계대전世界大戰이 끝난 지 불과 20년에 또 보다 규모가 크고 보다 참화慘禍가 심할 대전大戰의 전주곡前奏曲이 아닌가. 대전大戰의 참화가 저렇게도 컸었는데 20년이 못 되어서 또다시 보다 큰 것이 앞에 닥쳐온다는 것은 도저히 기억記憶있는 사람의 일이라고는 하기 어렵다.

그러면 인류는 왜 전쟁을 하지 않으면 안되는가. 그것은 두말할 것도 없이 생존욕

---

338) 지난 1939년 9월3일 오후6시, 영국황제 조지6세는 독일에 대해 宣傳布告하고 그 출병이 正義의 군대임을 전세계에 알렸다. 이에 대해 히틀러는 영국에 대해 新罪惡을 파쇄할 것을 절규하였다. 역사적으로 보면 진보적 전쟁이 없었던 것은 아니지만 단적으로 '旣得權'과 '生命權'의 拮抗에 귀착되는 유럽의 第二次大戰은 결국 그 본질에 있어서 한 개의 二律背反임을 면치 못하게 된다.(동아일보, 전쟁과 역사, 1939.9.8. 본문 참조)

339) 조선일보, 戰爭과 平和, 1939.4.17.

生存慾 종교욕宗教慾 지배욕支配慾 소유욕所有慾 등의 욕망慾望이 인류의 본능本能으로 부여되어 있는 까닭이다. 원시 야만시대野蠻時代의 전쟁은 그 원인이 생존경쟁生存競爭의 자연법칙하에 생존을 보장하기 위한 전쟁이었다. 그다음 인류가 조금 진보進步된 때의 전쟁은 신앙信仰을 기초로 한 종교적宗教的 전쟁이었다. 그다음은 강자가 약자를 지배하려는 정치적政治的 전쟁이었다. 그리고 현대現代의 전쟁은 생존이나 신앙, 정치보다도 소유욕所有慾 즉, 경제적經濟的 전쟁으로 전화轉化하였다. 이태리伊太利가 에디오피아 병합倂合을 단행한 것이나, 독일獨逸이 체코 병합을 감행한 것이나, 기타 모든 전쟁은 경제적 이유에 입각한 것을 발견할 것이다. 이러한 전쟁을 반대하고 국제조약國際條約의 존중과 정의正義니 인도人道니 하는 나라도 이면裏面의 함축含蓄된 것을 더듬어 보면 결국 아전인수我田引水로 경제적 권익을 옹호하려고 하는 것에 불과한 것이다.

결국 이러한 의미들로 포장된 당시의 전쟁은 바로 약한 나라를 강대국이 침공하여 자신들의 경제적 정치적 소유를 극대화하는 극악무도한 침략에 불과한 것이 된다. 일제가 행한 한국 강제병탄과 그를 이은 중국 침공은 바로 이러한 전쟁의 소용돌이 속에서 약소국을 유린하고 피식민 지배자들을 노예화하면서 수탈착취를 최대화하는 제국주의를 성취해내었다. 그런 다음 그 식민의 결과들을 결속하여 일제는 또다시 침략야욕을 새롭게 하였으니, 더욱 전쟁의 규모를 크게 하는 것으로 확전을 도모하는 것이었다. 일본제국주의는 종국적으로 아시아와 태평양 전체를 전쟁터로 몰아감으로써 2차대전의 대참화大慘禍를 견인하는 '악惡의 축軸'으로 역할 하게 되었던 것이다.

2. 일제 식민지배의 완결로써 조선인의 전장 동원

제2차 세계대전의 막바지인 1945년 3월, 대동아大東亞 전장戰場에서 연속적으로 패배하는 전황戰況을 임하면서 광분하던 일제 앞잡이들은 조선인 전체를 전쟁터로 몰아넣으려 갖은 술책과 언사를 동원하고 있다. 러일전쟁 당시의 이등박문伊藤博文을 소환하고 대화혼大和魂을 부추기고 연합군인 적을 잔인殘忍한 야수野獸로 몰아대며 황국皇國의 군관민軍官民으로서 총력저항을 웅변雄辯하고 있다.

일제는 1945년 3월초, 총독부 기관지인 경성일보京城日報를 통해 '전반도全半島를 요새화要塞化하라---우리들, 대동아大東亞의 방파제防波堤되리'라는 글을 써서 미국 영국의 연합국聯合國에 당하고 있는 일본의 패퇴적敗退的 전황戰況을 숨기면서 2,600만 조선인들을 전장으로 끌어들이고자 혈안血眼이 되어있었다. 즉, 조선의 전인민全人民은 일제를 위해 몰아적沒我的으로 협력하여 전반도全半島를 요새화할 것을 독려督勵하고 있다.[340] 그러면서 전쟁에서 위급상황을 맞게 되면 더욱더 그 저력底力을 발휘하는 것이 '황국皇國의 전통傳統'이라면서 조선인이 바로 일본식 창씨개명創氏改名(1940. 2.11. 시행)을 통해 완전한 황국신민皇國臣民이 되었음을 추켜세우고는, 더욱 분발하여 연합국의 공격에 결사 항전하는 것이 바로 황국신민의 당연한 도리인 양 몰아갔던 것이다. 러일전쟁 당시 일본의 애국영수愛國領袖 이등박문伊藤博文을 소환하는 것으로부터 시작하여 태평양전쟁 말기 조선인은 일제가 벌인 전장에 결사적으로 참전 진군進軍하여야 한다는 내용으로 쓰고 있는 총독부 기관지 경성일보京城日報의 논설을 살펴본다.

"명치37년(1904) 2월4일, 어전회의御前會議에서 기어이 러시아와의 개전이 결정되던 그 날 밤의 일이다. 이등박문伊藤博文 공公은 술회하며 말하기를 강대한 러시아의 대군이 곧 조선에 침입하면 조선은 약탈당하고 만다. 우리 육군은 조선에서 이를 방지하려는 것이 전략戰略이긴 하다. 그렇다 해서 육해군陸海軍 모두 확실한 승산은 없다.[341] 만일 조선에서 패한다면 미흡하나마 이 박문博文도 시종時宗의 고사故事를 본받아 스스로 무기를 들고 한낮 병졸이 되고 처에게도 병영의 취사를 시켜, 부처夫妻 함께 '박다博多'[342]나 '마관馬關'(시모노세키)까지 나가서 적을 무찌를 결심이다"라는 내용으로, 당시 원훈元勳으로서 이등박문伊藤博文이 국가를 위기에서 구하기 위해 비장한 결의를 가지고 분기하였음을 일깨우고 있다.

결국은 이등박문의 이러한 결기決起가 일본의 지도진영에 전달되고 전국민의 혼魂에 전해져서 '애국일심愛國一心 거군일체擧軍一體'의 성과를 맺고 당시 러시아의 방대

340) 京城日報, 全半島를 要塞化하라---우리들, 大東亞의 防波堤되리, 1945,3,10.

341) 러일전의 개전과 승리에 대해 일본은 40년 전을 되돌려 다음과 같이 쓴다. "상기해 보라, 40년전 奉天城頭를 진동한 그 승전을. 50배의 국토, 3배의 인구력을 가진 적을 때려눕히고 興亞의 도끼를 내려꽂던 快勝의 날을. 우리쪽이 괴로울 때는 敵 또한 괴로운 것이다" (京城日報, 全半島를 要塞化하라-우리들, 大東亞의 防波堤되리, 1945.3.10. 본문참조).

342) 1889년4월 '市制 및 町村制' 시행으로 博多(하카타)와 福岡(후쿠오카)를 통합하여 福岡(후쿠오카)市가 되었다.

한 병력 및 전쟁물자에 대적하여 승리를 가져오게 되었다고 되새긴다.343) 일제가 이를 소환하는 이유는 대동아전쟁 말기에 미국에 절대 열세로 몰려가는 전황을 번복하기 위해서는 전조선인全朝鮮人이 더욱 분투 항전하는 방도 외에는 없었기 때문이다. 즉, 1904년의 러일전쟁을 승리로 이끈 40여년 전 일본, 부족한 전비戰備와 불리한 전황을 승리로 바꾸어낸 그때를 되새기며 또다시 합심 분전하여 반전反轉을 이루어내자는 호소를 조선인들을 향해서 하고 있었던 것이다.

이제야말로 대동아大東亞의 각지는 치열한 혈전血戰에 뒤덮이고 있다.

유황도硫黃島344)에서의 황군皇軍의 분전력투奮戰力鬪는 세계전사에 유례類例가 없으며, 비도比島345)의 전장병全將兵은 진전陣前에 자기의 묘표墓標를 세우고 혼신渾身의 무용武勇을 발휘하고, 버마전선의 장병 또한 각자가 서방방위西方防衛의 보루堡壘가 되려고 기약하고 있다. 모두가 대동아의 방파제가 되려고 하고있는 것이다. 출사出師하는 전군용사全軍勇士들의 가슴 깊이 끓는 것은 실로 황국호지皇國護持 대동아보위大東亞保衛의 확고부동確固不動의 신념信念이다.

추악醜惡한 미영美英을 때려눕히지 않고서는 단연코 그치지 않겠다는 불꽃 같은 투혼鬪魂이다.

그렇다면 반도半島에 있는 우리는 어떤가.

아부신행阿部信行 총독(아베 노부유키: 1875~1953, 제9대 조선총독으로 1944.7.~945.8 재임)의 담화談話에서와 같이 "우리들 국민 1억은 대동아 민족동포의 전운명全運命을 걸머질 입장에서 단연코 이겨나가지 않으면 안 될 이 일전一戰이라는 것을 명

---

343) 러일전쟁 당시 일본의 전쟁동원 병력수는 1,087,000명이었다. 그러나 러시아는 육군 70개사단 약 2,000,000명을 基幹으로 총병력 5,000,000명 중에 몇백만을 戰場에 집중시킬 수 있었다. 해군병력을 보면 일본 연합함대의 총톤수 318,000톤이었는데, 러시아는 태평양함대 19만여톤, 발틱함대 약 28만여톤이 되었다. 당시 전투에 있어 내각총리대신 桂太郎(1848~1913)은 "승산은 없다. 그러나 大和魂으로 싸울 뿐이다"라고 하면서 魂으로 결집한 일본인의 항전을 독려하면서 전쟁을 승리로 이끌게 되었다.(**京城日報, 全半島를 要塞化하라－우리들, 大東亞의 防波堤되리**, 1945.3.10. 본문참조). 러일전쟁 후 가쓰라-태프트밀약(Katsura-Taft Secret agreement)으로 통칭되는 美日간의 비밀협약은 1905년 7월29일 미국의 필리핀에 대한 지배권과 일본의 대한제국에 대한 지배권을 상호 승인하는 것으로써, 당시 일본 총리대신 桂太郎과 미국육군 장관 William Howard Taft(1857~1930, 후일 미국의 27대 대통령(1909~1913)이 됨)가 동경에서 체결한 밀약이 된다.

344) 유황도硫黃島는 도쿄에서 동남방으로 1050킬로미터 떨어진 태평양상의 섬이다.

345) 비도比島는 아시아 동남쪽 서태평양상의 섬들로서 루손섬 민다나오섬 등의 필리핀 지역을 칭한다.

심銘心하고 대화일치大和一致, 철鐵과 같은 결속結束아래 불굴의 전의戰意를 앙양하며 물심物心을 통털어서 전력증강戰力增强에 매진하지 않으면 안 된다"고 독전督戰한다.

적의 야망은 그 야수성野獸性으로 우리 반도半島를 겨누려는 것도 예상되는 일이다. 적이 우리와 대륙과의 교통보급로를 차단하고 전진거점前進據點을 확보하려고 기도하고 있는 것이다.

판탄板坦 군관구사령관軍管區司令官의 담화에서도 보는 바와 같이 우리 2600만은 일각一刻이라도 빨리 전반도全半島를 강고하게 뇌고불발牢固不拔로 요새화要塞化하기 위해 총력을 털어서 일제히 분기해야 하는 것이다. 더욱이 전반도全半島 요새화要塞化의 길은 단 하나 전체 반도 주민이 마음과 힘을 하나로 뭉치는 일이다. 철통같은 군방위軍防衛를 절대로 신뢰하는 동시에 관官은 또한 솔생영단率生英斷으로 시정施政하며, 민民은 흔연欣然하게 몰아협력沒我協力 그 지역에 부지런히 정려精勵한다면 전반도의 요새화 또한 쉬울 것이다. 되풀이해 말하거니와 이 문제는 어디까지나 2600만 주민住民의 결속結束에 걸려있는 것이다.

뽐내던 미영美英도 이미 그 물량物量을 비롯 인적자원人的資源에 벌써 신음呻吟하기 시작하지 않았는가. "전쟁은 땅을 빼앗겼어도 패敗한 것이 아니다. 후퇴했어도 패한 것이 아니다. 패敗했다고 생각했을 때가 패한 것이다"라고 한다. 전국戰局이 어떠한 양상을 띠더라도 아니 전국戰局이 위험을 고告하면 고하는 만큼 더욱더 그 저력底力을 발휘하는 것이 황국皇國의 전통傳統인 것이다. 원하건대 선인先人의 산 교훈敎訓을 본받고 선인의 위업偉業을 전승傳承하라.

이제야말로 '전우戰友의 시체屍體를 뛰어넘어'346)서 한 사람도 빠짐없이 공격에

---

346) 6.25전쟁 중 우리의 진중가요로 **'전우야 잘자라'**(유호 작사, 박시춘 작곡)라는 노래가 만들어졌다. 시기는 9.28 서울수복 직후라고 알려지는바, 작곡자인 박시춘은 당시 육군 군예대 연예부대인 제2중대의 책임자였다고 한다.(한국민족문화대백과사전, '전우야 잘자라', 한국학중앙연구원) 해방이후 남북으로 갈라진 동족이 이념과 명령에 의해 발발된 비극적 전쟁 참화 속에서 자유민주를 열망하는 한국군이 비장한 각오로 勝戰을 염원하면서 부른 대표적 진중가요가 바로 **'전우야 잘자라'**이다. 국군의 용감성과 전우애, 불퇴전의 기상이 노래에 담겨 많은 군인과 민중들의 애송곡이 되었다. 그 노래의 가사 1절을 보면 [**전우의 시체를 넘고넘어 앞으로 앞으로,** 낙동강아 흘러가라 우리는 전진한다, 원한이야 피에 맺힌 적구赤狗를 무찌르고서, 꽃잎처럼 떨어져 간 전우야 잘 자라]라고 하여 **'전우의 시체를 넘고넘어'가** 첫머리를 이끈다. 그 표현의 始原이 여기 총독부 기관지 京城日報에서 작성한 논설 글에서 발견된다. 大東亞의 각처가 치열한 血戰에 뒤덮이고 있는 상황에서, 당시 총독 阿部信行(제9대 조선총독으로 1944.7.~1945.8 재임)이 半島 조선인들에게 皇國 일제를 위한 전쟁

분기奮起해야 하지 않겠는가.

이제 더 이상의 정책이나 설득이 필요 없다. 일제는 그들이 직면한 전국戰局의 상황이 어렵기에 황국신민이 된 조선인들에게 어려울수록 발휘되는 황국皇國의 전통을 아낌없이 발휘할 것을 요구한다. 나아가 40여년 전 러일전 승리의 교훈을 되살려 '전우戰友의 시체屍體를 넘고 넘으면서' 공격에 분기하며 전 조선 강토를 요새로 만들며, 미영 연합군이 범접犯接 못 하게 하는 정도의 몰아협력沒我協力의 분전奮戰을 요구하고 있다. 조선반도의 전조선인全朝鮮人은 일제 침략자들을 위해 전장에 동원될 수밖에 없는, 그래서 모두가 공격대열에 떨쳐서 나아가야 한다는 결론 앞에서 주저함이 없을 것을 강요받게 되었던 것이다. 나라를 빼앗긴 피식민국 조선인은 어떠한 인격적 존엄이나 배움 · 정보 · 지식도 소용없는 것으로써 오직 일제 그들의 노예로 간주되고 있었다. 일제는 피식민국 조선인을 단지 수단적 도구로 인식하면서 사용하고 버리고 속이고 하는 대상이었다. 그러다 보니 조선 인민은 삶과 죽음을 오직 요행에다 맡긴 채로 그들이 명령하고 조종하는 내로 움직이고 살아가는 존재가 될 뿐인 것이었다.

을 독려하는 담화문에 이러한 표현을 사용하고 있음에서 특별한 아픔이 생겨난다. 해방 전 1945년 3월의 경성일보와 6.25전쟁이 한창인 1950년 9월은 5년 6개월의 시차를 갖는다. 일제가 조선민족 총동원으로 벌인 대동아전쟁 독전과 해방 이후 발발한 동족 간 전쟁의 참혹 현장에서, 글 문장이 갖는 생명력과 그 이어짐의 묘한 결합을 발견하면서 아픔으로 정리해 두게 된다.

[글을 맺으며-後記]

지금까지 [일제강점기의 부정의 법제와 식민지 조선의 사회상]을 주제로 내용을 고찰하였다. 법정신法精神을 유린하면서 법을 통해 한국을 식민지배 하였던 부정의不正義의 전형典型인 일제 식민주의자들. 그들은 한국인에게 '법法은 정의正義를 전혀 필요로 하지 않는 것'으로 알게 하였으며, '법法은 오로지 약소한 국민을 속박하고 통제하는 수단'이라는 오류誤謬적 법지식을 무단無斷하게 남겨놓았다. 그 결과 한국사회는 현재도 법전문인法專門人들이 불법不法과 정법正法을 자신의 편익에 따라 내왕來往시키고 있는 것으로, 자책自責하는 기운마저 거부하는 가운데 정의 관념에 대한 궁핍窮乏에 빠져있게 하였다. 현재 한국사회의 많은 법전문인 또는 공직자가 부정의不正義에 익숙하거나 정의正義를 냉소하는 법의식法意識 및 법관法觀을 자연스럽게 습득하고 있는 이유는 바로 이러한 부정의不正義한 식민지배 역사에 대한 냉철한 탐구와 비판적 성찰省察의 부재不在, 그리고 정의正義에 대한 각성노력覺醒努力과 실천의지實踐意志의 결여에서 기인한다.

한국사회는 부정의不正義의 식민역사에 대한 단호한 극복을 기초로 정의로운 인간 및 사회상의 설정과 실천을 교육 및 법정책의 핵심기조로 확립하여야 한다. 더하여 현시대 한국인들에게 요구되는 긴급과제가 있다. 일제에 의해 강제된 한국식민지배 역사가 담고 있는 부정의에 대한 구체적 법제 및 정책의 실체를 면밀히 탐구하고, 그를 교훈으로 현재 한국사회를 '정의正義로 축조한 법法'들로 차곡히 조립組立하여 그를 진실되게 실천하는 자유민주적 '법치국가法治國家'를 구현해 내어야 하는 것이다. 물론 부정의不正義 구축에 조력하고 권세權勢와 영리榮利에 탐닉하며 형식논리로 정의正義를 유린한, 그리고 현재도 그를 유린하고 있는 인물들에 대해 기록하고 비판하며 그를 공개하는 작업을 함께 수행하여야 하는 과제 또한 명심해야 한다.

이것이 일제 식민지배에 대한 정당한 극복방안이며, 정의에 집착하는 한국인에 의한 한국 법학의 명백한 지향목표가 되는 것이다. 역사 정신과 경험적 교훈을 기초로 인간의 존엄가치를 실천적으로 구축하여야 하는 법과 법학, 그리고 그에 기한 현재적 인간사회의 굳건한 정립은 부정의를 극력 배척하면서 자유와 정의를 적극 보장하고 평화를 향한 의지를 확고하게 합의하고 지원하는 것으로부터 가능성을 갖게 된다. 정의를 향한 법정신의 왜곡없는 실천을 위해, 그리고 인류가 지성을 결집하여 운영하여 오는 역사정신의 굴절 없는 바른 항진을 위해 부정의 법제와 그 운영실상에 대한 냉철한 성찰 탐구는 잠시도 긴장을 멈추지 않아야 하는 것이다.

참고문헌

1. 사료 및 원자료

論語 孟子 中庸 大學 書經 童蒙先習
經國大典 大典會通 日省錄 承政院日記 高宗實錄 官報
刑法大全 議案·勅令 法部訴狀 外部訴狀
慶尙南北道各郡訴狀 訓令照會存案
皇城新聞 독립신문(上海版) 新韓民報 大韓每日申報 每日申報 京城日報
每日新報 東亞日報 朝鮮日報 서울신문 京鄕新聞 중앙일보 대한변협신문
朝鮮高等法院判決錄 統監府法令資料集 韓末近代法令資料集 大韓民國法令集
동아일보사, 日政下東亞日報押收社說集, 1978
조선일보사, 조선일보명사설오백선, 1972
동아일보사, 동아일보사설선집(권1·권2), 1984
黃玹, 梅泉野錄
農商工部水産局 編, 韓國水産誌., 1908-1911
朴殷植著, 李章熙譯, 韓國痛史, 博英社, 1977
一堂紀事, 一堂紀事出版所, 1927
四·七言論人會編, 韓國新聞綜合社說選集 (권1.권2), 1984
譯註經國大典註釋篇, 韓國精神文化硏究院, 1986
한국민족문화대백과사전
토지주택박물관 연구총서 제15집, 陣中日誌(全三册), 2010
친일반민족행위진상규명위원회간, 친일반민족행위진상규명보고서, 2007
解放記念詩集, 중앙문화협회발행, 단기 4278년(1945)12월

2. 단행본 및 논문

강만길, 역사가의 시간, 창비사, 2010
광복50주년기념 논문집 권1 <과거청산>, 학술진흥재단, 1995
光州學生獨立運動同志會 編, 光州學生獨立運動史, 國際文化社, 1974
權泰檍, 統監府時期 日帝의 對韓 農業施策, 一潮閣,
金容燮 안병직 외, 한국근대민족운동사, 돌베개, 1980
金俊喆, 日帝下의 韓國民族資本과 民族私學에 관한 硏究, 尙潮社, 1984

金澤賢 譯, 歷史와 眞實, 靑史, 1982
김기석, 광무제의 주권수호외교--1905~1907, 일본의 대한제국강점, 까치, 1995
김민경, 인구센서스의 이해, 글로벌, 2000
김정동, 남아있는 역사, 사라지는 건축물, 대원사, 2001
김학준, 러시아사, 대한교과서, 2006
김현정, 대한제국기정치적결사에 관한 헌법사적 연구, 민속원,2020
김효전, 근대한국의 법제와 법학, 세종출판사, 2006
大沼保昭 저, 이종원 역, 사할린에 버려진 사람들, 청계연구소, 1993
대한민국국가보훈처, 이달의 독립운동가 이재명, 2015
도미타 노부오 외, 일본총리열전, 다락원, 2001
鈴木敬夫, 法을 통한 朝鮮植民地支配에 관한 硏究, 高麗大民族文化硏究所, 1989
鈴木敬夫, 併合以前の治安法, 韓國法史學論叢, 박영사, 1991
李庭植, 한국민족주의의 정치학, 한밭출판사, 1982
마르틴 브로샤트 저, 김학이 역, Der Staat Hitlers(히틀러국가)---나치정치혁명의 이념과 현실, 문학과지성사, 2011
미즈노나오키, 성선내 역, 칭씨개명 - 일본의 조선지배와 이름의 정치학, 산처럼, 2008
朴慶植, 日本帝國主義의 朝鮮支配, 청아출판사, 1986
朴秉濠, 日帝下의 家族政策과 慣習法形成過程, 家族法論集, 진원. 1996
반민족문제연구소, 친일파 99인, 돌베개, 1993
孫仁銖, 韓國開化敎育硏究, 一志社, 1985
손인수, 한국근대교육사, 연세대출판부, 1975
宋建鎬, 韓國現代史論, 韓國神學硏究所出版部, 1984
愼鏞廈, 朝鮮土地調査事業硏究, 지식산업사, 1981
愼鏞廈, 한국민족의 형성과 민족사회학, 지식산업사, 2001
신주백, 만주지역 한인의 민족운동사(1925~45), 아세아문화사, 1999
沈羲基, 韓國法制史講義, 삼영사, 1997
연민수, 日本歷史, 보고사, 1998
柳永益, 甲午更張硏究, 一潮閣, 1990
윤덕한, 이완용평전, 도서출판 중심, 1999
이광규·전경수, 재소한인－인류학적 접근, 집문당, 1993
이광린, 한국개화사연구, 일조각, 1974
李基白 責任編輯, 韓國史市民講座 (創刊號), 一潮閣, 1987
李基白 책임편집, 한국사시민강좌 (창간호), 일조각, 1987
李萬根, 島山餘錄, 흥사단출판부, 1986
이영미 저, 김혜정 역, 한국사법제도와 우메겐지로, 일조각, 2011

李鍾吉, 朝鮮社會法史攷(개정증보 제2판), 동아대학교출판부, 2020
이태진 외, 한국병합의 불법성연구, 서울대 출판부, 2003
이태진・사사가와 노리가츠(笹川紀勝) 공편, 한국병합과 현대-역사적 국제법적 재검토, 태학사, 2009
이현희, 한국근대사의 모색, 이우출판사, 1979
임종국 편, 親日論說選集, 실천문학사, 1987
임종국, 실록친일파, 돌베개, 1991
鄭光鉉, 韓國家族法研究, 서울대출판부, 1967
정긍식 역, 國譯慣習調査報告書, 韓國法制研究院, 1992
鄭肯植, 韓國近代法史攷, 박영사, 2002
정세현, 항일학생민족운동사, 일지사, 1975
정운현 편역, 創氏改名, 학민사, 1994
정진석, 일제하 한국언론투쟁사, 정음사, 1975
정진석, 한국언론사연구, 일조각, 1983
정진석, 한국언론사연구, 일조각, 1983
趙東杰, 日帝下韓國農民運動史, 한길사, 1978
震檀學會編, 歷史家의 遺香--斗溪李丙燾先生追念文集, 일조각, 1991
천정환, 근대의 책읽기, 푸른역사, 2006
崔民之 金民珠, 日帝下民族言論史論, 日月書閣, 1978
崔由利, 日帝末期 植民地支配政策研究, 국학자료원, 1997
최재석, 한국가족연구(개정판), 일지사, 1982
최준, 한국신문사, 일조각, 1975
최준, 한국신문사론고, 일조각, 1976
한계옥저, 조양욱역, 망언의 뿌리를 찾아서, 자유포럼, 1998
한글학회 편, 한글학회50년사, 1971
허영섭, 일본, 조선총독부를 세우다, 채륜, 2010
Adam Schaff, History and Truth, Pergamon Press, 1976
Chong-Sik Lee, The Politics of Korean Nationalism, University of California Press, 1965

金容燮, 일본・한국에 있어서의 韓國史敍述, 歷史學報 제31집, 1966
金容旭, 日帝에 의한 家族法制의 歪曲과 淸算, 한국학술진흥재단, 1995
金昌祿, 植民地 被支配期 法制의 基礎, 법제연구 제8호, 1995
김동명, 일본제국주의의 식민지 지배체제의 개편--3.1운동직후 조선에서의 동화주의 지배체제의 확정, 한일관계사연구, 제9집, 1998
김성준, 일제강점하 조선어말살정책연구--조선교육령을 중심으로, 국사관논총, 2004(제105집)

김운태, 통감부설치기의 통치체제, 한국사42, 국사편찬위원회, 2003
김창록 정종섭, 일본제국주의의 식민지 지배구조의 성격, 광복50주년기념논문집1, 한국학술진흥재단, 1995
김필동, 일제의 창씨개명 정책과 족보, 사회과학연구 21권4호, 2010
南興祐, 日帝의 韓國侵略에 있어서의 法規範과 그 適用에 관한 問題, 亞細亞研究 제33호, 1969
박병호, 韓國의 傳統家族과 家長權, 韓國學報 제2집, 1976.3
박병호, 韓國傳統社會에 있어서의 同族結合의 類型, 법사학연구 제6호, 1981
孫禎睦, 日帝下 夫餘神宮運營과 소위 扶餘神都 建設, 韓國學報 제49집, 1987
신동운, 일제하 형사절차에 관한 연구, 한국법사학논총, 박영사, 1991
愼鏞廈, 일제의 한국민족말살 '皇國臣民化'정책, 백범과민족운동연구, 2006
李明花, 朝鮮總督府의 言語同化政策, 한국독립운동사연구, 1995 제9집
李相旭, 日帝下 傳統家族法의 歪曲, 韓國法史學論叢(박병호교수화갑기념논문집), 박영사, 1991
이종길, 同姓同本 禁婚規定의 改定을 위한 基礎課題의 檢討, 가족법연구 제12호, 1998
이종길, 일제 식민지배기 한국민족말살을 위한 주요 법제와 정책, 법제연구 39, 2010.12
이종길, 조선후기 어촌사회의 소유관계에 관한 연구, 서울대학교 법학박사학위논문, 1997
이지원, 일제하 민족문화인식의 전개와 민족문화운동--민족주의 계열을 중심으로, 서울대학교 박사학위논문, 2004
이태진, 1905년 條約 强制時의 韓國駐箚軍의 성격, 한국사론 제54권, 2008.6
李泰鎭, 1905년 條約 强制時의 韓國駐箚軍의 성격, 한국사론 제54권, 2008.6
전경수·최미희, 일제의 창씨개명정책 실시와 조선민중의 隱抗策 --세 마을 사례를 중심으로, 근대서지 제16호, 2017
정주수, 일제강점기 창씨개명 실태연구, 司法行政(2020.1월호~2021.2월호)
鄭昌石, '內鮮一體'論理의 様相, 日本學報, 제42집,1999.6
趙東杰, 韓國近代學生運動組織의 性格變化, 韓國近代民族主義運動史研究, 歷史學會編, 一潮閣, 1987
崔丙柱, 民事令 第11條의 慣習과 宗孫權 및 遺妻의 相續權(2), 司法協會雜誌, 17卷3號, 1938.3
崔由利, 日帝末期 言論政策의 性格--동아 조선일보의 폐간을 중심으로, 梨花史學研究, 1993(제20, 21합집)
최종고·이종길, 법의식과 법생활에 있어 일제유산의 극복, 광복50주년기념논집 1, 한국학술진흥재단, 1995
표영수, 일제강점기 육군특별지원병제도와 조선인 강제동원, 한국민족운동사연구 제79호, 2014

한인섭, 식민지 형사법제의 구조와 유산, 그 청산의 문제, 광복50주년기념논집1, 한국학술진흥재단, 1995
韓寅燮, 治安維持法과 植民地統制法令의 展開, 韓國法史學論叢, 박영사, 1991
洪淳鎬, 韓日外交의 國際關係史的 省察, 광복50주년기념논문집 1, 한국학술진흥재단, 1995

3. 일본자료

姜在彦, 朝鮮の開化思想, 岩波書店, 1980
姜在彦, 朝鮮問題における內田良平の思想と行動, 歷史學研究, 1966
高橋兵吉, 朝鮮教育史考, 帝國地方行政學會 朝鮮本部, 1927
廣中俊雄·星野英一, 民法典の百年Ⅰ, 有斐閣, 1998
宮田節子·金英達·梁泰昊, 創氏改名, 明石書店, 1992
金圭昇, 日本の植民地法制の研究, 社會評論社, 1987
金正明編, 朝鮮獨立運動1, 原書房, 1967
南次郎, 道知事會議 に於ける總督指示, 1939.5.29
南總督 談, 司法上に於ける內鮮一體の具現--內地人式氏の設定に就て, <氏制度の解說--氏では何か氏は如何にして定めるか>, 朝鮮總督府法務局, 昭和十五年(1940)二月
綠旗日本文化研究所, 氏制度の社會性とその理想精神, 1940年 3月
大野謙一, 朝鮮教育問題管見, 朝鮮教育會, 1936
大野文書, '昭和14年制令第19號朝鮮民事令中改正ノ件及昭和14年制令第20號朝鮮人ノ氏名ニ關スル件ニ關スル第75議會擬問擬答
大野文書, '諺文新聞統制ノ必要性', 1248
東亞日報廢刊ニ對スル關屋氏ノ質疑要領, 1939
歷史學研究會編, 日本史史料(近代篇), 岩波書店, 1997
明石博隆, 昭和特高彈壓史 6, 太平出版社, 1975
文定昌, 軍國日本朝鮮强占 三十六年史(上・中・下), 柏文堂, 1965-1967
法務大臣官房司法法制調查部, 日本近代立法資料叢書6, 商事法務研究所, 1984
三一獨立運動(全四册), 原書房, 1983
三宅正太郎, 治安維持法, 現代法學全集 第37卷, 日本評論社, 1931
小森德治, 明石元二郎(上), 臺灣日日新報社, 1928
小熊英二, 日本人の 境界, 新曜社, 1998
小田中聰樹, 治安政策と法の展開過程, 法律文化社, 1982
水野直樹, 創氏改名, 岩波書店, 2008
奥平康弘, 治安維持法小史, 築摩書房, 1977

奥平康弘解說, 治安維持法, みすず書房, 1973
<朝鮮事情>昭和16年版の'現在戶口職業別',1939
朝鮮總督府, 昭和五年 朝鮮國勢調査報告, 全鮮編
朝鮮總督府刊, <韓國ノ保護及併合>, 1917
朝鮮總督府官房文書課編纂, [諭告 訓示 演述總攬], 朝鮮行政學會, 1941
朝鮮總督府官制, 朝鮮法令輯覽(上)
朝鮮總督府法務局, 氏制度の解說, 1940
朝鮮總督府法務局, 氏制度實施の狀況, 1941
朝鮮總督府庶務調査部, 朝鮮の獨立事想及運動, 1924
朝鮮總督府學務局編, 朝鮮教育要覽
朝鮮總督時代關係資料, 齋藤實關係文書, 권2
朝鮮總督時代資料, 齋藤實文書2, '朝鮮總督府官制改革ニ關スル勅語'(大正八年(1919)
中野正剛, 我か觀たる滿鮮, 政教社, 1915
<總動員>創刊號, 1939.6
韓國警察事務委託ニ關スル覺書
現代史資料 26, 朝鮮 2, みすず書房, 1973

宮田節子, 皇民化政策の構造, 朝鮮史研究會論文集 제29집, 1991
今村柄, 朝鮮の姓について, 綠旗(5-2), 1940.2
司法協會, 朝鮮司法界 座談會, 司法協會雜誌 제19권, 1940
松岡修太郎, 朝鮮に於ける行政權及びその立法權竝びに司法權との關係, 京城帝大法文學會 法政論纂 第4册
野村滿, 保安法(光武11年 法律第2號)の史的素描, 司法協會雜誌 第22卷第11號, 1943
野村調太郎, 祖上の祭祀と現行の法律, 司法協會雜誌 제5권제4호, 1926.4
海野 福壽, [2000년 한일문화심포지움- 과거청산과 21세기의 한일관계]의 제1주제 '韓日合拼條約과 韓日協定에 관하여', 2000
李淑子, 日本統治下朝鮮における日本語教育--朝鮮教育令との關連において--, 朝鮮學報 第75輯, 1975
齊藤榮治, 大正8年 制令第7號む論ず, 司法協會雜誌 第2卷 第6號, 1923

찾아보기

ㄴ

ㅂ

ㅅ

ㅇ

ㅈ

ㅊ

ㅋ

ㅌ

ㅍ

ㅎ

저자약력

이종길

경상북도 포항시 남구 장기면 계원리 출생
국민대학교 법과대학 졸업, 한국학중앙연구원 한국학대학원 졸업
서울대학교 법과대학 대학원 졸업, 법학박사
중국 북경대학 법학원 교환교수
동아대학교 법학연구소장
석당인재학부장
현) 동아대학교 법학전문대학원 교수

주요논저

朝鮮社會法史攷(개정증보 제2판), 동아대학교출판부, 2020
中國法文化論研究緖說, 동아대학교출판부, 2018
한국근현대의 법사와 법사상(한국법사학회엮음, 민속원, 2008. 공저)
東北亞區域法文化的比較研究, 中國政法大學出版社, 2014
조선시대의 사회와 사상(조선사회연구회, 1998)
어촌사회의 법률관계-관습법조사연구(한국법제연구원, 1997)
갯바위를둘러싼 공동체와 어업(해양수산부, 2021, 공저)
한국경제 선진화와 법치(백산서당, 2004. 공저),
인터넷윤리(이한출판사, 2006. 공저)
조선시대생활사(한국고문서학회간, 역사비평사, 1996. 공저)
소고 이항녕교수의 인생과 학문사상 연원(동아법학74호, 2017)
법학전문대학원의 교육목표 및 방법에 대한 비판적 검토, 2015
전통법사상 중국법문화의 수용과 조선조의 법발달(저스티스, 2009.12)
중국전통사회의 민사법 발전과정에 대한 일고찰(중국사연구, 2007.06)
중국사회의 토지소유관계에 대한 법제사적 검토(토지법학, 2006.12)
조선후기 경상도지방 목장리폐 일고(한국고문서학회, 2006.02)
조선시대 입법자의 법관과 법제정경과 일고(인권과정의, 2005.08)
경상도지방 어촌사회의 소유관습과 소유실태에 대한 법제사적 일연구
(역사민속학, 2003.12)
일제의 대한제국 지배과정 소고(법제연구, 2002)
한말 목장토의 소유관계변화와 일제의 토지조사사업(법사학연구, 2002.04)
법의식과 법생활에 있어 일제유산의 극복(한국학술진흥재단, 1995)
이혼에 있어 친권 및 양육책임문제에 대한 새로운 접근
(가족법연구, 2015.12)
동성동본금혼규정의 개정을 위한 기초과제의 검토(가족법연구, 1998)
아동학대와 친권 및 양육자문제에 대한 일고(아세아여성법학, 2002)
호적자료를 통해 본 조선후기 어촌사회의 가족관계, 2012
중국의 조해제도와 이혼법규에 대한 검토(동아법학, 2010.5)
외 논문 다수

일제강점기의 부정의 법제와 식민지 조선의 사회상

초판1쇄 발행 2022년 6월 30일
초판2쇄 발행 2023년 3월 27일

지은이 이종길
펴낸이 이길안
펴낸곳 세종출판사

주소 부산광역시 중구 흑교로 71번길 12 (보수동2가)
전화 463－5898, 253－2213~5
팩스 248－4880
전자우편 sjpl5898@daum.net
출판등록 제02-01-96

ISBN 979-11-5979-518-3 93360

정가 40,000원